# Einführung in die Soziologie – Themen, Begriffe, Theorien, Forschungspraxis

**Reihe herausgegeben von**

Frank Hillebrandt, Institut für Soziologie, FernUniversität in Hagen, Hagen, Deutschland

Franka Schäfer, Universität Siegen, Siegen, Deutschland

Soziologie ist eine Wissenschaft, die sich konstitutiv dem sozialen Wandel, den großen Transformationen und gesellschaftlichen Umbrüchen stellen muss. Sie ist gezwungen, Antworten zu finden etwa auf die Erforschung globaler Prozesse, die Erforschung der Pluralisierung und Internationalisierung der Lebensstile, die Untersuchung der digitalen Herausforderungen etc. Dabei steht sie in der Tradition des Anspruchs, eine reflexive und kritische Wissenschaft sein zu wollen. Diese vielen Herausforderungen der Soziologie machen es nötig, die soziologische Einführungsliteratur zu erneuern und neu zu begründen. Die Reihe erhebt diesen Anspruch, den sie in Bezug auf soziologische Themen, Begriffe, Theorien sowie in Bezug zur soziologischen Forschungspraxis formuliert. Diese Schwerpunkte werden in der Reihe kompakt aufbereitet und zukünftigen Soziolog*innen zur Diskussion gestellt.

Franka Schäfer · Frank Hillebrandt
Hrsg.

# Einführung in die Soziologie

Band 1 – Theorien der Soziologie

*Hrsg.*
Franka Schäfer
Universität Siegen
Siegen, Deutschland

Frank Hillebrandt
Institut für Soziologie
FernUniversität in Hagen
Hagen, Deutschland

ISSN 2946-0735       ISSN 2946-0743 (electronic)
Einführung in die Soziologie – Themen, Begriffe, Theorien, Forschungspraxis
ISBN 978-3-658-48269-5       ISBN 978-3-658-48270-1 (eBook)
https://doi.org/10.1007/978-3-658-48270-1

Die Deutsche Nationalbibliothek verzeichnet diese Publikation in der Deutschen Nationalbibliografie; detaillierte bibliografische Daten sind im Internet über https://portal.dnb.de abrufbar.

© Der/die Herausgeber bzw. der/die Autor(en), exklusiv lizenziert an Springer Fachmedien Wiesbaden GmbH, ein Teil von Springer Nature 2025

Das Werk einschließlich aller seiner Teile ist urheberrechtlich geschützt. Jede Verwertung, die nicht ausdrücklich vom Urheberrechtsgesetz zugelassen ist, bedarf der vorherigen Zustimmung des Verlags. Das gilt insbesondere für Vervielfältigungen, Bearbeitungen, Übersetzungen, Mikroverfilmungen und die Einspeicherung und Verarbeitung in elektronischen Systemen.
Die Wiedergabe von allgemein beschreibenden Bezeichnungen, Marken, Unternehmensnamen etc. in diesem Werk bedeutet nicht, dass diese frei durch jede Person benutzt werden dürfen. Die Berechtigung zur Benutzung unterliegt, auch ohne gesonderten Hinweis hierzu, den Regeln des Markenrechts. Die Rechte des/der jeweiligen Zeicheninhaber*in sind zu beachten.
Der Verlag, die Autor*innen und die Herausgeber*innen gehen davon aus, dass die Angaben und Informationen in diesem Werk zum Zeitpunkt der Veröffentlichung vollständig und korrekt sind. Weder der Verlag noch die Autor*innen oder die Herausgeber*innen übernehmen, ausdrücklich oder implizit, Gewähr für den Inhalt des Werkes, etwaige Fehler oder Äußerungen. Der Verlag bleibt im Hinblick auf geografische Zuordnungen und Gebietsbezeichnungen in veröffentlichten Karten und Institutionsadressen neutral.

Springer VS ist ein Imprint der eingetragenen Gesellschaft Springer Fachmedien Wiesbaden GmbH und ist ein Teil von Springer Nature.
Die Anschrift der Gesellschaft ist: Abraham-Lincoln-Str. 46, 65189 Wiesbaden, Germany

Wenn Sie dieses Produkt entsorgen, geben Sie das Papier bitte zum Recycling.

# Vorwort: Die Soziologie und ihre Theorien

Die Soziologie ist mehr als ihre Theorien, aber sie benötigt sie, um sich den Gegenständen systematisch zu nähern, die sie erforschen will. Solche Theorien entstehen aus einer systematischen und argumentativ aufeinander aufbauenden Verwendung von Fachbegriffen. Sie bilden nicht selten wirksame Paradigmen der Soziologie, liefern den Maßstab für eine kritische Perspektive auf gesellschaftliche Verhältnisse und andere Ausformungen der Sozialität, schaffen Verbindungen zwischen Analyse und Kritik, zwischen Beschreibung und Empirie und vieles mehr. Gleichzeitig sind soziologische Theorien seit der Entstehung der Soziologie als Wissenschaft variabel und wandelbar, denn die soziologische Wissenschaft bringt in ihrer Entwicklung seit der vorletzten Jahrhundertwende eine Vielfalt soziologischer Theorieansätze hervor. Gerade das zeichnet sie aus, weil dies nach unserer Einschätzung eine besondere Stärke der Soziologie ist, die sich selbst als die grundlegende Sozialwissenschaft versteht. Denn durch ihre multiparadigmatische Anlage eröffnet die Soziologie eine ganze Vielfalt an theoretischen Perspektiven auf unterschiedliche soziale und gesellschaftliche Zusammenhänge und zieht gerade aus dieser Vielfalt und der damit verbundenen Dynamik der Theorienlandschaft ihre besondere analytische Stärke. Ein Band zu den soziologischen Theorien kann daher nur als aktiver Teil der Diskussion zur Weiterentwicklung und Präzisierung soziologischer Theorie verstanden werden, um eine vorschnelle Kanonisierung zu vermeiden, die der Soziologie ihre Vielfalt und Variabilität nehmen würde. Genau aus diesem Grund verfolgt der vorliegende Theorieband, der sich vorrangig am deutschen Diskurs der Soziologie orientiert, das Anliegen, einen Überblick über die Bandbreite des Theoriespektrums des Fachs zu vermitteln. Dabei wird die Vielfalt des soziologischen Theoretisierens sichtbar gemacht. Die jeweils vorgestellten Theorien werden einerseits systematisierend erarbeitet und vergleichend zueinander in Beziehung gesetzt, andererseits wird die eigenständige Anwendung der Theorien erprobt und die unterschiedlichen Perspektiven werden kritisch diskutiert. Bei der Auswahl der Theorien orientieren wir uns nicht nur an eigenen theoretischen Vorlieben, bekanntlich sind wir beide in der Theoriediskussion der Theoriefamilie der soziologischen Praxistheorien zuzuordnen, was sich in der Theorieauswahl unvermeidlich niederschlägt, uns leiten bei der Auswahl der hier versammelten Theorien auch und vor allem Kriterien wie Verbreitungsmaß, Wirkmächtigkeit und Aktualität der Ansätze. Dass wir dabei selbstverständlich keinen Anspruch auf Vollständigkeit erheben, versteht sich aus der hier bereits proklamierten Einsicht, dass Theorien ganz allgemein und vor allem in der Soziologie immer variabel sind und sich deshalb niemals ein endgültiger Kanon der Theorien feststellen lässt. Dies ist nicht das Ziel des vorliegenden Bandes. Hier geht es vielmehr darum, einen Einblick in die Theoriediskussion der Soziologie zu geben, der eine vertiefendes Studium der Theorien ermöglicht.

In diesem Sinne sensibilisiert der Band zunächst in einem einführenden Kapitel für die historische Genese soziologischer Theorien, indem eine Genealogie ausgewählter Formationen des frühen Diskurses der Soziologie vorgenommen wird. Hieran schließt sich vor dem Hintergrund aktueller Diskurse der Dekolonialisierung der Soziologie eine Kanonkritik soziologischer Theorien der Klassik an, um die Kontingenz soziologischer Theorien zu verdeutlichen und auf die Vielfältigkeit der Möglichkeiten soziologischer Theoriebildung aufmerksam zu machen. Im Anschluss daran werden in oben beschriebener Weise ausgewählte Theorien von Fachvertreter:innen vorgestellt. Die Reihenfolge der Darstellungen ist völlig wertfrei. Sie folgt unserer Einschätzung der inhaltlichen Passung der Theorien zueinander. Der letzte Abschnitt gibt schließlich einen Ausblick auf mögliche Themen und Aufgaben der zukünftigen Theoriediskussion der Soziologie.

Mit dieser thematischen Gliederung, in der die Theorieansätze zwischen einer Genealogie der frühen Theorien der Soziologie und einer Diskussion ihrer zukünftigen Herausforderungen gerahmt sind, wird die Vielfalt und die Dynamik soziologischer Theorien hervorgehoben. Dahinter steht die Einsicht, dass sich soziologische Theorien nur dann bewähren, wenn sie den gesellschaftlichen Herausforderungen der Gegenwart gewachsen sind. Um dies beurteilen zu können, ist ein Einblick in verschiedene Theorieansätze der Soziologie notwendig. Die vorliegende Sammlung von Theoriebeiträgen will diesen Einblick in die oft sehr unterschiedlich ansetzenden und aufgebauten Theorien ermöglichen.

Ein Buch wie das hier vorliegende ist nur durch die Zusammenarbeit mit verschiedenen Menschen möglich. Zuallererst bedanken wir uns sehr herzlich bei den Autor:innen der Beiträge, ohne die die Versammlung so unterschiedlicher Theorieansätze in einem Buch nicht möglich geworden wäre. Sie haben nicht nur Arbeit, Zeit und Geduld investiert, um dieses Buch zu ermöglichen, was wir sehr zu schätzen wissen, sie haben sich auch auf eine gemeinsame Diskussion des Bandes eingelassen, die wir an der FernUniversität in Hagen initiiert haben und die sehr zum Gelingen des vorliegenden Buches beigetragen hat. Aferdita Salihu danken wir für redaktionelle Unterstützung. Außerdem und nicht zuletzt danken wir Cori Mackrodt von Springer VS für die freundschaftliche verlegerische Betreuung sowie für ihr professionelles Lektorat des Manuskripts.

Hagen, Deutschland  
im Februar 2025

Franka Schäfer  
Frank Hillebrandt

# Inhaltsverzeichnis

**Ausgangspunkte soziologischer Theoriebildung**

**Frühe Theorien der Soziologie. Kontroversen um Begriffs- und Problemdefinitionen** .................................................. 3
Frank Hillebrandt

**Kanonkritik oder Kritik der Kanonisierung? Dilemmata eines Faches im Wandel** ......................................................... 29
Manuela Boatcă

**Soziologische Theorien**

**Phänomenologische Theorien** .............................. 49
Jonas Barth

**Interpretative Theorien** ....................................... 71
Christian Meyer

**Pragmatistische Theorien** .................................... 93
Rainer Diaz-Bone

**Kritische Theorie** ................................................ 111
Christian Zimmermann

**Feministische Theorien** ........................................ 133
Katharina Hoppe

**Poststrukturalistische Theorien** ............................. 155
Jennifer Eickelmann

**Systemtheorien** ................................................... 177
Boris Holzer und Ramy Youssef

**Handlungsbasierte Theorien** ................................. 195
Andrea Maurer

**Theorien sozialer Ungleichheit** .................................... 211
Uwe H. Bittlingmayer, Zeynep Islertas und Frank Hillebrandt

**Kultur- und Sozialanthropologische Theorien** .................... 237
Heike Delitz

**Praxistheorien** .................................................... 263
Sophia Prinz

**Post- und dekoloniale Theorien** ................................... 287
Anna Daniel

**Gendertheorien** .................................................... 305
Paula-Irene Villa

**Akteur-Netzwerk-Theorie** ......................................... 323
Lars Gertenbach

**Theorien des Ästhetischen** ......................................... 345
Nina Tessa Zahner

**Ökologische Theorien** ............................................. 371
Anna Henkel

**Ausblick**

**Performing Theory in Times Like These – Ausblicke auf zukünftige Herausforderungen soziologischer Theoriediskussionen** .................... 395
Franka Schäfer

# Autor*innen des Bandes

**Jonas Barth**, Dr., Lecturer (mit Tenure Track zum Senior Lecturer) für qualitative Methoden, Uni Bremen, Arbeitsschwerpunkte: Soziologische Theorie (insb. Phänomenologie), qualitative Methoden (insb. Ethnografie und GTM), Gewaltforschung; Publikation: Barth, Jonas (2023): Staatliche Ordnung und Gewaltforschung. Zur Rolle von Gewalt in der stationären Pflege von Menschen mit Demenz, Weilerswist: Velbrück Wissenschaft.
**jonas.barth@uni-oldenburg.de**

**Uwe H. Bittlingmayer**, Prof. Dr. phil., Professor für Allgemeine Soziologie an der Pädagogischen Hochschule Freiburg, Arbeitsschwerpunkte: Kritische Theorie, Afghanistan, Gesundheitssoziologie; aktuelle Publikation: Stölner, Thomas; Bittlingmayer, Uwe H.; Okcu, Gözde (Hrsg.) (2023): Zwischen Partizipativer Ökonomie, kollektiver Entscheidungsfindung und Sozialanthropologie. Vergesellschaftungsformen und -möglichkeiten jenseits des Profitzwangs. Münster: Unrast.
**uwe.bittlingmayer@ph-freiburg.de**

**Manuela Boatcă**, Prof. Dr., Professur für Soziologie mit Schwerpunkt Sozialstruktur und Globalisierung an der Universität Freiburg. Arbeitsschwerpunkte: globale Ungleichheiten, (Post)Kolonialismus, Lateinamerika/Osteuropa. Publikation: (mit Anca Parvulescu): Kreolisierung der Moderne, Siebenbürgen zwischen Kolonialität und Interimperialität, transcript 2025.
**manuela.boatca@soziologie.uni-freuburg.de**

**Anna Daniel**, PD Dr., Akademische Rätin am Lehrgebiet für Allgemeine Soziologie und soziologische Theorie an der FernUniversität in Hagen, vertritt z.Z. eine Professur für Soziologie an der Universität Gießen, Arbeitsschwerpunkte: Gouvernementalität, Soziologie der Kritik, Post- und dekoloniale Perspektiven, Publikation: Anna Daniel (2016): Die Grenzen des Religionsbegriffs. Eine postkoloniale Konfrontation des religionssoziologischen Diskurses, Bielefeld: transcript
**anna.daniel@fernuni-hagen.de**

**Heike Delitz**, Prof. Dr., Professur für Kollektiv- und Kulturwissenschaften, Universität Regensburg. Arbeitsschwerpunkte: Soziologische Theorie, Kultur- und Sozialanthropologie, Architektursoziologie; Publikation: Bergson-Effekte. Aversionen und Attraktionen im französischen soziologischen Denken. Weilerswist: Velbrück Wissenschaft 2015
**Heike.Delitz@sprachlit.uni-regensburg.de**

**Rainer Diaz-Bone**, Prof. Dr., Professur für Soziologie mit dem Schwerpunkt qualitative und quantitative Methoden an der Universität Luzern (Schweiz), Arbeitsschwerpunkte: sozialwissenschaftliche Methoden, Neo-Strukturalismus und Neopragmatismus, Publikation: Diaz-Bone, Rainer (2018): Die „Economie des conventions". Grundlagen und Entwicklungen der neuen französischen Wirtschaftssoziologie. 2. Auflage. Wiesbaden: Springer VS.
**rainer.diazbone@unilu.ch**

**Jennifer Eickelmann**, Jun.-Prof. Dr. phil., Juniorprofessorin für Digitale Transformation in Kultur und Gesellschaft an der Fakultät für Kultur- und Sozialwissenschaften und dem Forschungsschwerpunkt digitale_kultur an der FernUniversität in Hagen. Ihre Forschungsschwerpunkte liegen an der Schnittstelle von Gender/Queer Media Studies und Ungleichheits-/Kultursoziologie und beschäftigen sich mit der digitalen Transformation von (De-)Subjektivierungsprozessen in affektiven Öffentlichkeiten, mediatisierter Gewalt sowie dem digitalen Wandel des Kuratorischen im Kontext von Social Media und Museen. Sie ist Mitherausgeberin der Open Access-Reihe Digitale Kulturen bei Hagen University Press.
**jennifer.eickelmann@fernuni-hagen.de**

**Lars Gertenbach**, Prof. Dr., Professor für Allgemeine Soziologie am Institut für Sozialwissenschaften der Universität Osnabrück, Arbeitsschwerpunkte: Soziologische Theorien, Kultursoziologie, Politische Soziologie; Publikation: Lars Gertenbach (2020): Von performativen Äußerungen zum Performative Turn. Performativitätstheorien zwischen Sprach- und Medienparadigma, in: Berliner Journal für Soziologie, Jg. 30, H. 2, S. 231–258.
**lars.gertenbach@uni-osnabrueck.de**

**Anna Henkel**, Prof. Dr., Inhaberin des Lehrstuhls für Soziologie mit Schwerpunkt Techniksoziologie und nachhaltige Entwicklung, Universität Passau, Arbeitsschwerpunkte: Materialität der Gesellschaft, soziologische Theorie, Agrarsoziologie, Publikation: Henkel et al. 2023: Dilemmata der Nachhaltigkeit – ein Leitfaden, Baden-Baden: Nomos.
**Anna.Henkel@Uni-Passau.de**

**Frank Hillebrandt**, Prof. Dr., Professor für Allgemeine Soziologie und Soziologische Theorie an der FernUniversität in Hagen, Arbeitsschwerpunkte: Soziologische Theorie, Soziologie der Pop-Musik, Soziologie der Transformation, Publikation: Hillebrandt,

Frank 2023: Ereignistheorie für eine Soziologie der Praxis. Das Love and Peace Festival auf Fehmarn und die Formation der Pop-Musik, Wiesbaden: Springer VS.
**frank.hillebrandt@fernuni-hagen.de**

**Katharina Hoppe**, Dr. phil., wissenschaftliche Mitarbeiterin am Institut für Soziologie der Goethe-Universität Frankfurt, Arbeitsschwerpunkte: Allgemeine Soziologie, soziologische Theorie, feministische Theorie; Publikation: Katharina Hoppe (2021), Die Kraft der Revision. Epistemologie, Politik und Ethik bei Donna Haraway, Frankfurt am Main und New York: Campus.
**k.hoppe@em.uni-frankfurt.de**

**Boris Holzer**, Prof. Ph.D., Professor für Allgemeine Soziologie und Makrosoziologie an der Universität Konstanz, Arbeitsschwerpunkte: Soziologie der Weltgesellschaft, soziale Netzwerke und politische Soziologie, Publikation: Holzer, Boris: Politische Soziologie (2. Aufl.) Baden-Baden: Nomos 2020.
**boris.holzer@uni-konstanz.de**

**Zeynep Islertas**, Dr. phil., akademische Mitarbeiterin PH Freiburg/Institut für Soziologie, Arbeitsschwerpunkte: soziale & gesundheitliche Ungleichheit, Gesundheitskompetenz, Gesundheitsförderung, Publikation: Islertas, Z. (2023), Gesundheitskompetenz und Kultur – wie ist der Zusammenhang zwischen diesen Konstrukten zu beschreiben? In: Rathmann, K., Dadaczynski, K., Okan, O., Messer, M. (eds) Gesundheitskompetenz. Springer Reference Pflege – Therapie – Gesundheit, Springer, Berlin, Heidelberg.
**zeynep.islertas@ph-freiburg.de**

**Andrea Maurer**, Prof. Dr., Professorin für Soziologie mit Schwerpunkt Wirtschaftssoziologie an der Universität Trier. Arbeitsschwerpunkte: Erklären in der Soziologie, Neuer Institutionalismus, Wirtschaftssoziologie, Publikation: Maurer, Andrea: Action-based explanations as a basis for the analysis and design of the social world. In: British Journal of Sociology. Special Issue 2024. Article ID: BJOS13155. Article DOI: https://doi.org/10.1111/1468-4446.13155. Open access.
**Andrea.maurer@uni-trier.de**

**Christian Meyer**, Prof. Dr., Professor für Allgemeine Soziologie und Kultursoziologie an der Universität Konstanz, Arbeitsschwerpunkte: Kultur- und Sozialtheorie, Interaktionssoziologie, Qualitative Methoden der empirischen Sozialforschung; Neuere Publikation: Bergmann, Jörg R. & Christian Meyer, Hrsg. (2021): Ethnomethodologie reloaded – Neue Werkinterpretationen und Theoriebeiträge zu Harold Garfinkels Programm. Bielefeld: Transcript.
**christian.meyer@uni-konstanz.de**

**Sophia Prinz**, Prof. Dr., Professorin für Designtheorie und -geschichte an der Zürcher Hochschule der Künste (ZHdK), Arbeitsschwerpunkte: Sozial- und Kulturtheorien der Gestaltung, Wahrnehmung und Ästhetik, Globale Moderne und Transkulturalität, Publikation: Prinz, Sophia (2024). Redesigning the Museum. Epistemic Challenges and Aesthetic Remedies. Museum & Society, 22(1), 110–128.
**sophia.prinz@zhdk.ch**

**Franka Schäfer**, PD Dr., Vertretungsprofessorin für Bildung und Differenz, FernUniversität in Hagen/Akademische Oberrätin, Universität Siegen, Arbeitsschwerpunkte: Soziologische Theorie, Performative Soziologie, Publikation: Franka Schäfer (2023): Diskurs : Ereignis : Praxis. Entwurf eines am Ereignisbegriff orientierten Forschungsprogramms zur Überwindung der Dichotomie zwischen Diskurs- und Praxistheorien (In der Reihe: Neue Soziologische Theorie). Wiesbaden: Springer VS.
**franka.schaefer@uni-siegen.de**

**Paula-Irene Villa**, Prof. Dr., Professorin für Allg. Soziologie und Gender Studies an der LMU München; Publikation: Mit Sabine Hark: Gender. In: Soziologie – Sociology in the German-speaking world. Special issue Soziologische Revue. Berlin: De Gruyter 2021
**Paula.villa@lmu.de**

**Ramy Youssef**, Dr., Oberassistent, Departement Gesellschaftswissenschaften, Universität Basel, Arbeitsschwerpunkte: Soziologische Theorie, Politische Soziologie, Historische Soziologie; Publikation: Youssef, Ramy (2021): Die Anerkennung von Grenzen. Eine Soziologie der Diplomatie, Frankfurt a. M./New York: Campus.
**ramy.youssef@unibas.ch**

**Nina Tessa Zahner**, Prof. Dr., Professorin für Soziologie an der Kunstakademie in Düsseldorf, Arbeitsschwerpunkte: Soziologie der Kunst, Soziologische Ästhetik, Soziologie der Soziologie; Publikation: Zahner, Nina Tessa. 2024. Bruno Latours Denken als performative Sozialwissenschaft. ZQF 25. Jg., Heft 1/2024, S. 114–131.
**nina.zahner@kunstakademie-duesseldorf.de**

**Christian Zimmermann**, PD Dr.; Studienrat im Hochschuldienst am Seminar für Sozialwissenschaften der Universität Siegen, Arbeitsschwerpunkte: Demokratietheorie/Politische Theorie und Ideengeschichte/Politische Bildung, Publikation: Kritische politische Urteilsbildung und die Planung kritischer politischer Bildungsprozesse, in: Yasmine Chehata et al. (Hrsg.): Handbuch Kritische politische Bildung, Wochenschau/Frankfurt am Main 2024, S. 267–275;
**christian.zimmermann@uni-siegen.de**

# Ausgangspunkte soziologischer Theoriebildung

# Frühe Theorien der Soziologie. Kontroversen um Begriffs- und Problemdefinitionen

Frank Hillebrandt

**Zusammenfassung**

Der Beitrag von Frank Hillebrandt befasst sich mit frühen Theorien der Soziologie und beleuchtet die Entstehung soziologischer Theorien am Ende des 19. Jahrhunderts und ihre Bedeutung für die Etablierung der Soziologie als eigenständige wissenschaftliche Disziplin. Der Text wird mit einer Reflexion der Aktualität und Popularität komplexer Gesellschaftstheorien in den 1960er-Jahren eröffnet und betont, dass Theorien stets Produkte ihrer Zeit sind und in Verflechtung mit spezifischen Problemlagen entstehen. Der Autor analysiert daraufhin die Bemühungen früher Soziologen, die Soziologie als eigenständige Wissenschaft zu konturieren, und argumentiert, dass die frühen soziologischen Theorien darauf abzielen, einen eindeutigen und trennscharfen Forschungsgegenstand für die neue Disziplin zu bestimmen. Es wird betont, dass es keinen Königsweg soziologischer Theoriebildung gibt und dass die Auseinandersetzung mit soziologischen Theorien auf verschiedene Weisen erfolgen kann.

**Abstract**

Frank Hillebrandt's article deals with early theories of sociology and sheds light on the emergence of sociological theories at the end of the 19th century and their significance for the establishment of sociology as an independent scientific discipline. The text

F. Hillebrandt (✉)
FernUniversität in Hagen, Hagen, Deutschland
E-Mail: frank.hillebrandt@fernuni-hagen.de

© Der/die Autor(en), exklusiv lizenziert an Springer Fachmedien Wiesbaden GmbH, ein Teil von Springer Nature 2025
F. Schäfer, F. Hillebrandt (Hrsg.), *Einführung in die Soziologie*, Einführung in die Soziologie – Themen, Begriffe, Theorien, Forschungspraxis,
https://doi.org/10.1007/978-3-658-48270-1_1

opens with a reflection on the topicality and popularity of complex social theories in the 1960s and emphasizes that theories are always products of their time and arise in connection with specific problems. The author then analyzes the efforts of early sociologists to outline sociology as an independent science and argues that the early sociological theories aimed to define a clear and distinct object of research for the new discipline. It is emphasized that there is no royal road of sociological theory formation and that the examination of sociological theories can take place in different ways.

> „Im Jahr 1965 triumphierte die Theorie. Von der Aura eines gesellschaftlich bedeutsamen Ereignisses umweht, las Adorno in diesem Wintersemester über negative Dialektik. [...] Zum ersten Mal lief ein Tonbandgerät mit, um seine Botschaft für die Nachwelt aufzuzeichnen, Adorno ging aufs Ganze, wenn er Marx' berühmter Feuerbach-These, nach der es in der Philosophie darauf ankomme, die Welt zu verändern, attestierte, veraltet zu sein. Weil der prognostizierte Umschlag von Theorie in Praxis nicht erfolgt, weil ihre Abschaffung mithin misslungen sei, erklärte er, müsse neuerlich von der Aktualität theoretischen Denkens ausgegangen werden." (Felsch 2015: 48)

Heute ist kaum noch vorstellbar, wie die öffentliche Diskussion in den intellektuellen Kreisen der BRD der 1960er-Jahre um hoch komplexe Theoriegebäude kreist, wie also Theorien zu wichtigen Ereignissen werden, die sich etwa in Vorlesungssälen der Frankfurter Universität vollziehen. Und dennoch kann diese Episode der bundesdeutschen Theoriebildung und -rezeption durchaus hilfreich sein zur Einführung in soziologische Theorieansätze in einem entsprechenden Lehrbuch. Bemerkenswert ist nämlich: Der abstrakten Theorie wird in den 1960er-Jahren eine hohe Aktualität attestiert. Philip Flesch, von dem das Eingangszitat stammt, umschreibt diese Prominenz sozialphilosophischer Theorie in seinem Buch über den „langen Sommer der Theorie" (Flesch 2015) als Teil der „Geschichte einer Revolte" – so der Untertitel des Buches –, in der davon ausgegangen wird, dass sich die Welt nur dann in revolutionärer Weise verändern lässt, wenn sie zuvor über hoch komplexe Sozialtheorien interpretiert wird, wenn also Theorien über die Gesellschaft geschrieben und gelesen werden, die diese Interpretation systematisch ermöglichen. Darin zeigt sich zunächst einmal: Gesellschaftstheorien können Konjektur haben. Es kann durchaus populär sein, sich mit soziologischen oder sozialphilosophischen Theorien zu beschäftigen, zu mindestens in bestimmten Kreisen.

Darüber hinaus wird hier jedoch noch etwas anderes deutlich, das mir wichtiger ist und sich bei einem Blick in die Abhandlung mit dem Titel „Negative Dialektik" zeigt, die im Eingangszitat als ein Hauptwerk Theodor W. Adornos genannt wird, in welchem sich eine hochkomplexe Theorie zur Reflexion der kapitalistischen Gesellschaft findet. Hier lassen sich Sätze wie die folgenden lesen:

> „Keine Universalgeschichte führt vom Wilden zur Humanität, sehr wohl aber eine von der Steinschleuder zur Megabombe. Sie endet in der totalen Drohung der organisierten Menschheit gegen die organisierten Menschen, im Inbegriff der Diskontinuität. Hegel wird dadurch zum Entsetzen verifiziert und auf den Kopf gestellt. Verklärte jener die Totalität geschichtlichen Leidens zur Positivität des sich realisierenden Absoluten, so wäre das Eine und Ganze, das bis heute, mit Atempausen, sich fortwälzt, teleologisch das absolute Leiden." (Adorno 1966: 314)

# Frühe Theorien der Soziologie. Kontroversen um Begriffs- und Problemdefinitionen

Mir geht es mit diesem Zitat nicht darum, die hier vorgestellte Theorie einer Neudeutung der Hegelschen Dialektik zur Reflexion der Gegenwart zu diskutieren, dies ist im Nachgang des Adorno-Buches vielfach geschehen und soll hier nicht rekapituliert werden.[1] Mir dient das Adorno-Zitat in einem einführenden Text zu einem Lehrbuch über soziologische Theorien dazu zu verdeutlich, dass Theorien in Verflechtung mit ganz bestimmten Problemlagen entstehen. In der frühen Nachkriegszeit ist es in der BRD selbstverständlich kaum möglich, soziologische Theorien zu entwickeln, die nicht auf die bis dahin unvorstellbare Katastrophe der Shoah, also auf die systematische Ermordung von mehr als sechs Millionen Menschen durch das NS-Regime und mithin auf das damit verbundene Grauen, direkt oder indirekt Bezug nehmen. Was sonst, außer einer ins Negative gewendeten Dialektik, kann der Sozialphilosophie, die zu dieser Zeit sehr stark an Hegel und Marx orientiert ist, danach noch als plausibel erscheinen?

Theorien sind immer Produkte ihrer Zeit, und dies gilt auch dann, wenn uns das Grauen der Schreckens- und Gewaltherrschaft des Naziregimes zu Recht als zeitlose Aufgabe der theoretischen Reflexion in einer fortlaufenden Kultur des Erinnerns erscheint. Denn wie die theoretische Bezugnahme auf dieses Grauen geschieht, ist dabei zwangsläufig variabel, was so auch für alle anderen, nicht unmittelbar auf die Shoah reflektierenden Theorieansätze gesagt werden muss. Das heißt: Es gibt keine zeitlosen Theorien. Eine Auseinandersetzung mit soziologischen Theorien, zu der das vorliegende Buch explizit auffordert, kann demnach auf sehr unterschiedliche Weise geschehen, es gibt nicht den Königsweg soziologischer Theoriebildung.

Diese Einsicht, die der kritischen Theorie in der Spielart Adornos noch weitgehend fremd ist, bildet gegenwärtig selbst eine wichtige Grundlage soziologischen Theoretisierens, welches seine Anfänge am Ende des 19. Jahrhunderts hat. Für das Verständnis gegenwärtiger Theorien der Soziologie ist es hilfreich, einige wichtige Kristallisationspunkte dieser ersten Theoriediskussion der Soziologie zu rekonstruieren, weil sie sich heute noch als Spuren in den soziologischen Theorien finden lassen, indem sie Theorielinien affizieren oder zu Kontroversen Anlass geben. Eine historische Rekonstruktion, die hier versucht werden soll, versteht sich folglich als eine Soziologie der soziologischen Theorie.

Dabei kann nur selektiv vorgegangen werden, und ich wähle zwei Schwerpunkte. Die erste Spur, der ich nachgehen möchte, ist die frühe Theoriekontroverse um die Gegenstandsbestimmung der Soziologie, die sich bis in die Gegenwart fortsetzt (1). Daran anschließend versuche ich im zweiten Schritt eine Nachzeichnung der frühen Theoriediskussion von gesellschaftlichen Problemlagen, die sich aus den ersten Gegenstandsbestimmungen der Soziologie ergibt und bis heute in Theorieansätzen der Soziologie präsent ist. Dabei geht es mir auch darum, Problemlagen früher soziologischer Theoriebildung aufzuspüren, die lange Zeit jenseits des Mainstreams der soziologischen Theorie angesiedelt sind (2). Am Schluss steht ein kurzes Resümee, das die Konsequenzen einer historischen Rekonstruktion früher Theorien der Soziologie umreißt (3).

---

[1] Siehe hierzu u. a. Müller-Dohm (2003, S. 657–669), der die Diskussion um das Buch im Kontext einer Adorno-Biographie umschreibt.

## Frühe Theorien der Soziologie und das Problem des soziologischen Gegenstandes

Theorien, die sich selbst der Soziologie eindeutig zuordnen, entstehen erstmals in der Entstehungsphase der Soziologie als wissenschaftliche Disziplin, also am Ende des 19. Jahrhunderts.[2] Dabei sind sie nicht selten darauf bezogen, das Fach als Wissenschaft neben anderen, bereits etablierten Fachdisziplinen zu konturieren. Ein heute etwas in den Hintergrund getretener Versuch, an dem sich diese These sehr gut exemplarisch aufzeigen lässt, ist die Theorie von Ferdinand Tönnies, der mit *Gemeinschaft und Gesellschaft* bereits 1887 ein theoretisches Grundlagenwerk verfasst, das die Soziologie in den 1920er-Jahren vor allem in Deutschland sehr stark prägt. Der hier formulierte Versuch, so etwas wie eine „reine Soziologie" neben einer angewandten und empirischen Soziologie zu formulieren, ermöglicht die Etablierung der Soziologie als Fachdisziplin und ihre Institutionalisierung. Im Rückblick auf sein Frühwerk von 1887 hält es Tönnies, der die disziplinäre und institutionelle Professionalisierung der Soziologie in Deutschland in den Jahren zwischen 1910 und 1930 sehr erfolgreich betreibt, in der „Vorrede" zur ersten deutschen „Einführung in die Soziologie", die 1931 erscheint, für „geraten, die Soziologie auch in ihrem besonderen Sinne, nämlich als Reine oder Theoretische zu verstehen, wie ja auch die Mathematik zunächst nur die Reine Mathematik und als Psychologie zunächst nur die Psychologie des Menschen verstanden wird." (Tönnies 1931, S. V). *Reine Soziologie* manifestiert sich nach Tönnies vor allem in Begriffen – als Vorbild gilt hier die rein logische Mathematik –, die eine klare Bestimmung des soziologischen Problems erreichen und das Fach dadurch inhaltlich auf einen ganz konkreten, nur von der Soziologie erforschbaren Gegenstand fixieren soll. Deshalb müssen diese Begriffe genuin soziologische sein. Und genau aus diesem Grund untertitelt Tönnies sein bereits 1887 erstmals erschienenes Grundlagenwerk *Gemeinschaft und Gesellschaft* in der zweiten Auflage von 1912 – inzwischen ist er Professor für Soziologie in Kiel – mit „Grundbegriffe der reinen Soziologie" (Tönnies 1963).[3]

Die präzise Begriffsarbeit, für die Tönnies ein prägendes Beispiel unter vielen anderen frühen Soziologen ist, geht einher mit der Vorstellung, dass zur Entwicklung der Soziologie eine soziologische Theorie formuliert werden muss, die eindeutig definierte Begriffe in ganz spezifischer Weise miteinander verflechtet. Eine solche Spezialisierung des Fachs durch eine genuin soziologische Theorie bezeichnet Tönnies bemerkenswerterweise mit dem Begriff *spezielle Soziologie*, was den gegenwärtigen Begriffsdefinitionen nicht mehr entspricht und uns deshalb heute missverständlich erscheint. Gegenwärtig wird mit dem Begriff der speziellen

---

[2] Alle vorher formulierten Sozialtheorien, etwa von Karl Marx oder auch von den Philosophien der Aufklärung, bezeichnen sich selbst explizit nicht als soziologische Theorien, obwohl sie diesen später, also in der Gründungsphase der Soziologie, in Ermangelung von Alternativen als wichtige Bezugspunkte dienen (siehe hierzu auch Hillebrandt 2018: 15ff.).

[3] Der erste Untertitel von 1887 lautet noch „Abhandlung des Communismus und des Socialismus als empirischer Culturformen". Bemerkenswerterweise sagt Tönnies in der „Vorrede" zur zweiten Auflage von 1912: „Das Werk war für Philosophen bestimmt" (Tönnies 1963, S. XXVI). Anschließend zeigt er sich dann überrascht, dass das Buch von der Philosophie ignoriert, von der neu aufkommenden Soziologie jedoch vielfach rezipiert wird (vgl. ebd.).

Soziologie die Spezialisierung verschiedener Teilbereiche der Soziologie wie Wirtschaftssoziologie, Kultursoziologie, Medizinsoziologie oder Bildungssoziologie bezeichnet, die als spezielle Soziologien gelten, während Tönnies mit dem Begriff die Spezialisierung der Soziologie als wissenschaftliche Disziplin durch die Entwicklung einer genuin soziologischen und generell anwendbaren Theorie hervorheben will. Dieser Wandel der Begriffsbedeutung ist ein gutes Beispiel für die zeitliche Bedingtheit von soziologischen Theorien. Sie entstehen mit ihren Begriffen an bestimmten Problemlagen, die zu einer genauen Definition von Sachverhalten zwingen und damit Theoriegebäude entstehen lassen, die die Begriffe in eine geordnete und nachvollziehbare Weise zueinander stellen. Auch der Begriff der *reinen Soziologie*, der heute fast völlig in Vergessenheit geraten ist und den Tönnies zur Bezeichnung der spezifischen Begriffs- und Theoriebildung der Soziologie verwendet, dient dem frühen Soziologen Tönnies am Ende dazu, die Soziologie als spezielle Teildisziplin im Konzert der bereits etablierten Wissenschaften zu konturieren. Erst eine klare Definition von Begriffen, die genuin soziologisch bestimmt sind und zu einer schlüssigen Theorie geformt werden, indem die Begriffe nachvollziehbar und aussagekräftig aufeinander bezogen werden, ist für die frühe Soziologie eines Ferdinand Tönnies der Garant dafür, das Fach als eigenständige Wissenschaft zu etablieren. Und auch Max Weber, dessen Texte die frühe Soziologie vor allem in Deutschland sehr stark beeinflussen und dem nicht das Schicksal von Tönnies widerfährt, als einer der institutionellen Gründungsfiguren des Fachs in Deutschland, die Weber neben Tönnies zweifellos ist, eine wenig nachhaltige Beachtung zu finden, bemüht sich in seinem posthum (1922) erschienenen, von Marianne Weber vollendeten und herausgegebenen Werk *Wirtschaft und Gesellschaft* um die klare Definition von „soziologischen Grundbegriffen" (vgl. Weber 1980: 1–30), um die Soziologie über eine begriffliche Theoriebildung als „*Wissenschaft*" zu bestimmen, „welche soziales Handeln deutend verstehen und dadurch in seinem Ablauf und seinen Wirkungen ursächlich erklären will." (Weber 1980, S. 1; Hervorhebung dort).

Ein weiteres gutes Beispiel für dieses frühe Verständnis soziologischer Theorie als Garantie der Wissenschaftlichkeit soziologischen Denkens ist die Definition der Soziologie durch Theodor Geiger[4] aus dem Jahr 1931, die sich inhaltlich zwar an einigen Stellen von den Definitionen Tönnies' und Webers unterscheidet, deren formales Diktum einer klaren Bestimmung der soziologischen Grundbegriffe jedoch nicht nur fortschreibt, sondern bekräftigt:

„Die einzelwissenschaftliche empirische Soziologie oder Soziologie in engerem Sinne ist eine allgemeine Lehre von den Vergesellschaftungserscheinungen. Ihre Forschungsabsicht ist auf Erkenntnis der sozialen Tatsachenwelt gerichtet; auf Erkenntnis: sie ist also Theorie nicht Pragmatik; der Tatsachenwelt: sie handelt von Realbegriffen, nicht Idealbegriffen, sie ist Empirie und nichts als Empirie, keinesfalls Spekulation. [...] Die Soziologie enthält sich des Übergriffs auf die Problematik anderer Wissenschaften, sichert sich ihren besonder[e]n begrifflichen Forschungsgegenstand und kann gerade darum für ihre Begriffe und Urteile Allgemeingeltung beanspruchen." (Geiger 1931, S. 571)

---

[4] Geiger besetzt als Deutschstämmiger 1938 die erste Professur für Soziologie in Dänemark an der Universität Aarhus und kann insofern neben Tönnies und Weber als ein weiterer, nicht so prominenter Pionier der wissenschaftlichen Soziologie gelten.

An der Definition Geigers lässt sich nun auch erkennen, dass soziologische Theorien von der frühen, 1931 jedoch bereits einigermaßen gereiften Soziologie nicht allein um der Theorie willen formuliert werden. Denn in der Definition Geigers wird der Begriff der „sozialen Tatsachenwelt" ganz selbstverständlich gebraucht, um das genuin Soziologische der Theoriebildung hervorzuheben. Und dabei geht es immer um eine eindeutige und trennscharfe Bestimmung dessen, womit sich das Fach befassen muss. Folglich bemühen sich die frühen soziologischen Theorien um nicht weniger als die schlüssige Bestimmung eines Gegenstandes der Wissenschaft, der nur von der Soziologie untersucht werden kann. Und hierbei geht es nicht um „Spekulation", wie Geiger sagt, sondern um einen „Forschungsgegenstand", der sich durch klare Definitionen einstellt und durch „Empirie und nichts als Empirie" untersucht werden muss. Das heißt: Bevor die Soziologie ihre Forschungen beginnen kann, muss der genuine Gegenstand der neu sich etablierenden Disziplin durch eine soziologische Theorie eindeutig bestimmt werden. Theoriestrategien zur Konturierung der neuen Wissenschaftsdisziplin Soziologie können folglich nur schwer vom Gegenstandsbezug der frühen soziologischen Theoriebildung getrennt werden, sie sind in den ersten Soziologien eng mit der Gegenstandsbestimmung verflochten.

Dies zeigt sich besonders deutlich in der Bestimmung des soziologischen Gegenstandes durch Émile Durkheim von 1894, die lange Zeit das Fach bestimmt hat und an die auch Geiger fast 40 Jahre später noch explizit anschließt:

> „Unsere Definition wird also weit genug sein, wenn sie sagt: Ein soziologischer Tatbestand ist jede mehr oder minder festgelegte Art des Handelns, die die Fähigkeit besitzt, auf den Einzelnen einen äußeren Zwang auszuüben; oder auch, die im Bereiche einer gegebenen Gesellschaft allgemein auftritt, wobei sie ein von ihren individuellen Äußerungen unabhängiges Eigenleben besitzt." (Durkheim 1984, S. 114)

Durkheim möchte etwas finden und schlüssig mit klar definierten Begriffen ausbuchstabieren, welches nur die Soziologie als ihren Gegenstand reklamieren kann. Denn mit der zitierten Aussage will Durkheim zur Eingrenzung der Soziologie als neue Wissenschaft einen genuin soziologischen Bereich der Wirklichkeit identifizieren, „eine Klasse von Tatbeständen von sehr speziellem Charakter" (ebd., S. 107). Sie „bestehen", so Durkheim weiter, „in besonderen Arten des Handelns, Denkens und Fühlens, die außerhalb der Einzelnen stehen und mit zwingender Gewalt ausgestattet sind, kraft deren sie sich ihnen aufdrängen" (Ebd.). Diese Kraft benennt er mit dem Begriff des sozialen Tatbestandes (fait sociaux).[5] Und mit diesem Begriff findet er eine wirkmächtige Formel zur Bestimmung des soziologischen Gegenstandes. „Sie bilden also das der Soziologie eigene Gebiet" (Ebd.). Damit ist die Soziologie als die exklusive Wissenschaft bestimmt, die sich dadurch unter anderem von der Individualpsychologie eines William James emanzipiert, indem sie *soziale Tatbestände* als ihr eigenes „Gebiet" bestimmt und untersucht.

---

[5] Durkheim spricht genau genommen von sozialen und nicht, wie es in der deutschen Übersetzung von René König heißt, von soziologischen Tatsachen oder Tatbeständen, denn es heißt im französischen Original von „*Les règles de la méthode sociologique*" „*faits sociaux*" und nicht etwa *faits sociologique*.

Wie sie Durkheim in seinem Buch über die „Regeln der soziologischen Methode" (Durkheim 1984) definiert, sind sie als „festgelegte Art des Handelns" (ebd., S. 114) äußerlich, weil sie den Menschen nicht angeboren sind, zwanghaft, weil sie auf Menschen einen moralischen Druck ausüben, allgemein und nicht universell, weil sie nicht der universellen Natur des Menschen innewohnen und dennoch für eine bestimmte Zeit in einer bestimmten Region allgemeine Gültigkeit haben, und unabhängig, weil sie nicht im Verhalten einzelner Individuen aufgehen oder sich durch ihre Praxis erschöpfen. Mit diesem Begriff des sozialen Tatbestands fasst Durkheim das Soziale, also die Sozialität, als eigenständigen Bereich der Realität, der sich weder auf physische, biologische oder psychische Faktoren zurückführen lässt, sondern die Sozialität als besondere Substanz der Wirklichkeit definiert, die mit den Mitteln der Soziologie als Wissenschaft untersucht werden muss. Deshalb lautet für ihn der erste methodologische Grundsatz der Soziologie, dass sich Sozialität nur durch soziale Gesetzmäßigkeiten erklären lässt. Die Sozialität ist eine Realität sui generis und die sozialen Tatbestände müssen deshalb in Analogie zum Gegenstand der bereits einige Jahrzehnte zuvor als akademische Disziplinen etablierten Naturwissenschaften – also die Wissenschaften von der empirisch auffindbaren physischen Welt – wie Dinge behandelt werden.

Mit diesem letzten Prinzip stellt sich Durkheim in eine positivistische Wissenschaftstradition, die erst mit der Aufklärung wirkmächtig wird, und betont, dass sich wissenschaftliche Erkenntnisse objektiv bestimmen lassen. Dieses Paradigma des Positivismus, das bereits Auguste Comte, der nach allgemeiner Überzeugung der erste ist, der den Begriff Soziologie verwendet,[6] für die Soziologie reklamiert hatte, wird nun von Durkheim erstmals systematisch auf den zuvor von ihm selbst definierten Gegenstand der Soziologie, also auf die sozialen Tatbestände, bezogen, um auf diese Weise Soziologie als wissenschaftliche Teildisziplin zu bestimmen, die nicht spekulativ, sondern mit Hilfe von wissenschaftlich abgesicherten und empirisch hervorgebrachten Erkenntnissen Aussagenzusammenhänge, also Theorien, über die Sozialität erzeugt. Es sind also nicht die Menschen, Tiere, physischen Dinge, Landschaften, chemischen Elemente etc., sondern so etwas wie die Verhältnisse, die zwischen den Menschen entstehen und mächtiger sind als diese, die als Gegenstand der Soziologie erscheinen und von Durkheim mit dem Begriff sozialer Tatbestand bezeichnet werden. Dieser Gedanke ist indes nicht neu, denn bereits Karl Marx hatte eine solche soziale Kraft „entdeckt", die nicht allein von den Individuen beherrscht werden kann, wenn er in seinen *Grundrissen der Kritik der politischen Ökonomie* aus dem Jahr 1859 schreibt: „Die Gesellschaft besteht nicht aus Individuen, sondern drückt die Summe

---

[6] Comte bezeichnet in der ersten Hälfte des 19. Jahrhunderts in seinem zwischen 1830 und 1842 erscheinendem sechsbändigen Hauptwerk *Course de philosophie positive* die soziale Physik (physique social) erstmals mit dem Begriff der Soziologie, die er als positive Philosophie sieht, weil sie sich gegen alle Metaphysik richtet und deshalb am Ende der drei Stadien der Menschheit vom *theologischen* über das *metaphysische* zum *positiven* steht. Die Soziologie ist für ihn in seiner Geschichtsphilosophie als positive *Philosophie* die höchste Form der Wissenschaft und damit die Vollendung der „Moderne". Siehe hierzu Comte (1974, S. 491, 500 und öfter). Dass wir heute Soziologie völlig anders verstehen, nämlich nicht mehr als höchste Form der Wissenschaft, sondern als *eine wichtige wissenschaftliche Disziplin unter vielen anderen*, zeigt einmal mehr die zeitliche Bedingtheit von Begriffsdefinitionen.

der Beziehungen, Verhältnisse aus, worin diese Individuen zueinander stehn." (Marx 2005, S. 189). Marx bestimmt unter Verwendung des Begriffs der *Gesellschaft* die Verhältnisse, womit er den Antagonismus zwischen Lohnarbeit und Kapital also die Produktionsverhältnisse meint, als etwas, das nicht so einfach von einzelnen Menschen allein beeinflusst werden kann, sehr wohl jedoch auf alle Menschen eine große Wirkung ausübt.

Die Verhältnisse werden mit Marx als gesellschaftliche verstehbar. Gesellschaft erscheint als etwas Mächtiges und avanciert so zu einem wichtigen Gegenstand der Wissenschaft, die Marx noch nicht Soziologie nennt, weil er sich etwa vom oben erwähnten Comte sehr deutlich abgrenzt, den er als Vertreter einer idealistischen Philosophie sieht, die Marx überwinden will. Dennoch wird die wissenschaftliche Vermessung der gesellschaftlichen Verhältnisse, die Marx dezidiert vornimmt, zu einer wichtigen Grundlage der sich am Ende des 19. Jahrhunderts bildenden Soziologie. Comte liefert indes nicht nur den Begriff zur Bezeichnung der neu entstehenden Wissenschaft, er gibt vor allem Durkheim die Möglichkeit, eine positivistische Wissenschaftsauffassung auf den Gegenstand der Soziologie anzuwenden. Auch Marx ist im Übrigen davon überzeugt, die kapitalistische Gesellschaft grundlegend vermessen und berechnen zu können, was dem zu dieser Zeit – Mitte des 19. Jahrhunderts – üblichen Wissenschaftsverständnis entspricht.

Die intensive Suche nach einem genuin soziologischen Gegenstand, die vor allem Durkheims Theorie bestimmt, erzeugt schnell, eigentlich bereits seit ihrem Beginn, Kontroversen. Dies lässt sich an der Theorie von Gabriel Tarde zeigen. Obwohl sich etwa sowohl Tönnies (1929, S. 181ff.) in einer Diskussion von Tardes *Gesetz der Nachahmung* (Tarde 2009), als auch Georg Simmel (vgl. 1995, S. 10) in seiner relativ prominenten Abhandlung über die Mode positiv auf Tardes Begriff der Nachahmung beziehen, ist seine Theorie in der Soziologie im Verlauf der Entwicklung des Fachs völlig vergessen worden. Dies steht im deutlichen Gegensatz zu Durkheim, der im Kanon der Soziologie als so etwas wie der Klassiker des Fachs überhaupt gilt (vgl. Delitz 2013, S. 11).[7] Er setzt sich in einer später durch Bruno Latour (vgl. 2007, S. 32ff.; 2009) wieder bekannt gemachten Kontroverse, die sich in zig Artikeln und Abhandlungen manifestiert (vgl. Delitz 2013, S. 50), unter anderem gegen die Ansichten von Tarde durch (vgl. auch Bommé 2009). Dieser frühe Disput der Soziologie, der sich, wie Latour (2009, S. 8) zu berichten weiß, auch situativ auf einer Vortragsveranstaltung in Paris des Jahres 1903 – also kurz vor dem Tod Tardes – ereignet, kreist vor allem um die Gegenstandsbestimmung des Fachs durch Durkheim, die Tarde als Verkürzung ablehnt. Er konstatiert, dass man mit dem Begriff der „sozialen Tatsache" bei der Bestimmung der Soziologie als Wissenschaft „nur dem Schatten nachjagt statt der Beute, und den Worten statt den Realitäten" (Tarde 2009, S. 25). Tarde hält den Begriff für eine wenig hilfreiche, gar unwissenschaftliche Konstruktion, die den Blick auf das verstellt, was sich der Soziologie als empirischer Forschungsgegenstand aufdrängt, nämlich Gesetzmäßigkeiten der Nachahmung, die das soziale Handeln durch Verkettung von einzelnen Akten auf Dauer stellen

---

[7] Heike Delitz schreibt in ihrer lesenswerten Einführung zu Durkheim, dass die Soziologie „[i]n ihm, durch ihn und zugleich gegen ihn denkt" (Delitz 2013, S. 11). Siehe zur Kanon-Kritik den Beitrag von Manuela Boatcă in diesem Band.

und dadurch stabilisieren. Gegen Tarde führt nun Durkheim sehr strikt aus, dass Tardes Begriff der Nachahmung, auf den er seine Soziologie aufbauen möchte, viel zu sehr der Psychologie entstamme und das menschliche Individuum in den Vordergrund stelle (vgl. Durkheim 1983, S. 132; 357f.), während der Begriff der sozialen Tatsache, wobei auch der „Selbstmord" als eine solche anzusehen ist (vgl. Durkheim 1983, S. 358), genuin soziologisch sei und deshalb den Gegenstand des Fachs deutlich besser definiere, indem er es etwa ermögliche, sich von der Psychologie abzugrenzen. Das strikte Diktum seiner Soziologie, eine reine soziale Wirklichkeit zu sehen, ist Durkheim wichtiger, als nach den empirischen Evidenzen zu suchen, die das Postulat der Nachahmung möglicherweise für die soziologische Forschung interessant machen könnte. Letzteres lehnt er deshalb ab, weil es „eine bloße Zusammenfassung dessen ist, was die Beobachtung unmittelbar darbietet" (Durkheim 1984, S. 112 FN), während sich seine Arbeit dagegen nun gerade darin auszeichnet, eine „Theorie" (ebd.) zu sein. Die empirische Evidenz steht für Durkheim nicht im Vordergrund, er opfert sie vielmehr zugunsten eines klaren theoretischen Systems, das dadurch genuin soziologisch werden soll, dass es einen exklusiven Gegenstand der Soziologie konstruiert. Heute kann diese Vorgehensweise, die sich zugunsten einer widerspruchsfreien Theoriebildung nicht primär um empirische Evidenz kümmert, mit gutem Grund infrage gestellt werden. Denn wie plausibel ist es denn eigentlich, soziale Tatbestände als etwas anzusehen, das außerhalb der Individuen liegt, wenn es dabei unter anderem auch um besondere Arten des „Denkens und Fühlens" geht, wie Durkheim (1984, S. 107) es selbst sagt? Solche Probleme des Begriffs treten angesichts der Dominanz der vielen Anhänger Durkheims im frühen französischen Diskurs der Soziologie – bekannt geworden unter dem Namen Durkheim-Schule (vgl. hierzu u. a. Möbius 2006, S. 75ff.) – immer mehr in den Hintergrund der Diskussion. Und Tarde macht es aus heutiger Sicht seinem Gegner Durkheim auch leicht im Streit über die begriffliche Definitionsmacht der neu entstehenden Soziologie, weil seine Schriften, wenn wir sie heute lesen, deutlich anachronistischer sind als die Durkheims.[8] Dieser Eindruck dürfte aber auch daher rühren, dass Durkheim und seine Schule die Begriffsbildung der Soziologie nachhaltig prägen, während Tardes Begriffe, die sich vorrangig auf die Identifikation von empirischen Tatsachen beziehen, bis vor kurzem völlig in Vergessenheit geraten, heute jedoch wieder ein gewisses Interesse bei einem bestimmten Teil der soziologischen Theoriebildung finden, der sich vor allem um die Akteur-Netzwerk-Theorie herum manifestiert (vgl. hierzu auch Latour 2009, S. 9ff.).

Für den hier verfolgten Zusammenhang ist an dieser vor einigen Jahren neu entdeckten Kontroverse der sehr frühen Soziologie vor allem interessant, dass sie verdeutlicht, wie sich die neu entstehende Wissenschaftsdisziplin um die vorletzte Jahrhundertwende mit einer Theoriekonstruktion etablieren will, die den Gegenstand des Faches auch gegen offensichtliche Ungereimtheiten über den Begriff des sozialen Tatbestandes exklusiv be-

---

[8] So schreibt Tarde (2009, S. 108) beispielsweise in seiner Soziologie der Nachahmung: „Gesellschaft, das ist die Imitation, und die Imitation ist eine Art des Somnambulismus." Wenn bedacht wird, dass Somnambulismus ein Begriff für Schlafwandeln ist, muss Heike Delitz (2013, S. 51) zugestimmt werden, wenn sie sagt: „Durkheim muss ihn gar nicht erst verzerren, um ihn lächerlich zu machen."

stimmt, um die soziologische Theorie genau darauf aufzubauen. Diese umstrittene Idee der sogenannten Durkheim-Schule ist bahnbrechend zur Etablierung der Soziologie als Wissenschaft, verstellt bis heute jedoch den Blick auf Aspekte der Wirklichkeit, die sich eben nicht mit dem Begriff des sozialen Tatbestands erfassen lassen und mit ihm nach Durkheims Postulat auch nicht erfasst werden sollen. Und dieses Diktum, das sich zwar gegen Tarde und andere durchzusetzen vermag und die soziologische Theorie bis heute mitbestimmt, bleibt, was im soziologischen Diskurs, der sich mit den hier umrissenen Kontroversen nachhaltig formiert, oft nur wenig beachtet wird, eigentlich von Beginn an umstritten, möglicherweise auch wegen des Mangels an Plausibilität, der dem Begriff des sozialen Tatbestands zweifellos attestiert werden muss.

Dies zeigt sich bereits wenige Jahre nach Tardes Tod und völlig unabhängig von seinen Schriften sehr gut am Werk von Marcel Mauss. Als Schüler und Neffe Durkheims, mit dem er dann später auch gemeinsame Publikationen verfasst – insofern ist er ein zentrales Mitglied der Durkheim-Schule – definiert er Sozialität als *totale* soziale Tatsache, die sich materiell manifestiert. Diese sehr kleine Ergänzung, die der oberflächlichen Betrachtung möglicherweise völlig entgeht, ist nun von zentraler Bedeutung, die aber im soziologischen Diskurs lange Zeit gar nicht als solche erkannt wird. Denn Mauss sucht ganz im Gegensatz zum frühen Durkheim nach den Verknüpfungen zwischen verschiedenen Tatsachen, die Sozialität hervorbringen. Nach Mauss ist es die Aufgabe der Soziologie, die sozialen Tatsachen morphologisch, statistisch und historisch zu untersuchen (vgl. Mauss 2010, S. 152). „Es gibt Dinge und Menschen, also Physikalisches, Materielles zunächst, sodann Zahlenmäßiges." (Mauss 2010, S. 151). Dieses Diktum erlaubt es ihm, das Physiologische als wichtigen Aspekt der Sozialität zu deuten (vgl. Mauss 2010, S. 153). Die „Physiologie" gehört nach Mauss zur „Wirkungsweise der Gesellschaft" (Mauss 2010, S. 151). Mit solchen Aussagen löst er sich eigentlich ganz offensichtlich von Durkheims Gegenstandsbestimmung der Soziologie, indem er Sozialität völlig neu fasst. Denn für Mauss sind die „soziologischen Phänomene … solche des Lebens" (Mauss 2010, S. 149). Folglich ist die „Soziologie […] ein Teil der Biologie, denn [sie] […] hat es mit Menschen aus Fleisch und Knochen zu tun, die leben oder gelebt haben" (Mauss 2010, S. 149). Die Soziologie ist demnach ein besonderer Teil der Anthropologie, die ein besonderer Teil der Biologie ist (vgl. Mauss 2010, S. 149).

Diese Charakterisierung des Fachs mag eine Soziologie zunächst befremden, die im Verlauf ihrer Geschichte immer mehr als Wissenschaft von der immateriellen Kommunikation, Interaktion oder der Verhältnisse erscheint und sich dadurch von anderen Wissenschaftsbereichen abzugrenzen versucht, was dazu führt, dass sie immer mehr den Bezug zu dem verliert, was praktisch geschieht, was sich also materiell ereignet. Denn gerade die strikte Trennung des soziologischen Gegenstandsbereiches von den Gegenstandsbereichen anderer Wissenschaften, die Durkheim mit dem Begriff der sozialen Tatsache so vehement betrieben hat, um die Soziologie als eigenständige Wissenschaft zu etablieren, hebt Mauss mit seiner neuen Begriffsfassung weitgehend auf. Totale soziale Tatsachen vereinigen oder versammeln unterschiedliche, von der Soziologie häufig auseinanderdefinierte Bereiche (religiöse, rechtliche und moralische, Politik und Familie etc.), sie sind keine Teilungs-, sondern vielmehr Versammlungsprinzipien der Sozialität. Sie sind immer Symbole, in denen sich diverse Aspekte versammeln, die in ihrem Zusammenwirken emergente praktische Effekte erzeugen, wie Mauss es für die Gabe als totale soziale Tatsache mit folgenden Worten präzise aussagt: „Die Worte, die Begrüßungen, die feierlich ausgetauschten, empfangenen und unter Strafe des Krieges obligatorisch erwiderten Geschenke, was sind sie anderes als Symbole?" (Mauss 2010, S. 163) Mauss gibt sich allerdings nicht mit der Identifikation symbolischer Formen zufrieden, sondern sucht vielmehr nach den praktischen, also materiellen, Vollzügen, welche die Symbole als totale soziale Tatsachen relevant und wirksam werden lassen.

Der Unterschied zwischen dem Symbolbegriff als totale soziale Tatsache von Mauss und dem Begriff der sozialen Tatsache von Durkheims ist folglich nicht etwa graduell, wie man zunächst meinen könnte, sondern fundamental. Denn der „größte Vorteil" des Begriffs der „totalen gesellschaftlichen Tatsachen" ist nach Mauss (2010, S. 139) „der der Realität: wir sehen die gesellschaftlichen Dinge selbst, konkret, so wie sie sind. Wir erfassen nicht nur Vorstellungen oder Regeln, sondern auch Menschen und Gruppen und ihre Verhaltensweisen. Wir sehen sie in Bewegung, so wie ein Mechaniker Massen und Systeme sieht, oder wie wir im Meer Polypen und Seerosen sehen. Wir entdecken Gruppen von Menschen und Triebkräfte, eingetaucht in ihr Milieu und ihre Gefühle." Und zur Untersuchung dieses „eingetaucht-Seins" ist nach Mauss alles möglich, wichtig ist nur, dass es eine nachweisbare Wirkung zwischen den verschiedenen Partikeln der Praxis gibt, in deren Zusammenwirken sich die Praxis entfaltet. Dazu gehören dann eben nicht nur die menschlichen Körper, sondern auch Landschaften, Gegenstände, Häuser, Zelte, Tiere, das Klima und das Wetter, Maschinen, Totempfähle und vieles mehr. Mit dieser Denkweise des Physischen will Mauss keineswegs die Bedeutung der Sozialität marginalisieren. Denn obwohl er sich dezidiert mit den physischen Dingen und den menschlichen Körpern (vgl. Mauss 2010, S. 199–220) beschäftigt, ist er zutiefst von der Wirksamkeit und der immensen Macht der Sozialität überzeugt. Indes überwindet Mauss, der sich ganz selbstbewusst als Soziologe sieht (siehe etwa Mauss 2010, S. 147f.), mit der Thematisierung von physischen Dingen und menschlichen Körpern die Grenzen der Disziplinen, vielleicht gerade, weil er sich vollends als Soziologe definiert.

Erst ein bewusstes Selbstverständnis, Soziologe und nichts anderes zu sein, erlaubt es Mauss, Themenbereiche zu erschließen, die von der Soziologie lange Zeit auch nach Mauss noch als Gegenstände anderer Disziplinen behandelt werden. Denn die Aussagen und Theoreme, die Marcel Mauss entwickelt und in das Zentrum seiner Soziologie stellt, werden in der soziologischen Theoriedebatte zum Teil bis heute marginalisiert. Mauss erscheint hier, wenn überhaupt, als Autor des berühmten Gabenessays, das jedoch selten dezidiert diskutiert, sondern eigentlich fast immer nur als vermeintlicher Gegenpol zur Theorie der kapitalistischen Tauschpraxis erwähnt wird. Dagegen zeigt sich in der Gegenwart vermehrt, etwa an der Theorierichtung des neuen Materialismus (vgl. hierzu Hoppe und Lemke 2021), die Aktualität gerade auch der Gegenstandsbestimmung der Soziologie durch Mauss. Denn im neuen Materialismus wird sehr klar gesagt, dass die Soziologie die Sozialität nicht immateriell, also in Abgrenzung zur physischen Welt der Dinge sowie der tierischen und menschlichen Körper definieren kann, sondern als eine Verflechtung verschiedener materieller Partikel verstehen sollte, die in ihrem Zusammenwirken Neues hervorbringen. Mauss kann so als Vordenker einer neuen Theorierichtung gesehen werden, die sich als verteilter

Materialismus (vgl. etwa Haraway 2018) immer mehr gegen Theorien durchzusetzen vermag, die sich, wie etwa die Systemtheorie Niklas Luhmanns, strikt an das Diktum Durkheims halten, die Sozialität substanziell als etwas zu definieren, das sich von allen anderen Bereichen der Wirklichkeit abgrenzen lässt und nur dadurch hinreichend verstanden werden kann.[9]

Gerade die Theorie von Marcel Mauss und ihre Wirkung zeigen somit verschiedene Merkmale der frühen Theoriebildung der Soziologie exemplarisch auf. Zum einen schließt Mauss an die diskursive Formation des sozialen Tatbestandes, die sich mit Durkheim und dessen Schule in die Soziologie einschreibt, explizit an, indem er den Begriff selbst verwendet, jedoch mit dem Adjektiv *total* um ein Detail erweitert, das den Bedeutungsgehalt der diskursiven Formation entscheidend verändert. Dies wird in der Soziologie zwar sehr lange weitgehend ignoriert. Hier herrscht die Bedeutung eines genuin zu bestimmenden Gegenstandes der soziologischen Wissenschaft bis weit in die zweite Hälfte des 20. Jahrhunderts vor, ohne dass dafür der Begriff des sozialen Tatbestandes zwingend verwendet wird, wie sich an Luhmanns Systemtheorie zeigen lässt. Trotzdem und gerade dadurch zeigt sich an den Theorievorgaben von Mauss, dass sich bestimmte Inhalte der Theoriebildung auch viele Jahre nach ihrer ersten Formulierung massiv im soziologischen Diskurs einschreiben können, der sich in der Gegenwart immer mehr von dem Diktum zu lösen weiß, die Soziologie mit einem exklusiven Gegenstand auszustatten, weil sie sich als Wissenschaft inzwischen irreversibel und hoch erfolgreich etabliert hat. Eine reine Soziologie, wie sie sich Tönnies vorstellte, oder einen genuin soziologischen Gegenstand, wie er in Durkheims Theorie und vielen ihrer expliziten Nachfolgetheorien definitorisch bestimmt wird, erscheinen der Soziologie heute eher als Hindernisse, weil sie den Herausforderungen der Gegenwart, die sich beispielsweise in der Klimakatastrophe gerade durch die Verflechtung der unterschiedlichsten Bereiche und Gegenstände auszeichnen, kaum noch gerecht zu werden vermögen. Die Soziologie setzt heute sehr häufig jenseits der Dichotomie von Natur und Kultur an.

Für die Zugänge zur soziologischen Theorie ist es folglich wichtig, deren herrschenden Paradigmen nicht gleich kritiklos zu folgen, sondern auch nach Alternativen in der Theorieanlage zu suchen. Die Vielfalt soziologischer Theoriebildung ist häufig größer, als der Mainstream der Theoriediskussion es vermuten lässt. Zudem machen die vielen vergessenen oder wenig bzw. verkürzt beachteten Theorierichtungen der frühen Soziologie von Tönnies über Tarde bis Mauss deutlich, dass die Suche nach einem genuinen Gegenstand des Fachs nicht zwangsläufig das Hauptproblem soziologischer Theoriebildung sein muss. Und dies gilt nicht erst heute, da die Soziologie sich als Disziplin der Wissenschaften etabliert hat und sich deshalb nicht mehr als neues Fach im Ensemble der wissenschaftlichen Disziplinen etablieren muss, sondern bereits seit der Entstehung der ersten Theorieansätze der Soziologie. Denn diese sind in der Gründungsphase des Fachs zwar stark darauf bezogen, die Soziologie als genuine Wissenschaft zu konturieren, was bereits zu Anfang des spezifisch soziologischen

---

[9] So sieht etwa Luhmann (vgl. vor allem 1984), der die soziologische Theoriedebatten der 1980er- und 1990er-Jahre stark mitbestimmt, die Verkettung von Kommunikationsakten in einem sozialen System als Sozialität an, die eben nur aus Kommunikation und aus nichts anderem besteht.

Diskurses von verschiedenen Seiten, etwa von Tarde und Mauss, entweder kritisiert oder überwunden wird. Außerdem gibt es weitere Problemlagen der jetzt von der Soziologie neu entdeckten Gesellschaft, an denen sich die soziologische Theoriebildung entfaltet. Und es ist notwendig, sich diesem Problemkomplex im nächsten Abschnitt zuzuwenden, um nicht nur soziologieinterne Antriebe der Theoriebildung zu diskutieren, sondern auch solche, die sich in den radikalen Veränderungen der Welt in der Zeit der Entstehung der Soziologie um die vorletzte Jahrhundertwende finden lassen.

## Frühe Theorien der Soziologie und das Problem der Gesellschaft

Zur Diskussion der frühen Problemlagen der Soziologie komme ich auf den bereits erwähnten Niklas Luhmann zurück. Für ihn ist „die ungesicherte Möglichkeit von Sozialität überhaupt eine die Disziplin konstituierende Problemstellung" (1981, S. 195). Und dieses Problem ist, so Luhmann weiter, „der allgemeinste semantische Bezugspunkt, über den die Disziplin verfügt" (ebd.). Demnach geht es in der frühen Soziologie also nicht nur darum, ein theoretisches Instrumentarium zu entwickeln, um die Sozialität als Gegenstand der Soziologie zu definieren. Außerdem erscheint der frühen Soziologie ihr eigener, von ihr selbst definierter Gegenstand selbst als Problem, an dem sich diskursive Formationen, die Luhmann semantische Bezugspunkte nennt, kristallisieren. Der Ausgangspunkt dafür kann mit Luhmann wie folgt bestimmt werden: „Die soziologische Klassik entsteht in einer Situation des Erschreckens über reale Folgen der neu entstehenden Industriegesellschaft, die jetzt, am Ende des 19. Jahrhunderts, nicht mehr nur von ihren Prinzipien und Aufbauintentionen her beurteilt werden kann." (Luhmann 1981, S. 247f.). In dieser Sicht auf die frühe Soziologie erscheinen ihr und ihrer Theoriebildung die Gesellschaft und mit ihr die Sozialität als etwas, das nicht allein von den einzelnen Menschen ausgehend beurteilt werden kann, weil jetzt wirksam sichtbar wird, dass sich Sozialität und Gesellschaft nicht darin erschöpfen, Produkte des Willens freier Menschen zu sein, wie es sich die Philosophie der Aufklärung noch vorgestellt hatte. Diese diskursive Formation entsteht vor allem in der Reflexion der Folgen der industriellen Revolution, die Marx dazu bewogen hatte, Gesellschaft aus den Produktionsverhältnissen abzuleiten. In einer solchen Denkweise erscheint der Soziologie so etwas wie der Gesellschaftsvertrag, den unter anderem der Aufklärungsphilosoph Jean Jacque Rousseau (vgl. 1996, S. 32 und öfter) als Lösung des Problems der sozialen Ordnung ansieht, weil hier freie Bürger durch einen Aushandlungsprozess gemeinsam entscheiden, wie sie zusammenleben wollen, als Folge der gesellschaftlichen Verhältnisse, also als sozialer Tatbestand, der ein Eigenleben besitzt, eine Kraft auf die Einzelnen ausübt und eben deshalb nicht auf den Willen der an ihm beteiligten Menschen zurückgeführt werden kann. Das Erschrecken über den Zerfall der traditionellen Ordnung ist eng verbunden mit dem Erstaunen über die Entstehung von etwas sehr Neuem, das bezeichnet werden muss und sich als *Gesellschaft* überall bemerkbar macht. Dieses Argument lässt sich an einer Aussage von Karl Mannheim, einem wichtigen Chronisten der deutschsprachigen Soziologie in der Zwischenkriegszeit, aus dem Jahr 1932 veranschaulichen:

„Das Aufkommen der soziologischen Lebensorientierung scheint zweifelsohne mit der Ausbreitung der demokratischen Gesellschaftsordnung zusammenzuhängen. Denn in demselben Maße, in dem der Bürger, im Gegensatz zur politischen Ordnung des fürstlichen Absolutismus, ein Mitbestimmungsrecht an der Regierung bekommt, scheint es immer wichtiger zu werden, ihn auch in die Lage der intellektuellen Beurteilung des politisch-sozialen Geschehenszusammenhangs zu setzen. Was das Bürgertum zunächst nur für sich erkämpft, wird später allmählich immer mehr Allgemeingut der sich ausweitenden sozialen Demokratie." (Mannheim 2019, S. 90)

Die soziologische Theorie, die für Mannheim nicht weniger als eine „soziologische Lebensorientierung" ist, entsteht mit dem Zerfall feudaler Herrschaftszusammenhänge, welcher das Problem sichtbar macht, wie denn eine Gesellschaft, die nicht auf Zwang und Herrschaft begründet ist, überhaupt gefasst werden kann. In einem solchen Zusammenhang erscheinen Gemeinschaft und Gesellschaft insbesondere dem bereits herangezogenen Tönnies (vgl. 1963) in seinem sehr frühen Grundlagenwerk der Soziologie als Gegensätze, Gesellschaft steht dabei für das Neue, das „Moderne", wobei Gemeinschaft als eine traditionelle Form der Sozialität erscheint, die sich mit dem Aufkommen der „Moderne" grundlegend wandelt. Dieser Art der Problemdefinition der frühen europäischen Soziologie, die eine „moderne Gesellschaft" als Gegenstand definiert, ist eine spezifische Friedenssehnsucht immanent, die sich unter anderem bei Durkheim (vgl. 1992, S. 111ff. und öfter) findet, der die arbeitsteilige Differenzierung der Gesellschaft nicht ohne eine Moralökonomie denken konnte und seine Soziologie in großen Teilen auch deshalb formuliert, daran mitzuhelfen, dass eine neue Moralität entsteht, die ein friedliches und geordnetes Zusammenleben möglich macht. Bei solchen und ähnlichen Aufgabenbeschreibungen der Soziologie geht es darum, dass die soziale Ordnung der Gesellschaft als kontingent erfahren wird, also als etwas, das sich sehr unterschiedlich ausformen kann und deshalb in permanenter Gefahr zu sein scheint. Und die scheinbar alles entscheidende Frage der frühen Soziologie, wie Gesellschaft denn überhaupt noch möglich ist, wenn deren Ordnung nicht mehr durch feudale Herrschaft absolutistisch erzwungen wird, sondern vom Willen der Einzelnen abhängt, der neue soziale Tatbestände wie den Gesellschaftsvertrag hervorbringt, wird auch als die Frage danach formuliert, wie Menschen, die sich gegenseitig völlig fremd sind, dauerhafte soziale Beziehungen miteinander eingehen können. Das Problem der sozialen Ordnung der „modernen" Gesellschaft bezieht sich somit nicht nur auf das gesellschaftliche Ganze, sondern auch auf die sozialen Nahbeziehungen zwischen anwesenden Menschen, die gemeinhin und bis heute als Interaktionen bezeichnet werden.

Dies lässt sich an Georg Simmels frühen Text unter der Frage: „Wie ist Gesellschaft möglich?" (Simmel 1992, S. 42), veranschaulichen. Simmel, der in der Gründungsphase der Soziologie eine Randfigur ist, inzwischen jedoch dem soziologischen Kanon als einer der wichtigsten Klassiker der Soziologie gilt, meint, wie er hier ausführt, ein „soziologisches Apriori" (ebd., S. 56) gefunden zu haben, welches sich im „Sein für sie und im Sein für sich" (ebd.) gründet. Gemeint ist, „dass das Innerhalb und Außerhalb zwischen Individuum und Gesellschaft nicht zwei nebeneinander bestehende Bestimmungen sind" (ebd.), wobei Simmel nicht versäumt, darauf hinzuweisen, dass es pathologische – Durkheim würde sagen: anomische – Ausformungen dieses Verhältnisses geben kann, die „sich bis zur gegenseitigen

Feindseligkeit entwickeln können" (ebd.). Die Gleichzeitigkeit von beiden Seiten der Dichotomie, also die stetige Verflechtung beider Seiten, ist für Simmel jedoch grundlegend, weil die Gesellschaft nach ihm aus solchen Menschen besteht, „die sich einerseits als völlig soziale Existenzen, andererseits, den gleichen Inhalt bewahrend, als völlig personale empfinden" (ebd.). Menschen bilden demnach die Gesellschaft als geordnetes Zusammenleben nur deshalb, weil sie sozialisiert sind und gleichzeitig nie vollständig in die Gesellschaft aufgehen. Sozialität und Gesellschaft sind nie identisch mit den Individuen, die die Gesellschaft in ihrer wechselseitigen Verflechtung bilden.

Mit einer solchen Konstruktion entstehen nun weitreichende Forschungsfragen für die Soziologie, welche die Theoriebildung sehr stark affizieren. Zum einen lässt sich jetzt nämlich fragen, wie die Gesellschaft, mit Simmel das „Apriori der empirischen Gesellschaft" (ebd.), als alles umfassende Form der Sozialität gefasst werden kann, zum anderen wird es jetzt auch zu einer Forschungsfrage, wie sich die Einzelnen nicht nur zu dieser Gesellschaft in Beziehung setzen lassen, sondern auch wie diese sozialisierten Individuen dauerhaft miteinander interagieren, wie sie also dauerhafte soziale Beziehungen miteinander eingehen können, so dass messbare *Wechselwirkungen*, wie es Simmel nennt, zwischen ihnen entstehen. Dem entsprechend thematisiert das gesamte Grundlagenwerk Simmels (1992) mit dem Titel „Soziologie. Untersuchungen über die Formen der Vergesellschaftung" aus dem Jahr 1908 nicht nur Fragen der Wechselwirkung zwischen Individuen, Gruppen und sozialen Kreisen, sondern auch solche der gesellschaftlichen Erscheinungsformen etwa in räumlichen Ordnungen oder in verschiedenen Ausformungen der Über- und Unterordnung von Menschengruppen. Dieses von Simmel aufgeführte Spektrum soziologischer Forschung und Theoriebildung lässt sich jetzt, nachdem die Problemlage als soziologisches Apriori zwischen Individualität und Gesellschaft einmal theoretisch gehaltvoll formuliert ist, um vielfältige Themenkomplexe erweitern. Und die Soziologie nutzt diese Möglichkeiten dann auch, wie sich an dem Themenspektrum des ersten deutschen Handwörterbuchs der Soziologie aus dem Jahr 1931 ablesen lässt (vgl. Vierkandt 1931).[10]

Dazu passt auch die Haltung, die viele Lehrende der Soziologie in der Weimarer Republik einnehmen. In seinem viel beachteten und oben bereits zitierten Vortrag von 1932 – gehalten vor „reichsdeutschen Soziologiedozenten" – sagt Karl Mannheim wegweisend – allerdings erst für die Soziologie nach 1945[11] – zu den „Gegenwartsaufgaben der Soziologie" (so der Titel des Vortrags):

---

[10] Der so genannte Vierkandt, noch in der Nachkriegszeit des zweiten Weltkrieges in Deutschland ein Grundlagenwerk der Soziologie, zeichnet sich durch einige gravierende Schwächen und Verkürzungen aus, die das Buch heute anachronistisch erscheinen lassen. Neben der fast völligen Ignoranz gegenüber faschistischen Machtbestrebungen (mit fatalen Folgen) ist ein weiterer Schwachpunkt, dass hier eine systematische Marginalisierung von Frauen in der Soziologie betrieben wird, wie kürzlich Nicole Holzhauser (vgl. 2018) überzeugend nachgezeichnet hat.

[11] Dass sich gerade in Deutschland die Soziologie nach 1933 durch die NS-Diktatur quasi auflöst, muss hier sehr deutlich gesagt, kann aber nicht weiter erörtert werden, weil dies den Rahmen des vorliegenden Textes sprengt.

„Die Kunst des Soziologen besteht eben darin, über die Themen größter Aktualität und Dringlichkeit so zu reden, dass man alles Wissbare, das zur richtigen Beurteilung der Materie nötig ist, mitteilt, auch die Entscheidungsmöglichkeiten in ihrem ursprünglichen Zusammenhang vorträgt, aber so, dass man auch die eigene Meinung als Lehrer zur Diskussion stellt." (Mannheim 2019, S. 91f.)

Und diese Probleme werden in vielfältiger Weise definiert und als genuine Forschungsfragen der Soziologie gefasst. Dabei geht es um viele der Themen, welche die Soziologie bis heute in ihrer Vielfältigkeit als Wissenschaft auszeichnen. Von der Familiensoziologie über die Soziologie sozialer Ungleichheit bis zur Soziologie der Gesellschaft erscheint das Spektrum der Soziologie, und die Frage der frühen Soziologie danach, wie Gesellschaft und soziale Ordnung möglich sind und bleiben, stellt dabei so etwas wie den diskursiven Pfeiler dar, an den sich die speziellen Fragen der Soziologie als aufstrebende Wissenschaftsdisziplin anlehnen können. Dabei ist auch die Kritik an der gegenwärtigen Gesellschaft Teil dieses diskursiven Pfeilers, weil nur in der kritischen Theorie über die Gesellschaft ihre ordnenden und disziplinierenden Wirkungen aufgedeckt und hinterfragt werden können (vgl. hierzu Hillebrandt 1997). Dies ist verbunden mit der Suche nach Auswegen aus der Gesellschaft in Kunst, Ästhetik, Geselligkeit etc. Die gesamte kritische Theorie der Soziologie, die bis heute sehr vielfältig ausformuliert wird, entsteht auf der Grundlage der Definition gesellschaftlicher Problemlagen. Die so genannten Grundfragen der Soziologie, die sich in der Gründungsphase der Disziplin bilden und diese Problemlagen diskursiv formieren, werden anders gesagt zu Kristallisationspunkten der zum Teil eben auch kritischen Theoriebildung. Denn es ist jetzt nicht mehr selbstverständlich, wer mit wem dauerhafte Beziehungen eingeht bzw. eingehen kann. Auch die soziale Ordnung erscheint der frühen Soziologie nicht mehr als etwas Selbstverständliches, das durch eine feststehende Autorität dauerhaft gewährleistet wird.[12]

Genau diese und andere Problemkonstruktionen der Soziologie können nun sehr unterschiedlich interpretiert werden. Wird im Anschluss an Durkheim eine exklusive Gegenstandsbestimmung der Soziologie weiterhin nicht nur für möglich gehalten, sondern auch angestrebt, kann am Ende nur gesagt werden, dass die Soziologie einen einzigen Gegenstand habe, den sie je nach Theorierichtung unterschiedlich bezeichnet. Und die Problemdefinitionen schließen daran an, sie sind dann diskursive Formationen, die sich aus der Gegenstandsbestimmung ergeben. Dies geschieht in den meisten Lehrbüchern der Soziologie. Dagegen möchte ich jedoch betonen, dass die Soziologie über ihre frühen Problemdefinitionen verschiedene Gegenstände des Fachs konstruiert, die aus den verschiedenen Theorieanlagen he-

---

[12] Wie ich an anderer Stelle (vgl. Hillebrandt 2018: 26f.) gezeigt habe, firmieren hier neben den beiden Fragen danach, wie soziale Ordnung möglich ist und wie sich gegenseitig unbekannte Menschen dauerhafte soziale Beziehungen miteinander eingehen können, regelmäßig vier weitere Fragen: Wie ist das Verhältnis von Mensch und Gesellschaft zu fassen? Wie lässt sich gesellschaftlicher Wandel fassen? Wie lässt sich das Verhältnis zwischen der Mikro- und Makro-Ebene der Sozialität fassen? Wie kann Kritik an der Gesellschaft geübt werden? Im Angesicht der soziologischen Theorieentwicklungen der letzten Jahrzehnte müssen diese Fragen m.E. ganz neu formuliert werden. Siehe hierzu Hillebrandt (2018, S. 139f.).

raus unterschiedlich gedeutet und untersucht werden. Diese Sichtweise auf die soziologische Theoriebildung lässt etwa das weit verbreitete Diktum Luhmanns in einem kritischen Licht erscheinen, nach dem mit dem Ordnungsproblem, das die Soziologie vielfältig diskursiv formiert, die soziologische Theoriebildung „ihr eigener Adressat" (Luhmann 1981, S. 252) wird und dass genau das die entscheidende Garantie für den selbstreferentiellen Fortbestand der Soziologie als Wissenschaft sei. Dies kann auch ganz anders gesehen werden. Denn die „Sicherung bürgerlicher Herrschaft, zuerst gegen feudalabsolutistische Restaurationsversuche, in zunehmendem Maße aber gegen revolutionäre proletarische Emanzipationsbewegungen, ist das Motiv der aus der ‚großen Krise' entstandenen Gesellschaftswissenschaft." (Siegrist 1994, S. 28). Die Soziologie erscheint mit anderen Worten immer mehr als konservative Wissenschaft, die in revolutionären Zeiten die bestehende Ordnung sichern will, weil alles andere in eine gesellschaftliche Katastrophe münden würde. Ein exemplarisches Beispiel dafür ist nun gerade die soziologische Systemtheorie Luhmanns, die mit dem Diktum funktionaler Differenzierung Ordnung in ständiger Bewegung suggeriert.

Die Soziologie erscheint in ihren frühen Problemdefinitionen, die sich aus ihrer frühen Grundfrage nach der Möglichkeit sozialer Ordnung überhaupt ergeben, als eine genuin eurozentrische Wissenschaft. Sie entsteht aus der und in Abgrenzung zur europäischen Aufklärung, formt sich über die industrielle Revolution und sieht dementsprechende Problemlagen, die sich auf die Spannungsverhältnisse und Krisen ausrichten, die in den europäischen Staaten der von der Soziologie so genannten Moderne identifiziert werden können: Säkularisierung der christlichen Religion, Neuformierung der Produktionsverhältnisse durch kapitalistische Industrialisierung der Arbeit, durch die kapitalistischen Produktionsverhältnisse entstehende soziale Ungleichheit, Gewaltmonopol und demokratische Verfasstheit der Staaten, Ausdifferenzierung eines Rechtssystems und anderer gesellschaftlicher Funktionssysteme, Entstehung eines typisch „modernen" Lebensstils der individuellen Lebensgestaltung etc. Leicht werden diese Problemdefinitionen auf den Rest der Welt übertragen, vor allem in so genannten Modernisierungstheorien, die im Anschluss an Max Webers (vgl. 1988) Kapitalismusthese eine weltweite Ausbreitung der europäischen Strukturmerkmale annehmen.[13] Dies ist jedoch nicht das einzige Gründungsnarrativ der frühen Soziologie, sie sieht auch andere, nicht eurozentrische, vom soziologischen Mainstream lange Zeit unbeachtete Problemlagen, wie ich im Folgenden zeigen möchte.

---

[13] Siehe zur Kritik an den „Modernitätsnarrativen" der Soziologie Hillebrandt (2010). Frantz Fanon sieht bereits 1960 die Ignoranz der Soziologie gegenüber dem globalen Süden und plädiert für einen Perspektivwechsel zu einem Jenseits des kolonialen Zeitalters: „Wenn man an die für die koloniale Epoche so charakteristischen Anstrengungen denkt, die kulturelle Selbstentfremdung der Eingeborenen herbeizuführen, begreift man, dass nichts zufällig geschehen ist: es war das von der Kolonialherrschaft angestrebte Ziel, den Eingeborenen einzuhämmern, der Kolonialismus müsse sie aus der Nacht herausreißen, und der Weggang des Kolonialherrn würde für sie die Rückkehr zu Barbarei, Vertierung und ‚Encanaillement' [Verlust des Ansehens; F.H.] bedeuten." (Fanon 1981, S. 178ff.). Stattdessen kommt es nach Fanon darauf an, die besondere kulturelle Identität und Praxis der Menschen in den Regionen des globalen Südens jenseits des Kolonialismus soziologisch zu identifizieren. Die postkoloniale Soziologie nimmt sich dieser Aufgabe in vielschichtiger Form an. Siehe hierzu den Beitrag von Anna Daniel in diesem Band.

Große Teile der frühen Soziologie in Europa mag die Problemdefinition der Soziologie von W. E. Burghardt Du Bois, der die US-Amerikanische Staatsbürgerschaft am Ende seines Lebens (1961) gegen die Ghanaische eintauscht, befremdlich erscheinen, die er in den ersten Sätzen seines Vorworts zu dem in den USA 1903 erschienenen Buch mit dem Titel: *The Soul of Black Folk* formuliert:

> „Herein lie buried many things which if read with patience may show the strange meaning of being black here at the dawning of the Twentieth Century. This meaning is not without interest to you, Gentle Reader; for the problem of the Twentieth Century is the problem of the color-line." (Du Bois 1903, S. VII)

Die Texte, mit denen uns Du Bois von der Vehemenz der Problemlage überzeugen möchte, die er die „colorline" nennt, womit er die Segregation der *schwarzen* Bevölkerung von der *weißen* Mehrheitsgesellschaft in den USA meint, muten nun alles andere als soziologisch an. Du Bois verfolgt offensichtlich einen völlig anderen Soziologiestil als seine europäischen Kollegen, wobei er mit Max Weber, den er bei seinem ersten Deutschlandaufenthalt um 1900 in Berlin kennenlernt, eng bekannt ist, wie überlieferte Briefwechsel sehr gut dokumentieren. Er entwirft in seinem bekanntesten Buch, aus dem das Eingangszitat stammt, Skizzen der Lebenswirklichkeit von Afroamerikaner*innen, die zeigen, wie sehr die Grenze zwischen den Ethnien, die kulturell erzeugt ist, in den USA das Leben der Menschen bestimmt. Gleichsam zeigt er auch durch eine Rezitation von Songs der US-amerikanischen Sklaven, die er den einzelnen Episoden des Buches jeweils voranstellt, wie stark die Kultur der afroamerikanischen Bevölkerung der USA sich als eigenständiger Forschungsgegenstand begreifen lässt. Die Erzählungen weisen mit Nachdruck auf die kulturellen Leistungen dieser von der Klassik der Soziologie weitgehend ignorierten Bevölkerungsgruppe hin, so dass nicht nur deutlich wird, wie stark sich die ethnische Differenz in der US-Gesellschaft manifestiert, sondern auch, welche Formen der kulturellen Identität gerade die unterprivilegierte Bevölkerungsgruppe, also der benachteiligte Teil der Differenz zwischen schwarz und weiß, eigenständig erzeugt. Und die Problemlage der ethnischen Differenzierung einer Gesellschaft, die von den kanonisierten Klassikern der Soziologie, die alle Zeitgenossen Du Bois' sind, völlig ignoriert wird, erweist sich tatsächlich als sehr prägend für die Gesellschaft nicht nur in den USA. Ganz in diesem Sinne verdeutlicht Du Bois auch den Europäern das Problem der rassistischen Distinktion. Auf einer Europareise, die ihn 1936 auch zu den Olympischen Spielen nach Berlin führt, versucht er die „Colorline" in Europa mit der in den USA zu vergleichen. Dabei spürt er die Folgen einer rassistischen Politik durch das Naziregime auf. Sein Bericht über diese Reise (vgl. Du Bois 2022) wird erst 2022 als einzige seiner Schriften ins Deutsche übersetzt. Hier zeigt er verschiedene Ausformungen seines als zentral definierten Problems der Gegenwartsgesellschaft auf. Dies gelingt ihm nicht durch eine klar definierte soziologische Theorie, sondern mit Hilfe eines Reiseberichts, der tiefe Einblicke in die rassistische Kultur Europas der 1930er-Jahre liefert. Nicht nur in diesem Buch, sondern in all seinen Schriften gelingt es Du Bois eindringlich, ein Problem der Gegenwartsgesellschaft mit den Mitteln der kulturellen Erzählung zu bestimmen, welches fast allen anderen Klassikern der Soziologie völlig fremd ist. Dabei sieht sich Du Bois als Chronist der Lebenswirklichkeit von Menschen, die durch die ethnischen Grenzen kaum oder gar nicht in der Lage sind, sich als Bevölkerungsgruppe wirkmächtig zu artikulieren, obwohl oder gerade weil sie eine eigene Kultur kreieren, die in der Mehrheitsgesellschaft jedoch nicht nur ignoriert, sondern zuweilen auch bekämpft wird. Genau hierin, also in der Sensibilität für die spezifischen Lebenswirklichkeiten, liegt die bahnbrechende Stärke des Werkes von Du Bois. Nicht nur, dass er für eine gesellschaftliche Struktur, nämlich die der ethnischen Grenzen, sensibilisiert, er spricht der Soziologie zudem Aufgaben zu, die die europäischen Klassiker des Fachs völlig ignorieren. Denn es geht ihm darum, die Soziologie als eine Wissenschaft zu etablieren, die sich der Alltagsprobleme der Menschen annimmt und diese in einen soziologischen Rahmen stellt. Nur so können diese Probleme hinreichend genau erkannt und einer Lösung zugeführt werden.

Diese Ausrichtung der Problemdefinition der frühen Soziologie findet sich in ähnlicher Weise bei einer weiteren weitgehend vergessenen Klassikerin des Fachs, Jane Addams. Nicht nur, dass diese als Sozialreformerin bekannte Soziologin ähnlich wie Du Bois andere Problemlagen sieht als ihre europäischen Zeitgenossen wie Durkheim und Weber, sie beeinflusst auch eine Keimzelle der US-amerikanischen Soziologie in Chicago nachhaltig, wie Mary Jo Deegan (vgl. 1988) nachzeichnet. George Herbert Mead, unumstritten der wichtigste Klassiker der Chicago-School der Soziologie und enger Freund von Addams, rezensiert ihr zweites Hauptwerk „The New Ideals of Peace" (Addams 1907) und schreibt, dass Addams in ihrer Abhandlung sieht, „welche großen Verluste das Gemeinwesen aufgrund des mangelnden Verständnisses für die Einwanderer erleidet" (Mead 1983, S. 384). Wanderungsbewegungen, die Addams im Einklang mit vielen Teilen der frühen Soziologie als direkte Folge der Industrialisierung sieht, werden von ihr nicht als Probleme behandelt, die sich durch staatliche Verwaltungen oder demokratische Verfassungen von Staaten lösen lassen. Sie sind für Addams vorrangig Merkmale der „Gemeinwesen", die zu neuen Formen der Kooperation und Zusammenarbeit in den Großstädten der industriellen Gesellschaft führen müssen, damit ein friedliches Zusammenleben entstehen kann. Der vorwiegend aus militärischen Prinzipien geformte Staat (vgl. Addams 1907, S. 31ff.) kann dieses friedliche Zusammenleben zwischen verschiedenen Bevölkerungsgruppen nicht herstellen. Dazu bedarf es einer durch die Soziologie geförderten Gemeinschaftsbildung, die in neuen Formen der selbstbestimmten Arbeit zur Entfaltung kommt. Industrielle Ausbeutung und entsprechende Lohnarbeit sieht sie dabei nicht als Bestandteile des friedlichen Gemeinwesens an, sondern als Folgen der Industrialisierung, die über eine neue Gemeinschaftsbildung überwunden werden können.

Mit solchen und ähnlichen Ideen richtet Jane Addams die Aufmerksamkeit ihrer Soziologie ganz konkret auf die spezifischen Formen der Sozialität in der alltäglichen Lebenswirklichkeit der Menschen, was Mead sehr wohl zu schätzen weiß, wenn er in seinem Kommentar folgendes notiert: Wir „können vielleicht nirgendwo die gesellschaftsbezogene Perspektive, die wir einnehmen müssen, mit so viel innerer Notwendigkeit dargestellt finden wie hier. Es handelt sich dabei nicht um die Notwendigkeit einer Deduktion, sondern um die der unmittelbaren Wirklichkeit." (Mead 1983, S. 390). Addams geht es, wie Mead sehr richtig erkennt, nicht so sehr um die Untersuchung der alles umgreifenden Strukturen, welche die Gesellschaft allein bestimmen. Diese geraten nur dann in ihren Blick, wenn sie massiven Einfluss auf die Lebenswirklichkeit der Menschen haben, wie etwa die Reste des Militarismus in den Stadtverwaltungen der USA nach dem Bürgerkrieg. Vorrangig untersucht Addams die Formen der Sozialität, die im Zusammenleben der verschiedenen Gruppen einer industriell geprägten Großstadt wie Chicago – ihrer Wirkungsstätte – entstehen und die sich eben nicht aus einer *Deduktion* alles umgreifender Gesellschaftsmerkmale erschließen, sondern nur *induktiv* in der soziologischen Erfassung der Lebenswirklichkeit der Menschen. Addams findet so etwa Formen der Selbstregierung und der Gewerkschaftsbildung, die sich nicht als Epiphänomene umfassender Strukturen verstehen lassen (vgl. etwa Addams 1907, S. 91ff.). Und diese spezifische Sichtweise auf die Sozialität, die sich deutlich von der der europäischen Klassiker des Fachs unterscheidet, ist am Ende die Konsequenz einer neuen, am Gemeinwesen orientierten Vorstellung von Ethik und Demokratie, die Addams bereits 1902 in ihrem ersten Hauptwerk als etwas umreißt, welches sich nur durch eine entsprechende Praxis der sozialen Arbeit in den einzelnen Gemeinden der industriell geprägten Großstadt einstellen wird (vgl. Addams 2023).

Im hier verfolgten Zusammenhang wird am Werk von Addams deutlich, wie sehr der symbolische Interaktionismus Meads aus den grundlegenden soziologischen Ideen von Addams abgeleitet ist. Denn auch Mead sieht mit großer Skepsis auf große Gesellschaftsentwürfe der sozialen Arbeitsteilung und der sozialen Differenzierung. Seine pragmatische Perspektive ist die der Interaktion, die Beziehungsgeflechte aus der Perspektive der Handelnden, die mit ihren Handlungen Probleme lösen, untersuchen will, um daraus dann erst im zweiten Schritt gegebenenfalls allgemeine Regeln und Gesetze der Sozialität abzuleiten.[14] Außerdem zeigt der Soziologiestil einer Jane Addams soziologische Problemlagen auf, die der deutschen und kontinentaleuropäischen Soziologie noch viele Jahre fremd bleiben.[15] Ihr geht es um die Herstellung friedlicher Gemeinschaften in den industriell geprägten Großstädten, wobei sie ihre Heimatstadt Chicago als großes Forschungslabor versteht. Sie sieht Frieden nicht als Zustand zwischen den Nationalstaaten, sondern als etwas, das sich im Zusammenleben der Menschen einstellen muss. Zur soziologischen Bearbeitung dieses Problems der Befriedung von Nachbarschaften empfiehlt sie eine genaue Untersuchung der Lebenswirklichkeit der Menschen in ihren Quartieren. Dies ist eine Perspektive, die sich in der US-amerikanischen Soziologie zu einem Gründungsnarrativ entwickelt, welches in Europa bis heute weitgehend ignoriert wird. Hier firmiert Addams, wenn überhaupt, als eine Pionierin der Sozialarbeit,[16] als klassische Soziologin

---

[14] Siehe zum Pragmatismus als soziologische Theorierichtung auch den Beitrag von Rainer Diaz-Bone in diesem Band.

[15] In Großbritannien gründet sich die frühe Soziologie der vorletzten Jahrhundertwende sehr stark in der Armutsforschung und -statistik, was der Perspektive von Jane Addams dann noch eher entspricht.

[16] Diese Intention verfolgen auch Markus Hundeck und Eric Mührel als Herausgeber von *Demokratie und Soziale Ethik* (Addams 2023), dem bisher einzigen Werk von Addams, das ins Deutsche übersetzt ist.

wird sie kaum rezipiert. Dabei weist sie der soziologischen Stadtteil- und Armutsforschung wichtige Wege, die in den USA wie selbstverständlich gegangen (vgl. etwa Whyte 1949; Wilson 1985), in Europa jedoch bis heute weitgehend ignoriert werden.

Das Beispiel der Sozialreformerin Jane Addams ist nun noch in weiteren Hinsichten interessant für die Gründungsphase der Soziologie. Einmal verfolgt Addams eine frauenrechtliche Soziologie, die Frauen als gesellschaftliche Gruppe definiert und diese dann als soziologischen Forschungsgegenstand etabliert. Außerdem ist es nun gerade die auf soziale Probleme ausgerichtete Erforschung der Lebenswirklichkeit von Menschen, die sich auch in Europa – genau gesagt in Wien – der Nachkriegszeit des ersten Weltkrieges allerdings unabhängig von Jane Addams Vorarbeiten als soziologische Problemdefinition artikuliert, ebenfalls weitgehend unbemerkt von den kanonisierten Klassikern der Soziologie. Denn auch die Pionierin der qualitativen Sozialforschung Marie Jahoda nimmt die realen Probleme der Menschen in den soziologischen Blick. Ihr geht es dabei vor allem darum, die Menschen zum Sprechen zu bringen, die soziologischen Probleme also nicht abstrakt zu bestimmen, sondern methodisch als Artikulationen der Menschen zu erheben. Dabei will sie die Lebenswirklichkeit der arbeitenden Klasse nicht nur abstrakt aus den Produktionsverhältnissen ableiten, sondern stattdessen als etwas bestimmen, welches in der Praxis der Menschen als kreative Leistung entsteht.[17]

Dies ist der Versuch einer qualitativen „Soziographie", die sich zunächst nicht gegen die großen Theorie- und Erzählformen der frühen Soziologie durchsetzen kann, was sich allerdings im Verlauf der Entwicklung der Soziologie ändert. Denn das Soziologie-Prinzip der Soziographie wird später zum Vorbild für viele Forscher*innen. Die Studie zu den „Arbeitslosen von Marienthal", die Jahoda zusammen mit Paul Lazarsfeld und Hans Zeisel ganz im Sinne ihrer in den 1920er-Jahren erstellten Arbeit zur arbeitenden Klasse bereits wenig später zu langandauernder Arbeitslosigkeit durchführt, ist seit 1960, dem Erscheinungsjahrzehnt der zweiten Auflage der Studie (vgl. Jahoda et al. 1975), ein bahnbrechender Ausgangspunkt für viele qualitative Forschungsarbeiten der Soziologie. Sie gilt heute als der Gründungstext der qualitativen Sozialforschung, weil hier die Lebenswirklichkeit der Gruppe der Langzeitarbeitslosen nicht nur quantitativ vermessen, sondern auch als etwas beschrieben wird, das eine besondere Qualität hat. Dabei wird klar herausgestellt, dass es nicht nur lohnt, diese Qualität zu identifizieren, es wird vielmehr als zwingend erkannt, diese zu begreifen, um Arbeitslosigkeit soziologisch erfassen zu können. Dazu reichen Statistiken, wie heute kaum noch bestritten werden wird, nicht aus. Soziologische Theoriebildung muss, so die zweite wichtige Lehre aus der Studie von Jahoda et al., immer an die empirische Wirklichkeit gekoppelt werden, genauso wie empirische Forschung immer mit den soziologischen Theorien korrespondieren muss, die den Forschungen den Weg weisen. Jahodas Forschungsarbeit ist

---

[17] Ihre 1932 eingereichte Dissertation über *Lebensgeschichtliche Protokolle der arbeitenden Klasse* (Jahoda 2017), die sich genau damit beschäftigt, bleibt bemerkenswerterweise bis zum Jahr 2017 unveröffentlicht. Die Ausgabe von 2017 ist ein sehr interessantes und wichtiges Buch, weil hier nicht nur der Text Jahodas, sondern auch die Begleitumstände ihrer Arbeit in den 1920er-Jahren umsichtig nachgezeichnet und soziologisch diskutiert werden.

folglich auch für den hier verfolgten Zusammenhang höchst relevant. Zudem zeigt sich an diesem bahnbrechenden Diktum der Soziographie: In der Soziologie verbergen sich viele verschiedene Problemdefinitionen des Fachs, die entweder völlig in Vergessenheit geraten oder aber, wie in den von mir nachgezeichneten Fällen, im späteren Verlauf des soziologischen Diskurses entdeckt und weiterentwickelt werden. Ein genauer Blick auf die Geschichte des Fachs ist also sehr lohnend, um die Vielfalt soziologischer Theorie und Denkweise nicht nur zu identifizieren, sondern auch als zu elaborierender Ausgangspunkt für eigene Theorien zu verstehen.

## Schluss

Die genealogische Reise an die Anfänge der Soziologie und ihrer Theoriebildung sensibilisiert dafür, wie sich die Soziologie über Theoriediskussionen als Wissenschaft etabliert. Deutlich wird in meiner selektiven Rekonstruktion dieser frühen Theoriediskussionen des Fachs zunächst einmal eins: Theorien der Soziologie sind seit ihren Anfängen kontrovers diskutiert, auch wenn in Lehrbüchern bezüglich der soziologischen Klassik oft der Eindruck eines allgemeinen Kanons vermittelt wird. Meine Nachzeichnung zeigt hingegen, dass so stark kanonisierte Gründungsfiguren wie etwa Durkheim von Beginn an umstritten sind, dass sie sich jedoch innerhalb der Theoriediskussion der Soziologie aus verschiedenen Gründen, die ich umrissen habe, institutionell und innersoziologisch durchsetzen können. Ein Aufspüren der frühen Kontroversen etwa um die theoretische Gegenstandsbestimmung der Soziologie ist zudem deshalb lohnend, weil sie die Vielfalt soziologischer Theorieansätze aufzeigt und zudem dazu auffordert, die soziologische Klassik nicht nur mit einem durch die herrschenden Diskursformationen des Fachs vorgeprägten Blick zu untersuchen. Die Theorien von Tönnies, Geiger, Durkheim, Tarde, Weber, Simmel, Mauss, Mannheim und anderer Klassiker der Soziologie können als inspirierende Quellen der gegenwärtigen Theoriebildung gesehen werden, wenn klar ist, dass ihre Positionen kontingent sind, dass sie sich in einer ganz bestimmten Konstellation des wissenschaftlichen Diskurses gebildet haben und dass sie deshalb keine zeitlosen Inhalte enthalten können. Zu prüfen ist vielmehr, wie weit sich klassische Diskursformen wie etwa der Begriff der totalen sozialen Tatsache von Marcel Mauss auch für die Anforderungen der gegenwärtigen Theoriebildung eignen, oder eben nicht. Zu klären ist dann, warum dies so ist.

Ein geweiteter und insofern genealogischer Blick auf die Anfänge der soziologischen Theoriebildung hilft zudem, klassische Denkfiguren aufzuspüren, die bisher nur marginaler Bestandteil des soziologischen Diskurses sind, obwohl sie Problemdefinitionen enthalten, die auch heute noch sehr aktuell sind. Burghardt W.E. Du Bois, Jane Addams, Frantz Fanon oder auch Marie Jahoda sehen soziologische Problemlagen, die das Fach lange Zeit ignoriert, die es aber lohnt, diskutiert zu werden. So ist die ethnische Differenzierung der Gesellschaft, die Du Bois eindringlich als das wichtigste Problem der Gegenwartsgesellschaft umschreibt und mithilfe von Skizzen der Lebenswirklichkeit von Afroamerikaner*innen plausibilisiert, tatsächlich auch heute noch ein entscheidendes Problem der Gesellschaft. Auch die Frage danach, wie sich in Nachbarschaften angesichts von Migrationsbewegungen und kapitalistischer Produktionsbedingungen ein friedliches Zusammenleben gestalten kann, die Jane Addams in den Mittelpunkt ihrer bis heute wenig beachteten Soziologie stellt, bewegt die soziologische Forschung auch in der Gegenwart. Es würde sich lohnen, auf die klassischen Antworten Addams' zu schauen, um diese Forschung voranzubringen. Wie sich dabei die Lebenswirklichkeit der Menschen gehaltvoll und eben nicht nur statistisch erfassen lässt, ist die Frage, die Marie Jahoda ganz unabhängig von Addams aber ganz in deren Sinne in den Mittelpunkt ihrer Soziologie bzw. Sozialpsychologie stellt. Heute wissen wir in der Soziologie, dass diese Frage nicht nur eine der Empirie ist, sondern sehr wohl auch eine der soziologischen Theoriebildung. Denn woran sollte sich soziologische Theoriebildung orientieren, wenn nicht an den Problemlagen, die in einer Gesellschaft artikuliert werden und die Lebenswirklichkeit der Menschen bestimmen?

Zum Abschluss zeigt all dies: Die Soziologie ist tatsächlich eine Wissenschaft, die ihren Gegenstand nicht zeitlos bestimmen kann. Er wandelt sich mit den Problemen, die das Fach als wesentlich für die Gesellschaft bestimmt. Genau hier liegt der Grund für die Vielfalt soziologischer Theoriebildung, die alles andere als Beliebigkeit suggerieren sollte, sondern vielmehr die Ernsthaftigkeit widerspiegelt, mit der sich die Soziologie als Wissenschaft den Gegenwartsproblemen der Gesellschaft stellen will. Dass sich dabei immer wieder neue Theorien ereignen, so wie gleich eingangs an der Vorlesung von Theodor W. Adorno aus dem Jahr 1965 illustriert, sollte nicht als Manko, sondern als die besondere Stärke der Soziologie gesehen werden. Denn darin zeigt sich nur, dass sich diese Wissenschaft immer wieder neu erfinden muss, um gesellschaftliche Problemlagen nicht nur zu identifizieren, sondern auch besser verstehen zu lernen. Das vorliegende Buch gibt einen Einblick in die Vielfalt der soziologischen Theorien, die auf der Grundlage der Theoriediskussionen der Gründungsphase der wissenschaftlichen Soziologie entstanden sind. Und nur diese hier versammelte Theorien-Vielfalt wappnet die Soziologie als Wissenschaft dazu, die Probleme der Gegenwart angemessen untersuchen zu können.

## Literatur

Addams, Jane 1907: The Newer Ideals of Peace, New York: Macmillan.
Addams, Jane 2023: Demokratie und Soziale Ethik. Deutsche Erstausgabe mit Kommentar, Weinheim: Beltz Juventa (US-amerikanisches Original 1902).
Adorno, Theodor W. 1966: Negative Dialektik, Frankfurt/M.: Suhrkamp.
Bommé, Arno 2009: Nicht Durkheim, sondern Tarde. Grundzüge einer anderen Soziologie, in: Tarde, Gabriel: Die sozialen Gesetze, Marburg: Metropolis, S. 109–153.
Comte, Auguste 1974: Die Soziologie. Die positive Philosophie im Auszug, Stuttgart: Kröner
Deegan, Mary Jo 2017 (1988): Jane Addams and the Men of the Chicago School, 1892–1918, Abington and New York: Routledge.
Delitz, Heike 2013: Émile Durkheim zur Einführung, Hamburg: Junius.
Du Bois, W. E. Burghardt 1903: The Soul of Black Folk, Chicago: McClure.
Du Bois, W. E. Burghardt 2022: "Along the color line". Eine Reise durch Deutschland 1936, München: Beck.

Durkheim, Émile 1983: Der Selbstmord, Frankfurt/M.: Suhrkamp.
Durkheim, Émile 1984: Die Regeln der soziologischen Methode, Frankfurt/M.: Suhrkamp.
Durkheim, Émile 1992: Über soziale Arbeitsteilung, Frankfurt/M.: Suhrkamp.
Fanon, Frantz 1981 (original 1961): Die Verdammten dieser Erde, Frankfurt/M.: Suhrkamp.
Flesch, Philipp 2015: Der lange Sommer der Theorie. Geschichte einer Revolte 1960-1990, München: Beck.
Geiger, Theodor 1931: Soziologie, S. 568–578 in: Vierkandt, Alfred (Hg.): Handwörterbuch der Soziologie, Stuttgart: Enke.
Haraway, Donna J. 2018: Unruhig bleiben. Die Verwandtschaft der Arten im Chthuluzän, Frankfurt/M. und New York: Campus.
Hillebrandt, Frank 1997: Disziplinargesellschaft, in: Kneer, Georg et. al. (Hg.): Soziologische Gesellschaftsbegriffe. Konzepte moderner Zeitdiagnosen, München, Fink Verlag, S. 101–126.
Hillebrandt, Frank 2010: Modernität – zur Kritik eines Schlüsselbegriffs soziologischer Zeitdiagnose, in: Berliner Journal für Soziologie 20, S. 153–178.
Hillebrandt, Frank 2018: Soziologisch denken. Grundlagen und Theorien, Wiesbaden: Springer VS.
Holzhauser, Nicole 2018: Zur Marginalisierung von Frauen in der frühen deutschsprachigen Soziologie, untersucht am Handwörterbuch der Soziologie von 1931, in: Endreß, Martin und Stephan Moebius (Hg.): Zyklos 4. Jahrbuch für Theorie und Geschichte der Soziologie, Wiesbaden: Springer VS, S. 101–120.
Hoppe, Katharina und Thomas Lemke 2021: Neue Materialismen zur Einführung, Hamburg: Junius.
Jahoda, Marie 2017: Lebensgeschichtliche Protokolle der arbeitenden Klasse. Dissertation 1932, Innsbruck et al.: Studienverlag.
Jahoda, Marie, Paul F. Lazarsfeld und Hans Zeisel 1975: Die Arbeitslosen von Marienthal. Ein soziographischer Versuch, Frankfurt/M.: Suhrkamp.
Latour, Bruno 2007: Eine neue Soziologie für eine neue Gesellschaft, Frankfurt/M.: Suhrkamp.
Latour, Bruno 2009: Eine andere Wissenschaft des Sozialen? Vorwort zur deutschen Ausgabe von Gabriel Tardes *Monadologie und Soziologie*, in: Tarde, Gabriel: Monadologie und Soziologie, Frankfurt/M.: Suhrkamp, S. 7–15.
Luhmann, Niklas 1981: Wie ist soziale Ordnung möglich?, in: ders.: Gesellschaftsstruktur und Semantik. Studien zur Wissenssoziologie der modernen Gesellschaft, Bd. 2, Frankfurt/M.: Suhrkamp, S. 195–285.
Luhmann, Niklas 1984: Soziale Systeme. Grundriss einer allgemeinen Theorie, Frankfurt/M.: Suhrkamp.
Mannheim, Karl 2019: Die Gegenwartsaufgaben der Soziologie (1932), in: ders.: Schriften zur Soziologie, herausgegeben von Oliver Neun, Wiesbaden: Springer VS.
Marx, Karl 2005: Grundrisse der Kritik der politischen Ökonomie (1859), in; MEW 42, Berlin: Dietz.
Mauss, Marcel 2010: Soziologie und Anthropologie, Bd. 2: Gabentausch – Todesvorstellung – Körpertechniken, Neuausgabe, Wiesbaden: VS Verlag.
Mead, George Herbert 1983: Rezension von Jane Addams: The Newer Ideals of Peace, New York 1907, in: ders.: Gesammelte Aufsätze, Bd. 2, Frankfurt/M., S. 381–390 (US-amerikanisches Original in *American Journal of Sociology* 13 (1907/1908), S. 121–128).
Möbius, Stephan 2006: Die Zauberlehrlinge. Soziologiegeschichte des Collège de Sociologie (1937–1939), Konstanz: UVK.
Müller-Dohm, Stefan 2003: Adorno. Eine Biographie, Frankfurt/M.: Suhrkamp.
Rousseau, Jean Jacques 1996: Vom Gesellschaftsvertrag oder Grundsätze des Staatsrechts, Stuttgart: Reclam.
Siegrist, Christian 1994: Arbeit und Arbeitsteilung bei Durkheim (1858-1917), in: Kneer, Georg et al. (Hg.): Soziologie – Zugänge zur Gesellschaft, Bd. 1: Geschichte, Theorien und Methoden, Münster: Lit, S. 19–32.

Simmel, Georg 1992: Soziologie. Untersuchungen über die Formen der Vergesellschaftung, Gesamtausgabe, Bd. 11, Frankfurt/M.: Suhrkamp.

Simmel, Georg 1995: Philosophie der Mode, in: ders.: Gesamtausgabe, Bd. 10, Frankfurt/M.: Suhrkamp, S. 7–37.

Tarde, Gabriel 2009: Das Gesetz der Nachahmung, Frankfurt/M.: Suhrkamp.

Tönnies, Ferdinand 1929: Soziologische Studien und Kritiken. Dritte Sammlung, zweite Auflage, Jena: Verlag Gustav Fischer.

Tönnies, Ferdinand 1931: Einführung in die Soziologie, Stuttgart: Enke.

Tönnies, Ferdinand 1963: Gemeinschaft und Gesellschaft. Grundbegriffe der reinen Soziologie, Neudruck auf der Grundlage der achten Auflage von 1935, Darmstadt: Wissenschaftliche Buchgesellschaft (Erstausgabe 1887).

Vierkandt, Alfred (Hg.) 1931: Handwörterbuch der Soziologie, Stuttgart: Enke.

Weber, Max 1980: Wirtschaft und Gesellschaft. Grundriss der verstehenden Soziologie, Tübingen: Mohr (Erstausgabe 1922).

Weber, Max 1988: Die protestantische Ethik und der Geist des Kapitalismus, in: ders.: Gesammelte Aufsätze zur Religionssoziologie I, Tübingen: Mohr (UTB- Ausgabe), S. 17–205 (zuerst 1904).

Wilson, William Julius 1985: The Truly Disadvantaged: The Inner City, the Underclass, and Public Policy, Chicago: University Press.

Whyte, William Foote 1949: Street Corner Society: The Social Structure of an Italian Slum, Chicago: University Press.

# Kanonkritik oder Kritik der Kanonisierung? Dilemmata eines Faches im Wandel

Manuela Boatcă

**Zusammenfassung**

Ausgehend von bestehenden Kritiken diskutiert Manuela Boatcă die Folgen von kollektivem und individuellem Eurozentrismus, evolutionistischem Determinismus und Ignoranz gegenüber nicht-westlichen Kontexten in den Werken kanonisierter Klassiker. Die Autorin argumentiert, dass der bisher vorgeschlagene Wechsel von einem methodologischen Nationalismus zu einem methodologischen Kosmopolitismus eine unzureichende Anpassung darstellt. Daher betont sie die Notwendigkeit einer postkolonialen Kanonkritik als grundsätzliche Kritik der Kanonisierung. Anschließend fokussiert sie sich auf das Verhältnis von Klasse vs. Andere und Kolonialität als Anomalie sowie die Dialektische Modernität und anomale Kolonialität. Sie widmet sich der Modernität als westlichen Rationalismus und der universellen Theorie von Rasse und Ethnizität. Im Resümee dient postkoloniale Kritik dazu zu reflektieren, wie koloniale Denkkategorien im soziologischen Diskurs reflektiert werden.

**Abstract**

Drawing on existing critiques, Manuela Boatcă discusses the consequences of collective and individual Eurocentrism, evolutionist determinism and ignorance of non-Western contexts in the works of canonized classics. The author argues that the previously proposed shift from a methodological nationalism to a methodological

M. Boatcă (✉)
Albert-Ludwigs-Universität Freiburg, Freiburg, Deutschland
E-Mail: manuela.boatca@soziologie.uni-freiburg.de

cosmopolitanism is an insufficient adaptation. She therefore emphasizes the need for a postcolonial critique of the canon as a fundamental critique of canonization. She then focuses on the relationship between class vs. other and coloniality as anomaly as well as dialectical modernity and anomalous coloniality. It is dedicated to modernity as Western rationalism and the universal theory of race and ethnicity. In the conclusion, postcolonial critique serves to reflect on how colonial categories of thought are reflected in sociological discourse.

Anders als für viele andere Disziplinen ist der Rekurs auf eine kleine Anzahl von Klassikern des Faches für die heutige Soziologie immer noch zentral. Trotz zunehmender – und zunehmend lauter – Kritik aus post- und dekolonialen Perspektiven in den letzten Jahren (Connell 2007, 2018; Gutiérrez Rodríguez et al. 2010; Reuter/Villa 2009; Alatas/Sinha 2017) bilden Karl Marx, Max Weber und Émile Durkheim einen fast unhinterfragten soziologischen Kanon, der auch im Hinblick auf gesellschaftliche Fragen des 21. Jahrhunderts immer wieder aufgerufen wird.

Die sogenannten klassischen Ansätze sind jedoch unter bestimmten theoretischen und methodologischen Vorzeichen entwickelt worden und lassen sich somit nicht ohne Weiteres auf den gegenwärtigen Kontext übertragen. Zum einen hat die „historische Wahlverwandtschaft" (Kreckel 2008) zwischen dem sozioökonomischen Kontext der westeuropäischen Industriegesellschaft und der Herausbildung von Nationalstaaten in Westeuropa dazu geführt, dass die für die Arbeiten der Klassiker zentralen soziologischen Kategorien wie Klasse und die für ihren geopolitischen Kontext typischen sozialen Prozesse wie Klassenkampf, Proletarisierung und die soziale Mobilität im eigenen Land mehr Aufmerksamkeit erfahren haben als Kolonialismus, Sklavenhandel und die westeuropäische Emigration in die Amerikas (vgl. Boatcă 2016). Zum anderen hat die unterschiedliche Sichtbarkeit dazu geführt, dass westeuropäische Binnenprozesse im Vergleich zu europäischen Unternehmungen in Übersee im soziologischen Kanon überproportional vertreten waren. Im Fokus postkolonialer Kritik stehen deshalb seit einiger Zeit soziologische Konzeptualisierungen von Kapitalismus, Modernität und ökonomischer Entwicklung als westeuropäische Phänomene, die lediglich durch endogene Faktoren dieser Region, wie die Französische Revolution, die Aufklärung und die „industrielle Revolution", entstehen konnten. Der Hauptvorwurf lautet, dass sozialwissenschaftliche Erklärungen exogene Faktoren wie koloniale Herrschaft und imperiale Ausbeutung systematisch ausblenden. Diese Ausblendung gilt als charakteristisch für die „Exklusionsgesten" (Connell 2007) metropolitaner Theorie oder als verantwortlich für das „Schweigen" (Mignolo 2000) oder auch die „blinden Flecken" (Hesse 2007) des soziologischen Mainstreams.

Die daraus abgeleitete post- und dekoloniale Kritik wirft soziologischen Klassikern von Comte über Marx, Durkheim und Max Weber kollektiv oder individuell Eurozentrismus, evolutionistischen Determinismus oder Ignoranz gegenüber nicht-westlichen Kontexten vor. Besonders deutlich werden die Konsequenzen dieser Probleme in den Werken der kanonisierten Klassiker in aktuellen soziologischen Diskussionen über globale Ungleichheit.[1] Angesichts der Forderungen, Globalisierungsprozessen Rechnung zu tragen, ist die notwendige Korrektur beim Thema globale Ungleichheiten mit dem Vorschlag verbunden, klassische Ansätze durch einen Wechsel der Analyseeinheit von der nationalen zur globalen Ebene zu aktualisieren: Während Marx und Weber Ungleichheitsstrukturen und die daraus entstehenden Konflikte im Kontext einzelner Nationalstaaten konzeptualisiert haben, müssen heutige Ansätze supranationale und globale Ebenen der Produktion und Reproduktion von Ungleichheit berücksichtigen. Die Kritik am methodologischen Nationalismus der konventionellen Ungleichheitsforschung macht somit die eigene Analyseeinheit zu einem entscheidenden Faktor für die Rekonzeptualisierung. Die Transnationalisierung sozialer Ungleichheit wird jedoch häufig als ein neues Phänomen betrachtet, das mit der Globalisierung des 20. Jahrhunderts eingesetzt hat. Der vorgeschlagene Wechsel vom methodologischen Nationalismus zum methodologischen Kosmopolitismus wird damit zu einer notwendigen Anpassung an den qualitativen Wandel, den die Globalisierung in den Ungleichheitsstrukturen bewirkt hat, hat aber keine Konsequenzen für die Beurteilung früherer oder „klassischer" Ungleichheitskontexte, für die der nationalstaatliche Rahmen weiterhin als angemessen gilt (Weiß 2005; Beck 2007; Pries 2008). Im Folgenden wird stattdessen argumentiert, dass dies eine unzureichende Anpassung darstellt, die sich am Beispiel von Marx'schen und Weber'schen Ansätzen zu sozialer Ungleichheit leicht nachvollziehen lässt. Auf dieser Basis lässt sich darüber hinaus die Notwendigkeit einer postkolonialen Kanonkritik als grundsätzliche Kritik der Kanonisierung verstehen – einen Prozess, durch den das Werk einzelner Theoretiker*innen von seinem Ursprungskontext losgelöst und in seiner Aussagekraft universalisiert wird.

## Klasse vs. Andere: Kolonialität als Anomalie bei Karl Marx

Karl Marx' Soziologie der sozialen Ungleichheit baut auf seiner Klassentheorie auf. Dabei führt der strukturell ungleiche Zugang zu den Produktionsmitteln zu Antagonismen, die die Klassenstruktur der jeweiligen Gesellschaft auf allen Stufen der historischen Entwicklung widerspiegelten. In kapitalistischen Gesellschaften stellen die Hauptklassen, die Bourgeoisie und das Proletariat, den Hauptantagonismus dar, da sie das Verhältnis zwischen den Kapitaleigentümern bzw. den Produzenten des Mehrwerts verkörpern. Andere Klassen wie die Grundbesitzer, die Mittelschicht, das Kleinbürgertum, die Bauern und das Lumpenproletariat waren zwar Teil der kapitalistischen Klassenhierarchie, aber nicht wesentlich für deren Dynamik, die zur Polarisierung tendierte (vgl. Marx/Engels: 1959:

---

[1] Der vorliegende Beitrag fasst Argumente zusammen, die zunächst in einer englischsprachigen Monografie zu Ansätzen globaler Ungleichheiten in der Tradition von Karl Marx und Max Weber erschienen sind (vgl. Boatcă 2016) und die als Kanonkritik von Marx bzw. Weber in zwei Aufsätzen ins Deutsche übertragen wurden (vgl. Boatcă 2018, aus dem Englischen übersetzt von Patricia Piberger; und Boatcă 2023).

463). Klassen sind dabei in erster Linie soziale Beziehungen, und die verschiedenen Stufen der Arbeitsteilung spiegelten die unterschiedlichen Beziehungen der Individuen zueinander auf nationaler Ebene und die Beziehungen der verschiedenen Nationen auf globaler Ebene wider (vgl. Marx/Engels 1978: 22). Obwohl Marx damit durchaus die globale Dimension sozialer Ungleichheit zur Kenntnis genommen hat, beschränkt sich seine Analyse vorrangig auf die Ebene des Nationalstaates. Zwar betrachtete er den Weltmarkt als letzte Stufe in der Entwicklung der Bourgeoisie und den internationalen Klassenkampf als logische Fortsetzung der nationalen Klassenkämpfe, aber der Rahmen, in dem sich die Arbeitsteilung, die Entwicklung der Produktionskräfte und letztlich die Klassenantagonismen abspielen, ist dennoch die Nation (der Staat) – als solche die einzig legitime Analyseeinheit. In diesem Abschnitt wird argumentiert, dass Marx (und Engels) zwar die globale Dimension der Ungleichheit im Kapitalismus aufgegriffen haben, zugleich aber in ihrer Kritik der politischen Ökonomie weitestgehend eurozentrisch vorgegangen sind. Eurozentrismus, Orientalismus, die unzureichende Behandlung der Geschlechterfrage und die Vernachlässigung rassischer und ethnischer Fragen gehören zu den „blinden Flecken", die der Marxschen Theorie im späten 20. und frühen 21. Jahrhundert aus postkolonialer Sicht angelastet werden.

Dabei war die globale Dimension der Ungleichheit im Kapitalismus in den Arbeiten von Marx und Engels von Anfang an präsent. Ihr Entstehen wurde explizit und wiederholt mit der „Entdeckung" der Neuen Welt in Verbindung gebracht. So werden bereits im „Kommunistischen Manifest" die europäische koloniale Expansion, die Entwicklung der Bourgeoisie, die industrielle Revolution, die Entstehung des Weltmarkts und die internationale Arbeitsteilung, auf der die kapitalistische Akkumulation beruht, in Marx' Schriften als Teile einer kohärenten Ereigniskette artikuliert:

„Die Entdeckung Amerikas, die Umschiffung Afrikas schufen der aufkommenden Bourgeoisie ein neues Terrain. Der ostindische und chinesische Markt, die Kolonisierung von Amerika, der Austausch mit den Kolonien, die Vermehrung der Tauschmittel und der Waren überhaupt gaben dem Handel, der Schifffahrt, der Industrie einen nie gekannten Aufschwung und damit dem revolutionären Element in der zerfallenden feudalen Gesellschaft eine rasche Entwicklung. (Marx/Engels 1959: 463)"

Tatsächlich erhält die koloniale Expansion Europas im sechzehnten Jahrhundert eine beträchtliche Erklärungskraft für die Entstehung des globalen Kapitalismus:

„Die große Industrie hat den Weltmarkt hergestellt, den die Entdeckung Amerikas vorbereitete […] An die Stelle der alten lokalen und nationalen Selbstgenügsamkeit und Abgeschlossenheit tritt ein allseitiger Verkehr, eine allseitige Abhängigkeit der Nationen voneinander […] Die Bourgeoisie reißt durch die rasche Verbesserung aller Produktionsinstrumente, durch die unendlich erleichterte Kommunikation alle, auch die barbarischsten Nationen in die Zivilisation […] Wie sie das Land von der Stadt, hat sie die barbarischen und halbbarbarischen Länder von den zivilisierten, die Bauernvölker von den Bourgeoisvölkern, den Orient vom Okzident abhängig gemacht. (Marx/Engels 1959: 463-464)"

In ähnlicher Weise wird die Hierarchie der Arbeitsformen, die sich im Kapitalismus als Weltwirtschaft etabliert hat, konsequent in Bezug auf das europäische Kolonialunternehmen erklärt. So wird im ersten Band des „Kapitals" der „die Morgenröte der kapitalistischen Produktionsära" – und damit der Prozess der ursprünglichen Akkumulation – auf „[d]ie Entdeckung der Gold- und Silberländer in Amerika, die Ausrottung, Versklavung und Vergrabung der eingeborenen Bevölkerung in die Bergwerke, die beginnende Eroberung und Ausplünderung von Ostindien, die Verwandlung von Afrika in ein Gehäg zur Handelsjagd auf Schwarzhäute" (Marx 1962: 779) zurückgeführt, was die Ansicht untermauert, dass die Entwicklung des modernen Kapitalismus eng mit dem europäischen Kolonialismus verbunden war (vgl. Mintz 1978: 84; Jani 2002: 95 und unten).

Es war also nicht die fehlende Behandlung globaler Entwicklungen und die Missachtung der Bedeutung von Kolonisierungsprozessen, die Marx von verschiedenen Seiten den Vorwurf des Eurozentrismus einbrachte, sondern vielmehr die zentrale Stellung, die er europäischen Erfahrungen in der Entwicklung des Kapitalismus einräumte, und die Interpretation, die er außereuropäischen Ereignissen und sozialen Prozessen gab. Während er die kapitalistische Akkumulation durch überseeische Expansion und koloniale Ausbeutung berücksichtigte, stützte sich die marxistische Klassentheorie vorrangig auf die Tatsache, dass sich der Kapitalismus in Westeuropa entwickelt hatte, das Proletariat dort entstanden war und sozialistische Revolutionen sich zuerst dort ereignen würden (vgl. Wallerstein 1991a). Marx' Schriften über die britische Herrschaft in Indien, über China, den orientalischen Despotismus und die asiatische Produktionsweise im Allgemeinen wurden hingegen als Beweis für seinen unilinearen Evolutionismus, Eurozentrismus und schließlich Orientalismus herangezogen. Zu seinen am häufigsten zitierten – und am stärksten kritisierten – Äußerungen gehört die Ansicht, die indische Gesellschaft habe keine andere Geschichte als die der aufeinanderfolgenden Eroberungen ihres Gebietes:

> „Indien konnte daher dem Schicksal, erobert zu werden, nicht entgehen, und seine ganze geschichtliche Vergangenheit, soweit es überhaupt eine solche hatte, ist die Geschichte der ununterbrochenen Reihe von Eroberungen, denen es ausgesetzt war. Die indische Gesellschaft hat überhaupt keine Geschichte, zum mindesten keine bekannte Geschichte. Was wir als ihre Geschichte bezeichnen, ist nichts andres als die Geschichte der aufeinanderfolgenden Eindringlinge, die ihre Reiche auf der passiven Grundlage dieser widerstandslosen, sich nicht verändernden Gesellschaft errichteten. (Marx 1960a: 220)"

Analog dazu machte für Marx der „Fanatismus des Islams" die Anwesenheit „der Türken" in Europa zu einem Hindernis für Entwicklung (Marx/Engels 1960: 8), und China war aufgrund der Unveränderlichkeit seiner sozialen Struktur ein „lebendes Fossil" (Marx 1961: 514). Mehr als einmal war die logische Konsequenz daraus, dass Marx die europäischen Kolonialbestrebungen unterstützte und die zerstörerischen Auswirkungen der kapitalistischen Durchdringung auf die einheimische Industrie und die lokalen sozialen Strukturen im Namen des sozialen Fortschritts legitimierte:

> „Gewiss war schnödester Eigennutz die einzige Triebfeder Englands, als es eine soziale Revolution in Indien auslöste, und die Art, wie es seine Interessen durchsetzte, war stupid. Aber nicht das ist hier die Frage. Die Frage ist, ob die Menschheit ihre Bestimmung erfüllen kann ohne radikale Revolutionierung der sozialen Verhältnisse in Asien. Wenn nicht, so war England, welche Verbrechen es auch begangen haben mag, doch das unbewusste Werkzeug der Geschichte, indem es diese Revolution zuwege brachte. (Marx 1960a: 133)"

Für Edward Said fallen die ökonomischen Analysen von Marx deshalb unter die Rubrik „standardorientalistisches Unterfangen" (Said 2009:154) und sind als solche Beispiele für einen manifesten (im Gegensatz zu einem latenten) Orientalismus, der

> „an der Andersartigkeit des Orientalen: ihrer Exzentrik, Rückständigkeit, stillen Gleichgültigkeit, weiblichen Penetrierbarkeit und diffusen Formbarkeit [festhält]; deshalb begriffen alle diese Schriftsteller von Renan bis Marx (ideologisch gesehen) (...), den Orient als hilfs-, rettungs-, ja sogar erlösungsbedürftig. (Said 2009: 236)"

Dipesh Chakrabarty, der sich sowohl auf Said als auch auf die Arbeit der indischen Subaltern Studies Group stützte, ging in seiner postkolonialen Kritik an Marx noch einen Schritt weiter, indem er argumentierte, dass gerade die Verschuldung gegenüber dem Denken der europäischen Aufklärung, die den abstrakten Kategorien des Marxismus zugrunde liegt, marxistische Erzählungen über die kapitalistische Moderne unsensibel für Fragen der historischen Differenz macht. Während Marx selbst zuweilen flüchtige Einblicke in die Koexistenz kapitalistischer Verhältnisse mit Elementen bot, die angeblich nicht zu ihrer Logik gehörten, wie „vorkapitalistische" Arbeitsverhältnisse oder Formen unproduktiver Arbeit, konnte die von ihm vertretene Universalgeschichte des Kapitals diese nur als externe, dialektische Andere der notwendigen Logik des Kapitals aufnehmen (vgl. Chakrabarty 2008: 67), nicht als integrale Bestandteile, die diese Logik verändern und qualifizieren könnten. Für Chakrabarty bleibt der Marxismus daher ein Beispiel europäischen Denkens und als solches „ebenso unverzichtbar und ungenügend, um die Erfahrungen der politischen Moderne in nicht-westlichen Nationen zu durchdenken" (Chakrabarty 2008: 16) – eine Einschätzung, auf die er später sein Plädoyer für eine Provinzialisierung Europas stützen wird. Am anderen Ende der Meinungsskala stehen kollektive Arbeiten (vgl. Bartolovich/Lazarus 2002), die die postkoloniale Theorie selbst als im Marxismus verankert betrachten und darauf bestehen, dass die Kritik des Kolonialismus untrennbar mit der Kritik des Kapitalismus verbunden ist (vgl. Bartolovich 2002: 6; Larsen 2002: 214 f.).

In scharfem Gegensatz zu den Schriften über Indien und China, die die historischmaterialistische Behauptung untermauern, dass die kapitalistische Phase unvermeidlich ist und dass soziale Kämpfe in nicht-westlichen Gebieten Klassenkämpfe westlicher Art sein müssen, stehen die Analysen von Marx und Engels zu Russland und Irland. Sie werden ausdrücklich als nicht-evolutionistisch, antikolonial (im Falle Irlands) interpretiert, da sie sich mit jenen Klassenkämpfen auseinandersetzen, denen im historischen Materialismus üblicherweise kein revolutionäres Potenzial zugesprochen wird, wie etwa der russischen Bauernrevolution (vgl. Nimtz 2002: 77). Marx' berühmte vier Entwürfe des Briefes an die russische Sozialistin Vera Sassulitsch, in denen er argumentierte, dass die russische Gemeinde den Weg der Agrarländer zum Sozialismus darstellen und somit eine kapitalistische Phase dort überflüssig machen könnte, untermauerten die Ansicht, dass der historische Kontext für die Marxsche Theorie von Bedeutung war (vgl. Boatcă 2003; Katz 1990; Curtis 1997: 345; San Juan 2002: 228). Dass Engels Irland als Großbritanniens „erste Kolonie" ansah und Marx seine politische Haltung von der Befürwortung einer sozialistischen Revolution in England zur Betrachtung der irischen Befreiung als Vorbedingung für die Emanzipation der englischen Arbeiterklasse (vgl. Marx 1962) geändert hat, stärkte die Interpretation, dass Irland und Russland – und nicht Indien und China – die nichtwestlichen Fallstudien von Marx und Engels gewesen seien. Als solche hätten sie, so die postkoloniale Kritik, das konzeptionelle Werkzeug und die analytische Grundlage für das geliefert, was später als Analyse der Unterentwicklung in kolonialen Kontexten bezeichnet wurde (vgl. Nimtz 2002: 73; Jani 2002: 95; Cleary 2002: 120).

## Dialektische Modernität und anomale Kolonialität

Obwohl Marx und Engels den Begriff „Moderne" nie explizit verwendet haben, weisen ihre wiederholten Verweise auf die „moderne (bürgerliche) Gesellschaft", die „modernen Produktionsverhältnisse", die „modernen Produktivkräfte" oder die „moderne Staatsmacht" auf eine zugrunde liegende Vorstellung von kapitalistischer Moderne hin, die sowohl emanzipatorische als auch ausbeuterische Dimensionen aufweist. Die Dialektik des Ausgleichs zwischen beiden als Vorder- und Kehrseite desselben Phänomens ist wohl sowohl für Marx' eigene Schriften als auch für die spätere marxistische Tradition charakteristisch gewesen (vgl. Therborn 1996: 61). Es ist die globale Dialektik der kapitalistischen Moderne, die lateinamerikanische dekoloniale Theoretiker*innen später als Modernität/Kolonialität konzeptualisieren sollten, wobei sie die „dunkle Seite" der Moderne (Mignolo 2000/2012) direkt mit der europäischen kolonialen Expansion in die Amerikas verbinden.

Von diesem Standpunkt aus betrachtet, bieten die Marxschen Schriften über Kolonialismus und Imperialismus einen Rahmen, in dem die Beziehung zwischen Europa und seinen Anderen als eine dialektische Beziehung verstanden werden kann. Und sie tragen dazu bei, die kapitalistische Moderne global als Produkt ungleicher und dialektischer Beziehungen zwischen Kolonisierenden und Kolonisierten zu verorten (vgl. San Juan 2002: 229; Jani 2002: 90). Somit sind die Artikel und Briefe über Asien, den Nahen Osten, Russland oder Irland für die übergreifende Kapitalismustheorie von Marx und Engels gleichermaßen relevant. Einerseits spiegelt die viel diskutierte Marxsche Vorstellung von Englands historischer „Doppelmission" in Indien, die sowohl auf „die Zerstörung der asiatischen Gesellschaft als auch auf die Schaffung der materiellen Grundlagen der westlichen Gesellschaft in Asien" (Marx 1960b: 221) gerichtet ist und daher als „zerstörerisch" und „regenerativ" zugleich angesehen wird, die doppelte Rolle der Bourgeoisie wider, die Marx und Engels im „Kommunistischen Manifest" beschreiben. Sie handelt „revolutionär", indem sie „alle feudalen, patriarchalischen, idyllischen Verhältnisse zerstört" und „einen bedeutenden Theil der Bevölkerung dem Idiotismus des Landlebens entrissen" hat, aber auch als Vehikel gewaltiger Krisen, die es vorbereitet, während sie „die Mitteln, den Krisen vorzubeugen, vermindert", indem sie „die uralten nationalen Industrien" und „ein-[en] große[n] Theil der bereits geschaffenen Produktivkräfte" (Marx/Engels 1959: 464 f.) durch die Eroberung neuer Märkte und die gründlichere Ausbeutung alter Märkte vernichtet.

Andererseits sind die offensichtlichen Widersprüche, die alle Marx'schen Analysen nicht-westlicher Kontexte thematisieren – die regressive Rolle der Kolonialherrschaft in Irland, das Wirken indischer Kolonialsubjekte beim Sturz der britischen Bourgeoisie, das „Überleben" traditioneller Wirtschaftssektoren und vorkapitalistischer Klassen –, das direkte Ergebnis von Ausbeutung und kolonialer/imperialer Herrschaft als gemeinsame Bedingungen und soziale Beziehungen, die für solche Kontexte charakteristisch sind. Die Texte enthalten daher eine implizite oder explizite Theorie des globalen sozialen Wandels, in der die europäische und die außereuropäische Welt, obwohl sie eindeutig unterschiedliche und kontrastierende Muster des Klassenkampfes und der Entwicklung aufweisen, dennoch als kausal verbunden durch die Ausbeutung und Beherrschung der ersteren über die letztere betrachtet werden.

Dies wird nirgendwo deutlicher als in Marx' Brief an Paul Annenkov aus dem Jahr 1846, in dem Marx klar darlegt, wie die Sklaverei in den Kolonien die Grundlage für die Industrialisierung der europäischen Metropolen war. Daraus ausführlich zu zitieren lohnt sich:

> „Die Freiheit und die Sklaverei bilden einen Antagonismus [...] Was die Sklaverei betrifft, so brauche ich nicht von ihren schlechten Seiten zu sprechen. Das einzige, das erklärt werden muss, ist die gute Seite der Sklaverei. Es handelt sich nicht um die indirekte Sklaverei, die Sklaverei des Proletariats; es handelt sich um die direkte Sklaverei, die Sklaverei der Schwarzen in Surinam, in Brasilien, in den Südstaaten Nordamerikas. Die direkte Sklaverei ist der Angelpunkt unserer heutigen Industrie ebenso wie die Maschinen, der Kredite etc. Ohne Sklaverei keine Baumwolle; ohne Baumwolle keine moderne Industrie. Erst die Sklaverei hat den Kolonien ihren Wert gegeben, erst die Kolonien haben den Welthandel geschaffen, der Welthandel ist die notwendige Bedingung der maschinellen Großindustrie. So lieferten denn auch die Kolonien der Alten Welt vor dem Negerhandel nur sehr wenige Produkte und änderten das Antlitz der Welt nicht merklich. Mithin ist die Sklaverei eine notwendige Kategorie von höchster Bedeutung. Ohne die Sklaverei würde Nordamerika, das fortgeschrittenste Land, sich in ein patriarchalisches Land verwandeln [...] Die modernen Völker haben die Sklaverei in ihren Ländern lediglich zu maskieren und sie offen in der Neuen Welt einzuführen gewusst. (Marx 1965: 451 f.)"

Wir haben hier dieselbe Dialektik, die Freiheit und Sklaverei, und insbesondere Industriearbeit und Sklavenarbeit, als Gegensätze betrachtet, während sie gleichzeitig als unverzichtbar füreinander und als Gegenstück zu kapitalistischen Produktionsformen verstanden werden. Die kapitalistische Weltwirtschaft bildet die Analyseeinheit, in die Marx seine Konzeption der Sklaverei und der industriellen Arbeit einordnet. Der Wechsel der

Analyseeinheit vom nationalstaatlichen Rahmen auf die Weltwirtschaft als Ganzes wird später zur Hauptmethode, mit der die Weltsystemanalyse die anhaltende Gültigkeit der Marx'schen Geschichtsphilosophie im 21. Jahrhundert nachzuweisen versucht. Doch weder war Marx selbst konsequent in der Anwendung dieses Weltblicks, wie spätere Weltsystemforscher*innen betonten, noch war der weltwirtschaftliche Fokus zu seiner Zeit die methodische Devise.

Vor allem für die politische Ökonomie bildeten Sklaverei und Leibeigenschaft jedoch den Maßstab, an dem sich freie Lohnarbeit und Kapitalismus orientierten, anstatt als zeitgleich und mit ihnen vereinbar angesehen zu werden. Für Adam Smith war eine freie Marktwirtschaft, die auf individuellem Wettbewerb, freiem Handel und einem hohen Maß an Arbeitsteilung beruhte, das effizienteste Wirtschaftssystem. Im Gegensatz dazu schuf die Sklaverei einen ineffizienten Markt mit wenig bis gar keinen Anreizen für den Wettbewerb. Unter diese Definition subsumierte Adam Smith bezeichnenderweise sowohl die Plantagensklaverei in den westindischen Kolonien Europas als auch die „mildere Art", d. h. die unfreie Arbeit in Russland, Polen, Ungarn, und in Teilen Deutschlands, bei der „Sklaven … eher dem Land als ihrem Herrn gehören sollten" (Smith 2009: 228), ein Arbeitsregime, das Engels später als „zweite Leibeigenschaft" bezeichnen sollte (Engels 1967). Für Marx wiederum war die Abschaffung sowohl der Leibeigenschaft als auch der Sklaverei die erste Voraussetzung für das Entstehen einer kapitalistischen Wirtschaft. Bei der Untersuchung der Bedingungen, die es historisch ermöglichten, dass Geld zu Kapital und Arbeit zu Lohnarbeit wurden, betonte Marx in den *Grundrissen*, dass die Beziehung zwischen Kapital und Arbeit die Form eines freien Austauschs von vergegenständlichter Arbeit gegen lebendige Arbeit annehmen musste. Um diese Bedingung zu erfüllen, sei sowohl die Auflösung der „niederen Formen der lebendigen Arbeit", zu denen er Sklaverei und Leibeigenschaft zählte, als auch die der „glücklicheren Formen derselben", wie etwa der gemeinschaftlichen Arbeit, notwendig:

> „Die Bedingungen, unter denen das Verhältnis ursprünglich erscheint oder die als historische Voraussetzungen seines Werdens erscheinen, zeigen auf den ersten Blick einen doppelseitigen Charakter – Auflösung auf der einen Seite niedrigerer Formen der lebendigen Arbeit – auf der anderen Auflösung glücklicherer Verhältnisse derselben. Zunächst ist die erste Voraussetzung, dass das Verhältnis von Sklaverei oder Leibeigenschaft aufgehoben ist. Das lebendige Arbeitsvermögen gehört sich selbst an und disponiert durch den Austausch über seine eigene Kraftäußerung. Beide Seiten stehen sich als Personen gegenüber. (Marx 1983: 376–377)"

Obwohl nicht explizit, ist Marx' Analyseeinheit hier von viel kleinerem Ausmaß als in seinem Brief an Paul Annenkov: Sie bezieht sich auf „moderne westliche Nationen", in denen die Industriearbeiterschaft „doppelt frei" war – sowohl von dem Besitz an Produktionsmitteln als auch rechtlich frei. Da die Weltwirtschaft in ihrer Gesamtheit kapitalistisch war, würden die Formen unfreier Arbeit schließlich verschwinden, und mit ihnen, der Prozess der Fremdbestimmung der Arbeitenden: Anders als Versklavte oder Leibeigene treten rechtlich freie Arbeiter als Personen in das Verhältnis zwischen Kapital und Arbeit ein. Dementsprechend war das Auftreten von Sklaverei an einzelnen Punkten innerhalb der kapitalistischen Produktionsweise nur möglich, „weil sie an anderen Punkten nicht existiert; und *als Anomalie gegenüber dem bürgerlichen System selbst* erscheint" (Marx 1983: 376, meine Hervorhebung). Konkret waren für Marx die Plantagenbesitzer in den Amerikas nur deshalb Kapitalisten, weil sie „Anomalien innerhalb eines auf freier Arbeit beruhenden Weltmarkts" waren (Marx 1983: 420). Wie andere scheinbare Widersprüche, soziale Bedingungen, Arbeitsbeziehungen und Phänomene, die als Ergebnis kolonialer und imperialer Herrschaft entstanden sind, gingen sie als Anomalien der kapitalistischen Produktionsweise in die Marx'sche Theorie ein. Da sowohl die Sklaverei als auch die Plantagenbesitzer gleichzeitig als anomal und als strukturell in die Logik der kapitalistischen Produktion eingebettet erscheinen, ist es letztlich die Kolonialität selbst, die als Anomalie innerhalb einer intern noch dialektischen Moderne konzipiert wird (vgl. Boatcă 2013, 2014).

## Modernität als moderner westlicher Rationalismus bei Max Weber

Obwohl Max Weber großen Wert auf die Idee von Moderne als Resultat einer Reihe von spezifischen westlichen Errungenschaften legt, verwendet er selbst den Begriff als solchen an keiner Stelle. Neben Begriffen wie „der moderne Westen", „die moderne europäische Kultur" und besonders „moderner Rationalismus", die er zur Beschreibung der modernen Epoche gebraucht, stehen „moderner Kapitalismus" und „das moderne kapitalistische Unternehmen" häufig stellvertretend für Moderne.

Anders als bei Marx gilt Webers Hauptaugenmerk jedoch nicht dem Kapitalismus an sich, sondern der Einzigartigkeit des Westens und ihrem Ursprung, wobei der Kapitalismus lediglich einen Aspekt unter vielen ausmacht. Zwar erkennt Weber an, dass wissenschaftliche Forschung auch außerhalb der westlichen Welt existiert und anspruchsvolle Wissensproduktion wie Islamische Theologie, Chinesische Historiographie, Babylonische Astronomie oder Indische Medizin hervorgebracht hat. Dennoch gilt für ihn die systematische rationale Wissenschaft als dem Westen eigen. Diese systematische, rationale Wissenschaft lasse sich nach Weber bis zum „Hellenischen Geist", also bis ins antike Griechenland zurückverfolgen (Weber 2005: 53). Seiner Ansicht nach ist eine Reihe von Innovationen in Musik, Architektur und Kunst, wie etwa der rationale Gebrauch linearer und räumlicher Perspektive in der Malerei, außerhalb des Westens unbekannt. Gleiches gilt für die „rationale und systematische Organisation entlang wissenschaftlicher Disziplinen", wie sie in westlichen Universitäten vorzufinden ist, oder für die „Organisation von spezifisch ausgebildeten Beamten", wie sie der moderne westliche Staat hervorgebracht hat (ebd.: 55). Anderswo seien – wenn überhaupt – lediglich Vorläufer dieser Errungenschaften zu finden. So hätten sich außerhalb des Westens nur „rudimentäre Entwicklungen" des Staates als politische Institution herausgebildet, die auf Basis von „einer rational beschlossenen ‚Verwaltung' und rational begründetem Recht" (ebd.) operierten. Die Singularität des Westens bei all diesen Aspekten betonend, schreibt Weber in seiner Wirtschaftsgeschichte:

> „Nur der Okzident kennt einen *Staat im modernen Sinn* mit gesatzter Verfassung, Fachbeamtentum und Staatsbürgerrecht; Ansätze dazu in der Antike und im Orient sind nicht zur vollen Entwicklung gelangt. Nur der Okzident kennt ein *rationales Recht*, das von Juristen geschaffen, rational interpretiert und angewendet wird. Nur im Okzident findet sich der Begriff des *Bürgers* (*civis romanus, citoyen, bourgeois*), weil es auch nur im Okzident eine *Stadt* gibt im spezifischen Sinne des Wortes (Weber 2011: 281)."

Aus Webers Sicht gilt das Gleiche für den Kapitalismus. Auch das kapitalistische Unternehmen stellt für ihn eine universelle Erscheinung dar, die sich in allen Weltzivilisationen vom antiken China, Indien und Ägypten über das mediterrane und mittelalterliche Europa vorfindet. Dennoch begründet sich für Weber allein der moderne westliche Kapitalismus durch „die rational-kapitalistische Organisation von (formell) freier Arbeit" (MWG II/18 2016: 110), die in anderen Regionen der Welt entweder fehlt oder lediglich in „vorentwickelten Stufen" vorhanden ist. Laut Weber beinhaltet die kapitalistisch-ökonomische Handlung im allgemeinen – der universelle Kapitalismus – nicht nur das Streben nach Profit, sondern er „[ruht] auf einer Erwartung von Gewinn durch Ausnützung von Tauschchancen [...]: auf (formell) friedlichen Erwerbschancen also" (ebd.: 106).[2] In der Praxis jedoch macht er die Kapitalist*innen verantwortlich für die Finanzierung der

> „Kriege und des Seeraubes, für Lieferungen und Bauten aller Art, bei überseeischer Politik als Kolonialunternehmer, als Plantagenerwerber und Betreiber mit Sklaven oder direkt oder indirekt gepreßten Arbeitern, für Domänen-, Amts- und vor allem: für Steuerpacht, für die Finanzierung von Parteichefs zum Zwecke von Wahlen und von Kondottieren zum Zweck von Bürgerkriegen und schließlich: als ‚Spekulant' in geldwerten Chancen aller Art" (ebd.: 109).

Weber nennt solche Unternehmer „Abenteuerkapitalisten" und begreift sie als die Hauptakteure des „fördernden, spekulativen, kolonialen und [...] modernen Finanzkapitalismus" (ebd.), also von kapitalistischen Unternehmungen mit einer irrationalen oder spekulativen Natur oder einem gewaltvollen Charakter. Er ist der Ansicht, dass der Einsatz von erzwungener Arbeit durch solche Kapitalisten, ob in Form von Sklaverei, Leibeigenschaft, Heimarbeit oder Tagelöhnertum, im Vergleich zur freien industriellen Arbeit im Westen lediglich einen sehr geringen Grad an rationaler Arbeitsorganisation ermögliche. Obwohl Weber anerkennt, dass moderner Kapitalismus Seite an Seite mit dem sogenannten Abenteuerkapitalismus entstanden ist, betrachtet er ersteren als einen völlig anderen Typus. Dieser zeichne sich aus durch eine „an den Chancen des Gütermarktes, nicht an gewaltpolitischen oder an irrationalen Spekulationschancen orientierte, rationale Betriebsorganisation" (ebd.: 111). Mit solchen Argumenten trennt Weber den westlichen Kapitalismus deutlich von dem westeuropäischen Projekt kolonialer Expansion und entkoppelt auf diese Weise schlussendlich auch die Entstehung der Moderne von der Geschichte des Kolonialismus.

Obwohl Weber die Entwicklung der Moderne auf die Entstehung des industriellen Kapitalismus zurückführt, erklärt er die Einzigartigkeit des Westens nicht mit dem

---

[2] Falls nicht anders vermerkt, stammen die Hervorhebungen aus Webers Originaltext.

Kapitalismus als solchem. Eher möchte er den Ursprung der westlichen Mittelschicht und ihre besonderen Wirtschaftsethik aufzeigen, die seiner Ansicht nach allein im Westen durch eine rationale Struktur von Recht und Administration unterstützt wird (vgl. Weber 2005: 160). Folglich besteht laut Weber der gemeinsame Nenner von im Westen auftretenden, einzigartigen modernen Technologieentwicklungen, Staatsbildungsprozessen, kapitalistischer Organisation, berechenbarem Gesetz und Verwaltung sowie Arbeitsethik in einem spezifischen Rationalismus, der die westliche Zivilisation als Ganzes charakterisiert.

Im Gegensatz zum irrationalen und spekulativen Kapitalismus sowie zur feudalen Ökonomie ist für Weber einzig der moderne Kapitalismus durch ein Maximum an Rationalität, Effizienz und das systematische, objektive Streben nach Profit gekennzeichnet (vgl. Weber 2005: 69ff.). Zugleich geht damit jedoch eine zunehmende De-Personalisierung und Distanzierung von ethischen Normen und gemeinnützigen Orientierungen einher, die mit verstärkten Bürokratisierung stetig voranschreiten.

Webers These der „Einzigartigkeit des Westens" ist ein Paradebeispiel dafür, wie in Modernitätsentwürfen aktiv blinde Flecken produziert werden, indem koloniale und imperiale Verflechtungen systematisch ausgeblendet werden. Die Monopolisierung von Begriffen wie Modernität, Rationalität und Kapitalismus – oder dessen, was Aníbal Quijano als „das europäische Patent auf Modernität" bezeichnet (Quijano 2000: 543) – veranlasst postkoloniale Kritik, danach zu fragen, wie das Denken von klassischen europäischen Soziologen (im Maskulinum, da im Kanon keine Frauen vertreten sind) mit dem Entstehungsort verbunden ist bzw. wie es aus partikularen, intellektuellen und historischen Traditionen abgeleitet wird und keinesfalls universell gültige, transhistorische Erfahrung reflektiert (vgl. Chakrabarty 2007: xiii; siehe auch Mignolo 2000).

## Eine universelle Theorie von Rasse und Ethnizität

Die Annahme, dass europäisches Denken universell gültig sei, hat Weber die Kritik eingebracht (jedoch nicht so sehr wie Marx), den Verlauf des sozialen Wandels falsch vorausgesagt zu haben. So kam es weder zur massiven Bürokratisierung noch zur Herrschaft formaler Rationalität oder zur sozialen Versteinerung, wie es Webers *Die Protestantische Ethik und der Geist des Kapitalismus* nahelegte (vgl. Kalberg, in: Weber 2005: 37). Auch Webers Konzeptionalisierung von Rasse und Ethnizität als Stände, die mit einer modernen, zunehmend auf Klasse basierenden Selbstidentifizierung verschwinden würden, wird häufig als eine falsche Prognose betrachtet.

Die Quelle dieser Interpretation besteht im Wesentlichen aus dem Kap. „Ethnische Gemeinschaftsbeziehungen" der englischen Übersetzung von *Wirtschaft und Gesellschaft*, von der lange angenommen wurde, dass sie Webers Perspektive auf Fragen von Ethnizität und Rasse pointiert repräsentiere.[3] Obwohl das Kapitel einem englischsprachigen

---

[3] Im Zuge jüngerer Forschungen zum Manuskript, das von Marianne Weber editiert und als *Wirtschaft und Gesellschaft* publiziert wurde, wird jedoch argumentiert, dass Weber einer Publikation vermutlich nicht zugestimmt hätte (vgl. Banton 2007; Mommsen 2005).

Publikum erst sehr viel später als Webers Religionssoziologie (besonders die *Protestantische Ethik*) zugänglich gemacht wurde und es über eine lange Zeitspanne weit weniger Aufmerksamkeit erhielt, hinterließ es dennoch merkliche Spuren in der Soziologie sowie der Sozialanthropologie der Ethnizität und Rasse des 20. Jahrhunderts in der angelsächsischen Welt (vgl. Fenton 2003: 62).

Bekanntlich sind es für Weber weder Rasse noch ethnische Gemeinsamkeiten an sich, die Gemeinschaft konstituieren. Dennoch können beide Vergemeinschaftung fördern, wenn sie subjektiv *empfunden* werden – als gemeinsame Merkmale geteilter physischer Eigenschaften, Sitten und Bräuche oder einer geteilten Vergangenheit, – einschließlich „Erinnerungen an Kolonisation und Wanderung".[4] Selbst ohne eine tatsächliche gemeinsame Abstammung könne der Glaube an die Gruppenzugehörigkeit basierend auf Rasse oder ethnischer Gemeinsamkeit zur Bildung politischer Gemeinschaften führen und sogar noch nach dem Zerfallen einer solchen Gemeinschaft anhalten. Ebenso sei das Auftreten oder Ausbleiben von „Mischehen" zwischen unterschiedlichen „rassischen" oder „ethnischen" Gruppen in den meisten Fällen nicht auf biologische Unterschiede, sondern auf soziale Schließung entlang „ethnischer Ehre" zurückzuführen, die für Weber eng mit derjenigen der ständischen Ehre verwandt ist:

> „Die Reinzüchtung anthropologischer Typen ist sehr oft sekundäre Folge derartiger, wie immer bedingter Abschließungen, bei Sekten (Indien) sowohl wie bei „Pariavölkern", d. h. Gemeinschaften, welche zugleich sozial verachtet und dennoch um einer unentbehrlichen, von ihnen monopolisierten Sondertechnik willen als Nachbarn gesucht werden (MWG I/22-1 2001: 170)."

Die Ähnlichkeiten zwischen der Zugehörigkeit zu ethnischen Gruppen wie den „Paria-Völkern" und zu rassischen Gruppen wie den „Schwarzen" in den USA bestehen für Weber darin, dass Gruppenbildung im Wesentlichen auf gemeinsamen subjektiven Vorstellungen beruht und weniger auf tatsächlichen Unterschieden. Weber unterscheidet entsprechend lediglich an einer Stelle zwischen Rasse und ethnischer Gruppe, wenn er bemerkt, dass übermäßig heterogene „rassische Eigenschaften" von Gruppenmitgliedern zu einer effektiven Beschränkung im Glauben an eine gemeinsame Ethnizität führen können. Unter Rekurs auf die „one drop rule" in den USA betont er stattdessen die Bedeutung

---

[4] Webers Definition von ethnischer Gruppe lautet demnach: „Wir wollen solche Menschengruppen, welche auf Grund von Ähnlichkeiten des äußeren Habitus oder der Sitten oder beider oder von Erinnerungen an Kolonisation und Wanderung einen subjektiven Glauben an eine Abstammungsgemeinschaft hegen, derart, daß dieser für die Propagierung von Vergemeinschaftungen wichtig wird, dann, wenn sie nicht ‚Sippen' darstellen, ‚ethnische' Gruppen nennen, ganz einerlei, ob eine Blutsgemeinsamkeit objektiv vorliegt oder nicht. Von der ‚Sippengemeinschaft' scheidet sich die ‚ethnische' Gemeinsamkeit dadurch, daß sie eben an sich nur (geglaubte) ‚Gemeinsamkeit', nicht aber ‚Gemeinschaft' ist, wie die Sippe, zu deren Wesen ein reales Gemeinschaftshandeln gehört" (MWG I/22-1 2001: 174f.).

ständischer Schichtung durch Ehre, die er als Basis ethnischer und rassischer Gruppenbildung betrachtet:

> „Der winzigste Tropfen Negerblut disqualifiziert in den Vereinigten Staaten unbedingt, während sehr beträchtliche Einschüsse indianischen Blutes es nicht tun. Neben dem zweifellos mitspielenden, ästhetisch gegenüber den Indianern noch fremdartigeren Gepräge der Vollblutneger wirkt dabei ohne alle Frage die Erinnerung mit, daß es sich bei den Negern im Gegensatz zu den Indianern um ein Sklavenvolk, also eine ständisch disqualifizierte Gruppe handelt. Ständische, also anerzogene Unterschiede und namentlich Unterschiede der „Bildung" (im weitesten Sinn des Wortes) sind ein weit stärkeres Hemmnis des konventionellen Konnubium als Unterschiede des anthropologischen Typus. Der bloße anthropologische Unterschied entscheidet, von den *extremen Fällen ästhetischer Abstoßung* (sic!) abgesehen, durchweg nur in geringem Maße (ebd.: 171)."

Trotz dieser und anderer Referenzen zum Einfluss des ehemaligen Sklavenstatus auf die Position des Individuums in der modernen Ständehierarchie (d. h. hier der rassischen), spielen die Zusammenhänge von Rassismus, Kolonialismus und Sklaverei für Webers Konzeptualisierung von rassischen und ethnischen Gemeinschaften keine Rolle. Stattdessen vertritt er die Vorstellung, dass Erinnerungen an Kolonisation und Migration Gruppenbildungen zwar unterstützen; explizit gemeint sind damit jedoch entweder die Perspektive und Erfahrung der Kolonisten oder Prozesse freiwilliger Migration, die nicht zum Ausschluss aus der Ständehierarchie geführt haben, wie etwa die Migration von mehreren Millionen von Deutschen in die USA im Laufe des 19. Jahrhunderts. Die geteilte Erfahrung, kolonisiert oder versklavt worden zu sein, kommt dabei nicht zum Tragen. Webers Beispiele zeugen demnach lediglich von einer Perspektive im Machtgefälle, das die Ständehierarchie hervorruft: von der weißen, europäischen, männlichen Erfahrung. Sein Entwurf der Gruppenbildung durch Erinnerungen an Kolonisation und Migration bleibt demnach völlig entkoppelt von seinem Argument, dass „rassenmäßige […] Absonderung" (ebd.: 168), d. h., Rassentrennung in den USA durch die Neigung Weißer bestimmt sei, soziale Macht und sozialen Status zu monopolisieren (vgl. Weber 1920: 386). Indem er Beispiele unterschiedlicher historischer Kontexte heranzieht, versucht Weber entsprechend eine *universell gültige Definition* von ethnischer Differenzierung als Variante der ständischen Schichtung zu begründen, anstatt eine *historisch begründete Analyse* der Entstehung spezifischer rassischer und ethnischer Gruppen zu liefern.

Dieser Ansatz deckt sich mit seiner Herabwürdigung von Versklavten zu einem Stand von geringer sozialer Ehre (und nicht zu einer unteren Klasse) sowie mit seiner Behandlung von ethnischen Gruppen als charakteristisch für Gesellschaften mit einem niedrigen Grad an Rationalisierung, im Gegensatz zu den rational organisierten und potenziell klassenbasierten Gesellschaften des Westens: Demnach betrachtet Weber „[d]iese ‚künstliche' Art der Entstehung eines ethnischen Gemeinsamkeitsglaubens" (MWG I/22-1 2001: 175), also Gruppenzugehörigkeit basierend auf gemeinsamen Vorfahren – im griechischen Stadtstaat als „ein Symptom für den im ganzen geringen Grad der Rationalisierung des hellenischen Gemeinschaftslebens überhaupt" (ebd.: 176). Demgegenüber gilt für ihn die lose Beziehung zwischen sozialer Hierarchisierung und ethnischen Ansprüchen im antiken Rom als „Symptom […] größerer Rationalisierung" (ebd.).

Entsprechend gehört die Vorstellung einer gemeinsamen Ethnizität, zusammen mit irrationalem (oder weniger rationalem) sozialem Handeln und der Ständeordnung, zu traditionellen gesellschaftlichen Arrangements und Autoritätsformen. Webers Definition von Ethnizität steht demnach im Einklang mit seiner Theorie des sozialen Handelns und mit seiner Typologie von Herrschaftsformen: Ethnische Gruppen beteiligen sich primär aufgrund ihrer Zugehörigkeitsgefühle an *Gemeinschaftshandeln* und sind charakteristisch für die Ständeordnung unter *traditioneller Herrschaft*. Klassenangehörige beteiligen sich dagegen aufgrund rationaler ökonomischer Interessen an *Gesellschaftshandeln* und sind typisch für Formen *rationaler Herrschaft* (vgl. Jackson 1983: 10f.).

Obwohl Weber *charismatische Herrschaft* auf der Basis von *charismatischem Handeln* im Gegensatz zu traditionellen und rationalen Herrschaftstypen definiert, betont er, dass Rationalisierungsprozesse von Charisma entweder zu Amtscharisma in der rationalen Ordnung oder zu Erbcharisma in der traditionellen Ordnung führen. Das führt zu einem Gegensatz zwischen Legitimität durch das Innehaben eines Amtes und Legitimität durch den Glauben an die Bedeutung von Blutsbanden (vgl. Weber 1920: 249ff.). Während es das Amtscharisma ist, das die Bürokratisierung der katholischen Kirche durch die Trennung von Amtsmacht und individueller Qualifikation des Priesters ermöglicht, gelten für Weber das indische Kastensystem, der japanische Abstammungsstaat vor der Bürokratisierung sowie China vor der Rationalisierung in territorialen Staaten als idealtypisch für das Erbcharisma. Alle diese Beispiele sollen zeigen, wie ein Qualifikationsprinzip qua Leistung durch ein Qualifikationsprinzip qua Herkunft ersetzt wird (vgl. ebd.: 253f.). Zwar bestreitet Weber wiederholt, ein Stufenmodell gesellschaftlicher Entwicklung im Hinblick auf die Art der sozialen Schichtung, auf Typen sozialen Handelns oder auf Formen legitimer Herrschaft vorzuschlagen. Dennoch sind es immer wieder tribale und Abstammungsstaaten und deren zugehörige ethnische Fiktionen, gemeinschaftliches soziales Handeln sowie traditionelle oder erbcharismatische Herrschaftsformen, die Weber als Beispiele für vorrationale, vormoderne soziale Kontexte heranzieht. Sie alle werden dadurch mit jenen Aspekten Webers Theorie assoziiert, die „die Vergangenheit betonen" (Jackson 1983: 11) und die Moderne noch nicht erreicht haben. Aus diesen sich wiederholenden Beispielen Webers werden Modernisierungstheoretiker*innen später einen impliziten Widerspruch zwischen moderner okzidentaler Rationalität und deren vormodernen Gegenstücken innerhalb und außerhalb der westlichen Welt ableiten. Im Anschluss wird daraus eine klare Dichotomie zwischen modernen und traditionellen Gesellschaften entwickelt, die eindeutig auf unterschiedlichen Entwicklungsstufen und Epochen verortet sind. Auf diese Weise wird die aktive Produktion des Nicht-Westens als Mangel an Modernität immer wieder aufs Neue fortgeschrieben und in eine „zeitgemäße" Sprache übersetzt.

## Fazit

Postkoloniale Kritik an kanonisierte Klassiker der Soziologie dient nicht dem Zweck, ihr Gesamtwerk zu delegitimieren. Vielmehr geht es darum, zu reflektieren, wie koloniale Denkkategorien auch in einem um „Wertfreiheit" bemühten soziologischen Diskurs Halt finden und dort auch innereuropäische Hierarchisierungen ermöglichen oder reproduzieren (vgl. Meinhof/Boatcă 2022). Der Rückgriff auf eine post- und dekoloniale Soziologie, die sich mit den blinden Flecken metropolitaner Theorien beschäftigt, ist dabei von praktischem Nutzen: Indem sie als klassisch geltende Analysen von Ungleichheitsverhältnissen als nicht nur kulturell und historisch kontingent, sondern auch als eng verbunden mit den nationalen Interessen und imperialen Projekten Deutschlands aufdeckt, kann postkoloniale Kritik zeigen, dass soziologische Theorie auf unzulässigen Verallgemeinerungen eines partikularen Standpunktes basiert, der als universal konstruiert wird. Je offensichtlicher dies auch mit Blick auf andere kanonisierte Analysen vermeintlich allgemeiner – d. h., nicht-situierter und nicht-politischer – Sozialtheorie gemacht werden kann, desto näher kommen wir einer globalen, postkolonialen Soziologie, die in der Lage ist, die Kontinuitäten in den soziokulturellen und religiösen Hierarchien sowie in den ökonomischen Machtstrukturen zu analysieren, die geopolitische Standorte seit dem kolonialen Zeitalter bis heute miteinander verbinden.

## Literatur

Alatas, S. F., & Sinha, V. (2017). *Sociological theory beyond the canon*. Springer.

Banton, M. 2007. "Max Weber on 'Ethnic Communities'. A Critique." *Nations and Nationalism* 13(1): 19–35.

Bartolovich, C. 2002. "Introduction: Marxism, Modernity, and Postcolonial Studies." In Bartolovich, C. und N. Lazarus. *Marxism, Modernity, and Postcolonial Studies*. Cambridge: Cambridge University Press, 1–17.

Bartolovich, C. und N. Lazarus (Hrsg.) 2002. *Marxism, Modernity, and Postcolonial Studies*. Cambridge: Cambridge University Press.

Beck, U. 2007. "Beyond Class and Nation: Reframing Social Inequalities in a Globalizing World." *British Journal of Sociology* 58(4): 679–705.

Boatcă, M. 2003. *From Neoevolutionism to World-Systems Analysis. The Romanian Theory of 'Forms without Substance' in Light of Modern Debates on Social Change*. Opladen: Leske+Budrich.

—. 2013. The Many Non-Wests. Marx's Global Modernity and the Coloniality of Labor. Deutsche Zeitschrift für Philosophie, special issue 34, 209–25.

- 2014. "Second Slavery vs. Second Serfdom. Local Labor Regimes of the Global Periphery." In Arjomand S. (Hrsg.) *Social Theory and Regional Studies in the Global Age*. New York: Stony Brook Press, 361–388.

- 2016. *Global Inequalities beyond Occidentalism*. New York: Routledge.

- 2018. „Vom Standpunkt des Deutschtums." Eine postkoloniale Kritik an Webers Theorie von Rasse und Ethnizität. In Amir-Moazami, S. (Hrsg.) *Der inspizierte Muslim*, Bielefeld: transcript, S. 61-90.

- 2023 „Klasse vs. Andere: Kolonialität als Anomalie bei Karl Marx". In Alexandra Scheele & Stefanie Wöhl (Hrsg.): *Feminismus und Marxismus*. Weinheim: beltz Juventa, 83–106.

Chakrabarty, D. 2007. "Preface to the 2007 Edition. Provincializing Europe in global times." *Provincializing Europe. Postcolonial thought and historical difference*. Princeton, NJ: Princeton University Press, xi–xxi.
- 2008. *Provincializing Europe. Postcolonial Thought and Historical Difference* 2. Ausgabe. Princeton und Oxford: Princeton University Press.
Cleary, J. 2002. "Misplaced Ideas? Locating and Dislocating Ireland in Colonial and Postcolonial studies." In C. Bartolovich und N. Lazarus. *Marxism, Modernity, and Postcolonial Studies*. Cambridge: Cambridge University Press, 101–24.
Connell, R. 2007. *Southern theory. The global dynamics of knowledge in social science*. Crows Nest: Allen & Unwin.
Connell, R. (2018). Decolonizing Sociology. Contemporary Sociology, 47(4), 399–407. https://doi.org/10.1177/0094306118779811
Curtis, M. 1997. "The Asiatic Mode of Production and Oriental Despotism." *Marxism. The Inner Dialogues*. 2nd edition. New Brunswick and London: Transaction Publishers, 326–75.
Engels, Friedrich (1967): Engels an Marx 15. Dezember 1882. In: Marx, Karl/Engels, Friedrich: Werke, Band 35. Berlin: Dietz Verlag. S. 128–129.
Fenton, S. 2003. *Ethnicity*. Oxford: Polity.
Gutierrez-Rodriguez, E., Rodríguez, E. G., Boatcă, M., & Costa, S. (2010). Decolonizing european sociology: Transdisciplinary approaches. Farnham: Ashgate.
Hesse, B. 2007. "Racialized modernity. An Analytics of White Mythologies." *Ethnic and Racial Studies* 30(4): 643–663.
Jackson, M. 1983. "An analysis of Max Weber's theory of ethnicity." *Humboldt Journal of Social Relations* 10(1): 4–18.
Jani, P. 2002. "Karl Marx, Eurocentrism, and the 1857 Revolt in British India." In C. Bartolovich und N. Lazarus. *Marxism, Modernity, and Postcolonial Studies*. Cambridge: Cambridge University Press, 81–97.
Katz, S. 1990. "The Problems of Europocentrism and Evolutionism in Marx's Writings on Colonialism." *Political Studies* XXXVIII: 672–86.
Kreckel, R. 2008. „Soziologie der sozialen Ungleichheit im globalen Kontext." In M. Bayer, G. Mordt, S. Terpe und M. Winter *Transnationale Ungleichheitsforschung. Eine neue Herausforderung für die Soziologie*. Frankfurt a.M. and New York: Campus, 23–69.
Larsen, N. 2002. "Marxism, Postcolonialism, and The Eighteenth Brumaire." In C. Bartolovich und N. Lazarus. *Marxism, Modernity, and Postcolonial Studies*. Cambridge: Cambridge University Press, 204–20.
Marx, Karl (1960a): Die britische Herrschaft in Indien. In Marx, Karl/Engels, Friedrich: Werke, Band 9. Berlin: Dietz Verlag. S. 127–133.
Marx, Karl (1960b): Die künftigen Ergebnisse der britischen Herrschaft in Indien. In: Marx, Karl/Engels, Friedrich: Werke, Band 9. Berlin: Dietz Verlag. S. 220–226.
Marx, Karl (1961): Chinesisches. In: Marx, Karl/Engels, Friedrich: Werke, Band 15. Berlin: Dietz Verlag. S. 514–516.
Marx, Karl (1962): Das Kapital. Band 1. In: Marx, Karl/Engels, Friedrich: Werke, Band 23. Berlin: Dietz Verlag. S. 11–802.
Marx, Karl (1965): Briefe Februar 1842 – Dezember 1851. In: Marx, Karl/Engels, Friedrich: Werke, Band 27. Berlin: Dietz Verlag. S. 451–463.
Marx, Karl/ Engels, Friedrich (1959): Manifest der Kommunistischen Partei. In: Marx, Karl/Engels, Friedrich: Werke, Band 4. Berlin: Dietz Verlag. S. 459–493.
Marx, Karl/ Engels, Friedrich (1960a): Britische Politik – Disraeli – Die Flüchtinge – Mazzini in London – Türkei. In: Marx, Karl/Engels, Friedrich:Werke, Band 23. Berlin: Dietz Verlag. S. 3–12
Marx, Karl/ Engels, Friedrich (1978): Die deutsche Ideologie. Teil 1. In: Marx, Karl/Engels, Friedrich: Werke, Band 3. Berlin: Dietz Verlag. S. 5–530.

Marx, Karl (1983): Grundrisse der Kritik der politischen Ökonomie. In: Marx, Karl/Engels, Friedrich: Werke, Band 42. Berlin: Dietz Verlag. V. Manuskriptheft.

MWG I/22-1. 2001. „Wirtschaft und Gesellschaft. Die Wirtschaft und die gesellschaftliche Ordnung und Mächte." In Wolfgang J. Mommsen (Hrsg.) in Zusammenarbeit mit Michael Meyer. *Nachlaß. Teilband I: Gemeinschaften.* J.C.B. Mohr (Paul Siebeck): Tübingen, 168–190.

- II/18. 2016. *Die protestantische Ethik oder der Geist des Kapitalismus./Die protestantischen Sekten und der Geist des Kapitalismus. Schriften 1904-1920.* Hrsg. Wolfgang Schluchter in Zusammenarbeit mit Ursula Bube. J.C.B Mohr (Paul Siebeck): Tübingen, 101–122.

Meinhof, M., & Boatcă, M. 2022. „Postkoloniale Perspektivierung der Soziologie: Von Äpfeln und Birnen in der gegenwärtigen Debatte". In *Soziologie-Forum der Deutschen Gesellschaft für Soziologie* 2, S. 127–144.

Mignolo, W. 2000. *Local Histories/Global designs. Coloniality, subaltern knowledges, and border thinking.* Princeton, NJ: Princeton University Press.

- 2012. *The Darker Side of Western Modernity: Global Futures, Decolonial Options.* Durham and London: Duke University Press.

Mintz S. 1978. "Was the Plantation Slave a Proletarian? Review." *Journal of the Fernand-Braudel Center* II (1) Summer: 81–98.

Mommsen, W. 2005. "Max Weber's 'Grand Sociology'. The Origins and Composition of Wirtschaft und Gesellschaft. Soziologie." In C. Camic, P. S. Gorski und D. M. Trubeck (Hrsg.). *Max Weber's economy and society. A critical companion.* Stanford, CA: Stanford University Press, 70–97.

Nimtz, A. 2002. "The Eurocentric Marx and Engels and Other Related Myths." In C. Bartolovich und N. Lazarus. *Marxism, Modernity, and Postcolonial Studies.* Cambridge: Cambridge University Press, 65–80.

Pries, L. 2008. „Transnationalisierung und soziale Ungleichheit. Konzeptionelle Überlegungen und empirische Befunde aus der Migrationsforschung." In Berger, P.A. und A. Weiß (Hrsg.) *Transnationalisierung sozialer Ungleichheit.* Wiesbaden: VS, 41–64.

Quijano, A. 2000. "Coloniality of Power, Eurocentrism, and Latin America." *Nepantla. Views from South* 1(3): 533–574.

Reuter, J., & Villa, P. I. (Hrsg.). (2009). Postkoloniale Soziologie: Empirische Befunde, theoretische Anschlüsse, politische Intervention.

San Juan, E. Jr. 2002. "Postcolonialism and the Problematic of uneven Development." In C. Bartolovich und N. Lazarus. *Marxism, Modernity, and Postcolonial Studies.* Cambridge: Cambridge University Press, 221–39.

Said, E. 2009. *Orientalismus.* Frankfurt: Fischer Wissenschaft. Deutsche Übersetzung von Hans Günter Holl.

Smith, A. 2009. *An Inquiry in the Nature and Causes of the Wealth of Nations.* Petersfield: Harriman House.

Therborn, G. 1996. "Dialectics of Modernity: On Critical Theory and the Legacy of Twentieth Century Marxism." *New Left Review* 215: 59–82.

Wallerstein, I. 1991a. Marx and Underdevelopment, in Unthinking Social Science. The Limits of Nineteenth Century Paradigms. Cambridge, MA: Polity Press.

Weber, M. 1920. *Grundriss der Sozialökonomik. III. Abteilung. Wirtschaft und Gesellschaft.* Tübingen: Mohr (Siebeck).

- 2005. *Readings and commentary on modernity.* Hrsg. S. Kalberg. Malden, MA: Blackwell.

- 2011. *Wirtschaftsgeschichte. Abriß der universalen Sozial- und Wirtschaftsgeschichte.* Hrsg. Hellmann S. und M. Palyi. Berlin: Duncker & Humblot.

Weiß, A. 2005. „The Transnationalization of Social Inequality: Conceptualizing Social Position on a World Scale." *Current Sociology* 53(4): 707-28.

Soziologische Theorien

# Phänomenologische Theorien

Jonas Barth

**Zusammenfassung**

Ausgehend von den Versuchen der Soziologie, phänomenologische Philosophien in Form von Sozial- oder Mundanphänomenologien fruchtbar zu machen, skizziert Jonas Barth in seinem Beitrag den aktuellen Stand der Phänomenologie in der Soziologie als ambivalent. Einerseits hebt er den Einfluss der Phänomenologie auf die Soziologie hervor, stellt aber die Existenz einer phänomenologischen soziologischen Theorie in Frage. Trotz seiner These, wonach „Phänomenologie" gar kein soziologischer, sondern ein philosophischer Titel sei und eine „phänomenologische Soziologie" nicht existiere, arbeitet Barth Bezüge der soziologischen Theorie auf „Phänomenologien" heraus. Der Autor unterscheidet zwei Bezugsprobleme mit unterschiedlicher Konsequenz: Erstens das Problem des Sinnverstehens bzw. der Konstitution von Sinn und zweitens das Problem der leibgebundenen Erfahrung. Abschließend präsentiert Barth zwei aktuelle Beispiele phänomenologisch inspirierter Forschung und diskutiert ihre Probleme.

**Abstract**

Based on sociology's attempts to make phenomenological philosophies fruitful in the form of social or oral phenomenologies, Jonas Barth outlines the current state of phenomenology in sociology as ambivalent in his article. On the one hand, he emphasizes

---

J. Barth (✉)
SOCIUM – Forschungszentrum Ungleichheit und Sozialpolitik, Universität Bremen, Bremen, Deutschland
E-Mail: jbarth@uni-bremen.de

© Der/die Autor(en), exklusiv lizenziert an Springer Fachmedien Wiesbaden GmbH, ein Teil von Springer Nature 2025
F. Schäfer, F. Hillebrandt (Hrsg.), *Einführung in die Soziologie*, Einführung in die Soziologie – Themen, Begriffe, Theorien, Forschungspraxis,
https://doi.org/10.1007/978-3-658-48270-1_3

the influence of phenomenology on sociology, but questions the existence of a phenomenological sociological theory. Despite his thesis that "phenomenology" is not a sociological but a philosophical title and that a "phenomenological sociology" does not exist, Barth works out references of sociological theory to "phenomenologies". The author distinguishes between two problems of reference with different consequences: firstly, the problem of understanding meaning or the constitution of meaning and, secondly, the problem of bodily experience. Finally, Barth presents two current examples of phenomenologically inspired research and discusses their problems.

## Einleitung

Die Geburtsstunde der Phänomenologie war ein philosophisches Projekt zur Wende des ausgehenden 19. Jahrhunderts, das zunächst von Edmund Husserl (1859–1938) ausgearbeitet wurde. In der Weiterentwicklung seines Programms erlangten mit Martin Heidegger, Maurice Merleau-Ponty, Jean-Paul Sartre, Paul Ricœur und anderen phänomenologisch arbeitende Philosophen schließlich große Berühmtheit.[1] Husserls Kernanliegen bestand darin, die Philosophie zu einer Wissenschaft zu machen, die sich in die Lage versetzt, Grundfragen der Philosophie mit Evidenz zu beantworten. Die von ihm begründete phänomenologische Methode sollte es möglich machen, „den Sinn aus[zu]legen, den diese Welt für uns alle vor jedem Philosophieren hat und offenbar nur aus unserer Erfahrung hat, ein Sinn, der philosophisch enthüllt, aber nie geändert werden kann" (Husserl 2012, S. 150). Ganz beschwingt von dieser Entwicklung wurde versucht, das philosophische Programm der Phänomenologie auch auf die empirischen Wissenschaften, etwa der Psychologie, der Psychiatrie und der Soziologie zu übertragen, indem die Frage der Sinnauslegung zum entscheidenden Bezugsproblem ernannt wurde. In diesem Sinne versuchte Alfred Schütz (1899–1959) die sinnverstehende Soziologie Max Webers neben dem Bezug auf die Lebensphilosophie Henri Bergsons unter Rückgriff auf die phänomenologischen Arbeiten Husserls philosophisch zu fundieren (Schütz 2016 [1932]). Es sind vor allem seine Arbeiten, die zum Namensgeber einer philosophischen Soziologie, zur sog. Sozial- oder Mundanphänomenologie wurden.[2]

Heute stellt sich der Stand der Phänomenologie in der Soziologie allerdings verwirrend dar. *Einerseits* ist der Einfluss der Phänomenologie auf die Soziologie unbestritten. Ob als

---

[1] Zu denen – so lässt sich spekulieren – vielleicht auch Edith Stein gehört hätte, wäre sie ein Mann gewesen und hätte sie die NS-Zeit überlebt. Neben ihr gab es auch andere Frauen, die sich von der Phänomenologie inspirieren ließen. Prominenz hat sicherlich Simone de Beauvoir erlangt. Weniger bekannt gehörten in Deutschland Hedwig Conrad-Martius und später Elisabeth Ströker zu den wichtigen Vertreterinnen der Phänomenologie. Dass die Geschichte der Phänomenologie vor allem eine Männergeschichte ist, hat auch mit den rigiden Studienordnungen und Habilitationsregelungen an deutschen Universitäten am Ende der Kaiserzeit und während der Weimarer Republik zu tun.

[2] Von der Phänomenologie beeinflusste Zeitgenossen von Schütz, die auch heute noch rege zitiert werden, wie etwa Helmuth Plessner oder Karl Mannheim, konnten keinen vergleichbaren Einfluss auf die Soziologie ausüben. Auf Plessner komme ich später zurück.

Zustimmung, als Abkehrbewegung oder beides zusammen: Nicht nur die als sozialphänomenologisch etikettierte Soziologie, sondern für eine Vielzahl – auch in diesem Buch versammelter – soziologischer Theorieentwürfe lassen sich phänomenologische Bezüge nachweisen. Doch machen phänomenologische Bezüge freilich noch keine phänomenologische soziologische Theorie aus. Denn *andererseits* wurde selbst über die Sozialphänomenologie von Alfred Schütz – der wohl bislang am umfangreichsten ausformulierte Entwurf einer phänomenologischen Soziologie – geurteilt, bei ihr handele es sich bestenfalls um „Protosoziologie" (Luckmann 1979, 2008), insofern es Schütz darum gegangen sei, universelle Sinnstrukturen der Sozialwelt aufzudecken und den auszulegenden Sinn gerade nicht als veränderliche und darum empirisch zu rekonstruierende Größe aufzufassen. Doch auch darüber hinaus ist es fraglich, ob Formen der Sozialwelt mit Prämissen der Phänomenologie überhaupt zureichend erfasst werden können. So hat Schütz später selbst mit Bezug auf Husserl festgestellt, dass die Gewissheit einer mit anderen Menschen geteilten Sozialwelt phänomenologisch nicht erschlossen werden könne (Schütz 1957). Ein Blick in Lehr- und Handbücher soziologischer Theorie zeigt, dass mit dem Label „phänomenologische Soziologie" nahezu ausnahmslos[3] die Weiterentwicklung der Schützschen Lebensweltanalysen zum wissenssoziologischen Sozialkonstruktivismus von Berger & Luckmann (1969/2010) bezeichnet wird. Doch obgleich diese einflussreiche Linie der soziologischen Theorieentwicklung zweifelsohne phänomenologisch inspiriert ist, ist sie, weil sie die Bezugsprobleme der (husserlschen) Phänomenologie überschreitet, „gerade keine phänomenologische Soziologie" (Knoblauch 2013, S. 314).

Bei genauerem Besehen ist „Phänomenologie" daher auch bis heute gar kein soziologischer, sondern weiterhin ein philosophischer Titel. Eine „phänomenologische Soziologie" existiert nicht. Und dennoch erweist sich der Bezug auf „Phänomenolog*ien*" als ein fruchtbares Unterfangen für die Soziologie, weil er nach wie vor zu neuen theoretischen Innovationen führt und insbesondere (aber nicht nur!) qualitativ-empirische Forschungsprogramme inspiriert. Um das verständlich zu machen, sollte man sich jedoch nicht nur mit Husserl auf einen einzigen phänomenologischen Ansatz konzentrieren, sondern zur Kenntnis nehmen, in welcher Weise unterschiedliche phänomenologische Bezugsprobleme in unterschiedliche soziologische Programme übersetzt werden.

Für die soziologische Theoretisierung haben bislang vor allem zwei Bezugsprobleme eine wichtige Bedeutung gehabt, die der Phänomenologie entnommen wurden: Zum einen das Problem des Sinnverstehens bzw. der Konstitution von Sinn und zum anderen das Problem der leibgebundenen Erfahrung (Abschnitt: Bezugsprobleme). Je nachdem, welchem Bezugsproblem Vorrang eingeräumt wird, hat dies unterschiedliche Folgen für den grundlegenden soziologischen Gegenstandsentwurf: Das Soziale (Abschnitt: Sinnverstehen und Leiblichkeit). Ich werde dann im Weiteren thematisieren, worauf die Forschung jeweils ihren Fokus richtet und welche methodologischen Vorgaben beachtet werden müssen (Ab-

---

[3] Man muss schon den Umweg gehen und zum Beispiel ein Handbuch zur Körpersoziologie herausgreifen, um einen Text über „Phänomenologie" zu erhalten, der sich nicht auf die Linie Schütz, Berger & Luckmann bezieht (Crossley 2022). Ich komme darauf zurück.

schnitt: Woran die Forschung ansetzt). Schließlich werde ich zwei aktuelle Beispiele phänomenologisch inspirierter Forschung präsentieren (Abschnitt: Aktuelle Beispiele) und im Fazit auf ihre Probleme zu sprechen kommen.

## Bezugsprobleme: Intersubjektivität und Erfahrung

Dass die Soziologie eine Wissenschaft ist, die sich zur Aufgabe machen soll, den Sinn zu bestimmen, den das Handeln für Menschen hat, wird auf den berühmten ersten § von Max Webers *soziologischen Grundbegriffen* zurückgeführt (Weber 1984, S. 19–40). Schütz liest Husserl dabei so, dass er das von Weber vorgegebene Bezugsproblem des Sinnverstehens primär bearbeitet habe. Um besser verstehen zu können, welches Problem die Soziologie damit lösen soll, muss man sich die Problemvorgabe bei Husserl ansehen. Diese besteht in der grundlegenden Art und Weise, wie Husserl sich überlegt hat, woran eine phänomenologische Analyse ansetzen soll. Ihm zufolge werde der Ausgangspunkt phänomenologischer Untersuchungen immer von den sogenannten intentionalen Korrelaten des Bewusstseins gebildet. Was ist damit gemeint?

Ausgangspunkt wie Ziel der phänomenologischen Analyse ist Husserl zufolge die sog. natürliche Einstellung, d. h. der „universale Boden des Weltglaubens" (Husserl 1999 [1939], § 7), also das, was Menschen in ihrem Alltag als Selbstverständlichkeit einfach hinnehmen, ohne sie zu hinterfragen (Husserl 1950, § 27). Der konkrete Ausgangspunkt bildet dann die konkrete „originäre Anschauung" (Husserl 1950, § 24) eines Subjekts: Die Welt, wie perspektivisch auch immer sie einem Subjekt erscheint, das sie erfährt. Das Ziel besteht darin, die allgemeinen Strukturen freizulegen, die diese Erfahrung überhaupt erst ermöglichen – und zwar nicht für das einzelne Subjekt, bei dessen Erfahrung angesetzt wurde, sondern prinzipiell für jeden, der an derselben Stelle wie das betreffende Subjekt gestanden hätte. Hierzu bedient sich Husserl eines wichtigen methodischen Kniffs: die sog. „Epoché" (Husserl 1950, § 32). Bei ihr geht es darum, die Seinsgeltung der Erfahrung eines Subjekts einzuklammern, um die Erfahrung als solche untersuchen zu können, ohne berücksichtigen zu müssen, dass die Erfahrung in Wirklichkeit vergänglich ist. Damit wird der Raum der Analyse eröffnet, den die Phänomenologie besetzt: Husserls Prämisse ist, dass Menschen Gegenstände (seien sie der Wirklichkeit oder der Fantasie entnommen) stets nur als Phänomene gegeben sind. Phänomene sind sie, insofern sie Sinngegenstände darstellen. Sinngegenstände setzen sich aus zwei Bestandteilen zusammen. Zum einen erscheint ein Sinngegenstand, insofern er auf eine bestimmte Weise intendiert wird: er wird z. B. wahrgenommen, vorgestellt oder beurteilt. Zum anderen kommt auf diese Weise ein bestimmter Gegenstand zur Erscheinung: z. B. ein Haus oder ein Drache. Den ersten Bestandteil bezeichnete Husserl in seinem Spätwerk als „Noesis", den zweiten als „Noema" (Husserl 1950, Kap. 3). Ein Phänomen konstituiert sich als Korrelation dieser beiden Bestandteile. Die Aufgabe der Phänomenologie besteht daher darin, dieses Korrelationsverhältnis in Bezug auf bestimmte Gegenstände möglichst genau zu beschreiben. Nun stellt sich Husserl die Beziehung dieser zwei Bestandteile von Sinngegenständen nicht als Zeitfolge vor (etwa in dem Sinne, erst werde etwas wahrgenommen und dann darüber nachgedacht, was das Wahrgenommene bedeute), sondern das Korrelationsverhältnis besagt: Mit dem einen ist immer schon das andere mitgegeben. Deshalb spricht Husserl von der Intentionalität des Bewusstseins: Bewusstsein ist kein reines „Ich denke", sondern immer ein Denken (und Fühlen) von etwas Anderem als es selbst.

Für Husserl ist die Gegebenheitsweise von Phänomenen in der Korrelation von Noesis und Noema keine rationale Handlung, mit der sich zwischen unterschiedlichen Möglichkeiten der Sinnverleihung der Noesis entschieden würde, sondern ein präsentistisches Erleben: Phänomene sind Menschen *unmittelbar* gegeben. Diese unmittelbare Gegebenheitsweise von Phänomenen verleiht ihnen den Charakter von Evidenz und Selbstverständlichkeit. Husserl bezeichnet dies als Generalthesis der natürlichen Einstellung: Die gesamte Welt und all ihre Bestandteile sind dem Menschen als selbstverständliche und evidente Phänomene gegeben. Die Methode der phänomenologischen Beschreibung hat also zur Aufgabe, die Selbstverständlichkeit der natürlichen Einstellung philosophisch zu erklären, indem dessen Strukturen rigoros beschrieben werden.

Für Husserl ist damit ein wichtiges philosophisches Problem verbunden: Wenn die Phänomenologie die Grundstrukturen von Erfahrung beschreiben und beanspruchen können soll, dass diese Beschreibungen evident sind, dann müssten diese Beschreibungen ja auch für Andere grundsätzlich dieselbe Bedeutung haben können. In der Philosophie ist es umstritten, ob Husserl dieses Problem lösen konnte. In der Soziologie gilt es hingegen seit Schütz als gewiss, dass Husserl dieses Problem nicht habe lösen können (Barth 2023a). Für Schütz ist dieser Umstand misslich, denn ihm ging es gerade darum, mithilfe Husserls das von Weber aufgegebene Problem zu lösen, wie zum einen Alltagsakteure sich gegenseitig unproblematisch verstehen können als auch, wie wissenschaftliche Beobachter:innen methodisch kontrolliert – und das heißt: wahrheitsfähig – den Sinn menschlicher Handlungen auslegen können. So gesehen hat die husserlsche Phänomenologie der Soziologie zwei Bezugsprobleme aufgegeben: Erstens die Aufgabe, die empirische Forschung an der tatsächlichen Erfahrung von Akteuren anschließen zu lassen und zweitens das Problem zu lösen, in welcher Weise diese Erfahrung intersubjektiv verfasst ist.

Im Grunde fängt hier die soziologische Theorie erst an: Die Soziologie kann und will subjektive Erfahrungen gar nicht in ihrer wesenhaften Gestalt analysieren, schließlich begreift sie sich nicht als philosophisches Programm. Die Soziologie kann gewinnbringend von der Phänomenologie profitieren, indem sie ein Teil ihrer Ergebnisse in ihre eigenen Theorieprojekte integriert. Das macht sie unphänomenologisch, aber phänomenologisch orientiert (Zahavi 2021). Phänomenologisch orientierte Theorievorschläge lassen sich nämlich danach unterscheiden, wie sie sich phänomenologisch orientieren, das heißt: Wie sie den Begriff von *Erfahrung* bilden, auf welche Weise sie darin *Intersubjektivität* einbinden und schließlich, welche methodologischen Anforderungen sie daraus ableiten, auf welche Weise die Wirklichkeit empirisch untersucht werden soll.

## Sinnverstehen und Intersubjektivität vs. Leiblichkeit und ja, was eigentlich?

Für die Soziologie reicht es nicht aus, einen phänomenologisch gehaltvollen Begriff von Erfahrung zu verwenden. Und es reicht auch nicht aus, diesen mit einem phänomenologisch abgeleiteten, phänomenologisch orientierten oder zumindest mit einem phänomenologisch orientier*baren* Intersubjektivitätsverständnis zu verbinden. Das hängt damit zusammen, dass die Erklärungsinteressen der Soziologie in der Regel spezifischer sind, als eine phänomenologisch valide Beschreibung der Wirklichkeit anzufertigen: Sie will bspw. erklären können, warum sich bestimmte Sinnverständnisse gegenüber anderen durchsetzen bzw. in welcher Weise bestimmte Sinnverständnisse auf Dauer gestellt werden. Deshalb ist die soziologische Theorie darauf angewiesen, nicht nur Konzepte aus der philosophischen Phänomenologie zu übernehmen, sondern auf ihrer Grundlage oder mit ihrer Hilfe eigenständige Theoriearbeit zu leisten. Wenn Sie, liebe Leserin, sich mit dem Gedanken tragen, phänomenologisch arbeiten zu wollen, dann versichern Sie sich Ihrer Erkenntnisinteressen und überlegen, welche Konzepte Sie zu diesem Zweck sinnvoll und kohärent zusammenbringen können. Wenn es gut ist, ist das so gefertigte Patchwork brauchbar für die avisierte Forschung – perfekt ist es darum noch nicht. Stets sind Ausbesserungen möglich und nötig. Wir werden nicht arbeitslos!

Über die Schützlinie hinaus hat sich die phänomenologisch orientierte Theoriearbeit in der Soziologie enorm verzweigt. Ich gebe im Folgenden zwei Beispiele, wie die Bezugsprobleme – Erfahrung und Intersubjektivität – soziologisch gelöst und mit spezifisch soziologischen Anliegen verbunden werden. Die Kreativität eines solchen Patchworks findet immer in zweierlei ihr Maß: der inneren Konsistenz und Kohärenz der einzelnen Flicken bzw. im Verhältnis zueinander und dann natürlich in der übergeordneten Zweckmäßigkeit, die sich aus dem Erkenntnisziel schöpft.[4]

## Die Schützlinie: Phänomenologische Kappungen und pragmatistische Erweiterungen

Oben hatte ich geschrieben, dass sich bei Husserl Sinn aus der Verknüpfung von Noesis und Noema ergibt. Die Herstellung dieser Verknüpfung ist ein Akt des Bewusstseins und beschreibt die Form menschlicher Erfahrung. Schütz schließt an diesem Verständnis von Erfahrung an. Im Anschluss an Husserl (1966) und Bergsons (2012 [1911]) Philosophie der Dauer formuliert er, dass „das *Sinnproblem* ein *Zeitproblem* ist" (Schütz 2016 [1932], S. 20). Die Konstitution von Sinn und damit die Form, in der Menschen Erfahrungen machen, hat für Schütz daher zuallererst eine *zeitliche* Struktur. Diese bezieht sich auf die

---

[4] Natürlich kann es sich auch so verhalten, dass das Erkenntnisziel das Patchwork nicht anleitet, sondern das Basteln erst bestimmte Erkenntnismöglichkeiten freilegt. Geadelt findet sich dieser Maßstab – innovative Perspektiven für die Forschung freilegen – übrigens auch wissenschaftstheoretisch (Lakatos 1982).

zeitliche Verfassung des Bewusstseins selbst. Sie kennen Zeit z. B. in der Form, wie man sie vom Smartphone abliest. Diese Zeit – die physische Weltzeit – ist für Schütz kein Phänomen, weil sie ja mit dem Bewusstsein nicht verbunden ist. Das ändert sich erst, wenn Sie die abgelesene physische Zeit zusammenbringen mit dem soeben verpassten Termin und Sie nun die Zeit als *knapp* erleben oder, wenn Sie das Gefühl haben, der drängend erwartete Zeitpunkt wolle einfach nicht eintreten und Sie Ihre Gegenwart als endlos *ausgedehnt* erleben. Das sind Beispiele für das innere Zeiterleben, die im Kontrast mit der objektiven Zeit zwar besonders sinnfällig werden, aber natürlich kein Wissen um eine Uhrzeit benötigen, um fungieren zu können: Sinn ist für Schütz grundsätzlich zeitlich verfasst. Die umfangreiche Auseinandersetzung Husserls mit der zeitlichen Ordnung des Bewusstseins verwendet Schütz dazu, die Konstitution von Sinn als gegenwärtigen Akt zu interpretieren, der sich auf im Bewusstsein abgelagerte vergangene Sinnerlebnisse bezieht: „*Gemeinter Sinn eines Erlebnisses ist nichts anderes als eine Selbstauslegung des Erlebnisses von einem neuen Erleben her*" (Schütz 2016 [1932], S. 104). Dieses Verständnis verwendet er im Weiteren, um – und jetzt wird es soziologisch nahbarer – die Handlungstheorie Max Webers weiterzuentwickeln. Schütz zufolge beruhen nämlich Handlungen auf einem bewusstseinsimmanenten Entwurf, der sich auf die erwartete zukünftige Handlung bezieht und diese als abgeschlossen imaginiert, der sog. „modo futuri exacti" (Schütz 2016 [1932], S. 116). Solche Entwürfe gründen sich auf in der Vergangenheit erworbenem Wissen, die auch als ähnlich typisierte Handlungen umfassen. Sie werden dazu verwendet, sich vorzustellen, dass man die als zukünftig vorgestellte Handlung genauso ausführen könnte wie die in der Vergangenheit bereits abgeschlossenen Handlungen. Natürlich wird die als zukünftig imaginierte Handlung nach ihrer Ausführung nicht mit jenen als ähnlich typisierten Handlungen identisch sein. Die Identität der Handlungen existiert nur als eine Zukunft und Vergangenheit des eigenen Bewusstseins umgreifende Idealisierung oder Unterstellung. Diese also letztlich kontrafaktisch fungierende Idealisierung des *man kann immer wieder* sieht Schütz – mal wieder unter Rückgriff auf Husserl (1981 [1929], S. 167) – als zentrale Leistung des Bewusstseins, ohne die ein Handeln nicht sinnvoll motivierbar wäre. Dabei werden in dieser Weise imaginierte Handlungen durch ein Motiv zusammengehalten. Motive bündeln die mit dem Entwurf verbundenen Erwartungen und ordnen mehrere Teilhandlungen zu einem Sinnzusammenhang. Schütz bezeichnet sie als Um-zu-Motive: Um meinem Freund eine Freude zu machen, werde ich ihm ein Geschenk besorgen. Dass dies eine ganze Reihe an Zwischenhandlungen beinhalten kann (nach dem Essen kann ich aufbrechen, dazu steige ich in die Straßenbahn, im Smartphone werde ich den Ort des Geschäfts nachschlagen, das ich aufsuchen will usw.), ist alles von diesem Motiv gedeckt. Ebenso all jene Zwischenhandlungen, die ich zum jetzigen Zeitpunkt noch nicht rational kalkulieren kann, weil sie sich erst im Prozess des Handelns ergeben oder weil ich sie nicht hinreichend bedacht habe (Schütz 2016 [1932], S. 115–122). Davon grenzt Schütz Weil-Motive ab. Diese nehmen nicht den Ausgang von der zukünftig noch zu realisierenden Handlung, sondern von der außerhalb des Bewusstseins in der Vergangenheit tatsächlich vollzogenen Handlung: Nachträglich messen wir einem Handeln einen es konstituierenden Entwurf bei: Ich habe Sport getrieben, weil ich etwas für meine Gesundheit tun wollte. „*Indessen das Um-zu-Motiv, ausgehend vom Entwurf, die Konsti-*

*tuierung der Handlung erklärt, erklärt das echte Weil-Motiv aus vorvergangenen Erlebnissen die Konstituierung des Entwurfs selbst*" (Schütz 2016 [1932], S. 123). Während das Um-zu-Motiv auf die Zukunft bezogen ist, orientiert sich das Weil-Motiv an der Vergangenheit, d. h. im *modo plusquamferfecti*.[5]

Erfahrung konstituiert sich Schütz zufolge nicht nur sinnhaft, sondern im als auf die Zukunft oder auf die Vergangenheit bezogenen gemeinten Sinn. Diese Unterscheidung unterschiedlicher Motivtypen ist für Schütz von großer Bedeutung, weil es ihm ja darum geht, was es heißt, dass mit einem Verhalten verbundener subjektiv gemeinter Sinn (Weber) auch von Anderen verstanden werden muss. Deshalb muss er dies mit der Frage nach Intersubjektivität verbinden.

Wie bereits geschildert, kam Schütz nach anfänglichen Hoffnungen später zu dem Schluss, dass sich von Husserl kein phänomenologisch abgesicherter Begriff von Intersubjektivität beziehen lasse (Schütz 1957). Er zog daraus den Schluss, dass Intersubjektivität „eine Gegebenheit der Lebenswelt ist. Sie ist die ontologische Grundkategorie des menschlichen Seins in der Welt und somit aller philosophischen Anthropologie" (Schütz 1957, S. 105). Im Gegensatz zu den zeitphänomenologischen Studien Husserls konnte sich Schütz für die theoretische Erfassung von Intersubjektivität also nicht auf phänomenologisch bereits abgesicherte Ergebnisse berufen. So wie Husserl berief sich auch Schütz auf die natürliche Einstellung, zu deren Bestandteil er die Intersubjektivität erklärte: „Ferner nehme ich als schlicht gegeben hin, daß in dieser meinen Welt auch andere Menschen existieren […], mit einem Bewußtsein begabt, das im wesentlichen dem meinen gleich ist. So ist meine Lebenswelt von Anfang an nicht meine Privatwelt, sondern intersubjektiv" (Schütz und Luckmann 2017, S. 30). Wenngleich Schütz auf die intersubjektiven und gesellschaftlichen Voraussetzungen des subjektiven Wissens um die intersubjektive Verfassung der Lebenswelt aufmerksam macht, begreift er Intersubjektivität im Wesentlichen als subjektiv abgeleitet: „Alle Erfahrung der sozialen Wirklichkeit ist auf das Grundaxiom der Existenz von anderen Wesen ‚gleich mir' abgestellt" (Schütz und Luckmann 2017, S. 101). Ähnlich wie für seine zeittheoretischen Überlegungen nimmt Schütz auch für die Intersubjektivität grundlegende Idealisierungen an, die er als „*Generalthese der wechselseitigen Perspektiven*" bezeichnet: Die Idealisierung der Vertauschbarkeit der Standorte unterstellt, dieselbe Perspektive einnehmen zu können, würde das Subjekt anstelle eines anderen stehen. Die Idealisierung der Kongruenz der Relevanzsysteme unterstellt, dass

---

[5] Schütz hat Husserls phänomenologische Untersuchungen der Zeit für seine handlungstheoretischen Überlegungen verwendet, die ein Subjekt vorstellen, dessen innere Prozesse zeithaft ablaufen. Abstrahiert man von der Prämisse des Subjekts und geht vom Bewusstsein und seinen intentionalen Akten aus, die gegenwärtig je einen Unterschied erzeugen, kann man zeigen, dass und wie auch Luhmanns Entwicklung einer Systemtheorie hier den Ausgang genommen hat, aber anders abgebogen ist als Schütz (Nassehi 2008; Schützeichel 2008, siehe auch Kap x in diesem Band) Die zeittheoretischen Überlegungen von Schütz spielen wiederum auch für Handlungstheorien der Rationalen Wahl eine Rolle, insofern sie Akteure unterstellen, die unterschiedlichen Handlungsalternativen im Sinne von Entwürfen gegenüberstehen, bevor sie sich für einen Entwurf entscheiden. Gleichwohl reflektieren sie auf diese zeitlichen Voraussetzungen in der Regel nicht explizit (Esser 1993, siehe auch Kap y in diesem Band).

praktisch bestehende Unterschiede zwischen zwei Subjekten zugunsten der Annahme, man könne gemeinsam handeln und sich verständigen, ignoriert werden (Schütz und Luckmann 2017, S. 98–101).

Auf welche Weise verbindet Schütz nun seine zeitphänomenologisch abgeleitete Handlungstheorie mit seinem Verständnis von Intersubjektivität?

1) Die Idealisierung der Kongruenz der Relevanzsysteme ermöglicht mir auch im Sozialen, d. h. im gemeinsamen Handeln, die Idealisierung des „ich kann immer wieder": So wie wir gestern gemeinsam tanzten, können wir das auch heute wieder tun.

2) Für das gegenseitige Sinnverstehen bedeutet dies: Die Motive des Anderen sind nur annähernd verständlich. Das liegt daran, dass das Um-zu-Motiv von Lisa nicht direkt zugänglich ist, sondern nur indirekt über die Verwendung von Zeichen, die auf die Motive verweisen. Für Schütz ist dies vor allem die Sprache. Ferner wird das Um-zu-Motiv dem Zweiten, Mustafa, zum Weil-Motiv, weil er sich zum Verstehen eines Handelns ja nur auf das ablaufende Handeln bzw. die abgeschlossene Handlung berufen kann. Dabei gibt es freilich keine Garantie, dass das Weil-Motiv dem Um-zu-Motiv entspricht. Das wäre aber die Voraussetzung dafür, dass Mustafa Lisa richtig verstanden hat. Solange dies nicht enttäuscht wird, bedient sich Mustafa (und dann im Weiteren reziprok auch Lisa) der Idealisierung der Reziprozität der Motive (Schütz und Luckmann 2017, S. 567–568). Die Enttäuschungsanfälligkeit dieser Idealisierung liegt auf der Hand. Vielleicht kennen Sie folgenden inneren Gedankengang: „Ich habe doch klar und deutlich gesagt, was ich denke oder fühle. Warum versteht mich mein Gegenüber noch immer nicht?"

3) Vor dem hieraus resultierenden Verstehensproblem stehen Schütz zufolge Laien genauso wie Wissenschaftler:innen, deren Job darin besteht, die Motive von Handelnden auszulegen, also im Prinzip alle Sozial- und Kulturwissenschaften. Dasselbe Handeln hat für den Handelnden, seinen Handlungspartner (und einen dritten Beobachter) jeweils einen anderen Sinn. Somit besteht nur „eine *Chance,* das Handeln des Anderen an Hand unserer Ziele ausreichend zu verstehen; zweitens, wollen wir diese Chance vergrößern, so müssen wir nach dem Sinn suchen, den das Handeln für den Handelnden hat" (Schütz 2004, S. 176, Herv. i.O.). Laien lösen dieses Problem, indem sie für ihre Handlungserfordernisse hinreichende Typen von Motiven bilden, z. B. über den Rollenbegriff: Warum klingelt jemand in gelber Kleidung an meiner Haustür? Seine Kleidung weist ihn als Mitarbeiter der Post aus und er klingelt, weil er ein Paket abgeben möchte. Dafür ist es irrelevant, wie er heißt, welches Geschlecht und welche Überzeugungen er hat. Wissenschaftler:innen müssen hingegen genau überlegen, nach welchen Regeln sie ihre Typisierungen bilden, die sie verwenden, um den Handlungssinn derer auszulegen, die sie beforschen.

Typen sind schließlich nichts anderes als die Form, in der sich mein Wissensvorrat zusammensetzt, auf dem ich meine Idealisierung des „ich kann immer wieder" begründe: Typen garantieren mir die Vertrautheit der Welt, in der ich mich bewege und handele, insofern ist die natürliche Einstellung typenhaft verfasst. Schütz macht schließlich darauf aufmerksam, dass der gesellschaftliche Wissensvorrat sehr unterschiedlich verteilt ist: Unterschiedliche Menschen wissen Unterschiedliches, manche Gruppen wissen Ähnliches, manche gerade nicht. Wissen wohlgemerkt in dem weit verstandenen Sinn prinzipiell beliebiger Typisierungen, die auch nach wissenschaftlicher Maßgabe falsches Wissen als Wissen einschließen. Warum sind die Analysen von Schütz aber noch als protosoziologisch einzuschätzen?

In ihrer Weiterentwicklung der Lebensweltanalysen von Schütz zur Wissenssoziologie argumentierten Berger und Luckmann (1969/2010), die Aufgabe der Soziologie müsse darin bestehen, die Wirklichkeit von Gesellschaft zu erklären. Wirklich ist eine Gesellschaft dann, wenn sie Bestandteile aufweist, die auch dann noch vorhanden sind, wenn wir sie uns wegwünschen (Berger und Luckmann 1969/2010, S. 1). Wann trifft das auf in Typen gefasstes Wissen, zu? Wenn man diese Frage stellt und beantwortet, spätestens dann verlässt man die Phänomenologie, weil dann empirisch untersucht werden muss, welche konkreten Typen für welche Gruppen den Status von Wirklichkeit einnehmen. Und es ist kein Zufall, dass Berger und Luckmann für die begriffliche Fassung dieser gesellschaftlichen Wirklichkeit nicht mehr auf Schütz zurückgreifen, sondern auf den Begriff des soziologischen Tatbestands von Durkheim Bezug nehmen, der die gesellschaftliche Wirklichkeit damit als von Individuen *unabhängig* beschreibt (Durkheim 1984 [1895], S. 114). Die Transformation von subjektiven Typisierungen, wie sie Schütz beschreibt, in soziologische Tatbestände, wie sie Durkheim beschreibt, zeichnen Berger und Luckmann mithilfe einer Institutionalisierungstheorie. Institutionen sind nicht mit Organisationen zu verwechseln, sondern sie bezeichnen alle Formen wechselseitiger Typisierungen, die sich nicht durch das Einwirken Einzelner ändern lassen. Sie mögen vielleicht eine individualisierbare Privatmeinung darüber haben, was eine Ehe ausmacht. Sobald sie dann jedoch tatsächlich eine Ehe schließen wollen, werden Sie vielleicht merken: meinen gleichgeschlechtlichen Partner kann ich in Polen gar nicht heiraten. Und wenn Sie Ihre eigene Psychotherapiepraxis nicht per Ehevertrag davon ausgenommen haben, geht sie in Deutschland ein in die Zugewinngemeinschaft. Die Aufgabe der Soziologie besteht demnach darin, Institutionen zu untersuchen, auf ihre Institutionalisierungsprozesse zurückzuführen und herauszufinden, ob bestehende Institutionen im Wandel sind.

Jenseits der – auch international – enorm einflussreichen Wissenssoziologie gibt es in der Soziologie jedoch noch andere Ansätze, die sich phänomenologisch inspirieren lassen.

## Der Leib: Ausdifferenzierung der phänomenologischen Soziologie

Andere Ansätze der Phänomenologie unterscheiden sich nicht in allen Punkten von dem Programm Husserls. So heißt es bspw. bei Merleau-Ponty (1966, S. 4): „Es gilt zu beschreiben, nicht zu analysieren und zu erklären." Dennoch fallen die Unterschiede mitunter so gravierend aus, dass sie auch Folgen für die Entwicklung der soziologischen Theorie haben. Das ist der Fall für das im Folgenden im Zentrum stehende Körper-Leib-Schema.

Bei Schütz ist immer wieder die Rede von Körper und Leib. Meist werden beide Wörter synonym gebraucht. Schütz haben wir vor allem kennengelernt als Theoretiker, der sich auf die innerpsychischen Vorgänge eines Subjekts konzentriert hat. Das Soziale existiert bei ihm stets als Idealisierung eines Subjekts und nicht als Wirklichkeit, über die ein Subjekt nicht verfügen kann. Husserl selbst schwankte im Gebrauch des Leibbegriffs und beschrieb ihn mitunter als „fungierendes Organ" der Erfahrung (Husserl 2012, S. 96–97). Überträgt man in dieser Weise den Gedanken der Intentionalität auf den Leib, eröffnet sich ein erstes Verständnis des Leibes als eines Körpers in der Welt, der als Organ der Welterfahrung fungiert und deshalb sowohl in der Welt als auch zur Welt gestellt ist, der sie sich aktiv aneignet und der er zugleich erlebend ausgeliefert ist (Merleau-Ponty 1966, 126, passim). Merleau-Ponty wollte damit deutlich machen, dass die Welterfahrung nicht in erster Linie eine Erfahrung des Bewusstseins sei, sondern eine Erfahrung des Körpers. Und er wollte zeigen, dass der Mensch – als Leib gefasst – immer schon Teil der Welt ist, die er erfährt (Crossley 2022, S. 356). Diese Sichtweise hat nicht nur engere Bedeutung für die Körpersoziologie, sondern ist von allgemeinsoziologischer Tragweite. Eine ist bereits prominent vertreten: Die Art und Weise des praktischen Zur-Welt-Seins bildet Schematismen aus, auf welche Weise etwas zu tun oder zu erfahren ist. Ein solcher Habitus wird dann zur Disposition zukünftigen Handelns (Bourdieu 2015, Kap. 3 & 4).[6] Während Bourdieu den Leib vor allem als Verkörperlichung objektiver gesellschaftlicher Strukturen konzipiert, hat sich die derzeitige soziologische Diskussion im Anschluss an die Leibphänomenologie weiterverzweigt. Grundkonsens sind dabei sicherlich Überlegungen, die dem Denken der Innerlichkeit ein Denken der Äußerlichkeit entgegensetzen – und in diesem Sinne dem Projekt von Schütz zuwiderlaufen. Auch in dieser Diskussion wiederholt sich das Merkmal, dass phänomenologische Inspirationen aus der Philosophie bezogen werden, dann aber offen ist, wie die soziologische Anschlussstelle theoretisiert werden soll. Machen Sie mit?

Neben Merleau-Ponty sind es in der derzeitigen soziologischen Debatte vor allem Plessner und Schmitz,[7] deren leibtheoretische Überlegungen rezipiert werden. Die Idee dabei: „Wer vom Leib ausgeht, analysiert Vergesellschaftung als einen situierten raumzeitlich strukturierten Vollzug leiblicher Umweltbezüge. Es geht weniger um das aktive Handeln und Entscheiden einzelner Akteure, sondern darum, wie diese in die Situation eingebunden sind, von dieser berührt werden und entsprechend auf die Umwelt handelnd einwirken bzw. mit anderen kommunizieren" (Lindemann 2022, S. 84). Was sind dann der Leib bzw. präziser: Welchen Begriff von Erfahrung erhält man mit Bezug auf den Leib?

Plessner zufolge ist leibliche Erfahrung indifferent gegenüber der Unterscheidung von Körper und Psyche (Plessner 1975 [1929], S. 292). Damit soll der Dualismus von Leib und

---

[6] Insofern leistet die Phänomenologie einen gewichtigen Beitrag zur Praxistheorie – übrigens auch über Bourdieu hinaus (Bedorf und Gerlek 2017, siehe auch Kap. z in diesem Band).

[7] Die Theorieanlagen und -motive dieser Autoren unterscheiden sich mitunter beträchtlich. Sie hier als Vertreter eines gemeinsamen Ansatzes zu porträtieren, geht nur, indem man über bedeutende Unterschiede hinwegsieht. Es ist interessant zu sehen, dass Plessner auch in der Schützlinie eine wichtige Rolle spielte, die jedoch von der an dieser Stelle abweicht: In ihrer Entwicklung der Wissenssoziologie motivieren Berger und Luckmann (1969/2010, S. 49–56) das Argument, dass Menschen aufgrund ihrer natürlichen Anlagen dazu genötigt seien, Institutionen auszubilden, da sie als Gattung sonst nicht lebensfähig seien. Denn ihre Natur sei im Grunde eine instinktgeminderte verkümmerte Natur. Berger und Luckmann ziehen damit Plessner, Scheler und Gehlen als Vertreter einer Philosophischen Anthropologie zusammen und lesen Plessner hier entsprechend anthropologisch.

Seele überwunden und zu einer Betrachtungsweise der Äußerlichkeit übergegangen werden. Wenn das Modell der Trennung von Psyche und Körper aufgegeben wird, dann sind leibliche Regungen des Anderen *unmittelbar* wahrnehmbar, d. h. vormals innere Zustände sind dann Ausdrucksphänomene: „Die Angst ist in den aufgerissenen Augen gegeben" (Breyer 2012, S. 5). In den Vordergrund rücken somit die Fragen nach der spezifischen Erfahrungsstellung des Leibes und seinem Unterschied zum Körper. Ausgangspunkt ist der Leib als „absolute[s] Hier-Jetzt" (Plessner 1975 [1929], S. 288; vgl. Merleau-Ponty 1966, S. 178–179; Schmitz 2011, S. 2). Leibliche Erfahrung ist also eine Erfahrung (in) der Gegenwart, die auf einen absoluten Ort bezogen ist. Vielleicht möchte ich gerade am liebsten ganz woanders sein, doch in diesem Moment sitze ich am Schreibtisch, mein Blick auf den Bildschirm geheftet, meine Hände auf der Tastatur. Zugleich bin ich auf Jenseitspunkte bezogen: „dort" steht der Bildschirm, „gleich" muss ich mein Kind aus der Kita abholen. Entscheidend ist, dass die räumlichen und zeitlichen Bezüge eines Leibes von dem Nullpunkt seines Hier-Jetzt erfolgen.

Der Körper ist hingegen kein Nullpunkt der Erfahrung. Der menschliche Körper ist genauso wie andere Körper gekennzeichnet durch objektivierbare Lage- und Abstandsmaße. In dieser Weise berechnet ein Navigationsgerät den aktuellen und den gewünschten Aufenthaltsort eines menschlichen Körpers auf der Grundlage von GPS-Daten in Relation zu anderen ihn umgebenden Körpern. Ein Leib orientiert sich so nicht. Er orientiert sich entlang von Richtungsbahnen: Links/rechts/geradeaus/rückwärts setzen den Leib als absoluten Ort voraus.

Der Leib ist jedoch nicht nur ein abstrakt gesetzter Punkt, von dem aus zeitliche und räumlich Orientierung anders erfolgt als in den Lagebeziehungen unterschiedlich stark ausgedehnter Körper. Er ist selbst konkret spürbar: „*Leiblich* ist, was jemand in der Gegend (keineswegs, wie z. B. am Blick deutlich wird, immer in den Grenzen) seines materiellen Körpers von sich selber (als zu sich selber, der hier und jetzt ist, gehörig) spüren kann" (Schmitz 2011, S. 5). Man spürt dabei nie seinen Körper selbst (über seine gesamte Länge und wechselnden Proportionen im Umfang), dann würde man ja alles gleichermaßen spüren, sondern sich spontan regende Leibesinseln, die den räumlichen Ausdehnungen des Körpers nicht entsprechen müssen. Eine Leibesinsel innerhalb der Körperausdehnungen ist der Juckreiz eines Mückenstichs. Er ist jedoch in der leiblichen Erfahrung nicht durch Lage- und Abstandsbeziehungen gekennzeichnet, sondern selbst ein absoluter Ort. Das ist leicht daran erkennbar, wenn die Hand spontan daran kratzt und nicht erst Hand und Ort des Juckreizes in ihren Abstandsbeziehungen überprüft werden müssen. Ein Beispiel für eine Leibesinsel, die außerhalb der Grenzen des Körpers gespürt werden kann, ist das amputierte Phantomglied (Schmitz 2011, S. 8–11). „Alle leiblichen Regungen haben Platz im Spielraum von Enge und Weite" (Schmitz 2011, S. 15). Das Zusammenspiel von Enge und Weite begreift Schmitz als vitalen Antrieb, ohne den auch kein Handeln möglich sei. Stets befinden sie sich in einer konkurrenzhaften Dynamik, bei der mal die Enge, mal die Weite überwiegt. Im Schmerz oder Schreck dominiert die Enge, wohingegen es im Orgasmus die Weitung ist. In der Enge zieht sich der Leib zusammen (daher spricht Schmitz auch von Spannung), in der Weite richtet er sich nach außen (weshalb Schmitz von Schwellung spricht). Das Zusammenspiel von Enge und Weite kann unterschiedlichste Formen annehmen. Grenzfälle sind solche Regungen, bei denen der Antrieb zum Erliegen kommt, weil das Band zwischen Enge und Weite zerrissen ist. Bei reiner Enge ist der Antrieb erstarrt, bei reiner Weite ist er erschlafft. Solange aber auch in der Angst noch die Orientierung des „Weg hier!" besteht, ist der Leib noch auf Weite bezogen. Man sieht: Wenn man für das Verständnis von Erfahrung den Leib motiviert, dann geht es darum, die Erfahrung ausgehend von einem absoluten Ort *unmittelbar* und *gegenwartsorientiert* zu denken. Dabei wird der Leib nicht als einheitliche Substanz aufgefasst, sondern im Sinne einer spannungsvollen Dynamik. Dass mit Bezug auf den Leib einem Denken der Äußerlichkeit gefolgt wird, ist daran erkennbar, dass der Leib nicht nur als im Austausch mit seiner Umwelt begriffen wird, sondern dass das Verständnis leiblicher Regungen von diesem Austausch abhängt. Schmitz bezeichnet dies als leibliche Kommunikation. Es wäre vorschnell, dies als analogen Fall zu Intersubjektivität zu konzipieren (anders jedoch: (Gugutzer 2023)). Schmitz begreift leibliche Kommunikation als Verbindung des Leibes mit etwas Anderem. Das ist bereits dann der Fall, wenn sich durch die Wahrnehmung eines Geräuschs leibliche Betroffenheit einstellt. Das ist aber auch dann der Fall, wenn die Betroffenheit vom Blick eines anderen Menschen herrührt. So gesehen ist leibliche Kommunikation nicht zwingend auch sozial. Bevor ich das damit angesprochene Problem der Intersubjektivität verfolge, möchte ich auf etwas Anderes aufmerksam machen. Es ist naheliegend, mit dem leibtheoretischen Verständnis von Erfahrung die Bedeutung von Gefühlen und ähnlichen Zuständen zu betonen und in der Tat: Schmitz verbindet damit eine umfangreiche Theorie der Gefühle. „Gefühle […] sind ausgedehnte Atmosphären in einem flächenlosen Raum" (Schmitz 2011, S. 89). Der Raum ist deshalb flächenlos, weil er – dem Leib entsprechend – nicht in Abstandsmaßen messbar ist, sondern sich auf jenen Bereich erstreckt, in dem die Atmosphäre als anwesend erlebt wird. Gefühle existieren nicht in einem dreidimensional ausgedehnten Raum, sie existieren aber auch nicht in der Innerlichkeit einer Seele, sondern außerhalb des Leibes. Nicht jede Atmosphäre ist ein Gefühl: Denken Sie an das schwül-warme Wetter vor einem Gewitter. Gefühle sind feierliche Ernst, Trauer, Freude usw. Gefühlt wird ein Gefühl, indem sich ein Leib affektiv von einer solchen Atmosphäre betroffen sieht. Erst dann wird ein Gefühl zu einem eigenen Gefühl: Nur widerwillig und aus Pflichtgefühl gehen Sie zu einer Party. Doch als Sie ankommen, werden Sie wider Erwarten von der ausgelassen freudigen Stimmung erfasst. Neben der *Unmittelbarkeit* und der *Gegenwärtigkeit* zeichnet sich leibliche Erfahrung demnach nicht durch Gefühle aus, sondern dadurch, u. a. von ihnen *affektiv betroffen* zu sein.

Für das Denken von Intersubjektivität hat dies im Gegensatz zu Schütz zur Folge, dass der Fokus nicht auf die Überwindung des Verstehensproblems gelegt wird, sondern auf die leiblichen Erfahrungsqualitäten von Begegnungen. Leibliche Kommunikation beinhaltet zwar auch das wechselseitige Berührtwerden im Dialog, im Kampf oder im Sport bei Menschen. Genauso gibt es diese wechselseitige Berührung jedoch auch zwischen Menschen und Tieren. Ist das ein Problem oder ein Vorzug für die Soziologie? Und welche Aufgaben der Theoretisierung sind für die Soziologie an dieser Stelle erforderlich?

Folgt man Gugutzer (2023, S. 46–48), ist damit der Vorzug verbunden, dass mit *diesem* Leibverständnis eine Beschreibungssprache angeboten wird, die es möglich machen soll, Aktions- und Erleidensmöglichkeiten nicht präskriptiv auf Menschen zu begrenzen und insofern einer transhumanen Soziologie dienen kann. Für Gugutzer sind die phänomenologischen Beschreibungen von Schmitz auch von anthropologischem Wert, insofern sie „Teil der Natur des Menschen und damit ein vorsoziales Phänomen" (Gugutzer 2023, S. 23) seien. Er verweist selbst darauf, dass die soziologische Ausbuchstabierung des hier vorgezeichneten phänomenologischen Programms noch nicht abgeschlossen ist (Gugutzer 2023, S. 37). Ähnlich wie bei Schütz handelt es sich auch bei diesen phänomenologischen Überlegungen noch um Protosoziologie. Wie kann der soziologische Übergang theoretisiert werden? Folgt man dem Vorzug, Schmitz erlaube eine transhumane Beschreibungssprache, stellt sich unweigerlich die Frage, inwieweit Transhumanität nicht nur eine Möglichkeit, sondern auch faktischer gesellschaftlicher Entwicklung entspricht und wenn letzteres, ob diese Entwicklung umstritten ist oder nicht. Systematisch lautet die Frage: Lassen sich ausgehend von leiblichen Regungen und leiblichen Kommunikationen objektivierbare – institutionalisierte – Folgen bestimmen? Das ist ausgehend von Schmitz in meinen Augen nicht der Fall. Dieses Problem zu lösen erfordert – Sie haben richtig geraten – Theoretisierung!

Ein Vorschlag hierzu besteht darin, über ein vermittelndes Bindeglied Schmitz' Leibphänomenologie mit der Institutionentheorie von Berger und Luckmann zu verbinden (Lindemann 2014). Dieses vermittelnde Bindeglied sieht Lindemann in dem Theorem der „vermittelten Unmittelbarkeit" (Plessner 1975 [1929], S. 321–341). Demnach sind die leiblichen Beziehungen nicht einfach unmittelbar, sondern vermittelt unmittelbar, d. h. ihre Erfahrung erfolgt immer schon mit Bezug auf bereits institutionalisierte Muster von Beziehungen.[8] Zudem konzipiert Lindemann Intersubjektivität auch nicht als leibliche Kommunikation, sondern begreift leibliche Kommunikation als Realisierungsform mitweltlich verfasster Intersubjektivität (Lindemann 2017) – ein Ansatz, der auch von mir verfolgt wird (Barth 2023b). Damit ist diese Theoretisierungsaufgabe jedoch noch nicht abgeschlossen. Konkreter stellt sie sich erneut, wenn es darum geht, konkretere Bestandteile der Leibphänomenologie Schmitz' für die soziologisch-empirische Forschung zu operationalisieren, wie etwa den Atmosphärenbegriff (Albrecht 2017; Engelfried-Rave 2017; Julmi 2017; Stetten 2017; Wolf 2017).

## Subjektive Selbstauskünfte vs. leibliche Regungen: Woran die Forschung ansetzt

Ob man der mundan- oder leibphänomenologischen Richtung den Vorzug gibt, hat Auswirkungen darauf, woran die empirische Forschung konkret ansetzt und welche Methoden der Datenerfassung und -auswertung sie eher einen Vorzug einräumt.

Ausgehend von Schütz ist die Welt eine subjektiv sinnhaft verfasste Lebenswelt. Sie zu erforschen, solle Aufgabe der Soziologie sein. Daraus folgt für Schütz eine metatheoretische Konsequenz mit geradezu dramatischen Folgen für die empirische Sozialforschung weit über phänomenologische Ansätze hinaus: Der Ausgangspunkt der empirischen Forschung muss an den Sinnsetzungen derer genommen werden, die beforscht werden. Schütz (2004) prägte hierfür die Rede von sog. Konstruktionen ersten Grades – ebenjenen Alltagstypisierungen, die auch oben bereits zum Thema geworden sind. Hierin sah er die Beson-

---

[8] In seinen empirischen Analysen schließt Gugutzer ebenfalls an die vermittelte Unmittelbarkeit an. Ich komme unten darauf zurück.

derheit der Sozial- gegenüber den Naturwissenschaften: Der Gegenstand der Sozialwissenschaften nimmt sinnhaft Stellung zur Welt. Aminosäuren und Elementarteilchen tun dies nicht. Die Grundlage, wie an diese Konstruktionen ersten Grades angeschlossen werden soll, solle in Konstruktionen zweiten Grades festgelegt sein: wissenschaftlich normierte Methoden der Typisierung von Alltagstypisierungen, die bestimmte Anforderungen erfüllen an logischer Konsistenz, Gegenstandsangemessenheit und intersubjektiver Nachvollziehbarkeit. Damit ist nicht per se verbunden, dass die Erfassung von Konstruktionen ersten Grades mithilfe qualitativer Methoden zu erfolgen hat. Auch standardisierte Formen der Einstellungsmessung haben zum Ziel, subjektive Sinnsetzungen in aggregierter Form zu beforschen.[9] Dennoch ist es so, dass die Unterscheidung zwischen Konstruktionen erster und zweiter Ordnung für die qualitativ ausgerichtete Forschung eine besondere Bedeutung erhält. Sie sucht nämlich nicht nur den Anschluss an Konstruktionen erster Ordnung, um diese zu beschreiben, sondern auch, um ihre Erzeugungsprinzipien zu untersuchen, d. h. die Art und Weise, *wie* solche Alltagstypisierungen konkret hervorgebracht werden. In diesem Sinne bezeichnet sich ein Teil der qualitativen Sozialforschung als *rekonstruktive* Forschung (Przyborski und Wohlrab-Sahr 2021).

Eine weitere zentrale Forderung von Schütz besteht darin, dass ein Rollenwechsel vom Alltagsmenschen mit seinen typischen Sinnsetzungen zur desinteressierten wissenschaftlichen Beobachterin erfolgt. Diese Forderung hat in den Sozialwissenschaften immer wieder zu vielen Diskussionen geführt. Zum einen wurde immer wieder die Frage aufgeworfen, ob so ein Rollenwechsel überhaupt möglich und zum anderen, ob er denn auch wünschenswert sei. Das Motiv bei diesem Rollenwechsel ist ähnlich zur Methode der Epoché bei Husserl: man muss die fraglose Geltung von etwas einklammern, um es in seiner Eigenart überhaupt sichtbar machen zu können. Es ist aber nicht so, dass hier tatsächlich eine phänomenologische Reduktion vorgenommen wird – die *wissenschaftlichen* Normen werden ja gerade nicht eingeklammert (Zahavi 2021). Dass es sich aber um ein sinnvolles Vorgehen handelt, kann folgendes Gedankenspiel vor Augen führen: zum meinem Alltagsverständnis gehört, dass nur Menschen soziale Akteure sind. Vielleich gehört es sogar dazu, dass Menschen grundsätzlich darauf bedacht sind, ihren eigenen Nutzen zu verfolgen. Diese alltagswirksamen Prämissen können sich auch auf die Forschung auswirken. Was aber, wenn ich erforschen möchte, ob wirklich nur Menschen soziale Akteure sind oder ob Menschen immer ihren eigenen Nutzen verfolgen? Dann muss ich diese Gewissheiten infrage stellen und mich ihnen gegenüber desinteressiert verhalten. Es ist aber gar nicht einfach, diesem Prinzip immer zu entsprechen – dafür benötigen Wissenschaftler:innen Kritiker! Das gilt nicht zuletzt für Schütz selbst (Bohnsack 2017, S. 87–89). Für die soziologische Diskussion wiederum relevant ist, ob für diese Kritik konkrete soziologische Methoden entwickelt werden sollten (Barth 2022).

---

[9] Insofern schließt die soziologische Handlungstheorie nicht nur, wie ich oben geschrieben habe, indirekt durch die zeitphänomenologischen Forschungen Husserls an Schütz an, sondern in dem Credo des Anschlusses an die subjektiven Sinnsetzungen der Beforschten auch ganz direkt (Esser 1993, siehe auch Kap. x in diesem Band).

Wie kommt man nun aber an die subjektiven Sinnsetzungen dran? Ziel muss es ja sein, die „subjektiven Bewusstseinsgegebenheiten" (Hitzler 2005, S. 233) zu beschreiben. Schütz hat der Sprache eine besondere Bedeutung zugewiesen: „Die Sprache wählt aus, was wichtig ist und was als selbstverständlich angesehen wird" (Schütz 2003, S. 276). Von zentraler Bedeutung war und ist für die Rekonstruktion sprachlich verfassten bewusstseinsimmanenten subjektiven Sinns das qualitative Interview. Während die Methode des Interviews sich enorm verfeinert und verzweigt hat, lässt sich ein gemeinsamer Nenner darin finden, dass das Interview zur Aufgabe hat, es der interviewten Person zu überlassen, auf diesem Wege ihren inneren Überzeugungen sprachlichen Ausdruck zu verleihen.[10]

Auch die Forschung, die stärker an leibphänomenologischen Überlegungen anschließt, übernimmt die metatheoretischen Überlegungen und Forderungen von Schütz: Anschluss an Konstruktionen ersten Grades, Versuch der Einstellung des wissenschaftlichen Desinteresses. Anders sieht es jedoch aus, wenn es darum geht, den Konstruktionen ersten Grades auf die Spur zu kommen. Sie werden ja gar nicht als subjektive Sinnsetzung konzipiert, sondern als leibliche Regungen, die nicht auf ein inneres Seelenleben zurückzuführen sind. Das schließt das Interview als Methode der Datenerhebung nicht vollständig aus, macht es aber nicht zu ersten Wahl, denn: leibliche Regungen sind gar nicht immer sprachlich verfasst. Sie zeigen sich mitunter am körperlichen Verhalten oder sind dann aufweisbar, wenn die Forscherin versucht, dieselben Erfahrungen zu machen, wie die von ihr Beforschten. Daher gewinnen Ansätze an Bedeutung, die sich auf die Beobachtung (meist) menschlicher Körper verlegen. Das ist der Fall bei ethnografischen Ansätzen, aber auch bei Foto- oder Videoanalysen.

## Zerfall der Reziprozität der Perspektiven, dem Dackelblick verfallen

Es ist einfach, Beispiele zu finden, aber schwierig, eines auszuwählen. Entlang der Schützlinie gibt es Studien in möglicherweise siebenstelliger Anzahl. Leibphänomenologisch orientierte Studien gibt es ebenfalls viele. Deutlich weniger werden es jedoch, wenn sie klar soziologisch orientiert sind.

In ihrer Studie hat Ruth Radvanszky (2016) Angehörige interviewt, die darin ihre herausfordernden Interaktionserfahrungen mit ihren demenziell erkrankten Ehepartner:innen schildern. Sie geht davon aus, dass Interaktionen im Sinne Schütz' durch die Idealisierung der Reziprozität der Perspektiven zustande kommen. Dabei zeigt sie, dass diese Idealisierung bei den von ihr interviewten Angehörigen wiederholt enttäuscht werde. Folgendes Beispiel im Interview mit Herrn C:

---

[10] Das ist aber keine ausschließlich verwandte Methode. In der Weiterentwicklung der Wissenssoziologie von Berger und Luckmann zum Kommunikativen Konstruktivismus werden auch leibphänomenologische Überlegungen aufgenommen (Knoblauch 2017) Das führt dazu, dass auch hier das Verhalten von Körpern an Bedeutung gewinnt und hierfür etwa der Ansatz der „Videographie" entwickelt wird (Knoblauch und Tuma 2019).

„'Da haben sie neu, Flügeltüren gehabt wenn man raus ist die automatisch aufgegangen ist. Wir sind x Mal rein und raus und PLÖTZlich einmal ist sie . fast aufgesprungen und hat die Türe von unten bis oben angeschaut, wie, äh, etwas vom Mond, und nachher hat sie die schließen wollen, ist ja nicht gegangen und weil sie in eine Lichtschranke rein gestanden ist habe ich zu ihr gesagt, du, hör, musst nur weg kommen, weißt, die geht jetzt automatisch, oder, so lange als, eh, das weiß ich ‚dänk' schon aber sonst knallt sie.//Mhm// Nachher sind wir wieder x Mal rein und raus, es ist . kein Problem.' (12/33–13/6)" (Radvanszky 2016, S. 104, sic!)

Radvansky interpretiert die Rede von Plötzlichkeit in dem Sinne, dass der „Routinebruch" zu einem „ständigen potentiellen Problemhorizont" (Radvanszky 2016, S. 104) werde. Das eigentliche Problem sieht sie daher darin, dass Herr C. sich nicht darauf einstellen könne, dass seine Frau seine Reziprozitätserwartungen dauerhaft unterbricht und er damit einen Umgang findet – sondern, dass sie zwischendurch immer wieder seinen Erwartungen entsprechend handele und er daher fortwährend darüber verunsichert sei, in welch einer Beziehung er da überhaupt steckt. „Wegen des anhaltenden Verstehensproblems, das sich durch den Verlust der intersubjektiv geteilten Alltagswelt ergibt, und der regellosen Verstöße gegen die alltagsweltlichen Annahmen lässt sich auch keine Neu-Definition der Situation vornehmen" (Radvanszky 2016, S. 112).

Für seine Studie rief Robert Gugutzer (2023) Nutzer auf Facebook dazu auf, ihm Fotos von einem Dackelblick zur Verfügung zu stellen. Er erhielt über 200 Fotos, von denen er für die Analyse vier Fotos auswählte. Hier ist eines davon (Gugutzer 2023, S. 235):

Anhand einer leibphänomenologisch orientierten Analyse des wechselseitigen Dackel- und Menschenblicks soll die „grundsätzliche soziale Bedeutung des Blicks für die Hund-Mensch-Interaktion" (Gugutzer 2023, S. 228) herausgearbeitet werden. Die Bestätigung der sozialen Bedeutung ist ihm dann gegeben, wenn es im Sinne Schmitz' infolge des wechselseitigen Blicks zu einer leiblich-affektiven Betroffenheit auf beiden Seiten kommt.

Hierzu beschreibt er im ersten Schritt den mimischen Ausdruck, wie er sich auf dem Foto gibt und im zweiten Schritt den ihm korrespondierenden leiblichen Eindruck, den das Foto beim Betrachter hinterlässt, ein Beispiel: „Den affektiven Mittelpunkt des Dackelblicks bilden das dunkle Braun von Pupille und Iris im Zusammenspiel mit dem sichelmondförmigen Weiß, welches das Braun sanft umschließt" (Gugutzer 2023, S. 235).

Seine These ist: Der Dackelblick werde vom Menschen als eine Form der Nötigung erfahren: Auch im Ärger könne der Blick des Dackels einen erweichen lassen. Widerstehe man dem Blick, lasse dies oftmals die Sorge zurück, man sei vielleicht doch zu streng mit dem Hund gewesen. Dabei spielen die Intentionen des Hundes mutmaßlich keine Rolle: „Allein aufgrund der Tatsache, dass der Dackelblick in das leiblich-affektive Befinden seines menschlichen Gegenübers eindringt, sich ihm aufdrängt, ihn ergreift, kann es dem Dackel gelingen, sein Gegenüber zu einem ihm genehmen Verhalten zu bewegen" (Gugutzer 2023, S. 236). Der Dackelblick werde Gugutzer zufolge auch symbolisch vermittelt über Diskurse erfahren: es gebe einen gesellschaftlichen Diskurs, demzufolge ein Dackel „ungehorsam und frech" sein dürfe. Das führe dazu, dass der Dackelblick „nicht nur vordergründig, sondern auch hintergründig erlebt wird" (Gugutzer 2023, S. 237). Vordergründig werde der Dackelblick als treu und sanftmütig, hintergründig als durchtrieben erlebt. Daher sei die leiblich-affektive Nötigung des Dackelblicks doppelbödig. Gugutzer versucht auf diese Weise zu demonstrieren, dass Menschen und Hunde (insbes. Dackel) eine besondere soziale Beziehung eingehen, die insbesondere durch ihre leiblich-affektiven Qualitäten erklärbar sei.

## Schluss

Phänomenologien eröffnen der Soziologie innovative Zugänge und Beschreibungsmöglichkeit von ihren Gegenständen. Stets zeigt sich aber dasselbe theoretische Grundproblem, das gelöst werden muss: Die Soziologie versucht, objektive Wirklichkeiten zu erfassen, die Phänomenologie verschafft jedoch nur Zugang zu subjektiven Wirklichkeiten. Wittgenstein hat es bekanntlich als Regelfolgeproblem bezeichnet: „Und der Regel zu folgen glauben ist nicht: der Regel folgen. Und darum kann man nicht der Regel ‚privatim' folgen, weil sonst der Regel zu folgen glauben dasselbe wäre, wie der Regel folgen" (Wittgenstein 1971, § 202). Zu klären, wie begrifflich zwischen privatem und intersubjektiv geltendem Regelgebrauch unterschieden werden kann, ist Aufgabe der soziologischen Theorie, die stets mit der Phänomenologie verbunden werden muss. Man sieht es auch an beiden hier herangezogenen Studien: Gibt es Mechanismen oder andere Hebeformen, die aus den subjektiven Auskünften von Angehörigen oder dem leiblichen Erleben des Dackelblicks eine objektive, d. h. auch für andere verbindliche Wirklichkeit werden lassen? Für diese Frage muss die Phänomenologie verlassen werden. Für Sie, liebe Leser:in heißt es jedoch: Durchforsten Sie das breite Spektrum der Phänomenologie, verwenden Sie ihre Beschreibungsmöglichkeiten, vergessen Sie aber nicht, den erforderlichen soziologischen Anschluss daran zu theoretisieren.

## Literatur

Albrecht, Clemens (2017): Atmosphären operationalisieren. In: *Sociologia Internationalis* 55 (2), S. 141–166. DOI: https://doi.org/10.3790/sint.55.2.141.

Barth, Jonas (2022): Gesellschaftstheorie als Methode der Theorierationalisierung. In: Jonas Barth und Anna Henkel (Hg.): Leib. Grenze. Kritik. Festschrift für Gesa Lindemann zum 66. Geburtstag. Weilerswist: Velbrück Wissenschaft, S. 24–33.

Barth, Jonas (2023a): Das Problem der Intersubjektivität. Soziologische Missverständnisse der husserlschen Phänomenologie. In: *ZTS Zeitschrift für Theoretische Soziologie* (1), S. 26–59. DOI: https://doi.org/10.3262/ZTS2301026.

Barth, Jonas (2023b): Staatliche Ordnung und Gewaltforschung. Zur Rolle von Gewalt in der stationären Pflege von Menschen mit Demenz. Weilerswist: Velbrück Wissenschaft.

Bedorf, Thomas; Gerlek, Selin (Hg.) (2017): Phänomenologie und Praxistheorie. Schwerpunktheft der Zeitschrift Phänomenologische Forschungen, Jg. 2017, H. 2. Hamburg: Felix Meiner Verlag.

Berger, Peter L.; Luckmann, Thomas (1969/2010): Die gesellschaftliche Konstruktion der Wirklichkeit. 23. Aufl. Frankfurt am Main: Fischer.

Bergson, Henri (2012 [1911]): Zeit und Freiheit. 5. Aufl. Hamburg: Cep Europäische Verlagsanstalt.

Bohnsack, Ralf (2017): Praxeologische Wissenssoziologie. Opladen, Toronto: Barbara Budrich.

Bourdieu, Pierre (2015): Sozialer Sinn. Kritik der theoretischen Vernunft. 9. Auflage. Frankfurt am Main: Suhrkamp (Suhrkamp-Taschenbuch Wissenschaft, 1066).

Breyer, Thiemo (2012): Helmuth Plessner und die Phänomenologie der Intersubjektivität. In: *Bulletin d'analyse phenomenologique* 8 (4), S. 1–18, zuletzt geprüft am 10.09.2020.

Crossley, Nick (2022): Phänomenologie. In: Robert Gugutzer, Gabriele Klein und Michael Meuser (Hg.): Handbuch Körpersoziologie 1. Grundbegriffe und theoretische Perspektiven. 2. Aufl. Wiesbaden: Springer, S. 353–371.

Durkheim, Émile (1984 [1895]): Die Regeln der soziologischen Methode. Frankfurt am Main: Suhrkamp.

Engelfried-Rave, Ursula (2017): Atmosphären erforschen oder wie nagle ich einen Pudding an die Wand? In: *Sociologia Internationalis* 55 (2), S. 213–232. DOI: https://doi.org/10.3790/sint.55.2.213.

Esser, Hartmut (1993): Soziologie. Allgemeine Grundlagen. Frankfurt/Main, New York: Campus.

Gugutzer, Robert (2023): Das Pathos des Sozialen. Beiträge zur Neophänomenologischen Soziologie. Weilerswist: Velbrück Wissenschaft.

Hitzler, Ronald (2005): Die Beschreibung der Struktur der Korrelate des Erlebens. Zum (möglichen) Stellenwert der Phänomenologie in der Soziologie. In: Uwe Schimank und Rainer Greshoff (Hg.): Was erklärt die Soziologie? Methodologien, Modelle, Perspektiven. Münster: Lit Verlag, S. 230–240.

Husserl, Edmund (1950): Ideen zu einer reinen Phänomenologie und phänomenologischen Philosophie. Erstes Buch. Allgemeine Einführung in die reine Phänomenologie. Neue, auf Grund der handschriftl. Zusätze des Verf. erw. Aufl. Hg. v. Walter Biemel. Den Haag: Nijhoff (Husserliana, Band 3/1).

Husserl, Edmund (1966): Zur Phänomenologie des inneren Zeitbewußtseins (1893–1917). Den Haag: Nijhoff (Husserliana, Bd. 10).

Husserl, Edmund (1981 [1929]): Formale und transzendentale Logik. Versuch einer Kritik der logischen Vernunft. Berlin/Boston: de Gruyter.

Husserl, Edmund (1999 [1939]): Erfahrung und Urteil. Untersuchungen zur Genealogie der Logik. 7. Aufl. Hg. v. Ludwig Landgrebe. Hamburg: Meiner.

Husserl, Edmund (2012): Cartesianische Meditationen. Eine Einleitung in die Phänomenologie. Hg. v. Elisabeth Ströker. Hamburg: Meiner.

Julmi, Christian (2017): Ein Circumplex-Modell der Atmosphären. In: *Sociologia Internationalis* 55 (2), S. 191–212. DOI: https://doi.org/10.3790/sint.55.2.191.

Knoblauch, Hubert (2013): Phänomenologische Soziologie. In: Georg Kneer und Markus Schroer (Hg.): Handbuch soziologische Theorien. Wiesbaden: Springer VS, S. 299–322.

Knoblauch, Hubert (2017): Die kommunikative Konstruktion der Wirklichkeit. Wiesbaden: Springer Fachmedien Wiesbaden (Neue Bibliothek der Sozialwissenschaften).

Knoblauch, Hubert; Tuma, René (2019): Videography and Video Analysis. In: Paul Anthony Atkinson, Sara Delamont, Richard A. Williams, Alexandru Cernat und Joseph Sakshaug (Hg.): SAGE Research Methods Foundations. London: SAGE.

Lakatos, Imre (1982): Die Methodologie der wissenschaftlichen Forschungsprogramme. Braunschweig, Wiesbaden: Friedr. Vieweg & Sohn Vieweg.

Lindemann, Gesa (2014): Weltzugänge. Die mehrdimensionale Ordnung des Sozialen. Weilerswist: Velbrück Wissenschaft.

Lindemann, Gesa (2017): Die Sphäre des Menschen (Kap. 7.1–7.3, 288–321). In: Hans-Peter Krüger (Hg.): Helmuth Plessner. Die Stufen des Organischen und der Mensch. Berlin, Boston: de Gruyter (Klassiker auslegen, Band 65), S. 163–178.

Lindemann, Gesa (2022): Leiblichkeit und Körper. In: Robert Gugutzer, Gabriele Klein und Michael Meuser (Hg.): Handbuch Körpersoziologie 1. Grundbegriffe und theoretische Perspektiven. 2. Aufl. Wiesbaden: Springer, S. 83–91.

Luckmann, Thomas (1979): Phänomenologie und Soziologie. In: Walter M. Sprondel und Richard Grathoff (Hg.): Alfred Schütz und die Idee des Alltags in den Sozialwissenschaften. Stuttgart: Ferdinand Enke, S. 196–206.

Luckmann, Thomas (2008): Konstitution, Konstruktion: Phänomenologie, Sozialwissenschaft. In: Jürgen Raab, Michaela Pfadenhauer, Peter Stegmaier, Jochen Dreher und Bernt Schnettler (Hg.): Phänomenologie und Soziologie. Theoretische Positionen, aktuelle Problemfelder und empirische Umsetzungen. Wiesbaden: VS Verlag für Sozialwissenschaften, S. 33–40.

Merleau-Ponty, Maurice (1966): Phänomenologie der Wahrnehmung. Berlin: de Gruyter.

Nassehi, Armin (2008): Phänomenologie und Systemtheorie. In: Jürgen Raab, Michaela Pfadenhauer, Peter Stegmaier, Jochen Dreher und Bernt Schnettler (Hg.): Phänomenologie und Soziologie. Theoretische Positionen, aktuelle Problemfelder und empirische Umsetzungen. Wiesbaden: VS Verlag für Sozialwissenschaften, S. 163–173.

Plessner, Helmuth (1975 [1929]): Die Stufen des Organischen und der Mensch. Einleitung in die philosophische Anthropologie. 3., unveränderte Auflage, im Original erschienen 1975. Berlin, New York: de Gruyter (Sammlung Göschen, 2200). Online verfügbar unter http://www.referenceglobal.com/doi/book/10.1515/9783110845341.

Przyborski, Aglaja; Wohlrab-Sahr, Monika (2021): Qualitative Sozialforschung. Ein Arbeitsbuch. 5. Aufl. München: Oldenbourg.

Radvanszky, Andrea (2016): Die Krisenhaftigkeit der Krise – Misslingende demenzielle Interaktionsprozesse. In: *Österreich Z Soziol* 41, S. 97–114. DOI: https://doi.org/10.1007/s11614-016-0208-8.

Schmitz, Hermann (2011): Der Leib. Berlin, Boston: de Gruyter.

Schütz, Alfred (1957): Das Problem der transzendentalen Intersubjektivität bei Husserl. In: *Philosophische Rundschau* 5 (2), S. 81–107.

Schütz, Alfred (2003): Theorie der Lebenswelt 2. Die kommunikative Ordnung der Lebenswelt. Konstanz: utb (Alfred Schütz Werkausgabe, V).

Schütz, Alfred (2004): Common Sense und wissenschaftliche Interpretation menschlicher Handlung. In: Jörg Strübing und Bernt Schnettler (Hg.): Methodologie interpretativer Sozialforschung: klassische Grundlagentexte. Konstanz: UVK, S. 155–178.

Schütz, Alfred (2016 [1932]): Der sinnhafte Aufbau der sozialen Welt. Eine Einleitung in die verstehende Soziologie. 7. Aufl. Frankfurt am Main: Suhrkamp.

Schütz, Alfred; Luckmann, Thomas (2017): Strukturen der Lebenswelt. 2., überarbeitete Auflage. Konstanz, München: UVK (UTB Sozialwissenschaften, Philosophie, 2412).

Schützeichel, Rainer (2008): Transzendentale, mundane und operative (systemtheoretische) Phänomenologie. In: Jürgen Raab, Michaela Pfadenhauer, Peter Stegmaier, Jochen Dreher und Bernt Schnettler (Hg.): Phänomenologie und Soziologie. Theoretische Positionen, aktuelle Problemfelder und empirische Umsetzungen. Wiesbaden: VS Verlag für Sozialwissenschaften, S. 175–183.

Stetten, Moritz von (2017): Das Atmosphärische in der Psychopathologie. Leibphänomenologische Überlegungen zur Diagnose psychischer Störungen. In: *Sociologia Internationalis* 55 (2), S. 233–262. DOI: https://doi.org/10.3790/sint.55.2.233.

Weber, Max (1984): Soziologische Grundbegriffe. 6. Aufl. Tübingen: Mohr Siebeck.

Wittgenstein, Ludwig (1971): Philosophische Untersuchungen. Frankfurt am Main: Suhrkamp.

Wolf, Barbara (2017): Methoden phänomenologischer Sozialisationsforschung. Untersuchung von Lernatmosphären. In: *Sociologia Internationalis* 55 (2), S. 167–190. DOI: https://doi.org/10.3790/sint.55.2.167.

Zahavi, Dan (2021): Applied phenomenology: why it is safe to ignore the epoché. In: *Cont Philos Rev* 54 (2), S. 259–273. DOI: https://doi.org/10.1007/s11007-019-09463-y.

# Interpretative Theorien

Christian Meyer

### Zusammenfassung

Der Beitrag führt in die Diskussionslinie der interpretativen Theorien in der Soziologie ein. Hierfür werden in Abgrenzung zu dominierenden soziologischen Paradigmen der 1950er- und 1960er-Jahre die Verdienste interpretativer Ansätze historisch eingeordnet und dargestellt. Nach einer Erläuterung der zentralen Grundbegriffe interpretativer Theorien vergleicht der Beitrag verschiedene interpretative Theorien der Soziologie miteinander und diskutiert zentrale Fragen zu Interaktionen, Subjekten und den Ressourcen sozialer Ordnung. In detaillierten Beschreibungen werden daraufhin verschiedene Analysegegenstände vorgestellt und mit qualitativem Vorgehen, methodologischem Situationismus, teilnehmender Beobachtung, registrierender Datenkonservierung und doppelter Hermeneutik die methodischen Konsequenzen interpretativer Theorieansätze abgebildet. Der Beitrag wird durch Hinweise auf aktuelle Testfälle und Herausforderungen für die dargestellten Ansätze abgerundet.

### Abstract

The article introduces interpretative theories of sociology. In contrast to the dominant sociological paradigms of the 1950s and 1960s, the merits of interpretative approaches are historically classified and presented. After an explanation of the central basic concepts of interpretative theories, the article compares various interpretative theories in

C. Meyer (✉)
Fachbereich Geschichte und Soziologie, Universität Konstanz, Konstanz, Deutschland
E-Mail: christian.meyer@uni-konstanz.de

sociology and discusses central questions about interactions, subjects and the resources of social order. Various objects of analysis are then presented in detailed descriptions and the methodological consequences of interpretative theoretical approaches are illustrated with a qualitative approach, methodological situationism, participant observation, data preserved in authetic form and double hermeneutics. The article is rounded off with references to current test cases and challenges for the approaches presented.

## Einleitung und historische Einordnung

Interpretative Theorien der Soziologie entstanden in den 1950er- und 1960er-Jahren zunächst vornehmlich in den USA in einer gesellschafts- und sozialtheoretischen Bewegung, die sich gegen das derzeit dominante soziologische Paradigma von Talcott Parsons und dessen Grundgedanken eines verinnerlichten normativen Konsenses wandte. Zugleich grenzte sie sich gegenüber aufkommenden Konflikttheorien (Lewis Coser), Verhaltens-, Austausch- und Sozialstrukturtheorien (George Homans, Peter Blau) sowie Rational Choice-Theorien (Gary Becker) ab, die zeitgleich in ebenso kritischer Motivation gegenüber Parsons entworfen wurden. Statt auf Karl Marx, den französischen Positivismus, den Behaviorismus oder wirtschaftstheoretische Modelle (z. B. den *homo oeconomicus*) bezogen sich die interpretativen Theorien der Soziologie auf sozialphilosophische Ansätze aus der Phänomenologie (z. B. Alfred Schütz) und dem Pragmatismus (z. B. George Herbert Mead).

Auf diese Weise leiteten die interpretativen Theorien der Soziologie mehrere innovative Entwicklungen in der Soziologie ein:

1. Eine Perspektivverschiebung weg vom Interesse an „der Gesellschaft" als Ganzer bzw. als „System" hin zum sozialen Alltag der Menschen einschließlich ihres Wissens, ihrer Interaktionen und sozialen Praxis als die empirischen Orte, an denen Vergesellschaftung stattfindet.
2. Die Entstehung und Verfestigung einer mikrosoziologischen Perspektive auf Individuen, soziale Situationen und Interaktionsdynamiken, auch wenn die meisten interpretativen Theorien selbst durchaus gesellschaftstheoretische und makrosoziologische Interessen besaßen.
3. Die Etablierung und Verbreitung qualitativer Methoden der empirischen Sozialforschung.
4. Eine kritische Auseinandersetzung mit der sich zeitgleich ausdifferenzierenden Sozialpsychologie, die auf das Individuum als gesellschaftliches Wesen fokussierte und u. a. Devianz, Nonkonformität und abweichendes Verhalten als Themen etablierte, was auch in die soziologische Forschung einging und etwa zur Entstehung der Kriminalsoziologie führte.

Mit diesen vier Anliegen kamen die interpretativen Theorien kurz nach ihrer Entstehung auch nach Europa, wo sie ebenso wie in den USA auf eine ihnen förderliche gesellschaftliche Situation der Liberalisierung, Emanzipation und Gesellschaftskritik trafen.

Der Begriff des Interpretativen bezieht sich dabei nicht auf das methodische Vorgehen soziologischer Forschung (etwa hermeneutischer Art), sondern auf das Anliegen, soziologische Theoriebildung auf der Basis der Erkenntnis zu betreiben, dass die sozialen Alltagsakteure ihre soziale Realität und Situation fortwährend selbst interpretieren und daher selbst als „Protosoziologen" (Thomas Luckmann) oder „Laiensoziologen" (Harold Garfinkel) verstanden werden müssen. Diese Fundierung soziologischer Theoriebildung in einem Bild des Menschen, das diesen nicht modellhaft reduziert bzw. idealisiert und als Verhaltensmaschine, Triebwesen oder Kalkülgenerator begreift, sondern in seiner Vielfalt und Widersprüchlichkeit bewahrt und als empathisches und reflektierendes Ich versteht, hat tiefgreifende gesellschafts- und sozialtheoretische Auswirkungen, die von den interpretativen Theorien der Soziologie reflektiert werden.

## Grundbegriffe

In den 1950er- und 1960er-Jahren, als die interpretativen Theorien in der Soziologie entwickelt wurden, gab es in der bestehenden Soziologie eine Tendenz, gesellschaftliche Gleichförmigkeit nicht nur als feste Gegebenheit anzusehen, sondern auch zu überschätzen (so etwa durch Talcott Parsons oder Paul Riesman; vgl. Wrong 1961). Das soziale Handeln von Individuen wurde als motiviert durch einen übergroßen Wunsch nach Konformität, als reguliert von sozialen Kontrollinstanzen und als gesteuert von verinnerlichten sozialen Normen oder universellen Verhaltensdispositionen begriffen. Entsprechend wurden demgegenüber nicht nur die individuellen Interessen, Wünsche und Deutungsleistungen des Individuums vernachlässigt, sondern auch die kontingente Interaktionssituation, in der stets Unvorhersehbares entsteht. Das soziologische Modell einer normkonformen Gesellschaft bezeichnete Wilson (1970) als „normatives Paradigma". Ihm stellte er das „interpretative Paradigma" der neu entstehenden Theorien der Soziologie gegenüber.

In den unterschiedlichen interpretativen Ansätzen herrscht weitgehende Einigkeit darüber, dass zum einen die sozial geformten interpretatorischen Fähigkeiten und Ressourcen des Individuums, zum anderen interaktionale Dynamiken der Abstimmung, Affirmation und Modifikation sozialer Realität als fundierende, nicht jedoch determinierende Dimensionen des Sozialen begriffen werden müssen. In und mit ihnen werden soziale Ordnung und Integration produziert. In der menschlichen Sozialität, wie sie sich in Wissensvorräten, Deutungsvorgängen und interaktionalen Prozessen ausdrückt, wird so die Antwort auf die Frage gesehen, welche Faktoren soziale Ordnung und Integration sowie – damit zusammenhängend – die Rekurrenz sozialen Handelns erklären können, wenn ein normativer Konsens oder andere relativ stabile Strukturdeterminanten individuellen Handelns nicht mehr als gegeben angesehen werden können. Mit diesem Argument kann auch nicht mehr wie zuvor die Unterstellung vorab gegebener Strukturen, die in einem determinierenden Ursache-Wirkungs-Verhältnis zu sozialem Handeln stehen, als theoretische Erklärungsgröße für soziale Ordnung gelten. Vielmehr müssen soziale Phänomene als prozessual und fortlaufend adaptiv begriffen werden. Dies impliziert eine Abkehr von Konzeptualisierungen, die den Kontext bzw. die Situation in naturwissenschaftlicher Manier als objektiv und unabhängig von den sozialen Akteuren gegeben betrachten, wie es im normativen Paradigma der Fall ist. Stattdessen werden sie im interpretativen Paradigma als durch die Wahrnehmung, das Wissen und Tun der sozialen Akteure produziert verstanden.

Eine in diesem Sinn konsistent ausgearbeitete Konzeptualisierung des Sozialen war das theoretische Ziel der interpretativen Theorien der Soziologie. Mit dem Gedanken der fortlaufenden und ergebnisoffenen interaktionalen Produktion und Abstimmung des Sozialen wandten sie sich gegen bis dahin vertretene Theorien, die eine vorab gegebene Geteiltheit sozialer Ressourcen (wie z. B. Normen, Strukturen, Dispositionen) unterstellten, aus denen sich soziale Prozesse direkt ableiten lassen. Stattdessen wurde soziale Interaktion als Ort der Produktion des Sozialen definiert, der permanent veränderlich, ergebnisoffen und situationsspezifisch Vergesellschaftung gestaltet. Wie sich aus Interaktionsprozessen, in denen soziale Realität auf veränderliche, indeterminierte und partikulare Weise produziert wird, Vergesellschaftung bildet oder gar Gesellschaft aufbaut, wird in den einzelnen Ansätzen innerhalb der interpretativen Theorien unterschiedlich bewertet, da das Gesellschaftskonzept insgesamt unterschiedlich ausgerichtet ist und von manchen Ansätzen kritisiert oder gar in Gänze verworfen wird. Mit den geteilten Grundannahmen positionierten sich die interpretativen Theorien in den zeitgenössischen gesellschaftlichen Debatten aber insgesamt auf der Seite derjenigen Ansätze, die persönliche Merkmale (und nicht zuletzt Defizite und Abweichungen) von Individuen als erworben und variabel und nicht als angeboren und stabil begreifen. Zeitgenössisch wurde diese Frage in der Opposition von „Nature" (angeborenes menschliches Sozialverhalten) versus „Nurture" (erlerntes und sozialisiertes und damit variables menschliches Sozialleben) gefasst, etwa wenn es um die Erklärung von abweichendem Verhalten ging, das nun nicht mehr der devianten Persönlichkeit der Handelnden, sondern deren sozialisatorischem und enkulturierendem Umfeld zugeschrieben wurde. Sozialisation wurde aus diesem Grund zu einem wichtigen Thema der interpretativen Theorien der Soziologie.

Die Perspektivverschiebung von makrologischen Gesamtbetrachtungen hin zum Kleinen, scheinbar Banalen und Alltäglichen und zur Frage, wie soziale Ordnung im Detail hergestellt und soziale Integration im Detail permanent ergebnisoffen verwirklicht wird, erforderte von den Forschern empirisch und methodisch ein Einlassen auf das soziale Leben, die soziale Realität und die subjektiven Erfahrungen der in Gesellschaft lebenden Alltagsmenschen. Gesellschaft wurde und wird in dieser Perspektive nicht mehr als abstrakter Strukturzusammenhang, sondern als fluides, permanent verhandeltes und verhandelbares Phänomen angesehen, das in der Realität vielgestaltiger, vielfältiger und ungeordneter erscheint, als dies in idealisierten und reduzierten Theoriedarstellungen anerkannt wird, die mit Modellen und Vorabkategorien arbeiten, die als Variablen oder Faktoren der Forschung zugrunde gelegt werden. Angestrebt wurde ein dritter Weg zwischen der statistischen Sozialforschung und soziologischen Makrotheorien, der in heutiger Nomenklatur auch als „theoretische Empirie" (Kalthoff et al. 2008) bezeichnet werden kann.

Empirisch bestand das Anliegen der interpretativen Ansätze zunächst zum einen darin, bestehende soziologische Begrifflichkeiten im Sinne dieser neuen Ausrichtung zu „interaktionalisieren", d. h. als ergebnisoffenes, ständig produziertes und immer neues Resultat von Interaktionsprozessen zu begreifen und nicht als vorab gegebene oder kollektiv internalisierte Einflussgrößen. Diese theoretische Neuausrichtung bezieht sich einerseits auf bestehende soziologische Metabegriffe wie z. B. Struktur, soziale Ordnung, Gesellschaft, Kultur – zuvor verstanden als Ensemble von einheitlichen Kausalfaktoren oder Konsens über Werte und Normen –, aber andererseits auch auf Begriffe mittlerer Reichweite wie Rolle, Persönlichkeit, Sanktion und Kontrolle. In den interpretativen Theorien der Soziologie werden sie sämtlich nicht mehr als situationsunabhängige, abstrakte Prinzipien oder Größen verstanden, sondern in ihrer situativen Ausformung, Produktion und Aushandlung im Alltag und der sozialen Interaktion beobachtet und so mikrosoziologisch reformuliert. Auf diese Weise rückten neue Großbegriffe wie insbesondere Intersubjektivität, Sinn und Wissen oder das „Selbst" in das Zentrum der Theoriebildung, und daraus abgeleitete Phänomene wie Reflexivität, Perspektivität und Verkörperung, die Temporalität und Prozesshaftigkeit der Handlungskoordination und interaktionalen Abstimmung wurden zum Forschungsgegenstand.

Entsprechend wurden neue, zuvor in „sozialpsychologischer" Terminologie gefasste Thematiken vor ihrem theoretischen Hintergrund soziologisch neu konturiert. Soziale Phänomene wie z. B. Abweichung, Etikettierung, Außenseitertum oder Stigmatisierung wurden dabei als Gegenstände der soziologischen Forschung genutzt, um den Gedanken eines verinnerlichten Normkonsenses zu empirisieren. Wenn keine vollständige Passung von Individuum und Gesellschaft existiert, dann gelten „Mikrostörungen" in der Interaktion nicht mehr als Devianzen, sondern als Ergebnis der Freiheit menschlichen Tuns und damit als grundsätzliche Fähigkeit der Interaktion, die soziale Ordnung zu irritieren und ergebnisoffen zu gestalten. Dass dies nicht nur eine Gelegenheit, sondern auch eine Gefahr für das Individuum sein kann, interessierte und interessiert die interpretativen Theorien der Soziologie ebenso, die sich daher intensiv mit sowohl den Sicherungsstrategien des Individuums als auch den Stützmechanismen der Gesellschaft befassten, mit denen solche Gefahren entschärft werden.

Die einzelnen Ansätze innerhalb der interpretativen Theorien der Soziologie unterscheiden sich jedoch sehr stark in Bezug auf die Frage, welche Ressourcen innerhalb der situativen und interaktionalen Produktion des Sozialen als stabil gegeben und von den Kopartizipanden geteilt, um Interaktionen auszuführen, und welche Ressourcen als produziert und Gegenstand der Interaktion selbst angesehen werden. Auf diese Unterschiede wird im Folgenden eingegangen.

## Bezugsprobleme und Positionen

Wenn – wie in den interpretativen Theorien der Soziologie angenommen – das Individuum nicht einfach in direkter Verursachung durch Kausalfaktoren oder in Entsprechung zu vorhandenen Routinen handelt, sondern vielmehr seine Situation permanent in kreativer und dadurch stets auch unvorhersehbarer Weise interpretiert und gestaltet, dann stellen sich aus sozialtheoretischer Sicht mehrere Fragen, die in den unterschiedlichen interpretativen Theorien der Soziologie diskutiert werden. Sie beziehen sich auf die Interaktionen, in denen soziale Realität produziert wird, auf das interpretierende Subjekt als Handelndes, das diese Produktion sozialer Realität vollzieht, auf die Erfahrungen, Wissensbestände und weiteren Verstetigungsressourcen (darunter Deutungsmuster und Sinnstrukturen), die es dabei heranzieht und auf die Art und Weise, wie soziale Ordnung und Gesellschaft gefasst werden.

Im Folgenden werden die wichtigsten interpretativen Theorien der Soziologie in Hinblick auf deren Positionen zu diesen Fragen verglichen. Dies sind (i) der Symbolische Interaktionismus von Herbert Blumer, (ii) der dramaturgische Ansatz von Erving Goffman, (iii) die Neue Wissenssoziologie von Peter Berger und Thomas Luckmann sowie (iv) die Ethnomethodologie von Harold Garfinkel.

## Der Symbolische Interaktionismus von Herbert Blumer

Der früheste programmatische, allerdings theoretisch bleibende Entwurf einer interpretativen Konzeption des Sozialen ist der Symbolische Interaktionismus, den Herbert Blumer seit den 1930er/1940er-Jahren in Chicago und Berkeley entwickelte. Basierend auf den sozialphilosophischen Arbeiten von George H. Mead forderte Blumer (1962), menschliches Zusammenleben grundsätzlich anhand von realen Interaktionen und nicht in Form von methodisch elizitierten abstrakten Strukturen zu untersuchen. Der Begriff „symbolische Interaktion" bezieht sich dabei auf den besonderen Charakter der Interaktion zwischen Menschen, der darin bestehe, dass Menschen nicht einfach auf die Handlungen anderer als Reize reagieren, sondern ihre eigenen Handlunge daran ausrichten, wie sie die Handlungen der anderen Beteiligten interpretieren und wie sie die soziale Situation definieren. Im Falle menschlichen Verhaltens wird also – im Gegensatz zu instinktiv reagierenden Tieren – ein Interpretationsprozess zwischen Reiz und Reaktion geschaltet. Dieser Interpretationsprozess ist erstens angeleitet von Definitionen, die die Handelnden ihrem Handeln zugrunde legen und anhand des Interaktionsverlaufs fortwährend aktualisieren. Zweitens ist er durch die Verwendung von Symbolen vermittelt. Da unter den Handelnden Definitionen der Situation oder von Bedeutungen nicht immer einhellig sind, definieren sie sie durch ihre eigenen Handlungen, mit denen sie auf die Handlungen der anderen reagieren, ständig neu. Die ständige Neudefinition verleiht der menschlichen Interaktion einen kreativen Charakter, der immer wieder neue Themen, Vorstellungen, Beziehungen und Verhaltensweisen entstehen lässt. Menschliche Interaktion ist aus dieser Perspektive ein eigenständiger positiver Gestaltungsprozess von Gesellschaft. Seine Abhängigkeit von symbolischer Interaktion macht das menschliche Sozialleben zu einem offenen Prozess und nicht zu einem bloßen Produkt sozialer Normen oder biologischer Anlagen.

Interaktion entsteht, wenn jemand Handlungen vollzieht, die andere zu Reaktionen anregen. Die Bedeutung der Handlungen ist den Beteiligten entweder biologisch (als Reiz) oder durch Konventionen (als Symbol) bekannt: Sie lösen in demjenigen, der sie produziert, allgemein die gleiche Reaktion aus, wie in demjenigen, der sie rezipiert. Im Fall von Symbolen sind beide jedoch dazu fähig, diesen Reaktionsprozess zu blockieren und frei zu agieren.

Wesentlich für das Erkennen und das Zuschreiben von symbolischer Bedeutung ist, dass die menschliche Gesellschaft aus Individuen besteht, die ein „Selbst" haben. Menschliche Selbste sind nicht passiv Reizen aus der Umwelt ausgesetzt, sondern schreiben Objekten in der Welt aktiv Relevanzen und Bedeutungen zu. Selbste sind also nicht von einer Umwelt bereits existierender Objekte mit festen Bedeutungen umgeben, die auf sie einwirken und ihr Verhalten hervorrufen, sondern konstruieren ihre Objekte auf der Grundlage eigener fortlaufender Aktivitäten selbst und handeln auf der Basis dieser Bedeutungszuschreibungen (vgl. Blumer 1969).

Selbste sind somit in der Lage, eine reflexive Haltung zu ihren eigenen Reaktionen einzunehmen und sich zu vergegenwärtigen, was sie tun wollen, wie sie es tun wollen und, ob die Bedingungen hierfür dienlich oder hinderlich sind. Sie können die Anforderungen, Erwartungen, Verbote und Gefahren berücksichtigen, die in ihrer Situation auftreten und anhand dieser Abwägungen mögliche Handlungslinien entwerfen. Dabei können sie Perspektiven wechseln und Rollen übernehmen. Menschen passen ihre Handlungen in Interaktionen ständig im Lichte der Handlungen der anderen Beteiligten an, so dass die eigene Handlungslinie zu den Handlungen der anderen passt. Aus einer solchen Verknüpfung einzelner Handlungen entstehen unterschiedliche Formen gemeinsamen bzw. kollektiven Handelns. Zu ihnen zählen *Handlungsnetzwerke* und *Institutionen*, die letztlich in der Interdependenz verschiedener Handlungen von mehreren Personen, wie sie z. B. in der Arbeitsteilung gegeben ist, bestehen. Die permanente wechselseitige Abstimmung führt dazu, dass die Handelnden in der Interaktion gemeinsame Symbole produzieren, an denen sie sich anschließend orientieren und die sie durch ihre weiteren Handlungen bestätigen, revidieren und redefinieren.

Jedoch besteht gemeinsames Handeln nicht nur in der koordinierten Verkettung simultaner Aktivitäten mehrerer Teilnehmer, sondern auch in einer temporalen Verkettung, die sich auf vorangegangenes gemeinsames Handeln stützt. Alle Beteiligten bringen ihre Erfahrungsbestände und Schemata, die sie im Laufe ihres Lebens kennengelernt haben, in die Interaktion ein. So entsteht aktuelles gemeinsames Handeln vor dem Hintergrund früherer interaktiver Handlungen der Beteiligten. Selbst wenn Menschen angesichts radikal veränderter Situationen neue Formen des gemeinsamen Handelns entwickeln, gibt es immer Kontinuitäten in der Verwendung von Symbolen. Individuen lernen mit der Hilfe von gemeinsamen Symbolen und haben daher eine gemeinsame Kultur. Durch das Erlernen dieser Kultur sind Menschen allermeistens in der Lage, das Verhalten der anderen vorherzusagen und ihr eigenes Verhalten am antizipieren Verhalten der anderen auszurichten, so dass gesellschaftliche Kontinuität und soziale Ordnung gewährleistet sind. Die Gesellschaft geht aus dieser Perspektive jedem Individuum voraus, selbst wenn Interaktion die Grundlage für die Kontinuierung von Gesellschaft bildet.

## Der dramaturgische Ansatz von Erving Goffman

Erving Goffman, der von Mead und Blumer beeinflusst wurde, steht wie kein anderer Soziologe für das mikrosoziologische Interesse am sozialen Zusammenleben der Menschen im Alltag, das die interpretativen Theorien teilen. Für ihn ist Interaktion von Angesicht zu Angesicht (*face-to-face interaction*) der zentrale Ort des sozialen Lebens (Goffman 1963a: 248). Menschen verbringen ihr tägliches Leben in unmittelbarer körperlicher Gegenwart anderer und ihre Handlungen sind stets sozial situiert (1983a: 2). Entsprechend räumt Goffman der Interaktion einen eigenen ontologischen Status als Realität „sui generis" ein (1964: 134), die es gelte, naturalistisch in Bezug auf ihre grundlegenden, universellen Merkmale (*sub specie aeternitatis*) zu erforschen (1983a: 17).

Goffman schlug eine breite Palette an Begriffen zur Analyse der spezifischen Eigenschaften von Interaktionen als Grundform menschlicher Sozialität vor. Interaktion definiert er als die Wechselwirkungen zwischen den Handlungen von Individuen, wenn sie sich in unmittelbarer körperlicher Gegenwart befinden (1959: 15; 1967: 1). Körperliche Kopräsenz erlaubt es den Beteiligten, neben verbalen Äußerungen auch Blicke, Gesten, und Körperpositionierungen für die Interaktion zu nutzen. Goffman (1967: 1) untersucht diese Modalitäten erstmals umfassend im Hinblick auf ihre soziale Organisation.

Um Dimensionen sozialer Interaktion, die systemische Gründe haben, wie z. B. die Etablierung eines Kommunikationskanals zwischen den Beteiligten oder die Notwendigkeit, sich in der Reichweite des Sensoriums des anderen zu befinden, von Dimensionen abzugrenzen, die aus der Sozialität der Begegnung resultieren, d. h. aus der Tatsache, dass soziale Personen nicht nur mit prozeduralen Zwängen in der Interaktion zu tun haben, sondern auch mit sozialen Beziehungen, hat Goffman (1981: 14–16) die Unterscheidung zwischen „Systemvoraussetzungen" und „rituellen Bedingtheiten" sozialer Interaktion eingeführt.

Zu den Systemvoraussetzungen gehören laut Goffman (1981: 14–15): (1) eine Zwei-Wege-Möglichkeit zum Senden und Empfangen klarer Nachrichten, (2) eine Rückmeldemöglichkeit über den Empfang, (3) Kontaktsignale zur Ankündigung des Suchens, Öffnens und Schließens eines Kanals, (4) Wechselsignale, die Änderungen im Teilnehmerstatus der Interaktanten anzeigen, d. h. z. B., ob sie die Sprecher- oder die Hörerrolle einnehmen, (5) Signale, die es ermöglichen, Nachrichten zu wiederholen, aufzuhalten oder zu unterbrechen, (6) metakommunikative Möglichkeiten zur Rahmung von Nachrichten (z. B. als ironische Nebenbemerkungen, Zitate, Witze), (7) Normen, die den Inhalt einer Nachricht in Bezug auf seine Relevanz für vorangegangene Nachrichten regeln, sowie (8) Regeln, die das Verhältnis zwischen Personen betreffen, die aktiv an einem Austausch beteiligt sind, und solchen, die nicht daran teilnehmen, obwohl sie in Empfangsreichweite sind.

Goffman unterscheidet zwischen unfokussierter und fokussierter Interaktion. Bei unfokussierter Interaktion sind menschliche Körper in sensorischer Reichweite und Zugänglichkeit zueinander, nehmen einander wahr und nehmen auch wahr, dass sie einander wahrnehmen (Goffman 1963a: 17; 1983a: 2). Bei fokussierter Interaktion kommt die Herstellung und Aufrechterhaltung eines einzigen geteilten Aufmerksamkeitsfokus hinzu, der dem Ausüben gemeinsamer Aktivitäten mit bevorzugten Kommunikationsrechten dient (Goffman 1963a: 89; 1981: 15). Die beiden Formen der Interaktion sind mit unterschiedlichen Formen und Graden von Engagement verbunden. Für die meist unausgesprochene gemeinsame Situationsdefinition der Interaktionspartner, eine Interaktion als mehr oder weniger fokussiert und gemeinsam zu betrachten, hat Goffman (1959: 9) den Begriff „Arbeitskonsens" geprägt. Dabei gestalten die Interagierenden die Definition der sozialen Situation durch Rahmungsaktivitäten fortwährend neu (Goffman 1974: 173–86). Die Beteiligten („Teilnahmeeinheiten") können aus Einzelpersonen oder Gruppen bestehen, je nach der Art der Tätigkeit, die sie ausüben. Beim Schlangestehen z. B. können Stellen von kleinen Gruppen besetzt werden, und es ist erlaubt, die Warteschlange zu verlassen und an derselben Stelle wieder einzusteigen – ein Privileg, das Einzelpersonen nicht haben. Das Schlangestehen ist dabei weder völlig unfokussiert, da sich die Anstehenden aneinander orientieren, noch fokussiert, da sie nicht ausschließlich ein gemeinsames Aktivitätszentrum teilen.

Goffman (1977: 301) betont, dass Anwesende gerade in körperlicher Kopräsenz Informationen nicht nur absichtlich – etwa verbal – vermitteln, sondern unwillkürlich auch andere Botschaften über sich selbst – etwa mimisch, physiologisch (z. B. durch Gesichtsrötung) oder vermittels Blickverhaltens weitergeben. Aus diesem Grund überwacht das Individuum laut Goffman (1983b: 51) die Informationen, die es gibt und ausstrahlt, sorgfältig und beeinflusst so sowohl den Sinn als auch die soziale Konfiguration der Interaktion.

Systemanforderungen sind jedoch nicht die einzigen Faktoren, die in der sozialen Interaktion eine Rolle spielen. Goffman legt großen Wert auf die Feststellung, dass sie durch rituelle Bedingtheiten ergänzt werden, die die Interagierenden als soziale Personen mit Bedürfnissen und Wünschen betreffen (1959: 17f.; 1983a: 3). Für Goffman sind sie soziologisch wichtiger als die bloßen Systemanforderungen, da sie über die Interaktionssituation als solche hinausgehen. Eine Aufforderung zur Eröffnung eines interaktionalen Kommunikationskanals z. B. impliziert, dass das Gegenüber vorherige Aktivitäten ruhen lassen muss. Sie stellt einen Eingriff in dessen Autonomie dar und birgt die Gefahr, abgelehnt zu werden. Eine Aufforderung zur Interaktion ist daher immer ein Risiko für beide Seiten, denn ein Signal zum Öffnen von Kanälen abzulehnen, ist ähnlich, wie eine ausgestreckte Hand abzulehnen und dadurch als Person gesehen zu werden, die den Wert der anderen leugnet. Einen Schritt zu tun, um einen Kanal zu öffnen, impliziert umgekehrt die Unterstellung, dass dies den anderen nicht belästigt (Goffman 1981: 18). Die sozialen Kosten, die mit Interaktion verbunden sind, sind daher stets weitaus höher als der rein technische Aufwand für das Öffnen, Aufrechterhalten und Schließen von Übertragungskanälen. Solche systemischen Prozesse werden aus diesem Grund interaktiv zu Ritualen der Begrüßung und Verabschiedung ausgearbeitet. Interaktionen berücksichtigen somit nicht nur Anforderungen des Systems, sondern auch der Bedürfnisse und Wünsche der Interagierenden, die sich aus allgemeinen Kooperationsprinzipien hinsichtlich des Wertes des Gegenübers als Person ableiten (Goffman 1981: 15–21).

Die möglichen sozialen Kosten, die mit solchen Transaktionen verbunden sind, beeinflussen auch die Form der ausgetauschten Nachrichten. Einige Äußerungen und Gesten, die zur Eröffnung eines Kommunikationskanals verwendet werden, dienen zugleich als Mittel, um die Wertigkeit der Beteiligten anzuerkennen. Sie sind elaborierter als sie es wären, wenn sie nur den Anforderungen des Systems genügen müssten. Goffman (1959: 485) begreift Interaktion daher als rituellen Austausch, der Beschädigungen der beteiligten Selbste (bzw. deren öffentlicher Selbstbilder, die Goffman als *face* – „Gesicht" – bezeichnet) vermeidet und ihre Bestätigung und Aufwertung begünstigt. Interaktionsteilnehmer bilden füreinander ein Publikum, vor dessen Augen sie sich darstellen und einen Eindruck von sich selbst hervorrufen. Indem sie ihr Selbst mehr oder weniger gezielt enthüllen, gestalten sie zum einen ihre soziale „Fassade", die ihnen die Einnahme sozialer Rollen ermöglicht, und beeinflussen zum anderen den öffentlichen Zugang zu ihrem persönlichen Selbst (Goffman 1959: 28–31). Die Demonstration von „Rollendistanz" erlaubt die Darstellung eines stabilen und konsistenten Selbsts (1961, 117).

Goffmans soziale Akteure sind insofern raffinierte Strategen, die sich vor Gefährdungen ihrer Identität schützen, indem sie in Interaktionen permanent Erwartungsgestaltung und -manipulation betreiben (Goffman 1983b: 51). Sie folgen einerseits Regeln und Schemata, setzen dabei andererseits aber auch gezielt Abweichungen und Unklarheiten ein, um Eindrücke bei anderen zu gestalten. Goffman unterstellt damit ein gesteiltes Wissen der Gesellschaftsmitglieder über Regeln und Schemata und die Bedeutung von semiotischen Ressourcen als Verstetigungsressourcen des Sozialen. Interaktion erweist sich bei Goffman dabei als Gegenort zur Gesellschaft und ihrer sozialen Ordnung, die eine eigene, autonome Ordnung und soziale Eigendynamiken aufweist.

## Die Neue Wissenssoziologie von Peter Berger und Thomas Luckmann

Berger und Luckmann (1969) greifen wie Blumer und Goffman auf Mead zurück, beziehen sich aber theoretisch noch stärker auf Schütz, indem sie nicht nur konkrete Interaktionsprozesse, sondern die Alltagswirklichkeit des Menschen im Allgemeinen zum Gegenstand der Soziologie erheben. Sie sehen die Alltagswelt als die hauptsächliche Wirklichkeit des Menschen und fragen, wie diese zustande kommt, aufrechterhalten wird und den Menschen stabil, objektiv und extern erscheint: Wie kommt es, dass diese Alltagswelt eine so selbstverständliche, zwingende Faktizität besitzt? Zwar existiert eine Vielzahl von Wirklichkeiten, aber die Alltagswelt ist diejenige Welt, von der die Menschen davon ausgehen, dass sie schlicht gegeben ist und dass sie sie mit anderen Menschen teilen.

Charakteristisch für die Alltagswelt ist, dass sie vom Verfolgen praktischer Angelegenheiten geprägt ist. Andere Wirklichkeiten, die dem Menschen begegnen, etwa Traum- oder Phantasiewelten oder die wissenschaftliche, zweifelnde Denkwelt, werden von den Alltagsmenschen als wesentlich weniger faktisch angesehen. Dies liegt an der Interaktion, denn in der sprachvermittelten – wie Berger und Luckmann (1969: 36) sie nennen – „Vis-à-vis-Interaktion" wird die für allgemeingültig gehaltene, gemeinsame Wirklichkeit reproduziert. Interaktion ist der Ort der Grundlegung von Realität. Andere Menschen erscheinen darin als wirklich und als autonome Subjekte, die auf das Selbst reagieren, so dass es sich selbst ebenfalls wirklich und eigenmächtig erscheint. Interaktionen sind zwar grundsätzlich ergebnisoffen, aber geordnet durch gesellschaftlich vorgegebene, häufig sprachlich gefasste Typisierungen in Bezug auf Personen und Rollen, Situationen, Handlungen oder Handlungsverläufe, die in der Interaktion zwar modifiziert oder gewechselt werden, aber nicht vollständig variabel sind, da sie in zahlreichen unterschiedlichen Interaktionssituationen verwendbar sein müssen. Je geringer die wechselseitige Bekanntheit, umso wichtiger sind Typisierungen, da sie helfen, Interaktionen unter Bedingungen von Anonymität sowie Kommunikationen ohne Kopräsenz und sogar ohne die Möglichkeit von Wechselseitigkeit durchzuführen. Typisierungen erweitern die Reichweite menschlichen Handelns. Die gesellschaftliche Wirklichkeit der Alltagswelt ist daher ein dynamisches, aber kohärentes Gebilde von Typisierungen, die umso anonymer werden, je mehr sie sich von gegenseitiger Bekanntheit oder vom „Hier und Jetzt" der Interaktionssituation entfernen.

Berger und Luckmann (1969: 36–41, 96–97) gehen davon aus, dass die Alltagswelt kontinuierlich wirklich erscheint aufgrund von solchen Objektivationen des Sozialen, wie Typisierungen es sind, die sie sinnhaft ordnen. Sie werden zwar von ihnen selbst produziert, treten ihnen aber auch in den Handlungen anderer Menschen entgegen und haben daher einen externen, objektiven Charakter. In dieser Form werden sie auch als objektive Gegebenheiten in der Sozialisation erworben, mit eigenen Erfahrungen verknüpft und als subjektive Wahrheit internalisiert. Die fortlaufende Externalisierung und Internalisierung von Objektivationen bilden einen dialektischen Prozess: Auf Basis der internalisierten Objektivationen schaffen die Menschen die gesellschaftliche Welt, die sie dann erneut als objektive und externe Wirklichkeit erleben. Soziale Ordnung ist aus dieser Perspektive eine „ständige menschliche Produktion" (Berger/Luckmann 1969: 55). Die Fähigkeit der Menschen, die eigene Urheberschaft ihrer Welt zu vergessen, verhilft ihnen dazu, in Erwartungssicherheit leben zu können.

Die den Objektivationen zugrunde liegenden Wissensbestände werden dem Individuum während der Sozialisation von signifikanten Anderen, aber auch in anonymen Interaktionen vermittelt. Bei Vermittlung durch signifikante Andere erfolgt eine Gefühlsbindung, die eine subjektive Verfestigung durch Selbstidentifikation nach sich zieht. So bildet sich die Identität gesellschaftlicher Mitglieder als mit gesellschaftlichen Relevanzstrukturen korrelierende Selbstbeschreibung heraus. Ist die Sozialisation erfolgreich, entsteht daher ein hohes Maß an Symmetrie zwischen objektiver und subjektiver Wirklichkeit.

Objektivationen menschlichen Handelns, die sich von individuellen Erfahrungen absetzen und intersubjektiv ablagern, schließlich reziprok typisiert werden und auch an Dritte – etwa eine neue Generation – weitergegeben werden, die an ihrer Konstruktion nicht beteiligt waren, nennen Berger und Luckmann (1969: 56–62) „Institutionen". Institutionen müssen mit Legitimation ausgestattet werden, um ihren Sinn allgemeingültig zu erklären und ihren Fortbestand zu sichern. Legitimationsapparate wirken so als Stützen der sozialen Ordnung.

Neben Typisierungen und Institutionen sind Zeichen und Zeichensysteme wichtige Objektivationen, von denen die leistungsstärkste die Sprache ist. Sie transzendiert die Flüchtigkeit körpergebundener Expressivität, indem sie Sinngehalte vom „Hier und Jetzt" der Situation ablöst. So können partikulare Erlebnisse allgemeinen gesellschaftlichen Sinnordnungen zugeordnet und Bedeutungen jenseits interaktiver Kontexte verfügbar gemacht werden. Von der Sprache hängt die Symmetrie zwischen subjektiver und objektiver Wirklichkeit maßgeblich ab. Nur Sprache ermöglicht Traditionsbildung und Sedimentierung, in denen wiederkehrende intersubjektive Erfahrungen in Form von Objektivationen abgelagert sind. Sprache stellt jedoch nicht nur die Mittel zur Objektivation bereits gemachter, sondern auch neuer, erst noch reflexiv zu verarbeitender Erfahrungen zur Verfügung. Insbesondere gesprächsförmige Kommunikation ist dabei aufgrund seines Synchronisationspotentials einerseits Medium der Handlungskoordination und Wirklichkeitskonstruktion während der Interaktionssituation und andererseits Träger des Wissensvorrats der Gesellschaft, der die Beteiligten mit Vorfabrikationen für die subjektive Erfahrung von Sinn versorgt. So bleibt die Plausibilität des gesellschaftlichen Alltags insgesamt gewährleistet (Berger/Luckmann 1969: 164). Institutionen, geteilte Wissensbestände und Objektivationen dienen damit als Ressourcen der Verstetigung sozialer Ordnung.

Mit der Frage nach der gesellschaftlichen Konstruiertheit von Wirklichkeit und deren subjektivem Charakter sowie der damit verbundenen Betonung von deren Variabilität trafen Berger und Luckmann einen Nerv der 1960er-Jahre, in denen großes Interesse am Ergründen, Imaginieren und Experimentieren mit unterschiedlichen menschenmöglichen Lebens- und Wahrnehmungswirklichkeiten bestand.

## Die Ethnomethodologie von Harold Garfinkel

Garfinkels Ethnomethodologie bezieht sich wie Berger und Luckmann auf phänomenologische Sozialtheorien, jedoch weniger stark auf Schütz als auf Aron Gurwitsch, Maurice Merleau-Ponty und Martin Heidegger. Die Ethnomethodologie ist vermutlich unter den interpretativen soziologischen Theorien diejenige, die am konsequentesten Gesellschaftliches als fortlaufend von reflexiv Handelnden in sozialen Situationen verfertigt und nicht über vorab gegebene soziale Strukturen determiniert konzipiert. Denn bei Garfinkel wird alles Soziale – d. h. anders als in den bisher vorgestellten Theorien auch Objektivationen, Symbole, Selbste und ihre Bedürfnisse und Wünsche sowie Interaktionsmittel und -verläufe – als *in situ* wechselseitig verfertigt konzeptualisiert. Dies bedeutet jedoch nicht, dass die Ethnomethodologie überhaupt keine Verstetigungsressourcen unterstellt. Vielmehr geht Garfinkel davon aus, dass praktisches Handeln in einer fortlaufend instabilen und zukunftsoffenen Trias von wechselseitig responsivem Tun, praktischem Erwägen und praktischen Umständen erfolgt. Die Umstände reflektieren sich für die an der Praxis Beteiligten in der sequentiell koordinierten Interaktion, die wechselseitig füreinander erkenn- und verstehbar, mithin anerkannt plausibel und sinnhaft fortgeführt wird. Für diese in der Interaktion implizit mitlaufende Erkenn- und Verstehbarmachung des Tuns hat Garfinkel den Begriff „Accountability" geprägt. Aus ethnomethodologischer Perspektive existieren also zwar keine stabilen Verstetigungsressourcen, aber doch vage, stets noch interaktional abzustimmende Verständigungsressourcen. Von Seiten der Beteiligten erfolgt auf dieser Basis von Vertrauen und Erfahrung – Garfinkel spricht auch von „Optimismus" – aus vorhergegangenen Interaktionen ein permanent reflexives und verkörpertes, kunstfertiges wechselseitiges Verfertigen gemeinsamer Ziele, Mittel und Abläufe in der Situation (Schüttpelz/Meyer 2017). Erweisen sich die Ziele oder Mittel als nicht geteilt, dann helfen als gemeinsam unterstellte Abläufe, um inmitten der Trias von wechselseitigem Tun, praktischem Erwägen und praktischen Umständen zu einer geteilten Wirklichkeitskonstruktion zu gelangen, und umgekehrt. So wird eine theoretische Perspektive möglich, die davon auszugeht, dass alle Ressourcen wechselseitig in Interaktionssituationen verfertigt werden, ohne dass sie *in situ* stets komplett neu erfunden werden müssen.

Garfinkel lehnt also stärker als die anderen interpretativen Theorien jegliche Unterstellung geteilter, stabiler Bedeutungen, Regeln oder Normen ab. Der theoretische Grund hierfür ist, dass er ein „Applikationsproblem" sieht: Bedeutungen, Regeln oder Normen können nie so genau definiert sein, dass sie ihre Anwendung in allen möglichen kontingenten sozialen Situationen vollständig determinieren könnten. Insofern sind sie immer vage, müssen in der jeweiligen sozialen Situation anhand der Umstände spezifiziert werden und sich im interaktionalen Lauf bewähren – oder revidiert werden. Denn Garfinkel geht anders als die bisher diskutierten Theorien davon aus, dass angesichts limitierter Erfahrungen und kontingenter Bedingungen in der Sozialisation ein bis in die Details der Bedeutungs-, Regel- oder Norminterpretation identisch geteilter Konsens, der anschließende Interaktionssituationen verlässlich und vorhersagbar gestaltbar macht, nicht möglich ist. Vielmehr wird Interaktion inklusive ihrer Ressourcen in sequenzieller Abstimmung und Elaboration verfertigt und so Verständigung und Handlungskoordination vorübergehend ermöglicht. Die Tatsache, dass Bedeutungen immer situativ sind, hat Garfinkel mit dem Begriff der Indexikalität gefasst. Er drückt den Gedanken aus, dass jede Aussage oder Handlung stets spezifische situative Kontexte evoziert, die sie verstehbar macht und so eine Situationsdefinition mitführt. „Kontext" wird von der Ethnomethodologie also nicht als äußerer, objektiv vorhandener Rahmen sozialer Interaktion begriffen, sondern als interaktiv von den Beteiligten hergestellter Deutungszusammenhang. Handlung und Kontext erzeugen und elaborieren sich wechselseitig.

Die Ethnomethodologie geht also davon aus, dass alle sozialen Variablen und Faktoren sich in der Interaktion selbst realisieren. Garfinkel nennt dies „ongoing accomplishment":

Menschen leben in einer Vollzugswirklichkeit fortlaufender Verfertigung. Individuen, die sich in Interaktion begeben, bringen aus dieser Perspektive keine stabilen und unveränderlichen Werte, Persönlichkeitsmerkmale oder Bedürfnisse mit, die dann soziologisch den Interaktionsverlauf erklären könnten, sondern orientieren sich reflexiv an der Situation und aneinander, um bestimmte Aspekte zu realisieren und andere auszublenden. Aus diesem Grund ist die Ethnomethodologie am Individuum „uninteressiert". Sie interessiert sich stattdessen für Prozesse der interaktionalen Selbst-Organisation durch fortlaufend verfertigte „Gestaltkontexturen", deren Elemente, darunter auch die beteiligten Individuen, nicht vorab festgelegt sind, sondern immer nur Zug um Zug sequenziell Bedeutung erhalten und gestalten.

Gesellschaftliche Kontinuität ist dadurch gewährleistet, dass die Beteiligten der konstitutiven Vagheit von Bedeutung mit der „dokumentarischen Methode der Interpretation" begegnen, wie Garfinkel (1967: 78) sie unter Rückgriff auf Karl Mannheim nennt. Diese Methode ist bei Garfinkel eine Methode der sozialen Akteure selbst und besteht darin, dass in der Interaktion ein Phänomen als „Dokument von", „Hinweis auf" oder „stellvertretend für" ein von den Akteuren unterstelltes zugrunde liegendes Muster behandelt wird. Das zugrundeliegende Muster wird allerdings nicht nur aus den einzelnen dokumentarischen Belegen abgeleitet, sondern die einzelnen dokumentarischen Belege werden in ihrer Gesamtheit zugleich auch auf der Grundlage dessen interpretiert, was den Akteuren über das zugrundeliegende Muster „bekannt ist". Beides wird verwendet, um das je andere auszuarbeiten. Hier liegt der Gesellschaftsbegriff der Ethnomethodologie begründet: Gesellschaft besteht aus nichts weiter als dem Alltagswissen über Sozialstruktur, das die Gesellschaftsmitglieder besitzen und zur Deutung sozialer Situationen einsetzen, um Verständigung und Handlungskoordination zu erzeugen. Die konstitutive Vagheit und Sequenzialität sozialer Situationen erfordert ein „Überinterpretieren", einen Überschuss an Sinnzuschreibung, der fortwährend Neues mit ewig Bekanntem auslegt und so verstehbar macht. Aus diesem Grund sagt Garfinkel, dass soziale Ordnung unsterblich ist: sie wird von den Mitgliedern in die soziale Situation hineingelegt, indem ihre Praktiken mittels Sinnzuschreibungen sinnhaft aneinander anschließen und so Normalität aufrechterhalten. Diesem Mechanismus entkommt auch die Soziologie nicht, da sie mit den gleichen Schlussfolgerungslogiken operiert wie die „Laiensoziologie" der Gesellschaftsmitglieder. Sie entdeckt das wieder, was von den Akteuren bereits interpretativ in die interaktionale Praxis eingebracht wurde, um sie füreinander situativ verstehbar zu machen.

## Analysegegenstände und Fokus

Mit dem Grundgedanken, dass Vergesellschaftung permanent von interpretierenden Individuen vollzogen wird und als so entstehende externe Realität auf diese zurückwirkt, verfolgten die interpretativen Theorien in der Soziologie der 1960er-Jahre das Anliegen, die Unterstellung stabiler Veranlagungen des Individuums oder eines allseits verinnerlichten und daher auch für alle gültigen Normkonsenses aufzugeben. Stattdessen wurden soziale Muster und Kategorien als interpretativ bedingte Zuschreibungen angesehen. Soziale

Strukturen oder Tatsachen sind aus dieser Perspektive keine festen, unabhängig gegebenen Phänomene, sondern mittels Interpretationsleistungen in die soziale Wirklichkeit hineingetragene und diese dadurch erst strukturierende und ordnende Leistungen. Eine solche Perspektive auf die interaktive Produktion vermeintlicher Gegebenheiten erlaubte es, die Erlerntheit und Gemachtheit sozialer Strukturen detaillierter in den soziologischen Blick zu nehmen. Hierdurch, so die Hoffnung, lässt sie sich mit der Utopie verbinden, auf der Basis dieses Wissens vielleicht sogar eine bessere Gesellschaft zu schaffen.

Vor diesem Hintergrund begann die Soziologie, sich für die gesellschaftliche, d. h. v. a. in der Sozialisation erfolgende Ausprägung von interpretierenden sozialen Akteuren zu interessieren, aber auch für erlernte Ungleichheiten und Kategorien sowie für die Produktion sozialer Normalitätsvorstellungen und Devianzen. Die normierende Kraft des Gesellschaftlichen wurde u. a. am Beispiel sozialer Abweichung untersucht. Devianz wurde hier nicht als Problem des einzelnen oder als Pathologie angesehen, sondern u. a. als Reaktion der Subjekte auf normierende Gesellschaftsstrukturen. Über die Erforschung von Devianz sollten zugleich die unsichtbaren Mechanismen der Produktion und Aufrechterhaltung von Normalität in der Mehrheitsgesellschaft verstanden werden. Die Sympathien der interpretativen Theorien galten dabei alternativen Wirklichkeitsmodellen und dem Nichtkonformen, während Skepsis gegenüber Konformität herrschte.

(i) Ein wirkmächtiger soziologischer Ansatz, der von Blumers Symbolischem Interaktionismus stark beeinflusst war, ist der so genannte Etikettierungsansatz (Labeling Approach), der nach den sozialen Grundlagen abweichenden Verhaltens fragt. Howard Becker, der den Ansatz maßgeblich mitentwickelt hat, behauptet, dass abweichendes Verhalten nicht psychisch begründet ist, sondern in interaktiven Prozessen definiert wird. In seiner Studie zu „Außenseitern" (1963) werden Personen zu Außenseitern, nicht weil sie persönlich abweichend sind oder abnormal handeln, sondern weil sie von anderen für solche gehalten und als solche behandelt werden. Soziale Gruppen schaffen Devianz, indem sie die Regeln aufstellen, deren Nichteinhaltung dann als Devianz definiert wird. Abweichendes Verhalten wird dabei von einfachem nicht regelkonformem Verhalten abgegrenzt, das nicht unbedingt von anderen als abweichend empfunden und definiert wird, vielmehr werden situative Gründe für seine Erklärung gesucht. Aus dieser Perspektive werden Normen in der Interaktion erst spezifiziert und die Normanwendung erfolgt selektiv, d. h. je nach Person und Situation kann das gleiche Verhalten unterschiedlich bewertet werden. Durch die Etikettierung als abweichend entsteht somit eine *self-fulfilling prophecy*: Konforme Verhaltensweisen werden von außen eingeschränkt, so dass den Betroffenen keine Möglichkeit mehr bleibt, als sich abweichend zu verhalten und letztlich eine abweichende Identität zu entwickeln (Becker 1963: 9). Allerdings hätte das Publikum jederzeit die Macht, sie nicht mehr zu etikettieren und diese Dynamik zu stoppen, worauf die interpretativen Theorien auch setzten. Die Medikalisierung und Psychiatrisierung der Abweichung und Umwandlung von moralischer und rechtlicher Abweichung in einen medizinischen Zustand, wie es in modernen Institutionen der Abweichungsverwaltung geschieht, steht dem, wie Becker kritisiert, allerdings entgegen.

(ii) In „Asyle" (1961) untersucht Goffman Interaktionen in Institutionen der Abweichendenverwaltung – psychiatrische Kliniken, Altersheime, Sanatorien, Gefängnisse –, die er „totale Institutionen" nennt. Deren zentrales Merkmal ist, dass im Leben der Insassen Privatheit und Öffentlichkeit nicht voneinander getrennt sind und alle Lebensbereiche von Aufsichtspersonal reguliert werden. Allein diese Alltagsorganisation produziert durch die Forderung von Anpassung und Unterordnung permanente Angriffe auf das Selbst der Insassen. Hinzu kommen Mechanismen der Selbstimmunisierung, -verstärkung und -bestätigung in der klinischen Betreuung, in der die Fallgeschichte so aufgebaut wird, dass ständig bewiesen wird, dass der Patient tatsächlich krank und zu Recht in der Klinik ist. Die Anwesenheit in der Klinik wiederum wird umgekehrt als Beweis für die Krankheit gewertet. Aussagen des Patienten im Gespräch mit den Ärzten werden nicht nur als Informationen, sondern auch als Anzeichen der Krankheit selbst behandelt. Die Entlassung schließlich wird als Beweis aufgefasst, dass eine Besserung durch den Aufenthalt in der Anstalt eingetreten sei. Auf diese Weise entsteht ein geschlossenes, selbstimmunisiertes Deutungssystem. Die Insassen entwickeln allerdings auch Überlebensstrategien, mit denen sie diese Übergriffe der Anstalt unterlaufen. Da Individuen nie völlig in dem aufgehen, was von ihnen von außen erwartet wird, können sie auf diese Weise nichtregulierte Dimensionen ihres Selbst bewahren. In „Stigma" (1963b) widmet sich Goffman ergänzend Interaktionen mit Gegenübern mit zugeschriebener Devianz – sichtbar Behinderte, chronisch Kranke, sexuell Abweichende. Insbesondere zeigt er, wie diese aktiv die Interaktionsprozesse kontrollieren und ihre Wirkung auf andere gestalten. Mittels unterschiedlicher Kontrolltechniken gelingt den Betroffenen die Bewahrung einer unbeschädigten Identität. Etwa kann das gezieltes Sichtbarmachen der abweichenden Merkmale, Spannung in der Interaktion vermindern, indem sich Stigmatisierte in anderen Hinsichten als normale Personen präsentieren. Normale wiederum behandeln Stigmatisierte ostentativ so, als ob sie kein Stigma besäßen. So entsteht eine Fiktion der Scheinakzeptanz und Scheinnormalität (Goffman 1963b: 122, 152).

(iii) Da Berger und Luckmann (1969) kommunikativen Prozessen, darunter scheinbar belanglosen Alltagsgesprächen, eine wesentliche Rolle bei der gesellschaftlichen Konstruktion der Wirklichkeit zuschreiben, galt deren empirischer Erforschung besondere Bemühungen. Sprache und Sprechen machen die Welt wirklich, indem sie sie zugleich erzeugen und begreifen. Gespräche sind „wirklichkeitsstiftend" (1969: 164). So werden diffuse subjektive Bewusstseinsgehalte in gesellschaftlich verallgemeinerbare und geordnete Sachverhalte transformiert. Luckmann hat dieses Programm in der Erforschung kommunikativer Gattungen realisiert. Der Begriff der Gattung verweist auf kommunikative Vorgänge, in denen nach gesellschaftlich verfestigten und intersubjektiv verbindlich vorgeprägten kommunikativen Mustern kommuniziert wird (vgl. Luckmann 1986). Gattungen stellen historisch gewachsene und gesellschaftlich bewährte kommunikative „Lösungen" für typisch wiederkehrende „Probleme" dar. Sobald sich ein kommunikativer Vorgang verfestigt hat und nach einem verbindlichen Muster verläuft, verliert das zugrunde liegende Problem seinen problematischen Charakter. Immer wenn es fortan auftritt, kann es mit Hilfe des sozial vorgefertigten Lösungsmusters in routinisierter Weise sofort bewältigt werden. Für Luckmann sind u. a. die Rekonstruktion der Vergangenheit, die moralische Bewertung von Ereignissen und Sachverhalten, die Erziehung neuer Generationen und die Planung der Zukunft Beispiele für universelle gesellschaftliche Probleme, die durch Gattungen gelöst werden (Luckmann 2012: 35). Ein Beispiel für eine rekonstruktive Gattung ist Klatsch, die neben der Ereignisrekonstruktion zudem Moralisierung realisiert. Da Klatsch einen ausgeschlossenen Dritten zum Objekt hat, ist er eine indirekte Form des Moralisierens. „Klatsch verstößt gegen das Diskretionsgebot und respektiert es doch auch gleichzeitig" (Bergmann 1987: 210). Denn indem Klatschproduzenten privates Wissen über das Klatschobjekt weitergeben, handeln sie zwar indiskret, aber indem sie dieses Wissen nicht wahllos, sondern vorsichtig und nur an Vertraute als Klatschrezipienten weitergeben, handeln sie zugleich diskret. „Indezentes vermischt sich mit dezenter Zurückhaltung (…); moralisch kontaminiertes Wissen wird in unschuldiger Verpackung präsentiert (…); Klatsch gleicht einem moralischen Balanceakt, einer Grenzüberschreitung, die im nächsten Schritt wieder annulliert wird" (Bergmann 1987: 206). Im Klatsch zeigt sich ein situierter kommunikativer Umgang mit konkurrierenden Werteordnungen und konfligierenden normativen Anforderungen: einerseits dem Wunsch, Vertrauen von anderen geschenkt zu bekommen und selbst entsprechend als integre, nicht klatschende Person zu gelten, und andererseits dem Gebot, anderen Vertrauen schenken zu müssen, um die soziale Beziehung mit ihnen zu stärken und nicht zu gefährden. Der gekonnte Regelbruch des Klatsches erfolgt ostentativ als Ausnahme und unter Aufrechterhaltung genereller Regelkonformität. Er reproduziert dadurch moralische Grundsätze. Die Existenz der Gattung Klatsch als Lösung für das Problem konkurrierender Normen und Werte ist insofern gewissermaßen ein Beweis für die Gültigkeit der interpretativen Theorien der Soziologie, die abwägende, die besonderen Umstände der Situation einbeziehende interpretierende soziale Akteure unterstellen.

(iv) Das wahrscheinlich prominenteste Beispiel für die Erforschung der Selbst-Organisation und Selbst-Explikativität des Sozialen in ethnomethodologischer Perspektive ist die Konversationsanalyse, die Harvey Sacks in den 1960er-Jahren zusammen mit Garfinkel entwickelte. Sie untersucht die Konstitution sozialer Ordnung durch die sequenzielle Verkettung von Praktiken, die während des sozialen Tuns dieses implizit selbst gestalten und – für die Beteiligten wiedererkennbar – geordnet halten (Sacks et al. 1974). Die Konversationsanalyse hat dies am Beispiel des sozialen Objekts „Gespräch" aufgeklärt und gezeigt, welche Praktiken eingesetzt werden, um z. B. Überlappungen und Pausen jeweils auf ein Minimum zu beschränken: Gesprächsbeiträge werden so konstruiert, dass potenzielle Stellen projizierbar werden, an denen ein Sprecherwechsel unproblematisch möglich ist. In Paarsequenzen wiederum machen erste Redezüge wie Fragen oder Begrüßungen zweite Züge (Antworten, Rückgrüße) nicht nur als durch die ersten Züge bedingt erwartbar („konditionell relevant"), sondern auch sozial verpflichtend: eine Unterlassung des zweiten Zuges wäre selbst eine soziale Handlung (etwa der Verweigerung). Die sequenziell organisierte wechselseitige Bezogenheit von Redezügen stellt darüber hinaus auch Mittel zur Verfügung, den Erfolg der Kommunikation konstant zu überprüfen, zu bestätigen oder zu revidieren und damit ein fortlaufend gemeinsames Verständnis des Tuns zu etablieren. Der Fokus der Konversationsanalyse richtet sich damit insgesamt auf die minutiösen, oftmals verkörperten und implizit bleibenden alltäglichen Praktiken, mit denen die Interaktionspartner mit- und füreinander die sinnhafte Ordnung ihrer sozialen Welt situationsspezifisch und in ständiger wechselseitiger responsiver Abstimmung methodisch und reflexiv von Moment zu Moment praktisch produzieren.

Da aus ethnomethodologischer Perspektive das praktische Verfertigen des Sozialen mit seinem öffentlichen, an die Gesellschaft gerichteten Sichtbar- und Interpretierbarmachen identisch ist, hat Sacks (1984) vorgeschlagen, jeglicher wissenschaftlichen Beschreibung sozialen Tuns den Ausdruck „doing" voranzustellen, um damit dessen selbst-explikative Ebene kenntlich zu machen. Ein Beispiel ist die alltägliche Leistung von Gesellschaftsmitgliedern, durch ihr Tun interaktional die Zugehörigkeit zu einem sozialen Geschlecht anzuzeigen („doing gender"). In seiner Agnes-Studie hat Garfinkel (1967: 116–185) gezeigt, wie Agnes als Transgender-Person die Rolle eines „practical methodologist" einnahm: Aufgrund ihrer prekären und liminalen Geschlechtsidentität war sie in den Verfahren geübt, ihre Identität als junge Frau für andere plausibel zu verfertigen, dies jedoch stets auf eine Weise, durch die die Verfahren den anderen wegen ihrer Normalität zugleich unsichtbar blieben („seen but unnoticed"). Agnes konnte mit den Ethnomethoden zur Herstellung einer normal-plausibel-rationalen und daher unsichtbar bleibenden Geschlechtsidentität aufgrund ihrer eigenen fragilen Situation reflexiv umgehen und sie in Interviews mit Garfinkel beschreiben.

## Methodologische Konsequenzen

Insgesamt gesehen wurden die interpretativen Theorien der Soziologie methodologisch stark beeinflusst von der ethnografischen Forschungstradition der Chicagoer Schule der Soziologie. Auch wenn z. B. Luckmann und Garfinkel anfangs auch quantitativ geforscht haben, so hat sich letztlich nach der Etablierung der interpretativen Theorien ein qualitatives Vorgehen durchgesetzt. Denn qualitative Ansätze ermöglichen es, zum einen Interaktionssituationen, in denen soziale Phänomene produziert werden, in ihrer ergebnisoffenen Verlaufsdynamik prozessual zu erfassen, und zum anderen die auf diese bezogenen situierten interpretativen Handlungen der Beteiligten in offener Form zugänglich zu machen und nachzuvollziehen. Aus diesem Grund wurde die methodologische Orientierung der interpretativen Theorien bisweilen als „methodologischer Situationalismus" (Knorr Cetina 1981) beschrieben, der der bis dahin bestehenden Polarität zwischen methodologischem Holismus und methodologischem Individualismus einen dritten Pol hinzufügt. Situationen – nicht individuelle Motive, Kalküle oder Intentionen und auch nicht gesamtgesellschaftliche Prozesse, Verteilungen und Beschaffenheiten – gelten als die relevanten Untersuchungseinheiten der interpretativen Theorien der Soziologie.

Um die unvorhersehbaren Dynamiken sozialer Situationen und die jeweiligen Deutungsprozesse der Beteiligten rekonstruieren zu können, wird methodisch zunächst das Erlernen der Innenperspektive auf diese Situationen durch Teilnahme für sinnvoll gehalten, mit der soziologische Beobachter einen Einblick in die Erfahrungsqualitäten und den Verlauf der Situation gewinnen. Da viele Aspekte in sozialen Situationen flüchtig sind und der Aufmerksamkeit der Anwesenden entgehen, haben sich neben der teilnehmenden Beobachtung registrierende Formen der Datenkonservierung, etwa audio- und videografische Methoden, etabliert (vgl. Bergmann 1985). Sie erlauben eine detaillierte Rekonstruktion auch derjenigen Dimensionen der Konstruktion und Konstitution des Sozialen, die zwar grundlegend sind, aber wegen ihrer Bekanntheit und Flüchtigkeit unbemerkt bleiben.

In den Methoden der Auswertung unterscheiden sich die einzelnen Perspektiven innerhalb der interpretativen Theorien der Soziologie stark und umfassen hermeneutische, pragmatistische, phänomenologische und praxistheoretische Grundlegungen, die sich in ihrem analytischen Vorgehen und ihren Darstellungsformen zwischen eher rigiden (z. B. Gattungsanalyse, Konversationsanalyse) und eher literarischen Varianten (z. B. dichte Beschreibung) bewegen.

Stets jedoch zeichnet sich das methodische Herangehen der interpretativen Theorien der Soziologie durch eine „doppelte Hermeneutik" (Giddens 1976: 86) aus: Die Rekonstruktion der Deutungen der beobachteten Akteure werden durch eine selbstreflexive Rekonstruktion der eingebrachten Deutungen der Forschenden flankiert, die vom proto- bzw. laiensoziologischen Wissen der Forschenden als soziale Alltagsakteure informiert sind.

## Aktuelle Beispiele

Während das Interesse an Devianz mittlerweile stark zurückgegangen ist, haben die Diskussion um die prozeduralen und semantischen Ressourcen, die von den Beteiligten in interaktionalen Situationen reflexiv genutzt werden, um diese mitzugestalten, ein Interesse der interpretativen Theorien der Soziologie an sozialen Situationen geweckt, in denen nicht von einer Geteiltheit dieser Ressourcen ausgegangen werden kann. Aus diesem Grund wird systematisch über entsprechende Situationen geforscht, um ein klareres Bild zu erlangen, ob, und wenn ja, auf welche Weise, dennoch erfolgreiche Intersubjektivitätsbildung und Handlungskoordination geschaffen werden können, selbst wenn entsprechende Ressourcen erst *in situ* erarbeitet werden müssen. Situationen fehlender oder prekärer Geteiltheit dienen somit als Testfall für die interpretativen Theorien, wenn sich zeigt, dass dennoch geordnete Interaktion und Handlungskoordination erreicht werden.

Diese Frage wurde zuletzt intensiv anhand zweier Gegenstandsbereiche erforscht:

(i) Digitalität und Technik: Algorithmen in der medialen Interaktion haben dazu geführt, dass bestimmte soziale Prozesse, etwa Transaktionen am Finanzmarkt, mittlerweile teilautonom ablaufen, und Menschen in Bezug auf Geschwindigkeit und Komplexität nicht mehr konkurrenzfähig agieren können. Den menschlichen Beteiligten bleibt nicht viel mehr übrig, als Vertrauen in die institutionell verbürgte Funktionalität und Sicherheit dieser Systeme zu haben (Knorr Cetina 2009, Seyfert 2023). Die Weiterentwicklung technischer Agenten (Avatare, künstliche Intelligenzen, Roboter) als mittlerweile halbwegs interaktionsfähiger eigenständiger Beteiligter an sozialen Situationen wiederum hat die Frage nach der Bedeutung körperlicher Interaktionsmodalitäten sowie eines partikularen Interaktionsgedächtnisses – beide fehlen bei technischen Agenten weitgehend – für Prozesse wechselseitiger Interpretierbarkeit ins Bewusstsein gerückt (Muhle 2023; Krummheuer 2010). Zwar wurden diese Agenten auf der Basis von Grundannahmen über Sozialität von Menschen programmiert, haben aber angesichts lernender, für Programmierer z. T. intransparenter Systeme Teilautonomie erlangt, so dass ihnen mittlerweile eine eigene Art von sozialer Existenz zukommt.

(ii) Interaktion mit sozialitären Grenzwesen: Interaktionspartner mit prekärer Interaktabilität sind z. B. Tiere oder Menschen mit kognitiven Einschränkungen wie Personen mit Demenz oder im Koma. Bei Tieren wurde eine erstaunliche Fähigkeit zur interaktiven Wechselseitigkeit praktischer und affektiver Art sowie zur basalen Interpretation der Situation und des Gegenübers bei allerdings fehlender Semantik und fehlendem Langzeitgedächtnis festgestellt (Mondémé 2023; Goode 2006). Bei Untersuchungen zur Interaktion mit Komapatienten hat sich gezeigt, dass Projektionen von Interaktionalität und einseitige Formen der Konstitution von Personalität eine große Rolle spielen und für die interpretative Zuschreibung von Interaktionalität hinreichend sind, aber letztlich durch nicht involvierte Dritte ratifiziert werden müssen (Hitzler 2012; Lindemann 2002). Bei der Erforschung von Interaktion mit Menschen mit Demenz hat sich herausgestellt, dass es sinnvoll ist, mehrere Dimensionen von Interaktionalität zu unterscheiden und getrennt zu betrachten: basale körperlich-affektive Dimensionen, temporal-prozedurale Dimensionen, die Dimension unterstellbaren Wissens und die Dimension sinnhafter kommunikativer Anschlüsse (Meyer 2014).

Neue Herausforderungen für die interpretative Kontinuierung des Sozialen sind wegen weiteren Ausweitungen der Sozialwelt auf nichtmenschliche Wesen zu erwarten, deren interpretativen Kompetenzen ebenfalls absehbar weiter zunehmen.

## Literatur

Becker, Howard S. 1963. Outsiders: Studies in the Sociology of Deviance. New York: Free Press of Glencoe.

Berger, Peter/Luckmann, Thomas 1969. Die gesellschaftliche Konstruktion der Wirklichkeit. Frankfurt/Main: Fischer. (Engl. Orig. 1966)

Bergmann, Jörg R. 1985. Flüchtigkeit und methodische Fixierung sozialer Wirklichkeit: Aufzeichnungen als Daten der interpretativen Soziologie. Soziale Welt, Sonderheft 3: 299–320.

Bergmann, Jörg R. 1987. Klatsch. Zur Sozialform der diskreten Indiskretion. Berlin: Walter de Gruyter.

Blumer, Herbert. 1962. Society as Symbolic Interaction. In A.M. Rose, ed. Human Behavior and Social Process: An Interactionist Approach. Boston: Houghton-Mifflin, 179–192.

Blumer, Herbert. 1969. The methodological position of Symbolic Interactionism. In: ders.: Symbolic Interactionism. Perspective and Method. Englewood Cliffs: Prentice-Hall, 1–60.

Garfinkel, Harold 1967. Studies in ethnomethodology. Englewood Cliffs: Prentice-Hall.

Giddens, Anthony 1976. New Rules of Sociological Method. A Positive Critique of Interpretative Sociologies. London: Hutchinson.

Goffman, Erving 1959. Presentation of self in everyday life. New York: Doubleday Anchor.

Goffman, Erving 1961. Asylums: Essays on the Social Situation of Mental Patients and Other Inmates. New York: Doubleday Anchor.

Goffman, Erving 1963a. Behavior in Public Places. Notes on the Social Organization of Gatherings. Glencoe: The Free Press.

Goffman, Erving 1963b. Stigma. Notes on the Management of Spoiled Identity. Englewood Cliffs: Prentice-Hall.

Goffman, Erving 1964. The neglected situation. American Anthropologist 66, 6: 133–136.

Goffman, Erving 1967. Interaction ritual. Essays on Face-to-Face Behavior. New York: Doubleday Anchor.

Goffman, Erving 1974. Frame Analysis: An Essay on the Organization of Experience. New York: Harper and Row.

Goffman, Erving 1977. The Arrangement between the Sexes. Theory and Society 4, 3: 301–331.

Goffman, Erving 1981. Forms of Talk. Philadelphia: University of Pennsylvania Press.

Goffman, Erving 1983a. The Interaction Order. American Sociological Review 48, 1: 1–17.

Goffman, Erving 1983b. Felicity's Condition. American Journal of Sociology 89, 1: 1–53.

Goode, David 2006. Playing with My Dog Katie. An Ethnomethodological Study of Dog-Human Interaction. West Lafayette: Purdue University Press.

Hitzler, Ronald 2012. Die rituelle Konstruktion der Person. Aspekte des Erlebens eines Menschen im sogenannten Wachkoma. Forum Qualitative Sozialforschung 13 (3), Art. 12, http://nbn-resolving.de/urn:nbn:de:0114-fqs1203126.

Kalthoff, Herbert/Hirschauer, Stefan/Lindemann, Gesa, Hg. 2008. Theoretische Empirie: Zur Relevanz qualitativer Forschung. Frankfurt/Main: Suhrkamp.

Knorr Cetina, Karin 1981. The micro-sociological challenge of macro-sociology: towards a reconstruction of social theory and methodology, in K. Knorr-Cetina & A. Cicourel eds. Advances in social theory and methodology. Towards an integration of micro- and macro-sociologies. Boston: Routledge & Kegan, 1–47.

Knorr Cetina, Karin 2009. The synthetic situation: Interactionism for a global world. Symbolic Interaction 32, 1: 61–87.

Krummheuer, Antonia 2010. Interaktion mit virtuellen Agenten? Zur Aneignung eines ungewohnten Artefakts. Stuttgart: Lucius & Lucius.

Lindemann, Gesa 2002. Die Grenzen des Sozialen. München: Fink.

Luckmann, Thomas 1986: Grundformen der gesellschaftlichen Vermittlung des Wissens: Kommunikative Gattungen. Kölner Zeitschrift für Soziologie und Sozialpsychologie, Sonderheft 27: 191–211.

Luckmann, Thomas 2012. "Alles Soziale besteht aus verschiedenen Niveaus der Objektivierung". Ein Gespräch mit Thomas Luckmann. In R. Ayaß und C. Meyer, Hg. Sozialität in Slow Motion. Theoretische und empirische Perspektiven. Wiesbaden: Springer VS, 21–39.

Meyer, Christian 2014. Menschen mit Demenz als Interaktionspartner. Eine Auswertung empirischer Studien vor dem Hintergrund eines dimensionalisierten Interaktionsbegriffs. Zeitschrift für Soziologie 43, 2: 95–112.

Mondémé, Chloé 2023. Interspecies Haptic Sociality: The Interactional Constitution of the Horse's Esthesiologic Body in Equestrian Activities. Human Studies https://doi.org/10.1007/s10746-023-09667-5.

Muhle, Florian, Hg. 2023. Soziale Robotik. Eine sozialwissenschaftliche Einführung. Berlin: De Gruyter Oldenbourg.

Sacks, Harvey, Emanuel A. Schegloff & Gail Jefferson 1974. A simplest systematics for the organization of turn-taking in conversation. Language 50, 4: 696–735.

Sacks, Harvey 1984. Notes on methodology, in J.M. Atkinson & J. Heritage, eds. Structures of Social Action. Cambridge: Cambridge University Press, 21–27.

Schüttpelz, Erhard & Christian Meyer 2017. Ein Glossar zur Praxistheorie. Navigationen 17, 1: 155–163.

Seyfert, Robert 2023. Die Theorie algorithmischer Sozialität (TaS). Österreichische Zeitschrift für Soziologie https://doi.org/10.1007/s11614-023-00535-1.

Wilson, Thomas P. 1970. Conceptions of Interaction and Forms of Sociological Explanation. American Sociological Review 35, 4: 697–710.

Wrong, Dennis H. 1961. The Oversocialized Conception of Man in Modern Sociology. American Sociological Review 26, 2: 183–193.

# Pragmatistische Theorien

Rainer Diaz-Bone

### Zusammenfassung

Der Beitrag stellt den Pragmatismus als eine der einflussreichsten Wissenschaftsbewegungen dar, die bis heute die soziologische Forschung prägt. Seit seinen Anfängen vor über hundert Jahren in den USA hat der Pragmatismus immer wieder Konjunkturen erfahren, so dass man im Grunde verschiedene klassische Vertreter sowie gegenwärtige Formen und Entwicklungen des Pragmatismus vorfindet. Zunächst werden pragmatistische Grundpositionen vorgestellt, die deutlich machen, dass der Pragmatismus eine sehr eigene Ontologie des Sozialen entwickelt hat und dass er über eine sehr spezifische Theorie- und Methodenkultur verfügt, die „quer steht" zu Auffassungen anderer soziologischer Ansätze. Dann wird die Chicago School als wichtigste Tradition des soziologischen Pragmatismus eingeführt. Am Ende skizziert der Beitrag neuere Entwicklungen zum soziologischen Neopragmatismus sowie neue Synthesen.

### Abstract

The chapter presents pragmatism as one of the most influential scientific movements that still shapes sociological research today. Since its beginnings over a hundred years ago in the USA, pragmatism has experienced repeated cycles, so that one basically finds various classical representatives as well as current forms and developments of pragmatism. First, pragmatist basic positions are presented, which make it clear that

R. Diaz-Bone (✉)
Universität Luzern, Luzern, Schweiz
E-Mail: rainer.diazbone@unilu.ch

pragmatism has developed its very own ontology of the social and that it has a very specific theoretical and methodological culture that is „at odds" with the views of other sociological approaches. The chapter then outlines the Chicago School as the most important tradition of sociological neo pragmatism. Finally, the article outlines more recent developments in sociological neopragmatism and new syntheses.

## Einleitung

Der Pragmatismus zählt seit Langem zu den einflussreichsten Wissenschaftsbewegungen und prägt bis heute soziologische Forschung. Seit seinen Anfängen vor über hundert Jahren in den USA hat der Pragmatismus immer wieder Konjunkturen erfahren, so dass man im Grunde verschiedene klassische Vertreter, das sind im Wesentlichen die Gründer Charles S. Peirce, William James und John Dewey, sowie moderne Formen und Entwicklungen des Pragmatismus vorfindet, deren wichtigste Vertreter Richard Rorty und Hilary Putnam sind und daher ist heutzutage auch die Rede vom philosophischen Neopragmatismus (Nagl 1998; Misak 2013).[1]

In den USA hat sich der *philosophische* Pragmatismus aber früh auch zu einer *soziologischen* Forschungstradition entwickelt und ist bis heute dessen „Hintergrundphilosophie" (Joas 1988). Für den soziologischen Pragmatismus bzw. Neopragmatismus in den USA sind die Grundpositionen des US-amerikanischen philosophischen Pragmatismus expliziter Bezug und Grundlage (Joas und Knöbl 2004). Der soziologische Pragmatismus bzw. Neopragmatismus ist mittlerweile eine sowohl transdisziplinäre als auch eine internationale Wissenschaftsbewegung, dennoch findet man vor allem Neuerungen zwar weiterhin in den USA, aber eben auch in Frankreich, die in der deutschsprachigen Soziologie seit Jahren nun rezipiert werden und sich als innovativ erwiesen haben.

Zunächst werden in diesem Kapitel pragmatistische Grundpositionen eingeführt, die deutlich machen, dass der Pragmatismus eine sehr eigene Ontologie des Sozialen (als Antwort auf die Frage „woraus ist das Soziale grundsätzlich beschaffen?") entwickelt hat und dass er über eine sehr spezifische Theorie- und Methodenkultur verfügt, die „quer steht" zu Auffassungen anderer soziologischer Ansätze, was Theorie und Methode (sowie deren Verhältnis) sind. Dann wird die Chicago School als wichtigste Tradition des soziologischen Pragmatismus und der aus ihr hervorgehende symbolische Interaktionismus umrissen. Am Ende skizziert der Beitrag neuere Entwicklungen zum soziologischen Neopragmatismus sowie neue Synthesen.

---

[1] Der philosophische Neopragmatismus hat sich formiert als Kritik an der neopositivistischen, sprachlogisch fundierten Philosophie, der sogenannten analytischen Philosophie. Rorty und Putnam waren beide zunächst Vertreter der analytischen Philosophie und haben dann den Neopragmatismus als Kritik an der analytischen Philosophie wesentlich auf Basis klassischer pragmatistischer Positionen entwickelt.

## Grundpositionen, Methodologie und Theoriekonzept

Der Pragmatismus stellt die Prozesshaftigkeit des Handelns in Situationen sowie Welten und in Wechselwirkung mit Bedeutungen, mit Dingen, aber insbesondere als interaktionales und koordinierendes Handeln von Akteurinnen und Akteuren untereinander ins Zentrum der Sozialforschung. Damit sieht der Pragmatismus Praxisformen und Prozesse als vorrangig an gegenüber Strukturen und substanziellen Eigenschaften bzw. Einheiten. Das bedeutet konkret, dass Gesellschaft(en), Organisationen, weiter Kompetenzen (von Handelnden), individuelle und kollektive Identitäten sowie auch kollektive Wissensformen und Kulturen als (1) durch die Praxis hervorgebracht, ermöglicht und (2) als in kontinuierlichem Wandel befindlich aufgefasst werden. Alle diese Sachverhalte werden durch die stetigen Handlungen und Kommunikationen situativ und praktisch interpretiert, realisiert, geprüft und verändert.

Auch das Menschenbild, das anthropologische Modell des Pragmatismus unterliegt der Auffassung von der vorangehenden Prozesshaftigkeit und der Eingebundenheit des Handelns (das schließt Denken und Wahrnehmen ein) in Wechselwirkungen und Interaktionsprozesse als grundlegender sozialer Ontologie. Handelnde werden nicht als „unabhängige" Individuen betrachtet, die mit Wertorientierungen, Handlungspräferenzen, Interpretationsweisen anthropologisch bereits ausgestattet sind oder diese autonom ausbilden und so über diese individuell „verfügen" können. Handelnde formieren ihre Motive, Deutungen, Wahrnehmungen, Wertorientierungen, Identitäten sowie Kompetenzen erst durch ihre Einbindung in symbolische Interaktionen und in sozialen Prozessen, das Handeln ist durch Sozialität geprägt und darauf ausgerichtet (Mead 1973; James 1994a; Dewey 1995; Joas 1989; Nungesser 2021).

Das Handeln als menschliche Praxisform sowie dessen Prozesshaftigkeit sind aus Sicht des Pragmatismus die fundamentale Realität des Sozialen. Bereits der Begriff „Pragmatismus" stammt von dem griechischen Wort „pragma" her, was „Handlung" bedeutet (James 1994a, S. 28). Wichtig ist, dass Handelnde und ihr Handeln nicht als durch die sozialen Institutionen (also durch soziale Strukturen) determiniert aufgefasst werden. Handelnde werden durchaus als handlungskompetent, handlungs- und wirkmächtig aufgefasst, was der (neopragmatistische) Begriff der „Agency" zum Ausdruck bringt (Löwenstein und Emirbayer 2017),[2] zudem wird deren Handlungspraxis als kreativ, reflexiv und kritisch aufgefasst. Alle diese Handlungseigenschaften sind allerdings je nach Situation in unterschiedlichem Ausmaß ermöglicht und in verschiedener Weise praktisch realisierbar.

Für die pragmatistische Sozialforschung sind der eigentliche Ausgangspunkt die Handlungsprozesse und Wechselwirkungen, die zwischen den Handelnden (Individuen) einerseits und den sozialen Strukturen (Institutionen) andererseits nicht nur vermitteln, sondern beides (!) erst ermöglichen, beeinflussen, mobilisieren und verändern. Eine Konsequenz

---

[2] Zudem kann Agency als Handlungs- und Wirkmächtigkeit auch Kollektiven, Prozessen sowie Objekten zugerechnet werden. Siehe zum pragmatistischen Konzept der Agency die Beiträge in Löwenstein und Emirbayer (Hrsg.) (2017).

ist zwar, dass Handelnde und Strukturen den Handlungsprozessen eine zeitliche Dauerhaftigkeit und räumliche Reichweite verleihen. Umgekehrt sind Handelnde und Strukturen in Prozesse und Wechselwirkungen so eingebunden, dass letztere den Handelnden und Strukturen beeinflussend vorlaufen. Der Pragmatismus geht dabei von einer (ontologisch) eigenständigen, (wirkungsmäßig) vorrangigen und (zeitlich) vorgängigen Realität sozialer Prozesse und Praxisformen aus.

Aufgrund der langfristigen und weitreichenden Bedeutung des Pragmatismus sowie des Neopragmatismus in den Geistes- und Sozialwissenschaften, und hier insbesondere in der Soziologie, kann man von diesen als von einem einflussreichen „Megaparadigma" in der Soziologie sprechen. Denn der Pragmatismus ist im Laufe von vielen Jahrzehnten immer wieder und in verschiedenen Formen in der Soziologie zu einem starken Einfluss auf andere soziologische Ansätze geworden und sehr viele soziologische Ansätze lassen sich als Spielarten oder als Reaktionen auf bzw. Kombinationen dieses Megaparadigmas mit anderen (Mega)Paradigmen – insbesondere dem des Strukturalismus und Neostrukturalismus – deuten.[3]

Der Pragmatismus lässt sich nicht „zerlegen" in eine „reine Sozialtheorie" einerseits und eine „Methode" andererseits (Blumer 2013; Becker 2021). Er ist vielmehr durch seine Praxis der Sozialforschung, durch die darin entfalteten Analyse-, Interpretations- und Erklärungsstrategien und durch die hier eingebrachten methodologischen Denkweisen charakterisiert. All dies stellt eine Separierung von Theorie einerseits und von Methoden andererseits in Frage – was auch Folgen für die Art und Weise hat, wie Pragmatismus als soziologisches Megaparadigma dargestellt wird. Die Methodologie ist hier eben nicht nur eine Vermittlung von Theorie und Methoden, sondern muss als zentrale und konstitutive Praxisform, konkret als eine spezifische „Logik der Forschungspraxis" (Dewey 2002) verstanden werden, die keine universellen a priori-Regeln verwendet, sondern methodische Vorgehensweisen, Heuristiken, Prinzipien und Gütekriterien a posteriori als Resultat der Forschungserfahrung entwickelt (Dewey 2002). Diese Logik der Forschungspraxis erst ermöglicht dem Pragmatismus, dessen gegenstandsbezogene Theoriekonzepte zu entwickeln, zu konturieren und zu prüfen, dazu kohärente Methoden zu entwickeln und in eine reflexive Praxis einzubetten sowie Analysen in (sozialen) Welten und mit empirischem Material zu realisieren.

Bereits die Gründer des Pragmatismus Peirce, James und Dewey haben diesen auch als eine Methode zur Klärung von wissenschaftlichen Bedeutungen von Begriffen sowie zur Beurteilung, Prüfung und Klärung wissenschaftlicher Aussagen verstanden (Peirce 1991; James 1994a; Dewey 2002). Und sie haben die Bedeutung von Begriffen und Aussagen pragmatistisch darin bestimmt und darauf reduziert, was sie an handlungspraktischen Konsequenzen, praktischen „Handlungsanweisungen" und an Wirkungen bezeichnen und was sie insgesamt damit an begrifflichem Gehalt über die Welt für das Forschen aufwei-

---

[3] Das gilt auch für den philosophischen Neopragmatismus von Richard Rorty. Und der Neostrukturalismus kann durchaus als eine „Repragmatisierung" des klassischen Strukturalismus aufgefasst werden.

sen. „Überlege, welche Wirkungen, die denkbarerweise praktische Relevanz haben könnten, wir dem Gegenstand unseres Begriffs in unserer Vorstellung zuschreiben. Dann ist unser Begriff dieser Wirkungen das Ganze unseres Begriffs des Gegenstandes" (Peirce 1991, S. 195). Peirce hat darüber hinaus eine Theorie des Zeichens und des Zeichengebrauchs entwickelt (Semiotik) und ein Konzept der Interpretations- und Forschergemeinschaft vorgelegt. Heute würde man formulieren, dass diese als „Scientific Community" den sozialen Kontext für die diskursive Verständigung über Zeichen- und Bedeutung darstellt. Von Bedeutung ist auch die logische Form des Schließens, die auf Peirce zurückgeht und als Abduktion bezeichnet wird. Diese besteht im Folgern auf ein allgemeineres Prinzip oder eine Regel ausgehend von einer Einzelbeobachtung. Insbesondere für die qualitative Sozialforschung hat sich das abduktive Schließen als Element der Forschungspraxis etabliert (Reichertz 2013).

Die Forschungspraxis ist deshalb so zentral, weil es dem Pragmatismus nicht um eine abstrakte, universelle Sozialtheorie geht, sondern um wissenschaftliche Problematisierungen der Realität, und weil viele der pragmatistischen Theoreme, Konzepte und ontologischen Positionen ihrerseits erst in empirischen Forschungsprozessen gewonnen, geprüft und verifiziert wurden. Auch für den Pragmatismus selbst gilt also die Vorrangigkeit der Prozesshaftigkeit der Forschungspraxis und ihrer Wechselwirkungen in Situationen mit der Realität. Mit diesem Primat der Forschungspraxis liegt zugleich eine Ablehnung einer abstrakten Praxis von soziologischer „Theoriearbeit" vor, wenn diese Theorie ohne praktische Anwendung, nicht in Wechselwirkung mit einer Forschungspraxis und vor allem mit einem Anspruch auf (zeitlich und kulturell) universelle Relevanz und Gültigkeit entwickelt wurde.

Hier hat James (1994a) für den Pragmatismus eine Auffassung von *Wahrheit* und *Verifikation* entwickelt, die im Grunde davon ausgeht, dass wir niemals eine letztgültige und ewige Wahrheit für ein gewonnenes Wissen beanspruchen können. Denn Theorien sind immer dann wahr, wenn sie sich für das Handeln als „nützlich" erweisen. Konkret heißt dies, dass Theorien (und Wissen) den Handelnden dazu dienen müssen, dass das Handeln erfolgreich ist, die Welt verbessert und die Handelnden angesichts von Problemen und Forschungsfragen mit Agency ausstattet. Für James kommt es darauf an, dass Konzepte, Aussagen und Theorien sich in der Praxis als nützlich erweisen können und müssen und in diesem Sinne durch das Handeln „wahr" machen lassen können, was er als verifizieren bezeichnet hat (James 1994a).

Das hat pragmatistisch gesehen eine Reihe von Konsequenzen. Denn es bedeutet zunächst, dass zugleich verschiedene Theorien (zu demselben Sachverhalt) als wahr gelten können, wenn sie sich jeweils im Handeln bewähren können. Dann hat es zur Folge, dass Theorien, von deren Wahrheit man überzeugt ist und, die man deshalb vertrauensvoll anerkennt, sich erst in einem späteren Verifikationsprozess als nicht mehr wahr erweisen. Für James bedeutet dies als nächstes auch, dass neue Konzepte und Vorstellungen sich im Rahmen von Theorien ebenfalls in ihren jeweiligen Theoriekontexten einfügen müssen, sie müssen sich an die vorhandenen wahren Wissensbestände anpassen und mit ihnen in eine kohärente Beziehung gebracht werden (James 1994a). Eine weitere Konsequenz ist, dass eine Theorie als ein holistisches Netzwerk aufgefasst wird und Probleme mit der Verifikation ihrer Teile nicht erzwingen, dass man die ganze Theorie aufgibt, sondern dass man die Organisation der Theorie und einzelne Bestandteile korrigieren kann.[4] Aussagen oder Theorien, die sich dennoch später als nicht mehr wahr erweisen, z. B. weil man grundlegende Irrtümer erkennt, die Realität damit nicht mehr widerspruchsfrei und problemlösend gefasst werden kann, werden dann aufgegeben, denn das Wissen ist aus Sicht des Pragmatismus „fallibel", also fehlbar und vor allem immer vorläufig – auch aufgrund der Prozesshaftigkeit des Sozialen.

> „Die Anerkennung dessen, was Peirce „Fallibilismus" […] genannt hat, ist etwas mehr als nur eine vorsichtige Maxime. Sie ergibt sich mit Notwendigkeit aus der Möglichkeit und Wahrscheinlichkeit einer Diskrepanz zwischen den verfügbaren Mitteln und den sich daraus ergebenden Konsequenzen: zwischen vergangenen und zukünftigen Bedingungen, nicht aus der bloßen Schwäche sterblicher Kräfte. Weil wir in einer werdenden Welt leben, ist die Zukunft, obgleich mit der Vergangenheit kontinuierlich verbunden, nicht deren bloße Wiederholung." (Dewey 2002, S. 57)

Dem Pragmatismus unterliegt ein *radikaler Empirismus* als methodologische Position, aber auch als eine Grundauffassung über die ontologische Beschaffenheit der Realität (James 1994a, 2006). Damit ist sehr pragmatisch gemeint, dass alles, was erfahren werden kann, als real und als Gegenstand empirischer Wissenschaft gelten muss, also nicht nur materielle Dinge und beobachtbares Handeln, sondern auch Gedanken und Gefühle, erfahrbare Relationen und Beziehungen. Damit wird der Boden entzogen für philosophische Dualismen wie den Körper/Geist-Dualismus, denen im Pragmatismus schlichtweg die Evidenz abgesprochen wird (Rorty 1981). Der Pragmatismus und der noch einzuführende soziologische Neopragmatismus sind daher auch als Theorien der Entdifferenzierung zu verstehen, denn verschiedene soziale Bereiche, aber auch Natur und Kultur gelten nicht als durch verschiedene Prinzipien strukturiert und gelten auch nicht als mit eigenen Logiken ausgestattet (Dewey 1995, 2002). Man kann daher den Pragmatismus als antidualistisch und als relational charakterisieren. Dies in dem Sinne, dass Beziehungen und Relationen nicht nur als real gelten, sondern auch verschiedene Erfahrungsbereiche, Situationen, Welten und soziale Sphären verbinden.

James (1994a, 1994b) hat betont, dass die Philosophie sowohl die „Einheit" als auch die „Vielheit" der Dinge untersuche. Aber er insistiert, dass keine Rückführung der Realität auf nur ein einziges (verursachendes, einwirkendes, ermöglichendes etc.) Prinzip möglich sei. Einem solchen Monismus stellt er das Prinzip des *Pluralismus* entgegen. Und eben da, wo die Dinge nicht durch Beziehungen und erfahrbare Relationen verbunden sind, existiert eine solche Vielheit. Dieser liegt dann kein vereinheitlichendes und integrie-

---

[4] Diese Perspektive auf Theorie als einen Holismus hat Willard v. O. Quine (1979) später zu einem Gründungsmoment des philosophischen Neopragmatismus gemacht, indem er argumentierte, dass Theoriebestandteile ihre Bedeutung nicht mit Bezug auf die Realität allein, sondern notwendig auch mit Bezug auf den Theoriekontext erhalten. Damit sind Theorien nicht als Ganzes fallibel und nicht durch die Konfrontation mit der Realität direkt falsifizierbar.

rendes Prinzip zugrunde, es gibt daher auch kein „hinter der Realität" stehendes erstes und absolutes Prinzip wie einen „Weltgeist" in der Philosophie Hegels, Naturgesetze oder eine universelle menschliche Rationalität. Für das anthropologische Modell des Pragmatismus bedeutet dies, dass es eben keine universellen menschlichen Grundstrukturen im Sinne der Anthropologie des deutschen Idealismus (Kant) gibt. Die pragmatistische Anthropologie sieht Menschen als Teil sozialer Welten und als kontinuierlich werdende Wesen in sozialen Kontexten, die Erfahrungen machen und soziale Systeme wie Denkordnungen oder Sprache sowie demokratische und ethische Lebensweisen erlernen – wie George Herbert Mead (1973) und John Dewey grundlegend gezeigt haben (Dewey 2011). Zudem sind sie in der Lage, in einer Pluralität sozialer Welten mit Menschen, Dingen und verschiedenen Koordinationslogiken und pluralen Rationalitäten angemessen und erfolgreich zu handeln (Diaz-Bone Hrsg. 2011). Das pragmatistische Konzept des Pluralismus betont nicht nur ein Nebeneinander von mehreren Prinzipien, sondern auch die *radikale Koexistenz als Kopräsenz*, das heißt als Zusammenwirken von verschiedenen Prinzipien in einzelnen Situationen und sozialen Welten (James 1994a, 1994b; Boltanski und Thévenot 2007). Damit begründet der Pragmatismus auch, dass die (soziale(n)) Welt(en) und das Handeln nicht durch einzelne Prinzipien oder „Gesetze" determiniert sind und die Zukünfte offen sind (James 1994a; Rorty 1994; Putnam 1995). Gesetze sind vielmehr menschliche Denkwerkzeuge, die Menschen entwickeln, um mit fundamentaler Ungewissheit besser umgehen zu können. Sie sind aber nicht eine Eigenschaft der Realität (Dewey 1998), was aus Sicht des Pragmatismus die soziologische Suche nach „universellen Gesetzen des Sozialen" sinnlos macht. Auch wegen des Verständnisses des Pluralismus als radikaler Koexistenz verschiedener Prinzipien und Rationalitäten ist dieser ein wichtiges Konzept für den soziologischen Neopragmatismus geworden und er ist eine Begründung dafür, dass der Pragmatismus nicht erwartet, dass die Wissensformen und Theorien mit der Zeit konvergieren – etwa zu philosophischen Universaltheorien oder soziologischen Großtheorien.[5]

Dennoch spielt der *Theoriebegriff* im Pragmatismus eine wichtige Rolle, nicht nur weil allgemeine Konzepte und ontologische Positionen wichtige und anleitende Elemente der Forschungspraxis sind, sondern weil unter „Theorie" auch die jeweils am Gegenstand gewonnenen Konzeptnetzwerke verstanden werden, die eine gegenstandsnahe Theorie bezeichnen. Diese Theorie wäre nur als Deskription aus Sicht des Pragmatismus nicht besonders wertvoll, sondern sie dient der Erklärung und der Generalisierung der untersuchten Praxisformen (Strauss 1978). Da dies in einer kontinuierlich sich wandelnden Welt und angesichts einer Pluralität sozialer Welten erfolgt, sind der Generalisierung solcher Theorien sachlich sowie in Raum und Zeit Grenzen gesetzt. Der Pragmatismus hat keine Auffassung von Wissenschaft, die nur beobachtet, beschreibt und erklärt. Denn die

---

[5] Der Pragmatismus versteht sich selbst als ein „Korridor", der verschiedene Disziplinen (wie Zimmer in einem Hotel) miteinander verbindet (James 1994a, S. 34) und der Pragmatismus erkennt auch der Philosophie nicht mehr den Status einer Königsdisziplin zu und spricht ihr damit die wichtige Funktion ab, für die anderen und angewandten Wissenschaften die erkenntnistheoretischen und begrifflichen Grundlagen zu entwickeln, zu systematisieren und zur Verfügung zu stellen (Rorty 1981).

Forschungspraxis setzt gewonnenes Wissen gleich dem Experiment (Peirce, Dewey) und damit der Konfrontation mit der Realität aus (Nagl 1998; Dewey 2002; Blumer 2013). Aber auch für sozialpolitische und sozialreformerische Zwecke der experimentierenden Verbesserung sozialer Institutionen, der Beförderung der Demokratie als Lebensform sowie für die Verringerung von Ungleichheit und menschlichen Leidens setzt sich der Pragmatismus ein (Dewey 2011; Rorty 1994; Bogusz 2018). Die pragmatistische Auffassung (die man Meliorismus nennt) ist, dass die (soziale) Welt immer unfertig ist und deshalb durch die (wissenschaftliche) menschliche Praxis gestaltet und verbessert werden muss (Diaz-Bone und Schubert 1996; Nagl 1998).

Aus Sicht des Pragmatismus gilt, dass Handeln immer symbolvermittelt und wertbezogen ist. Dabei differenziert der Pragmatismus auch zwischen Wert im Sinne von moralischen Werten und Wert im Sinne von Wertigkeit, Qualität und Bewertung. Dewey hat systematisch die Beiträge des Pragmatismus zu einer Theorie des Wertes zusammengestellt und so deutlich gemacht, dass bereits der klassische Pragmatismus eine Theorie der Wertigkeiten und Bewertung und eine Theorie der Valorisierung ist. Handlungsprozesse sind Zuschreibungen und soziale Konstruktionen von Wert (von Menschen, Dingen und Handlungen) und Werte müssen sich in der praktischen Koordination selbst auch bewähren (Dewey 1939). Der Neopragmatist Hilary Putnam hat gegen die Trennung von Werten und Fakten in der Wissenschaft eingewendet, *dass Fakten, Werte und Wissen sich wechselseitig voraussetzen* und letztlich eine Interpretation ist, was „Fakten" und ihr Informationsgehalt sind (Putnam 1995, S. 24/28). Putnam hat die Konzepte der *epistemischen Werte* sowie der *Konventionen* eingeführt, die praktisch fundieren, was „Tatsachen" oder „gute Wissenschaft" sind (Putnam 2002).

## Die Chicago School und der symbolische Interaktionismus

Als soziologische Forschungstradition hat sich der Pragmatismus seit Ende der 1890er-Jahre an der University of Chicago etabliert.[6] Dort haben Dewey und Mead gelehrt und die Grundkonzepte an die Begründer des soziologischen Pragmatismus vermittelt, die ihrerseits Soziologiestudierende damit ausgebildet haben. Es wurden Lehrbücher erarbeitet (Park und Burgess 1921) und der soziologische Pragmatismus differenzierte sich über die Jahrzehnte immer weiter aus. Tatsächlich sind es über einige Jahrzehnte mehrere Generationen von Soziologen und Soziologinnen gewesen, die zu der heute so bezeichneten „Chicago School" beigetragen haben.[7] Diese greift nun in empirischer, angewandter Sozialforschung die Problemthemen der US-amerikanischen Gesellschaft auf und unter-

---

[6] Der philosophische Pragmatismus hatte sich seit den 1870er-Jahren in der Region Boston und an der Harvard University (in Cambridge) entwickelt.
[7] Siehe für die institutionelle Geschichte der Chicago School Chapoulie (2020). Für die Einteilung und Skizze der verschiedenen Generationen der Chicago School siehe Denzin (1992) und Schubert (2021); kritisch zum Schulen-Konzept äußert sich Becker (2019).

sucht Migration, die sozialen Folgen der Industrialisierung, der Urbanisierung sowie die entstehenden urbanen Subkulturen. Dabei steht die schnell wachsende Stadt Chicago selbst im Fokus der Feldforschung, der für die Chicago School spezifischen Strategie der ethnographischen, qualitativen Sozialforschung (Bulmer 1984; Lindner 2007; Chapoulie 2020).

Einige der für den Pragmatismus wegweisenden Arbeiten sollen kurz angeführt werden. So hat William I. Thomas zusammen mit Florian Znaniecki (1918–1920) eine sehr umfangreiche Analyse der Immigration unternommen und dafür ein großes Korpus von Briefen an Familienmitglieder und Leserbriefe an Zeitungen von polnischen Einwanderern sowie Vereinsakten, Gerichtsakten und Kirchenchroniken über diese ausgewertet, um biographische Verläufe der Migration zu rekonstruieren, wofür systematisch an einer biographischen Methode gearbeitet wurde (Lindner 2007; Chapoulie 2020). Thomas hat mit seinem Konzept der „Definition der Situation" dann ein maßgebliches Konzept auch für folgende Studien vorgelegt. Das Handeln in Situationen wird hierbei als problemlösendes Handeln verstanden. Die Situation als eigene Realität wirkt sich handlungspraktisch in der Koordination aus, in der Akteure in Situationen relevante Dinge und (andere) Akteure sowie Motive und Werte, dann aber insbesondere ihre interpretative „Definition" der Situation als wirkmächtige Realität heranziehen (Keller 2012; Schubert 2021). Das so genannte *Thomas-Theorem* besagt daher: „If men define situations as real, they are real in their consequences." (Thomas und Thomas 1928, S. 572).

Mit den frühen Arbeiten zur Stadt, ihrer räumlichen Segregation (nach ethnischen Gruppen, entstehenden urbanen Lebensstilen, Berufsgruppen und Subkulturen sowie stadträumlichen Funktionen) bereiteten Robert E. Park und Thomas W. Burgess eine humanökologische Forschungstradition vor, die die Stadt (mit ihrer räumlichen, stadtplanerischen sowie technisch-materiellen Organisation) als „Ökologie" sozialer Gruppen und Lebensweisen empirisch umfassend untersucht (Park und Burgess 1925; Park 1936). Hier wurden teilnehmende Beobachtung und offene Befragungen, das erkundende Begehen von Stadtteilen und das Erstellen sozialräumlicher Karten der Stadt, der „Maps" mit konzentrischer Organisation nach urbanen Zonen sowie ethnischer Segmentierung, zu einer neuen empirischen Forschungspraxis entwickelt (Lindner 2007). Gerade die humanökologische Forschungstradition der Chicago School hat seitdem gezeigt, dass soziologischer Pragmatismus zwar die Interaktionsformen und die Definition der Situation ins Zentrum stellt, dass sie aber nicht mikrosoziologisch beschränkt bleibt und eine umfassendere soziologische Reichweite in ihren Analysen erreicht.

Die Chicago School hat in der Folge von Thomas, Park und Burgess und vielen anderen wichtigen Pragmatisten (wie Louis Wirth oder Everett Hughes) eine sehr große Zahl an Studien vorgelegt (Bulmer 1984; Keller 2012; Chapoulie 2020) und war bis Ende der 1930er-Jahre die führende Soziologie der USA – bis sie vom Strukturfunktionalismus von Talcott Parsons verdrängt und zwischenzeitlich auch für einige Jahrzehnte marginalisiert wurde (Schubert 2021). Aber gerade dies erwies sich als neue Herausforderung und nachfolgende Pragmatisten reagierten hierauf.[8] Spätestens Ende der 1960er-Jahre kristallisierte sich mit dem symbolischen Interaktionismus dann die pragmatistische „Antwort" heraus, die von Herbert Blumer (im Anschluss an Mead) mit wenigen „Prämissen" charakterisiert worden ist.

> „Die erste Prämisse besagt, dass Menschen Dingen gegenüber auf der Grundlage der Bedeutungen handeln, die diese Dinge für sie besitzen. Unter ‚Dinge' wird hier alles gefasst, was der Mensch in seiner Welt wahrzunehmen vermag – physische Gegenstände wie Bäume oder Stühle; andere Menschen wie eine Mutter oder einen Verkäufer; Kategorien von Menschen wie Freunde oder Feinde; Institutionen wie eine Schule oder eine Regierung; Leitideale wie individuelle Unabhängigkeit oder Ehrlichkeit; Handlungen anderer Personen wie ihre Befehle oder Wünsche; und solche Situationen, wie sie dem Individuum in seinem täglichen Leben begegnen. Die zweite Prämisse besagt, dass die Bedeutung solcher Dinge von der sozialen Interaktion, die man mit seinen Mitmenschen eingeht, ausgeht oder aus ihr erwächst. Die dritte Prämisse besagt, dass diese Bedeutungen in einem interpretativen Prozess, den die Person in ihrer Auseinandersetzung mit den ihr begegnenden Dingen benutzt, gehandhabt und abgeändert werden." (Blumer 2013, S. 64)

Blumer hat einen methodischen Holismus vertreten, indem er darauf insistiert hat, dass die Forschungspraxis sowie die verwendeten Forschungsmethoden der Beschaffenheit des sozialen Handelns und dessen Prozesshaftigkeit Rechnung zu tragen haben. Zudem hat er die Prozesshaftigkeit der Forschungspraxis mit zwei Konzepten zu fassen versucht: die „Exploration" dient der Erkundung des Untersuchungsgegenstandes, der prozessualen Entfaltung und Ausrichtung der Untersuchung; die „Inspektion" bezeichnet Blumer als die kontinuierliche Prüfung der verwendeten analytischen Konzepte und ihres empirischen Gehalts, das heißt die Prüfung, wie diese die empirischen Eigenheiten der zu untersuchenden Sachverhalte mitsamt ihrer Beziehungen untereinander auch erfassen (Blumer 2013, S. 114/118). Allerdings hat Blumer selbst den symbolischen Interaktionismus als Einheit von theoretischen Konzepten und methodologischen Positionen weder zu einer praktischen Methodik ausgearbeitet noch diesen in eigenen empirischen Studien angewendet. Das hat Anselm Strauss in Zusammenarbeit mit Barney Glaser dann seit Ende der 1960er-Jahre aufgenommen (Glaser und Strauss 2010). Die von den beiden als *Grounded Theory* bezeichnete Methodologie und Methodik ist seitdem nicht nur von Strauss und Mitarbeitenden sowie auch von anderen ausgearbeitet und diversifiziert worden (Straus 1998; Straus und Corbin 1996). Die Grounded Theory integriert sehr konkretisierte Forschungstechniken (wie Strategien des Samplings, Vergleichs, Kodierens und Memoschreibens) sowie eigene Gütekriterien, um pragmatistische Forschungsprozesse auf der Grundlage des symbolischen Interaktionismus zu realisieren. Anselm Strauss (auch in Zusammenarbeit mit Glaser) hat selbst die Grounded Theory in seinen empirischen medizinsoziologischen Studien entwickelt und geprüft (Glaser und Straus 1974). Mittlerweile ist

---

[8] Zudem verlagerte sich das Zentrum des soziologischen Pragmatismus, da die in Chicago ausgebildeten und einflussreichen Pragmatisten Blumer, Strauss und Goffman an Universitäten in Kalifornien wechselten.

die Grounded Theory die international am häufigsten verwendete Forschungsmethodologie in der qualitativen Sozialforschung. Die Arbeiten von Strauss zeichnet aus, dass er hierin das Konzept der *sozialen Welt* weitergeführt und präzisiert hat. Soziale Welt sind spezifische Diskursbereiche, die sich um spezifische Praxisformen mit zugehörigen Orten, Organisationsformen, Technologien und interner Differenzierung von sozialen Rollen organisieren. Soziale Welten sind nicht abgeschlossen, sondern überschneiden sich, sie sind „fluid" und als im kontinuierlichen Wandel zu verstehen. Strauss betont, dass in sozialen Welten gerungen wird um Interessen und Repräsentationsansprüche. Soziale Welten können dabei eine unterschiedliche räumliche Reichweite sowie Dauerhaftigkeit haben und Strauss stellt damit die herkömmliche soziologische Differenzierung in Mikro- und Makroebene in Frage (Strauss 1978). Aber soziale Welten bilden mit der Zeit Subwelten aus und gehen Beziehungen mit anderen Welten ein. Strauss hat für komplexe Konstellationen von (Sub)Welten, die auf ein gesellschaftliches Problemfeld und politische Aushandlungen fokussiert sind, das Konzept der *Arena* eingeführt (Strauss 1978; Clarke und Star 2008).

Howard S. Becker hat ebenfalls das Konzept der sozialen Welten verwendet, insbesondere in seiner kunst- und kultursoziologischen Analyse „Kunstwelten" (Becker 2017) ist dieses weiterentwickelt worden. Becker verbindet hiermit das Konzept der *Konventionen*, das die Standards, kognitiven Formen und praktischen Regeln einer sozialen Welt bezeichnet, anhand derer die Handelnden ihr Handeln koordinieren und bewerten. Becker hat eine Vielzahl von empirischen Studien zu sozialen Gruppen, Rollen (insbesondere Professionen) und zugehörigen Welten vorgelegt, wie in dem Buch „Außenseiter" (Becker 2014), das die soziale Welt von Marihuana-Konsumenten sowie die Welt der Jazzmusiker untersucht. Becker zeigt hier auch, wie Kriminalisierung als Etikettierungsprozess, als Zuschreibung von „abweichendem" Verhalten erst erfolgt („labeling approach"). Becker hat für die pragmatistische Forschungspraxis eine eigene ethnographische Forschungspraxis entwickelt, die als eine Alternative zur Forschungspraxis der Grounded Theory aufgefasst werden kann (Peneff 2018; Becker 2019, 2021). Und wie Putnam vor ihm, hat er auf die notwendige Verbindung zwischen Fakten, Werten und Interpretationen in der empirischen Forschung sowie auf die Existenz geteilter Wertvorstellungen über angemessene wissenschaftliche Repräsentationen (Putnams epistemische Werte) hingewiesen (Becker 2019, S. 18f).

Zu den wichtigen Arbeiten des soziologischen Pragmatismus zählen viele weitere Arbeiten, insbesondere diejenigen von Erving Goffman zu Interaktionsordnungen sowie zu den Engagements der Akteure darin (wie dem „impression management"), und auch zu *Rahmen* als situativer Definition der Situation sowie zu den Strategien des Rahmenwechsels (Goffman 1973, 1977). Zuletzt sei auf Norman Denzin verwiesen, der den symbolischen Interaktionismus auf die Kultur- und Medienanalyse (insbesondere Filmanalyse) bezogen hat. Er hat eine Vielzahl von Publikationen zur pragmatistischen qualitativen Sozialforschung vorgelegt, er hat aber vor allem auch den symbolischen Interaktionismus um postmoderne und um neostrukturalistische Theorieeinflüsse erweitert und damit den soziologischen Neopragmatismus begründet (Denzin 1992).

## Soziologischer Neopragmatismus und neue Synthesen

Die nun vorzustellenden aktuellen Versionen des soziologischen Neopragmatismus sind dadurch gekennzeichnet, dass sie bewusst als Synthesen angelegt sind. Und man muss hier auf den Neostrukturalismus als das für diese Synthesen wichtigste Megaparadigma verweisen, da man die Entwicklung vom klassischen Pragmatismus hin zu den für die Soziologie aktuell bedeutsamen Formen des soziologischen Neopragmatismus nicht versteht, wenn man diese nicht auch erkennt als Reaktionen auf den Neostrukturalismus oder sogar als Kombination beider Megaparadigmen (Diaz-Bone 2018a, 2018b, 2024).[9] Diese Synthesen sind eben bewusst nicht als Fortführung von Großtheorien entwickelt. Sie sind auch keine eklektischen Zusammenstellungen von Konzepten, sondern sind als Theorien zu verstehen, die aus vorangehender Kritik an ihnen sowie aus den Erfahrungen vorangehender empirischer Analysen die Konsequenzen zu ziehen versuchen für eine neue kohärente Forschungspraxis.

Adele Clarke hat an die Arbeiten von Strauss angeschlossen und diese hinsichtlich der Theorie und der Methodologie weiterentwickelt. Die von ihr so bezeichnete *Situationsanalyse* (Clarke 2012) ist mittlerweile eine der einflussreichsten neopragmatistischen Ansätze. Wie bei den Arbeiten von Strauss und Becker, so spielt auch in der Situationsanalyse das pragmatistische Konzept der sozialen Welt eine herausragende Rolle (Clarke 2012, S. 88; Clarke und Star 2008) und Clarke macht – wie Strauss (1978) – anhand der Situationsanalyse erneut deutlich, dass eine soziologische Differenzierung in Mikro- und Makroebene aus neopragmatistischer Sicht unangemessen ist (Clarke 2012, S. 114). Die Situationsanalyse erfasst konzeptionell und methodisch weiter reichende soziale Welten, Arenen und integriert damit soziale Bewegungen und Organisationen und sie berücksichtigt die Wirkungen gesamtgesellschaftlicher Strukturen. Von Bedeutung ist, dass Clarke die pragmatistische Grundlage erweitert um die neostrukturalistische Diskurs- und Machttheorie Michel Foucaults und dass sie weitere Analysetechniken wie Maps (für verschiedene analytische Zwecke), die systematische Analyse visueller Medien und die Identifikation von fundierenden Oppositionen in die Situationsanalyse integriert. Damit kann sie den Pragmatismus um Strategien der Strukturanalyse und der Machtanalyse erweitern, eine Stärke des Neostrukturalismus, die vormals (auch im Vergleich zum Neostrukturalismus) im Neopragmatismus nicht in derselben Weise entwickelt wurde. Was die Situationsanalyse wie die Grounded Theory auszeichnet, ist, dass Clarke flexible Strategien für die Entwicklung von Forschungsprojekten vorlegt, so dass Forschende die Situationsanalyse als Grundlage für die praktische Durchführung von Forschungsprojekten und für die Entwicklung einer pragmatistischen Erklärungsleistung heranziehen können. Auch Clarke setzt (wie Strauss) die durch Blumer geforderte Perspektive des methodi-

---

[9] Hier wird im Anschluss an Manfred Frank (1983) von Neostrukturalismus gesprochen, denn er macht deutlich, dass der Neostrukturalismus Grundpositionen des Strukturalismus radikalisiert, den Strukturalismus reaktualisiert und daher nicht als ein „Nachstrukturalismus" im Sinne einer Überwindung des Strukturalismus gelten kann. Siehe auch Joas und Knöbl (2004).

schen Holismus methodologisch um. Sie leistet nicht nur die Reflexion, sondern auch die Herstellung eines kohärenten Holismus zwischen den ontologischen Annahmen, wie die Welt beschaffen ist, wie man sie forschend erkennen kann (Epistemologie), sowie den Elementen und den Methoden als erfahrungsbasierte Praktiken der Situationsanalyse. Dafür hat sie selbst das Konzept des „Theorie-Methoden-Pakets" vorgeschlagen.

> „Weil Epistemologie und Ontologie wie Siamesische Zwillinge sind, müssen Methoden als ‚Theorie/Methoden-Bündel' […] verstanden werden. […] Dieses Konzept eines Theorie-Methoden-Pakets konzentriert sich auf die wesentlichen […] Aspekte der Ontologie, Epistemologie und Praxis, da diese sich gegenseitig konstituieren. […] Die Methode ist demnach also nicht Diener der Theorie: tatsächlich begründet die Methode die Theorie" (Clarke 2012, S. 37/48).

In den USA hat sich mit der *relationalen Soziologie* ebenfalls im Kontext des soziologischen Neopragmatismus eine übergreifende Perspektive entwickelt, die insofern den „umgekehrten Weg" gegangen ist (als die Situationsanalyse), da sie ihren Ausgangspunkt in der soziologischen Netzwerkanalyse als einer Form des Neostrukturalismus genommen hat und von da aus eine kritische Repragmatisierung vorgenommen hat. Am deutlichsten hat das Mustafa Emirbayer (2017) mit der Zentrierung auf Prozessualität und Relationalität des Handelns durchgeführt (siehe auch die Beiträge in Löwenstein und Emirbayer 2017). Dafür ist ein Bezug von Emirbayers pragmatistisch-relationalem Ansatz das Konzept der *Transaktion* (als trans-action) von John Dewey und Arthur F. Bentley (1949), das Relationen als Ansatzpunkt für Prozesse auffasst. Zudem geht es der relationalen Analyse aber auch um die weitere Ausarbeitung des pragmatistischen Konzepts der Agency sowie um die Analyse der Wechselwirkung zwischen kulturellen Praktiken und Netzwerkstrukturen (Mische 2011; Emirbayer 2017). Die relationale Soziologie erweist sich auch in ihrer anti-dualistischen Position als pragmatistisch.

> „Relational sociologists have sought to overcome the individual–society dualism, and the structure–agency dualism that comes along with it, by conceptualizing both individuals and the larger formations in which they participate (like collectivities, institutions, social systems) as belonging to the same order of reality, a relational order. Social formations (structures, systems, discourses, etc.) are nothing other than the relations among interdependent human beings. And, equally important, individual human action is always and everywhere action in and through relations." (Powell und Dépelteau 2013, S. 3)

Die relationale Soziologie hat eigene Beiträge zu einer Erklärungslogik, eines *methodologischen Relationalismus* vorgelegt und man kann unter dem Begriff „relationale Soziologe" insgesamt auch eine integrierende Perspektive verstehen, die solche soziologischen Ansätze als „relational" versteht, die der Realität von Beziehungen das Primat gegenüber der Realität von Einheiten (wie Akteuren) einräumt und dann die darauf begründeten Strukturen und Dynamiken untersucht (Diaz-Bone 2018b).

Die heute einflussreichsten europäischen Formen des Neopragmatismus haben sich in Frankreich innerhalb der Sozialwissenschaften entwickelt (Dosse 1999). Es gibt mit den

Arbeiten von Jean-Marie Chapoulie, Alain Coulon und Jean Peneff in Frankreich seit den 1990er-Jahren eine Rezeption der Chicago School – wobei hier insbesondere die Arbeiten von Howard S. Becker im Zentrum stehen (Peneff 2018; Chapoulie 2020). Insgesamt kann man seit den 1990er Jahren davon sprechen, dass eine *französische pragmatistische Soziologie* entsteht, die sich heute als eigenständige soziologische Bewegung versteht (Nachi 2006; Barthe et al. 2016; Lemieux 2018),[10] die aber außerhalb Frankreichs und insbesondere in der deutschsprachigen Soziologie noch kaum Beachtung gefunden hat – mit zwei wichtigen Ausnahmen: die *Actor-Network-Theory* (Latour 2007) und die *Soziologie der Konventionen* (Diaz-Bone Hrsg. 2011) haben sich in kritischer Gegenpositionierung zum Neostrukturalismus von Pierre Bourdieu und seiner in Frankreich lange dominanten Theorie-Schule entwickelt (Dosse 1999). Diese beiden Theoriebewegungen stellen heutzutage jeweils ein sich internationalisierendes und transdisziplinäres Netzwerk einer wachsenden Zahl von Forschenden dar.[11] Die Actor-Network-Theory ist mit ihrer Integration der Agency der Objekte und der Analyse der Netzwerke aus menschlichen und nicht-menschlichen Akteuren zu einem gegenwärtig international sehr präsenten Theorieansatz geworden (Latour 2007). Die Soziologie der Konventionen hat sich seit den 1980er-Jahren (zunächst als „économie des conventions") in einer Zusammenarbeit von Forschenden aus Wirtschaftswissenschaften, Statistik und Soziologie entwickelt und etabliert sich nun in der deutschsprachigen Soziologie (Diaz-Bone Hrsg. 2011; Diaz-Bone 2018c).[12] Die Soziologie der Konventionen nimmt eine koexistente Pluralität von *Konventionen* als Koordinationslogiken in Situationen an, die handlungskompetente Akteure heranziehen, um Menschen, Dinge, Handlungen, Ereignisse zu bewerten und zu qualifizieren. Dabei werden Handelnde auch als kompetent aufgefasst, in Situationen die Qualitäten und Wertigkeiten zu kritisieren und zu rechtfertigen, wobei sie auf Konventionen (als *Rechtfertigungsordnungen*) Bezug nehmen sowie Qualitäten mit Bezug auf Objekte und kognitive Formen prüfen (Boltanski und Thévenot 2007). Dieser Ansatz kann als ein neopragmatistischer Institutionalismus aufgefasst werden, der auf die pragmatistische Konstruktion der Qualität von Produkten, Bildung, Gesundheit, Kultur etc. bezogen wurde, wobei analytisch die praktische Koordination in Situationen ins Zentrum der Analyse gestellt wird, so dass man hier (wie auch bei der Actor-Network-Theory) von einem *methodologischen Situationalismus* sprechen kann (Diaz-Bone 2018b, 2018c).

In der deutschsprachigen Soziologie ist der amerikanische Pragmatismus früh für eine Sozialphilosophie im Kontext der Frankfurter Schule, durch Jürgen Habermas' einflussreich rezipiert worden. Habermas Rezeptionsinteresse war dabei allerdings darauf verengt, die Arbeiten von Peirce und Mead für eine sozialphilosophische Begründung einer

---

[10] Siehe auch die seit 1990 erscheinende Jahrbuchreihe „Raisons Pratiques" (Editions de l'EHESS, Paris).

[11] Siehe aber die Referenzen auf Latour in Becker (2019), die den Status der Aktor-Network-Theory als neopragmatistische Theorie weiter plausibilisieren.

[12] Siehe nun die deutschsprachige Buchreihe „Soziologie der Konventionen" (Springer VS) sowie das „Handbook of economics and sociology of conventions" (Diaz-Bone und Larquier 2022).

diskursiven Rationalität heranzuziehen (Habermas 1981). Hans Joas hat wesentlich zur Rezeption der Arbeiten von Mead beigetragen und er hat die darin entwickelten Grundlagen für eine Theorie der Kreativität des Handelns systematisch erschlossen (Joas 1992). Weder Habermas noch Joas haben eine Tradition der pragmatistischen Sozialforschung begründet. Eigenständige Entwicklungen für eine empirisch und methodisch ausgerichtete pragmatistische Soziologie sind lange die Ausnahme geblieben wie die Arbeit von Jörg Strübing (2005). Dennoch gibt es Arbeiten, die Pragmatismus und Wissenssoziologie aneinander zu vermitteln versuchen, auch mit kritischem Blick auf den Neostrukturalismus, wie die Arbeit von Reiner Keller (2012).

## Literatur

Barthe, Yannick, Damien de Blic, Jean-Philippe Heurtin, Éric Lagneau, Cyril Lemieux, Dominique Linhardt, Cédric Moreau de Bellaing, Catherine Rémy und Danny Trom. 2016. Pragmatische Soziologie: Eine Anleitung. *Soziale Welt* 67(2): 205–231.
Becker, Howard S. 2014. *Außenseiter. Zur Soziologie abweichenden Verhaltens*. 2. Auflage. Wiesbaden: Springer VS.
Becker, Howard S. 2017. *Kunstwelten*. Hamburg: Avinus.
Becker, Howard S. 2019. Erzählen über Gesellschaft. Wiesbaden: Springer VS.
Becker, Howard S. 2021. *Soziologische Tricks. Wie wir über Forschung nachdenken können*. Hamburg: Hamburger Edition.
Blumer, Herbert. 2013. *Symbolischer Interaktionismus*. Berlin: Suhrkamp.
Bogusz, Tanja. 2018. *Experimentalismus und Soziologie*. Frankfurt: Campus.
Boltanski, Luc und Laurent Thévenot. 2007. *Über die Rechtfertigung. Eine Soziologie der kritischen Urteilskraft*. Hamburg: Hamburger Edition.
Bulmer, Martin. 1984. *The Chicago School of sociology*. Chicago: University of Chicago Press.
Chapoulie, Jean-Michel. 2020. *Chicago Sociology*. New York: Columbia University Press.
Clarke, Adele. 2012. *Situationsanalyse. Grounded Theory nach dem Postmodern Turn*. Springer: Wiesbaden.
Clarke Adele E. und Susan Leigh Star. 2008. The social worlds framework. In: *The Handbook of Science and Technology Studies*, 3. Auflage, Hrsg. Edward J. Hackett, Olga Amsterdamska, Michael Lynch und Judy Wajcman, 113–137. Cambridge: MIT Press.
Denzin, Norman K. 1992. *Symbolic interactionism and cultural studies*. Oxford: Blackwell.
Dewey, John. 1939. *Theory of valuation*. Chicago: University of Chicago Press.
Dewey, John. 1995. *Erfahrung und Natur*. Frankfurt: Suhrkamp.
Dewey, John. 1998. *Die Suche nach Gewißheit*. Frankfurt: Suhrkamp.
Dewey, John. 2011. *Demokratie und Erziehung*. 5. Auflage. Weinheim: Beltz.
Dewey, John. 2002. *Logik. Die Theorie der Forschung*. Frankfurt: Suhrkamp.
Dewey, John und Arthur F. Bentley. 1949. Knowing and the known. Boston: Beacon Press.
Diaz-Bone, Rainer (Hrsg.). 2011. *Die Soziologie der Konventionen. Grundlagen einer pragmatischen Anthropologie*. Frankfurt: Campus.
Diaz-Bone, Rainer. 2018a. Neue Synthesen von Handlungs- und Strukturanalyse. In *Handbuch Interpretativ Forschen*, Hrsg. Leila Akremi, Nina Baur, Hubert Knoblauch und Boris Traue, 535–559. Weinheim: Beltz Juventa.

Diaz-Bone, Rainer. 2018b. Relationale Soziologie – Theoretische und methodologische Positionierungen zwischen Strukturalismus und Pragmatismus. *Berliner Journal für Soziologie* 27(3/4): 377–403.

Diaz-Bone, Rainer. 2018c. *Die „Economie des conventions". Grundlagen und Entwicklungen der neuen französischen Wirtschaftssoziologie*. 2. Auflage. Wiesbaden: Springer VS.

Diaz-Bone, Rainer und Klaus Schubert. 1996. *William James zur Einführung*. Hamburg: Junius.

Diaz-Bone, Rainer, und Guillemette de Larquier (Hrsg.). 2022. Handbook of economics and sociology of conventions. Living reference. Cham: Springer. https://link.springer.com/referencework/10.1007/978-3-030-52130-1

Dosse, François. 1999. *The empire of meaning. The humanization of the social sciences*. Minneapolis: University of Minnesota Press.

Emirbayer, Mustafa. 2017. Manifest für eine relationale Soziologie. In: *Netzwerke, Kultur und Agency. Problemlösungen in relationaler Methodologie und Sozialtheorie*, Hrsg. Heiko Löwenstein und Mustafa Emirbayer, 30–73. Weinheim: Beltz Juventa.

Frank, Manfred. 1983. *Was ist Neostrukturalismus?* Frankfurt: Suhrkamp.

Glaser, Barney G. und Anselm Strauss. 1974. *Interaktion mit Sterbenden*. Göttingen: Vandenhoeck & Ruprecht.

Glaser, Barney G. und Anselm Strauss. 2010. *Grounded Theory. Strategien qualitativer Forschung*. 3. Auflage. Bern: Huber.

Goffman, Erving. 1973. *Wir alle spielen Theater. Die Selbstdarstellung im Alltag*. München: Piper.

Goffman, Erving. 1977. *Rahmenanalyse*. Frankfurt: Suhrkamp.

James, William. 1994a. *Der Pragmatismus*. Hamburg: Meiner.

James, William. 1994b. *Das pluralistische Universum*. Darmstadt: Wissenschaftliche Buchgesellschaft.

James, William. 2006. *Pragmatismus und radikaler Empirismus*. Frankfurt: Suhrkamp.

Joas, Hans. 1988. Symbolischer Interaktionismus. *Kölner Zeitschrift für Soziologie und Sozialpsychologie* 40(3): 417–446.

Joas, Hans. 1989. *Praktische Intersubjektivität*. Frankfurt: Suhrkamp.

Joas, Hans. 1992. *Die Kreativität des Handelns*. Frankfurt: Suhrkamp.

Joas, Hans und Wolfgang Knöbl. 2004. *Sozialtheorie. Zwanzig einführende Vorlesungen*. Frankfurt: Suhrkamp.

Keller, Reiner. 2012. *Das interpretative Paradigma. Eine Einführung*. Wiesbaden: Springer VS.

Habermas, Jürgen. 1981. *Theorie des kommunikativen Handelns*. 2 Bände. Frankfurt: Suhrkamp.

Latour, Bruno. 2007. *Eine neue Soziologie für eine neue Gesellschaft*. Frankfurt: Suhrkamp.

Lemieux, Cyril. 2018. *La sociologie pragmatique*. Paris: La Découverte.

Lindner, Rolf. 2007. *Die Entdeckung der Stadtkultur. Soziologie aus der Erfahrung der Reportage*. Frankfurt: Campus.

Löwenstein, Heiko und Mustafa Emirbayer, Hrsg. 2017. *Netzwerke, Kultur und Agency. Problemlösungen in relationaler Methodologie und Sozialtheorie*. Weinheim: Beltz Juventa.

Mead, George Herbert. 1973. *Geist, Identität und Gesellschaft*. Frankfurt: Suhrkamp.

Misak, Cheryl. 2013. *The American pragmatists*. Oxford: Oxford University Press.

Mische, Anne. 2011. Relational sociology, culture and agency. In: *Social network analysis*, Hrsg. John Scott und Peter J. Carrington, 80–97. Los Angeles: Sage.

Nachi, Mohamed. 2006. *Introduction à la sociologie pragmatique*. Paris: Armand Colin.

Nagl, Ludwig. 1998. *Pragmatismus*. Frankfurt: Campus.

Nungesser, Frithjof. 2021. *Die Sozialität des Handelns. Eine Aktualisierung der pragmatistischen Sozialtheorie*. Frankfurt: Campus.

Park, Robert E. 1936. Human ecology. *American Journal of Sociology* 42(1): 1–15.

Park, Robert E. und Tomas W. Burgess. 1921. *Introduction to the science of sociology*. Chicago: University of Chicago Press.

Park, Robert E. und Thomas W. Burgess. 1925. *The city*. Chicago: University of Chicago Press.

Peirce, Charles S. 1991. *Schriften zum Pragmatismus und Pragmatizismus*. Frankfurt: Suhrkamp.

Peneff, Jean. 2018. Howard S. Becker. Sociology and music in the Chicago School. London: Routledge.

Powell, Christopher und François Dépelteau 2013. Introduction. In: Conceptualizing relational sociology. Ontological and theoretical issues, Hrsg. Christopher Powell und François Dépelteau, 1–12. Basingstoke: Palgrave Macmillan.

Putnam, Hilary. 1995. *Pragmatismus. Eine offene Frage*. Frankfurt: Campus.

Putnam, Hilary. 2002. *The collapse of the fact/value dichotomy and other essays*. Cambridge: Harvard University Press.

Quine, Willard v. O. 1979. Zwei Dogmen des Empirismus. In: Willard v. O. Quine, *Von einem logischen Standpunkt. Neun logisch-philosophische Essays*, 27–50. Frankfurt: Ullstein.

Reichertz, Jo. 2013. *Die Abduktion in der qualitativen Sozialforschung*. 2. Auflage. Wiesbaden: Springer VS.

Rorty, Richard. 1981. *Der Spiegel der Natur. Eine Kritik der Philosophie*. Frankfurt: Suhrkamp.

Rorty, Richard. 1994. *Hoffnung statt Erkenntnis. Eine Einführung in die pragmatische Philosophie*. Wien: Passagen.

Schubert, Hans-Joachim. 2021. Zur Bedeutung der Chicago School of Sociology für die heutige Soziologie, 105–122. In: *Pragmatische Sozialforschung. Für eine praktische Wissenschaft gesellschaftlichen Fortschritts*, Hrsg. Felix Petersen, Martin Seeliger und Hauke Brunkhorst. Berlin: Metzler.

Strauss, Anselm. 1978. A social world perspective. In: *Studies in Symbolic Interaction* 1: 119–128.

Strauss, Anselm. 1998. *Grundlagen qualitativer Sozialforschung*. 2. Auflage. München: Fink (UTB).

Strauss, Anselm und Juliet Corbin. 1996. *Grounded Theory. Grundlagen qualitativer Sozialforschung*. Weinheim: Beltz PVU.

Strübing, Jörg. 2005. *Pragmatistische Wissenschafts- und Technikforschung*: Theorie und Methode. Frankfurt: Campus.

Thomas, William I. und Dorothy S. Thomas. 1928. *The child in America*. New York: Alfred Knopf.

Thomas, William I. und Florian Znaniecki. 1918–1920. *The Polish peasant in Europe and America. Monograph of an immigrant group*. Boston: Gorham Press.

# Kritische Theorie

Christian Zimmermann

### Zusammenfassung

Der Beitrag von Christian Zimmermann gibt einen sozialwissenschaftlich geprägten und in weiten Teilen historisch gehaltenen Überblick über spezifische Ausformungen der Kritischen Theorie in den Sozialwissenschaften. Nach einer historischen Einordnung werden grundlegend drei Generationen von Theoretiker*innen in den Fokus genommen. Anhand zentraler W erke werden relevante Themenfelder der kritischen Theorie skizziert und ein emanzipatorisches Erkenntnisinteresse sowie die Konfrontation der Gesellschaft mit ihren eigenen Ansprüchen als gemeinsamer Nenner der kritischen Theorie resümiert. In einer wissenschaftstheoretischen Reflexion arbeitet Zimmermann die Kritik an der Dominanz naturwissenschaftlicher Methodologie in den Sozialwissenschaften heraus und fordert eine Theorie, die sich ihrer gesellschaftlichen Stellung bewusst ist. Der Beitrag bietet einen Überblick über die historische Entwicklung, ausgewählte Vertreter*innen und zentrale Konzepte der Kritischen Theorie.

### Abstract

Christian Zimmermann's article provides an overview of specific forms of critical theory in the social sciences, with a focus on the social sciences and, to a large extent, on history. After a historical classification, the focus is fundamentally on three generations of theorists. Using central works, relevant topics of critical theory are outlined and

C. Zimmermann (✉)
Universität Siegen, Siegen, Deutschland
E-Mail: christian.zimmermann@uni-siegen.de

an emancipatory interest in knowledge and the confrontation of society with its own demands are summarized as the common denominator of critical theory. In a reflection on the theory of science, Zimmermann elaborates on the criticism of the dominance of scientific methodology in the social sciences and calls for a theory that is aware of its social position. The article provides an overview of the historical development, selected representatives and central concepts of critical theory.

## Historische Einordnung

Das Projekt einer kritischen Gesellschaftstheorie ist mittlerweile über 100 Jahre alt. Es entstand in den 20er-Jahren des vergangenen Jahrhunderts und besteht bis heute fort. Von Beginn an war die kritische Theorie in institutioneller Hinsicht eng verknüpft mit dem Institut für Sozialforschung, das 1923 von Felix Weil zur Erforschung der Arbeiterbewegung in der Tradition des Marxismus in Frankfurt am Main gegründet wurde (Wiggershaus 1988). Mit der Übergabe der Leitung des Instituts von Carl Grünberg an Max Horkheimer im Jahr 1929 öffnete sich die Forschungsperspektive der kritischen Theorie zu einem interdisziplinären Programm, das der Einsicht folgte, die Gesellschaft der Gegenwart mit den geschichtsphilosophischen und theoretischen Annahmen und methodologischen Instrumenten des orthodoxen Marxismus nicht mehr adäquat beschreiben zu können. Seitdem integriert die kritische Theorie philosophische, soziologische, ökonomische, politikwissenschaftliche, rechtswissenschaftliche, ästhetische und psychoanalytische Motive in einem Erkenntniszusammenhang, der die Widersprüche der kapitalistischen Gesellschaft thematisiert und ihre Wirklichkeit mit den aufklärerischen Ansprüchen von Freiheit, Gleichheit und Brüderlichkeit konfrontiert. In seiner Antrittsrede als Direktor des Instituts für Sozialforschung formuliert Horkheimer den Erkenntnisanspruch der kritischen Theorie, nachdem er den Einseitigkeiten und Engführungen von, vereinfacht gesprochen, dogmatisch idealistisch oder materialistisch orientierter Methodologien eine Absage erteilt hat, in dieser Hinsicht: „Anders verhält es sich, wenn man die Frage in folgender Weise genauer stellt: welche Zusammenhänge lassen sich bei einer bestimmten gesellschaftlichen Gruppe, in einer bestimmten Zeitspanne, in bestimmten Ländern nachweisen zwischen der Rolle dieser Gruppe im Wirtschaftsprozess, der Veränderung in der psychischen Struktur ihrer einzelnen Mitglieder und den auf sie als Gesamtheit im Ganzen der Gesellschaft wirkenden und von ihr hervorgebrachten Gedanken und Einrichtungen. Dann tritt die Möglichkeit der Einleitung wirklicher Forschungsarbeiten in den Blick, und diese sollen im Institut in Angriff genommen werden" (Horkheimer 1988b, S. 33).

Entsprechend dieses interdisziplinären Programms versammelten sich mit der ersten Generation der kritischen Theorie bis heute bekannte Intellektuelle aus verschiedenen akademischen Disziplinen wie Max Horkheimer, Theodor W. Adorno, Walter Benjamin, Friedrich Pollock, Leo Löwenthal, Herbert Marcuse oder Erich Fromm im oder um das Institut für Sozialforschung. Für die zweite Generation stehen Namen wie Jürgen Habermas, Oskar Negt, Albrecht Wellmer oder Regina Becker-Schmidt, unter der dritten Generation firmieren Autorinnen und Autoren wie Seyla Benhabib, Nancy Faeser, Eva Illouz oder Axel Honneth. Vor allem die erste Generation der kritischen Theorie hat eine Reihe von Arbeiten hervorgebracht, die bis heute rezipiert werden und zu den zentralen Referenztexten kritischer Theorie gehören. Dazu zählen zum Beispiel die *Dialektik der Aufklärung* (Horkheimer/Adorno), *Der eindimensionale Mensch* (Marcuse) oder *Die Furcht vor der Freiheit* (Fromm). Aus der zweiten Generation der kritischen Theorie ist sicherlich die *Theorie des kommunikativen Handelns* (Habermas) die bedeutendste Konzeption kritischer Gesellschaftstheorie. Bereits diese geringe Auswahl von Texten in der thematischen Breite philosophischer, ästhetischer, gesellschaftstheoretischer und psychoanalytischer Provenienz illustriert die Schwierigkeit, vor der ein in die kritische Theorie einführender Beitrag steht. Einige ausgewählte Beispiele aus dieser Theoriearchitektur und den unterschiedlichen aufgerufenen und verhandelten Motiven und ihrem unverwechselbaren Sound mögen dies belegen.

Horkheimer und Adorno rekonstruieren in einer Art Basistext der kritischen Theorie in der *Dialektik der Aufklärung* die Geschichte der abendländischen Vernunft und gelangen zu der Einsicht, dass diese von Anfang korrumpiert und in eine fatale Dialektik verstrickt war, die zwar einerseits Medium der Emanzipation und des technischen und gesellschaftlichen Fortschritts bedeutet, andererseits aber auch den Weg in die endgültig verfinsterte Moderne bereitet hat. Aus dem universellen Verblendungszusammenhang, der in der Form instrumenteller Vernunft bereits bei Odysseus angelegt war und im Zivilisationsbruch des Holocaust kulminiert ist, gibt es letztlich kein Entrinnen mehr, kaum noch ein Medium, in dem Erkenntnis gesucht und gelungene Praxis konturiert werden kann (Horkheimer/Adorno 1988).

Marcuse wiederum beschreibt in gesellschaftstheoretischer Hinsicht die spätkapitalistischen Gesellschaften in *Der eindimensionale Mensch* als insofern eindimensional, als ihren Artikulationsweisen und politischen Institutionen jedes Moment der Opposition und Transzendenz genommen ist. Die Rationalität wenigstens der westlichen Industriegesellschaften ist bestechend, zumindest im Hinblick auf ihre Leistungsfähigkeit in der Produktion von Gütern jeder Art und ihren technischen Fortschritt. Gleichzeitig entsteht mit der überwältigenden Masse an Konsumgütern jedoch auch eine neue, ungleich subtilere Form von Herrschaft, die die libidinösen Bindungen der Menschen manipuliert und nivelliert und sie glauben macht, die Bedürfnisse, die ihnen die kapitalistische Produktionsweise ubiquitär oktroyiert, seien ihre eigenen. Qualitativer Veränderung, die den Schritt zu wirklicher Freiheit und Selbstbestimmung bedeuten würde, ist durch die eindimensionale Konfiguration von Sprache, Politik, Gesellschaft, Philosophie und Kunst, die keine Ansatzpunkte für Emanzipation mehr bieten, der Weg abgeschnitten. Darin kommt die Irrationalität der Rationalität der spätkapitalistischen Gesellschaften zum Ausdruck (Marcuse 1994).

Schließlich untersucht Erich Fromm aus einer psychoanalytischen Perspektive die Entwicklung von Subjektivität und gelangt zu der These, dass sich der moderne Mensch zwar im Sinne eines Freiheitsgewinns aus den Zwängen und Einschränkungen der präindividualistischen Gesellschaft gelöst hat, seine personale Identität jedoch noch nicht so stabil und gefestigt ist, die errungenen Freiheitspotentiale im Sinne der integren und vollständigen Verwirklichung seines Selbst leben zu können. Aus dieser „Furcht vor der Freiheit" flüchten die Menschen in Konformität, Destruktivität oder unterwerfen sich autoritären Strukturen oder Persönlichkeiten (Fromm 1999).

Habermas, vielleicht der prominenteste und am meisten rezipierte Vertreter der Schülergenerationen kritischer Theorie, entfaltet im Rahmen seiner zweistufig angelegten *Theorie des kommunikativen Handelns* die Idee, dass im Medium einer auf Verständigung angelegten, in Diskursprozessen einzulösenden Rationalität Geltungsansprüche thematisiert werden, die den Imperativen einer auf Zweckrationalität beruhenden und in weiten Teilen systemisch integrierten bzw. funktional differenzierten Gesellschaft kritisch entgegen gehalten werden können (Habermas 1981). Der Gedanke einer sich im Diskurs entfaltenden Rationalität ist auch der zentrale Aspekt der Legitimation demokratischer politischer Ordnungen in Habermas' deliberativer Theorie der Demokratie, die den Wert diskursgestützter demokratischer Verfahren betont (Habermas 1992).

Dieses Panorama einzelner Motive kritischer Theorie koloriert die Vielschichtigkeit und Verschiedenheit der Zugänge und Erkenntnisperspektiven dieser Spielart soziologischer Theorie zu ihrem Gegenstandsbereich, der Gesellschaft und ihren Erscheinungsformen. Es gibt deshalb nicht *die* kritische Theorie in einem engeren Sinne, sondern immer nur mehr oder weniger idiosynkratische Beiträge, die mit unterschiedlichen Methoden, Schwerpunktsetzungen und Themen arbeiten. Eines allerdings ist ihnen allen gemeinsam: das kritische, das emanzipatorische Erkenntnisinteresse. Kritische Theorie ist aber natürlich nicht in einem lediglich naiven Sinn kritisch, wenn damit die Bereitschaft zur ständigen Infragestellung von vermeintlich gesichertem Wissen gemeint ist, die Orientierung an der Maxime der Aufklärung, sich unbedingt und in allen Zusammenhängen seines eigenen Verstandes zu bedienen. Diese Form des permanenten und ubiquitären rationalen Zweifels ist Grundprinzip jeder Theorie und jeder Wissenschaft, die ihren Namen verdienen. Das Erkenntnisinteresse kritischer Theorie jedoch geht über eine solche formale Operation hinaus, es wird inhaltlich in dem Sinn, dass es die Gesellschaft in ihrer grundlegenden Konfiguration und ihren Erscheinungsformen mit ihren eigenen Ansprüchen auf Demokratie, auf ihren Gehalt an Freiheit und Gleichheit konfrontiert, nach der Legitimität von Macht- und Herrschaftsverhältnissen fragt, in diesem Sinne die Aufgabe von Wissenschaft allgemein und soziologischer Theorie besonders darin sieht, „die Spannung zwischen Wirklichkeit und Idee (zu thematisieren, C.Z.), zwischen der Einrichtung der Welt, wie sie ist, und wie sie sein könnte" (Horkheimer 1988a, S. 101).

Dieses hier nur kurz skizzierte emanzipatorische Erkenntnisinteresse soll die leitende Perspektive dieser Einführung in die kritische Theorie darstellen. Im folgenden Abschnitt werde ich es im Sinne einer wissenschaftstheoretischen Reflexion zunächst ausführlicher und differenzierter erläutern, um ein Hilfsmittel zu entwickeln, das den Zugang zu und die Aneignung von den thematisch so unterschiedlich gelagerten Einzelbeiträgen kritischer Theorie erleichtert. Im Anschluss daran werde ich ausgewählte Motive aus dem Themenspektrum kritischer Theorie aufrufen und zu erläutern versuchen, so dass die jeweils eigene Lektüre und Auseinandersetzung mit den Motiven und Themen kritischer Theorie dort ansetzen kann und hoffentlich leichter fällt. Die Auswahl der einzelnen Darstellungen versucht zwar einerseits, die prominentesten, bedeutsamsten und am häufigsten rezipierten Ansätze kritischer Theorie zu berücksichtigen, kann andererseits aber nicht systematisch begründet werden, nicht zuletzt wegen der dezidert antisystematischen Grundanlage der kritischen Theorie selbst. Philosophie als kritische Theorie ist, wie Adorno einmal formuliert hat, „wesentlich nicht referierbar. Sonst wäre sie überflüssig; daß (sic!) sie meist sich referieren lässt, spricht gegen sie" (Adorno 1970b, S. 44).

## Wissenschaftstheoretische Reflexion

Bereits im 1937 in der *Zeitschrift für Sozialforschung*, dem zentralen Publikationsorgan des gleichnamigen Instituts, veröffentlichten Aufsatz „Traditionelle und kritische Theorie" hat Horkheimer die Dominanz einer an der Methodologie der Naturwissenschaften orientierten Vorstellung von Wissenschaft problematisiert. Wissenschaft fällt für Horkheimer damit zurück auf bloße Tatsachenforschung, die die Wirklichkeit der Gegenwart zwar in ambitionierter und immer elaborierterer Weise zu beschreiben und zu rubrizieren in der Lage ist, letztlich die Wirklichkeit aber nur reproduziert und in einem esoterischen, mathematisch-technischen Jargon verdoppelt und damit affirmiert. Horkheimer formuliert diese Entwicklung so: „Soweit dieser traditionelle Begriff von Theorie eine Tendenz aufweist, zielt sie auf ein rein mathematisches Zeichensystem ab. Als Elemente der Theorie, als Teile der Schlüsse und Sätze, fungieren immer weniger Namen für erfahrbare Gegenstände, sondern mathematische Symbole. Auch die logischen Operationen selbst sind bereits so weit rationalisiert, daß (sic!) zumindest in großen Teilen der Naturwissenschaft die Theorienbildung zur mathematischen Konstruktion geworden ist" (Horkheimer 1988c, S. 164).

Die Frage nach dem vernünftigen Gehalt der Gesellschaft, also welche Grade an Freiheit, Gleichheit und Solidarität politische und gesellschaftliche Formationen in ihrer jeweils historischen Verkörperung aufweisen und wie es um die Legitimität von Macht- und Herrschaftsstrukturen bestellt ist, tritt nach Horkheimer hinter die rein quantifizierende Perspektive naturwissenschaftlich inspirierter Methodologie zurück. Mehr noch, der Rekurs auf die Vernunft wird als bloße Spekulation verdächtigt und als unwissenschaftlich diskreditiert. Mindestens aber ist der Theorie durch das Auseinandertreten von empirischer Wissenschaft und Philosophie jedes Kriterium genommen, an dem die Legitimität der bestehenden Gesellschaft gemessen werden könnte. Eine kritische, über die Verhältnisse der Gegenwart hinausreichende und diese transzendierende Perspektive, steht mit dem Verzicht auf die geschichtsphilosophische Reflexionsform nicht mehr zur Verfügung. In der Wiedergewinnung einer solchen Perspektive besteht nach Horkheimer die grundlegende Idee einer kritischen Theorie der Gesellschaft. Horkheimer selbst argumentiert in seinem programmatischen Aufsatz, dass die Hegemonie naturwissenschaftlicher Methodologie sich nicht von selbst ergeben hat, sondern das Resultat gesellschaftlicher Praxis darstellt. Die Bedingungen der Produktion, die Erfordernisse der Gesellschaft zu ihrer Erhaltung und die damit verbundene Auseinandersetzung mit der Natur führen zu Verhältnissen, in denen die Methodologie der Naturwissenschaften ihre dominierende Stellung erlangt hat. Gerade dieses Wissen um ihren eigenen Entstehungszusammenhang aber ist der empirischen Wissenschaft verloren gegangen, sie weiß deshalb nicht um ihre historische Bedingtheit und versteht ihre eigenen Ziele im gesellschaftlichen Reproduktionsprozess nicht mehr. Dieses zentrale Defizit soll die kritische Theorie kompensieren, indem sie sich einerseits ihrer Stellung in der Konfiguration sozialer Praxis bewusst ist und sich andererseits ihre damit zusammenhängende Aufgabe fortlaufend vor Augen hält: „Die isolierende Betrachtung einzelner Tätigkeiten und Tätigkeitszweige mitsamt ihren Inhalten und Gegenständen bedarf, um wahr zu sein, des konkreten Bewusstseins ihrer eigenen Beschränktheit. Es muss zu einer Konzeption übergegangen werden, in der die Einseitigkeit, welche durch die Abhebung intellektueller Teilvorgänge von der gesamtgesellschaftlichen Praxis notwendig entsteht, wieder aufgehoben wird" (Horkheimer 1988c, S. 173).

Dieses programmatische Desiderat ist jedoch mit einer Reihe von Schwierigkeiten verknüpft. Zunächst benötigt eine dermaßen beschriebene kritische Theorie eben eine Theorie der Geschichte, die die von Horkheimer vorgenommene Aufgabenzuschreibung zu legitimieren und einzulösen vermag. Angesichts der in der *Dialektik der Aufklärung* vorgestellten Verfallsgeschichte der Vernunft, die in der Moderne nur noch als instrumentelle zu haben und ihres Wahrheitsgehalts beraubte zu verstehen ist, scheidet die letztmals bei Georg Wilhelm Friedrich Hegel formulierte Einheit von vernunftgeleiteter Wirklichkeitsdeutung dem Grunde nach aus (Horkheimer/Adorno 1988). Spätestens die Wirklichkeit der Konzentrationslager kann nicht mehr als Fortschritt im Bewusstsein der Freiheit gedeutet werden. Horkheimer selbst plädiert stattdessen für ein „kritisches Verhalten", dem es „durchaus des Vertrauens in die Richtschnur, die das gesellschaftliche Leben, wie es sich nun einmal vollzieht, jedem an die Hand gibt. Die Trennung von Individuum und Gesellschaft, kraft deren der Einzelne die vorgezeichneten Schranken seiner Aktivität als natürlich hinnimmt, ist in der kritischen Theorie relativiert. Sie begreift den vom blinden Zusammenwirken der Einzeltätigkeiten bedingten Rahmen, das heißt die gegebene Arbeitsteilung und die Klassenunterschiede, als eine Funktion, die, menschlichem Handeln entspringend, möglicherweise auch planmäßiger Entscheidung, vernünftiger Zielsetzung unterstehen kann" (Horkheimer 1988c, S. 181). Horkheimer scheint hier für den Status der kritischen Theorie eine Art Metatheorie vorzuschweben, eine höherstufige Form der Reflexion, die die im Medium der Arbeit ausgetragenen gesellschaftlichen Kämpfe auf bislang unterdrückte Konstellationen und das in ihnen zu identifizierende Potential einer freien Gesellschaft überprüft. Axel Honneth beschreibt diese Konfiguration kritischer Theorie folgendermaßen: „Daraus zieht Horkheimer an dieser Stelle den Schluss: nur weil die kritische Theorie auf dieselbe soziale Praxis, durch die sie sich hervorgebracht weiß, ständig auch handlungsorientierend einwirkt, ist sie ein praktisch-veränderndes Moment in der gesellschaftlichen Wirklichkeit, die sie als Theorie untersucht" (Honneth 1986, S. 22). Die Probleme, die mit dieser methodologischen Bestimmung kritischer Theorie insbesondere im Hinblick auf den geschichtsphilosophischen Deutungsrahmen, verbunden sind (Honneth 1986, S. 25ff.), können an dieser Stelle nicht vertieft werden.

Die Diskussion um die Frage, was „kritisch" an der kritischen Theorie sei, hat zu einem späteren Zeitpunkt noch einmal Fahrt aufgenommen. Im Rahmen einer Arbeitstagung der Deutschen Gesellschaft für Soziologie in Tübingen im Jahr 1961 zur Methodologie der Sozialwissenschaften wandte sich Adorno als Vertreter der kritischen Theorie gegen ein Verständnis von Kritik, das er als „bloß formal" (Adorno 1972, S. 135) kennzeichnete. Gemeint war mit diesem Vorwurf eine Konzeption von Wissenschaft, die als „Kritischer Rationalismus" firmierte, und Kritik als Modus des Widerlegens von Hypothesen verstand. Nach der Auffassung des Kritischen Rationalismus kann menschliche Vernunft nur als prinzipiell fallibel, also fehlbar, verstanden werden, so dass Hypothesen als „kühne Vermutungen" über die natürliche und gesellschaftliche Wirklichkeit immer als vorläufig verstanden werden müssen. Kritik im Sinne des Kritischen Rationalismus bedeutet dann die permanente Überprüfung und Infragestellung auch noch so bewährter Hypothesen im Sinne unablässiger Konfrontation mit den durch die Hypothesen beschriebenen Bereichen der gesellschaftlichen Wirklichkeit (Popper 1998). Adorno hält dem entgegen, dass der „kritische Weg" im Sinne des vorhin bei Horkheimer skizzierten „kritischen Verhaltens" für eine „kritische Soziologie nicht bloß formal, sondern auch material" sei, denn diese sei, „wenn ihre Begriffe wahr sein sollen, der eigenen Idee nach notwendig zugleich Kritik der Gesellschaft" (Adorno 1972, S. 135) – und eben nicht lediglich Kritik an den über die Gesellschaft, ihre Funktionsweisen und Institutionen formulierten Hypothesen. Soziologie ist nach Auffassung der kritischen Theorie als Wissenschaft immer auch soziale Praxis, Teil des gesellschaftlichen Reproduktionszusammenhangs, Teil von Macht- und Herrschaftsbeziehungen und gesellschaftlicher Kämpfe, in einer bestimmten historischen Situation und unter bestimmten sozialen Bedingungen, die Wissenschaft, ebenso wie jede andere menschliche Tätigkeitsform, immer zugleich verändert. Daraus folgt vor allem, dass Soziologie niemals wertneutral sein kann, aber nicht, weil sie einem wie auch immer gearteten politischen Impuls folgt, sondern aus den hier dargelegten erkenntnistheoretischen Gründen. Wissenschaft trägt die Signatur der gesellschaftlichen Wirklichkeit, der sie entstammt, als Bedingung ihrer Möglichkeit in sich und reproduziert und modifiziert sie in ihrem Vollzug. Daraus zieht die kritische Theorie die Schlussfolgerung, dass „die Gesellschaft, auf deren Erkenntnis Soziologie schließlich abzielt, wenn sie mehr sein will als bloße Technik, (…) sich überhaupt nur um eine Konzeption von richtiger Gesellschaft (kristallisiert). Diese ist aber nicht der bestehenden abstrakt, eben als vorgeblicher Wert, zu kontrastieren, sondern entspringt aus der Kritik, also dem Bewusstsein der Gesellschaft von ihren Widersprüchen und ihrer Notwendigkeit" (Adorno 1972, S. 139).

Es sei an dieser Stelle nicht verschwiegen, dass eine macht- und herrschaftskritische Perspektive in den Sozialwissenschaften, die auch die wissenschaftliche Theoriebildung als Ausdruck gesellschaftlicher Praxis begreift, gegenwärtig keine besondere Konjunktur genießt. Für die Politikwissenschaft stellen Sonja Buckel und Dirk Martin fest, dass „die Bezugnahme dominanter Paradigmen gegenwärtiger politischer Wissenschaft auf ihren Gegenstand gerade nicht durch eine herrschaftskritische Perspektive bestimmt (ist). Leitend bleiben für diese deskriptive oder implizit bleibende oder explizit ausgewiesene normative Zugangsweisen, die zur Ausblendung oder Normalisierung gesellschaftlicher Herrschaftsverhältnisse führen" (Buckel/Martin 2019, S. 243 f.). Für die kritische Theorie aber gilt ungebrochen, so könnte man bis hierhin zusammenfassen, die Orientierung an der Diskrepanz zwischen der dort falschen Wirklichkeit, wo sie von illegitimen Macht- und Herrschaftsverhältnissen bestimmt ist, und der richtigen Wirklichkeit, die in einer ersten Bestimmung an den Maximen der Aufklärung von Freiheit und Gleichheit als Ausdruck von Vernunft zu gewinnen wären. Diese Orientierung gewinnt ihre Kriterien aber nicht dezisionistisch, mithin aus einer letztlich kontingenten werthaften Setzung, sondern durch die Auseinandersetzung mit dem gegenwärtigen Stand und dem Vernunftgehalt der gesellschaftlichen Formationen und ihrer Reproduktionsbedingungen und den in ihnen brachliegenden, bis zum heutigen Stand nur in ihrer Möglichkeitsform identifizierbaren Potentialen. Aufgrund der interdisziplinären Anlage der kritischen Theorie variieren die methodischen Zugänge mit den jeweils verhandelten Gegenstandsbereichen, zudem sind die verhandelten Themen und analysierten gesellschaftlichen Erscheinungsform sehr voraussetzungsreich. Dieses Problem versuche ich dadurch zu entschärfen, indem ich mich für die weitere Darstellung an der Leitperspektive der Differenz zwischen Wirklichkeit und Idee orientiere.

## Instrumentelle Vernunft und Kulturindustrie als Motive einer Dialektik der Aufklärung: Max Horkheimer und Theodor W. Adorno

Die von Horkheimer und Adorno im kalifornischen Exil in enger Zusammenarbeit verfasste und 1947 beim Querido-Verlag in Amsterdam veröffentlichte *Dialektik der Aufklärung* stellt eine der in verschiedensten akademischen Disziplinen am meisten rezipierten Publikationen der ersten Generation der kritischen Theorie dar. Die *Dialektik der Aufklärung* kann als Kritik der instrumentellen Vernunft in philosophischer Hinsicht als eine umfassende Verfallsgeschichte der Moderne gelesen werden, die sowohl den Zivilisationsbruch des Faschismus als auch die modernen liberalen Demokratien als Ausdrucksformen einer in ein und derselben Weise konfigurierten, nämlich instrumentellen Vernunft diagnostiziert. Zu diesem Ergebnis gelangen Horkheimer und Adorno im Rahmen ihres Erkenntnisprogramms, das nicht weniger umfasst als die Frage, „warum die Menschheit, anstatt in einen wahrhaft menschlichen Zustand einzutreten, in eine neue Art von Barbarei versinkt" (Horkheimer/Adorno 1988, S. 16). Eine Antwort auf diese Frage sehen Horkheimer und Adorno darin, dass sich die abendländische Vernunft eben nicht oder nicht nur mit den Postulaten der Aufklärung von Freiheit, Gleichheit und Brüderlichkeit verschwistert hat, sondern mindestens ebenso mit Herrschaft und Unterdrückung, insbesondere mit Naturbeherrschung. Diese Naturbeherrschung wendet sich nicht zuletzt gegen den Menschen selbst, der ebenso Geist ist wie Natur. Die Tendenz zur instrumentellen Vernunft ist aber gerade keine irgendwie fehlgeleitete Entwicklung der Moderne, sondern dem Design der Vernunft schon von Anfang an einbeschrieben. Bereits im Mythos, so beginnen Horkheimer und Adorno ihre Untersuchung, der gemeinhin für Irrationalität steht und von Göttern und Fabelwesen bewohnt wird, wirkt ein Element, das später der Aufklärung zugeschrieben wird. Die mythischen Figuren und Konstellationen, ihre Zaubersprüche und Wunder, leisten Orientierung, sie ordnen die Welt und weisen den Menschen einen Platz darin zu. Der Zugriff des mythischen Logos steht im Dienst einer Absicht, ist in dieser Funktion bereits instrumentell. Das meinen Horkheimer und Adorno, wenn sie formulieren, dass bereits „der Mythos berichten" wollte, „nennen, den Ursprung sagen: damit aber darstellen, festhalten, erklären" (Horkheimer/Adorno 1988, S. 30). Indem der Mythos die Welt ordnet, erbringt er eine Entlastungsleistung und bietet ein Stück weit Sicherheit und Berechenbarkeit inmitten des chaotischen Kosmos, der keine Zwecke zu kennen scheint. Aber diese Form der lebensweltlichen Entdifferenzierung beraubt die Welt auch ihrer Pluralität und Vielschichtigkeit, unterdrückt den Impuls der Natur, überzieht sie mit herrschaftlichen Strukturen und richtet sich damit letztlich gegen den Menschen selbst. Die Aufklärung mit ihren Postulaten des denkenden, autonomen Subjekts, das sich die Gesetze seines Handelns selbst gibt, kann dann nicht als Emanzipationsprozess aus undurchschauten, finsterer Irrationalität entstammenden Zusammenhängen gedeutet werden, sondern perpetuiert nur den Typus instrumenteller Vernunft, der dem Denken immer schon zu eigen war. Wenn diese Diagnose stimmt, ist der Verblendungszusammenhang total, und Horkheimer und Adorno können formulieren, dass die „vollends aufgeklärte Erde im Zeichen triumphalen Unheils" (Horkheimer/Adorno 1988, S. 25) strahlt.

Ihre nachgerade tragische These der Dialektik der Aufklärung, nach der die Vernunft schuldlos schuldig wird, verfolgen Horkheimer und Adorno unter anderem anhand der Abenteuer des Odysseus als des aus ihrer Sicht ersten neuzeitlichen Subjekts. In Odysseus kommt für Horkheimer und Adorno zum ersten Mal jene Form moderner Subjektivität zum Ausdruck, die den Triumph über die mythischen Mächte teuer bezahlen muss. Der Held des Homerischen Epos überwindet zwar auf seiner Irrfahrt die Herausforderungen des Mythos, etwa die verführerischen Gesänge der Sirenen, aber um den Preis der Entsagung, des Verzichts und letztlich der Unterdrückung der eigenen Natur: „Odysseus versucht nicht, einen anderen Weg zu fahren als den an der Sireneninsel vorbei. Er versucht auch nicht, etwa auf die Überlegenheit seines Wissens zu pochen und frei den Versucherinnen zuzuhören, wähnend, seine Freiheit genüge als Schutz. Er macht sich ganz klein, das Schiff nimmt seinen vorbestimmten, fatalen Kurs, und er realisiert, daß er, wie sehr auch bewußt von Natur distanziert, als Hörender ihr verfallen bleibt. (…) Odysseus erkennt die archaische Übermacht des Liedes an, indem er, technisch aufgeklärt, sich fesseln läßt. Er neigt sich dem Liede der Lust und vereitelt sie wie den Tod. Der gefesselt Hörende will zu den Sirenen wie irgendein anderer. Nur eben hat er die Veranstaltung getroffen, daß er als Verfallener ihnen nicht verfällt" (Horkheimer/Adorno 1988, S. 82f.). Odysseus kann sich zwar gegenüber den mythischen Mächten behaupten, aber nicht, indem er seinen Status als autonomes Subjekt geltend macht, das der Irrationalität des Mythos überlegen wäre, sondern indem er sich listig verhält und mit der List einen Typus eben jener instrumentellen Vernunft einsetzt, der später in der kalten Effizienz und Rationalität der Konzentrationslager seinen ebenso jeden zivilisatorischen Fortschritt dementierenden wie in dieser Logik unausweichlichen Höhepunkt findet. Am Umschlagpunkt der Dialektik von vernünftiger Emanzipation aus den natürlichen Zwängen und der Beherrschung der Natur richtet sich die Gewalt aufklärerischer Vernunft und ihres Mediums, des identifizierenden Begriffs, gegen den Menschen selbst.

Die Totalität instrumenteller Vernunft, die Horkheimer und Adorno beschreiben, kolonialisiert alle gesellschaftlichen Teilbereiche und unterwirft in Form der Kulturindustrie auch Kunst und Kultur ihrer Logik. Während autonome Kunst Erkenntnis ist und über sich hinausweist, in den Worten Adornos „durch all ihre Vermittlung hindurch Erinnerung, die an das Mögliche gegen das Wirkliche" (Adorno 1970a, S. 204) bedeutet, ist den kulturindustriellen Produkten und Produktionen das transzendierende Element abgeschnitten. Kulturindustrie wirkt sedierend und herrschaftsstabilisierend, sie betrügt ihre Rezipienten, indem sie in Schlager, Jazz und kitschigem Film Liebe und Freiheit verspricht, die den Menschen im Quid pro Quo der ubiquitären Warenform gerade ausgetrieben wird. „Vergnügt sein heißt Einverstanden sein", schreiben Horkheimer und Adorno, „Vergnügen heißt allemal: nicht daran denken müssen, das Leiden vergessen, noch wo es gezeigt wird. Ohnmacht liegt ihm zu Grunde. Es ist in der Tat Flucht, aber nicht, wie es behauptet, Flucht vor der schlechten Realität, sondern vor dem letzten Gedanken an Widerstand, den jene noch übriggelassen hat" (Horkheimer/Adorno 1988, S. 170). Die Gegenwart zumal der digitalen Medien, von denen Horkheimer und Adorno noch nichts wissen konnten, transponiert den Verdacht, „Kultur heute" schlage „alles mit Ähnlichkeit" (Horkheimer/Adorno 1988, S. 144) angesichts der im sprichwörtlichen Höllentempo sich wiederholenden, das Hohepriestertum der Oberflächlichkeit feiernden, im gleichen Atemzug jede Transzendenz dementierenden Bilder und Videosequenzen des Immergleichen in Sichtweite der Wahrheit. In der Kulturindustrie und ihren jede authentische Form von Subjektivität und autonomer Individualität manipulierenden und letztlich eliminierenden Produkten sehen Horkheimer und Adorno den Triumph jenes universellen Verblendungszusammenhangs, der die Idee der Demokratie als kollektiver Selbstbestimmung letztlich der Lächerlichkeit preisgibt. Mit ungewissem Ausgang, denn „der Faschismus aber hofft darauf, die von der Kulturindustrie trainierten Gabenempfänger in seine reguläre Zwangsgefolgschaft umzuorganisieren" (Horkheimer/Adorno 1988, S. 189).

## Der eindimensionale Mensch in der eindimensionalen Gesellschaft: Herbert Marcuse

Im Gegensatz zu Adorno, der der Studentenbewegung von 1968 eher skeptisch gegenüberstand und im Jahr 1969 zur Auflösung der Besetzung seines Instituts die Polizei zu Hilfe gerufen hatte (Wiggershaus 1988, S. 702), war Marcuse nicht nur ein wesentlicher intellektueller Referenzpunkt, sondern auch politisch solidarisch. Diese Parteinahme kommt am pointiertesten in Marcuses Aufsatz *Repressive Toleranz* zum Ausdruck, in dem er die gesellschaftliche Funktion von Toleranz in den seinerzeitigen liberal-demokratischen Gesellschaften untersucht (Marcuse 1984). Diese werde dann repressiv, d. h. entgegen ihrer ursprünglichen ideengeschichtlichen Bestimmung als Garantin eines freien und symmetrischen gesamtgesellschaftlichen Diskursraums ein Instrument zur Stabilisierung und Perpetuierung der bestehenden Herrschaftsverhältnisse, wenn die objektiven Bedingungen ihrer Möglichkeit des freien und vernünftigen gesellschaftlichen Diskurses nicht mehr gegeben seien. In der fortgeschrittenen Industriegesellschaft des universellen Verblendungszusammenhangs sei genau dies der Fall, denn „die Nachsicht gegenüber der systematischen Verdummung von Kindern wie von Erwachsenen durch Reklame und Propaganda, (…) die ohnmächtige und wohlwollende Toleranz gegenüber unverblümtem Betrug beim Warenverkauf, gegenüber Verschwendung und geplantem Veralten von Gütern sind keine Verzerrungen und Abweichungen, sondern das Wesen eines Systems, das Toleranz befördert als ein Mittel, den Kampf ums Dasein zu verewigen und die Alternativen zu unterdrücken" (Marcuse 1984, S. 137). Die Schlussfolgerung, die Marcuse aus dieser Diagnose zieht, besteht darin, den ihrer liberalen Idee nach offenen und diskursermöglichenden Deutungsrahmen, in der Wirklichkeit der spätkapitalistischen Industriegesellschaft aber in ein Herrschaftsinstrument umgeschlagenen Charakter der Toleranz zu beschränken, indem er das Konzept der Toleranz an einen substanziellen Begriff der Wahrheit knüpft. Für Marcuse bestehen also Grenzen der Toleranz dort, wo sie sich auf die Seite von Repression und Unterdrückung schlägt und der Befreiung der Menschen entgegensteht. Diese Grenzen zu identifizieren und ihre Überschreitung sozusagen intolerant zurückzuweisen, ist philosophisch und theoretisch in vielerlei Hinsicht heikel, dessen ist sich auch Marcuse bewusst: „Gerade der Begriff der falschen Toleranz und die Unterscheidung zwischen gerechtfertigten und ungerechtfertigten Grenzen der Toleranz, zwischen progressiver und regressiver Schulung, revolutionärer und reaktionärer Gewalt erfordern, daß (sic!) Kriterien ihrer Gültigkeit festgesetzt werden" (Marcuse 1984, S. 152). Trotz der von Horkheimer und Adorno diagnostizierten unentrinnbaren Verstricktheit der Vernunft in Herrschaftsverhältnisse, des vorgeblich undurchdringlichen universellen Verblendungszusammenhangs, vertraut Marcuse weiterhin auf das Medium vernünftiger Reflexion, wenn er formuliert, dass „die Unterscheidung zwischen wahrer und falscher Toleranz, zwischen Fortschritt und Regression sich rational auf empirischem Boden treffen lässt" (Marcuse 1984, S. 153). Allerdings, und das ist die politisch ambivalente Schlussfolgerung, die Marcuse in diesem Aufsatz zieht, ist diese Unterscheidung nicht, den Postulaten der Aufklärung folgend, dem Grunde nach jedem Subjekt möglich, sondern nur jenen, die in einem rationalen Reflexionsprozess geläutert sind. Marcuse formuliert diesen elitären Anspruch unmissverständlich: „Die Frage, wer qualifiziert sei, alle diese Unterscheidungen, Definitionen und Ermittlungen für die Gesamtgesellschaft vorzunehmen, hat jetzt eine logische Antwort: jedermann ‚in der Reife seiner Anlagen', jeder, der gelernt hat, rational und autonom zu denken" (Marcuse 1984, S. 153). Dieser Anspruch kollidiert selbstredend mit den etablierten politischen Meinungs- und Willensbildungsprozessen in den liberalen und parlamentarischen Demokratien der Gegenwart und ihren Legitimitätszuschreibungen wie jener des Entstehungszusammenhangs von Marcuses Aufsatz, aber er stellt eine demokratietheoretisch nicht unbedeutende Frage. Diese Frage wird umso dringlicher, wenn die parlamentarischen Entscheidungsprozesse im Angesicht unabweisbarer Problemlagen wie zum Beispiel der Klimaerwärmung als zu schwerfällig oder von ökonomisch einflussreichen Interessen an der Beibehaltung des Status Quo sabotiert werden.

Ähnlich, aber doch in ganz anderer Weise als Adorno, vermutet Marcuse neben dem klassischen Rekurs auf die Vernunft ein befreiendes Potential in der Kunst, deren Erkenntnischarakter auch in der verwalteten Welt der eindimensionalen Gesellschaft transzendierende Momente darstellen und freilegen kann. Das gelingt ihr, selten genug, weil sie im Medium des ästhetischen Scheins die Zwänge und Verstricktheiten des vernünftigen Begriffs zu überschreiten in der Lage ist: „Das authentische Kunstwerk ist keine Stütze der Unterdrückung und kann keine sein, und Pseudokunst (die eine solche Stütze sein kann), ist keine Kunst. Die Kunst steht gegen die Geschichte, leistet ihr Widerstand, einer Geschichte, welche stets die der Unterdrückung gewesen ist; denn die Kunst unterwirft die Wirklichkeit Gesetzen, die andere als die etablierten sind: den Gesetzen der Form, welche eine andere Wirklichkeit hervorbringt – die Negation der etablierten selbst dort, wo Kunst die etablierte Wirklichkeit abschildert" (Marcuse 1984, S. 141).

Die Risse im universellen Verblendungszusammenhang, die Marcuse in dieser politischen Solidaritätsadresse noch sieht, scheinen in der Diagnose des *Eindimensionalen Menschen* nur noch unter dem Mikroskop erkennbar. Dort unternimmt Marcuse eine Art negativer Anthropologie, mit der er die Situation des Individuums in der fortgeschrittenen Industriegesellschaft zu beschreiben versucht. In gewisser Hinsicht konkretisiert Marcuse in diesem Text die bereits bei Horkheimer und Adorno in der *Dialektik der Aufklärung* vorgetragene These, nach der die Vernunft als Medium von Aufklärung und Emanzipation ausgedient habe. Die Imperative, die die fortgeschrittene Industriegesellschaft an die um ihre Selbsterhaltung bemühten Subjekte formuliert, führen zu einer Veränderung nicht nur in den vernünftigen Erkenntnisdispositionen des modernen Menschen, sondern darüber hinaus zu einer Verformung und Manipulation seiner Bedürfnisstruktur. Auch an dieser Stelle unterscheidet Marcuse „wahre und falsche Bedürfnisse" (Marcuse 1994, S. 25), und urteilt über die „meisten der herrschenden Bedürfnisse", nämlich, „sich im Einklang mit der Reklame zu entspannen, zu vergnügen, zu benehmen und zu konsumieren, zu hassen und zu lieben, was andere hassen und lieben", gehörten „in diese Kategorie falscher Bedürfnisse" (Marcuse 1994, S. 25).

Diese manipulierte Bedürfnisstruktur kommt im Begriff der Eindimensionalität zum Ausdruck, die für Marcuse die Aufhebung qualitativer Unterschiede in Politik und Gesellschaft bedeutet. Vordergründig erscheint die fortgeschrittene Industriegesellschaft aufgrund ihres überwältigenden Warenangebots und der damit verbundenen Versprechen der Einlösung aller materiellen Bedürfnisse und eines Lebens im Überfluss als unabweisbar rational. Hinter dieser glänzenden Fassade jedoch verbirgt sich der Preis, der für diesen Fortschritt in der materiellen Lebensreproduktion zu zahlen ist.

Die Rationalität gesellschaftlicher Produktion und Reproduktion wendet sich nämlich auch hier gegen den Menschen selbst, indem die Ubiquität des Konsums im selben Atemzug ubiquitäre Formen der Kontrolle und der Repression hervorbringt. Was früher einmal mit Aufklärung verbunden war, „Unabhängigkeit des Denkens, Autonomie, das Recht auf politische Opposition" zum Beispiel, wird „gegenwärtig ihrer grundlegenden kritischen

Funktion beraubt in einer Gesellschaft, die immer mehr imstande scheint, die Bedürfnisse der Individuen vermittels der Weise zu befriedigen, in der sie organisiert ist" (Marcuse 1994, S. 21f.). Die Eindimensionalität einer solchen Gesellschaft zeichnet sich dadurch aus, dass in ihr alle Alternativen verschwinden, ein Denken in Differenzen, das nicht nur mit quantifizierenden Kategorien ein und dieselbe Oberfläche variiert, nicht mehr möglich ist. Politische Opposition in einem fundamentalen Sinn gibt es nicht mehr, nur mehr letztlich gleichgeschaltete Akteure, die dem behaupteten freiheitlichen Pluralismus der liberalen Gesellschaft zum Trotz die Reproduktion des Immergleichen betreiben und die Hegemonie der herrschenden Interessen verfestigen. In diesem Sinne, so schreibt Marcuse, lässt sich „unter der Herrschaft eines repressiven Ganzen (…) Freiheit in ein mächtiges Herrschaftsinstrument verwandeln. Der Spielraum, in dem das Individuum seine Auswahl treffen kann, ist für die Bestimmung des Grades menschlicher Freiheit nicht entscheidend, sondern *was* (Hervorhebung im Original) gewählt werden kann und was vom Individuum gewählt *wird* (Hervorhebung im Original)" (Marcuse 1994, S. 27). Die im Sinne der herrschenden Interessen manipulierte Bedürfniskonfiguration verdichtet sich im Verein mit dem Verschwinden qualitativer Unterscheidungen in erkenntnistheoretischer, gesellschaftlicher und politischer Perspektive zu einer hermetischen Abdichtung des Status Quo, die jedes Moment und jede Anstrengung der Transzendierung der bestehenden Verhältnisse dementiert. Denken in Differenzen und entlang von Konfliktlinien gibt es in der eindimensionalen Gesellschaft nicht mehr, und „mit der allmählichen Absperrung dieser Dimension durch die Gesellschaft nimmt die Selbstbeschränkung des Denkens eine umfassendere Bedeutung an. (…) Die Gesellschaft behindert einen ganzen Typ oppositionellen Verhaltens; damit werden die ihm zugehörigen Begriffe illusorisch gemacht oder sinnlos" (Marcuse 1994, S. 35). Letztlich liefert Marcuse im *Eindimensionalen Menschen* die Diagnose einer Gesellschaft, in der jedes progressive Element in einer gespenstischen Weise unmöglich geworden scheint – entweder, weil solche Bedürfnisse unterdrückt und lächerlich gemacht werden, die nach wirklichem Fortschritt verlangen, oder, weil solche Bedürfnisse nicht mehr verstanden werden bzw. werden können. Die Integration zunächst der gesellschaftlichen Klassen, dann ihrer Bedürfnisstruktur und zuletzt jedweder Regung von Individualität in ein hermetisches Kontinuum rationaler Irrationalität, in der nirgendwo mehr ein Anderes die Augen aufschlägt, wird in einer solchen Gesellschaft total. Politisch ruft Marcuse in dieser Situation nach Platon bzw. einer erzieherischen Autorität und öffnet damit einer diabolischen Dialektik die Tür, schreibt er doch selbst, dass die „Vergöttlichung des Geistes das Eingeständnis seiner Niederlage in der Wirklichkeit" (Marcuse 1990, S. 369) miteinschließt.

## Psychoanalyse als emanzipatorische Psychologie: Erich Fromm/ Eva Illouz

Die Psychoanalyse als emanzipatorische Psychologie war von Anfang an fester Bestandteil des erkenntnistheoretischen und methodologischen Programms Kritischer Theorie. Diese ursprünglich auf Sigmund Freud zurückgehende und seitdem vielfach variierte und weitergeführte Form der Psychologie leistet eine Theorie vor allem der unbewussten psychischen Vorgänge, die die psychische Disposition und das Verhalten der Individuen mindestens beeinflussen, wenn nicht determinieren, für die Individuen selbst aber undurchschaut bleiben. Das emanzipatorische Ziel der Psychoanalyse besteht deshalb darin, durch geeignete Formen des Zugangs zum Unbewussten, zum Beispiel durch die Analyse von Träumen oder Versprechern, diese Strukturen zu deuten und aufzuklären und für die betroffenen Individuen verständlich zu machen. In gesellschaftstheoretischer Hinsicht geht es aber natürlich nicht um die Psychoanalyse als individuelle Therapieform, sondern um eine sozialpsychologische Perspektive, die nach den pathologischen Tendenzen und Strukturen der Gesellschaft fragt. Dieses sozialpsychologische Erkenntnisinteresse verfolgt auch Erich Fromm in seiner Studie *Die Furcht vor der Freiheit*, mit der er eine Deutung totalitärer Tendenzen seiner Gegenwart unternommen hat (Fromm 1999). Das Erkenntnisziel seiner Studie beschreibt Fromm folgendermaßen: „Die These dieses Buches lautet, dass der moderne Mensch, nachdem er sich von den Fesseln der vor-individualistischen Gesellschaft befreite, die ihm gleichzeitig Sicherheit gab und ihm Grenzen setzte, sich noch nicht die Freiheit – verstanden als positive Verwirklichung seines individuellen Selbst – errungen hat; das heißt, dass er noch nicht gelernt hat, seine intellektuellen, emotionalen und sinnlichen Möglichkeiten voll zum Ausdruck zu bringen. Die Freiheit hat ihm zwar Unabhängigkeit und Rationalität ermöglicht, aber sie hat ihn isoliert und dabei ängstlich und ohnmächtig gemacht. Diese Isolierung kann der Mensch nicht ertragen, und er sieht sich daher vor die Alternative gestellt, entweder der Last seiner Freiheit zu entfliehen und sich aufs Neue in Abhängigkeit und Unterwerfung zu begeben oder voranzuschreiten zur vollen Verwirklichung jener positiven Freiheit, die sich auf die Einzigartigkeit und Individualität des Menschen gründet" (Fromm 1999, S. 217).

Fromm löst dieses Erkenntnisprogramm ein, indem er wesentliche Annahmen der Freudschen Psychoanalyse, vor allem die dort formulierte Lehre einer festgelegten menschlichen Triebstruktur, um den Aspekt verschiedener Formen des menschlichen Miteinanders erweitert. Personale Identität erlangt der Mensch dann nicht mehr vor dem Hintergrund der Bilanz eines nach Befriedigung oder Versagung bestimmten Portfolios biologisch verankerter Triebe, sondern aus der Art und Weise, wie er mit seinen Mitmenschen und der Welt in Beziehung tritt: „Die menschliche Natur ist weder eine biologisch von vornherein festgelegte, angeborene Summe von Trieben, noch ist die der leblose Schatten kultureller Muster, dem sie sich reibungslos anpasst" (Fromm 1999, S. 230). Das Ziel der „positiven Verwirklichung seines individuellen Selbst" (Fromm 1999, S. 217) hat der Mensch zwar fest im Blick, es ist aber immer gefährdet, zumal in Zeiten fortschreitender Individualisierung, wenn sich der Mensch alleine gelassen und isoliert und von den Zumutungen transzendentaler Heimatlosigkeit überfordert fühlt. In dieser Situation, so Fromm, schlägt die so mühsam errungene Freiheit um in Furcht, und der Mensch sucht entweder Zuflucht bei Autoritäten oder er versteckt sich in der unterschiedslosen Gleichförmigkeit des Konformismus. Fromm untersucht diese Dialektik der Freiheit in seiner Studie am Beispiel der Reformation und des zeitgenössischen Kapitalismus. Während der Protestantismus in der Orientierung auf ein asketisches und entbehrungsreiches

Diesseits und ein korrespondierendes Arbeitsethos den verunsicherten und vereinsamten Menschen ein wie immer auch fragwürdiges Obdach geboten hat, spitzt sich im modernen Kapitalismus die Lage noch einmal zu. Durch die Errungenschaften der kapitalistischen Produktionsweise wird der menschliche Freiheitsraum ungleich größer als jemals zuvor in der Gattungsgeschichte, gleichzeitig wächst aber auch das Gefühl der Vereinzelung und der Verlorenheit im Angesicht ubiquitärer Konkurrenz der anonymen Massengesellschaft. Diese Entwicklung überfordert das psychologische Profil des Menschen, und „er muss versuchen, der Freiheit ganz zu entfliehen, wenn es ihm nicht gelingt, von der negativen zur positiven Freiheit (im Sinne der „positiven Verwirklichung seines individuellen Selbst", C.Z.) zu gelangen. Die bevorzugteste Möglichkeit, die uns die Gesellschaft heute als Fluchtweg anbietet, ist die Unterwerfung unter einen Führer, wie das in faschistischen Ländern der Fall ist, und die zwanghafte Konformität, wie sie in unserer eigenen Demokratie üblich ist" (Fromm 1999, S. 296).

In der Soziologie der Gegenwart greift zum Beispiel Eva Illouz die psychoanalytisch inspirierte Perspektive kritischer Theorie auf. In Beiträgen zu dem von ihr herausgegebenen Sammelband *Wa(h)re Gefühle. Authentizität im Konsumkapitalismus* entfaltet und begründet Illouz die These, dass Emotionen im Kontext der kapitalistisch bestimmten gesellschaftlichen Reproduktion nicht nur die Aufgabe der affirmativen Orchestrierung bestehender gesellschaftlicher Formationen übernommen haben, sondern selbst warenförmig geworden sind (Illouz 2018b). Gefühle und libidinöse Orientierungen sind dann nicht mehr einfach nur Bausteine in der psychischen Ausstattung personaler Identität, die durch die kapitalistische Produktionsweise präformiert und manipuliert werden können, sondern kommodifizierte Objekte, die auf dem Markt wie alle anderen Güter auch strategisch gehandelt werden. Illouz zufolge hat sich in diesem Sektor der kapitalistischen Ökonomie zwischenzeitlich eine ganze Industrie entwickelt, die den warenförmig zugerichteten Individuen auf dem Markt der Gefühle eine Art Emotionen-Consulting zur Optimierung ihrer Marktpositionen als Konsumenten wie Produzenten rund um die Ware Gefühl zur Verfügung stellt. Illouz' konkretisierte These lautet dann, „dass seit dem Zweiten Weltkrieg und ganz entscheidend im Anschluss an die 1960er-Jahre ein stabiler Prozess der Ausbreitung emotionaler Waren stattgefunden hat, der, sobald er einmal angemessen begriffen ist, eine andere Dimension der Geschichte des Kapitalismus offenbart" (Illouz 2018a, S. 29). Mit der Kolonialisierung menschlicher Gefühle bzw. der emotionalen Konfiguration personaler Identität als ganzer und ihrer totalen Integration in den kapitalistischen Verwertungszusammenhang jedoch bleibt keine Instanz mehr übrig, von der aus Beschädigungen menschlicher Subjektivität aus der Perspektive einer kritischen Theorie der Gesellschaft zu thematisieren wären. Noch Adorno, obwohl bereits gefangen im universellen Verblendungszusammenhang der endgültig verfinsterten Moderne, konnte formulieren, dass „das Bedürfnis, Leiden beredt werden zu lassen, Bedingung aller Wahrheit" (Adorno 1970b, S. 29) sei. Wenn sich aber selbst die psychische Struktur der Individuen bis auf die Ebene der Gefühle in das warenförmige Quid pro Quo der kapitalistischen Gesellschaft verwandelt hat, können in Ermangelung eines Begriffs vom Glück oder vom guten Leben nicht einmal mehr Erfahrungen des Leids und des Unglücks authentisch thematisiert, geschweige denn artikuliert werden. Illouz selbst empfiehlt deshalb eine Art postnormativer Form von Kritik: „Diese Position setzt mithin darauf, dass der rhetorische Effekt der historischen Neubeschreibung von Praktiken einen *kritischen Effekt* (Hervorhebung im Original) produziert – sie ist nicht selbst in einer kritischen *Position* (Hervorhebung im Original) verankert" (Illouz 2018b, S. 288).

## Kommunikatives Handeln und deliberative Theorie der Demokratie: Jürgen Habermas

Der vielleicht bedeutendste Vertreter der Schülergeneration der älteren kritischen Theorie ist – bereits mit Blick auf die thematische Breite, den systematischen Impetus und die ubiquitäre Rezeption seines Werkes – Jürgen Habermas. Nicht uninteressant ist die biographische Notiz, dass ausgerechnet einer der zentralen Intellektuellen der Bonner und später auch der Berliner Republik von Horkheimer des Linksextremismus geziehen wurde und sich deshalb bei Wolfgang Abendroth in Marburg und nicht am Frankfurter Institut für Sozialforschung habilitiert hat (Wiggershaus 1988, S. 617). Die in Marburg eingereichte Arbeit zum *Strukturwandel der Öffentlichkeit* (Habermas 1990) nimmt mit der Idee einer diskutierenden und deliberativen Öffentlichkeit bereits wesentliche Elemente des rationalen, symmetrischen und gleichberechtigten Diskurses und damit ein Grundmotiv der deliberativen Demokratietheorie vorweg. Habermas rekonstruiert in diesem frühen Text die liberale Idee bürgerlicher Öffentlichkeit, deren diskursiver Output die Legitimität politischer Entscheidungen garantieren soll. Sein Urteil über die Struktur der Öffentlichkeit demokratischer Gemeinwesen der Gegenwart fällt nicht freundlich aus, Habermas erzählt vielmehr die Geschichte eines Verfallsprozesses: „Das mediatisierte Publikum ist zwar, innerhalb einer immens erweiterten Sphäre der Öffentlichkeit, unvergleichlich vielseitiger und häufiger zu Zwecken der öffentlichen Akklamation beansprucht, aber gleichzeitig steht es den Prozessen des Machtvollzugs und des Machtausgleichs so fern, dass deren Rationalisierung durch das Prinzip der Öffentlichkeit kaum noch gefordert, geschweige denn gewährleistet werden kann" (Habermas 1990, S. 273f.). Die Dynamiken des paternalistischen Sozialstaates und die im überstrapazierten Medium des Rechts aufeinander bezogenen staatlichen und gesellschaftlichen Akteure kolonialisieren, um einen Terminus aus der Theorie des kommunikativen Handelns vorwegzunehmen, alle anderen Teilbereiche der Gesellschaft und dementieren zudem die freiheitliche und demokratisierende Orientierung des öffentlichen Diskurses. Das emanzipatorische Potential, das mit der Idee einer diskutierenden Öffentlichkeit als Medium kollektiver Selbstbestimmung verbunden war, geht verloren, wenn der öffentliche Raum als eine vermachtete und von den Mechanismen der Kulturindustrie zugerichtete Sphäre verstanden werden muss, in der politische Kommunikation nur mehr der reklamehaften und bestenfalls kurzfristigen Legitimationsbeschaffung – etwa im Vorfeld von Wahlen – dient. Die mediatisierte Öffentlichkeit der Gegenwart kann dann nicht mehr als ein Forum verstanden werden, auf dem Bürgerinnen und Bürger zur politischen Meinungsbildung kritisch reflektieren, über politische Alternativen streiten und den zwanglosen Zwang des besseren Arguments erwägen. Im Gegenteil setzen sich dort die Interessen durch, die auf der Klaviatur der Kulturindustrie am besten zu spielen vermögen. Die Kraft vernünftiger Reflexion, die die Differenz zwischen Anspruch und Wirklichkeit noch zu thematisieren vermöchte, zieht sich an den Rand der Gesellschaft zurück.

Mit der *Theorie des kommunikativen Handelns* (Habermas 1981) nimmt Habermas eine weitreichende Weichenstellung vor. Im Kontext einer zweistufigen Gesellschaftstheorie unterscheidet er „lebensweltlich" von „systemisch" integrierten Bereichen der Gesellschaft. In den lebensweltlich integrierten Bereichen der Gesellschaft vollziehen sich in symmetrischen Kommunikationsprozessen in den Tiefenstrukturen von Sprache angelegte Verständigungsleistungen, im Rahmen derer die Gesellschaft intersubjektiv geteilte Hintergrundüberzeugungen prüft, berät und an emanzipatorischen Ansprüchen zu messen in der Lage ist. Vereinfacht gesprochen, reproduziert und erneuert die Gesellschaft hier noch weitgehend unbehelligt von den Zumutungen der materiellen Reproduktion ihre Vorstellungen von Gerechtigkeit, Demokratie und Solidarität im Modus kommunikativen Handelns. Die unhintergehbare Orientierung auf Verständigung, die der Sprache innewohnt, transportiert in dieser Lesart Habermas zufolge ein Vernunftpotential, das sich nicht, wie noch Horkheimer und Adorno beschrieben haben, auf den instrumentellen Aspekt der folgenreichen Naturbeherrschung reduzieren lässt. Habermas beschreibt das Design der Lebenswelt, in dem Subjekte kommunikativ handeln, folgendermaßen: „Unter dem funktionalen *Aspekt der Verständigung* (Hervorhebung im Original) dient kommunikatives Handeln der Tradition und der Erneuerung kulturellen Wissens; unter dem *Aspekt der Handlungskoordinierung* (Hervorhebung im Original) dient es der sozialen Integration und der Herstellung von Solidarität; unter dem *Aspekt der Sozialisation* (Hervorhebung im Original) schließlich dient kommunikatives Handeln der Ausbildung von personalen Identitäten. Die symbolischen Strukturen der Lebenswelt reproduzieren sich auf dem Wege der Kontinuierung von gültigem Wissen, der Stabilisierung von Gruppensolidarität und der Heranbildung zurechnungsfähiger Aktoren" (Habermas 1981, Bd. 2, S. 208f.). Im kommunikativen Handeln realisiert sich folglich im Modus des Diskurses ein Vernunftpotential, das Ideen wie Freiheit, Gleichheit und Brüderlichkeit zu aktualisieren in der Lage ist. Allerdings können sich nicht alle gesellschaftlichen Teilbereiche im Modus des kommunikativen Handelns reproduzieren. Neben der Dimension der im weitesten Sinne kulturellen Reproduktion bestehen in der funktional differenzierten Gesellschaft Teilbereiche, die nicht auf der Grundlage kommunikativen Handelns integriert sind, sondern in denen zum Beispiel systemische Imperative der materiellen Reproduktion integrationsleitend sind. In diesen Teilbereichen konstituieren sich Akteurskonstellationen nicht entlang eines Horizonts verständigungsorientierter Kommunikation, sondern es gelten die Kriterien des Marktes, der Effizienz und strategischen Rationalität. Lebensweltlich und systemisch integrierte Teilbereiche der Gesellschaft koexistieren aber nicht einfach, sondern stehen in einem Bedingungsverhältnis bzw. verweisen wechselseitig aufeinander. Die Perspektive einer kritischen Theorie der Gesellschaft nimmt Habermas dort wieder auf, wo er davon spricht, dass die im Hinblick auf materielle Reproduktion hocheffizienten

Integrationsmodi systemisch integrierter Teilbereiche, wie etwa die der kapitalistischen Ökonomie, lebensweltlich integrierte Teilbereiche kolonialisierten. Diese Übergriffe systemischer Rationalität bedrohen und beschädigen die Weisen kommunikativen Handelns, die für kulturelle Verständigung, gesellschaftliche Solidarität und personaler Identität von fundamentaler Bedeutung sind: „Erst damit sind die Bedingungen einer *Kolonialisierung der Lebenswelt* (Hervorhebung im Original) erfüllt: die Imperative der verselbständigten Subsysteme dringen, sobald sie ihres ideologischen Schleiers entkleidet sind, *von außen* (Hervorhebung im Original) in die Lebenswelt – wie Kolonialherren in eine Stammesgesellschaft – ein und erzwingen die Assimilation" (Habermas 1981, Bd. 2, S. 522). Im Unterschied zur Diagnose der vollständig verfinsterten Moderne, zu der noch Horkheimer und Adorno in der *Dialektik der Aufklärung* gelangt sind, ermöglicht die hier in Ansätzen skizzierte Gesellschaftstheorie von Habermas, Inseln kommunikativer Verständigung bzw. kommunikativen Handelns und komplementär Widerstandspotentiale gegen die Pathologien der Moderne dort theoretisch und empirisch zu identifizieren und politisch zu thematisieren, wo die Grenzüberschreitungen systemischer Rationalität im Sinne dysfunktionaler kommunikativer Rationalität und blockierter Verständigung sichtbar werden.

Der Frage, wie das kommunikativem Handeln intrinsische Vernunftpotential in einem politischen Kontext freigesetzt und institutionell auf Dauer gestellt werden kann, geht Habermas im Rahmen seiner deliberativen Demokratietheorie nach, die er in Faktizität und Geltung systematisch entfaltet hat (Habermas 1992). Von zentraler Bedeutung in diesem Zusammenhang ist das Medium des Rechts als Instrument politischer Steuerung, dessen Januskopfigkeit eine Problemlage bezeichnet, der Habermas mit seinem Konzept begegnen will. Einerseits stellt das Recht ein Einfallstor zu lebensweltlich integrierten Teilbereichen der Gesellschaft dar und dementiert durch die damit verbundene Einschleusung systemischer Imperative das Rationalitätspotential kommunikativen Handels. Das ist zum Beispiel dann der Fall, wenn sozialstaatliche Interventionen die personale Autonomie der Individuen gefährden. Anderseits ermöglicht es das Recht aber auch, der Rationalität kommunikativen Handelns entspringende Sinnvorstellungen in systemisch integrierte Teilbereiche zu transportieren und auf diese Weise an lebensweltliche Bedürfnisse wie zum Beispiel Gerechtigkeit, Integrität und Solidarität anzupassen. Habermas sucht also nach einer diskurstheoretischen Begründung des Rechts und des demokratischen Rechtsstaats, die das Recht sowohl als Garant individueller Autonomie bzw. das Subjekt als Träger individueller Rechte ausweist, aber auch berücksichtigt, dass kollektive Autonomie im Sinne demokratischer Selbstbestimmung nicht einfach als eine Art Summe individueller politischer Meinungs- und Willensbildung verstanden werden kann. Individuen sind, zumal in der funktional differenzierten, kapitalistisch integrierten Gesellschaft, nicht frei und gleich, wie der Liberalismus nicht müde wird zu suggerieren, sondern im Gegenteil höchst ungleich in der Fähigkeit, ihre Interessen zu identifizieren und wirksam im politischen Prozess zu vertreten. Private und kollektive Autonomie sind also keineswegs identisch, aber trotzdem notwendige Bestandteile einer normativ gehaltvollen Vorstellung von Demokratie. Das philosophische Problem, das mit der Frage nach dem Vorrang von individueller oder kollektiver Autonomie verbunden ist, versucht Habermas zu lösen, indem er die dahinter stehende liberale bzw. republikanische Konzeption von Politik in einem integrierten und letztlich auf der grundsätzlichen Verständigungsorientierung von Sprache basierenden Szenario aufgehen lässt, denn „das System der Rechte verlangt die gleichzeitige und komplementäre Verwirklichung von privater und staatsbürgerlicher Autonomie, die, normativ betrachtet, gleichursprünglich sind und sich wechselseitig voraussetzen, weil eine ohne die andere unvollständig bliebe" (Habermas 1992, S. 381). Demokratie und Rechtsstaat stehen in dieser Lesart in einem notwendigen, eben „gleichursprünglichen" Zusammenhang, weil beide Integrationsprinzipien letztlich auf dem Prinzip des diskursiven Austauschs und der Anerkennung von Gründen beruhen. In politischer Hinsicht ist dann entscheidend, dass die Institutionen des demokratischen Rechtsstaats und der damit zusammenhängende politische Prozess so beschaffen sind, prinzipiell jedem Interesse gleichberechtigten Zugang zu den Arenen politischer Meinungs- und Willensbildung zu ermöglichen. Diesen Zugang zu demokratisieren und nicht nur privilegierten Interessen zu gewährleisten, ist das zentrale Legitimationskriterium und, emanzipatorisch gewendet, Aufgabe und Voraussetzung deliberativer Politik, denn nur dann können sich die Individuen sowohl als gesetzgebend als auch als gesetzesunterworfen begreifen. Habermas ruft hierfür abermals die politische Öffentlichkeit in den Zeugenstand, deren Wirkungsgrad er zwar einerseits eher defensiv beschreibt, andererseits aber weiterhin für konstitutiv hält: „Wenn man sich das wie immer auch diffus bleibende Bild der vermachteten, massenmedial beherrschten Öffentlichkeit, das uns die Soziologie der Massenkommunikation vermittelt, vor dem Hintergrund dieser normativen Erwartungen in Erinnerung ruft, wird man die Chancen einer Einflussnahme von Seiten der Zivilgesellschaft auf das politische System zurückhaltend einschätzen. Allerdings bezieht sich diese Einschätzung nur auf eine *Öffentlichkeit im Ruhezustand* (Hervorhebung im Original). In Augenblicken der Mobilisierung beginnen die Strukturen, auf die sich die Autorität eines stellungnehmenden Publikums eigentlich stützt, zu vibrieren. Dann verändern sich die Kräfteverhältnisse zwischen Zivilgesellschaft und politischem System" (Habermas 1992, S. 458). Den Modus politischer Deliberation zu stärken bzw. zu demokratisieren, ist dann auch wesentliches Anliegen von Habermas' Theorie deliberativer Demokratie. Dazu können die Ausweitung plebiszitärer und basisdemokratischer Instrumente dienen, ebenso wie die generelle Demokratisierung politischer Öffentlichkeit, aber auch die konsequente Bindung politischer Entscheidungen an die Parlamente. Entsprechend skeptisch ist Habermas dann auch gegenüber der Rechtsprechungspraxis des Bundesverfassungsgerichts, die er – zumindest im Fall der abstrakten Normenkontrolle, also der verfassungsrechtlichen Prüfung einer vom Parlament beschlossenen Norm – als demokratietheoretisch fragwürdig ansieht: „Die Konkurrenz des Verfassungsgerichts mit dem demokratisch legitimierten Gesetzgeber spitzt sich erst im Bereich der abstrakten Normenkontrolle zu. (...) Es ist immerhin eine Überlegung wert, ob nicht auch die Nachprüfung dieser parlamentarischen Entscheidung in der Form einer gerichtsförmig organisierten Selbstkontrolle des Gesetzgebers durchgeführt und beispielsweise in einem (auch) mit juristischen Experten besetzten Parlamentsausschuss institutionalisiert werden könnte" (Habermas 1992, S. 295).

Mit seiner in *Faktizität und Geltung* vorgelegten Theorie der Demokratie gewinnt Habermas mit den insbesondere an die Performanz der politischen Öffentlichkeit formulierten Ansprüchen eine Art Kontrastfolie, an der die Praxisformate politischer Öffentlichkeit, aber auch andere institutionelle Aspekte des politischen Systems gemessen werden können. In diesem Sinne löst Habermas wenigstens dem Grunde nach das Desiderat kritischer Theorie ein, eine bestehende politische Formation an ihren eigenen Ansprüchen auf Demokratie und Partizipation zu überprüfen. Den Einwand allerdings, dass der theoretische Rückzug auf die Verfahrensrationalität des Diskurses und seiner politischen Institutionalisierungen nicht doch von keineswegs selbstverständlichen, insbesondere sozioökonomischen Voraussetzungen ausgeht und damit emanzipatorisches Potential preisgibt, hat zum Beispiel Klaus Dörre auf den Punkt gebracht. Denn es spricht „einiges dafür", so schreibt Dörre, „dass die Theorien der deliberativen Demokratie in gewisser Weise das Kind mit dem Bade ausschütten. In der Logik einer primär verständigungsorientierten, verfahrensbasierten Demokratie bleibt der Platz dessen, was im demokratischen Verfahren behandelt wird, leer" (Dörre 2019, S. 25). Nach Auffassung Dörres wird damit „die demokratische von der sozialen Frage entkoppelt. Dadurch erfährt die Égalité unausgesprochen eine demokratietheoretische Abwertung. Sie kann sich als Resultat verständigungsorientierter Verfahren durchsetzen, muss es aber nicht" (Dörre 2019, S. 26). Nach dieser Lesart hätte auch Habermas eine zwar ambitionierte Theorie der Demokratie mit dem angedeuteten kritischen Potential entwickelt, die aber den gegen den politischen und philosophischen Liberalismus vorgebrachten Einwänden letztlich nicht entgehen kann.

## Literatur

Adorno, Theodor W. (1970a): Ästhetische Theorie. In: Ders.: Gesammelte Schriften. Band 7. Frankfurt am Main.
Ders. (1970b): Negative Dialektik. In: Ders.: Gesammelte Schriften. Band 6. Frankfurt am Main.
Ders. et al. (1972): Der Positivismusstreit in der deutschen Soziologie. Frankfurt am Main.
Buckel, Sonja/Martin, Dirk (2019): Aspekte einer gesellschaftskritischen Theorie der Politik. In: Bohmann, Ulf/Sörensen, Paul (Hrsg.): Kritische Theorie der Politik. Berlin. S. 243–266.
Dörre, Klaus (2019): Demokratie statt Kapitalismus oder: Enteignet Zuckerberg! In: Ketterer, Hanna/Becker, Karina (Hrsg.): Was stimmt nicht mit der Demokratie? Eine Debatte mit Klaus Dörre, Stephan Lessenich und Hartmut Rosa. Berlin. S. 21–51.
Fromm, Erich (1999): Die Furcht vor der Freiheit. In: Ders. (hrsg. von Rainer Funk): Gesamtausgabe, Band I, S. 217–392. München.
Habermas, Jürgen (1981): Theorie des kommunikativen Handelns. 2 Bände. Frankfurt am Main.
Ders. (1990): Strukturwandel der Öffentlichkeit. Frankfurt am Main.
Ders. (1992): Faktizität und Geltung. Beiträge zur Diskurstheorie des Rechts und des demokratischen Rechtsstaats. Frankfurt am Main.
Honneth, Axel (1986): Kritik der Macht. Reflexionsstufen einer kritischen Gesellschaftstheorie. Frankfurt am Main.
Horkheimer, Max/Adorno, Theodor W. (1988): Dialektik der Aufklärung. Philosophische Fragmente. In: Max Horkheimer: Gesammelte Schriften, Bd. 5, S. 12–290.

Horkheimer, Max (1988a): Philosophie als Kulturkritik. In: Ders.: Gesammelte Schriften, Bd. 7, S. 81–103.
Ders. (1988b): Die gegenwärtige Lage der Sozialphilosophie und die Aufgaben eines Instituts für Sozialforschung. In: Ders.: Gesammelte Schriften, Bd. 3, S. 20–35.
Ders. (1988c): Traditionelle und kritische Theorie. In: Ders.: Gesammelte Schriften, Bd. 4, S. 161–225.
Illouz, Eva (2018a): Einleitung – Gefühle als Waren. In: Dies. (Hrsg.): Wa(h)re Gefühle. Authentizität im Konsumkapitalismus. Berlin, S. 13–48.
Dies. (2018b): Fazit: Auf dem Weg einer postnormativen Kritik der emotionalen Authentizität. In: Dies. (Hrsg.): Wa(h)re Gefühle. Authentizität im Konsumkapitalismus. Berlin, S. 268–291.
Marcuse, Herbert (1984): Repressive Toleranz. In: Ders.: Schriften 8. Frankfurt am Main.
Ders. (1990): Vernunft und Revolution. Hegel und die Entstehung der Gesellschaftstheorie. Frankfurt am Main.
Ders. (1994): Der eindimensionale Mensch. Studien zur Ideologie der fortgeschrittenen Industriegesellschaft. München.
Popper, Karl (1998): Logik der Forschung. Berlin.
Wiggershaus, Rolf (1988): Die Frankfurter Schule. Geschichte – Theoretische Entwicklung – Politische Bedeutung. München.

# Feministische Theorien

Katharina Hoppe

### Zusammenfassung

Ausgehend von den Gründen für die Auslassung der feministischen Theorien in vielen herkömmlichen Einführungswerken kritisiert der Beitrag, dass durch die gesellschaftstheoretische Vernachlässigung der Kategorie Geschlecht ein bestimmtes Bild der allgemeinen Soziologie und der Gesellschaft reproduziert wird. Feministische Theorien werden innerhalb der Soziologie verortet, durch ihren herrschaftskritischen Anspruch charakterisiert und mit Gender-, Intersektionalitäts- und Queertheorien in ein Verhältnis gesetzt. Um einen Überblick über die Tradition feministischer Theorien in der Soziologie zu geben, zeichnet der Beitrag deren wissenschaftstheoretischen und methodologischen Einsatzpunkte nach. Darauf aufbauend skizziert er die zentralen Bezugsprobleme und Traditionslinien feministischer Theoriebildung und Forschung in der Soziologie. Der letzte Abschnitt arbeitet Potenziale und Grenzen feministischen Forschens und Lehrens heraus.

### Abstract

Based on the reasons for the omission of feminist theories in most conventional introductory works, the article criticizes the fact that a certain image of general sociology and society is reproduced through the neglect of the category of gender in social theory. Feminist theories are situated within sociology, characterized through their claim to be

K. Hoppe (✉)
Goethe-Universität Frankfurt, Frankfurt am Main, Deutschland
E-Mail: k.hoppe@em.uni-frankfurt.de

critical of domination, and described in their relation to gender, intersectionality and queer theories. In order to provide an overview of the tradition of feminist theories in sociology, the article traces their epistemological premises and methodological stakes. Building on this, it outlines the central reference problems and traditional lines of feminist theory formation and research in sociology. The final section highlights the potentials and limitations of feminist research and teaching.

## Einleitung: Feministische Theorien in der Soziologie

Viele Handbücher und Überblickswerke zur soziologischen Theorie führen keine Einträge zu feministischen Theorien (in vielen spielen bis heute auch die Beiträge von Frauen und anderen weiblich markierten Positionen keine Rolle, aber das ist ein etwas anders gelagertes Thema, wie weiter unten deutlich wird). Für diese Auslassung der feministischen Theorie dürften vor allen Dingen zwei Gründe verantwortlich sein, die eng miteinander verknüpft sind und deren Analyse und Kritik selbst schon auf die Spezifika einer feministischer Perspektive in der Soziologie verweisen: Erstens gilt die feministische Theorie als befasst mit einem Spezialgebiet (nämlich den Geschlechterverhältnissen) und damit eben als lediglich verantwortlich für einen Ausschnitt des sozialen Zusammenlebens – soziologische Theorie müsse sich demgegenüber dem Ganzen der Gesellschaft zuwenden. Zweitens wird feministische Theorie als ‚politisch' und verstrickt mit besonderen Interessen (nämlich jenen von Frauen) wahrgenommen – soziologische Theorie müsse die Gesellschaft aber vom Standpunkt des Allgemeinen und damit verknüpft möglichst neutral analysieren. Als explizit positionierte Theorien wurden feministische Theorien demnach lange als Sonder- oder Zusatzfrage behandelt oder allein der Geschlechterforschung zugerechnet. Damit wurde und wird allerdings ein Bild der allgemeinen Soziologie und der Gesellschaft reproduziert, in dem der Kategorie ‚Geschlecht' keine strukturbildende Wirkung zuerkannt wird, und sie in der Folge also gesellschaftstheoretisch zu vernachlässigen sei. Eine ganze Reihe von Phänomenen bleiben so tendenziell unverstanden oder werden gar nicht erst berücksichtigt.

Im Zusammenhang mit Überlegungen zu den Exklusionsdynamiken und Mechanismen der Kanonisierung in der Soziologie steht die Diskussion um vergessene Klassiker*innen und Arbeiten, die sich bemühen, die immer noch eklatanten Leerstellen in der Rezeption der Arbeiten von Soziolog*innen wie Viola Klein, Dorothy Smith oder Jane Addams zu schließen. Diese Beiträge weisen zwar starke Überschneidungen mit Fragen der feministischen Theorien in der Soziologie auf, beide Themen gehen aber nicht ineinander auf (siehe hierzu Wobbe und Honegger 1995; Holzhauser 2023). Hinweise auf die mangelnde Repräsentation von Frauen und anderen weiblich markierten Positionen sind *eine* Strategie feministischer Aufklärung der Disziplin, aber selbstverständlich sind weder alle Frauen Feminist*innen und auf gar keinen Fall beschäftigt sich eine irgendwie „weibliche" Theoriebildung und Forschung automatisch mit Feminismus oder verfolgt eine feministische Agenda. Dezidiert feministische Theorien in der Soziologie zeichnen sich durch ihren *herrschaftskritischen Anspruch* aus, der auf die Überwindung aller Unterdrückungsverhältnisse zielt, die mit Geschlecht als Struktur und Praxis in Verbindung stehen. Als solche sind feministische Theorien Teil der Soziologie und als solche sind sie auch Teil der interdisziplinären Geschlechterforschung bzw. der Gender Studies, denn auch nicht alle Akteure, die sich innerhalb letzteren verorten, verstehen sich als feministisch. Die Gender Studies sind ein interdisziplinärer Zusammenhang, von dem die Soziologie ein zentraler Bestandteil ist. Feministische Interventionen innerhalb soziologischer Theorien sind indes ähnlich multiparadigmatisch, wie die Soziologie selbst (vgl. zum Verhältnis Hark 2005, S. 209–268).

Der einende Kern feministischer Theorien liegt in ihrem normativen Anliegen begründet, nämlich in der Problematisierung und Kritik jener Verhältnisse und Praktiken, die Frauen und andere weiblich markierte Positionen abwerten, passivieren und diskriminieren (vgl. Becker-Schmidt und Knapp 2000, S. 7). Viele der feministischen Forderungen, die auf ein diskriminierungsfreies Leben zielen, gehen dabei über den Rahmen heteronormativ codierter Verhältnisse hinaus und nehmen auch Anliegen von trans* Personen sowie die Marginalisierung queerer, lesbischer, schwuler und intergeschlechtlicher Personen in die Analyse auf. Die queeren Theorien stellen inzwischen einen ganz eigenen Zweig feministischer Theoriebildung dar, die aber freilich auch selbst zu deren Kanon zählen, man denke nur an die Arbeiten Judith Butlers (vgl. Laufenberg und Trott 2023). Auch ein alleiniger Fokus auf ‚Geschlecht' wird zunehmend hinterfragt und dieses stärker in seinen mannigfaltigen Verknüpfungen mit anderen Herrschaftsstrukturen, wie *race*, Klassenverhältnissen und Sexualität, verstanden – eine Entwicklung, die häufig mit dem Schlagwort der Intersektionalität in Verbindung gebracht wird (Lutz et al. 2010a). Hier ist aber nicht nur die Intersektionalitätsforschung zu nennen, sondern auch die historische Verschiebung von der feministischen Frauenforschung hin zur Geschlechterforschung, mit der Geschlechterverhältnisse in ihren komplexen Verortungen ins Zentrum der Überlegungen rücken, und Kritik sich auf „Geschlecht als zentralem gesellschaftlichem Organisations- und Herrschaftsprinzip" (Maihofer 2004, S. 27) überhaupt richtet. Auch die kritische Befragung von Männlichkeiten spielt in diesem Zusammenhang eine wichtige Rolle (Meuser 2010; Scholz 2015; Maihofer 2019).

So verstandene feministische, queerfeministische und intersektionale Theorie und Geschlechterforschung betont die Positioniertheit aller (Erkenntnis-)Subjekte: Die spezifische Position und der kritische Stachel feministischer Wissensproduktion in der Soziologie lässt sich wohl immer noch am besten mit der von der Schwarzen feministischen Soziologin Patricia Hill Collins eingeführten Figur der eingebundenen Außenseiter*in (*Outsider within*) erläutern. In ihrem bahnbrechenden Text „Von den eingebundenen Außenseiter*innen lernen. Zur soziologischen Bedeutung des Schwarz-feministischen Denkens" (2024 [1986]) erläutert diese die Perspektive Schwarzer Frauen in der Soziologie als gewinnbringend für die Disziplin, weil sie es vermöge, Anomalien freizulegen, indem das als ‚normal' Wahrgenommene als Besonderes sichtbar wird: „Wo also traditionelle Soziolog*innen die Soziologie als ‚normal' ansehen und ihre Aufgabe so verstehen, das Wissen über eine normale Welt mit als selbstverständlich wahrgenommenen Annahmen voranzutreiben, werden die eingebundenen Außenseiter*innen wahrscheinlich Anomalien erkennen." (Collins 2024 [1986], S. 27). Die Figur der eingebundenen Außenseiter*in verweist damit auf Theoreme, die auch in anderen soziologischen Theorien – etwa in der Figur des Fremden oder Dritten – Variationen erfahren haben (Simmel 1992 [1908], S. 764–771; Merton 1972; Villa 2006). Der Einsatzpunkt des spezifisch feministischen Arguments liegt jedoch in der herrschaftskritischen Stoßrichtung, die an dieser Stelle auch standpunkttheoretische Anleihen macht. Die Standpunkttheorie geht davon aus, dass sozial marginalisierten Positionen eine klarere Sicht auf Macht- und Herrschaftsverhältnisse aufweisen, weil diese – ganz im Gegenteil zu privilegierten Positionen – kein Interesse an deren Aufrechterhaltung haben (Harding 2004). Ich werde im Abschnitt zu den wissenschaftstheoretischen Einsatzpunkten feministischer Forschung und Theorie auf diese Argumente zurückkommen, für die Verortung der feministischen Theorien in der Soziologie, ist die Position als eingebundene Außenseiter*in von Bedeutung, weil sie einerseits deren Kapazitäten zur Irritation von (wissenschaftlichen) Hegemonien hervorhebt und andererseits ihre Rolle als mehr oder weniger etablierte wissenschaftliche Autorität aufzeigt. Sabine Hark hat diese Doppelrolle in ihrer wichtigen Studie zur Akademisierung des Feminismus betont und den Modus feministischer Wissensproduktion deswegen als „dissidente Partizipation" (Hark 2005) beschrieben.

Um im Folgenden einen Überblick über die reiche Tradition feministischer Theorien in der Soziologie zu gewinnen, zeichne ich in einem ersten Schritt deren wissenschaftstheoretischen und methodologischen Einsatzpunkte nach, indem ich zentrale Thesen der feministischen Wissenschaftskritik vorstelle und deren methodologische Implikationen auffächere („Wissenschaftskritische und methodologische Einsatzpunkte feministischer Positionen in der Soziologie"). Darauf aufbauend skizziere ich die zentralen Bezugsprobleme und Traditionslinien feministischer Theoriebildung und Forschung in der Soziologie entlang von zwei thematischen Achsen nämlich jenen der Arbeit und der Subjektivierung („Bezugsprobleme und Traditionslinien"). Der letzte Abschnitt arbeitet Potenziale und Grenzen feministischen Forschens und Lehrens in der Soziologie heraus und verdeutlicht, warum es notwendig ist feministische Theorien *als* soziologische Theorien zu begreifen („Feministisch Forschen und Lehren").

## Wissenschaftskritische und methodologische Einsatzpunkte feministischer Positionen in der Soziologie

### Wissenschaftskritik und feministische Epistemologie

Gerade weil feministische Wissenschaft ihren Status als wissenschaftlich immer wieder verteidigen musste, ist sie über ihre eigene Positioniertheit und Situierung hochgradig reflexiv und hat das Verhältnis von Politik und Theorie regelmäßig zum Gegenstand ihrer Überlegungen gemacht. Die feministische Epistemologie – als Ort der Reflexion über Praktiken und Theorien der Wissensproduktion – kann überhaupt als ein zentraler Strang feministischer Theoriebildung begriffen werden, der zwar stark von Theoretiker*innen aus der Philosophie und den Sozialwissenschaften bespielt wird (siehe Hoppe und Vogelmann 2024; Tuana 1989); aber auch ein Feld ist, das wie kein anderes die Offenheit vieler feministischer Theoretiker*innen gegenüber naturwissenschaftlichen Wissensbeständen verdeutlicht und damit in hervorragender Weise die Interdisziplinarität feministischer Theorie und Wissenschaft dokumentiert: Feministische Wissenschaftstheoretiker*innen beschäftigen sich kritisch-konstruktiv mit der Biologie (Fausto-Sterling 1988), besonders der Primatologie (Haraway 1989) und der Evolutionstheorie (Scheich 1995; Grosz 2008), der Biochemie und Pharmakologie (Wilson 2006), den Neurowissenschaften (Dussauge und Kaiser 2012) und der Genetik (Keller 2001), aber auch der Quantenphysik (Barad 2007) und Ökosystemwissenschaft (Warren und Cheney 1991). Was die unterschiedlichen Ansätze feministischer Epistemologie eint, ist – trotz der Heterogenität des Feldes – ein doppeltes Anliegen: Einerseits geht es darum, (natur-)wissenschaftliche Wissensbestände ernst zu nehmen, sich mit diesen zu involvieren und sie weiterzuentwickeln, andererseits geht es um die Aufdeckung von Verzerrungen in der Wissensproduktion aufgrund androzentrischer Annahmen und Forschungsdesigns, also um die Dekonstruktion von Wissensansprüchen, insbesondere universaler und ahistorischer Gesten. Die feministische Epistemologie verfolgt also ein dekonstruktives Anliegen, das Verkürzungen und Probleme in bestehendem Wissen aufdeckt und ein konstruktives Anliegen, das bestrebt ist, Bedingungen der Wissensproduktion zu verändern.

Der dekonstruktive Zugang geht von der Diagnose aus, dass die modernen Wissenschaften ein männlich geprägtes Feld sind und diese Prägung einen eklatanten Einfluss darauf hat, welches Wissen Autorität erlangt und stärker noch: welche Form dieses Wissen selbst annimmt (Scheich 1996). Das moderne Ideal der Objektivität weise eine vergeschlechtlichte Dimension auf, die mit der Phantasie neutraler Wissenschaft verstrickt ist. Neutralität wird mit einer Position des Allgemeinen in Verbindung gebracht, die historisch vor allem Männer für sich beanspruchen konnten. Die Assoziation von Frauen und anderen nicht männlich gelesenen Personen mit Körperlichkeit und Andersheit, reicht aus, um sie als voreingenommen und damit nicht neutral zu markieren (Scheich 2004). Evelyn Fox Keller hat die kritische Ausgangsfrage der feministischen Analyse moderner Objektivität vor diesem Hintergrund wie folgt aufgeworfen: „[W]ie kann der wissenschaftliche Geist zugleich als männlich und als körperlos angesehen werden? Wie kann Denken als ‚objektiv', d. h. als ein unpersönliches und vom Selbst losgelöstes Denken, und gleichzeitig als ein ‚Denken des Mannes' verstanden werden?" (Keller 1995, S. 69) Besonders prominent wurde die Kritik an der Voraussetzung einer entkörperten und von der Welt losgelösten Vision von Donna Haraway beschrieben, die diese Operationen als „göttliche Tricks" (Haraway 1995b, S. 81) bezeichnete. Einen göttlichen Trick nutze Wissensproduktion immer dann, wenn die Wissen produzierenden Subjekte ihre Verortung in der Welt mit ihren Privilegien, körperlichen Bedürfnissen und Interessen verleugnen, indem sie diese als jenseits des Erkenntnisprozesses verstehen (vgl. Hoppe 2022, S. 36–40). Der dekonstruktive Zug feministischer Wissenschaft und Theorie weist solche Neutralitätsphantasien zurück und weist deren Einfluss auf die Wissensproduktion nach.

Der konstruktive Zugang der feministischen Erkenntnis- und Wissenschaftstheorien geht von diesen kritischen Interventionen aus und erarbeitet Vorschläge einer ‚besseren'

Auffassung von Objektivität, die die sozialen und darin auch vergeschlechtlichten Voraussetzungen der Wissensproduktion aktiv in die Forschung mit einbezieht. Solche Arbeiten legen Plädoyers für Kontextsensibilität und Verknüpfung von Wissensbeständen vor, betonen die notwendige Irritierbarkeit des Wissens und setzen sich für die offensive Bearbeitung des sogenannten Kontexts – also der sozialen Bedingungen der Wissensproduktion – ein. Mit der „Situierung" von Wissen, das gleichsam als übergreifendes Paradigma feministischer Epistemologie begriffen werden kann, ist die Forderung verknüpft, die machtvollen Konstitutionsbedingungen von Wissenschaft umfassend in den Blick zu nehmen (vgl. Singer 2008, S. 81). Eine Maxime, die auch als „starke Reflexivität" beschrieben wurde (Harding 1993). Reicheres und in diesem Sinne auch objektiveres Wissen zu produzieren, ist auch das Ziel der bereits erwähnten, standpunkttheoretischen Ansätze, die „bessere Darstellungen der Welt" (Haraway 1995b, S. 78) vor allem durch den systematischen Einbezug marginalisierter Perspektiven erringen wollen (Hartsock 1983; Smith 1987). Wichtig ist es anzumerken, dass es den Forderungen nach Situierung und Verortung nicht darum geht, Wahrheit zu relativieren oder Wissensansprüche zu schwächen, im Gegenteil ist es die Absicht der feministischen Epistemologie, die wissenschaftliche Wissensproduktion zu stärken und reicheres Wissen vorzulegen, was sich auch in feministischen, methodologischen Orientierungen spiegelt.

## Feministische Methodologie

Wie kaum ein anderer Text hat die deutsche Soziologin und Ökofeministin Maria Mies (1978) mit den „Methodologische[n] Postulate[n] zur Frauenforschung" die Debatte darum angestoßen, welche Implikationen eine feministische Haltung für die empirische Sozialforschung hat. Mies ist in diesem Plädoyer mit ihrer Forderung nach einer radikalen Parteilichkeit der Forschung denkbar weit gegangen. Gewissermaßen repräsentieren ihre Überlegungen die *aktivistische* Extremposition, die sich auf der einen Seite eines Kontinuums verorten lässt, dessen anderes Ende *feministisch-empiristische* Positionen bilden. Für Mies hieß, von „bewusster Parteilichkeit" (Mies 1978, S. 12) auszugehen, dass Wissenschaft aus einer gleichsam uninvolvierten Rolle auszutreten habe und die aktive Teilnahme an Aktionen von sozialen emanzipatorischen Bewegungen zum Ausgangspunkt der Forschung machen sollte. Die Wahl der Forschungsgegenstände müsse daher abhängig von allgemeinen Zielen sowie Strategien und Taktiken der Frauenbewegung verfahren. Hierarchien zwischen Forschenden und Beforschten sollten überwunden werden und die „Sicht von unten" (ebd.) die Wissensproduktion prägen. Dabei ging es Mies nicht allein darum, von der Wissenschaft ausgehend mit der politischen Aktion in Kontakt zu treten, sondern sie identifiziert auch ein Bias in jenen Forschungen, die dies nicht tun. Die ‚Wertfreiheit' herkömmlicher empirischer Sozialforschung würde mit dem Preis der Verzerrung bezahlt, weil die Positionen der Unterdrückten darin immer nur in zugerichteten Formen (etwa durch Fragebögen, Kategorienbildung etc.) vorkommen. So werde das Wissen dieser Gruppen entwertet oder gar nicht erst zum Bestandteil der Wissensproduktion. Die andere

Seite des Kontinuums, die feministisch-empiristischen Positionen hingegen rücken am wenigsten vom Ideal moderner Objektivität ab. Sie gehen zwar davon aus, dass feministischer Wissenschaft die Aufgabe zukommt Verzerrungen aufzudecken, die aus androzentrischen und sexistischen Verhältnissen resultieren. Um besseres Wissen zu generieren, genüge es aber die vorhandenen wissenschaftlichen Methoden lediglich rigoroser anzuwenden (vgl. etwa Longino 1996).[1] Methodische Übersetzung findet ein solches Paradigma in ausgefuchsten empirischen Forschungsdesigns, die sich häufig auch Methodenmixen verschreiben.

Zwischen den beiden Polen aktivistischer und feministisch-empiristischer Positionen ist eine breite Vielfalt feministischer methodologischer Perspektiven angesiedelt: Von der zumeist auf narrativen Interviews basierenden Biographieforschung (Lutz 2018) über verschiedene ethnographische Zugänge (Smith 2005; Reichertz 2022) bis hin zu partizipativer Forschung (Brenssell und Lutz-Kluge 2020) verorten sich feministische Soziolog*innen zwischen den beiden genannten Polen, wobei qualitative Forschungsdesigns weiter verbreitet sind als quantitative, was insbesondere den Fragestellungen feministischer soziologischer Forschung geschuldet ist (siehe Behnke und Meuser 1999; Althoff et al. 2017). Die Multiparadigmatik der methodologischen Instrumente spiegelt sich indes auch in der Heterogenität der Bezugsprobleme und Traditionslinien. Besonders viele Stränge feministischer Theorie in der Soziologie lassen sich jedoch ausgehend von Fragen der *Arbeit, Reproduktion und Care* einerseits und von jenen der *Intersektionalität, Subjektivierung und Gewalt* andererseits auffächern.

## Bezugsprobleme und Traditionslinien

### Arbeit, Reproduktion und Care

Feministische Theorien wollen die vergeschlechtlichten Dimensionen der Vergesellschaftung verstehen und kritisieren: Dafür fokussieren viele Theoretiker*innen und besonders gesellschaftstheoretisch orientierte Ansätze Arbeit und die Mechanismen und Effekte geschlechtsspezifischer Arbeitsteilung (Beer 1991; Federici 2012b). Der kritischen Auseinandersetzung mit der Kapitalismusanalyse von Karl Marx kommt in diesem Zusammenhang ein besonderer Stellenwert zu. Materialistische Feminist*innen legen seit den 1970er-Jahren Analysen vor, die vom Fokus auf den *weißen* Industriearbeiter als Motor der Geschichte und einzigem ökonomisch relevanten Faktor abrückten und stattdessen einen breiteren Blick auf die Produktion und Reproduktion gesellschaftlicher Verhältnisse warfen. Arbeit – so die Pointe dieser Varianten feministischer Intervention – beschränkt sich keinesfalls auf die Lohnarbeit in der Fabrik und anderswo; vielmehr wird die not-

---

[1] Sandra Harding hat die Unterscheidung von drei Paradigmen in der feministischen Epistemologie geprägt, die im Nachgang kanonisch geworden ist. Neben dem feministischen Empirismus führt sie die Standpunkttheorien und den feministischen Postmodernismus an, vgl. Harding 1990, S. 22–28.

wendige Arbeit zur Wiederherstellung der (männlichen) Arbeitskraft im Privaten, unbezahlt von Frauen verrichtet, die häufig selbst noch über diese Arbeit hinaus in Lohnarbeitsverhältnisse, oft prekäre Beschäftigungen eingebunden sind (Beer 1991; Bock und Duden 1977). Populär machte die „Lohn-für-Hausarbeit"-Kampagne diese Analyse politisch produktiv (Dalla Costa und James 1973; Federici 2012a). Die Idee entfaltet bis heute Wirkmacht und wurde zuletzt prominent im Kontext feministischer Streikbewegungen im lateinamerikanischen Kontext aufgegriffen (Gago 2021).

Besonders zwei Erkenntnisse und ihre weitreichenden theoretischen Implikationen werden von feministischen Materialist*innen hervorgehoben. Erstens wird die Annahme eines Hauptwiderspruchs zwischen Kapital und Arbeit zurückgewiesen, weil diese Vorstellung einen Großteil der herrschaftsförmigen Beziehungen, die die geschlechtsspezifische Strukturierung gesellschaftlicher Verhältnisse evoziert, ausspart und zum Nebenwiderspruch herabwürdigt. Zweitens lenkt diese Perspektive den Blick auf die historisch spezifischen und auch nach Klassenposition und Rassifizierung variierenden Artikulationen von Arbeitsverhältnissen. Dabei wird insbesondere das betont, was heute häufig als „Doppelbelastung" von Frauen und anderen weiblich markierten Positionen gilt. Bei letzterem Phänomen handelt es sich indes weder um ein historisch ganz neues Phänomen, noch um eines, das lediglich Personen aus den Mittelklassen betrifft (wie es in manchen liberal-feministischen Programmen des Frauen*-Empowerments den Anschein nimmt). Feministische Theorie und Forschung in der Soziologie zeichnet präzise nach, wie sich Konfigurationen des Privaten und Öffentlichen verschieben und in welchen Weisen die bezahlte und unbezahlte Arbeit von Frauen und anderen weiblich oder queer markierten Positionen abgewertet und ausgebeutet wird.

Zunächst zeigt die historisch-gesellschaftstheoretische Perspektive auf, wie mit der Herausbildung der bürgerlichen Gesellschaft und der Industrialisierung im 19. Jahrhundert private und öffentliche Sphäre entlang des Geschlechterverhältnisses auseinandertreten. Während die frühneuzeitlichen Verhältnisse noch wenig marktvermittelt waren und Produktion und Reproduktion weitgehend von Ehepaaren und Familien gemeinsam besorgt wurden, treten durch die Ausbreitung des Kapitalismus die von Männern verrichtete Lohnarbeit und die Verpflichtung zur Hausarbeit durch die Frau auseinander (Bock und Duden 1977). Die reproduktive Arbeit, die zur Aufrechterhaltung der kapitalistischen Produktion freilich notwendig ist, wird als unbezahlte Arbeit privatisiert, wobei diese Form der Arbeitsteilung in Reinform ein Phänomen war, das sich vor allem bürgerliche Eliten leisten konnten. Faktisch waren viele Frauen – insbesondere der Unterklassen – auch in der einen oder anderen Weise in die Lohnarbeit eingebunden (Gerhard 1978; Knapp 1984).

Die Kritische Theoretikerin Regina Becker-Schmidt hat in den frühen 1980er-Jahren gemeinsam mit Uta Brandes-Erlhoff, Mechthild Rumpf und Beate Schmidt eine wegweisende Studie zu den Erfahrungen von Fabrikarbeiterinnen vorgelegt, mit der sie zeigen konnten, welche Vermittlungsarbeit die Tätigkeit in der Fabrik und die Arbeit im Haushalt erfordert und wie wenig diese als solche anerkannt wird (Becker-Schmidt et al. 1983). Becker-Schmidt hat auf diesen Arbeiten aufbauend das Theorem der „Doppelten Vergesellschaftung der Frau" entwickelt, mit dem sie nicht nur die doppelte Einbettung von

Frauen in Lohn- und Privatarbeit und die ‚Pendelbewegungen' zwischen diesen Sphären beschreibt, sondern auch auf die korrespondierenden, hierarchisch strukturierten Wertungen gesellschaftlicher Sektoren, in der weiblich konnotierte Felder der systematischen Abwertung unterliegen (Becker-Schmidt 2017).

Mit einer stärker globalen Perspektive haben ebenfalls zu Beginn der 1980er-Jahre die Vertreter*innen der „Bielefelder Schule" die These einer „Hausfrauisierung der Arbeit" entwickelt (Werlhof et al. 1983). Mit einem besonderen Augenmerk auf die internationale Arbeitsteilung zeigte Maria Mies, als wichtige Protagonistin dieser ‚Schule', wie die Idee der „Hausfrau" aus dem Globalen Norden in andere Teile der Welt exportiert wurde, um dort ein ähnlich ‚effizientes' Modell doppelter Ausbeutung von Frauen zu installieren. Einerseits seien im Zuge dessen die Leistungen weiblich markierter Personen verkannt worden, die darin bestand, die Subsistenzbasis für die Modernisierung der Länder des Globalen Südens bereitzustellen. Andererseits seien Frauen aktiv in die „Entwicklung" einbezogen und von der Subsistenzwirtschaft in die Lohnarbeit gedrängt worden. Allerdings – und das beschreibt das Schlagwort der „Hausfrauisierung" – sei die Produktion von Konsumgütern durch Frauen nicht als solche verstanden geschweige denn entlohnt worden. Im Gegenteil sei das westliche „Breadwinner-Modell" mitsamt der Ideologie der abhängigen Hausfrau auf den Globalen Süden ausgedehnt und das Einkommen der Frauen als „zusätzliches Einkommen" zum Eigentlichen begriffen worden. So wurden nicht nur reproduktive Tätigkeiten unsichtbar gemacht, sondern auch der Beitrag der Frauenarbeit zur Produktion und ‚Modernisierung' durch die Hausfrauisierung ins Private und Reproduktive abgedrängt (vgl. Mies 1996, S. 149–151).

Seit den 1980er-Jahren haben sich die Arbeitsverhältnisse und die Spezifika der (internationalen) Arbeitsteilung verändert, aber auch gegenwärtige Arbeiten schließen weiterhin an die Theoreme und Debatten der klassischen materialistischen Arbeiten an. Besonders wichtig in aktuellen Auseinandersetzungen ist die Frage der Care-Arbeit oder Sorgearbeit.[2] Während der bereits eingeführte Begriff reproduktiver Arbeit stark mit materialistisch-marxistischen Diskussionen verknüpft ist und eine kapitalismuskritische Stoßrichtung aufweist, bezeichnet der Begriff der Care-Arbeit noch breiter all jene bezahlten und unbezahlten Tätigkeiten, die affektive, emotionale und pflegende Dimensionen aufweisen und zum Erhalt und Aufbau der Bedingungen für eine lebenswerte Welt beitragen (vgl. Tronto 1993, S. 103–105). Die vielschichtigen Debatten um „Care" in der feministischen Tradition schließen einerseits an die eben skizzierten Diskussionen der Arbeitsverhältnisse an; einen anderen Ausgangspunkt haben sie aber auch in Debatten um die feministische Ethik. Letztere Positionen formulierten ausgehend von Carol Giligans (1982) Kritik an Lawrence Kohlbergs Entwicklungspsychologie und der darin heraus-

---

[2] Ich verwende die inzwischen auch im deutschen Sprachraum gängige englische Bezeichnung „Care", teilweise auch das Deutsche „Sorgen". Von einer Verwendung des Begriffs der „Fürsorglichkeit" für „Care" sehe ich ab, da mir diese Übersetzung nicht breit genug erscheint; zur Frage und Schwierigkeit der deutschen Übersetzung von „Care" vgl. etwa Conradi 2001, S. 12–14. Ute Gerhard hat für die Nutzung des Konzepts „fürsorglicher Praxis" argumentiert, siehe Gerhard 2014.

gearbeiteten Unterscheidung einer „männlichen" Gerechtigkeitsperspektive und einer „weiblichen" Fürsorglichkeitsperspektive, feministische Care-Ethiken, die verbreitete moralphilosophische Grundannahmen problematisierten, als männlich konnotiert auswiesen und auf Sorge basierende Gegenmodelle entwarfen (vgl. Tronto 1992; Conradi 2001). Für den soziologischen Kontext ist die Analyse und Kritik der Arbeitsverhältnisse jedoch von größerer Bedeutung. Diese übersetzt sich heute besonders in die Analyse und Theoretisierung der Abwertung von Care-Arbeit im Pflegesektor (Müller 2016), in Familien (Jurczyk und Szymenderski 2012), ihrer Prekarisierung aufgrund von Ökonomisierung (Aulenbacher 2013), der Neuverteilung von Arbeit in heterosexuellen Paarbeziehungen (Speck 2018) und mit Blick auf die Analyse der Verschiebungen in Ausbeutungsverhältnissen aufgrund von Arbeitsmigration (Apitzsch und Schmidbaur 2010).

Die Auseinandersetzung mit Reproduktion und Care-Arbeit verweist auf die oft ungesehenen und marginalisierten Voraussetzungen kapitalistischer Produktion und moderner Vergesellschaftung. Neben billiger oder unbezahlter Arbeit gehören zu diesen Voraussetzungen auch natürliche Ressourcen, Böden und Rohstoffe, die im Kapitalismus systematisch ausgebeutet werden (Bauhardt 2017; Tsomou 2022). Die feministische Theorie hat sich den Verwobenheiten der Ausbeutung der Natur mit Geschlechterverhältnissen früh angenommen und gezeigt, dass Frauen und Natur in der Moderne in strukturanaloger Weise als passive, anzueignende, objektivierte Größen gelten (Plumwood 1993), wobei Ökofeminismen auch die (umwelt-)soziologische Befassung mit Naturverhältnissen informiert haben (Nebelung et al. 2001). Ökofeministische Theorien haben nicht nur gesellschaftstheoretische Analysen vorgelegt, die auf die Ausbeutung der Natur im Kapitalismus hinweisen (Mies und Shiva 1995), sondern sich auch kritisch mit dem Naturbegriff auseinandergesetzt (Sturgeon 1997). Die Abwertung des weiblich konnotierten „Natürlichen" gegenüber dem männlich konnotierten „Kulturellen" steht im Zentrum einer ganzen Reihe von Interventionen in der feministischen Theorie, die sich bemühen, die Wirkmacht, Eigensinnigkeit und historische Spezifik von Verkörperungen und dessen hervorzuheben, was als Natur gilt (Haraway 1995a). Neben poststrukturalistisch informierten Beiträgen, sind in diesem Zusammenhang auch die „Neuen Materialismen" zu nennen, die Materialität als aktiv und wirkmächtig begreifen wollen (Hoppe und Lemke 2021). Mit der historisierenden Analyse von Natur-Kulturverhältnissen ist in feministischen Ansätzen häufig auch die Analyse von Subjektivierungsweisen verknüpft, die dabei helfen kann, Prozesse der Aneignung von Geschlechternormen zu verstehen sowie Diskriminierung und Gewalt zu adressieren.

## Intersektionalität, Subjektivierung und Gewalt

Feministische Theorien haben sich nicht nur der makrosoziologischen Kritik moderner Vergesellschaftung zugewandt, sondern auch auf Ebene der Praxisfelder und Subjektivierungen interveniert. Während Gendertheorien (siehe Villa in diesem Band) allgemein darauf eingehen, wie Geschlecht in sozialer Praxis hergestellt oder konstruiert wird, betrachten die dezidiert feministischen – also herrschaftskritischen – Beiträge in diesem Feld Potentiale der Subversion von Geschlechternormen und verfolgen neben einer Dezentrierung von vergeschlechtlichter Subjektivität auch eine Dezentrierung von ‚Geschlecht' als einzigem Fokus feministischer Theorien. Diese beiden Dezentrierungsbewegungen nehmen ihren Ausgangspunkt in einer Kritik der vereinheitlichenden Geste der Beschwörung von „Schwesternschaft" (hooks 1984) und der Voraussetzung einer einzigen Perspektive „der Frauen" im Kontext der zweiten Frauenbewegung und in differenzfeministischen Arbeiten der 1970er- und 1980er-Jahre (etwa Hartsock 1983; Griffin 1987).

Vor allen Dingen Positionen des Schwarzen Feminismus (Kelly 2019) haben darauf hingewiesen, dass die feministische Theorie und Praxis einen schwerwiegenden Fehler begehen, wenn das Subjekt des Feminismus – „Frau" – als einheitlich konzipiert wird. Damit werde die am wenigsten markierte Subjektposition innerhalb dieser Gruppe – nämlich die körperlich nicht beeinträchtigte, *weiße* Frau aus der Mittelklasse – als Subjekt des Feminismus universalisiert und die Erfahrung anderer marginalisierter Gruppen unsichtbar gemacht. Dieser Gestus würde im Besonderen die spezifische Erfahrung rassifizierter Frauen verkennen, die eben nicht allein aufgrund ihres Geschlechts, sondern auch aufgrund von *race* und oft auch klassenbezogenen Markern diskriminiert würden. Dieses Zusammenwirken unterschiedlicher Herrschaftszusammenhänge wird seit den frühen 1980er-Jahren mit dem Begriff der Intersektionalität theoretisiert. Das Konzept wurde von der Schwarzen feministischen Rechtswissenschaftlerin Kimberlé Crenshaw geprägt, die eine Berücksichtigung verschränkter Diskriminierung aufgrund von *race* und Geschlecht in arbeitsrechtlichen Zusammenhängen forderte und mit der Metapher der Straßenkreuzung unterstrich, dass keine der ‚Straßen' für sich genommen Diskriminierungen hinreichend erfassen würde, sondern die Spezifika von Knotenpunkten in den Blick rücken müssten (Crenshaw 2019 [1989]). Auch wenn in ihrem Text der Begriff der Intersektionalität, der sich in der Debatte durchgesetzt hat, erstmals fällt, ist es wichtig, darauf hinzuweisen, dass eine ganze Reihe von Vordenker*innen das Phänomen spezifischer Formen der Mehrfachdiskriminierung – inklusive ihrer strukturellen Verankerung – auch vorher schon analysiert und der theoretischen Reflexion zugeführt hatten (Collins 1986 [2024]; Davis 1983; Mohanty 1984).

Allen voran ist in diesem Kontext ein aktivistischer Text zu nennen, der eine intersektionale Perspektive fordert und zugleich deren Vorzüge und Stoßrichtung aufzeigt: Das Statement des Schwarz-lesbischen Combahee River Collectives von 1977. In diesem erläutert das Kollektiv nicht nur ihren eigenen Politisierungsprozess durch Praktiken der gemeinsamen Bewusstseinsbildung, sondern auch die historisch-materielle Situation, aus der heraus sie die Spezifik ihrer Unterdrückungserfahrung innerhalb progressiver Bewegungen ebenso wie der Gesellschaft im Allgemeinen analysierten. Durch die gemeinsame Artikulation dieser Erfahrungen gelangten sie zu einer „politischen Haltung und Praxis", die im „Gegensatz zu der *weißer* Frauen* antirassistisch und im Gegensatz zu der Schwarzer und *weißer* Männer antisexistisch war" (Combahee River Collective 2019 [1977], S. 49; Hervorh. im Orig.). Die doppelte Unterdrückungserfahrung in der Bürgerrechtsbewegung und in der Frauenbewegung unterstreicht die besondere Position Schwarzer Frauen und führte das Kollektiv zu jener entscheidenden Perspektive, die heute als ‚intersektional' bezeichnet wird: „Wir setzen uns aktiv dafür ein, gegen rassistische, sexistische, heterosexistische und klassistische Unterdrückung zu kämpfen, und sehen es als unsere spezielle Aufgabe, eine integrierte Analyse und Praxis zu entwickeln, die auf der Tatsache beruht, dass die Hauptunterdrückungssysteme miteinander verschränkt sind" (Ebd.: 48). Deutlich hebt das Kollektiv in dieser Weise die spezifischen Überlappungen und Verschränkungen von Unterdrückungsstrukturen hervor und – und das ist entscheidend – weist darauf hin, dass aus solch spezifischen Intersektionen eben auch *spezifische* Unterdrückungsmechanismen und -erfahrungen folgen.

Daher geht es intersektionaler Forschung auch nicht darum, ‚einfach' weitere Unterdrückungsformen in Analysen hinzuzunehmen, sondern die jeweils spezifischen Verschränkungen sexistischer, rassistischer, klassenbezogener Diskriminierungen präzise herauszuarbeiten. Aber auch weitere Achsen der Unterdrückung finden in intersektionalen Analysen und Theorien Berücksichtigung, unter anderem Fragen von Behinderung und Ableismus (Achtelik 2019), Antisemitismus (Stögner 2020), altersbezogener Diskriminierung (Höppner und Wanka 2021) und sexueller Orientierung (Çetin 2012).

Die Diskussionen um Erweiterungen der üblich gewordenen Trias von *race*, Geschlecht und Klasse haben eine lebhafte Diskussion über Potentiale und Grenzen intersektionaler Forschung und Theorie angestoßen (für einen Überblick siehe etwa Lutz et al. 2010b). Besonders lebhaft wurde im deutschsprachigen Kontext die Übersetzbarkeit des Konzepts und der Fokus auf *race*, Klasse und Geschlecht diskutiert (Knapp 2005; Davis 2008). Im Zuge dieser Debatte wurde darauf hingewiesen, dass Intersektionalität als ‚reisendes Konzept' von den Distanzen, die es zurücklegt, nicht unberührt bleibt und in anderen Kontexten auf andere Bedingungen trifft, die ihrerseits der kritischen Bearbeitung und historisch informierten Analyse bedürfen – nicht immer sei es dabei dienlich die im US-amerikanischen Kontext entwickelten Analysekategorien vorauszusetzen. Gleichzeitig ist aber auch im Hinblick auf die These des Imports der Überlegungen zur Intersektionalität aus den USA Vorsicht geboten, denn afro-deutsche Frauen und ihre Arbeiten werden aus diesen Diskussionen häufig herausgeschrieben. Der erstmals 1986 im Orlanda Frauenverlag erschienene Band *Farbe bekennen. Afro-deutsche Frauen auf den Spuren ihrer Geschichte* dokumentiert ‚intersektionale' Verortungs- und Analyseversuche der spezifisch Schwarz-deutschen Erfahrung (Ayim et al. 2021). Darüber hinaus wurde auf die ernstzunehmende Gefahr hingewiesen, Intersektionalität im Zuge der Beschwörung auf die Trias zu einer „Formel" (Knapp 2005, S. 255) verkommen zu lassen, die dann vor allem signalisiere, dass man gut informiert und politisch aufgeklärt sei, analytisch aber wenig folgen ließe.

Die Diskussionen um Differenzen zwischen Frauen in der feministischen Theorie und Praxis erreichten mit Erscheinen von Judith Butlers *Unbehagen der Geschlechter* (1991) zu Beginn der 1990er-Jahre vielleicht ihren Höhepunkt. Mit der durch diese Publikation eingeleiteten queertheoretischen, dekonstruktiven und poststrukturalistischen Wende der feministischen Theorie rückten neben Fragen der Mehrfachdiskriminierung auch die in feministischen Debatten stets diskutierte „scheinbar paradoxe, empirisch gegebene uneigentliche Eigentlichkeit beziehungsweise die eigentliche Uneigentlichkeit der Geschlechterdifferenz" (Villa 2022, S. 252) mit verändertem Fokus ins Zentrum der Diskussionen. Während die Gendertheorien (vgl. Villa in diesem Band) den Konstitutionsbedingungen der gesellschaftlich äußerst wirksamen ‚uneigentlichen Eigentlichkeit' in unterschiedlichen Weisen rekonstruktiv-analytisch nachgehen, lauten die dezidert politischen Fragen in diesem Zusammenhang, erstens: Wie ist es möglich von einem Subjekt des Feminismus auszugehen, wenn dieses nicht essentiell vorausgesetzt werden kann, sondern als Produkt gesellschaftlicher Konstitutionsverhältnisse begriffen werden muss? Und zweitens: Wie lässt sich aus sozialen Skripten ausbrechen? In welchen Weisen kann der quasi-ontologische Status von ‚Geschlecht' als Struktur- und Praxiskategorie hinterfragt und aufgebrochen werden und welche Rolle spielen Verkörperungen dabei?

Zunächst zu diesem zweiten Fragenkomplex: Im Anschluss an die grundlegende konstruktivistische These der ‚Gemachtheit' von Geschlecht – die schon seit Simone de Beauvoir (1992 [1949]) die feministische Theorie prägt – legte Butler prominent eine radikale Zurückweisung jeglicher Naturalisierung vor, die auch die in der feministischen Theorie zuvor verbreitete Unterscheidung von *sex* und *gender*, also zwischen so etwas wie biologischem und sozialem Geschlecht, scharf kritisierte und darauf hinwies, dass auch dasjenige, was als ‚biologisch' gilt, von sozialen Codierungsprozessen, inklusive Sprechakten abhängt. Die Gegenwart sei von einer ‚heterosexuellen Matrix' (Butler 1991) geprägt, die die soziale Welt rigide nach den Regeln der Zweigeschlechtlichkeit und heterosexuellen Begehrensstrukturen einrichte, indem Körper durch Normen, (diskursive) Praktiken und Machtverhältnisse gleichsam eingefügt würden (Butler 2009). Neben der kritischen Auseinandersetzung mit Beauvoir waren für Butler die Arbeiten des französischen Poststrukturalismus entscheidend, besonders jene von Michel Foucault und Jacques Derrida. Beide hatten in der ihnen eigenen Weise gezeigt, dass Subjekte nicht als unhistorische und wesenhafte Größen verstanden werden könnten, sondern von der Macht der Sprache (Derrida 1972) und Machtverhältnissen in einem breiten Verständnis (Foucault 2002) geprägt seien. Daher entbehren sie jeglicher Essenz und müssen als Produkte ihrer Zeit verstanden werden, die auch einer permanenten Formung unterliegen. Nicht selten hat dieses breite Verständnis von Machtverhältnissen, das Macht weniger als etwas konzipiert, das jemand besitzt, denn als etwas, das in allen sozialen Beziehungen wirksam ist, dazu geführt, poststrukturalistischen Autor*innen vorzuwerfen, sie würden die Möglichkeit von Handlungsfähigkeit und Widerstand preisgeben (etwa Benhabib 1993). Das ist aber nur in einer verkürzten Lesart der Fall. Selbstverständlich wird auf die Persistenz von Macht- und Geschlechterverhältnissen hingewiesen, zugleich wird Macht als produktiv verstanden und in diesem Sinne stets auch – möglicherweise – gegen eingefahrene und starre Verhältnisse subversiv zu wenden. Mit Butler gesprochen: „Wenn also die regulierenden Fiktionen von Geschlecht (*sex*) und Geschlechtsidentität (*gender*) selbst vielfältig angefochtene Schauplätze der Bedeutung sind, bietet gerade die Mannigfaltigkeit ihrer Konstruktion die Möglichkeit, mit ihrer Pose scheinbarer Eindeutigkeit zu brechen." (Butler 1991, S. 59). In der Aneignung und sukzessiven Verschiebung von (Geschlechter-)Normen besteht die permanente Möglichkeit eines „Aufstands auf der Ebene der Ontologie"

(Butler 2005, S. 50). Vor diesem Hintergrund lautet die Antwort auf die zweiten Fragen, dass Transformation vor allem durch Subversion möglich wird, durch den offensiven und ausgestellten Bruch mit Normen und in diesem Sinne auch einer Politisierung von Verkörperungen.

Die Antwort vieler poststrukturalistischer Autor*innen auf die erste Frage lautet indes: gar nicht. Ein kollektives Subjekt des Feminismus, das der politischen Praxis vorausginge, gibt es nicht. Das Subjekt des Politischen, der Bewegung und des Kampfes konstituiert sich jeweils in und durch seine Praxis. Im Zeichen der Differenz und intersektionalen Aufklärung der feministischen Theorie wird deutlich, dass ein „positionaler Fundamentalismus" (Villa in Villa und Speck 2020, S. 15) nicht die Basis für kollektive Handlungsmacht ist. Das Subjekt des Feminismus ist keineswegs einheitlich und umfassend, sondern besteht vielmehr aus immer neu zu erringenden heterogenen Allianzen. Donna Haraway hat vorgeschlagen diese Verbindungen als strategische Verbindungen der „Affinität" statt der Identität zu bezeichnen (Haraway 1995a, S. 41). Dabei könne auch auf strategische Essentialismen rekurriert werden, wie die postkoloniale Theoretikerin Gayatri Spivak angemerkt hat, diese sollten jedoch stets nur vorrübergehend mobilisiert werden (Spivak 1996, S. 159–160). Gerade im Kontext der postkolonialen, dekolonialen und indigenen feministischen Theorie wird die Notwendigkeit heterogener Allianzen hervorgehoben. Die transnationale Vernetzung feministischer Kämpfe kann in diesem Zusammenhang geradezu sinnbildlich für eine starke Verknüpfung von Theorie und Praxis stehen (Ruppert et al. 2020): In den vergangenen Jahren war es insbesondere die NiUnaMenos-Bewegung, der feministische Streik und die #metoo-Bewegung, die transnationale Allianzen angestoßen und globale Vernetzungen befördert haben.

Mit der in Argentinien ihren Ausgang nehmenden NiUnaMenos-Bewegung ist sodann auch das Thema der Gewalt gegen Frauen, andere weiblich markierte und queere Körper aufgerufen. Die Analyse und Kritik von Femiziden und sexualisierter Gewalt ist freilich ebenfalls ein wichtiger Gegenstandsbereich feministischer Forschung und Theorie (Segato 2022; Glammeier 2010; Hagemann-White 2002). Besonders wichtig für die feministische Perspektive ist einerseits die Aufdeckung der Gewalt ermöglichenden Verhältnisse, andererseits die Frage danach, in welchen Weisen über sexualisierte Gewalt gesprochen und nachgedacht werden kann, die Betroffene nicht durch Viktimisierung passivieren oder im Nachgang von Gewalttaten durch Verharmlosung retraumatisieren (Schwerdtner 2021). Einen ambivalenten Stellenwert nimmt in diesem Kontext der Begriff der Verletzlichkeit ein: So trägt dieser zwar immer wieder dazu bei, Frauen als schwach und als potenzielle Opfer zu markieren, andererseits verweist er jedoch auf die geteilte menschliche Erfahrung der Abhängigkeit von Anderen und der körperlichen Situiertheit, die politisch und ethisch fruchtbar gemacht werden kann. Ein wachsender feministischer Diskurs bemüht sich vor diesem Hintergrund um die kritische Aneignung des Konzepts der Verletzlichkeit bzw. der Vulnerabilität (Butler 2003; Butler et al. 2016; Govrin 2022). Die Kernthese dieser Überlegungen zielt zum einen auf die kritische Anerkennung von Körperlichkeit und Sterblichkeit und zum anderen auf die Begründung von Gemeinsamkeit und Solidarität jenseits von Identität oder Essenz (Hark 2021). Vulnerabilität wird weniger als passivierende Eigenschaft oder Zuschreibung verstanden, denn als ein politisches Mittel, das insbesondere im gewaltlosen Widerstand eingesetzt wird, indem sich Körper wörtlich aussetzen. Das Ausgesetzt-Sein der Körper in Szene zu setzen – etwa im Widerstand gegen Polizeigewalt –, entlarvt die Souveränitätsgesten und Selbstgenügsamkeitsversprechen moderner Subjektivität und Staatlichkeit als Phantasmen (Butler 2016). Die feministische Aneignung des Konzepts der Vulnerabilität zielt demnach – ähnlich wie die strategische Sichtbarmachung von Reproduktion oder Care – auf eine Aufwertung weiblich konnotierter Praktiken und Werte sowie auf den Ausweis, dass diese überhaupt einen politischen und ethischen Gehalt haben. Den Wahlspruch der zweiten Frauenbewegung aufgreifend lässt sich vor dem Hintergrund dieser Debatten sagen, nicht nur das Private ist politisch, sondern auch das Körperliche und Natürliche. In diesem Sinne bedeutet feministische Theorie immer auch eine Politisierungsbewegung von vormals als ‚unpolitisch' erachteten Feldern. Vor allen Dingen ist es ihr aber eben – ganz materialistisch – um den Ausweis zu tun, dass die Verhältnisse gemacht sind und entsprechend auch geändert werden können.

## Feministisch Forschen und Lehren

In Zeiten des immer weiter erstarkenden Anti-Genderismus und Anti-Feminismus, der mit rechtspopulistischen Strömungen und Parteien in Europa sowie weltweit eng verknüpft ist, sind feministische Positionierungen in den Wissenschaften wieder verstärkt unter Druck geraten und noch weniger selbstverständlich als sie es ohnehin schon immer waren (Hark und Villa 2015): Die Angriffe auf die Geschlechterforschung machen sich nicht nur in Verunglimpfungen feministisch positionierter Forschender bemerkbar, sondern reichen von Schließungen ganzer Studiengänge und Zentren der Geschlechterforschung, wie in Ungarn, über ernst gemeinte Verbotsforderungen geschlechtergerechter Sprache in immer mehr deutschen Bundesländern[3] bis hin zur Einschränkung von Rechten von LGBTQ etwa in Russland. Diese Entwicklungen unterstreichen allerdings nur die Wichtigkeit feministisch informierter Forschung und Lehre, die eklatant zum Verständnis der globalen rechtspopulistischen und rechtsextremen Tendenzen beitragen kann (Redecker 2016; Strube et al. 2021). Darüber hinaus ist sie ihrerseits ein zutiefst demokratisches Projekt und kann daher kritisches Bewusstsein und antiautoritäre Haltungen bilden: Feministische Wissenschaft ist ein demokratisches Unterfangen, weil Praktiken der Selbstkritik, Revision und Auseinandersetzung ihr Zentrum bilden. Kaum ein Feld der Kultur- und Sozialwissenschaften zeichnet sich durch eine ähnlich lebhafte Debattenkultur aus wie die Geschlechterforschung und feministische Theorie. Als revisionierende Wissenschaft zielt feministisch positionierte Forschung zum einen auf interne Prozesse der Selbstkritik, die ich im Vorangegangenen in Bezug auf die queertheoretische und intersektionale Aufklärung der feministischen Theoriediskussion skizziert habe, zum anderen ruft feministische Wissen-

---

[3] Zuletzt Bayern und Hessen. Zur kritischen Positionierung der (Geschlechter-)Forschung zu diesen Forderungen siehe etwa: https://www.geschlechtergerechtesprache.de, letzter Zugriff 03.01.2024.

schaft auch zur Revision eingefahrener Wissensbestände auf und dazu mit der Tradition – auch mit liebgewonnenen Traditionen – bis zu einem gewissen Grad zu brechen (Hoppe 2021, S. 21–22). Dies kann auch durchaus schmerzvolle Prozesse des (Ver-)Lernens anstoßen.

Feministische Forschung und Lehre trägt nämlich nicht zuletzt auch zur (Selbst-)Kritik der eigenen institutionellen Settings und Praktiken bei: Die kritische Auseinandersetzung mit der Universität als hierarchischem Ort ist hier ebenso zu nennen (Ahmed 2021), wie die Offenlegung der Ambivalenzen, Potenziale und Grenzen von Diversity-Programmen und Gleichstellungspolitiken in der ‚unternehmerischen Hochschule' (Ahmed 2012; Striedinger et al. 2016). Feministisch Forschende und Lehrende machen sich – angesichts des skizzierten gesellschaftlichen Klimas – angreifbar. Ihre herrschaftskritische Perspektive ist aber unabdingbar, wenn nicht die immergleichen Exklusionsmechanismen wiederholt und Komplizenschaft gepflegt werden soll. Mit der kritischen Analyse von Geschlechterverhältnissen (in ihren Verwobenheiten mit anderen Herrschaftszusammenhängen) bieten feministische Theorien wichtige Einsichten für die soziologische Theorie, inklusive der Gesellschaftstheorie: Sie sind also *als* soziologische Theorien zu begreifen und nicht als Spezialdiskurs. Als Einladung zur Revision bieten ihre heterogenen Positionen Anregungen dafür, mit dem herrschaftsstabilisierenden „Weiter-so" der Gegenwart zu brechen, innovative Operationalisierungen anzustoßen und positionierte als demokratische Wissenschaft zu stärken.

## Literatur

Achtelik, Kirsten (2019): Umkämpfte Solidaritäten. Feminismus zwischen Ableism und Intersektionalität. In: *FEMINA POLITICA. Zeitschrift für feministische Politikwissenschaft* 28 (2), S. 40–53.

Ahmed, Sara (2012): On Being Included. Racism and Diversity in Institutional Life. Durham: Duke University Press.

Ahmed, Sara (2021): Complaint! Durham, London: Duke University Press.

Althoff, Martina; Apel, Magdalena; Bereswill, Mechthild; Gruhlich, Julia; Riegraf, Birgit (2017): Feministische Methodologien und Methoden. Traditionen, Konzepte, Erörterungen. Wiesbaden: Springer VS.

Apitzsch, Ursula; Schmidbaur, Marianne (Hrsg.) (2010): Care und Migration. Die Ent-Sorgung menschlicher Reproduktionsarbeit entlang von Geschlechter- und Armutsgrenzen. Opladen: Verlag Barbara Budrich.

Aulenbacher, Brigitte (2013): Ökonomie und Sorgearbeit. Herrschaftslogiken, Arbeitsteilungen und Grenzziehungen im Gegenwartskapitalismus. In: Erna Appelt, Brigitte Aulenbacher und Angelika Wetterer (Hrsg.): Gesellschaft. Feministische Krisendiagnosen. Münster: Westfälisches Dampfboot, S. 105–126.

Ayim, May; Oguntoye, Katharina; Schultz, Dagmar (Hrsg.) (2021): Farbe bekennen. Afro-deutsche Frauen auf den Spuren ihrer Geschichte. Berlin: Orlanda.

Barad, Karen (2007): Meeting the Universe Halfway. Quantum Physics and the Entanglement of Matter and Meaning. Durham: Duke University Press.

Bauhardt, Christine (2017): Ökofeminismus und Queer Ecologies: feministische Analyse gesellschaftlicher Naturverhältnisse. In: Beate Kortendiek, Birgit Riegraf und Katja Sabisch (Hrsg.): Handbuch Interdisziplinäre Geschlechterforschung. Wiesbaden: Springer Fachmedien Wiesbaden, S. 1–10.

Beauvoir, Simone de (1992 [1949]): Das andere Geschlecht. Sitte und Sexus der Frau. Reinbek: Rowohlt.

Becker-Schmidt, Regina (2017): Zur doppelten Vergesellschaftung von Frauen. Divergenzen und Brückenschläge zwischen Privat- und Erwerbssphäre (2004). In: dies.,Pendelbewegungen. Annäherung an eine feministische Gesellschafts- und Subjekttheorie, Aufsätze aus den Jahren 1991–2015. Opladen: Barbara Budrich, S. 77–90.

Becker-Schmidt, Regina; Brandes-Erlhoff, Uta; Rumpf, Mechthild; Schmidt, Beate (1983): Arbeitsleben – Lebensarbeit. Konflikte und Erfahrungen von Fabrikarbeiterinnen. Bonn: Verlag neue Gesellschaft.

Becker-Schmidt, Regina; Knapp, Gudrun-Axeli (2000): Feministische Theorien zur Einführung. Hamburg.

Beer, Ursula (1991): Geschlecht, Struktur, Geschichte. Soziale Konstituierung des Geschlechterverhältnisses. Frankfurt, New York: Campus Verlag.

Behnke, Cornelia; Meuser, Michael (1999): Geschlechterforschung und Qualitative Methoden. Wiesbaden: Springer VS.

Benhabib, Seyla (1993): Feminismus und Postmoderne. Ein prekäres Bündnis. In: Seyla Benhabib, Judith Butler, Drucilla Cornell und Nancy Fraser (Hrsg.): Der Streit um Differenz. Feminismus und Postmoderne in der Gegenwart. Frankfurt am Main: Fischer Verlag, S. 9–30.

Bock, Gisela; Duden, Barbara (1977): Arbeit aus Liebe – Liebe als Arbeit. Zur Entstehung der Hausarbeit im Kapitalismus. In: Gruppe Berliner Dozentinnen (Hrsg.): Frauen und Wissenschaft. Beiträge zur Berliner Sommeruniversität für Frauen, Juli 1976. Berlin: Courage, S. 118–199.

Brenssell, Ariane; Lutz-Kluge, Andrea (2020): Partizipative Forschung und Gender: Verlag Barbara Budrich.

Butler, Judith (1991): Das Unbehagen der Geschlechter. Frankfurt am Main: Suhrkamp.

Butler, Judith (2003): Kritik der ethischen Gewalt. Adorno-Vorlesungen 2002. Frankfurt am Main: Suhrkamp.

Butler, Judith (2005): Gefährdetes Leben. Politische Essays. Dt. Erstausg., 1. Aufl. Frankfurt am Main: Suhrkamp.

Butler, Judith (2009): Die Macht der Geschlechternormen und die Grenzen des Menschlichen. Berlin: Suhrkamp.

Butler, Judith (2016): Anmerkungen zu einer performativen Theorie der Versammlung. Berlin: Suhrkamp.

Butler, Judith; Gambetti, Zeynep; Sabsay, Leticia (Hrsg.) (2016): Vulnerability in Resistance. Rethinking Vulnerability and Resistance: Feminism and Social Change. Durham, London: Duke University Press.

Çetin, Zülfukar (2012): Homophobie und Islamophobie. Intersektionale Diskriminierungen am Beispiel binationaler schwuler Paare in Berlin. Bielefeld: transcript.

Collins, Patricia Hill (2024 [1986]): Von den eingebundenen Außenseiter*innen lernen. Zur soziologischen Bedeutung des Schwarz-feministischen Denkens. In: Katharina Hoppe und Frieder Vogelmann (Hg.), Feministische Epistemologien. Ein Reader. Berlin: Suhrkamp, S. 91–129.

Combahee River Collective (2019 [1977]): Ein Schwarzes feministisches Statement (1977). In: Natasha A. Kelly (Hrsg.): Schwarzer Feminismus. Grundlagentexte. Münster: Unrast, S. 47–60.

Conradi, Elisabeth (2001): Take Care. Grundlagen einer Ethik der Achtsamkeit. Frankfurt am Main, New York: Campus Verlag.

Crenshaw, Kimberlé (2019): Das Zusammenwirken von Race und Gender ins Zentrum rücken: Eine Schwarze feministische Kritik des Antidiskriminierungsdogmas, der feministischen Theorie und antirassistischer Politiken. In: Natasha A. Kelly (Hrsg.): Schwarzer Feminismus. Grundlagentexte. Münster: Unrast, S. 143–184.

Dalla Costa, Mariarosa; James, Selma (Hg.) (1973): Die Macht der Frauen und der Umsturz der Gesellschaft. Berlin: Merve Verlag.
Davis, Angela (1983): Women, Race, & Class. New York: Vintage Books.
Davis, Kathy (2008): Intersectionality in Transatlantic Perspective. In: Cornelia Klinger und Gudrun-Axeli Knapp (Hrsg.): Über-Kreuzungen. Fremdheit, Ungleichheit, Differenz. Münster: Westfälisches Dampfboot, S. 19–35.
Derrida, Jacques (1972): Die Schrift und die Differenz. Frankfurt am Main: Suhrkamp.
Dussauge, Isabelle; Kaiser, Anelis (2012): Re-Queering the Brain. In: Robyn Bluhm, Anne Jaap Jacobson und Heidi Lene Maibom (Hrsg.): Neurofeminism. Issues at the Intersection of Feminist Theory and Cognitive Science. London: Palgrave Macmillan, S. 121–144.
Fausto-Sterling, Anne (1988): Gefangene des Geschlechts? Was biologische Theorien über Mann und Frau sagen. München, Zürich: Piper.
Federici, Silvia (2012a): Aufstand aus der Küche. Reproduktionsarbeit im globalen Kapitalismus und die unvollendete feministische Revolution. Münster: edition assemblage.
Federici, Silvia (2012b): Revolution at Point Zero: Housework, Reproduction, and Feminist Struggle. Oakland: PM Press.
Foucault, Michel (2002): Macht und Körper. In: ders., Dits et Ecrits, Schriften Bd. 2, 1970–1975. Frankfurt am Main: Suhrkamp, S. 932–941.
Gago, Verónica (2021): Für eine feministische Internationale. Wie wir alles verändern. 1. Auflage. Münster: Unrast.
Gerhard, Ute (1978): Verhältnisse und Verhinderungen. Frauenarbeit, Familie und Rechte der Frauen im 19. Jahrhundert. Frankfurt am Main.
Gerhard, Ute (2014): Care als sozialpolitische Herausforderung moderner Gesellschaften – Das Konzept fürsorglicher Praxis in der europäischen Geschlechterforschung. In: Brigitte Aulenbacher, Birgit Riegraf und Hildegard Theobald (Hrsg.): Sorge: Arbeit, Verhältnisse, Regime – Care: Work, Relations, Regimes. Soziale Welt, Sonderband 20, S. 69–89.
Gilligan, Carol (1982): In a Different Voice. Psychological Theory and Women's Development, Cambridge: Harvard University Press.
Glammeier, Sandra (2010): Zwischen verleiblichter Herrschaft und Widerstand. Realitätskonstruktionen und Subjektpositionen gewaltbetroffener Frauen im Kampf um Anerkennung. Wiesbaden: Springer VS.
Govrin, Jule (2022): Politische Körper. Von Sorge und Solidarität. Berlin: Matthes & Seitz.
Griffin, Susan (1987): Frau und Natur. Das Brüllen in ihr. Frankfurt am Main: Suhrkamp.
Grosz, Elisabeth (2008): Darwin and Feminism. Preliminary Investigations for a Possible Alliance. In: Stacy Alaimo und Susan J. Hekman (Hrsg.): Material Feminisms. Bloomington, IN: Indiana University Press, S. 23–51.
Hagemann-White, Carol (2002): Gender-Perspektiven auf Gewalt in vergleichender Sicht. In: Wilhelm Heitmeyer und John Hagan (Hg.): Internationales Handbuch der Gewaltforschung. Wiesbaden: VS Verlag für Sozialwissenschaften, S. 124–149.
Haraway, Donna (1989): Primate Visions. Gender, Race, and Nature in the World of Modern Science. New York London: Routledge.
Haraway, Donna (1995a): Ein Manifest für Cyborgs. Feminismus im Streit mit den Technowissenschaften. In: dies., Die Neuerfindung der Natur. Primaten, Cyborgs und Frauen. Frankfurt am Main, New York: Campus Verlag, S. 33–72.
Haraway, Donna (1995b): Situiertes Wissen. Die Wissenschaftsfrage im Feminismus und das Privileg einer partialen Perspektive. In: dies., Die Neuerfindung der Natur. Primaten, Cyborgs und Frauen. Frankfurt am Main, New York, Campus-Verlag, S. 73–97.
Harding, Sandra (1990): Feministische Wissenschaftstheorie. Zum Verhältnis von Wissenschaft und sozialem Geschlecht. Hamburg: Argument Verlag.

Harding, Sandra (1993): Rethinking Standpoint Epistemology: What is 'Strong Objectivity'? In: Linda Alcoff und Elizabeth Potter (Hrsg.): Feminist Epistemologies. London und New York: Routledge, S. 49–82.

Harding, Sandra G. (Hrsg.) (2004): The Feminist Standpoint Theory Reader. Intellectual and Political Controversies. New York und London: Routledge.

Hark, Sabine (2005): Dissidente Partizipation. Eine Diskursgeschichte des Feminismus. Frankfurt am Main: Suhrkamp.

Hark, Sabine (2021): Gemeinschaft der Ungewählten. Umrisse eines politischen Ethos der Kohabitation. Berlin: Suhrkamp Verlag.

Hark, Sabine; Villa, Paula-Irene (2015): „Eine Frage an und für unsere Zeit". Verstörende Gender Studies und symptomatische Missverständnisse. In: dies. (Hrsg.): Anti-Genderismus. Sexualität und Geschlecht als Schauplätze aktueller politischer Auseinandersetzungen. Bielefeld, Bielefeld: transcript, S. 15–39.

Hartsock, Nancy (1983): The Feminist Standpoint. Developing the Ground for Specifically Feminist Historical Materialism. In: Sandra Harding und Merrill B. Hintikka (Hrsg.): Discovering Reality. Feminist Perspectives on Epistemology, Metaphysics, Methodology, and Philosophy of Science. Dordrecht u.a.: Reidel, S. 283–310.

Holzhauser, Nicole (2023): Die unsichtbare Hälfte. Frauen in der Geschichte der Soziologie (Soziopolis). Online verfügbar unter https://www.soziopolis.de/dossier/die-unsichtbare-haelfte.html, zuletzt geprüft am 27.11.2023.

hooks, bell (1984): Feminist Theory. From Margin to Center. Boston: South End Press.

Hoppe, Katharina (2021): Die Kraft der Revision. Epistemologie, Politik und Ethik bei Donna Haraway. Frankfurt am Main, New York: Campus Verlag.

Hoppe, Katharina (2022): Donna Haraway zur Einführung. Hamburg: Junius.

Hoppe, Katharina; Lemke, Thomas (2021): Neue Materialismen zur Einführung. Hamburg: Junius.

Hoppe, Katharina; Vogelmann, Frieder (Hg.) (2024): Feministische Epistemologien. Ein Reader. Berlin: Suhrkamp.

Höppner, Grit; Wanka, Anna (2021): un/doing age: Multiperspektivität als Potential einer intersektionalen Betrachtung von Differenz- und Ungleichheitsverhältnissen. In: *Zeitschrift für Soziologie* 50 (1), S. 42–57.

Jurczyk, Karin; Szymenderski, Peggy (2012): Belastungen durch Entgrenzung. Warum Care in Familien zur knappen Ressource wird. In: Ronald Lutz (Hrsg.): Erschöpfte Familien. Wiesbaden: Springer VS, S. 89–105.

Keller, Evelyn Fox (1995): Geschlecht und Wissenschaft: Eine Standortbestimmung. In: Barbara Orland und Elvira Scheich (Hrsg.): Das Geschlecht der Natur. Feministische Beiträge zur Geschichte und Theorie der Naturwissenschaften. Frankfurt am Main: Suhrkamp, S. 64–91.

Keller, Evelyn Fox (2001): Das Jahrhundert des Gens. Frankfurt, New York: Campus Verlag.

Kelly, Natasha A. (Hrsg.) (2019): Schwarzer Feminismus. Grundlagentexte. Münster: Unrast.

Knapp, Gudrun-Axeli (2005): Race, Class, Gender. Reclaiming Baggage in Fast Travelling Theories. In: *European Journal of Women's Studies* 12 (3), S. 249–265.

Knapp, Ulla (1984): Frauenarbeit in Deutschland zwischen 1850 und 1933: Teil II. In: *Historical Social Research* 9 (1), S. 3–42.

Laufenberg, Mike; Trott, Ben (Hrsg.) (2023): Queer Studies. Schlüsseltexte. Berlin: Suhrkamp.

Longino, Helen E. (1996): Natur anders sehen. Zur Bedeutung der Geschlechterdifferenz. In: Elvira Scheich (Hrsg.): Vermittelte Weiblichkeit. Feministische Wissenschafts- und Gesellschaftstheorie. Hamburg: Hamburger Edition, S. 292–310.

Lutz, Helma (2018): Intersektionelle Biographieforschung. In: Helma Lutz, Martina Schiebel und Elisabeth Tuider (Hrsg.): Handbuch Biographieforschung. Wiesbaden: Springer VS (Springer-Link Bücher), S. 139–150.

Lutz, Helma; Herrera Vivar, Maria Teresa; Supik, Linda (Hrsg.) (2010a): Fokus Intersektionalität. Bewegungen und Verortungen eines vielschichtigen Konzeptes. Wiesbaden: VS-Verlag.

Lutz, Helma; Herrera Vivar, Maria Teresa; Supik, Linda (2010b): Fokus Intersektionalität – eine Einleitung. In: Helma Lutz, Maria Teresa Herrera Vivar und Linda Supik (Hrsg.): Fokus Intersektionalität. Bewegungen und Verortungen eines vielschichtigen Konzeptes. 1. Aufl. Wiesbaden: VS-Verlag, S. 9–30.

Maihofer, Andrea (2004): Von der Frauen- zur Geschlechterforschung – modischer Trend oder bedeutsamer Perspektivenwechsel? In: Peter Döge, Karsten Kassner und Gabriele Schambach (Hrsg.): Schaustelle Gender. Aktuelle Beiträge sozialwissenschaftlicher Geschlechterforschung. Bielefeld: Kleine Verlag, S. 11–28.

Maihofer, Andrea (2019): Wandel und Persistenz hegemonialer Männlichkeit und die Grenzen des Konzepts von Caring Masculinities. In: Sylka Scholz und Andreas Heilmann (Hrsg.): Caring Masculinities? Männlichkeiten in der Transformation kapitalistischer Wachstumsgesellschaften. München: oekom, S. 63–78.

Merton, Robert K. (1972): Insiders and Outsiders. A Chapter in the Sociology of Knowledge. In: *American Journal of Sociology* 78, S. 9–47.

Meuser, Michael (2010): Geschlecht und Männlichkeit. Soziologische Theorie und kulturelle Deutungsmuster. 3. Auflage. Wiesbaden: VS Verlag.

Mies, Maria (1978): Methodische Postulate zur Frauenforschung – dargestellt am Beispiel der Gewalt gegen Frauen. In: *Beiträge zur feministischen Theorie und Praxis* (1), S. 41–63.

Mies, Maria (1996): Patriarchat und Kapital. Frauen in der internationalen Arbeitsteilung. Zürich: Rotpunkt.

Mies, Maria; Shiva, Vandana (1995): Ökofeminismus. Beiträge zur Praxis und Theorie. Zürich: Rotpunkt.

Mohanty, Chandra Talpade (1984): Under Western Eyes: Feminist Scholarship and Colonial Discourses. In: *boundary 2* 12/13, S. 333–358.

Müller, Beatrice (2016): Wert-Abjektion. Zur Abwertung von Care-Arbeit im patriarchalen Kapitalismus – am Beispiel der ambulanten Pflege. Münster: Westfälisches Dampfboot.

Nebelung, Andreas; Poferl, Angelika; Schultz, Irmgard (Hrsg.) (2001): Geschlechterverhältnisse – Naturverhältnisse. Feministische Auseinandersetzungen und Perspektiven der Umweltsoziologie. Opladen: Leske + Budrich.

Plumwood, Val (1993): Feminism and the Mastery of Nature. London, New York: Routledge.

Redecker, Eva von (2016): Anti-Genderism and Right-Wing Hegemony. In: Radical Philosophy. Online verfügbar unter https://www.radicalphilosophy.com/commentary/anti-genderismus-and-right%E2%80%91wing-hegemony.

Reichertz, Jo (2022): Körper-Ethnographie. Der eigene Körper als Erhebungsinstrument. In: Angelika Poferl und Norbert Schröer (Hrsg.): Handbuch Soziologische Ethnographie. Wiesbaden: Springer VS, S. 539–550.

Ruppert, Uta; Scheiterbauer, Tanja; Dhawan, Nikita; Franke, Esther; Khaled, Radwa; Wichterich, Christa (2020): Transformationen entstehen im Prozess: Transnationale Feminismen zwischen Dekolonisierung, imperialen Verwobenheiten und der Suche nach neuen Solidaritäten. In: *Feministische Studien* 38 (1), S. 21–38.

Scheich, Elvira (1995): Klassifiziert nach Geschlecht. Die Funktionalisierung des Weiblichen für die Genealogie des Lebendigen in Darwins Abstammungslehre. In: Barbara Orland und Elvira Scheich (Hrsg.): Das Geschlecht der Natur. Feministische Beiträge zur Geschichte und Theorie der Naturwissenschaften. Frankfurt am Main: Suhrkamp, S. 270–288.

Scheich, Elvira (Hrsg.) (1996): Vermittelte Weiblichkeit. Feministische Wissenschafts- und Gesellschaftstheorie. Hamburg: Hamburger Edition.

Scheich, Elvira (2004): Objektivität, Perspektivität und Gesellschaft. Zum Verhältnis von soziologischer Theorie und Wissenschaftsforschung. In: Therese Frey Steffen, Caroline Rosenthal und

Anke Väth (Hrsg.): Gender Studies. Wissenschaftstheorien und Gesellschaftskritik. Würzburg: Königshausen & Neumann, S. 83–95.

Scholz, Sylka (2015): Männlichkeitssoziologie. Studien aus den sozialen Feldern Arbeit, Politik und Militär im vereinten Deutschland. Münster: Westfälisches Dampfboot.

Speck, Sarah (2018): Autonomie, Authentizität, Arbeitsteilung: Paradoxien der Gleichheit in modernen Geschlechterarrangements, in: *WestEnd. Neue Zeitschrift für Sozialforschung* 15 (1), S. 21–44.

Schwerdtner, Lilian (2021): Sprechen und Schweigen über sexualisierte Gewalt. Ein Plädoyer für Kollektivität und Selbstbestimmung. Münster: edition assemblage.

Segato, Rita Laura (2022): Femizid. Frauenkörper als Territorium des Krieges. Münster: Unrast.

Simmel, Georg (1992 [1908]): Soziologie. Untersuchungen über die Formen der Vergesellschaftung. Gesamtausgabe Bd. 11. Frankfurt am Main: Suhrkamp.

Singer, Mona (2008): Feministische Wissenschaftskritik und Epistemologie: Voraussetzungen, Positionen, Perspektiven. In: Ruth Becker und Beate Kortendiek (Hrsg.): Handbuch Frauen- und Geschlechterforschung: Theorie, Methoden, Empirie. Wiesbaden: VS Verlag für Sozialwissenschaften, S. 285–294.

Smith, Dorothy E. (1987): Women's Perspective as a Radical Critique of Sociology. In: Sandra Harding (Hrsg.): Feminism and Methodology: Social Science Issues. Bloomington, Indianapolis: Indiana University Press, S. 84–96.

Smith, Dorothy E. (2005): Institutional Ethnography. A Sociology for People. Lanham: AltaMira Press.

Spivak, Gayatri Chakravorty (1996): The Spivak Reader. Selected works of Gayatri Chakravorty Spivak. New York und London: Routledge.

Stögner, Karin (2020): Antisemitismus und Intersektionalität – Plädoyer für einen neuen Zugang. In: Astrid Biele Mefebue, Andrea Bührmann und Sabine Grenz (Hrsg.): Handbuch Intersektionalitätsforschung. Wiesbaden: Springer VS, S. 1–16.

Striedinger, Angelika; Sauer, Birgit; Kriessl, Katharina; Hofbauer, Johanna (2016): Feministische Gleichstellungsarbeit an unternehmerischen Hochschulen: Fallstricke und Gelegenheitsfenster. In: *Feministische Studien* 34 (1), S. 9–22.

Strube, Sonja A.; Perintfalvi, Rita; Hemet, Raphaela; Metze, Miriam; Sahbaz, Cicek (Hrsg.) (2021): Anti-Genderismus in Europa. Allianzen Von Rechtspopulismus und Religiösem Fundamentalismus. Mobilisierung – Vernetzung – Transformation. Bielefeld: transcript Verlag.

Sturgeon, Noël (1997): Ecofeminist Natures. Race, Gender, Feminist Theory, and Political Action. New York, London: Routledge.

Tronto, Joan C. (1992): Women and Caring: What can Feminists Learn about Morality from Caring. In: Alison M. Jaggar und Susan Bordo (Hrsg.): Gender, Body, Knowledge. Feminist Reconstructions of Being and Knowing. New Brunswick, NJ u.a., S. 172–187.

Tronto, Joan C. (1993): Moral Boundaries. A Political Argument for an Ethic of Care. New York, London: Routledge.

Tsomou, Margarita (2022): Auf den Spuren planetarischer Feminismen: Sorge- und Regenerationsarbeit im Angesicht ökologischer Katastrophen. In: Hannah Fitsch, Inka Greusing, Ina Kerner, Hanna Meißner und Aline Oloff (Hrsg.): Der Welt eine neue Wirklichkeit geben. Feministische und queertheoretische Interventionen. Bielefeld: transcript Verlag, S. 241–250.

Tuana, Nancy (Hg.) (1989): Feminism & Science. Bloomington, Indianapolis: Indiana University Press.

Villa, Paula-Irene (2006): Fremd sein – schlau sein? Soziologische Überlegungen zur Nomadin. In: Ronald Hitzler und Winfried Gebhardt (Hrsg.): Nomaden, Vagabunden oder Flaneure? Wissensformen und Denkstile der Gegenwart. Wiesbaden: Springer VS, S. 37–50.

Villa, Paula-Irene (2022): „Frauen". In: Hannah Fitsch, Inka Greusing, Ina Kerner, Hanna Meißner und Aline Oloff (Hrsg.): Der Welt eine neue Wirklichkeit geben. Feministische und queertheoretische Interventionen. Bielefeld: transcript Verlag, S. 251–264.

Villa, Paula-Irene; Speck, Sarah (2020): Das Unbehagen der Gender Studies. Ein Gespräch zum Verhältnis von Wissenschaft und Politik. In: *Open Gender Journal*, S. 1–26.

Warren, Karen J.; Cheney, Jim (1991): Ecological Feminism and Ecosystem Ecology. In: *Hypatia* 6 (1), S. 179–197.

Werlhof, Claudia von; Mies, Maria; Bennholdt-Thomsen, Veronika (1983): Frauen, die letzte Kolonie. Zur Hausfrauisierung der Arbeit. Reinbek bei Hamburg (Technologie und Politik).

Wilson, Elizabeth A. (2006): The Work of Antidepressants: Preliminary Notes on How to Build an Alliance Between Feminism and Psychopharmacology. In: *BioSocieties* 1 (1), S. 125–131.

Wobbe, Theresa; Honegger, Claudia (Hg.) (1995): Frauen in der Soziologie. Neun Portraits. München: C.H. Beck.

# Poststrukturalistische Theorien

Jennifer Eickelmann

### Zusammenfassung

In poststrukturalistischer Manier eröffnet Jennifer Eickelmann mit der Frage, wie und ob poststrukturalistisch über Poststrukturalismus geschrieben werden kann, da jedes Schreiben darüber machtvolle Wissenspraktiken und -politiken hervorbringt. Trotz der artifiziellen Markierung heterogener Theorien als „poststrukturalistisch" charakterisiert sie diese als Ansätze, die sich ab den 1960er-Jahren in Frankreich in kritischer Abgrenzung zum Strukturalismus entwickeln. Sie bindet ihren Beitrag in dessen Hervorbringung ein und betrachtet ihn als Teil eines Gefüges, das sich durch Differenzproduktion konstituiert und sich ihrer Verfügungsgewalt entzieht. Im Hauptteil beschreibt sie poststrukturalistisches Denken als relational: Wissen und Macht sind untrennbar, Differenz entsteht durch Verweisstrukturen, Subjektivität wird dezentriert. Abschließend diskutiert sie die Begriffe Macht, Differenz, Subjektivation und wendet sie auf digitale Plattformen und deren methodische Herausforderungen an.

### Abstract

In a poststructuralist manner, Jennifer Eickelmann opens with the question of how and whether poststructuralism can be written about post structurally, since any writing about it produces powerful knowledge practices and politics. Despite the artificial labelling of heterogeneous theories as "poststructuralist", she characterizes them as

J. Eickelmann (✉)
FernUniversität in Hagen, Deutschland
E-Mail: jennifer.eickelmann@fernuni-hagen.de

approaches that developed in France from the 1960s onwards in critical dissociation from structuralism. She integrates her contribution into its emergence and views it as part of a structure that is constituted through the production of difference and is beyond its control. In the main section, she describes post-structuralist thinking as relational: knowledge and power are inseparable, difference arises through reference structures, subjectivity is decentered. Finally, she discusses the concepts of power, difference and subjectivation and applies them to digital platforms and their methodological challenges.

## Einführend: Poststrukturalistisch über Poststrukturalismus schreiben?

Einführungen in soziologische Theorien bzw. Theoriestränge beginnen gemeinhin mit einer theoriehistorischen Herleitung. Diese Herleitung wird in der weiteren Ausführung zumeist kontextualisiert, ausdifferenziert und entlang zentraler Begriffe oder Autor*innen nochmals aufgefaltet und teilweise entlang eines konkreten Problems weiter spezifiziert. Dies gilt auch für die meisten der einschlägigen Einführungen in den Poststrukturalismus (vgl. Angermüller 2015; Gertenbach 2022; Hillebrandt 2018; Junge 2009; Moebius 2009, 2019; Münker und Roesler 2012; Stäheli 2000a; vgl. für einen breiten Überblick Moebius und Reckwitz 2008). Da also bereits eine gewisse Anzahl an Einführungen, mit spezifischen Ausrichtungen und Fokussierungen, vorliegt, drängt sich die Frage auf: Wie und zu welchem Zweck nun einen weiteren, in den Poststrukturalismus einführenden, Text schreiben?[1]

Zunächst ließe sich darauf verweisen, dass eine Einführung in ‚den' Poststrukturalismus schon deswegen ein kühnes Unterfangen sein muss, da es ‚den' Poststrukturalismus gar nicht gibt (vgl. beispielhaft Moebius 2019, S. 78; Gertenbach 2022, S. 275f.). Damit ordnet sich der vorliegende Text durchaus in die Normativität des Schreibens über ‚den' Poststrukturalismus ein. Das liegt daran, dass es sich bei als ‚poststrukturalistisch' markierten Theorien um heterogene Theoriestränge handelt, die sich nur höchst artifiziell in einer Kategorie zusammenfügen lassen. Hinzu kommt, dass sie für sich genommen schon so komplex sind, dass ihnen eine Einführung unter dem Dach ‚Poststrukturalismus' kaum gerecht werden kann und dass einige der einschlägigen Autor*innen zudem das „Etikett" Poststrukturalismus (Stäheli 2000a, S. 6) deutlich von sich gewiesen haben (vgl. beispielsweise Butler 1993, S. 33).[2]

Trotz der Heterogenität an Ansätzen lassen sich dennoch theoriegenetische sowie perspektivische gemeinsame Bezüge und Grundannahmen ausmachen. Als ‚poststrukturalistisch' werden gemeinhin Ansätze bezeichnet, die sich spätestens im Laufe der 1960er-Jahre in Frankreich entwickelt haben und die sich in kritischer Abgrenzung zum

---

[1] Mein herzlicher Dank gilt Isabelle Sarther und Benjamin Neumann für ihre Impulse.
[2] Michel Foucault hat sich wiederum deutlich vom „ungenauen Etikett" des Strukturalismus in Frankreich distanziert und wendet sich im Vorwort zur deutschen Ausgabe von Die Ordnung der Dinge an die Lesenden, seine Ausführungen nicht als einen Beitrag zum Strukturalismus zu lesen (Foucault 2008a, S. 19f.).

Strukturalismus an sprachtheoretischen Konzepten abarbeiten und diese reformulieren. Damit öffnen sie ebendiese gewissermaßen auch für die Soziologie und markieren sie als soziologisch relevante Zugänge (vgl. Moebius 2019; vgl. vertiefend zu soziologischen Denkweisen aus Frankreich Delitz 2022).

Mit Blick darauf, was in vorangegangenen Einführungen ebenso wie in dem hier vorliegenden Text nun als „Poststrukturalismus" in Erscheinung gebracht wird und welche Autor*innen mit welchen Begriffen als Referenzen angeführt werden, hängt fraglos jedoch nicht ausschließlich davon ab, welche Autor*innen tatsächlich und objektiv betrachtet die einschlägigsten Referenzen sind. Es ist vielmehr so, dass es hierbei immer auch um Wissen-Macht-Komplexe geht, die gemeinhin lediglich zwischen den Zeilen stehen.[3] Damit ist gemeint, dass in jedem Schreiben über ‚den' Poststrukturalismus immer auch *machtvolle Wissenspraktiken und -politiken* zusammenlaufen. Darunter insbesondere spezifische Praktiken der *Referenzierung*, d. h. die anerkennende Wiederholung und aber auch Verschiebung dessen, welche Autor*innen und Begrifflichkeiten bereits als ‚kanonisch' im Fach gelten dürfen sowie damit zusammenhängende Politiken der *Differenz*, d. h. der *Ab- und Begrenzung* sowie des *Ein- und Ausschlusses* spezifischer Theoriestränge und Autor*innen.[4] Diese Praktiken und Politiken wiederum sind in institutionalisierte Zusammenhänge, d. h. wissenschaftliche Institutionen wie Universitäten, eingebunden. In diesen Zusammenhängen werden spezifische Wissenschaftsbiografien und Selbstverständnisse von Autor*innen, die über Poststrukturalismus schreiben, erzeugt.

Wenn wir diese Einsichten zugrunde legen, lässt sich festhalten, dass der hier vorliegende Text gar nicht in ‚den' Poststrukturalismus einführen kann und dies auch nicht für sich beansprucht, sondern dass er ein ganz spezifisches Licht auf ausgewählte Aspekte, Autor*innen und Begrifflichkeiten wirft – und damit *Anderes*, d. h. hier: ebenfalls sinnvolle Zugangsmöglichkeiten, ausklammert. Diese Situiertheit[5] eines jeden Zugangs kann produktiv gewendet werden. Der hier vorliegende Text lässt sich entsprechend als *ein* Zugang von *Vielen* betrachten, der nun gerade nicht ‚den' Poststrukturalismus in einer totalitären Form abzubilden sucht, sondern ihn auf eine spezifische Art und Weise in Erscheinung bringt.

Wir können den vorliegenden Text nun also als ein machtförmiges Teil eines beweglichen Gefüges betrachten, das sich durch die Produktion von Differenz konstituiert und sich zudem der Verfügungsgewalt der Autorin entzieht, gleichwohl er gegebenenfalls subjektivierend auf sie als vermeintliche ‚Poststrukturalistin' zurückwirkt. Damit sind wir dann im Grunde schon dort angekommen, wo die Reise hingehen soll: Wir sind inmitten eines poststrukturalistischen Denkens. Denn dieses relationale Denken geht *erstens* davon aus, dass sich Wissen und Macht nicht voneinander trennen lassen. Zweitens fokussiert ebendieses

---

[3] Insbesondere innerhalb der feministischen Wissenschaftsforschung und -kritik ist die Frage des Zusammenhangs von Wissen(schaft) und Macht von zentralem Interesse (vgl. Singer 2008).
[4] Vgl. beispielsweise zur Marginalisierung von Frauen in der deutschsprachigen Soziologie Holzhauser 2023.
[5] Vgl. vertiefend zum Konzept des Situierten Wissens Haraway 1996.

Denken immer auch Prozesse der Differenzproduktion, die wiederum auf komplexen Verweisstrukturen beruhen. Und drittens ist ebendiesem Denken eine Dezentrierung von Subjektivität in dem Sinne inhärent, dass Subjekte nicht als gegeben vorausgesetzt werden, sondern dass es die Politiken und Praktiken befragt, die subjektivierend wirksam werden und damit so etwas wie ‚Subjektivität' überhaupt erst konstituieren. Der vorliegende Text fokussiert entsprechend die Begriffe Macht, Differenz und Subjektivation. So führt er nicht nur vertiefend in die bereits aufgeworfenen Problemstellungen ein, sondern fragt gleichzeitig danach, wie sich Sozialität auf ebendieser Grundlage darstellt. Auf theoriehistorische Einbettungen, die sich bereits andernorts finden lassen,[6] wird weitestgehend verzichtet. Stattdessen soll die Begriffsarbeit schließlich dem Zweck dienlich gemacht werden, eine poststrukturalistische Perspektive empirisch zur Anwendung zu bringen. Im Fokus steht hierbei digitale Plattformen und damit verknüpfte methodische Herausforderungen (3).

## Begriffsarbeit

### Macht, oder: Vom Machthaben zu Machteffekten

Sich in Machtbeziehungen wiederzufinden ist nicht zwingend ein spezifisches Problem, sondern vielmehr ein ‚Normalfall' von Sozialität. Anders ausgedrückt: Sozialität ist ohne Macht gar nicht zu denken. Und mehr noch: Macht ist produktiv, transformativ und sogar lustvoll. Eine solche Konzeption von Macht, wie sie der Philosoph Michel Foucault (1926–1984) vorgeschlagen hat, kann ausschließlich im Plural und als eine Beziehung bzw. ein Verhältnis gedacht werden. Demgemäß kann man Macht nicht etwa haben oder gar besitzen, da sie keine klar umrissenen Grenzen hat und in diesem Sinne eben nicht wie ein ‚Ding' behandelt werden kann. Macht kann zudem kein konkreter Ort zugeschrieben werden, denn auch wenn sie lokal wirksam ist, entfaltet sie sich im Zwischenraum. Ein Raum zwischen unterschiedlichen Punkten in einem Gefüge, das Foucault als „Kräftefeld" (Foucault 2008b, S. 1098) beschrieben hat. Dieses Kräftefeld befindet sich notwendigerweise in Bewegung, da Relationen sich aufgrund ihres operativen Charakters vollziehen und auf spezifische Art und Weise wirken. In Sexualität und Wahrheit (1976) schreibt Foucault:

> „Unter Macht, scheint mir, ist zunächst zu verstehen: die Vielfältigkeit von Kräfteverhältnissen, die ein Gebiet bevölkern und organisieren; das Spiel, das in unaufhörlichen Kämpfen und Auseinandersetzungen diese Kräfteverhältnisse verwandelt, verstärkt, verkehrt (…). Die Macht ist nicht etwas, was man erwirbt, wegnimmt, teilt, was man bewahrt oder verliert; die Macht ist etwas, was sich von unzähligen Punkten aus und im Spiel ungleicher und beweglicher Beziehungen vollzieht." (Foucault 2008b, S. 1098f.)

So verstanden geht es also bei Machtfragen nicht um eindeutige Positionsbestimmungen von Herrschenden und Beherrschten. Denn Macht wird eben nicht unidirektional von oben

---

[6] s.o.

nach unten, das heißt von Herrschenden, die Macht haben, gegenüber Beherrschten, die keine Macht haben, sondern lediglich erleiden, ausgeübt (ebd., S. 1099), sondern der Fall liegt komplizierter. Foucault entwirft ein differenzierteres Bild über den Zusammenhang von Macht und Freiheit und grenzt ebendiesen Zusammenhang vom Begriff der Gewalt ab (vgl. Foucault 2005, S. 259ff.). Macht zeichnet sich demnach dadurch aus, dass sie nicht das ‚Andere' der Freiheit ist, sondern im Gegenteil *auf Freiheit angewiesen* ist (ebd., S. 255). Das bedeutet, dass Macht Handlungsfähigkeit voraussetzt, damit sie als eine Regulierung von Wahrscheinlichkeiten des Handelns wirksam werden kann (ebd., S. 256). Machtverhältnisse ohne einen Möglichkeitsraum, den man Freiheit nennen könnte, wären eben keine Machtverhältnisse, sondern Gewaltverhältnisse, die „zwingen, biegen, brechen, zerstören." (ebd., S. 255). Damit ändert sich allerdings zugleich das Verständnis von ‚Freiheit': Denn diese ist keine unbedingte Freiheit, sondern im Gegenteil immer auch von Machtbeziehungen durchzogen. Damit distanziert sich Foucault von soziologischen Machtkonzeptionen, die Macht zuvorderst als gewaltförmig sowie im Besitz einer Person verstehen, wie es beispielsweise bei Max Weber der Fall ist (vgl. Weber 1972, S. 50).[7] Diese Differenzierung von Macht und Gewalt (bzw. Herrschaft), die auf einer konzeptuellen Verbindung von Macht und Freiheit beruht, ist eine folgenreiche Verschiebung im Verständnis von Machtbeziehungen. Schließlich ermöglicht die benannte Verbindung es, Machtbeziehungen als ein In-Bewegung-Setzen zu verstehen (vgl. Foucault 2008b, S. 1099). Mit dem folgenden Beispiel wird die Produktivität von Macht besonders deutlich: Vor dem Hintergrund der historischen Entwicklung unterschiedlicher Techniken des staatlichen Rechts zum Strafen von Bürger:innen bis zum Ende des 18. Jahrhunderts,[8] formuliert Foucault bereits in Überwachen und Strafen (1975) die Frage, wie es kommen konnte, dass sich Techniken des Strafens durchgesetzt haben, die auf institutionalisierte Zurichtung und gerade nicht auf öffentliche Brutalität setzen. Die stark vereinfachende Antwort hierauf lautet: Weil Erstere schlicht besonders effizient zu sein scheinen oder anders ausgedrückt, weil es sich um eine „Perfektionierung der Machtausübung" (Foucault 2008c, S. 912) handelt. Als Paradebeispiel für die institutionalisierte Zurichtung als Technik des Strafens dient Foucault die Architektur des Panoptikums von Je-

---

[7] So schreibt Max Weber: „Macht bedeutet jede Chance, innerhalb einer sozialen Beziehung den eigenen Willen auch gegen Widerstreben durchzusetzen, gleichviel worauf diese Chance beruht." Und weiter: „Der Begriff ‚Macht' ist soziologisch amorph. Alle denkbaren Qualitäten eines Menschen und alle denkbaren Konstellationen können jemand in die Lage versetzen, seinen Willen in einer gegebenen Situation durchzusetzen" (Weber 1972, S. 50).

[8] Als die drei Techniken der Staatsgewalt, die gegen Ende des 18. Jahrhunderts, existieren benennt Foucault: die monarchische, an Rache und öffentlicher Ausstellung orientierte Staatsgewalt; die Techniken der Reformjuristen, die weniger fokussiert auf die brutale körperliche Gewalt setzten, sondern die Verhältnismäßigkeit der Strafe zum Zwecke der (Wieder-)Herstellung von Rechtssubjekten sowie der allgemeinen Anerkennung staatlicher Gewalt relevant machten und schließlich die Techniken der Dressur in Kerkerinstitutionen, die ebenso – und zwar sehr produktiv – auf Körper einwirkt, aber eben weniger durch Zeichen brutaler Einwirkung, sondern durch Spuren, wie sie sich in der Veränderung von Verhaltensgewohnheiten zeigen können. (vgl. Foucault 2008c, S. 773ff.).

remy Bentham. Das Panoptikum ist ringförmig aufgebaut, mit einem (Überwachungs-)Turm in der Mitte, von dem aus die umliegenden Zellen, die sowohl nach innen als auch nach außen Fenster haben (vgl. ebd., S. 905), beobachtet werden können. Diese Anlage ermöglicht es, die Insassen der Zellen (Gefangene, Kranke, Schüler*innen etc.) zu sehen, d. h. auch: zu überwachen. Damit wird ein spezifisches Sichtbarkeitsregime installiert, das auch ohne direkte Gewaltausübung disziplinierende Wirkungen erzielt. Denn es ist unerheblich, ob auf dem Turm tatsächlich eine überwachende Aufsicht steht oder nicht. Für die Insassen der Zellen führt allein die Tatsache, potenziell sichtbar zu sein und überwacht zu werden dazu, dass sie ‚freiwillig' ihr Verhalten anpassen. Es ist nicht Brutalität, sondern allein die Beziehungsförmigkeit durch die die Machteffekte höchst effizient wirksam werden. Dabei spielt die Anordnung von Körpern, Dingen, Blickregimes etc. eine entscheidende Rolle. Im besagten Falle reicht somit allein die potenzielle Überwachung ohne direkte Gewalteinwirkung aus, damit sich totalitäre Effekte quasi-freiwilliger Unterwerfung zeitigen:

> „In Wirklichkeit sind Machtbeziehungen definiert durch die Form von Handeln, die nicht direkt und unmittelbar auf andere, sondern auf deren Handeln einwirkt. Eine handelnde Einwirkung auf Handeln, auf mögliches oder tatsächliches, zukünftiges oder gegenwärtiges Handeln." (Foucault 2005, S. 255).

Es geht darum in den Blick zu nehmen, wie, in Verbindung mit welchen einwirkenden Handlungen und unter welchen Voraussetzungen etwas machtvoll hervorgebracht wird. Zentral bei dieser Hervorbringung ist erstens der Aspekt des Wissens bzw. der Wissensformationen, denn: Macht ist bei Foucault eng mit Wissen verknüpft. Und zweitens – untrennbar damit verbunden – geht es um die Konstitution von Subjektivität. Mit Blick auf Ersteres geht es bereits in Die Ordnung der Dinge (1966) um die Frage, wie sich spezifische Aussagen gemäß einer bestimmen Regelmäßigkeit formieren und zu Diskursen verdichten. Diskurse oder diskursive Formationen sind wiederum nicht auf Intentionen von Autor*innen zurückzuführen, sondern übersteigen diese in einem historischen, aber auch in einem praktischen Sinne (vgl. hierzu ausführlicher Schäfer 2019). Es lässt sich also festhalten, dass jeder diskursiven Praxis spezifische Wissensformationen zugrunde liegen, die Sicht- und Sagbarkeiten ebenso regulieren, wie konkrete Verhaltensweisen (vgl. Foucault 2008d, S. 668) und dass im Zuge ebendieser Praxis zugleich die Möglichkeitsräume abgesteckt werden, innerhalb derer Subjektivität konstituiert wird.

Ebenjene machtvolle Formationen fungieren allerdings nicht als absolute, d. h. abgeschlossene und unbedingte, Ordnungen, sondern im Gegenteil zeichnen sie sich durch stetige Brüche und Diskontinuitäten aus (vgl. Moebius 2019, S. 91). Damit eröffnen sich nun aber auch andererseits (je nach Situation und institutionellem Setting ganz unterschiedlich begrenzte und begrenzende) Möglichkeiten für die Transformation ebendieser Machtbeziehungen: „Wo es Macht gibt, gibt es Widerstand." (Foucault 2008b, S. 1100). Um einen Widerspruch handelt es sich hierbei gerade nicht. Schließlich wird das besagte Kräftefeld immer auch von widerständigen Bewegungen konstituiert, die Machtverhältnisse in Bewegung halten und transformieren:

„Wie das Netz der Machtbeziehungen ein dichtes Gewebe bildet, das die Apparate und Institutionen durchzieht […], so streut sich die Aussaat der Widerstandspunkte quer durch die gesellschaftlichen Schichtungen und die individuellen Einheiten." (ebd., S. 1101).

Zusammenfassend lässt sich festhalten, dass sich Sozialität notwendigerweise als durchzogen von relationalen Machtbeziehungen erweist und konstitutiv auf einer diskursiven Praxis beruht, die von Wissensformationen abhängt und die Möglichkeitsräume für Subjektivität konfiguriert. Sozialität ist so betrachtet notwendigerweise (wissens-)historisch bedingt, wobei soziale Beziehungen als machtvolle Beziehung in ständiger Bewegung zwischen freiwilliger Unterwerfung und Widerständigkeit oszillieren. Wie uns als was ‚Sozialität' in einem Text über ‚den' Poststrukturalismus erscheint, ist damit unweigerlich ebenso eine Frage einer so verstandenen machtvollen Praxis.

## Differenz, oder: Von der (Re-)Konstruktion zur Dekonstruktion

Mit einem poststrukturalistischen Begriff von Macht in Anlehnung an Foucault, der immer nur Beziehungsförmigkeit meinen kann, stellen sich weitere Fragen danach, wie eine solche Beziehungsförmigkeit genauer spezifiziert bzw. weiter ausdifferenziert werden kann. Auf Grundlage semiotischer Theorien, die für ein Denken, das als poststrukturalistisch etikettiert wird, konstitutiv sind, erweist sich Sozialität als grundlegend von der Struktur der Sprache bzw. der Schrift abhängig (vgl. Junge 2009, S. 291ff.).[9] Das bedeutet, dass auch Sozialität analytisch wie ein textuelles Phänomen zu betrachten ist.[10] In Anlehnung an Ferdinand de Saussures sprachwissenschaftlichem Strukturalismus gilt es entsprechend, sich erst einmal etwas ganz Grundsätzliches klar zu machen: Ein Zeichen (wie ein Buchstabe) hat keineswegs eine Bedeutung an und für sich, sondern die Bedeutung eines Zeichens ergibt sich erst im *Verhältnis zu anderen* Zeichen (ebd.; Derrida 1990, S. 79, 87ff.). Die Beziehung zu anderen Zeichen unterliegt wiederum einer spezifischen Struktur. Am Beispiel der Anordnung von Buchstaben in einer bestimmten Sprache wäre das die Grammatik. Der Philosoph Jacques Derrida knüpft wiederum kritisch an das Erbe der abendländischen Philosophie Saussures an (vgl. Derrida 1983) und führt in den 1960er-Jahren die Figur der *différance* ein. Statt von einer umfassenden ordnungsgebenden Struktur auszugehen, sind es für Derrida vielmehr Spuren, die ein Verweisungssystem und damit auch Beziehungsförmigkeit herstellen und Zeichen an andere Zeichen heften (vgl. Derrida 1990, S. 88f.). Mit dem hiermit eingeführten „Spiel der Differenz" lenkt Derrida den Fokus auf die Un-/Möglichkeitsbedingungen „des Funktionierens eines jeden Zeichens" (ebd., S. 79). Sinn liegt also nicht im Zeichen selbst, sondern entsteht durch Referenzierungen, die wiederum

---

[9] Wenn hier im Weiteren von ‚Zeichen' oder ‚Text' die Rede ist, dann wird hier von einem sehr weiten Textverständnis ausgegangen.
[10] Die Ausweitung des Textbegriffes ist nicht unkritisiert geblieben. Vgl. zum poststrukturalistischen Textualismus und dem hiermit angeblich zusammenhängenden „Intellektualismus der Zeichen", der in einer Marginalisierung des Materiellen münde Reckwitz 2008b, S. 131ff.

von einer Matrix der Differenz mitkonstituiert wird. Pointiert formuliert lässt sich also sagen, dass die Bedeutung des einen Zeichen nur in einer bedingten Beziehung zu anderen Zeichen zustande kommen kann und dass ebendiese Beziehung durchzogen ist von macht- oder gar herrschaftsförmigen (historischen, ökonomischen etc.) Bedingungen. Wenn hier von der Anordnung von ‚Zeichen' die Rede ist, so sind damit in einem weiten Verständnis unterschiedliche raum-zeitliche symbolische und damit auch soziale Ordnungen gemeint, wie sie sich beispielsweise in Diskursen und Institutionen niederschlagen (vgl. Moebius 2019, S. 80). Wie und unter welchen Bedingungen wird ebendieses ‚Spiel der Differenzen' produktiv und wie lässt es sich untersuchen?

Derrida hat mit der Denkfigur der *différance* einen Zugang vorgeschlagen, der nicht zuletzt eine Grundannahme der empirischen Sozialforschung herausfordert. Diese Grundannahme besteht darin, dass sich soziale Prozesse und Phänomene eben auch empirisch zeigen, d. h. erfahrbar und beobachtbar sind. Im Kontext der empirischen Sozialforschung sind es zuvorderst sozialkonstruktivistischer Ansätze,[11] die – lat. *con-* für zusammen und *-struere* für aufbauen – von der Positivität bzw. Präsenz des Sozialen ausgehen. Pointiert zusammengefasst wird damit vorausgesetzt, dass etwas (wie z. B. sozialer Sinn) *präsent* ist und in ebendiesem Sinne empirisch erfasst, und das bedeutet: re-konstruiert, werden kann. Wollte man dieser Vorannahme folgen, müsste Differenz eine Konstruktion sein, die Forschenden als solche auch begegnet. Diesem konstruktivistischen Grundgedanken der Positivität fügt das Denken Derridas nun allerdings eine andere Komponente in herausfordernder Weise hinzu: Den Umstand, dass Positivität nicht ohne Negativität gedacht werden kann. Wenn zum Beispiel etwas gesagt wird, dann wird auch immer etwas nicht gesagt. Dabei geht es keineswegs nur um andere potenzielle Sprechakte, sondern um die macht- und gewaltvollen Bedingungen, an die Prozesse der Differenzproduktion gebunden sind und die ein bestimmtes Sprechen ermöglichen oder eben auch verunmöglichen. Wenn etwas konstruiert bzw. praktisch hervorgebracht wird, dann benötigt ebenjene konstruktive Praxis also notwendigerweise immer auch das, was eben nicht hervorgebracht wird, d. h. soziale Praxis ist immer nur *bedingte* Praxis: „Mit dem Gedanken der *différance* wird die Bestimmung des Seins als Anwesenheit oder als Seiendheit erfragt. [...] Erste Konsequenz: die différance *ist* [Herv. J.E.] nicht." (Derrida 1990, S. 103). Dieses ‚Andere', die Negativität bzw. Negation, das ist bei Derrida das Ausgeschlossene (vgl. ebd., S. 79). Folglich sind weder das Ausgeschlossene noch die Bedingungen der zugrundeliegenden Differenz von Ein- und Ausgeschlossenem etwas, die sich unmittelbar zu zeigen geben.

Dies führt uns nun aber zu einem interessanten Problem, denn: „[...] dieses Spiel [das Spiel der Differenz, Erg. J.E.] ist selbst stumm." (ebd.). Es ist genau diese ‚Stummheit', für die sich ein Denken interessiert, das Derrida als Dekonstruktion beschrieben hat. Die

---

[11] Wie bspw. dem Sozialkonstruktivismus nach Peter L. Berger und Thomas Luckmann (2003) sowie dem ethnomethodologischen Konstruktivismus (Garfinkel 2020). Vgl. vertiefend zu den Voraussetzungen sowie Effekten des Konstruktivismus innerhalb der (wissens-)soziologischen Theoriebildung auch Renn 2012.

Dekonstruktion verweist begrifflich auf ein Zusammendenken von ‚Destruktion'[12] und ‚Konstruktion' und ist als eine Analyse multipler, macht- und herrschaftsförmiger Ein- und Ausschlussverfahren zu verstehen. Dabei geht es also mit Blick auf Differenz nicht nur um Unterschiede oder Unterscheidungen, sondern darum „daß man es bei einem klassischen philosophischen Gegensatz nicht mit der friedlichen Koexistenz eines Vis-à-Vis, sondern mit einer gewaltsamen Hierarchie zu tun hat. Einer der beiden Ausdrücke beherrscht [...] den anderen, steht über ihm." (Derrida, zit. na. Wartenpfuhl 1996, S. 197).

Bei der Dekonstruktion handelt es sich um einen philosophischen Zugang, der insbesondere in der Sprach- und Literaturwissenschaft breit rezipiert wurde und wird. Die Rezeption innerhalb der Soziologie lässt sich als allerdings als spannungsreich bezeichnen, was eben auch mit der Orientierung der konstruktivistisch orientierten empirischen Sozialforschung an der (vermeintlichen) Präsenz und Positivität des Sozialen zusammenhängt (vgl. Wartenpfuhl 1996). Wie also etwas untersuchen oder besser: produktiv machen, das gar nicht ‚da ist'? Denn die *différance* als dekonstruktive Denkfigur ist nicht einfach eine Konstruktion, kann streng genommen entsprechend nicht re-konstruiert werden und damit auch kein Verfahren der rekonstruktiven Sozialforschung sein. Wenn hier davon die Rede ist, dass Differenzen ‚produziert' werden, dann meint dies zweierlei: Zum einen geht es um die Anwesenheit des Abwesenden, d. h. die konstitutive Kraft dessen, was nicht ‚ist', sondern lediglich als Potenz existiert. Es könnte sein, es ist aber (noch) nicht. Die *différance* meint also auch eine Temporalisierung, d. h. einen Aufschub. Das ‚Andere' ist so verstanden nicht vollständig abstinent, sondern die *différance* bewirkt ein „Zurückstellen" oder auch ein „Beiseitelegen" (ebd., S. 200): „Die Differenzen werden also von der *différance* ‚produziert' – aufgeschoben [...]." (Derrida 1990, S. 93). Und zum anderen geht es um das Unterscheiden als einen voraussetzungsvollen Akt. Das Spiel von Differenzen, was darauf beruht, dass jedes Zeichen auf andere Zeichen verweist, hat Derrida als eine „in Bewegung begriffene Zwietracht" (ebd., S. 98) beschrieben, die zumeist als Opposition strukturiert ist. So tritt Männlichkeit in konstitutiver Abwesenheit von Weiblichkeit; Weißsein in konstitutiver Abwesenheit von Schwarzsein, Natur in konstitutiver Abwesenheit von Kultur etc. auf – und umgekehrt –, eingebunden in historische Macht- und Herrschaftsverhältnisse.

Es ist insbesondere der Rezeption im Kontext der Geschlechterforschung bzw. der Feministischen Theorie zu verdanken, dass die Dekonstruktion spätestens seit den 1990er-Jahren auch in der Soziologie rezipiert wird – wenn auch auf Kosten einiger theoretischer Unschärfen (vgl. Wartenpfuhl 1996). So hat Birgit Wartenpfuhl in Anlehnung an Angelika Wetterer gezeigt, inwiefern die Dekonstruktion hier als „eine Art Zauberstab" missverstanden worden ist, der sich gegen die Herrschaftsordnung einsetzen lasse (Wetterer, zit. na. Wartenpfuhl 1996, S. 193). Dies nicht zuletzt auch deswegen, da mit der begrifflichen Referenz auf die Destruktion dem Begriff der Dekonstruktion eine gewisse zerstörerische Kraft zugeschrieben werde. Damit zusammenhängend kommt hinzu, dass die Rezeption der Dekonstruktion unter den Vorzeichen einer deutlich konstruktivistisch ausgerichteten Soziologie

---

[12] In Anlehnung an Martin Heidegger.

zu Verwischungen der bereits benannten und grundlegenden Unterschiede geführt hat (vgl. Wartenpfuhl 1996, S. 191). Um der Wiederholung des Immergleichen im Forschungsprozess etwas ‚daneben' zu setzen, geht es dekonstruktiven Zugängen entsprechend nicht zuvorderst um Re-Konstruktionen, sondern darum, alternative Denkfiguren mit ins Spiel zu bringen. Gehen wir nun mit Derrida davon aus, dass oppositionelle Verweise wie beispielsweise Weiblichkeit vs. Männlichkeit gerade *keine* Gegensatzpaare, sondern als zwei Seiten *derselben Medaille* konstitutiv voneinander abhängig sind, dann stellt sich die Frage, was die vermeintlichen Oppositionen aneinanderbindet. Hier wird die Frage nach den Bedingungen der Differenz, beispielsweise zwischen Männlichkeit und Weiblichkeit relevant, denn beide Seiten der Medaille, Männlichkeit und Weiblichkeit, hängen von demselben Herrschaftssystem ab, dass Judith Butler später als die „heteronormative Matrix des Geschlechts" beschreiben wird (Butler 2012a, S. 34, 41). Es existiert demnach keine Männlichkeit ohne die Verwerfung von Weiblichkeit usw., weshalb die jeweiligen Seiten der Medaille auch gar nicht ‚für sich' sein können, sondern stets konstitutiv aufeinander verweisen. Durch die Schaffung weiterer differentieller Verweisungen und Perspektiven, die eben nicht oppositionell angelegt sind, sondern diese herausfordern, entstehen andere Formen des Denkens,[13] wie beispielsweise transversale Figuren, die que(e)r liegen. Durch die Schaffung eben solcher, anderer Spuren wird aus dualistischem Denken ein Denken in komplexen Bündeln und Verschränkungen, die durch andere, nicht oppositionelle Denkfiguren, in Bewegung gehalten werden können: „Die Gegensätze verschieben sich somit zu seinem Gewebe von Differenzen" (Wartenpfuhl 1996, S. 202). Bildlich gesprochen, macht es sich die Dekonstruktion sozusagen in einem Webstuhl (un-)bequem, von wo aus sie „den Charakter eines Einflechtens, eines Webens, eines Bindens […], welches die unterschiedlichen Fäden und die unterschiedlichen Linien des Sinns – oder die Kraftlinien – wieder auseinanderlaufen läßt, als sei sie bereit, andere hineinzuknüpfen" annehmen kann (Derrida 1990, S. 77; vgl. auch Wartenpfuhl 1996, S. 199).

Zusammenfassend lässt sich festhalten, dass Sozialität aus einer dekonstruktiven Perspektive als notwendigerweise eingebunden in gesellschaftliche Macht- und Herrschaftsverhältnisse gelten kann. Auf dieser Grundlage vollziehen sich Ein- und Ausschlüsse entlang spezifischer Differenzkategorien. Nicht nur das, was in situ in Erscheinung tritt, sondern auch Andere und Anderes, d. h. das Verworfene bzw. Unsichtbare, ist für soziale Praxis ein konstitutiver Aspekt.

---

[13] Auch die Systemtheorie von Niklas Luhmann knüpft an die Grundoperation des Unterscheidens an: „Die Systemtheorie geht von der Einheit der Differenz von System und Umwelt aus. Die Umwelt ist konstitutives Moment dieser Differenz, also für das System nicht weniger wichtig als das System selbst" (Luhmann 1991, S. 289). Systemtheoretisch betrachtet ist Beobachten nichts anderes als Unterscheiden. Aspekte wie Eigensinnigkeit und Unkontrollierbarkeit kommen hierbei aufgrund der kybernetischen Grundanlage allerdings weniger in Betracht (vgl. Hoppe 2019, S. 4f.). Aufgrund ihres konstruktivistischen Charakters ist die Systemtheorie allerdings nicht als ein dekonstruktiver Ansatz zu beschreiben. Gleichwohl liegen dekonstruktive Lektüren der Systemtheorie vor, wie z. B. Stäheli 2000b.

## Subjektivation, oder: Vom Subjektsein zum Subjektwerden

Es ist es nicht zufällig, dass die vorangegangenen Ausführungen in ihrer ‚poststrukturalistischen' Annäherung an Sozialität auf eine zentrale Kategorie verzichtet haben, nämlich: handelnde Menschen. Dies hängt keineswegs damit zusammen, dass so etwas wie Menschsein oder auch Handlungsfähigkeit im Poststrukturalismus keine Rolle (mehr) spielen. Es ist vielmehr so, dass es sich bei einer der zentralen Kategorien des Humanismus, dem Menschen, um eine historisch höchstvoraussetzungsvolle Figur handelt, dessen Bedingungen poststrukturalistische Theorien in jeweils unterschiedlicher Art und Weise zum Gegenstand der Auseinandersetzung machen. Der Begriff der Subjektivation (oder auch: Subjektivierung) trägt diesem Umstand Rechnung, indem er weder (menschliche und andere) Subjektivitäten ontologisch, d. h. in ihrem Sein, voraussetzt noch Sozialität auf ebendiese zurückführt. Stattdessen geht es um die Frage, wie Subjektivität unter welchen (macht- und gewaltvollen) gesellschaftlichen Bedingungen überhaupt entstehen kann. Wie also Subjekt werden?

Auf Grundlage der bereits eingeführten Annahme, dass Sozialität von der Struktur von Sprache und Schrift abhängig ist, wird nun in einem vorerst letzten begrifflichen Schritt ebendiese Annahme erneut aufgegriffen, um den Begriff der Subjektivation einzuführen. Die Bearbeitung der Frage danach, wie man eigentlich zu einem Subjekt werden kann, erfordert Verknüpfungen zu den zuvor erläuterten Begrifflichkeiten. Mit Blick auf die Abhängigkeit von Sozialität von symbolischen Ordnungen stellen sich nämlich nicht nur Fragen danach, welcher Struktur Diskurse unterliegen, an welche Bedingungen sie geknüpft sind und wie dabei Differenzen (re-)produziert werden. Es drängen sich vielmehr auch Fragen nach dem Subjekt ebendieser Problemstellungen auf: Wie steht es also um das Subjekt von Diskursen bzw. Texten im weitesten Sinne? Der Philosoph, Schriftsteller und Literaturkritiker Roland Barthes hat gegen Ende der 1960er-Jahre in dem berühmten Aufsatz mit dem aussagekräftigen Titel „Der Tod des Autors" (2002, im frz. Orig. 1968) eine deutliche Antwort gegeben. Auf Grundlage der Nachzeichnung aktueller Entwicklungen in der Literatur führt er aus, inwiefern die Literatur an dem Punkt angekommen sei, „an dem nicht ‚ich', sondern nur die Sprache ‚handelt' [,performe']." (Barthes 2002, S. 105). Ein Text sei entsprechend nicht auf die Autor:innenschaft zurückzuführen, sondern führe ein Leben auch außerhalb seiner Verfügungsmacht, denn: „Die Schrift bildet unentwegt Sinn, aber nur, um ihn wieder aufzulösen." (ebd., S. 109). Damit privilegiert Barthes die Rolle der Schrift als Zeichensystem einerseits, aber auch die Rolle der Lesenden (ebd., S. 110)., d. h. – soziologischer formuliert – derjenigen, die am Kommunikationsgeschehen teilnehmen. Die soziologische Relevanz dieser Kritik an der Privilegierung von Autor:innenschaft ergibt sich nicht zuletzt daraus, dass die Soziologie das Konzept der Autor:innenschaft aus der Literaturwissenschaft für sich in Anspruch genommen hat (vgl. Reckwitz 2008b, S. 18) und diesem einen hohen Stellenwert in der Textinterpretation einräumt.[14] Foucault jedenfalls greift die von Barthes totgesagte Autor:innenschaft wieder

---

[14] Neuere Ansätze fordern ebendiese subjektzentrierten Ansätze angesichts der Weiterentwicklung sozialwissenschaftlicher Diskurse seit den 1980er-Jahren weiter heraus (vgl. Reckwitz 2008a, S. 59).

auf: Zwar begräbt er sie in gewisser Hinsicht erst einmal, doch nur, um sie im Anschluss wiederauferstehen zu lassen (Foucault 2014). Diese Wiederauferstehung findet allerdings unter völlig anderen Voraussetzungen statt, denn Foucault geht es nun darum, „die Orte ausfindig zu machen, an denen seine Funktion ausgeübt wird." (ebd., S. 1003). Ihm geht es im Rahmen der Diskursanalyse um die Frage, welche gesellschaftlichen Funktionen der Rekurs auf Autor:innenschaft ausübt. Foucault argumentiert, dass bestimmte gesellschaftliche Funktionen oder auch: Bedingungen dazu führen, dass spezifische Formen von Subjektivität (und hier eben am Beispiel der Autor:innenschaft) überhaupt erst als solche erscheinen können, und zwar in der Geistes- und Literaturgeschichte, aber auch in der Philosophie und Wissenschaftsgeschichte (ebd., S. 1007). Die zentrale Frage lautet dabei:

> „[…] wie, aufgrund welcher Bedingungen und in welchen Formen kann so etwas wie ein Subjekt in der Ordnung des Diskurses erscheinen? […] Kurzum, es geht darum, dem Subjekt (oder seinem Substitut) seine Rolle als ursprüngliche Begründung zu nehmen und es als variable und komplexe Funktion des Diskurses zu analysieren." (Foucault 2014, S. 1029)

So spielt Autor:innenschaft in der Ordnung des Diskurses auch in Bezug auf die Geschichte von Wissenschaftsdisziplinen eine Rolle. Beispielsweise, wenn bestimmte Autoren als „Gründungsväter" einer Disziplin ausgemacht werden – während Andere, wie etwa Autorinnen, ausgeschlossen werden. Die Funktion, die die Referenz auf Autor:innenschaft hier erfüllt, ist die der Positionierung, aber auch Anerkennung als ein Jemand im Feld.[15]

In ebendiesem Sinne ist die Foucault'sche Machtanalytik keine Analyse von Machtbeziehungen als Selbstzweck, sondern zielt stattdessen auf die Konstitutionsbedingungen von Subjektivität, wie Foucault in seinem 1982 erschienenen Aufsatz Subjekt und Macht resümierend festhält:

> „Zunächst möchte ich sagen, welches Ziel ich in den letzten zwanzig Jahren in meiner Arbeit verfolgt habe. Es ging mir nicht darum, Machtphänomene zu analysieren oder die Grundlagen für solch eine Analyse zu schaffen. Vielmehr habe ich mich um eine Geschichte der verschiedenen Formen der Subjektivierung des Menschen in unserer Kultur bemüht. Und zu diesem Zweck habe ich Objektivierungsformen untersucht, die den Menschen zum Subjekt machen." (Foucault 2005, S. 240)

Während in der klassischen Subjektphilosophie des 17. und 18. Jahrhunderts das Subjekt noch als ein „vorsoziales, vorkulturelles und vorhistorisches Fundament" (Reckwitz

---

[15] Siehe auch FN 2. Foucault unterscheidet beispielhaft vier unterschiedliche Funktionen von Autor:innenschaft, darunter 1. die Funktion des Namens als Referenz (im Sinne der Konstitution eines ‚Werks'), 2. die Funktion mit Blick auf das Aneignungsverhältnis zum Text (mit Fragen danach, wem der Text ‚gehört' und welche Verantwortung für den Text mit der Autor:innenschaft einhergeht), 3. die Funktion der Zuschreibung (wem der Text als ‚Schöpfer:in' zugeordnet wird) und 4. Die Funktion der Positionierung des Autor:innenschafts-Subjekts, z. B. in einer Disziplin (vgl. ebd., S. 1004ff.). Ein aktuelles Beispiel für die Produktivität dieser Perspektive sind die Diskussionen über den Zusammenhang der Songtexte der Band Rammstein mit dem Autorsubjekt Till Lindemann im Kontext sexualisierter Übergriffe.

2016, S. 126) betrachtet wurde, rückt der Blick mit Foucault auf die Prozesse der Herstellung von Subjektivität und die zugrundeliegenden gesellschaftlichen und kulturellen Bedingungen eben jener Herstellungsprozesse (ebd.).

Die US-amerikanische Philosophin und Politische bzw. Feministische Theoretikerin Judith Butler knüpft in den 1990er-Jahren u. a. an Foucault und Derrida an und entwickelt ein anti-essentialistisches Verständnis ‚postsouveräner' Subjektivität weiter. In ihrem Verständnis bilden Fragen nach Macht sowie nach Ein- und Ausschlüssen den Ausgangspunkt für eine gendertheoretische Reformulierung bzw. die Feministische Theorie.[16] Es handelt sich hierbei um eine Verknüpfung von diskurstheoretischen, performativitätstheoretischen wie auch dekonstruktiven Zugängen zu den Politiken und Praktiken der Subjektivation. Der Prozess der Subjektivation zeichnet sich bei Butler in Anlehnung an Foucault durch einen Doppelcharakter aus: Subjektivation bedeutet sowohl eine Unterordnung unter Machtbedingungen als auch ein produktives – und das meint eben auch: widerständiges – Werden. Es sind also Machtverhältnisse, die erst die Entstehung des Subjekts bedingen – und zugleich ergeben sich dadurch Handlungsspielräume, die diesen Doppelcharakter in Bewegung halten (Butler 2001, S. 18; Butler 2006, S. 61ff.). Auf Grundlage des Interesses an der subjektivierenden Wirkmächtigkeit von Diskursen und der performativen Kraft von Sprache (vgl. Butler 2012a) entwickelt Butler einen souveränitätskritischen Ansatz weiter, der an der Dezentrierung von Subjektivität bzw. der Loslösung des unidirektionalen Verweisungszusammenhangs von Subjektivität und Sinn arbeitet (Stäheli 2000b, S. 5; Reckwitz 2008a, S. 10f.). Dabei knüpft Butler an die Sprechakttheorie von John L. Austin (2002) an.[17] Die Sprechakttheorie von J. L. Austin geht davon aus, dass ein Sprechakt Handlung ist bzw. sein kann. Solche Sprechakte nennt Butler in Anlehnung an Austin performative Sprechakte: „In der Sprechakttheorie ist eine performative Äußerung diejenige diskursive Praxis, die das vollzieht, was sie benennt" (Butler 1997, S. 36). Für Prozesse der Subjektivation sind insbesondere Szenarien der Anrede konstitutiv. Unter Rekurs auf Althussers Ausführungen zur Ideologie des Staatsapparates (1977) arbeitet sie den „benennenden Ruf" (ebd., S. 15) als performativen Akt der Subjektwerdung heraus. Die Subjektwerdung ist demnach grundlegend von Anderen, aber auch Anderem, wie von bereits existierenden Diskursen abhängig. Der Prozess der Subjektivation ist so verstanden als ein höchst fragiler, machtvoller Prozess zu verstehen, der notwendigerweise auf Andere sowie Anerkennungsordnungen angewiesen ist: „Die Anrede selbst konstituiert das Subjekt innerhalb des möglichen Kreislaufs der Anerkennung oder umgekehrt, außerhalb dieses Kreislaufs, in der Verworfenheit" (Butler 2006, S. 15).

Mit der von Butler veranschlagten Dezentrierung des Subjekts und dem Begriff der Subjektivation werden insbesondere subjektzentrierte bzw. handlungstheoretische Theorien im Feld der Soziologie herausgefordert. Subjektivität und Handlungsfähigkeit können so be-

---

[16] Vgl. vertiefend zur Rezeption Butlers in der Kultursoziologie Villa 2016 sowie vertiefend zur Schnittstelle von Poststrukturalismus und Feministischer Theorie Kolozova 2021 und Tauchert 2022.
[17] Auf die sich auch Barthes in seinen Ausführungen zum Tod des Autors mit Referenz auf die linguistische „Oxford-Philosophie" stützt (vgl. Barthes 2002, S. 107).

trachtet nicht vorausgesetzt und zum Ausgangspunkt soziologischer Analysen gemacht werden, da es sich keineswegs um ahistorische und universelle Konstanten handelt. Stattdessen stellen sich Subjektivität und Handlungsfähigkeit „immer und ausschließlich" als ein „politisches Vorrecht" (Butler 1995, S. 45) dar. Dieses Vorrecht wird insbesondere vor dem Hintergrund gendertheoretischer Ausführungen zur Wirkmächtigkeit jener heteronormativen Matrix des Geschlechts relevant, welche Geschlecht machtvoll als eine dualistische Kategorie performativ hervorbringt (vgl. Butler 2012a, S. 34, 41). Von der politischen Bedeutung der Kategorie ‚Frau' innerhalb der Feministischen Theorie ausgehend, sensibilisiert der Butler'sche Zugang zu Subjektivationsprozessen dafür, dass die Kategorie ‚Frau' als Ausgangspunkt für die Feministische Theorie weder unproblematisch sei noch alternativlos. Problematisch deswegen, weil sie die Kategorie ‚Frau' zum einen universalistisch setze, weswegen die komplexen Entstehungsbedingungen der Kategorie drohen ausgeklammert zu werden. Außerdem sei die Kategorie nicht alternativlos, da eine solche universalistische Setzung übersehe, dass sich die Kategorie ‚Frau' tatsächlich als höchst heterogen darstellt (vgl. ebd., S. 15ff.). So erklärte beispielsweise die Schwarze[18] Schriftstellerin und Aktivistin Audre Lorde bereits 1979: „Da sich weiße feministische Theoretikerinnen nicht mit den Differenzen zwischen Frauen befassen, kümmern sie sich auch nicht um die Tatsache, dass die Frauen, die ihre Häuser putzen und ihre Kinder hüten, während sie selbst Konferenzen über feministische Theorie besuchen, größtenteils arme und farbige Frauen sind. Was ist die Theorie hinter rassistischem Feminismus?" (Lorde 1979, zit. na. Ludvig 2001, S. 40). Die heteronormative Matrix des Geschlechts, also die die oppositionelle Gegenüberstellung von ‚Frau' und ‚Mann' performativ hervorbringt, geht folglich mit einer Reihe an Ausschlüssen einher, denen es – in dekonstuktivistischer Geste – etwas danebenzusetzen gilt. Danebensetzen bedeutet hier im Derrida'schen Sinne, nicht etwa, Differenzen aufzuheben, sondern neue Differenzen einzuführen und damit auch, Dualismen zu dekonstruieren, was auch bedeutet, die Komplexität des Gegenstandes zu erhöhen.

Subjektivation nach Butler ist zudem als eine grundlegend körperliche Praxis zu verstehen. Entgegen der oft wiederholten Kritik sprachtheoretischer Konzeptualisierung von Subjektivation, die sich auf eine angebliche Marginalisierung körperlicher Aspekte bezieht, betont Butler in ihren Ausführungen ebenso oft, dass nicht nur Sprechen ein körperlicher Akt sei. Es geht Butler auch darum, das Verhältnis von Körpern und Sprache selbst als ein performatives Verhältnis zu begreifen (vgl. Butler 2006, S. 237). Sprechen ist also nicht einfach ein textuelles Phänomen im semiotischen Sinne, sondern es ist zum einen eine körperliche Praxis und zum anderen eine Praxis der Hervorbringung von Körpern (vgl. Hillebrandt 2016, S. 73ff.). Diese Betonung ist insbesondere deswegen von Belang, da Butlers Arbeiten die Performativität, d. h. die performative Hervorbringung, von Gender als einen zugleich diskursiven wie materiellen Prozess beschreibbar macht (vgl. Butler 2012a). Symbolische Akte im weitesten Sinne ‚produzieren' also im Derrida'schen Sinne nicht nur semiotisch Ein- und Ausschlüsse, sondern auch bestimmte Körper. Auf Grundlage historischer wie aktueller

---

[18] Die Großschreibung verweist hier darauf, dass es sich bei Schwarzsein oder Weißsein um eine politische Kategorie handelt.

Macht- und Herrschaftsordnungen und -bedingungen gelangt ein Subjekt zur Existenz – und kann aber logisch folgend auf ebendieser Grundlage in seiner Existenz ebenso bedroht werden (vgl. Butler 2006, S. 16). Prozesse der Subjektivation zeugen damit von einer grundlegenden Verletzbarkeit, die es nicht zu überwinden gelte (vgl. Butler 2014). Stattdessen entfalte gerade die körperliche Exponiertheit die *Potenz* einer politischen Kraft, beispielsweise in öffentlichen Versammlungen (ebd.).[19] In ihrem Buch Excitable Speech. A Politics of the Performative (1997) führt Butler beispielsweise aus, inwiefern einem beleidigenden benennenden Ruf in einem existenziellen Sinne eine diskursive wie körperliche Verletzungsmacht inhärent ist, die Subjekte nicht nur „auf ihren Platz verweisen" (Butler 2006, S. 13), sondern sie auch in ihrer Überlebensfähigkeit begrenzen, d. h. gefährden, können (ebd.). Der Begriff der Subjektivation hebt zusammenfassend formuliert also insbesondere drei Aspekte der Subjektwerdung hervor: Gesellschaftlichkeit, Prozessualität und Materialität, d. h. Körperlichkeit (vgl. Reckwitz 2016, S. 126f.).

Zusammenfassend lässt sich festhalten, dass Sozialität ein relationaler Modus ist, der Prozesse der Subjektivierung bedingt. Anders ausgedrückt sind Prozesse der Subjektivation Ausdruck eines sozialen Ausgesetztseins. Es ist das Verhältnis zu Anderen und Anderem, das Subjektivität konstituiert, wobei Sozialität nicht jenseits gesellschaftlicher, d. h. ökonomischer, politischer etc. Bedingungen gedacht werden kann, welche die Möglichkeitsräume für Subjektivitäten schaffen und auch negieren.

## Hypertext, Plattformen und Poststrukturalismus: Ein empirisches Szenario

Ungefähr zwei Jahre bevor der erste frei zugänglich Webbrowser MOSAIC den Zugang zum World Wide Web ermöglichte und das Internet erstmals für eine breitere Bevölkerung nutzbar wurde, konstatierte der amerikanische Literaturwissenschaftler George P. Landow in seinem Buch Hypertext (1992) eine Konvergenz zwischen den Funktionsweisen des digitalen Hypertexts einerseits und der poststrukturalistischen (Literatur-)Theorie andererseits: „Hypertextual Derrida". Landow sah also in hypertextuellen Verweisstrukturen des WWW eine dezentrierte und non-lineare Praxis von Intertextualität und Mehrstimmigkeit sowie die Erosion von Subjektivität bzw. Autor:innenschaft verwirklicht, die in machtvolle Politiken und Widerständigkeiten verwickelt ist (vgl. ebd.). Sowohl die einschlägigen Theoretiker innerhalb der Informatik wie auch der Literatur- und Kulturtheorie[20] „like many others who write on hypertext or literary theory, argue that we must abandon conceptual systems founded upon ideas of cen-

---

[19] Butler unterscheidet die Begriffe ‚precariousness' und ‚precarity'. Während der Begriff ‚precariousness' auf die Verletzbarkeit von Subjektivität im Sinne einer grundlegenden Bedingtheit verweist, fokussiert der Begriff ‚precarity' auf spezifische Ungleichheitsverhältnisse, Hierarchien und Ausschlüsse (vgl. Lorey 2015, S. 24ff.; vgl. vertiefend auch Butler 2018, S. 300f.).

[20] Referenziert werden hier Theodor Nelson und Andries van Dam sowie Jacques Derrida und Roland Barthes (ebd., S. 2).

ter, margin, hierarchy, and linearity and replace them with one of multilinearity, nodes, links, and networks" (ebd., S. 2). Während die Literatur- und Kulturtheorien die Analyse des computerisierten Hypertexts anleiten könnten, sei der computerisierte Hypertext umgekehrt eine Verkörperung sowie eine Testung ebendieser Theorien (ebd., S. 3). Wird der computerisierte Hypertext so zu einer Materialisierung poststrukturalistischer Denkweisen?

Heute, angesichts der weit vorangeschrittenen Kommerzialisierung des Webs durch die Etablierung einer Ideologie der „Plattform" seit Beginn der 2000er-Jahre (vgl. Gillespie 2010; O'Reilly 2005), ist eine solche Konvergenzbehauptung kaum mehr aufrechtzuerhalten. Gleichwohl sich einige poststrukturalistische Denkfiguren, wie ‚hypertextuelle Verweisstrukturen', ‚dezentrale Machtverhältnisse' oder auch ‚Medien als Modi der Subjektivation' als produktiv für eine Erforschung des Digitalen erweisen, so handelt es sich kaum um eine deckungsgleiche Materialisierung ebenjener Theoriekonzepte. Im Gegenteil: Im Zuge der Ökonomisierung des Internets durch seine „Plattformisierung" (Poell/Nieborg/van Dijck 2019) erweisen sich Soziale Medien als kommerzialisierte Öffentlichkeiten, deren Funktionen und Infrastrukturen nicht etwa an der Analyse und/oder politischen Praxis orientiert sind, sondern an der Kommerzialisierung sozialer Praxis. Angesichts dieser historischen Entwicklungen des WWW scheint es vielmehr sinnvoll, zentrale poststrukturalistische Begrifflichkeiten mit Blick auf die Allgegenwärtigkeit digitaler Technologien neu zu befragen. Wie können sie für die Analyse und Kritik der Technisierung und Ökonomisierung des Sozialen produktiv gemacht werden? Wie verändern sich unter diesen Vorzeichen Verständnisse und Konzepte von Macht, Differenz und Subjektivation? Welche begrifflichen Transformationen werden dabei notwendig? Dabei kommen wir nicht umhin, die medientechnologische Bedingtheit als konstitutiven Aspekt sozialer Praxis zu berücksichtigen. In gebotener Kürze und mit einem Fokus auf ‚Soziale Medien' geht es im Folgenden daher um eine poststrukturalistische Perspektive auf machtvolle Diskursivierungen ebendieser Technologien, hiermit zusammenhängende Differenzproduktionen sowie Subjektivationsprozesse.[21]

Zu Beginn der 2000er-Jahre waren es spezifische Macht-Wissens-Komplexe, die das, was wir seitdem als ‚Soziale Medien' begreifen, hervorgebracht haben. Denn erst die diskursive Betonung des ‚sozialen' Charakters ebendieser Technologien hatte zu Beginn der 2000er zu ihrer enormen Verbreitung und Nutzung geführt. Der ‚soziale' Charakter hat sich also nicht zuletzt durch *historische*, diskursive Aushandlungsprozesse – die stets eingebettet in Macht- und Wissensformationen sind – verfestigt. So werden diese Medien bis heute als ‚Soziale Medien' diskursiv verhandelt und das auch, weil sie auf die partizipative Nutzung von User:innen angewiesen sind. User:innen generieren auf ‚Sozialen Medien' dynamischen Content, auch User Generated Content genannt. Diese Datenspuren bzw. -ströme werden jedoch wiederum von Plattformunternehmen für *ökonomische* Zwecke nutzbar gemacht (vgl. van Dijck 2013, S. 12ff.). Die vermeintlichen ‚sozialen' Dienste sind daher vielmehr Ausdruck jenes neoliberalen Kapitalismus, der aus freiwilliger Partizipation und Sozialität – und das bedeutet: bereitwilligen Erzeugung von Daten – ökonomische Werte generiert. Das heißt

---

[21] Die folgenden Ausführungen finden sich in ausführlicherer Form ebenfalls in: Eickelmann 2017, S. 75ff.

konkret: Auch wenn Plattformunternehmen die Inhalte sowie Interaktionen nicht selbst produzieren, treffen sie dennoch wichtige Entscheidungen darüber, wie etwas oder Jemand mit Anderen und Anderem in Bezug gesetzt wird – und dies eben oftmals entlang ökonomischer Erwägungen. Sie regulieren die Art und Weise, wie Sozialität auf der Plattform gestaltet werden kann (z. B. durch die Gestaltung von Interfaces, algorithmisierten Empfehlungen und Feeds) und bestimmen damit auch zumindest mit, welche Inhalte, Profile oder Produkte und Interaktionen sichtbarer oder zumindest wahrscheinlicher werden. Deshalb sind Plattformen nicht zuletzt auch als politisch zu begreifen.

Mit Blick auf *machtanalytische* Zugänge bedeutet dies, dass Beziehungsförmigkeit im oben genannten Sinne grundlegend von diesen technologischen, ökonomischen und politischen Bedingungen abhängt. Die Art und Weise, wie wir miteinander in Beziehung treten können und wie Verhaltensweisen reguliert werden ist so verstanden immer eine medientechnologisch bedingte Praxis. Mithilfe eines poststrukturalistischen Zugangs lassen sich performative Praktiken der Subjektivation zudem als eingebettet in die erläuterten historischen, ökonomischen sowie auch politischen Machtordnungen eingebettet verstehen und analysierbar machen. Das Adressierungsgeschehen, das konstitutiv für Prozesse der Subjektivation ist, prozessiert hier als multimodales Zeichengeschehen mittels unterschiedlichster Anwendungen (z. B. Apps). Die jeweiligen Interface-Designs der Plattformen regulieren zudem machtvoll, welche Anredeszenarien (z. B. private Nachrichten oder öffentliche Posts) und -formen (z. B. schriftliche Kommentare oder auch Memes) überhaupt erst in Frage kommen. Zudem sind es längst auch Algorithmen, die Subjektivationen und internetbasierte Konnektivität mitkuratieren. Dabei spielen soziale Differenzkategorien wie race, class und gender und ihre historische, gesellschaftliche Einbettung eine zentrale Rolle. Dies wird besonders mit Blick auf sexistische, rassistische, klassistische sowie antisemitische Anredeszenarien, wie sie in Phänomenen mediatisierter Missachtung zum Ausdruck kommen, besonders deutlich (vgl. Eickelmann 2017).

Aus einer dekonstruktivistischen Perspektive geht es aber auch darum, nicht bei der Untersuchung der performativen Praktiken der Hervorbringung vergeschlechtlicher, rassifizierter und klassenbezogener Subjektivationsprozesse stehen zu bleiben, sondern ebendiese auf ihre medientechnologischen, historischen, ökonomischen Machtordnungen und die ihr inhärenten Politiken hinzubefragen. Eine poststrukturalistische Perspektive, wie sie hier verstanden wird, nimmt dabei immer auch weitere Differenzkategorien – wie die Differenz zwischen Mensch und Technologien – und ihre Prozesse in den Blick. Das bereits angeführte Problem, dass die Kategorien ‚Mensch' und ‚Handlungsfähigkeit' höchst voraussetzungsvoll sind, wird mit Blick auf die medientechnologische Bedingtheit von Sozialität in digitalen Kontexten einmal mehr deutlich. Denn wer oder was ‚handelt' eigentlich, wenn wir auf TikTok ein Duett erstellen? Es sind mitnichten ‚nur' die User:innen, die hier produktiv werden, sondern ebenso algorithmisierte Aufmerksamkeitsmärkte, Smartphones etc. Die Frage führt uns schließlich dazu, über die Komplexität von Gefügen aus menschlichen und nicht-menschlichen Entitäten sowie ihre Bedingungen nachzudenken.[22]

---

[22] Vgl. zu einer Theorie algorithmischer Sozialität auch Seyfert 2023.

Und sie gibt uns auf, handlungstheoretische Konzeptionen zu kritisieren, die Sozialität zuvorderst auf absichtsvolles Handeln von Menschen zurückführen.[23] Auf Grundlage dieser Vielfältigkeit von Beziehungen zwischen menschlichen sowie nicht-menschlichen Entitäten können wir schlussfolgern, dass die *Differenz zwischen Menschen und Anderen* selbst ein Effekt einer spezifischen Machtordnung ist. Gerade deshalb ist es wichtig, die Prozesse der Differenzproduktion sowie deren Bedingungen zu untersuchen.

Wir müssen uns daher in dekonstruktivistischer Manier fragen, wie erstens ebendiese Prozesse der Differenzproduktion (z. B. zwischen Mensch und Technologien) funktionieren und zweitens, wie mithilfe anderer Differenzen Auswege aus dualistischen Denkweisen gefunden werden können. Dies erfordert notwendigerweise relationale Methodologien, die nicht etwa auf eine dialektische Synthese von Dualismen zielen, sondern grundlegend von der konstitutiven Verschränkung unterschiedlicher Relata, wie ‚Menschen' und ‚Technologien', ausgehen. Denn genau diese Differenz gilt es ja gerade nicht vorauszusetzen, sondern auf ihre Produktionsbedingungen hin zu befragen. Es sind insbesondere Ansätze aus dem Feld der (Feminist) Science and Technologie Studies, die diesbezüglich wichtige Impulse für die Kultur-, Medien- und Techniksoziologie geben.[24]

Sozialität in digitalen Kontexten, wie etwa ‚Plattformen', ist an spezifische technische Voraussetzungen, Ästhetiken und praktischen Vollzüge der Herstellung von Wissen und Körpern im Prozess – und damit auch Machtordnungen – gebunden. Digitale Zeichen sind sogar regelrecht auf Wissensformationen und Körper, die ebendiese Zeichen aufführen, angewiesen. Folglich können ebendiese Zeichen auch als temporärer Effekt eines permanenten Werdens spezifischen Gefüge aus Menschen und Nicht-Menschen (d. h. Wissensformationen, aber auch Hardware/Software usw.) begriffen werden. Die Anerkennung dieses Umstands führt schließlich dazu, dass die historische Differenz der qualitativen bzw. interpretativen Sozialforschung, nämlich die begriffliche und methodische Trennung von Forschungssubjekt und -gegenstand, kaum mehr aufrechterhalten werden kann. Denn Forschende, Forschungsinstrumente und Forschungspraxis können angesichts partizipativer Plattformen kaum eindeutig von den zu untersuchenden ‚Gegenständen' getrennt werden. Damit wird jene Gegenüberstellung herausgefordert, die soziologische Forschungslogiken innerhalb der qualitativen/interpretativen Sozialforschung seit den 1960er-Jahren durchzieht (vgl. Keller/Poferl 2016). Wenn wir zum Beispiel Social Media Phänomene untersuchen, dann können wir gar nicht anders als uns zu involvieren: Jeder Klick ist eine weitere digitale Spur, ein weiteres digitales Zeichen, das zum konstitutiven Teil des zu untersuchenden Phänomens wird. Die Forschung untersucht also nicht einfach nur die bereitwillige Verdatung von Subjektivität, sondern ist notwendigerweise ebenso ein Teil hiervon.

Aufgrund ihrer relationalen Anlage, ihrem Fokus auf Machtbeziehungen und Differenzproduktionen sowie aufgrund ihres posthumanistischen Gestus' erweist sich die kritische Relektüre und Transformation poststrukturalistischer Begrifflichkeiten als überaus pro-

---

[23] Vgl. hierzu ausführlicher Eickelmann 2022.
[24] So beispielsweise die Akteur-Netzwerk-Theorie nach Bruno Latour, das Konzept der Companion Species nach Donna J. Haraway sowie Karen Barads Agentieller Realismus.

duktiv mit Blick auf eine vielfältige soziale Praxis, die kaum mehr jenseits digitaler Technologien und ihrer historischen, ökonomischen und politischen Bedingungen gedacht werden kann.

Um abschließend einen Bogen zur Einführung zu schlagen: Der vorliegende Text hat auch mit Blick auf empirische Fragen zahlreiche Selektionen vorgenommen und damit Differenzen produziert. Bestenfalls sind dabei komplexe Gefüge unterschiedlicher Spuren sichtbar geworden. Dennoch kann er nur ein Fragment sein und bleibt daher Einiges schuldig. Ebendieses Schuldigbleiben ließe sich als Anregung verstehen, weiter zu weben. Sofern es zum Weiterweben kommt, kommt es auch zu Machteffekten jenes wissenschaftlichen Diskurses, als dessen Element dieser Text fungiert. Aber wer weiß, denn das liegt nun einmal nicht in den Händen der Autorin.

## Literatur

Althusser, Louis. 1977. Ideologie und ideologische Staatsapparate. In *Ideologie und ideologische Staatsapparate. Aufsätze zur marxistischen Theorie*, Ders., 108–153. Hamburg/Berlin: VSA.

Angermüller, Johannes. 2015. *Nach dem Strukturalismus. Theoriediskurs und intellektuelles Feld in Frankreich*. Bielefeld: transcript.

Austin, John L. 2002 (1979). *Zur Theorie der Sprechakte* (How to do things with words). 2. Aufl. Stuttgart: Reclam.

Barthes, Roland. 2002 (1968). Der Tod des Autors. In *Performanz. Zwischen Sprachphilosophie und Kulturwissenschaften*, Hrsg. Uwe Wirth, 104–110. Frankfurt a.M.: Suhrkamp.

Butler, Judith. 1995. Kontingente Grundlagen: Der Feminismus und die Frage der „Postmoderne". In *Der Streit um Differenz. Feminismus und Postmoderne in der Gegenwart*, Hrsg. Seyla Benhabib, Judith Butler, Drucilla Cornell, und Nancy Fraser, 31–58. Frankfurt a.M.: Fischer.

Berger, Peter L., und Thomas Luckmann. 2003. *Die soziale Konstruktion der Wirklichkeit*. Frankfurt a.M.: Fischer.

Butler, Judith. 1993. Kontingente Grundlagen: Der Feminismus und die Frage der „Postmoderne". In *Der Streit um Differenz. Feminismus und Postmoderne in der Gegenwart*, Hrsg. Seyla Benhabib, Judith Butler, Drucilla Cornell, und Nancy Fraser, 31–58. Frankfurt a.M.: Fischer.

Butler, Judith. 1997 (1993). *Körper von Gewicht. Die diskursiven Grenzen des Geschlechts*. Frankfurt a. M.: Suhrkamp.

Butler, Judith. 2001 (1997). *Psyche der Macht. Das Subjekt der Unterwerfung*. Frankfurt a. M.: Suhrkamp.

Butler, Judith. 2006 (1997). *Haß spricht. Zur Politik des Performativen*. Frankfurt a.M.: Suhrkamp.

Butler, Judith. 2012a (1991). *Das Unbehagen der Geschlechter*. Frankfurt a. M.: Suhrkamp

Butler, Judith. 2012b (2005). *Gefährdetes Leben. Politische Essays*. 4. Aufl. Frankfurt a. M.: Suhrkamp.

Butler, Judith. 2014. Körperliche Verletzbarkeit, Bündnisse und Street Politics. WestEnd. Neue Zeitschrift für Sozialforschung 11(1): 3–24.

Butler, Judith. 2018. Politik, Körper, Vulnerabilität. Ein Gespräch mit Judith Butler. In *Judith Butlers Philosophie des Politischen. Kritische Lektüren*, Hrsg. Gerald Posselt, Tatjana Schönwälder-Kuntze, und Sergej Seitz, 299–322. Bielefeld: transcript.

Delitz, Heike. 2022 (Hrsg.). *Soziologische Denkweisen aus Frankreich*. Wiesbaden: VS.

Derrida, Jacques. 1983. *Grammatologie*. Frankfurt a.M.: Suhrkamp.

Derrida, Jacques. 1990. Die différance. In *Postmoderne und Dekonstruktion. Texte französischer Philosophen der Gegenwart*, Hrsg. Peter Engelmann, 76–113. Stuttgart: Reclam.

Eickelmann, Jennifer. 2017. „Hate Speech" und Verletzbarkeit im digitalen Zeitalter. Phänomene mediatisierter Missachtung aus Perspektive der Gender Media Studies. Bielefeld: transcript.
Eickelmann, Jennifer. 2022. Sozialität als Symbiogenese. Eine Reformulierung von Handlungsfähigkeit in Anlehnung an Judith Butler, Karen Barad und Donna J. Haraway. Sociologia Internationalis, Themenheft Postpoietisches Paradigma, Hrsg. Christian Dries, und Takemitsu Morikawa) 57(1–2): 63–87.
Foucault, Michel. 1975. Überwachen und Strafen: Die Geburt des Gefängnisses. Frankfurt a. M.: Suhrkamp.
Foucault, Michel. 1996. *Diskurs und Wahrheit. Die Problematisierung der Parrhesia*. Berlin: Merve Verlag.
Foucault, Michel. 2005. Subjekt und Macht. In *Analytik der Macht*, Ders., Hrsg. Daniel Defert, und François Ewald, 240–264. Frankfurt a. M.: Suhrkamp.
Foucault, Michel. 2008a. Die Ordnung der Dinge: Vorwort zur deutschen Ausgabe. In *Die Hauptwerke*, Ders., 13–20. Frankfurt a.M.: Suhrkamp.
Foucault, Michel. 2008b. Sexualität und Wahrheit. In *Die Hauptwerke*, Ders., 1023–1582. Frankfurt a.M.: Suhrkamp.
Foucault, Michel. 2008c. Überwachen und Strafen. Die Geburt des Gefängnisses. In *Die Hauptwerke*, Ders., 472–699. Frankfurt a.M.: Suhrkamp.
Foucault, Michel. 2008d. Archäologie des Wissens. In *Die Hauptwerke*, Ders., 702–1019. Frankfurt a.M.: Suhrkamp.
Foucault, Michel. 2014 (1969). Was ist ein Autor? (Vortrag) In *Schriften in vier Bänden. Dits et Ecrits*, Hrsg. Daniel Defert, François Ewald, und unter Mitarbeit von Jacques Lagrange, 1003–1041. Frankfurt a.M.: Suhrkamp.
Garfinkel, Harold. 2020. Studien zur Ethnomethodologie, hrsgg. v. Schüttpelz, Erhard, Rawls, Anne Warfield, Thielmann, Tristan. Frankfurt a.M./New York: Campus.
Gertenbach, Lars. 2022. Poststrukturalismus: Michel Foucault. In *Soziologische Denkweisen aus Frankreich*, Hrsg. Heike Delitz, 275–305. Wiesbaden: VS.
Gillespie, Tarleton. 2010. The politics of ‚platforms'. New Media & Society 12(3): 347–364.
Hillebrandt, Frank. 2016. Die Soziologie der Praxis als post-strukturalistischer Materialismus. In *Praxistheorie. Ein Soziologisches Forschungsprogramm*, Hrsg. Hilmar Schäfer, 71-93. Bielefeld: transcript.
Hillebrandt, Frank. 2018. Woraus besteht Sozialität? Poststrukturalistisch denken. In *Soziologisch denken. Grundlagen und Theorien,* Ders., 101–133. Wiesbaden: VS.
Haraway, Donna J. 1996. Situiertes Wissen. Die Wissenschaftsfrage im Feminismus und das Privileg einer partialen Perspektive. In *Vermittelte Weiblichkeit. Feministische Wissenschafts- und Gesellschaftstheorie*, Hrsg. Elvira Scheich, 217-248. Hamburg: Hamburger Edition.
Holzhauser, Nicole. 2023. Die unsichtbare Hälfte. Frauen in der Geschichte der Soziologie. Soziopolis. Gesellschaft beobachten. https://www.soziopolis.de/die-unsichtbare-haelfte.html. Abgerufen am 13.07.2023.
Hoppe, Katharina. 2019. Autopoietische Systeme und sympoietische Gefüge. In *Komplexe Dynamiken globaler und lokaler Entwicklungen. Verhandlungen des 39. Kongresses der Deutschen Gesellschaft für Soziologie in Göttingen 2018*, Hrsg. Nicole Burzan. https://publikationen.soziologie.de/index.php/kongressband_2018/article/view/1160/1269. Abgerufen am 28.07.2023.
Junge, Matthias. 2009. Strukturalismus/Poststrukturalismus. In *Soziologische Paradigmen nach Talcott Parsons. Eine Einführung*, Hrsg. Ditmar Brock, Matthias Junge, Heike Diefenbach, Reiner Keller, und Dirk Villányi, 291–335. Wiesbaden: VS.
Keller, Reiner, und Angelika Poferl. 2016. Soziologische Wissenskulturen zwischen individualisierter Inspiration und prozeduraler Legitimation. Zur Entwicklung qualitativer und interpretativer Sozialforschung in der deutschen und französischen Soziologie seit den 1960er Jahren. Forum Qualitative Sozialforschung 17(1): Art. 14.

Klöppel, U. 2010. Foucaults Konzept der Problematisierungsweise und die Analyse diskursiver Transformationen. In *Diskursiver Wandel*, Hrsg. Achim Landwehr, 255-263. Wiesbaden: VS.

Kolozova, Katerina. 2021. Poststructuralism. In *The Oxford handbook of feminist philosophy*, Hrsg. Kim Q. Hall, und Ásta, 99–108. Oxford: Oxford University Press.

Landow, George P. 1992. *Hypertext. The convergence of contemporary critical theory and technology*. Baltimore: John Hopkins University Press.

Lorde, Audre. 1979. History is a weapon. The master's tools will never dismantle the master's house. https://www.historyisaweapon.com/defcon1/lordedismantle.html. Abgerufen am 14.08.2023.

Lorey, Isabell. 2015. *Die Regierung des Prekären. Mit einem Vorwort von Judith Butler*. Wien: turia+kant.

Ludvig, Alice. 2001. Kritik des Black Feminism an feministischer Theoriebildung. SWS-Rundschau 41(1): 38–52.

Luhmann, Niklas. 1991. *Soziale Systeme. Grundriß einer allgemeinen Theorie*. Frankfurt a. M.: Suhrkamp.

Moebius, Stephan, und Andreas Reckwitz. 2008 (Hrsg.). *Poststrukturalistische Sozialwissenschaften*. Frankfurt a.M.: Suhrkamp.

Moebius, Stephan. 2009. Strukturalismus/Poststrukturalismus. In *Handbuch Soziologische Theorien*, Hrsg. Markus Schroer, und Georg Kneer, 419–444. Wiesbaden: VS.

Moebius, Stephan. 2019. Poststrukturalistische Kultursoziologien. In *Handbuch Kultursoziologie*, Hrsg. Ders., Frithjof Nungesser, und Katharine Scherke, 77–108. Wiesbaden: VS.

Münker, Stefan, und Alexander Roesler. 2012. *Poststrukturalismus*. 2. Aufl. Stuttgart: J.B. Metzler.

O'Reilly, Tim. 2005. What is web 2.0: Design patterns and business models for the next generation of software. Communication & Strategies, 65(1st quarter): 17–37.

Poell, Thomas, David Nieborg, und José van Dijck. 2019. Platformisation. In Internet Policy Review. Journal on internet regulation 8 (4): 1–13.

Reckwitz, Andreas. 2008a. *Subjekt*. Bielefeld: transcript.

Reckwitz, Andreas. 2008b. *Unscharfe Grenzen. Perspektiven der Kultursoziologie*. Bielefeld: transcript.

Reckwitz, Andreas. 2016. Subjektivierung. In *Handbuch Körpersoziologie*, Hrsg. Robert Gugutzer, Robert, Gabriele Klein, und Michael Meuser, 125–130. Wiesbaden: VS.

Renn, Joachim. 2012. Eine rekonstruktive Dekonstruktion des Konstruktivismus. In: *Konstruktion und Geltung. Beiträge zu einer post-konstruktivistischen Sozial- und Medientheorie*, Hrsg. Ders., Christoph Ernst, und Peter Isenböck, 19–42. Wiesbaden: VS.

Schäfer, Franka. 2019. *Diskurstheorie und Gesellschaft*. Wiesbaden: VS.

Seyfert, Robert. 2023. Die Theorie algorithmischer Sozialität (TaS). *Österreichische Zeitschrift für Soziologie*. https://doi.org/10.1007/s11614-023-00535-1.

Singer, Mona. 2008. Feministische Wissenschaftskritik und Epistemologie: Voraussetzungen, Positionen, Perspektiven. In *Handbuch Frauen- und Geschlechterforschung. Theorien, Methoden, Empirie*, Hrsg. Ruth Becker, und Beate Kortendiek, 285–294. Wiesbaden: VS.

Stäheli, Urs. 2000a. *Poststrukturalistische Soziologien*. Bielefeld: transcript.

Stäheli, Urs. 2000b. *Sinnzusammenbrüche. Eine dekonstruktive Lektüre von Niklas Luhmanns Systemtheorie*. Weilerswist: Velbrück Wissenschaft.

Tauchert, Ashley. 2022. Feminism and poststructuralism. In *Introducing literary theories: A guide and glossary*, Hrsg. Julian Wolfreys, 758–768. Edinburg: Edinburg University Press.

Van Dijck, José. 2013. *The culture of connectivity. A critical history of social media*. Oxford: Oxford University Press.

Villa, Paula-Irene. 2016. Judith Butler und die Kultursoziologie. In: *Handbuch Kultursoziologie*, Hrsg. Stephan Moebius, Frithjof Nungesser, und Katharina Scherkem 1–11. Wiesbaden: VS.

Weber, Max. 1972 (1922). *Grundriß der Sozialökonomik. III. Abteilung Wirtschaft und Gesellschaft*. Tübingen: Mohr Siebeck.

# Systemtheorien

Boris Holzer und Ramy Youssef

**Zusammenfassung**

Der Beitrag bietet eine Einführung in soziologische Systemtheorien unter besonderer Berücksichtigung der Arbeiten Niklas Luhmanns. Die Systemtheorie Luhmanns begreift soziale Systeme als kommunikative Ordnungen, die sich durch operative Geschlossenheit, eigene Relevanzkriterien und spezifische Grenzregime auszeichnen. Ausgehend vom Problem doppelter Kontingenz – der wechselseitig gegebenen Möglichkeit zweier Akteure, immer auch anders handeln zu können – analysiert sie die Bedingungen, unter denen sich ein soziales System bildet, das ausschließlich aus Kommunikation besteht. Unterschieden werden drei Grundtypen sozialer Systeme: Interaktionen, Organisationen und die Gesellschaft als umfassendes soziales System. Die moderne Gesellschaft ist Luhmann zufolge charakterisiert durch ihre Differenzierung in Teilsysteme wie Politik, Recht, Wissenschaft oder Wirtschaft. Im Unterschied zu Talcott Parsons' Theorie, die auf ein deduktiv geordnetes Schema (AGIL) zurückgreift, operiert Luhmanns Theorie mit einer empirisch offenen, funktional orientierten Methode, die soziale Phänomene im Hinblick auf die Probleme, die sie lösen, analysiert und vergleichbar macht. In den Blick geraten in diesem Sinne Formen sozialer Ungleichheit, die aus der Logik gesellschaftlicher Funktionssysteme resultieren,

---

B. Holzer (✉)
Universität Konstanz, Konstanz, Deutschland
E-Mail: boris.holzer@uni-konstanz.de

R. Youssef
Universität Basel, Basel, Schweiz
E-Mail: ramy.youssef@unibas.ch

© Der/die Autor(en), exklusiv lizenziert an Springer Fachmedien Wiesbaden GmbH, ein Teil von Springer Nature 2025
F. Schäfer, F. Hillebrandt (Hrsg.), *Einführung in die Soziologie*, Einführung in die Soziologie – Themen, Begriffe, Theorien, Forschungspraxis,
https://doi.org/10.1007/978-3-658-48270-1_9

ebenso wie die Grenzen gesellschaftlicher Koordination – etwa im Umgang mit ökologischen Herausforderungen.

**Abstract**

The article provides an introduction to sociological systems theories, with particular reference to the works of Niklas Luhmann. Luhmann's systems theory conceives social systems as communicative orders that are characterized by operational closure, their own relevance criteria and specific boundary regimes. Based on the problem of double contingency – the mutual possibility of two actors to act differently – it analyzes the conditions under which a social system consisting of communication emerges. Three basic types of social systems are distinguished: Interactions, organizations, and society as the most comprehensive social system. According to Luhmann, modern society is characterized by its differentiation into subsystems such as politics, law, science and the economy. In contrast to Talcott Parsons' theory, which relies on a deductively ordered schema (AGIL), Luhmann's theory operates with an empirically open, functionalistic method that analyzes social phenomena with regard to the problems they solve and thereby makes them comparable. In this sense, forms of social inequality that result from the logic of social functional systems come into view, as do the limits of social coordination, for example, in dealing with ecological challenges.

## Einordnung

Unter einem *System* versteht man gemeinhin einen Zusammenhang von Elementen, die untereinander einen besonderen Grad der Ordnung aufweisen, von der andere Elemente ausgeschlossen sind. In diesem noch relativ anspruchslosen Sinne wird der Systembegriff nicht nur in der Soziologie häufig verwendet, um soziale Gebilde wie Familien, Schulen, oder auch die Wirtschaft oder die Gesellschaft zu bezeichnen. Eine theoretisch elaboriertere Ausarbeitung dieses Begriffs und seiner Implikationen verdankt die Soziologie in erster Linie Talcott Parsons, dessen Theorie sozialer Systeme (Parsons 1965) die Identität des Fachs bis in die 1960er-Jahre maßgeblich geprägt hat.

Die Attraktivität dieser Theorie verdankte sich dem Abstraktionsgrad des Systembegriffs, der es zunächst ermöglichte, den Gegenstand der Soziologie als ein Phänomen zu definieren, das Grenzen aufweist. Was zunächst trivial klingen mag, hatte aber zur Folge, dass auf diese Weise der durchaus unklare Gegenstandsbereich der damals noch jungen Disziplin „Soziologie" im Verhältnis zu anderen Disziplinen analytisch trennschärfer abgegrenzt werden konnte. Das „Soziale" ließ sich als System beschreiben, dessen Grenzen zugleich den Zuständigkeitsbereich der Soziologie markierten. Darüber hinaus stimulierte der Systembegriff aber auch den Vergleich mit physikalisch-chemischen, biologischen, psychischen und technischen Systemen, und damit: den Austausch mit anderen Disziplinen.

Dieses konzeptionell anspruchsvolle Theorieprogramm wurde von Parsons selbst bis in die 1970er-Jahre und im Anschluss daran von Autoren wie Jeffrey Alexander und Richard

Münch kontinuierlich ausgebaut (Parsons 1966, 1971, 1977; Münch 1982, 1984; Alexander 1998). Davon abgesehen fungierte die Systemtheorie jedoch bereits ab den 1960er-Jahren eher als Kontrastfolie, von der sich alternative Theorieansätze explizit als Opposition zur Parsonianischen Systemtheorie abgrenzten und deren Einfluss weitgehend zurückdrängten. Eine von Parsons stark inspirierte, aber deutlich unterscheidbare Weiterentwicklung einer explizit systemtheoretischen Soziologie legte Niklas Luhmann vor. Dessen Werk wird in der deutschsprachigen Soziologie und darüber hinaus immer noch breit und interdisziplinär rezipiert, weshalb auch die folgenden Erläuterungen die Systemtheorie von Talcott Parsons als Ausgangspunkt für die ausführlicher dargestellte Systemtheorie Luhmanns behandeln werden.

## Sozialität als System

Talcott Parsons gelang aus der Synthese unterschiedlicher interdisziplinärer Anregungen eine Theorie, die einen fachuniversalen Anspruch erheben kann, indem sie jedes soziale Phänomen entweder als System oder als Zusammenwirken von Systemen beschreibt. Dies gelingt vor allem durch die rekursive Anwendung des Systembegriffs. Systeme kann man nämlich so beschreiben, dass sie aus anderen Systemen bestehen. Es gibt kleinere Systeme, die selbst Teile eines großen Ganzen, eines größeren Systems sind, sodass etwa die Subsysteme der Gesellschaft eben als Teile des größeren Systems Gesellschaft analysiert werden können. Dieses *Teil/Ganzes-Schema* erscheint vor allem dann besonders plausibel, wenn man sich vorstellen kann, dass die dadurch geschaffene Ordnung der Teile und ihrer Beziehungen durch die Gesamtordnung gestützt wird. Bei Parsons drückt sich dies im so genannten *AGIL-Schema* der vier Funktionen aus, die sich auf unterschiedlichen Ebenen der Wirklichkeit immer wieder finden lassen – in immer kleineren Zusammenhänge ebenso wie in immer größeren bis hin zum Kosmos (Parsons 1966, 1978; Parsons und Platt 1973). In jedem System müssen Parsons zufolge vier für den Systembestand kritische Funktionen erfüllt werden, nämlich: die Anpassung an die Umwelt (*adaptation*), die Erreichung eines Ziels, für das ein System ausdifferenziert wird (*goal attainment*), die Integration der Teilsysteme eines Systems (*integration*) und die Aufrechterhaltung latenter, für die Kontinuität des Systems bedeutsamer Strukturmuster (*latent pattern maintenance*). Fasst man eine soziale Handlungssituation in diesem Sinne als Handlungssystem auf, wird die Anpassung dieses Systems an die biologisch-physikalische Umwelt durch Vollzüge des Körpersystems (*behavioral organism*) gewährleistet, zu denen etwa Atmung und Ernährung gehören. Die Ziele, die ein Handlungssystem erreichen soll, werden von Persönlichkeitssystemen der Akteure und ihren gemeinsamen oder widersprüchlichen Motiven, Trieben und Bedürfnissen beigesteuert. Die Systeme, die in einem Handlungssystem die Funktionen der Mustererhaltung und der Integration erfüllen, sind für die Soziologie von besonderer Relevanz, insofern erstere Funktion vom Kultursystem und zweitere vom Sozialsystem erbracht wird, die sich wiederum entlang des AGIL-Schemas in weitere Subsysteme aufgliedern lassen. Parsons Systembegriff dient also in erster Linie dazu, die Wirklichkeit wissenschaftlich zu ordnen. Er ist das zentrale Instrument einer Analyse, die auf eine „systematische" Theorie im Sinne eines deduktiven Systems von Aussagen abzielt (Parsons 1954).

Im Gegensatz zu Parsons begreift Luhmann Systeme nicht als analytische Kategorien des wissenschaftlichen Beobachters, sondern als empirische Sachverhalte. Sein Buch „Soziale Systeme" formuliert dies mit dem Satz: „Die folgenden Überlegungen gehen davon aus, dass es Systeme gibt" (Luhmann 1984, S. 30). Diese Systeme werden nicht als Ganzheiten definiert, deren konstitutive Teile zum Systembestand beitragen, sondern unterscheiden sich von einer Umwelt. Die „Welt", in der sich dies vollzieht, bezeichnet in Anlehnung an die Phänomenologie Edmund Husserls nicht ein geordnetes Ganzes, das aus der Summe aller Teile hervorgeht, sondern einen unfassbaren Horizont, der sich mit jedem Versuch des Zugriffs verschiebt und mehr Möglichkeiten bereithält, als je gegenwärtig realisiert werden können. Die Funktion eines sozialen Systems besteht darin, diese „haltlose Komplexität" (Luhmann 1990) einer ungeordneten Welt zu reduzieren, indem es Möglichkeiten des Handelns und Erlebens vorstrukturiert. Die hierfür nötigen Elemente können aber weder aus der Umwelt bezogen noch von untergeordneten Teilsystemen bereitgestellt werden, sondern müssen vom System selbst produziert und ständig ersetzt werden. Ein solches System ist dann *autopoietisch*, weil es sich selbst (griech. *autos*) aus seinen eigenen Elementen hervorbringt (griech. *poiesis*), dadurch Komplexität reduziert und sich von seiner Umwelt abgrenzt.

Ein soziales System muss seine Grenzen und seine Ordnung gegenüber der (stets komplexeren) Umwelt aufrechterhalten, zu der nicht nur die natürliche Umwelt, sondern auch biologische und psychische Systeme sowie andere soziale Systeme gehören. Die „Menschen" sind folglich keine Teile des sozialen Systems, sondern der Umwelt. Als Organismen unterscheiden sie sich von ihrer jeweiligen Umwelt, indem sie ihre Elemente – Körperzellen – ständig reproduzieren. Dabei sind sie von Umweltbedingungen und beispielsweise von der Zufuhr von Energie abhängig, doch ihre Strukturen sind nicht durch die Umwelt determiniert. Als psychische Systeme reproduzieren sie ihre Grenzen durch Gedanken, die nur an eigene Gedanken anschließen können, ohne für andere Bewusstseinssysteme erreichbar oder durchschaubar zu sein. Gerade diese Intransparenz und operative Geschlossenheit schaffen eine spezifische Ausgangslage für die Entstehung sozialer Systeme, die sich gegenüber ihrer biologischen und psychischen Umwelt durch eine eigene Reproduktionsweise abgrenzen, nämlich durch *Kommunikation*. Als Kommunikation, so Luhmanns These, lässt sich jene elementare Operation bezeichnen, die von (und nur von) sozialen Systemen in Anspruch genommen wird und zugleich eine Antwort auf das Bestandsproblem gibt: Ein soziales System besteht aus Kommunikation – und folglich aus einer Verkettung von Ereignissen.

## Die Emergenz sozialer Systeme

Um die spontane Entstehung oder *Emergenz* von sozialen Systemen zu erläutern, greift Luhmann den Begriff der *doppelten Kontingenz* auf, mit dem Parsons das Problem der wechselseitigen Abhängigkeit von Akteuren in sozialen Systemen bezeichnet. Im Rahmen einer Systemtheorie, welche die wechselseitige Intransparenz von psychischen Systemen betont, lässt sich das Problem doppelter Kontingenz umformulieren und ein anderer Lösungsvorschlag entwickeln.

## Doppelte Kontingenz

Als kontingent bezeichnet die Modallogik etwas, das möglich, aber nicht notwendig ist. Einem Bewusstsein erscheint die Welt im Medium *Sinn* als kontingent, wobei „Sinn" nicht die Bedeutung von Sachverhalten meint, sondern eine bestimmte Form der zeitlichen Verarbeitung von Komplexität. Sobald man einen Gedanken gefasst hat, hat man eine Möglichkeit in der Welt realisiert, die zugleich auf weitere noch ungenutzte Möglichkeiten „sinnhaft" verweist, aus denen erneut gewählt werden muss. Aus der Sicht des Bewusstseins eines Akteurs (*Ego*) kann aber auch kontingent sein, wie dieser mit Blick auf einen anderen Akteur (*Alter Ego*) sein Handeln bestimmt: Kommt Ego den Erwartungen von Alter Ego entgegen oder enttäuscht er sie? Diese Möglichkeit, dass eine Handlung ausgewählt und vollzogen wird, die den Erwartungen eines anderen (nicht) entspricht, besteht auf beiden Seiten – es handelt sich also um eine Situation *doppelter* Kontingenz. Parsons nimmt an, dass eine soziale Situation eine wechselseitig kompatible Auswahl von Handlungen voraussetzt. Das Handeln von Ego ist also vom Handeln Alter Egos abhängig („contingent on") (Parsons et al. 1951, S. 16). Dass eine soziale Situation eine wechselseitig kompatible Auswahl von Handlungen voraussetzt, heißt nichts anderes als: „Ich würde tun, was du möchtest, wenn du tun würdest, was ich möchte". Diese doppelte Kontingenz, diese doppelte Abhängigkeit des Handelns vom jeweils anderen, bildet das Bezugsproblem für die Emergenz sozialer Systeme.

Parsons behandelt diese Konstellation unter dem Gesichtspunkt des Problems *sozialer Ordnung*, das aus seiner Sicht durch soziale Normen gelöst wird: Indem Akteure diese durch Sozialisation verinnerlichen, ergeben sich stabile Erwartungsmuster, die Handlung ermöglichen und soziale Kontakte regulieren. Das gilt insbesondere für Rollenerwartungen, die sich zueinander komplementär verhalten. Eine Vorlesung weist zum Beispiel eine Ordnung auf, weil Studierende die Verhaltensregeln für Studierende und Dozierende jene für Dozierende internalisiert haben. Ihr Verhalten und ihre Handlungen können Parsons zufolge so aufeinander abgestimmt werden. Auch Medien wie etwa Geld funktionieren auf eine ähnliche Weise und ermöglichen aufeinander abgestimmte Erwartungen und Handlungen in einem sozialen System. Indem Parsons soziale Ordnung durch internalisierte Normen erklärt, setzt er jedoch das soziale Problem, um das es in Situationen doppelter Kontingenz geht, als gelöst voraus, bzw. er verschiebt es wieder auf Menschen als Teile des Sozialsystems.

Luhmann radikalisiert demgegenüber die soziale Problematik der Fragestellung. Bewusstsein und Körper der Menschen sind nicht Teil, sondern *Umwelt* eines sozialen Systems, das seine Grenzen gegenüber dieser Umwelt durch *Kommunikation* aufrechterhalten muss. Bewusstsein und Körper sind keine Bestandsursache oder Stabilitätsgarantie für ein soziales System, sondern Quellen der *Irritation*, aus denen ein soziales System selegieren muss, was für Kommunikation verwertet werden kann. Kommunikation wird also nicht durch eine bestimmte Form der Handlung, etwa im Sinne eines Sprechakts, verursacht. Vielmehr ist „Handlung" nur eine Möglichkeit, sozial relevantes Verhalten in der Kommunikation zu thematisieren. Diese Unterordnung des Handlungsbegriffs unter den

Kommunikationsbegriff ergibt sich aus der Vorannahme, dass Handlungen und Menschen erst durch Kommunikation soziale Relevanz erlangen. Wer sich kalt duscht, handelt kontingent, weil man stattdessen warm duschen könnte. Aber solange diesem Verhalten keine Mitteilungsabsicht zugeschrieben wird (etwa eine energiepolitische Stellungnahme) und sich für andere nicht die Frage stellt, wie sie sich dazu zu verhalten haben, handelt es sich nicht um einen Vollzug von Kommunikation und insofern auch nicht um den Vollzug von Gesellschaft – auch wenn man sich beim Duschen für Kommunikation vorbereitet oder anderen Menschen knappe Ressourcen entzieht. Auch Gähnen ist zunächst nichts anderes als ein menschlicher Körpervollzug. In einem sozialen System kann aber selbst unabsichtliches Gähnen durchaus als Mitteilungshandeln, etwa als Kundgabe von Langeweile, aufgefasst werden. Soziale Systeme werden also nicht von intendierten oder nichtintendierten menschlichen Handlungen verursacht, sondern durch Kommunikation unter der Bedingung doppelter Kontingenz konstituiert.

Was in einem sozialen System als Irritation oder als sozial relevante Information prozessiert wird, lässt sich daher nicht auf die Eigenschaften oder Intentionen von sozialisierten Menschen als Teile des Systems zurückführen, sondern muss als *emergentes* Phänomen eines sozialen Systems begriffen werden. Welche Ereignisse in welchem Kontext als Mitteilung einer relevanten Information verarbeitet werden, hängt wiederum von den Strukturen eines sozialen Systems ab, also von Erwartungen, vor deren Hintergrund die Selektion bestimmter Handlungen und Äußerungen sinnhaft verarbeitet werden kann, zum Beispiel als Konformität mit oder Abweichung von Erwartungen. Vor dem Hintergrund eines gesellschaftlich vorgezeichneten Horizonts von Möglichkeiten „setzt jeder ‚Zufall' einer sozialen Begegnung einen Prozeß ‚selektiver Akkordierung' in Gang" (Luhmann 2017a, S. 106). Soziale Systeme entstehen deshalb spontan und in gewisser Weise zwangsläufig, sobald die wechselseitige Intransparenz des Bewusstseins durch Zurechnung von Mitteilungshandeln aufgelöst wird. Von solchen kommunikativen Zurechnungen – und nicht von der individuellen Intention, sich mitzuteilen oder nicht – hängt ab, ob ein Verhalten als Mitteilungshandeln in einem sozialen System verstanden wird und als Anlass für weitere Kommunikation fungiert. Ein soziales System operiert also mit kommunikativen Ereignissen, die es vor dem Hintergrund generalisierter Erwartungen zunächst „hypothetisch" als solche behandelt, und durch Anschlussereignisse als Kommunikation verifiziert – oder eben nicht. Dasselbe gilt freilich wiederum für diese Anschlusskommunikationen usw.

Diese Charakterisierung sozialer Systeme als „doppelt kontingent" ist natürlich stark stilisiert und vereinfacht. Sieht man von „first contact"-Situationen ab, die man allenfalls noch aus der Kolonialisierungsgeschichte oder aus Science-Fiction-Literatur kennt, gibt es wohl kaum eine Situation, in der doppelte Kontingenz im Sinne der völligen Offenheit wechselseitig abgestimmter Auswahl auftritt und das Gegenüber so fremd und unbekannt ist, dass man mit allem rechnen muss. Stattdessen kann Gesellschaft immer bereits vorausgesetzt werden. Dadurch sind Auswahlmöglichkeiten stets schon vorstrukturiert. Das beseitigt nicht die Kontingenz des Handelns, entschärft aber dessen Problematik im Alltag. Sie erscheint, im Kontext von Gesellschaft, immer schon als gelöst. Diesen Sachverhalt erfasst man am besten, indem man nicht von einer „Ursituation" der Sozialität ausgeht, sondern von einer Sozialität, die mindestens durch gesellschaftliche Erwartungen vorgezeichnet ist und in weiterer Folge durch Interaktionen und Organisationen strukturiert werden kann.

## Interaktion, Organisation, Gesellschaft

Die bisherigen Überlegungen haben sich am Modell der Begegnung in Kopräsenz orientiert: der Face-to-face-Interaktion, wie sie insbesondere Erving Goffman (1961) beschrieben hat. Es handelt sich hierbei aber nicht um die einzige Form, in der sich soziale Systeme bilden. Man geht nicht voraussetzungslos in eine Begegnung, sondern mit bereits konstituierten Identitäten und Erwartungen: zum Beispiel, indem man zwischen Unbekannten und Bekannten unterscheidet, wenn man anderen Leuten begegnet und sich fragt, ob sie einen Gruß erwarten. Es gibt immer bereits situationsübergreifende Erwartungen, die den Ereignisraum in einem sozialen System vorzeichnen, sodass die Frage: „Wie kann ich so handeln, dass mein Handeln zum Handeln des anderen passt?", unproblematisch und in vielen Fällen beantwortet erscheint, aber nicht festlegt, wie sich Kommunikation faktisch vollzieht.

Die soziale Ordnung, die dies ermöglicht, ist Luhmann (1975d) zufolge die *Gesellschaft* im Sinne jenes Sozialsystems, das von anderen vorausgesetzt werden kann, um spezielle Selektionen zu treffen, zum Beispiel die Entscheidung darüber, wer dazugehört, wer ansprechbar ist und damit Teil der Situation. Generalisiert man dies über das Verhältnis einer spezifischen Interaktionssituation hinweg, kann man auch formulieren: Die Gesellschaft konstituiert einen Horizont des Möglichen und Erwartbaren, aus dem dann systemspezifisch ausgewählt werden kann – und ist folglich Weltgesellschaft (Luhmann 1975a). Gesellschaft ist dann das umfassende Sozialsystem aller kommunikativ füreinander erreichbaren Handlungen. Diese Gesellschaft hat keine politischen oder territorialen Grenzen, sondern ereignet sich immer dann, wenn soziale Kontakte unter einer „Normalitätshypothese" eingeleitet werden können, also unter der Annahme, dass man sie auf spezifische Intentionen reduzieren kann und nicht erst aufwändig festgestellt werden muss, ob das Gegenüber überhaupt ein möglicher Kommunikationspartner ist oder nicht.

Wenn man unter Gesellschaft jenes Sozialsystem versteht, das Sozialität ermöglicht, dann konstituiert dieses den allgemeinen Möglichkeitshorizont für die Bildung sozialer Einheiten, die spezifischere Erwartungen institutionalisieren. Dies gilt einerseits für gesellschaftliche Teilsysteme wie etwa Politik, Recht, Wirtschaft, Wissenschaft, Erziehung etc. (siehe Kap. „Pragmatistische Theorien"). Dies gilt andererseits aber auch, wie bereits angedeutet, für einen zweiten Typus sozialer Systeme, nämlich *Interaktionssysteme*, die auf physischer Kopräsenz beruhen (Luhmann 1975b; Kieserling 1999). Keine Interaktion fängt also in sozialer Hinsicht bei Null an, sondern sie setzt stets eine bereits konstituierte soziale Welt voraus. Das Kriterium der Anwesenheit erfasst dabei eine ganze Reihe sehr unterschiedlicher Interaktionssituationen: angefangen von der zufälligen Begegnung auf der Straße über die Schlange an der Kasse im Supermarkt bis zur Gerichtsverhandlung. Es können offensichtlich sehr unterschiedliche soziale Situationen als Interaktionssysteme, als Kommunikation unter Anwesenden, beschrieben werden. Die Anwesenheit ist hier kein physikalisches, sondern ein soziales Merkmal: Sie führt zu besonderen Formen des Kommunizierens, zum Beispiel zu der Maxime, dass man nicht *nicht* kommunizieren kann: „One cannot *not* communicate" (Watzlawick et al. 1967, S. 51), weil in der Anwesenheit anderer jegliches Handeln oder Nichthandeln als eine Mitteilung interpretiert werden kann. Nur in Situationen der Kopräsenz kann ich wahrnehmen, dass und wie ich wahrgenommen werde und darauf direkt reagieren. Das gilt in der Gesellschaft, die auch Kommunikation unter Abwesenden umfasst, natürlich nicht.

Beim dritten Typus sozialer Systeme handelt es sich um die *formale Organisation* (Luhmann 1964, 1981). Organisationen zeichnen sich dadurch aus, dass sie Mitgliedschaftsverbände sind. In den meisten Organisationen ist diese Mitgliedschaft freiwillig, das heißt, man entscheidet sich, in der Organisation Mitglied zu werden, also zum Beispiel ein Jobangebot anzunehmen oder in einer Partei mitzuwirken – und umgekehrt muss die Organisation auch entscheiden, das Mitglied aufzunehmen. Dafür formuliert jede Organisation Bedingungen, und zwar in Form formalisierter Erwartungen. Diese können in einem Vertrag festgelegt sein, müssen aber weder schriftlich noch rechtlich fixiert sein. Sie müssen aber explizit oder grundsätzlich explizierbar sein. Nur so kann ein Bereich der zu erwartenden Handlungen vorgegeben werden, der beschreibt, was man als Organisationsmitglied zu tun hat und was umgekehrt auch zum Verlust oder dem Entzug der Mitgliedschaftsrolle führen kann. Formalisierte Erwartungen legen die Bedingungen der Mitgliedschaft fest und schränken dadurch gleichzeitig ein, welches Handeln im Rahmen der Mitgliedschaftsrolle relevant ist.

## Grenzregime

Die genannten Systemtypen verwenden unterschiedliche Kriterien, um sich von einer Umwelt abzugrenzen: Die Grenzen von Interaktionssystemen machen sich an der Anwesenheit fest, die Grenzen von Organisationssystemen an der Mitgliedschaft und die Grenze der Gesellschaft an der Sozialität. Das heißt: jeweils das, was abwesend ist, was nicht auf Mitglieder beziehbar ist oder was nichtsozial ist, liegt in der Umwelt des jeweiligen sozialen Systems. Die Grenzkriterien verdeutlichen darüber hinaus die Differenzen zwischen Interaktion, Organisation und Gesellschaft: Jede Kommunikation vollzieht Gesellschaft, aber dies setzt vor allem dank neuer Kommunikationstechnologien nicht immer Anwesenheit voraus. Das gilt auch für die Teilnahme an der Kommunikation in Organisationen, in denen man zwar Mitglied, aber nicht zwingend anwesend sein muss. Die räumliche Metapher, ein Interaktionssystem finde „innerhalb" eines anderen, „größeren" Systems statt, ist insofern irreführend: Stets geht es darum, wie ein soziales System seine eigenen Grenzen definiert und autonom darüber verfügt, was relevant ist und was ignoriert werden kann. Die Grenzen sozialer Systeme erkennt man also daran, dass das gleiche Ereignis von unterschiedlichen Systemen vor dem Hintergrund ihrer jeweiligen Relevanzkriterien und Verarbeitungsregeln unterschiedlich behandelt wird. Eine Vorlesung an einer Universität kann nur die Beiträge von Anwesenden als relevant behandeln und muss voraussetzen, dass Abwesende sich um andere, für sie irrelevante organisatorische Themen wie etwa um die Budgetplanung kümmern. Umgekehrt kann eine Organisation von vielem absehen, was in einer Vorlesung geschieht, solange diese nur planmäßig stattfindet und die Hausordnung eingehalten wird. Und die gesellschaftliche Umwelt kann die Vorlesung ignorieren, solange sie nicht etwa in Form einer Mitschrift publiziert und im gesellschaftlichen System der Wissenschaft diskutiert wird.

Die Unterscheidung von Interaktion, Organisation und Gesellschaft ähnelt somit jener Ebenendifferenzierung, die in der Soziologie in Form der Unterscheidung von „Mikro" und „Makro" bekannt ist (Alexander et al. 1987). Es sollte jedoch deutlich geworden sein, dass systemtheoretisch weniger Größenverhältnisse oder Abhängigkeitsbeziehungen als vielmehr die unterschiedlichen Grenzregime entscheidend sind. Die Grenzen eines sozialen Systems erkennt man insofern daran, dass beim Wechsel von einem System zum anderen auch andere Relevanzkriterien, also andere Regeln kommunikativer Selektivität gelten, die mit systemtheoretischen Mitteln nicht analytisch konstruiert, sondern empirisch rekonstruiert werden.

## Gegenstände und Perspektiven

Die Systemtheorien von Parsons und Luhmann erheben den Anspruch, fachuniversale Theorien zu sein, die sowohl alle Gegenstände als auch alle wichtigen Fragestellungen der Soziologie behandeln können. Es handelt sich um komplexe *Grand Theories*, die sich jeweils in drei Spezialtheorien untergliedern lassen, welche sich auf *soziale Differenzierung*, *symbolische Kommunikationsmedien* und *soziokulturelle Evolution* beziehen. In der Differenzierungstheorie wird der Systembegriff auf die bereits genannten Systemtypen Interaktion (Kieserling 1999), Organisation (Luhmann 1964, 2000) und Gesellschaft (Luhmann 1997, 2017a) angewendet, für die wiederum Spezialtheorien entwickelt werden. Die Theorie symbolischer Kommunikations- bzw. Erfolgsmedien behandelt das Problem der Annahme bzw. Ablehnung von Kommunikation im Hinblick auf soziale Bezugsprobleme, für die Medien wie Geld, Macht, Kunst oder Liebe eingesetzt werden (Luhmann 1975c, 1982, 1988). Die Evolutionstheorie steht in der Tradition Darwins und fragt nach der zufallsbedingten und „ziellosen" Ausdifferenzierung von sozialen Mechanismen der Variation, Selektion und Stabilisierung (Luhmann 2017a, Teil 2). Außerdem werden in Luhmanns Theoriearchitektur auch wissenssoziologische Fragestellungen unter dem Gesichtspunkt des Zusammenhangs von gesellschaftlichen Strukturen und Wissensbeständen bzw. Semantiken behandelt (Luhmann 1980b).

Obwohl Luhmanns Theorieentwurf mehr als „nur" eine Systemtheorie ist, ist diese Bezeichnung insofern berechtigt, als ihre differenzierungstheoretische Komponente besonders komplex ausgearbeitet ist. Das kann man an Versuchen der Identifikation gesellschaftlicher Funktionssysteme und ihrer Strukturen beobachten. Diese reichen von eher experimentellen Zugängen, wie etwa dem Ansatz, Terrorismus als Funktionssystem zu beschreiben (Fuchs 2015) bis hin zur Kanonisierung der Anzahl und Merkmale von Funktionssystemen. Im Gegensatz zu Parsons' AGIL-Schema weist die Systemtheorie Luhmanns jedoch keine analytisch-deduktive Architektur auf, sondern arbeitet mit lose gekoppelten und empirisch anpassungsfähigen Theorieelementen. Sie gibt also kein Schema für die Analyse von sozialen Systemen vor, in dem alle „Kästchen" auszufüllen sind. So verfügen zwar einige Funktionssysteme über ein eigenes Kommunikationsmedium, wie etwa die Wirtschaft über das Medium Geld verfügt, welches die Annahme von Kommunikationsangeboten wahrscheinlicher macht. Das trifft aber nicht auf alle Funktionssysteme zu, wenn deren „Erfolg", wie im Falle der Medizin, nicht oder nur zum Teil als Annahme von Kommunikation zu beschreiben ist. Es gibt dann zum Beispiel Professionen, die durch den Fokus auf die Interaktion zwischen Klienten und professionellen Experten ein funktionales Äquivalent darstellen. Das ist in diesem Fall keine Inkonsistenz, sondern eine Einsicht der Theorie, die sich aus dem Vergleich von Systemen ergibt.

## Methodologische Konsequenzen

Die Systemtheorie Luhmanns beruft sich auf die Methode des *Äquivalenzfunktionalismus*, der soziale Phänomene und Strukturen durch Funktionen nicht etwa „erklären", sondern sie anhand der damit bezeichneten Bezugsprobleme vergleichbar und Substitutionsmöglichkeiten sichtbar machen soll (Luhmann 1972). So liegt etwa die Funktion der Moral nicht in der Verbesserung der Gesellschaft, sondern in der Symbolisierung der Perspektivübernahme zwischen Ego und Alter in der Form von (Miss-)Achtung (Luhmann 2008). Moral ist in dieser Funktion teilweise ersetzbar durch technische Anschlussrationalität (man zahlt an der Kasse den verlangten Preis), Recht (man befolgt Verfahrensvorschriften) oder Liebe (man erhebt das Erleben des Partners zur Grundlage eigenen Handelns). Solche Vergleiche sind jedoch keine empirisch falsifizierbaren Sätze. Sie können sinnvoll oder sinnlos sein, aber sie setzen nicht voraus, dass man in einer empirischen Situation tatsächlich vor der Wahl zwischen Moral, Recht und Liebe steht, so wie typischerweise auch nicht zwischen Religion und Opium gewählt wird, obwohl beide einem Beobachter wie Karl Marx als austauschbare Möglichkeiten erscheinen mögen, vor der gesellschaftlichen Wirklichkeit zu fliehen. Die funktionale Methode ist demnach vor allem ein Entdeckungszusammenhang und in dieser Hinsicht ähnlich wie Parsons AGIL-Schema eine theoretische Heuristik.

Von Beginn an hat die Systemtheorie Luhmanns außerdem den methodologisch folgenreichen Ausgangspunkt vertreten, dass sie nicht nur Gesellschaft beschreibt, sondern selbst mitvollzieht. Sie beobachtet Gesellschaft (oder die Welt) also nicht von außen als Gegenstand, sondern fällt in ihren eigenen Gegenstandsbereich. Ihre Beschreibungen der Gesellschaft sind zugleich Selbstbeschreibungen der Gesellschaft – allerdings aus der Sicht des Wissenschaftssystems und dessen Teildisziplin „Soziologie". Die Gesellschaft lässt sich daher nicht wie im Labor daraufhin beobachten, wie sie reagiert, wenn man bestimmte Bedingungen kontrolliert verändert, denn die Theorie schwimmt im selben Reagenzglas wie die Gesellschaft. Luhmann zog daraus die Konsequenz, dass es anderer Kontrollen theoretischer Aussagen bedürfe, als sie etwa in den Naturwissenschaften üblich sind. Die vielleicht wichtigste davon ist die *Selbstimplikation*. Eine soziologische Theorie müsste sich selbst als Anwendungsfall, als Vollzug von Gesellschaft betrachten und an sich selbst vorführen können, was sie über ihren Gegenstand sagt. Die Richtigkeit soziologischer Theorie läge demnach in der Richtung auf sich selbst (Luhmann 1987). Damit ist aber eben nur ein Anhaltspunkt für Richtigkeit bzw. für Theoriekonsistenz gegeben, und noch keine Kontrolle über den Wahrheitsgehalt systemtheoretischer Aussagen über einen empirischen Gegenstand.

Für empirische Forschungen bilden die Selbstbeschreibungen des jeweiligen Gegenstands den wichtigsten Anhaltspunkt für wahrheitsfähige Aussagen. Dabei handelt es sich im naheliegendsten Fall um Texte, die in der Umwelt der Soziologie über den entsprechenden Gegenstand angefertigt werden und über dessen Identität auf anspruchsvolle, höherstufig generalisierte Weise reflektiert wird (Baecker 2012). Im Falle des Rechtssystems kommen insbesondere rechtsdogmatische, im Falle der Religion theologische Texte usw. in Frage. Solche Quellen sind auch für die historische bzw. wissenssoziologische Rekonstruktion eines Gegenstandes bedeutsam, die in so gut wie allen Texten Luhmanns vorgeführt wird (vgl. insbesondere Luhmann 1980a). Darüber hinaus haben sich aber auch Kombinationen der Systemtheorie mit konversationsanalytischen Verfahren in Anlehnung an die Ethnomethodologie oder die objektive Hermeneutik bewährt, die empirisch operationalisieren können, was in der Systemtheorie unter Anschlusskommunikation und entsprechenden Regeln verstanden wird (Schneider 1995). Insgesamt scheint die Theorie also eher hermeneutische bzw. rekonstruktive Methoden nahezulegen, während die Kombination mit quantitativen Methoden wesentlich seltener zu beobachten ist.

## Differenzierungstheoretische Anwendungen

Die Idee der Gesellschaft als differenzierter Einheit gehört zu den ältesten der Soziologie (Schimank 1996): Klassen oder Schichten zum Beispiel sind eine Möglichkeit, wie man sich eine Aufteilung der Gesellschaft in Großgruppen vorstellen kann. Die Systemtheorie geht davon aus, dass im Verlauf der Gesellschaftsentwicklung verschiedene Möglichkeiten gesellschaftlicher Differenzierung eine Rolle gespielt haben: segmentäre, stratifikatorische und funktionale Differenzierung.

*Segmentäre Differenzierung* ist das Prinzip archaischer Gesellschaften, die in gleichartige und gleichrangige Segmente, meistens Stämme oder Clans, aufgeteilt sind. Gleichrangig sind die Segmente in dem Sinne, dass sie sich wechselseitig ersetzen können. Der Wegfall eines Segmentes bedeutet also nicht, dass die Gesellschaft zusammenbricht, da in jedem Segment alle Aufgaben bearbeitet werden können, die zur Existenz nötig sind.

*Stratifikatorische Differenzierung* schreibt man den Hochkulturen und der europäischen Adelsgesellschaft zu, also eine Rangordnung von Schichten, zum Beispiel Ständen oder Kasten. Stände oder Kasten sind Gruppen, die ungleich sind, zum Beispiel, weil sie mit spezifischen Verhaltensnormen und Kontaktregeln verbunden sind. Sie sind darüber hinaus ungleichrangig, weil die Schichten nicht nur unterschiedliche, sondern in eine gesellschaftliche Rangordnung eingebettet sind. Dabei handelt es sich um Prinzipien *legitimer* Ungleichheit, die als Ordnungsvoraussetzungen der Gesellschaft verstanden werden. Aristoteles formulierte das noch so, dass jede Gesellschaft aus herrschenden und beherrschten Teilen bestehe. Darin drückt sich die Idee der prinzipiellen Ungleichrangigkeit aus, die für solche Schichtungsgesellschaften wie die europäische Adelsgesellschaft typisch ist.

*Funktionale Differenzierung* ist das Differenzierungsprinzip der modernen Gesellschaft und bedeutet eine Differenzierung nach Sachgesichtspunkten: Systeme, denen jeweils eine bestimmte Funktion innerhalb dieser Gesellschaft zukommt, wie Politik, Wirtschaft oder Recht, sind zwar ungleich, aber nicht ungleichrangig. Sie sind vielmehr gleichrangig in dem Sinne, dass jedes dieser Funktionssysteme eine Bedeutung für die Gesellschaft besitzt, weil jedes eine bestimmte Funktion erfüllt und eigentlich keins von ihnen wegfallen könnte, ohne diese Gesellschaft in ganz entscheidender Form zu verändern. Die moderne Gesellschaft ist folglich nicht mehr aus sozialen Gruppen zusammengesetzt, sondern aus sachlich bestimmten Teilsystemen, sogenannten Funktionssystemen.

Funktionale Differenzierung heißt, dass funktional ausdifferenzierte Systeme der Gesellschaft unkoordiniert agieren und dementsprechend auch keine harmonische Ordnung zu erwarten ist, sondern eine gewisse *Indifferenz* gegenüber den Kriterien anderer Teilsysteme. Die darin liegende Entkopplung hat eine Begleiterscheinung, die insbesondere für das Verhältnis von funktionaler Differenzierung zu sozialer Ungleichheit von Bedeutung ist: Zunächst können Funktionssysteme Personen auf vielfache Weise inkludieren oder exkludieren (Stichweh 2005). Personen können in Form von Leistungsrollen inkludiert sein, die das jeweilige System in besonderem Maße repräsentieren, wie zum Beispiel Lehrkräfte im Erziehungssystem, während andere eher in Publikumsrollen, etwa als Auszubildende, inkludiert sind. Auf diese Weise bilden sich je nach Funktionssystem auch Statusdifferenzen aus, die Durchsetzungschancen in der Kommunikation ungleich verteilen: Wer durch eigene Forschung Reputation erlangt hat, kann in der Wissenschaft für eigene Auffassungen leichter Anschluss finden als wissenschaftliche Laien. Das gleiche gilt für das Verhältnis zwischen Leistungsrollen und Publikumsrollen im Recht, in der Politik usw. Die Eliten der jeweiligen Funktionssysteme können aber untereinander ihre Kontakte nicht mehr an Rangdifferenzen orientieren, da die Funktionssysteme, die sie repräsentieren, im Prinzip gleichrangig sind bzw. es keine sinnvollen Kriterien für Rangvergleiche zwischen Spitzenforschung, Spitzensport und Spitzenpolitik usw. gibt. Insofern gibt es zwar akkumulierte Vorteile durch erfolgreiche Inklusion in Funktionssysteme, aber dadurch bildet sich – anders als dies in stratifizierten Gesellschaften der Fall war – keine Oberschicht mehr, die imstande wäre, die Gesellschaft zu integrieren (Luhmann 2017b). Ungleichheiten sind insofern nicht eine Folge der Reproduktion von Schichten, sondern von Funktionssystemen. Auch Vorteile und Erfolge lassen sich nicht ohne weiteres von einem Funktionssystem ins andere übertragen. So produziert zwar jedes Funktionssystem seine eigenen Ungleichheiten, zum Beispiel zwischen Geldhaben und Nichthaben, zwischen wahren und falschen Aussagen, zwischen Regierung und Opposition, zwischen Recht und Unrecht usw. Aber dies geschieht nach jeweils eigenen Kriterien dieser Funktionssysteme, das heißt, politische Karrieren ergeben sich nicht schon aus den Bildungsabschlüssen, der Wahrheitsgehalt wissenschaftlicher Erkenntnisse bemisst sich nicht am politischen Einfluss oder der religiösen Überzeugung von Forschenden, und gerichtliche Entscheidungen sind keine direkte Folge des Vermögens der beteiligten Parteien. Die Indifferenz funktional differenzierter Teilsysteme eröffnet also die Möglichkeit, Schichtung zu einem allenfalls noch sekundären Ordnungsprinzip der Gesellschaft zu machen.

Kombiniert man diese Theorie gesellschaftlicher Differenzierung mit der oben erläuterten Typendifferenz zwischen Interaktion, Organisation und Gesellschaft, ergeben sich aber auch neue Perspektiven auf *geschlechterbezogene Ungleichheiten*. Während die meisten Ansätze Erklärungen nur auf einer Ebene suchen, oder etwa Interaktionen nicht hinreichend von den Organisationen unterscheiden, in denen sie unter anderem stattfinden können, ermöglicht die Typologie sozialer Systeme differenziertere Betrachtungen. So erklärt Bettina Heintz (2008), wie Geschlechterdifferenzen reproduziert werden, obwohl diese gesellschaftlich delegitimiert sind. Der Wert des Geldes, die Rechtmäßigkeit eines Rechtsurteils oder der Wahrheitsgehalt einer wissenschaftlichen Aussage lässt sich nicht aus der Geschlechtszugehörigkeit ableiten. Dennoch kommt es zu unübersehbaren Geschlechterungleichheiten. Den zentralen Mechanismus dafür verortet Heintz in der Wahrnehmungsgebundenheit von Interaktionen. Wo Kommunikation auf wechselseitiger Wahrnehmung beruht, kann man Geschlechterdifferenzen zwar diskret und mit einigem Darstellungsaufwand „übersehen", aber eben nur vor dem Hintergrund ihrer nicht abweisbaren Wahrnehmbarkeit. Als augenfälligste Personenmerkmale sind sie für Interaktionen jedoch sehr informativ, reduzieren durch einfache Binarisierung Komplexität und erleichtern die Koordination komplementären Verhaltens unter Anwesenden.

Wie einflussreich Geschlechterdifferenzen letztlich werden können, hängt Heintz zufolge aber davon ab, inwiefern es anderen sozialen Systemen gelingt, sich durch eigene unpersönlichere Formen der Kommunikation von der Wahrnehmungsabhängigkeit von Interaktionen zu emanzipieren. Im Kontext großer Organisationen mit vielen Mitgliedern kann die Rekrutierung eher nach Gesichtspunkten der sachlichen Kompetenz und formalen Zuständigkeit und weniger nach personenbezogenen Merkmalen erfolgen, sodass dort Geschlechterdifferenzen im Gegensatz zu formalen Stellenpositionen kaum Informationswert haben. In kleineren Organisationen mit einer hohen Kontaktdichte zwischen allen Mitgliedern wird demgegenüber auch der Kommunikationsstil persönlicher und damit sensibler für das Geschlecht einer Person. Auch gesellschaftliche Funktionssysteme spielen als Kontexte eine Rolle, weil ihre jeweiligen Programme und Strukturen in unterschiedlichem Maße dazu geeignet sind, von wahrnehmbaren personenabhängigen Merkmalen zu abstrahieren. Am Beispiel der Wissenschaft und ihren unterschiedlichen Disziplinen zeigt Heintz, dass die Bedeutung von Geschlechterdifferenzen davon abhängt, wie standardisiert (und insofern unpersönlich) die wissenschaftlichen Verfahren sind, wie sehr in der Forschungspraxis eine Trennung zwischen wissenschaftlichen und sonstigen Rollen möglich ist (was etwa in den Feldwissenschaften ein Problem darstellt, in denen man in Expeditionsteams mitunter den gesamten Alltag gemeinsam verbringt), und wie kooperations- und damit interaktionsabhängig sich die Forschung in einer Disziplin gestaltet. Somit zeigt Heintz, dass Geschlechterdifferenzen zunächst nicht nur als Problem, sondern auch als Lösung eines Koordinationsproblems betrachtet werden können – eine Lösung, die Folgeprobleme verursacht, aber immerhin durch unpersönliche, anonymisierende Äquivalente ersetzt werden kann. Von den Merkmalen einer Person absehen zu können, erfordert artifizielle und insofern unwahrscheinliche symbolische Alternativen, die nur Kommunikation, aber nicht menschliche Wahrnehmung steuern können. Auch hierin zeigt sich die allgemeinere Einsicht, dass Indifferenz eine besonders anspruchsvolle Leistung ist, die, wenn überhaupt, dann nur durch Systeme erbracht werden kann.

Ein weiteres Folgeproblem der Indifferenz gesellschaftlicher Funktionssysteme bezieht sich auf die *gesellschaftliche und nichtgesellschaftliche Umwelt* (Luhmann 1986). In Ermangelung einer zentralen Steuerung können Funktionssysteme nicht nur indifferent, sondern auch rücksichtslos gegenüber ihrer Umwelt operieren, sie also mit Nebenfolgen belasten. Dies gilt zunächst für bilaterale Beziehungen, zum Beispiel zwischen Wirtschaft und Politik. Es mag in der Wirtschaft Sinn ergeben, Personal zu entlassen, weil man dadurch Geld sparen kann; doch dies wird zu einer Belastung der Politik, wenn Wählerinnen und Wähler ihren Unmut an diese adressieren. Auch wenn die Politik das Problem nicht verursacht hat, fallen die Folgen teilweise bei ihr an. Auch zwischen Wissenschaft und Religion gibt es Belastungen. Zwar stehen die beiden Systeme in keinem Konflikt, denn sie haben sehr unterschiedliche Funktionen. Dennoch lässt sich beispielsweise anhand der Geschichte der Aufklärung oder an aktuellen Konflikten über Evolutionstheorie zeigen, dass wissenschaftliche Ansprüche auf Wahrheit mit religiösen Überzeugungen kollidieren können. Obwohl es keine direkte Konkurrenz gibt, muss die Religion sich immer wieder zu wissenschaftlichen Erkenntnissen verhalten, wenn diese Sachverhalte berühren, die auch von der Religion thematisiert oder klassischerweise vielleicht sogar verwaltet wurden. Auch für Politik kann Wissenschaft zur Belastung werden, zum Beispiel, indem sie politischen Entscheidungsdruck erzeugt oder Grundlagen politischer Entscheidungen in Frage stellt. In beiden Fällen entstehen Folgeprobleme, weil die Wissenschaft nicht vorher berücksichtigen kann oder muss, ob ihre Wahrheiten mit religiösen Ideen oder politischen Programmen vereinbar sind. Allgemein ist es der Regelfall, dass Funktionssysteme sich in ihren Operationen nicht immer ergänzen, sondern oft wechselseitig belasten.

Von hier ist es nur ein kleiner Schritt, um auch Belastungen der Gesamtgesellschaft zu erkennen, die durch die Rücksichtslosigkeit gegenüber der natürlichen Umwelt entstehen. Ökologische Probleme sind gesamtgesellschaftliche Probleme, da sie die Unterscheidung von Gesellschaft und Natur betreffen. Für solche gesamtgesellschaftlichen Probleme gibt es in der modernen Gesellschaft jedoch keine spezielle Zuständigkeit eines Funktionssystems. Es gibt keine Adresse, an die man sich wenden könnte, um dieses Problem für alle zu lösen. Die Politik kann zwar im nationalen Rahmen kollektiv bindend entscheiden, doch nicht mit Blick auf die (Welt-)Gesellschaft. Für ökologische, tendenziell gesellschaftsgefährdende Probleme gibt es in der modernen Gesellschaft daher keine zentrale Instanz; sie müssen im Grunde kleingearbeitet werden, nach Maßgabe der Relevanzkriterien der einzelnen Funktionssysteme. *Resonanz* finden ökologische Probleme in dem Maße, in dem sie mithilfe der Codes einzelner Funktionssysteme prozessiert werden können: Wenn Machtfragen berührt sind, werden sie politisch relevant; wenn sie zu neuen Erkenntnissen führen, greift die Unterscheidung Wahrheit/Unwahrheit der Wissenschaft; wenn finanzielle Mittel bereitgestellt werden sollen, lautet die Frage: zahlen oder nicht zahlen. Auch hier zeigt sich jedoch, dass schon allein in zeitlicher Hinsicht eine gezielte Koordination zwischen Funktionssystemen unwahrscheinlich ist, weil Legislaturperioden, Erkenntnisfortschritt und wirtschaftliche Konjunkturen den Zeitregimen ihrer jeweiligen Funktionssysteme gehorchen.

Im Rahmen der Routinen einzelner Funktionssysteme können Folgeprobleme bearbeitet und zu Teillösungen gebracht werden. Doch Probleme, die letztendlich auf die Differenzierungsform als solche zurückgehen, also zum Beispiel auf die Ausdifferenzierung der modernen Wirtschaft, können nicht mithilfe eben des Problemlösungsmechanismus einer funktional differenzierten Gesellschaft gelöst werden. Dieser würde darauf hinauslaufen, dass man ein neues Teilsystem schafft, ein neues Funktionssystem, das sich um genau diese Probleme kümmert. Aber ein eigenes Funktionssystem, das sich um Probleme der Gesamtgesellschaft kümmert, wäre eine paradoxe Einrichtung. Es bleibt die Erkenntnis, dass funktionale Differenzierung kein Harmonieprinzip für die Gesellschaft als Ganze darstellt, sondern – wie jede Differenzierungsform – mit Folgeproblemen zu kämpfen hat, die letztendlich die vorhandenen Problemlösungsfähigkeiten übersteigen können (Kuchler 2003). Ob und wie es möglich sein wird, die Folgeprobleme funktionaler Differenzierung zu bewältigen, kann die Differenzierungstheorie jedoch nicht prognostizieren.

## Literatur

Alexander, Jeffrey. 1998. *Neofunctionalism and After.* Malden, MA/Oxford: Blackwell.
Alexander, Jeffrey C., Bernhard Giesen, Richard Münch und Neil J. Smelser (Hrsg.). 1987. *The Micro-Macro Link.* Berkeley: Unversity of California Press.
Baecker, Dirk. 2012. Die Texte der Systemtheorie. In *Handbuch Forschung für Systemiker*, hrsg. Matthias Ochs und Jochen Schweitzer, 153–186. Göttingen: Vandenhoeck & Ruprecht.
Fuchs, Peter. 2015. *Das System Terror. Versuch über eine kommunikative Eskalation der Moderne.* Bielefeld: transcript.
Goffman, Erving. 1961. *Encounters: Two Studies in the Sociology of Interaction.* Indianapolis: Bobbs-Merrill.
Heintz, Bettina. 2008. Ohne Ansehen der Person? De-Institutionalisierungsprozesse und geschlechtliche Differenzierung. In *Geschlechterdifferenzen – Geschlechterdifferenzierungen: Ein Überblick über gesellschaftliche Entwicklungen und theoretische Positionen*, hrsg. Sylvia Marlene Wilz, 231–251. Wiesbaden: VS Verlag für Sozialwissenschaften.

Kieserling, André. 1999. *Kommunikation unter Anwesenden. Studien über Interaktionssysteme.* Frankfurt/Main: Suhrkamp.

Kuchler, Barbara. 2003. Das Problem des Übergangs in Luhmanns Evolutionstheorie. *Soziale Systeme* 9 (1): 27–53.

Luhmann, Niklas. 1964. *Funktionen und Folgen formaler Organisation.* Berlin: Duncker & Humblot.

Luhmann, Niklas. 1972. Funktion und Kausalität. In *Soziologische Aufklärung 1*, 9–30, Opladen: Westdeutscher Verlag.

Luhmann, Niklas. 1975a. Die Weltgesellschaft. In *Soziologische Aufklärung 2*, 51–71. Opladen: Westdeutscher Verlag.

Luhmann, Niklas. 1975b. Einfache Sozialsysteme. In *Soziologische Aufklärung 2*, 21–38. Opladen: Westdeutscher Verlag.

Luhmann, Niklas. 1975c. Einführende Bemerkungen zu einer Theorie symbolisch generalisierter Kommunikationsmedien. In *Soziologische Aufklärung 2*, 170–192. Opladen: Westdeutscher Verlag.

Luhmann, Niklas. 1975d. Interaktion, Organisation, Gesellschaft. In *Soziologische Aufklärung 2*, 9–20. Opladen: Westdeutscher Verlag.

Luhmann, Niklas. 1980a. Gesellschaftliche Struktur und semantische Tradition. In *Gesellschaftsstruktur und Semantik: Studien zur Wissenssoziologie der modernen Gesellschaft 1*, 9–71. Frankfurt/Main: Suhrkamp.

Luhmann, Niklas. 1980b. *Gesellschaftsstruktur und Semantik. Studien zur Wissenssoziologie der modernen Gesellschaft, Bd. 1.* Frankfurt/Main: Suhrkamp.

Luhmann, Niklas. 1981. Organisation und Entscheidung. In *Soziologische Aufklärung 3*, 335–389. Opladen: Westdeutscher Verlag.

Luhmann, Niklas. 1982. *Liebe als Passion. Zur Codierung von Intimität.* Frankfurt/Main: Suhrkamp.

Luhmann, Niklas. 1984. *Soziale Systeme. Grundriß einer allgemeinen Theorie.* Frankfurt/Main: Suhrkamp.

Luhmann, Niklas. 1986. *Ökologische Kommunikation.* Opladen: Westdeutscher Verlag.

Luhmann, Niklas. 1987. Die Richtigkeit soziologischer Theorie. *Merkur* 41 (455): 36–49.

Luhmann, Niklas. 1988. *Macht.* Stuttgart: Enke.

Luhmann, Niklas. 1990. Haltlose Komplexität. In *Soziologische Aufklärung 5*, 59–76. Opladen: Westdeutscher Verlag.

Luhmann, Niklas. 1997. *Die Gesellschaft der Gesellschaft.* Frankfurt/Main: Suhrkamp.

Luhmann, Niklas. 2000. *Organisation und Entscheidung.* Opladen: Westdeutscher Verlag.

Luhmann, Niklas. 2008. *Die Moral der Gesellschaft.* Frankfurt/Main: Suhrkamp.

Luhmann, Niklas. 2017a. *Systemtheorie der Gesellschaft.* Berlin: Suhrkamp.

Luhmann, Niklas. 2017b. Zur Innendifferenzierung des Gesellschaftssystems: Schichtung und funktionale Differenzierung. *Soziale Welt* 68 (1): 5–24.

Münch, Richard. 1982. *Theorie des Handelns. Zur Rekonstruktion der Beiträge von Talcott Parsons, Emile Durkheim und Max Weber.* Frankfurt/Main: Suhrkamp.

Münch, Richard. 1984. *Die Struktur der Moderne.* Frankfurt/Main: Suhrkamp.

Parsons, Talcott. 1954. The present position and prospects of systematic theory in sociology (1945). In *Essays in Sociological Theory*, 212–237. Glencoe, IL: Free Press.

Parsons, Talcott. 1965. *The Social System*, 2. Aufl. New York/London: Free Press/Macmillan.

Parsons, Talcott. 1966. *Societies. Evolutionary and Comparative Perspectives.* Englewood Cliffs, NJ: Prentice Hall.

Parsons, Talcott. 1971. *The System of Modern Societies.* Englewood Cliffs, NJ: Prentice Hall.

Parsons, Talcott. 1977. Some problems of general theory in sociology. In *Theory, Social Systems and the Evolution of Action*, 229–278. New York: Free Press.

Parsons, Talcott. 1978. *Action Theory and the Human Condition*. New York/London: Free Press/Macmillian.

Parsons, Talcott und Gerald M. Platt. 1973. *The American University*. Cambridge, MA: Harvard University Press.

Parsons, Talcott, Edward A. Shils, Gordon W. Allport, Clyde Kluckhohn, Henry A. Murray, Robert R. Sears, Richard C. Sheldon, Samuel A. Stouffer und Edward C. Tolman. 1951. Some fundamental categories of the theory of action: a general statement. In *Toward a General Theory of Action. Theoretical Foundations for the Social Sciences*, hrsg. Talcott Parsons und Edward Shils, 3–29. Cambridge, MA: Harvard University Press.

Schimank, Uwe. 1996. *Theorien gesellschaftlicher Differenzierung*. Opladen: UTB.

Schneider, Wolfgang Ludwig. 1995. Objektive Hermeneutik als Forschungsmethode der Systemtheorie. *Soziale Systeme* 1 (1): 129–152.

Stichweh, Rudolf. 2005. *Inklusion und Exklusion. Studien zur Gesellschaftstheorie*. Bielefeld: transcript.

Watzlawick, Paul, Janet H. Beavin und Donald D. Jackson. 1967. *Pragmatics of Human Communication. A Study of Interactional Patterns, Pathologies, and Paradoxes*. New York, NY: W. W. Norton & Company.

# Handlungsbasierte Theorien

Andrea Maurer

### Zusammenfassung

Die Soziologie wird vor allem von Max Weber als Wissenschaft vom sozialen Handeln gefasst, die kausale Ursache-Wirkungs-Zusammenhänge im Sozialen aufweist. Weber legte dafür ein Erklärungsprogramm auf, das vom sinnhaften Handeln der Individuen ausgeht, welches er als ursächliche und verständliche Kraft im Sozialen ansieht. Im Kontext neuer Theoriedebatten hat sich darauf aufbauend seit den 1970er-Jahren ein handlungsbasiertes Erklärungsprogramm etablieren und weiterentwickeln können. Gerahmt war und ist dieser Aufbruch einer erklärenden Soziologie durch intensive methodologische Debatten, in deren Mittelpunkt entsprechend Akteurs- und Handlungsmodelle stehen. Das hat, wie der Text nachzeichnet, neue Erklärungen für klassische Fragen und soziale Rätsel hervorgebracht, die sich auch in attraktiven empirischen Anwendungskontexten wie z.B. der Bewegungs-, Ungleichheits- und Wirtschaftssoziologie wiederfinden.

### Abstract

Sociology is primarily defined by Max Weber as a social science aiming for exploring and explaining cause-effect relationships in the social sphere based on the understanding of actions of individuals. With this in mind, Weber launched an explanatory

---

A. Maurer, (✉)
Trier, Deutschland

FB IV, Soziologie, Universität Trier, Trier, Deutschland
E-Mail: andrea.maurer@uni-trier.de

program based on the meaningful actions of individuals, which he saw as a causal and understandable force in the social sphere. In the context of new theoretical debates, the action-based explanatory program has been re-established and further developed since the 1970s. This awakening of an explanatory sociology focuses on models of actor and individual action. This has advanced new forms of explanation and attractive applications as well as empirical studies like that on social movements, social inequality and economic sociology have been established..

## Soziologie in der Tradition der Europäischen Aufklärung

Der Übergang zur Moderne im 16. und 17. Jahrhundert ist in der westlichen Welt durch das Aufkommen der Naturwissenschaften wesentlich mitgeprägt worden. Die Naturwissenschaften begannen sowohl religiöse, metaphysische und traditionale Formen des Wissenserwerbs als auch traditionale Begründungen sozialer Ordnungen zusehends in Frage zu stellen. Als Vertreter der Europäischen Aufklärung setzten Thomas Hobbes, David Hume, Adam Smith, John Locke u.a. daran angelehnt an die Stelle alter feudaler Denk- und Ordnungsformen die Methoden der erfahrungswissenschaftlichen Erkenntnisgewinnung wie Beobachtung und Experiment. Sie wollten die soziale Welt damit erklären und setzten dabei auf die Sinneswahrnehmung und das logisch-vernünftige Denken der Menschen. Das bekam in der Geschichte des westlichen Denkens einen zentralen Platz und definierte die modernen Sozialwissenschaften. Deren Kern bildet der Nachweis von Ursache-Wirkungs-Zusammenhängen, welche reale soziale Phänomene als das Resultat kausaler Kräfte erklären. Auf dieser Grundlage sollte objektiv prüfbares und verbesserbares Wissen über die soziale Welt bereitgestellt werden, welches zur Gestaltung sozialer Strukturen eingesetzt werden kann.[1]

---

[1] Ich danke dem Autor*innenkollektiv dieses Bandes für den wichtigen Hinweis, dass es sich bei dem hier dargestellten Programm um eine Tradition westlichen Denkens handelt, dessen Entwicklung von vielfältigen Kolonialisierungs- und Schließungsprozessen begleitet war; seit längerem etwa wird der Ausschluss von Wissenschaftlerinnen in allen Disziplinen aufgedeckt. Dennoch meine ich in diesem Beitrag zeigen zu können, dass dieses im westlichen Europa verankerte Programm starke emanzipatorische Leistungen hat, die allgemein im Aufzeigen und Gestalten problematischer sozialer Konstellationen liegen und konkret für eine Analyse moderner Gesellschaften etwa im Hinblick auf die Persistenz sozialer Ungleichheiten oder die Gefährdungen von Menschenrechten genutzt werden können. Damit schließe ich mich einerseits dem Anliegen an, Diskriminierung und Ausschluss sozialer Gruppen und anderer Denkformen etwa durch das Aufdecken impliziter Annahmen kenntlich zu machen, gleichwohl ist es mir auch wichtig, die analytischen und emanzipatorischen Potentiale der wohl jetzt als „klassisch-modern" zu bezeichnenden Soziologien darzulegen. Wie ich in diesem Beitrag zu zeigen versuche, muss sich Theorie vor allem durch logische Konsistenz, dem Erfassen zentraler gesellschaftlicher Fragen und einer klaren Beziehung zur Realität auszeichnen. In diesem Sinne muss soziologische Theorie auch politisch unerwünschte Aspekte des sozialen Zusammenlebens thematisieren und behandeln.

Grundlegend für die Entwicklung der modernen Sozialwissenschaften war die allgemeine Annahme vom Menschen als eines durch spezifische kognitive Fähigkeiten ausgezeichneten Lebewesens. Diese Annahme markiert auch die erkenntnistheoretische Basis der modernen westlichen Sozialwissenschaften. Nur weil dem Menschen die Fähigkeit zur Wahrnehmung der Welt wie auch zum logischen Denken zugeschrieben wird, kann die Welt einerseits verstanden und andererseits auch im Hinblick auf Ziele analysiert werden. Der sinnhafte und logisch denkende Mensch wurde so in einem doppelten Sinne zum normativen Bezugspunkt der modernen Gesellschaftslehren, welche das metaphysische, philosophische und theologische Denken zunehmend in Frage stellten. Die Motive und Vorstellungen auf Seiten der Menschen wurden zum Ausgangspunkt eines modernen sozialwissenschaftlichen Forschungsprogramms. Der emanzipatorische Anspruch entsprang der Annahme, dass alle Menschen dazu in der Lage wären. Es handelt sich damit zwar um eine spezifische Form der Welterkenntnis und Weltgestaltung, die jedoch den Anspruch hat, alle Menschen als gleich zu sehen und die in der Lage war, Naivitäten, Fehlschlüsse und Verkürzungen im Laufe der Entwicklung zu erkennen und zu bearbeiten. Damit haben sich die modernen Sozialwissenschaften als eine Erfahrungswissenschaft etabliert, welche die Bedürfnisse und Fähigkeiten realer Menschen[2] zur Grundlage ihrer Analyse sozialer, wirtschaftlicher und politischer Ordnungen macht und auch deren Gestaltung darauf bezieht.[3]

Eine erste, bis heute prominente Ausarbeitung legte Thomas Hobbes (1966/1651) vor, der angesichts der Bürgerkriegswirren im England des 17. Jahrhunderts die Schwierigkeiten friedvollen Zusammenlebens zwischen durchaus vernünftigen und rationalen Menschen thematisierte. Der Ausgangspunkt seiner Überlegungen war die bemerkenswerte und durchaus über Kulturkreise hinweg verallgemeinerbare Beobachtung, dass die Menschen bei der Verfolgung ihrer eigenen individuellen Ziele oftmals in Konkurrenz zu anderen geraten und dann Gewalt kaum zu vermeiden ist. Hobbes' Vorschlag sieht einen Gesellschaftsvertrag vor, in welchem sich vernünftige Individuen wechselseitig den Gewaltverzicht zusichern. Dieser Gesellschaftsvertrag unterliegt aber dem starken Anreiz, ihn individuell zu brechen und auf die Einhaltung der anderen zu bauen. Er bedarf daher einer mächtigen Zentralinstanz zur Absicherung gegen individuelle Abweichungen. Das von Hobbes vorgeschlagene Gesellschaftsmodell basiert daher auf vernünftigen Absprachen zwischen den Menschen, die jedoch durch einen starken Staat gerahmt werden.[4]

Ein weiterer vielbeachteter Versuch, Grundfragen der Menschen auf dieser Basis zu analysieren, stammt von Adam Smith. Smith wollte klären, was den materiellen Wohlstand

---

[2] Das starke Menschenbild richtet sich gegen Sozialphilosophien welche dem Menschen wenig bis gar nichts zutrauen und stattdessen entweder Fehldeutungen und Verzerrungen des menschlichen Geistes hervorheben oder von der Übermächtigkeit der Strukturen ausgehen.

[3] Für eine einführende Überblicksdarstellung s. Bonß et al. 2021.

[4] Die nachfolgende Debatte hat zurecht darauf hingewiesen, dass Hobbes erstens nicht erklärt, wie den Menschen die Einrichtung des Staates gelingen kann und zweitens den allmächtigen Staat als Lösung überbetont; dagegen ist inzwischen aus soziologischen Studien hinlänglich bekannt, dass etwa auch Aspekte des sozialen Kontextes wie enge soziale Beziehungen dabei helfen können.

einer Nation bestimmt (Smith 1974/1776). Ausgehend von seinen Beobachtungen in der Stecknadelproduktion (ebd., Kap. 1) folgerte er, dass Arbeitsteilung und Spezialisierung Effizienzgewinne hervorbringen, die wiederum durch Tausch auf Märkten, wozu Menschen eine natürliche Neigung haben, realisiert werden können. Märkte, so seine Analyse, motivieren Menschen, realisieren die Effekte von Arbeitsteilung und Spezialisierung und bewirken eine von den Entscheidungen der Menschen getragene dezentrale Koordination, welche aus Sicht aller der merkantilistischen Wirtschaftspolitik der Feudalfürsten überlegen ist. Sein Gestaltungsvorschlag für das vorteilhafte Zusammenleben sieht daher einen starken Markt vor, der durch einen Staat und die bürgerliche Gesellschaft gerahmt wird, weil der Staat kollektive Güter wie Sicherheit und die Gesellschaft individuelle Tugend bewirkt.

Max Weber hat dieses Denken in die Soziologie getragen. Er wollte, wie auch Emile Durkheim, eine erfahrungswissenschaftliche Soziologie aufbauen, die kausale Zusammenhänge im Sozialen erklärt. Nach Weber ist das erkenntnistheoretische Fundament einer solchen Soziologie die Sinnsetzungsfähigkeit und -bedürftigkeit der Menschen. Sie allein definieren kulturbedeutsame Ausschnitte in der Welt, die sich daher durch das Nachvollziehen der Handlungsmotive der Menschen erklären lassen. Auch Weber sieht dafür den Bezug auf reale Handlungskontexte und das Wissen darüber als Voraussetzung an, weil nur so der Sinn verstanden werden kann. So ist etwa erst für das Stadtbürgertum im 16. Jahrhundert die Heilsgewissheit eine zentrale Frage und macht daher die Orientierung an den Ideen des Protestantismus verständlich. Weil Weber die soziale Welt durch das sinnhafte Handeln der Menschen bestimmt sieht, erklären sich bei ihm auch soziale Prozesse und Phänomene als deren Folge. „Soziologie (im hier verstandenen Sinn dieses sehr vieldeutig gebrauchten Wortes) soll heißen: eine Wissenschaft, welche soziales Handeln deutend verstehen und dadurch in seinem Ablauf und seinen Wirkungen ursächlich erklären will" (Weber 1972/1922, S. 1).

Im 20. Jahrhundert haben sich weite Teile der Sozialwissenschaften auf Basis dieser methodologischen bzw. erkenntnistheoretischen Bausteine entwickelt. Vor allem die Annahme einer von den Menschen gemachten sozialen Welt hat dazu beigetragen, Erklärungen und Analysen vorzulegen, die sich auf deren Intentionen und die dafür notwendigen kognitiven Fähigkeiten stützen. Die allgemeine Annahme eines intentionalen Handelns, verbunden mit spezifischen kognitiven Fähigkeiten der Menschen wie etwa der zum bewussten Denken und Entscheiden, half dabei, soziale Kontexte aus dieser Perspektive zu erschließen. Das Modell rationalen Handelns wurde dafür leitend, weil es half, Handlungskontexte, wie etwa soziale Interdependenzen, über die Motive der Menschen zu interpretieren und die Handlungen zu erklären, welche rationale Menschen angesichts bestimmter Kontexte ergreifen. Daraus kann z.B. gefolgert werden, dass Individuen in solchen Kontexten ihre Leistungen gerade für sie vorteilhafte Ordnungen zurückhalten. Das trug dazu bei, Wissenschaften von der Politik, Wirtschaft und des Sozialen als Handlungs- und *Erfahrungswissenschaften* zu begründen und als Teildisziplin der modernen Sozialwissenschaften zu verankern. Die Ausarbeitung der erkenntnistheoretischen Grundpositionen erfolgte vor allem im und durch den Kritischen Rationalismus. Karl Popper, Hans Albert u.a. stellten mit dem Methodologischen Individualismus, der situationslogischen Erklärung, der sparsamen Theoriebildung und dem Prinzip der Werturteilsfreiheit zentrale Grundlagen und Bausteine der Sozialwissenschaften und Teilen der Soziologie vor. Vielmehr noch, sie stellten die methodologisch-erkenntnistheoretische Basis für die weitere Ausarbeitung dieser Erklärungsform und ihrer Bausteine bereit. Akteur- bzw. Handlungstheorien und -modellen kommt in diesem Programm eine starke Bedeutung zu, weil im Handeln die kausalen Ursachen sozialer Prozesse und Phänomene angenommen werden und weil ihre Form und Anlage im Mittelpunkt der weiteren Entwicklungen stehen sollte.[5]

## Sozialität: individuelles Handeln und soziale Ordnung

Ausgehend von der Prämisse formal freier und intentional handelnder Individuen wird Sozialität als *Problem sozialen Handelns* und damit verlässlicher wechselseitiger *sozialer Erwartungsbildung* behandelt. Entsprechend dem *Methodologischen Individualismus*[6] werden die Grundlagen und Bausteine sozialer Ordnung aus dem Handeln einzelner Individuen bzw. deren Eigenschaften abgeleitet, d. h. soziale Ordnung, Regeln oder Normen werden weder vorausgesetzt noch aus sozialen Strukturgesetzen gefolgert.

Wie bei den Klassikern der modernen Gesellschaftslehren, etwa bei Thomas Hobbes, werden dafür Institutionen im Sinne sozialer Regeln als wichtige soziale Lösungen angesehen und deren *Ausgestaltung* thematisiert. Zentrales Thema ist daher, wie sich soziale Regel- und Ordnungssysteme ausbilden, wie diese funktionieren und welche spezifischen Folgen sie haben.

Die Klassiker der Soziologie haben auf dieser Grundlage den langfristigen Wandel bzw. die Transformation traditionaler Sozialformen hin zu modernen Ordnungsformen behandelt. Emile Durkheim[7] hat den Wandel von segmentären Gesellschaften mit einfacher Arbeitsteilung basierend auf Ähnlichkeit hin zu funktional differenzierten Gesellschaften mit *funktionaler Arbeitsteilung* basierend auf Solidarität dargestellt. Max Weber hat die Entstehung der Moderne als einen alle Bereiche durchziehenden und prägenden Prozess der *formalen Rationalisierung* dargelegt, der sich in Gesellschaft, Wirtschaft, Politik, Recht und Wissen durch einen bis dato unbekannt hohen Grad an Erwartbarkeit, Planbarkeit und Verstehbarkeit auszeichnet. Wie schon Tönnies, der die Differenz von Vergemeinschaftungs- und Vergesellschaftungsformen als Kennzeichen der Moderne hervorhob, haben auch Weber und Durkheim die neuen Charakteristika moderner Gesellschaften untersucht. Andere frühe Soziologen, wie etwa Norbert Elias und Heinrich Popitz,[8] haben

---

[5] Vgl. dazu die Regeln des Kritischen Rationalismus wie sie Karl Popper (2000) dargelegt hat.

[6] Der Methodologische Individualismus (vgl. etwa Weber 1972/1922 oder Udehn 2001) besagt, dass Annahmen über die Individuen die Grundlage für Erklärungen sozialer Sachverhalte bilden. Darauf bezogen erfolgt eine situationslogische Analyse, indem im ersten Schritt soziale Kontexte aus Sicht der Akteure interpretiert und in Handeln übersetzt werden, was durch das jeweils verwendete Handlungsmodell geleitet wird. Auf Grundlage eines Handlungsprinzps können dann die jeweils zu erwarteten Handlungen abgeleitet und wiederum in soziale Effekte übersetzt werden (vgl. dazu Hedström et al. 1998; Maurer und Schmid 2010, Kap. 3).

[7] Eine einflussreiche Fortführung fand dieses Denken in den USA durch Talcott Parsons (1951) und den Struktur-Funktionalismus.

[8] Heinrich Popitz (1980) hat die normative Konstruktion von Gesellschaft über Rollen und Sanktionen beschrieben und soziale Ordnung aus den wechselseitigen Erwartungen abgeleitet, die mit

Prozesse der zunehmenden Gewaltregelung beschrieben, wohingegen kritische Theoretiker wie Theodor W. Adorno, Max Horkheimer und Zygmunt Bauman einen immer möglichen Rückfall des Sozialen in die Barbarei erwarten und diesen thematisieren. Auch die Vertreter einer erklärenden Soziologie im weiteren Sinne setzen sich mit der Konstitution und Gestaltbarkeit sozialer Ordnung auseinander.

## Das Problem sozialer Ordnungsbildung

Differenzierungen innerhalb des Programms einer erklärenden Soziologie ergeben sich vor allem durch den Umgang mit der Spannung zwischen Abstraktionsgrad und Realitätsnähe. Zugespitzt findet sich auf der einen Seite der Vorschlag, mit einer allgemeinen Handlungstheorie zu arbeiten, um so Erklärungen verschiedener Phänomene auf Basis eines allgemeinen Akteursmodells in Verbindung mit Situationsmodellen vorzulegen. Auf der anderen Seite wird hingegen zur Stärkung des Realitätsgehalts sowohl auf Handlungs- als auch auf Sozialebene mit empirisch fundierten Modellen gearbeitet und damit auch das Akteursmodell kontext-bezogen gewählt. Während im ersten Fall allgemeine Theorien angestrebt werden, sind es im zweiten Fall sogenannte Theorien mittlerer Reichweite bzw. auch Mechanismus-Erklärungen, die auf bestimmte Kontexte bzw. Problemlagen beschränkt sind (s. dazu Abschn. Abstraktionsgrad des Handlungsmodells). Eine andere Differenzierungslinie ergibt sich aus dem Fokus auf bestinmte Faktoren, wie z.B. materielle oder ideelle Faktoren. Das führt entsprechend zur Fokussierung in Situationsbeschreibungen und deren Wechselverhältnis mit Akteurseigenschaften und somit auch zur Hinwendung einerseits zu kognitiven und interpretativen Prozessen und andererseits zur Betonung von Interessenskonstellationen (s. dazu Abschn. Ausarbeitungen der Handlungstheorie). Davon abzuheben ist eine dritte Differenzierungslinie, die sich aus den jeweils behandelten Problemlagen und deren Konturierung und Zuspitzung ergibt und spontane Prozesse gegen organisierte Lösungen abheben kann (s. dazu Abschn. Ausarbeitungen des Ordnungsproblems). In der wissenschaftlichen Arbeit zeigt sich das in vielfältigen, aber durchaus erkennbaren Ausarbeitungen und Diskussionslinien.

## Abstraktionsgrad des Handlungsmodells

Ansätze, welche soziale Sachverhalte kausal aus Annahmen über die einzelnen Individuen folgern wollen, sind gehalten, die Komplexität des Menschen zu reduzieren, um die Wirkung sozialer Faktoren zu erkennen. Das hat eine bis heute andauernde Diskussion darüber in Gang gesetzt, wie realitätsnah und damit komplex Akteursmodelle anzulegen sind

---

Norm- und Rollensystemen transportiert werden. Popitz hat auch das Problem einer guten, weil für alle vorteilhaften, Ordnung ähnlich wie Thomas Hobbes daraus gefolgert, dass diese mit Anreizen zur individuellen Vorteilnahme verbunden sein kann und dass dann Egoismus gegen soziale Vorteile wirkt (Popitz 1992).

und was relevante und was weniger relevante Erklärungsfaktoren sind. Wie zwischen Realitätsnähe und Abstraktion abgewogen wird, hängt jedoch von methodologischen Argumenten darüber ab, wie Theoriebildung erfolgen kann, und diese divergieren zumindest in der Soziologie durchaus (s. Abb. 1).

Im ersten Fall wird in Anlehnung an den *Kritischen Rationalismus* (s. dazu oben) eine sparsame und effektive Theoriebildung präferiert und entsprechend für eine allgemeine und analytisch eindeutige Akteurstheorie plädiert, die zudem geeignet sein soll, soziale Situationen mit den Akteuren zu verbinden und die Handlungswahl eindeutig zu bestimmen (s. Maurer und Schmid 2010, Kap. 2). Dafür hat sich die Theorie der rationalen Wahl bewährt, weil sie Handlungskontexte in erwartete Erträge und Kosten übersetzt und die Handlung mit dem höchsten Wert eindeutig als Wahl folgert. Die Arbeit auf Basis einer *allgemeinen Handlungstheorie* und damit auf Grundlage eines Prinzips für alle und für jede Situation ist auch die Grundlage der beiden Idealtypen: des *Homo oeconomicus* und des *Homo sociologicus* (s. dazu etwa Maurer 2007). Beide Modelle basieren auf einer allgemeinen Handlungsannahme, im Falle des Homo oeconomicus auf der der individuellen Nutzenmaximierung und im Falle des Homo sociologicus der der Normerfüllung. Beide Grundmodelle ergänzen das Handlungsprinzip durch weitergehende Annahmen über jeweils relevante Fähigkeiten der Akteure, wie z. B. im ersten Fall rational entscheiden bzw. im zweiten Normen und Rollen interpretieren und richtig anwenden zu können.

Dagegen haben sich die beiden anderen Erklärungsformen weitgehend aus der Kritik am zu hohen Abstraktionsgrad gerade der Theorie rationaler Wahl ausgebildet, indem sie auf ein allgemeines Akteurs- und Handlungsmodell verzichten. Stattdessen werden entweder Handlungsmodelle mit Bezug auf konkrete Kontexte gewählt (wie z. B. das Verfolgen kollektiver Ziele in kleinen Gruppen oder Familien) oder aber es werden Wechselwirkungen zwischen Handlungs- und Strukturebene berücksichtigt, so dass die Variabilität von Motiven und Orientierungen berücksichtigt wird. Eine besondere Erklärungsform, in der das praktiziert wird, sind die sogenannten Mechanismen, wie etwa der Königsmechanismus bei Norbert Elias (1976). Dabei handelt es sich um vollständige Erklärungsargumente, die, ausgehend von bestimmten Konstellationen, das in Gang-Setzen typischer Prozesse aus wechselseitigen Beeinflussungen von Handlungs- und Strukturfaktoren be-

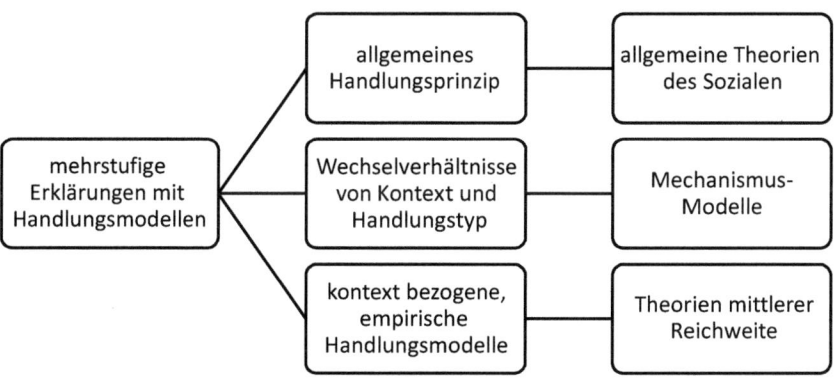

**Abb. 1** Typen handlungsbasierter Erklärungsformen in der Soziologie

einflussen. Besonders eindrucksvoll und für die Soziologie hoch relevant sind dafür etwa die Modelle von Elias (1976) oder Popitz, die darlegen, wie harte Konkurrenz um knappe Ressourcen unaufhaltsam zu Monopolen führt und die sich auf sehr verschiedene Ressourcen und Konkurrenzen beziehen lassen. Neuere Mechanismusmodelle erklären etwa ethnische Segregation in Nachbarschaften (Schelling 1998), aber auch den Zusammenbruch von Banken durch sich aufschaukelnde Gerüchte und steigende Verlustängste (vgl. für einen Überblick Hedström und Swedberg 1998).

## Relevante Eigenschaften der Individuen: welche Handlungstheorie

Neben der Abwägung von Abstraktion und Realitätsgehalt der Modelle ist auch immer die Frage virulent, welche konkreten Eigenschaften des Menschen, oder neuerdings auch der Natur, eingesetzt werden, um Soziales zu erklären. Die Wirtschaftswissenschaften haben sich aus methodischen und faktischen Gründen für das Eigeninteresse entschieden (Friedman 1968/1953). In der Soziologie hingegen werden seit Anfang an verschiedene Handlungsorientierungen und unterschiedliche, aber vor allem soziale, Motive als relevant angesetzt. Der Bogen spannt sich von einem humanistischen Menschenbild, das von einer natürlichen sozialen Orientierung der Individuen ausgeht, über das Modell eines an sich vernünftigen Akteurs, der je nach sozialer Konstellation als Egoist oder als sozial verträglicher Akteur beschrieben wird (Granovetter 1992) und praxistheoretischen Konzeptionen (Schäfer et al. 2015) bis hin zu Erklärungen auf Basis der Theorie rationaler Wahl, die die Interessen betont (Coleman 1987; Wittek et al. 2013).

Vor allem die beiden Pole eines sozialen und eines egoistischen Akteurs[9] lassen unterschiedliche Konturierungen des Problems sozialer Ordnungsbildung vorlegen. So entfalten Ansätze, welche mit einem Modell arbeiten, das den Menschen an sich als ein soziales Wesen sieht, wie dies etwa bei Rousseau und Marx bis hin zum Kommunitarismus und neuen Sozialismus und Demokratieformen geschieht, vor allem eine Analyse solcher Strukturen, welche das wahre Menschsein be- und verhindern (vgl. für eine aktuelle Lesart Wright 2017). Demgegenüber weisen Ansätze, welche ausdrücklich keine vorgängige soziale Orientierung der Akteure ansetzen, auf spezifische Interessenkonstellationen hin, die eine spontane und vor allem vorteilhafte Ordnungsbildung verhindern oder einschränken. Das geht zurück auf Klassiker der modernen Gesellschaftslehre und wird gegenwärtig insbesondere im Rational-Choice-Ansatz und der Spieltheorie ausgearbeitet. Im Anschluss daran lassen sich klassische Fragen der Ordnungsbildung neu und vor allem situationsspezifisch konturieren und auch neue Lösungen, wie Gruppen, Märkte oder auch

---

[9] Für Übersichten der in der Soziologie verwendeten Menschenbilder und Handlungsmodelle s. etwa Bonß et al. 2020 oder Maurer 2022 und für Gegenüberstellungen der Handlungsannahmen und -modellen in den Sozialwissenschaften, insbesondere zwischen Soziologie und Wirtschaftswissenschaften s. z. B. Etzrodt 2003.

Formen der Selbstorganisation darlegen und empirisch erforschen (vgl. Maurer und Schmid 2010).[10]

## Ausarbeitungen des Ordnungsproblems

Thomas Hobbes hat das Dilemma einer guten, weil für alle vorteilhaften, sozialen Ordnung erstmals skizziert. Das sogenannte *Hobbes'sche* Ordnungsproblem folgt dabei aus der allgemeinen Annahme eines vernünftigen, interessengeleiteten Handelns und thematisiert, dass solcherart charakterisierte Individuen im Naturzustand des freien Einsatzes von Gewalt zwar durchaus eine soziale Regelung einsehen und eingehen, aber solange sie nicht davon ausgehen können, dass die anderen sich an eine entsprechende Vereinbarung halten, werden sie dies auch nicht tun.

### Grundmodell

Die Logik dieser Handlungssituation wurde im 20. Jahrhundert in der Spieltheorie als Zwei-Personen-Spiel mit zwei Handlungsmöglichkeiten modelliert und macht die prekäre Interdependenz anhand von Auszahlungen deutlich. Die als *prisoner dilemma* (Gefangenendilemma) bekannt gewordene Modellierung verdeutlicht das Dilemma zweier Gefangener.[11] Ihnen kann der Staatsanwalt jeweils individuell Straffreiheit für den Fall zusagen, dass er/sie gesteht. Kooperation zwischen den beiden würde wechselseitiges Schweigen bedeuten. Für jeden Akteur hängt der Ertrag der eigenen Kooperation vom Ertrag des anderen ab. Das Dilemma folgt daraus, dass die fehlende Kooperation des oder der anderen den schlechtesten Fall bildet. In der Regel ist daher nicht zu kooperieren, individuell vernünftig, aber zugleich für beide suboptimal. Die gesellschafts- und sozialtheoretische Brisanz dieser Interdependenz liegt darin, dass ausgerechnet eine mögliche und für alle vorteilhafte Kooperation nicht oder nicht ausreichend realisiert werden wird.

### Problemkonturierungen und ihre soziale Bearbeitung

Die modellhafte Darstellung des Gefangenendilemma hebt als Ursache die wechselseitige Abhängigkeit hervor. Das macht sozial definierte Erwartungen über das Handeln der anderen zum vorrangigen Gestaltungs- und Erfolgsfaktor. Daneben sind auch die Erwartungen über mögliche Kosten und Erträge entscheidungsrelevant, die sich jeweils aus

---

[10] Daraus folgt, dass solche Problemlagen und Interdependenzen auch dabei helfen, den Ausschluss bzw. die Kolonialisierung von Personen, Gruppen und Gesellschaften zu erklären; neuere Studien zum Sklavenhandel verdeutlichen dies ebenso wie klassische Mikrostudien über Gewalt und Ungleichheitsbildung in totalen Institutionen (s. dazu bspw. Popitz 1992).

[11] Das Gefangenendilemma beschreibt auch sehr gut die problematische Konstellation unterdrückter Gruppen und Völker, denen Kooperation oftmals nicht gelingt, weil die Strafen das Dilemma schärfen. An dieser Stelle sei vermerkt, dass die relativen Vorteile, welche Machthaber vergeben können, enorme Staffelungsprozesse und Entsolidarisierungen in Gang setzen und halten können, die etwa das oft beobachtete Phänomen erklären, dass soziale Gegenbewegungen instabil und Arbeitskämpfe oftmals auch von unsolidarischen Aktionen begleitet sind.

der konkreten Situation ergeben; z. B., ob Machthaber Sanktionen einsetzen. Daher setzen Erweiterungen des Grundmodells zuvorderst bei einer Konturierung des sozialen Kontextes an und folgen so auch dem Anspruch, die Wirkungen sozialer Faktoren und Konstellationen auszuweisen. Das hat die Anwendung auf neue Themen- und Forschungsfelder ermöglicht und gleichzeitig auch die Debatte um Lösungen vorangetrieben.

a) Das Prisoner Dilemma: Herrschaft und Organisation

*Mancur Olson* hat in diesem Kontext auf die Möglichkeiten organisierter Interessengruppen aufmerksam gemacht, kollektive Güter zu erstellen. Seine Einsicht besagt, dass zwar *in kleinen Gruppen* durchaus soziale Anreize wirken und wechselseitige Beobachtbarkeit und Kontrolle die individuellen Beitragsleistungen stärken, dass das aber in großen Gruppen nicht mehr einfach möglich ist (Olson 1968). Im Gegenzug, so die einschlägige These, sind große Gruppen, wie etwa moderne Gesellschaften, aber auch Parteien und Gewerkschaften mit einem starken Trittbrettfahreranreiz konfrontiert und nur erfolgreich zu errichten und aufrechtzuerhalten, wenn sie Lösungen für das Trittbrettfahren finden.

*James Coleman* hat in kritischer Auseinandersetzung mit Thomas Hobbes und Max Weber auf die hoch voraussetzungsvollen und meist unrealistischen Lösungsansätze der klassischen Soziologie hingewiesen. Demzufolge sind in modernen Gesellschaften weder Ordnungen auf Basis gemeinsamer Werte noch einfache Herrschaftslösungen zu erwarten.[12] Coleman führt daher die Unterscheidung von zwei Interessenkonstellationen und die dafür zu erwartenden Handlungssysteme ein: disjunkt und konjunkt. Beide bilden unterschiedliche Problemlagen und Funktionsweisen sozialer Ordnung ab. Das Modell disjunkter Handlungssysteme umfasst unterschiedliche, aber komplementäre Interessen, wodurch ein Tausch von Rechten, wie im Falle von Arbeitgeber- Arbeitnehmerbeziehungen, möglich wird. Die Errichtung von Unternehmen folgt aus dem Eigeninteresse der Unternehmer, die aber in Folge soziale Regelungen für das inhärente Kontrollproblem finden und implementieren müssen (s. Coleman 1990a). Die dominante Interdependenz, welche in konjunkten Handlungssystemen abgebildet wird, ist hingegen ein gemeinsames Interesse, welches durch das Zusammenlegen und die gemeinsame Nutzung von Handlungsrechten realisiert werden muss, aber dem oben skizzierten klassischen Gefangenendilemma unterliegt. Dieser Trittbrettfahreranreiz entschärft sich nach Coleman oftmals durch soziale Kontextfaktoren, wie etwa mächtige Einzelakteure, politische Unternehmer oder aber kleine Gruppen. Solche Handlungssysteme bzw. Organisationen erfordern zudem ergänzende Regeln für die Verfassungsgestaltung, das Einsetzen von Vertretern und Herrschaftsagenten und die Rückholung übertragener Handlungsrechte

---

[12] Ihm zu Folge verkennen Thomas Hobbes wie auch Max Weber, dass die Einsetzung einer Herrschaft zur Regelsicherung selbst wiederum ein solches Beitragsproblem beinhaltet. Webers Leistung ist denn auch bis heute vor allem darin zu sehen, die Gestaltung einer solchen Verbands- und Herrschaftslösung unter Rationalitätsaspekten betrachtet und im Modell der Bürokratie einen Gestaltungsvorschlag für die rationale Organisation von Herrschaftsformen unterbreitet zu haben (Coleman 1990a).

bzw. Kritik und Auflösung von Herrschaft.[13] Das hat die Gestaltung von Organisationen und Hierarchien theoretisch gerahmt und zu einem zentralen Thema der Soziologie gemacht.

b) Soziale Mechanismen

Eine weitere Ausarbeitung fand das Thema in Mechanismus-Erklärungen, die mit Robert K. Mertons Konzept der Theorien mittlerer Reichweite gegen allgemeine und daher zu abstrakte Großtheorien antreten, aber auch Kritik am Rational-Choice-Ansatz auffangen wollen. Eine Initialzündung dafür war der Sammelband von Hedström und Swedberg (1998), die soziale Mechanismen erstmals als Erklärungsform darstellten und mit empirischen und Simulationsstudien verknüpften. Die Handlungstheorie ist dann nicht mehr allein der analytische Startpunkt, sondern stattdessen werden spezifische Wechselspiele zwischen sozialen und individuellen Faktoren als Ausgangspunkt für Erklärungen genutzt. Dazu gehören etwa die rationale Imitation oder belief-formation in Gruppen, welche Handlungen für kollektive Güter, wie Herrschaftskritik, hervorbringen können und darüber im nächsten Schritt sowohl Erträge als auch Erfolgsschätzungen erhöhen und damit weitere Akteure zu gewinnen vermögen (Maurer 2021). Das Erklärungsargument besteht dann aus der Darstellung mehrerer spezifisch miteinander verbundener Kausalbeziehungen zwischen Handlungsmotiven, Fähigkeiten und Situationsfaktoren. Das ist ein Schritt weg von einer integrativen allgemeinen Handlungstheorie hin zu Erklärungen, welche den Wandel von Motiven und kognitiven Fähigkeiten als Lösungsweg berücksichtigen.

c) Die gemeinsame Nutzung von Allmenden: Commons-Lösungen

Ebenfalls neue Lösungsansätze wurden durch die Anwendung empirischer und kontextspezifisch angelegter Handlungsmodelle für die kollektive und soziale Handlungsabstimmung abseits von Herrschaft und Markttausch gewonnen. Solche Ausarbeitungen schließen durchaus an das Grundmodell bzw. die Ausführungen von Mancur Olson (1968) an. Garrett Hardin (1968) hat etwa die Tragödie einer gemeinsamen Nutzung knapper Ressourcen so anhand von Gemeindewiesen (Allmende) problematisiert und Staatslösungen in Kombination mit Bildung angedacht. In der Commons-Debatte wurden daran anknüpfend variantenreichere Regelungsformen entdeckt und mit Bezug auf erweiterte Handlungs- und Situationsmodelle erklärt und analysiert (s. Ostrom (1990). Im Hintergrund stand dabei die Kritik an zu starken Problemformulierungen und der allgemeinen

---

[13] Dies ist ein klassisches Thema der Soziologie, das für vielfältige Anwendung wichtig ist: Klassenkonflikte, Parteistrukturen, soziale Bewegungen und Revolutionen (s. dazu neuerdings Lichbach und Seligman 2000). Der handlungsbasierte Zugang hilft dabei relevante Situationsfaktoren aufzuweisen und zu untersuchen; z. B. eine steigende Zahl von Teilnehmenden, welche die Erfolgswahrscheinlichkeit steigern und sinkende Strafkosten bedeuten, Verstärkungs- oder Abschwächungseffekte durch das Wahrnehmen des Handelns anderer sowie Kaskaden- oder Schwellenwertmodelle, welche eine *Prozessperspektive* bieten und die schrittweise Beitragsmotivation erklären helfen.

Annahme rationaler Egoisten. Demgegenüber werden kollektive soziale Handlungsformen vorgestellt, welche Menschen in ihrem Zusammenleben entwickeln können, wie z. B. die Selbst-Organisation von Wasserbecken in Kalifornien oder die eigenständige, demokratische Regelung von Fischrechten sowie neuerdings auch demokratische Governanceformen in Nachbarschaften (Wright 2017). Diese Ansätzen haben gemeinsam, dass sie zwar die gemeinsame Nutzung natürlicher Ressourcen vor dem Hintergrund individueller Entscheidungen problematisieren, dafür aber eine Vielzahl sozialer und vor allem demokratischer Lösungen zu skizzieren versuchen, um eine Alternative zum Staat und zum Markt aufzeigen zu können (Ostrom 2010).[14]

## Grundlagen und Formen vorteilhafter sozialer Ordnung

Das gemeinsame Fundament der vorgestellten Arbeiten bildet die Analyse von Problemen sozialer Ordnungsbildung, wie der Gewaltregelung, einer gemeinsamen Nutzung knapper Ressourcen usw., aus Sicht formal freier und interessengeleiteter bzw. vernunftfähiger Akteure. Wichtige Unterschiede und Ausdifferenzierungen folgen zum einen aus der Frage, wie zwischen Realitätsgehalt und Abstraktionsgrad abzuwägen ist. Zum anderen hängen sie von der Konturierung des jeweiligen Handlungs- und Abstimmungsproblems sowie den dafür als notwendig und möglich erachteten Lösungen ab. Dem zugrunde liegenden Handlungsmodell sowie auch des angenommenen Zusammenspiels von Handlungs- und Situationsmodell kommt dabei die Aufgabe zu, Probleme und Lösungen zu rahmen. Einer der Begründer dieser Tradition, Thomas Hobbes (Hobbes 1966/1651), hat so das Problem ausgewiesen, wie es gelingen kann, die eigene Existenz gegen Gewaltnutzung anderer erwartbar abzusichern. Selbst die vernünftige Einsicht der Einzelnen scheitert, so seine These, an der zugrunde liegenden sozialen Interdependenzform und macht daher einen Herrschaftsvertrag zwingend notwendig, der den Gesellschaftsvertrag sichert. Hobbes' viel diskutierte Lösung war der starke Staat, der Leviathan, der für die vernünftigen Individuen die soziale Ordnung sichert. In Folge davon wurden in den modernen Sozialwissenschaften zunächst die Modellierung der sozialen Situation variiert und später dann auch die Handlungstheorie und -modell situationsspezifisch ausgearbeitet, wodurch dann alternative und mitunter auch spontane soziale Lösungen wie etwa die kleine Gruppe, Normen, einflussreiche Akteure oder Commons-Lösungen theoretisch erkannt und ihre Bedingungen empirisch untersucht werden konnten.

Sofern die Ausbildung und Gestaltung sozialer Ordnung auf Basis individueller Handlungsentscheidungen problematisiert wird, sollen Thesen über mögliche Lösungen nicht durch die Annahme einer vorgängigen sozialen Bindung entschärft werden. Vielmehr sollen Problemtypen und -grade sozialer Ordnungsbildung vor dem Hintergrund eines

---

[14] Vgl. dazu weitergehende empirische Studien wie z. B. die über kooperative Netzwerke bei Baldassari (2015) oder kommunaler Währungen bei Bazzani (2020).

realistischen Handlungsmodells offengelegt werden, um so auch mögliche und notwendige Lösungen vorstellen zu können. Die Entwicklung der erklärenden Soziologie hat dafür zunächst stark auf allgemeine Motive und vor allem Interessen von Akteuren abgestellt, um die Wirkungen sozialer Kontextfaktoren erschließen und empirisch erforschen zu können. Dies hat die Theorie mit der Praxis verbunden, indem mögliche Lösungen und ihre Nebenfolgen insbesondere in Form von Institutionen mit Bezug auf die Interessen und Absichten der Menschen dargestellt und analysiert wurden. Das zugrundeliegende Akteurs- und Handlungsmodell hat dabei die Aufgabe, den sozialen Handlungskontext aus Sicht der Akteure zu erschließen, und Annahmen über Interessen und Interessenkonstellationen helfen den Problemgehalt und -grad zu schärfen. Erst zunehmend erhalten die kognitiven und interpretativen Fähigkeiten der Menschen wieder Relevanz, um einerseits Prozesse der Situations- und Realitätswahrnehmung zu theoretisieren und um andererseits auch Wechselwirkungen zwischen Motiven, Orientierungen und sozialen Situationsfaktoren in die Erklärungen einzubauen, um diese realitätsnäher zu gestalten.

## Methodologische Konsequenzen/Debatten

Das skizzierte Programm nutzt Handlungstheorien und -modelle in mehrstufig angelegten Erklärungen sozialer Phänomene als analytische Basis und/oder Ausgangspunkt. Das geht auf die Prämisse zurück, dass die Menschen mit ihren Handlungen die zentrale kausale Kraft in der sozialen Welt sind. Die Grundlage dafür bildet der *Methodologische Individualismus* und das sozialtheoretische Anliegen, die Handlungs- und Abstimmungsprobleme der Menschen in der Realität abstrakt und modellhaft abzubilden, diese zu erklären und Gestaltungslösungen abzuleiten. Die soziale Welt wird als durch die Menschen versteh- und gestaltbar angesehen.

Das ist von Anfang an eng mit der Debatte verbunden, ob und in welchem Umfang die Welt richtig verstanden wird und daher auch vorteilhaft gestaltet werden kann. Das drückt sich auch im zwiespältigen Verhältnis zwischen Soziologie und Wirtschaftswissenschaften aus, da die Wirtschaftswissenschaften ausschließlich auf das Problem des effizienten Einsatzes knapper Ressourcen abheben, wohingegen in der Soziologie das Ordnungsproblem wegweisend war, was vielfältige Fragen und Probleme, wie etwa Machtabbau, Demokratie, soziale Ungleichheit oder Konflikte umfassen kann. Die darauf möglichen Antworten sind aber in beiden Disziplinen durch die Handlungstheorie und die daraus abgeleiteten Handlungsprobleme bestimmt. Im Rational- Choice-Approach werden rationale Gestaltungen vorgesehen, aber eben zunehmend auch emergente und unerwünschte Folgen bearbeitet. Dagegen stellen die neueren Erklärungen, im Sinne von Modellen mittlerer Reichweite, zwar noch oft auf vorteilhafte Lösungen ab, sehen aber auch vor, dass sich in manchen Prozessen die rationale Orientierung und das bewusste von Motiven geleitete Handeln, und damit auch die Basis für eine rationale Gestaltung, verliert.

## Die neue Wirtschaftssoziologie als Anwendungsfeld

Ende des 20. Jahrhunderts konnte erneut eine Soziologie der Wirtschaft etabliert werden, welche wirtschaftliches Handeln in sozialen Kontexten analysiert, die Frage nach Koordinationsformen wieder aufgreift und dafür die soziale Einbettung von Wirtschaft als einen wichtigen sozialen Erfolgsfaktor vorsieht. Ausgangspunkt dafür war zum einen die Kritik an den klassischen Makroansätzen und zum anderen am Mainstream der Wirtschaftswissenschaften. Beide Welten, so die Kritik, haben die Bedeutung sozialer Beziehungen und Institutionen als erklärungsrelevanten Faktor im wirtschaftlichen und sozialen Leben verkannt (Coleman 1990b; Granovetter 1990).

Das hob ein Programm aus der Taufe, das sich darum bemüht, Netzwerkmuster, aber auch das Sozialkapital von Gruppen sowie Organisationen aus Sicht der Individuen im Hinblick auf Erwartungsbildung und Koordination im modernen Marktkapitalismus zu analysieren. Im Mittelpunkt steht dabei allerdings nicht so sehr die Frage einer vorteilhaften sozialen Ordnung, sondern der Umgang mit Unsicherheit in der Wirtschaft und wie diese durch soziale Formen der Einbettung so reduziert werden kann, dass wirtschaftlicher Tausch erfolgreich wird. Auch hier werden meist handlungsbasierte Erklärungen angestrebt, welche etwa starke Bindungen, wie sie für kleine Gruppen mit gemeinsamen Vorstellungen typisch sind, oder aber soziale Institutionen, wie die Reziprozitäts-, Fairness- oder Solidaritätsregeln im Hinblick auf Markttausch, betrachten. Darüber kann gezeigt werden, dass Märkte, aber auch Unternehmen auf einer sozialen und institutionellen Einbettung basieren und dass an Stelle des Marktes verschiedene institutionelle Settings Koordinationsaufgaben übernehmen können. Das führte zur Widerlegung der These vom Markt als einem universellen Koordinationsmechanismus und hin zur Erklärung und Analyse von Netzwerken, Gruppen, Institutionen und auch Hierarchien als alternative Abstimmungsformen in der Wirtschaft. Je nach verwendetem Handlungs- bzw. Handlungs-Situationsmodell können Abstimmungsprobleme dann verstärkt oder abgemildert beschrieben und entsprechende Lösungen theoretisch entworfen und empirisch untersucht werden.

## Literatur

Baldassari, Delia, 2015: Cooperative Networks. American Journal of Sociology 121, 355–395.
Bazzani, Giacomo, 2020: When Money Changes Society: The case of Sardex money as community. Wiesbaden: Springer VS.
Bonß, Wolfgang et al., 2021: Gesellschaftstheorie. Bielefeld: UTB: transcript.
Bonß, Wolfgang et al., 2020: Handlungstheorie. Eine Einführung. 2. Aufl. Bielefeld: UTB: transcript.
Coleman, James S., 1987: Microfoundation and Macrosocial Behavior. In: Alexander, Jeffrey. C., Bernhard Giesen, Richard Münch und Neil J. Smelser (Hg.), The Micro-Macro Link. Berkeley et al.: University of California Press, 153–173.
Coleman, James S., 1990a: Foundations of Social Theory. Cambridge/MA: Belknap Press.

Coleman, James S., 1990b: Interview by James S. Coleman. In: Swedberg, Richard (Hg.), Economics and Sociology. Redefining their Boundaries. Conversations with Economists and Sociologists. Princeton: Princeton University Press, 47–60.
Elias, Norbert, 1976: Über den Prozeß der Zivilisation. 2 Bde. Orig. 1939. Frankfurt/M.: suhrkamp.
Etzrodt, Christian, 2003: Sozialwissenschaftliche Handlungstheorien. Eine Einführung. Konstanz: UVK-Verlags-Gesellschaft.
Friedman, Milton, 1968/1953: The Methodology of Positive Economics. In: Brodbeck, May (Hg.), Readings in the Philosophy of Social Sciences. London: Macmillan, 508–528.
Granovetter, Mark, 1990: The Old and the New Economic Sociology. A History and an Agenda. In: Friedland, Roger und Alexander F. Robertson (Hg.), Beyond the Marketplace. Rethinking Economy and Society. New York: de Gruyter, 89–112.
Granovetter, Mark, 1992: Problems of Explanation in Economic Sociology. In: Nohria, Nitin und Robert G. Eccles (Hg.), Networks and Organizations. Structure, Form, and Action. Boston: Harvard Business School Press, 25–56.
Hardin, Garrett, 1968: The Tragedy of the Commons. Science 162, 1243–1248.
Hedström, Peter und Richard Swedberg (Hg.), 1998: Social Mechanisms. An Analytical Approach to Social Theory. Cambridge: Cambridge University Press.
Hedström, Peter et al., 1998: Popper's Situational Analysis in Contemporary Sociology. Philosophy of the Social Sciences 28, 339–364.
Hobbes, Thomas, 1966/1651: Leviathan oder Stoff, Form und Gewalt eines bürgerlichen und kirchlichen Staates. Neuwied: Luchterhand.
Lichbach, Mark I. und Adam Seligman, 2000: Market and Community. The Basis of Social Order, Revolution, and Relegitimation. University Park, PA: The Pennsylvania State University Press.
Maurer, Andrea, 2007: Verhaltensmodelle und Handlungstheorien in der Soziologie – Möglichkeiten einer interdisziplinären Verständigung. In: Führ, Martin, Kilian Bizer und Peter H. Feindt (Hg.), Menschenbilder und Verhaltensmodelle in der wissenschaftlichen Politikberatung. Möglichkeiten und Grenzen interdisziplinärer Verständigung. Baden-Baden: Nomos Verlag, 180–191.
Maurer, Andrea, 2021: Exploring Social Factors in the Economy: New Economic Sociology and The Mechanism Approach. In: Maurer, Andrea (Hg.), Handbook of Economic Sociology for the 21st Century. Cham: Springer Nature, S. 47–61.
Maurer, Andrea, 2022: Das moderne Menschenbild und die Grundlegung der Sozialwissenschaften. In: Michael, Zichy (Hg.), Handbuch Menschenbilder. Wiesbaden: Springer VS, 165–185.
Maurer, Andrea, 2025: Action-based explanations as a basis for the analysis and design of the social world. British Journal of Sociology 76/1, 173–179.
Maurer, Andrea und Michael Schmid, 2010: Erklärende Soziologie. Grundlagen, Vertreter und Anwendungsfelder eines soziologischen Forschungsprogramms. Wiesbaden: VS Verlag.
Olson, Mancur, 1968: Die Logik kollektiven Handelns. Kollektivgüter und die Theorie der Gruppen. Amerik. Orig. 1965. Tübingen: J.C. B. Mohr (Paul Siebeck).
Ostrom, Elinor, 1990: Governing the Commons. The Evolution of Institutions for Collective Action. Cambridge: Cambridge University Press.
Ostrom, Elinor, 2010: Beyond Markets and States: Polycentric Governance of Complex Economic Systems. The American Economic Review 100, 641–672.
Parsons, Talcott, 1951: The Social System. New York: Free Press.
Popitz, Heinrich, 1980: Die normative Konstruktion der Gesellschaft. Tübingen: J.C. B. Mohr (Paul Siebeck).
Popitz, Heinrich, 1992: Phänomene der Macht. 2. erw. Aufl. Tübingen: J.C.B. Mohr (Paul Siebeck).
Popper, Karl, 2000: Karl R. Popper: Lesebuch. Ausgewählte Texte zur Erkenntnistheorie, Philosophie der Naturwissenschaften, Metaphysik, Sozialphilosophie. Tübingen: Mohr (Siebeck).

Schäfer, Franka et al., 2015: Methoden einer Soziologie der Praxis. Bielefeld: transcript.
Schelling, Thomas, 1998: Social mechanisms and social dynamics. In: Hedström, Peter und Richard Swedberg (Hg.), Social Mechanisms. An Analytical Approach to Social Theory. Cambridge: Cambridge University Press, 32–44.
Smith, Adam, 1974/1776: Der Wohlstand der Nationen. Eine Untersuchung seiner Natur und seiner Ursachen. Engl. Orig. v. 1776. München: Beck.
Udehn, Lars, 2001: Methodological Individualism. Background, History and Meaning. London, New York: Routledge.
Weber, Max, 1972/1922: Wirtschaft und Gesellschaft. Grundriß der verstehenden Soziologie. 5., rev. Aufl. Tübingen: Mohr Siebeck.
Wittek, Rafael, et al. (Hg.), 2013: The Handbook of Rational Choice Social Research Stanford: Stanford UP.
Wright, Eric Olin, 2017: Reale Utopien. Amerik. Orig. 2010. Berlin: Suhrkamp STW.

# Theorien sozialer Ungleichheit

Uwe H. Bittlingmayer, Zeynep Islertas und Frank Hillebrandt

**Zusammenfassung**

Der Beitrag von Bittlingmayer, Islertas und Hillebrandt führt in das Themenfeld der Theorien sozialer Ungleichheit ein und betont deren Vielschichtigkeit und Zentralität. Soziale Ungleichheit wird als dynamisches Gefüge gesellschaftlich hervorgebrachter, positiv oder negativ privilegierter Lebensbedingungen verstanden. Traditionell bezieht sich der Begriff auf Großgruppen wie Klassen, Schichten oder Milieus, zunehmend auch auf Geschlecht und Ethnizität. Der Text beleuchtet die Verbindung zwischen sozialer Ungleichheit, Herrschaft, Gerechtigkeit und Gleichheitsnormen. Die soziologische Perspektive richtet sich auf Reproduktionsmechanismen und die Konstruktion von Ungleichwertigkeit durch gesellschaftliche Bewertungsprozesse. Zentral ist die Rekonstruktion historischer Konzeptualisierungen bei Marx, Engels und Weber. Anschließend rückt die Frage nach der Legitimität sozialer Ungleichheiten und nach der kulturellen und postkolonialen Ausdehnung des Gegenstandes in den Fokus.

---

U. H. Bittlingmayer (✉) · Z. Islertas
Institut für Soziologie, Pädagogische Hochschule Freiburg, Freiburg, Deutschland
E-Mail: uwe.bittlingmayer@ph-freiburg.de; zeynep.islertas@ph-freiburg.de

F. Hillebrandt
Institut für Soziologie, Fernuniversität Hagen, Hagen, Deutschland
E-Mail: frank.hillebrandt@fernuni-hagen.de

**Abstract**

The article by Bittlingmayer, Islertas and Hillebrandt introduces the topic of theories of social inequality and emphasizes their complexity and centrality. Social inequality is understood as a dynamic structure of socially generated, positively or negatively privileged living conditions. Traditionally, the term refers to large groups such as classes, strata or milieus, but increasingly also to gender and ethnicity. The text sheds light on the connection between social inequality, domination, justice and equality norms. The sociological perspective focuses on reproduction mechanisms and the construction of inequality through social evaluation processes. The reconstruction of historical conceptualizations by Marx, Engels and Weber is central. The focus then shifts to the question of the legitimacy of social inequalities and the cultural and post-colonial expansion of the subject.

# Einleitung

Es ist immer etwas riskant, einen einführenden Beitrag zu einem Thema zu schreiben, bei dem alleine im deutschsprachigen Raum eine unüberschaubare Anzahl von Büchern und Beiträgen (vgl. u. v. a. Hradil & Schiener 2005; Burzan 2012; Rehbein 2015; Diabaja et al. 2023) vorliegen, wie es bei sozialer Ungleichheit der Fall ist. Die wissenschaftliche Auseinandersetzung mit sozialer Ungleichheit ist ein sehr komplexes und kaum zu überschauendes Feld. Zunächst geht die soziologische Beschäftigung mit sozialer Ungleichheit bis an die Anfänge der Disziplingeschichte zurück (vgl. z. B. Marx & Engels 1974 [1848]; Weber 1976 [1921]: 177–180). Auch wenn nicht bei allen soziologischen Theorien die Analyse sozialer Ungleichheiten im Zentrum steht – Ausnahmen sind etwa Talcott Parsons (z. B. 1937, 1951) oder Niklas Luhmann (z. B. 1984) – lässt sich Ungleichheit als eine der *Ankerkategorien* der Soziologie als wissenschaftlicher Disziplin bestimmen. Die systematische Beschäftigung mit sozialer Ungleichheit ist in der Soziologie allerdings äußerst fragmentiert: Zwar existiert schon lange die Sektion Soziale Ungleichheit und Sozialstrukturanalyse der Deutschen Gesellschaft für Soziologie (siehe https://soziale-ungleichheit.de/; gleiches gilt auch für die österreichischen und schweizerischen Schwestergesellschaften), aber die Beschäftigung mit sozialen Ungleichheiten ist auch in vielen anderen soziologischen Bereichen (so genannte spezielle Soziologien oder „Bindestrich-Soziologien") auf der Tagesordnung: Bildungssoziologie (z. B. Krüger et al. 2011; Becker & Lauterbach 2016), Stadt- und Raumsoziologie (Dangschat 2007; Keller 2005), Sozialisations- und Kindheitsforschung (Bauer 2012; Andresen & Galic 2015), Armutsforschung (Groh-Samberg 2004) oder Gesundheitssoziologie (Richter et al. 2008), um nur einige zu nennen. Darüber hinaus kann die Soziologie als Disziplin nicht einmal das Monopol für die Thematisierung von sozialen Ungleichheiten reklamieren. Auch in der Erziehungswissenschaft, der Sozialen Arbeit/Sozialpädagogik, in den Gesundheitswissenschaften (Wilkinson & Pickett 2010), der Philosophie (Sen, Nussbaum, Sandel) oder in den Wirtschaftswissenschaften (Piketty 2014, 2023) werden soziale Ungleichheiten dokumentiert und analysiert.

Zur Unübersichtlichkeit trägt ferner bei, dass der Begriff der sozialen Ungleichheit mit einer Reihe von weiteren Begriffen stark verschränkt ist. Traditionell beziehen sich soziale Ungleichheiten auf gesellschaftliche Großgruppenkategorien wie soziale Klassen, soziale Schichten oder soziale Milieus. Soziale Ungleichheiten sind dann zum einen darauf bezogen, dass unterschiedliche soziale Klassen, Schichten oder soziale Milieus mit unterschiedlichen Ausstattungen wichtiger Ressourcen wie Geld oder Wohnraum verbunden sind. Das erklärt den engen Zusammenhang der Analyse sozialer Ungleichheiten und der Analyse der gesellschaftlichen Sozialstruktur (vgl. Geißler 2014; Huinink & Schröder 2008; Weischer 2022a). Zum anderen geht es in diesem Zusammenhang um die Frage danach, wie man in diese unterschiedlichen Großgruppen hineingelangt. Diese Frage kann entweder als Analyse der Reproduktionsmechanismen der Sozialstruktur (vgl. Bauer, 2012; Rehbein 2015) oder als Frage sozialer Mobilität, also sozialen Auf- und Abstiegs (vgl. Boudon 1974) verhandelt werden. Erst in den letzten dreißig bis vierzig Jahren gibt es innerhalb der Analyse sozialer Ungleichheiten auch eine Hinwendung zu anderen sozialen Strukturen wie etwa Geschlechterverhältnisse (z. B. Beer 1990) oder die ethnische Zusammensetzung (Bader 2001; Heinemann 2001) einer Gesellschaft (vgl. auch Rademacher & Wiechens 2001). Die Strukturdimensionen sozialer Klassen, Schichten und Milieus, sowie von Geschlecht und Ethnizität werden seither in komplexen theoretischen Modellen miteinander in Verbindung gebracht. Paradigmatisch sind so genannte Intersektionalitätsmodelle, welche soziale Ungleichheiten als Verschränkung (intersections) unterschiedlicher Strukturdimensionen begreifen (vgl. Winker & Degele 2010). Ferner ist soziale Ungleichheit – zumindest in den theoretischen Modellen, die über die empirische Beschreibung von Ungleichheiten hinaus gehen – mit dem Begriff sozialer Herrschaft auf der einen und Gerechtigkeit und sozialer Gleichheit auf der anderen Seite eng verbunden. Das hat vor allem damit zu tun, dass das bloße Vorhandensein sozialer Ungleichheiten legitimationsbedürftig ist, weil es in einem offensichtlichen Spannungsverhältnis steht zu den beispielsweise im Grundgesetz formulierten Gleichheitsnormen. Und last but not least wird die Analyse sozialer Ungleichheiten auch dadurch verkompliziert, dass der so bezeichnete Gegenstand sich verändern kann, zum einen, weil die Wahrnehmung und theoretischen Instrumente schärfer werden, zum anderen, weil es immer wieder neue Dimensionen sozialer Ungleichheit gibt, wie etwa digitale Ungleichheiten (Kutscher 2022).

Aktuelle Ansätze zur Theorie sozialer Ungleichheit sind sich weitgehend darüber einig, dass soziale Ungleichheit ein mehrdimensionales Gefüge bezeichnet, das nicht auf eine einzige Dimension zurückgeführt werden kann und deren Verursachungsformen ebenfalls vielschichtig sind. Wichtig für eine soziologische Perspektive auf soziale Ungleichheit ist zunächst die Offenlegung systematischer Reproduktionsmechanismen von Ungleichheitsverteilungen einerseits sowie die sozialkonstruktivistisch grundierte Frage danach, wo aus sozialer Verschiedenheit oder Heterogenität über einen gesellschaftlichen Bewertungsprozess soziale Ungleichwertigkeit oder kurz: Ungleichheit entsteht. Erst dieser mit sozialen Herrschaftsverhältnissen einhergehende Bewertungsprozess macht aus objektiven Unterschieden, dem alternativen „so oder so", soziale Unterscheidungen, die einer hierarchischen Logik des „besser oder schlechter" folgen und erst dadurch überhaupt ungleichheitsrelevant werden. Das unterschiedliche Haben wird z. B. über gesellschaftliche Bewertungsprozesse in unterschiedliches Sein der Akteure umgewandelt. Dem entsprechend gilt die Aufmerksamkeit der soziologischen Ungleichheitsforschung nicht so sehr den Verschiedenartigkeiten der Menschen untereinander, sondern vielmehr den typischen, ungleichen Lebensbedingungen von Gruppen innerhalb der Gesellschaft.

In der Literatur besteht weitgehender Konsens darüber, dass soziale Ungleichheit in der Gegenwartsgesellschaft mindestens drei signifikante Dimensionen hat, die zum Teil unterschiedlich begrifflich bestimmt werden. Unproblematisch ist dabei erstens die Benennung einer distributiven Dimension, die sich vor allem auf die Verteilung von Geld und Vermögen bezieht. Die zweite, davon relativ unabhängige Dimension lässt sich als relationale Dimension bestimmen. Diese Ungleichheitsdimension speist sich aus der sozial strukturierten Beziehungsungleichheit, die den Status nach der Position in der Hierarchie und Assoziation innerhalb bürokratischer Organisationen (Rang) und an der Art der Zugehörigkeit zu exklusiven Gruppen bemisst. Die dritte Ungleichheitsdimension liegt ein bisschen quer zu den ersten beiden, die auch als Klassen und Stände beschrieben werden können (siehe unten die Ausführungen zu Marx, Engels und Weber), und bezieht sich vor allem auf die Akzeptanz der unterprivilegierten Gruppen gegenüber den existierenden gesellschaftlichen Verhältnissen (siehe hierzu die Ausführungen weiter unten). Ein soziologischer Begriff von sozialer Ungleichheit muss diese hier nur angedeutete Komplexität aufnehmen und bezeichnet somit allgemein die gesellschaftlich hervorgebrachten positiv oder negativ privilegierten Lebensbedingungen von Menschen, die in ihrer Gesamtheit die Lebens- und Handlungschancen des Einzelnen in der Gesellschaft bestimmen.

Auf der Grundlage dieser allgemeinen Definition setzt eine Einführung in Theorien sozialer Ungleichheit problemorientiert an, indem in ihr gefragt wird, warum und wie die Soziologie soziale Ungleichheit so zentral thematisiert. Diese Vorgehensweise soll nicht nur Neugierde für das Thema wecken, sondern auch zeigen, wie die soziologische Theorie eines ihrer zentralen Themenfelder gewinnt und bis heute in sehr erfolgreicher Weise fortschreibt (Weischer 2022b). Die Soziologie spricht also nicht, wie der vorsoziologische Aufklärungsphilosoph Jean-Jacques Rousseau (2021: 32), „vom Menschen", wenn es um Ungleichheit geht, sondern von den gesellschaftlichen Verhältnissen, die das Leben der Menschen wesentlich bestimmen. Dies grundlegend zu verdeutlichen, soll im Folgenden versucht werden, indem wir in einem ersten Schritt aus historischer Perspektive die Konzeptionalisierung sozialer Ungleichheit beispielhaft bei Karl Marx und Friedrich Engels sowie bei Max Weber rekonstruieren. Daran anschließend wollen wir die Frage nach der Legitimität sozialer Ungleichheiten thematisieren. Hier wird vor allem der Zusammenhang zwischen sozialer Ungleichheit und institutioneller Bildung diskutiert. Schließlich wollen wir noch einen kurzen Blick auf die Ausdehnung des Gegenstands werfen, die sich vor allem in der Kulturalisierung des Themas durch die Soziologie und in einer postkolonialen Erweiterung der klassischen Perspektive auf sozialer Ungleichheit wirkmächtig manifestiert. Ein kurzes Fazit schließt den Beitrag ab.

## Zwischen dem Wunsch, soziale Ungleichheiten abzuschaffen, und deren zynischen Anerkennung

Für ganz unterschiedliche Varianten soziologischer Gesellschaftsanalyse ist die Frage nach sozialen Ungleichheiten eine Schlüsselfrage. Das hängt grundlegend und eng zusammen mit der Einschätzung der jeweiligen gesellschaftlichen Verhältnisse als kritikwürdig und etwas, das es zu überwinden gilt oder als – zumindest im Prinzip – gute und verteidigungswürdige Ordnung. In einem Fall dient der Nachweis auf die Existenz sozialer Ungleichheiten dazu, die Legitimität der gesellschaftlichen Ordnung in Frage zu stellen. In anderem Fall wird die der sozialen Ungleichheit innewohnende Sprengkraft für soziale Verhältnisse gefürchtet oder soziale Ungleichheit als unvermeidlich apostrophiert und deren Existenz legitimiert. Die Legitimation sozialer Ungleichheit wird allerdings selbst in konservativen soziologischen Theorien in aller Regel an bestimmte Bedingungen geknüpft. Das nur als Vorbemerkung, dass in der Soziologie keineswegs selbstverständlich oder auch nur vorauszusetzen ist, dass sozialen Ungleichheiten in modernen Gesellschaften stets sehr kritisch begegnet wird. Wir möchten in diesem Abschnitt zeigen, dass soziale Ungleichheiten in der Soziologie ganz traditionell, aber auch ganz unterschiedlich verhandelt werden. Hierzu werden wir zunächst die Perspektive von Karl Marx und Friedrich Engels vorstellen und anschließend Max Webers Zugang präsentieren, um eine Kontrastierung zu liefern. Beide Ansätze stehen zudem für zwei bis heute präsente Perspektiven in der Ungleichheitsforschung (Müller & Schmid 2003).

### Karl Marx & Friedrich Engels

Als Marx und Engels (1820–1895) ihre Texte verfasst haben, war die disziplinäre Trennung zwischen Philosophie, Soziologie, Politikwissenschaft und Ökonomie noch nicht vollzogen. Deshalb sind ihre bis heute lesenswerten und wichtigen Beiträge (vgl. etwa Krätke 2017, 2020) nicht einfach einer Ungleichheitssoziologie oder -theorie zuzuordnen. Marx' und Engels' Ausgangspunkt war zunächst durchaus empirisch angelegt. Grundlegend war die Beobachtung, dass die moderne bzw. bürgerliche Gesellschaft sichtbar gesellschaftlichen Fortschritt, etwa in Form technologischer Innovationen der Entwicklung der Produktionsmittel, und enorme Produktion von Reichtum erzeugt, aber zugleich Armut und massenhafte Verelendung zumindest großflächig zulässt.[1] Mitte des Neunzehnten Jahrhunderts erwies sich die so genannte Soziale Frage als überragend be-

---

[1] Der Fortschrittsbegriff ist ebenso wie der Begriff der Entwicklung umstritten und seit langer Zeit heftig diskutiert. Was als gesellschaftlicher Fortschritt gelten kann, Wirtschaftswachstum oder Erhalt der Artenvielfalt, technologische Entwicklung oder Reduktion der globalen Emissionen, ganz zu schweigen von der Frage nach dem guten Leben, lässt sich offensichtlich ganz unterschiedlich bestimmen. Vgl. zur Kritik des Entwicklungsbegriffs Kößler (1999), für eine Soziologie der Analyse des guten Lebens Rosa 2009 und für einen Versuch, den Fortschrittsbegriff für eine kritische Gesellschaftsanalyse zu retten, Jaeggi 2023.

deutsam und materialisierte sich im Pauperismus (Massenarmut), im Abstieg großer sozialer Gruppen (vor allem Bauern und Handwerker) sowie in brutalen und rücksichtslosen Arbeitsbedingungen (z. B. Engels [1842] 1974). Offensichtlich und real wahrnehmbar existierte ein massiver Widerspruch zwischen den bürgerlichen Versprechen auf Freiheit, Gleichheit und „Brüderlichkeit" bzw. Solidarität einerseits und der feudal-absolutistischen Wirklichkeit in den Gebieten des heutigen Deutschlands bzw. den postfeudalen Gesellschaften Englands und Frankreichs andererseits (vgl. auch Höppner 1970, S. 9).

In Kontakt mit ganz alltäglichen Fragen des ökonomischen Überlebens und der Lebensbewältigung im Kontext sozialer Ungleichheit kommt Marx als junger Redakteur der Rheinischen Zeitung, der die Entscheidung des rheinischen Landtags, das Sammeln von Brennholz in Wäldern unter Strafe zu stellen und zu kriminalisieren, scharf kritisiert (Marx [1842] 1974, S. 109–147). Gleiches gilt für Friedrich Engels, Sohn eines Wuppertaler Fabrikanten, der 1844 und 1845 ein Buch zur Lage der arbeitenden Klasse in England verfasst, das bis heute als „Klassiker der Arbeiterliteratur" (Przyrembel 2011, S. 1) gilt. Engels, war entsetzt über die Lebens- und Arbeitsbedingungen der Arbeiter*innen in England, seinerzeit immerhin das weltweit industriell fortgeschrittenste Land. Marx und Engels solidarisieren sich – zunächst ganz unabhängig voneinander – für die durch die ökonomischen Verhältnisse benachteiligten und unterprivilegierten Gruppen und analysieren in diesem Kontext auch staatliches bzw. obrigkeitsmäßiges Verhalten, das die Not der Menschen verschlimmerte. „Aber der Staat kümmert sich nicht darum, ob der Hunger bitter oder süß ist, sondern sperrt sie in seine Gefängnisse oder deportiert sie in die Verbrecherkolonien, und wenn er sie freiläßt, so hat er das zufriedenstellende Resultat, aus Brotlosen Sittenlose gemacht zu haben." (Engels [1842] 1974, S. 465).

Der bis heute maßgebliche Stachel des Marx-Engels'schen Ansatzes mit Blick auf die Analyse von sozialen Ungleichheiten ist weder bei der (möglichst präzisen) Beschreibung der – seinerzeit besonders krassen und brutalen – Benachteiligung der Arbeiter*innenklasse stehen zu bleiben noch im unmittelbaren politischen Kampf für bessere Arbeits- und Lebensbedingungen Benachteiligter aufzugehen, sondern die Verursachungsmechanismen von Elend, Unterprivilegierung und Benachteiligung großer Massen zu verstehen und nachvollziehbar zu machen.

Marx und Engels waren Verfechter eines radikal wissenschaftlichen Ansatzes, der schonungslos gesellschaftliche Verhältnisse analysiert und sich dabei nicht mit Oberflächenphänomenen begnügt. Es geht Marx und Engels deshalb vor allem darum, Widersprüchlichkeiten in den zeitgemäßen Formen der Vergesellschaftung transparent (und damit änderbar) zu machen und die Gesellschaft als eine durch Menschen hergestellte zu begreifen. Diese Perspektive führt Marx und Engels mit einiger Notwendigkeit zur Analyse der ökonomischen Strukturen als zentraler Ursache von sozialer Ungleichheit. Es ging, wie der Marx- und Engels-Kenner Michael Krätke (2017, S. 35) resümiert, um die „Kritik der modernen bürgerlichen Gesellschaft, insbesondere ihrer ökonomischen Grundlage, des modernen Kapitalismus. Der moderne Kapitalismus ist nicht schön, nicht gut, nicht gerecht, schon gar nicht stabil. Er ist ein ökonomisches System, das von sozialen Ungleichheiten lebt und diese immer wieder erzeugt. Eine Produktionsweise, die die Produktion von materiellem Reichtum immer von Neuem, immer erfindungsreicher ankurbelt, die die Produktivität der Arbeit ständig erhöht, die eine technologische Revolution nach der anderen hervorbringt, die alle Springquellen des Reichtums sprudeln lässt, aber zugleich Armut und Elend in allen Formen erzeugt."

Drei wichtige Motive sind im Zusammenhang der Marx-Engels'schen Beschäftigung mit sozialen Ungleichheiten noch zu benennen: Erstens gehen Marx und Engels davon aus, dass es gesellschaftliche Hintergrund- oder Tiefenstrukturen gibt, die das Handeln von Menschen präformieren, auch wenn wir in der sozialwissenschaftlichen Beobachtung nur das Handeln von einzelnen Individuen wahrnehmen. Subjekte oder Individuen werden in dieser Sicht verstanden als Ensemble gesellschaftlicher Verhältnisse.[2] „Die einzelnen Komponenten dieses ‚Ensembles' beim Namen zu nennen, das, was das reale Handeln der miteinander kooperierenden Menschen in der wirklichen Welt bestimmt: darin sieht Marx [und analog Engels; Anm. d. Verf.] eine Aufgabe seiner Wissenschaft. Hieraus ergibt sich die Notwendigkeit, die Vielzahl der Einzelhandlungen der Individuen auf ihre sie gemeinsam bedingenden sachlichen Voraussetzungen, vor allem auch ‚stummen' Zwänge der Verhältnisse hin zu definieren und derart die Gesellschaft selbst als eine Resultante menschlichen Zusammenhandelns zu begreifen." (vgl. Lenk 2009, S. 12) Zweitens ist für Marx und Engels die Analyse gesellschaftlicher Verhältnisse mit der Analyse der Organisation gesellschaftlicher Arbeitsverhältnisse weitgehend analog. Arbeit ist notwendig für die Reproduktion von Gesellschaften, sie ist kooperativ, mehr als physische Verausgabung und besitzt immer eine gesellschaftliche Form (Kößler & Wienold 2019, S. 913ff.). Bei der Analyse von sozialen Ungleichheitsverhältnissen geht es Marx und Engels zufolge primär, so ihr damaliger Fokus, um die ungleiche Aneignung der Produkte gesellschaftlich organisierter Arbeit (vgl. Kößler & Wienold 2001, S. 259). Drittens schließlich folgt aus diesem Zugang notwendig, dass die empirische Beschreibung von Ungleichheitsverhältnissen unvollständig und unbegriffen bleiben müssen, so lange nicht die Analyse gesellschaftlicher Strukturen wesentlich mit einbezogen und mit den empirischen Ungleichheitsverhältnissen vermittelt werden. Die angemessene sozialwissenschaftliche Auseinandersetzung mit sozialen Ungleichheiten muss also eine theoretische, eine empirische und eine Vermittlung beider Dimensionen beinhalten (Bittlingmayer & Bauer 2014).

## Max Weber

Max Weber, der Jura, Nationalökonomie, Geschichte, Philosophie und Theologie studierte, beschäftigte sich in seiner Dissertation unter anderem mit den Begriffen der „Gemeinschaft" und „Gesellschaft". Diese Schrift gilt heute noch als die Grundlage späterer Grundfiguren weberischen Denkens (Dilcher 2000). Weber beschreibt sich selbst als Mit-

---

[2] Man könnte diese frühe Perspektive auch sozialkonstruktivistisch formulieren und sagen, dass Individuen *sozial erzeugt* werden.

glied der Bourgeoisie, der auch in sie hineinsozialisiert wurde. (Weber 1895). Laut Kaube war er das auch im Hinblick auf „Besitz, politische Stellung, Gelehrtentum, Bildung und Lebensstil" (Kaube, 2020).

Webers empirischer Ausgangspunkt ist gerade im Kontrast zu Marx und Engels auf die Binnendifferenzierung sozialer Großgruppen angelegt. Damit liefert er den Beginn einer differenzierteren Sozialstrukturanalyse (vgl. auch Geiger 1987 [1935]). Bereits in seiner Selbstbeschreibung schimmert durch, wie Weber Gesellschaft beschreibt: Sie ist in seinem Verständnis in Klassen unterteilt; Klassen, die mit verschiedenen Anschauungen und Idealen, aber auch gemeinsamen Interessenslagen und Handeln einhergehen (können). Eine Klasse stellt Weber zufolge eine „Gruppe mit denselben Gütern und Qualifikationen" (Weber 1976 [1921], S. 177) dar, die er sowohl in Besitzklasse, Erwerbsklasse und soziale Klasse differenziert als auch darauf hinweist, dass innerhalb der Klassen Unterscheidungen, mithin Binnendifferenzierungen vorzunehmen sind. So teilt er die Mitglieder*innen der Besitz- und Erwerbsklasse in privilegiert, negativ privilegiert – in heutiger Terminologie: unterprivilegiert – und Mittelklasse auf; sie weisen nach Weber differenzierte Verfügungsgewalt über jede Art von Genussgütern, Beschaffungsmitteln, Vermögen, Erwerbsmitteln und Leistungsqualifikationen auf. Die Ressourcen sowie die Verfügungsgewalt bestimmen die Klassenlage der Personen innerhalb der Gesellschaft (Weber, 1976 [1921], S. 177). Ausschließlich Personen, die sich durch „eine gänzlich(e) ‚Ungelerntheit', Besitzlosigkeit auf Arbeitserwerb, Angewiesenheit bei Unstetigkeit der Beschäftigung […]" auszeichnen (Weber, 1976 [1921], S. 177) stellen nach Weber eine einheitliche Klasse dar, die nicht binnendifferenziert zu werden braucht.[3]

Die reine Klassengliederung, die bei Weber auf bestimmten Ressourcen basiert, die die Verfügungsgewalt über diverse Güter innerhalb der Gesellschaft bestimmt, ist nicht dynamisch, d. h. sie führt nicht notwendigerweise zu Klassenkämpfen. Es gibt also gegen Marx und Engels gesprochen kein der jeweiligen Klassenlage (notwendig) korrespondierendes Klassenbewusstsein (vgl. hierzu auch Fromm 1980). Im Gegenteil, Weber weist darauf hin, dass höchst privilegierte Gruppen innerhalb der Besitzklasse auf Unterprivilegierte bzw. Deklassierte sogar mit Solidarität blicken. Ausschließlich bei Besitzklassengegensätzen kann es – laut Weber – zu revolutionären Kämpfen kommen, die die Änderung der Besitzausstattung und -verteilung bezwecken (Bodenrentner vs. Deklassierte; Gläubiger vs. Schuldner). Eine Klassengemeinschaft wächst bei Weber durch markorientierte Wirtschaft. Übergänge von der einen zur anderen Klasse sind sehr verschieden und labil.

Zusätzlich zum Klassenbegriff arbeitet Weber bei der Darstellung bzw. Beschreibung von Gesellschaften mit dem Begriff Stand, dessen Erzeugungsformen und Reproduktionsmechanismen auf andere gesellschaftliche Strukturen als Arbeitsmärkte verweist. Ein Stand ist eine Gruppe von Menschen, die innerhalb der Gesellschaft wirksam eine Sonderstellung in Anspruch nimmt. Eine solche Gruppe bzw. eine solche Sonderstellung bildet

---

[3] Dieses Motiv scheint selbst noch in der bahnbrechenden Studie „Die feinen Unterschiede" von Pierre Bourdieu (1982) durch, der ebenfalls die Volksklasse nicht weiter binnendifferenziert, während das Kleinbürgertum und die herrschende Klasse aus unterschiedlichen Klassenfraktionen bestehen.

sich durch bestimmte(r) Lebensführung, Abstammung und/oder politische Inbesitznahme bzw. Aneignung innerhalb der Gesellschaft heraus. Eine ständische Gesellschaft ist Weber zufolge konventionell durch Regeln der Lebensführung geordnet. Diese können die Konsumbedingungen, Aneignungsformen und Erwerbstätigkeit der Mitglieder*innen beeinflussen und stehen folglich quer oder in Teilen gegensätzlich zur freien Marktbildung. Im Gegensatz zur Klasse, in der primär die Ressourcen im Vordergrund stehen, betont Weber bei dem Begriff Stand die Bedeutung von Prestige und Lebensführung, in der sich die Art der Eheschließung (connubium), die Ernährungsweise (kommensalität) und Erwerbschancen bzw. Ablehnung (Perhorreszierung) sowie Traditionen subsumieren lassen (diese Dimensionen werden prominent etwa bei Thorstein Veblen, Pierre Bourdieu oder Michael Vester in die soziologische Ungleichheitsanalyse einbezogen).

Weber findet letztlich mit seiner Kategorie des „Standes", wie er noch etwas altmodisch sagt, weitere, nicht an den Produktionsverhältnissen allein gebundene Quellen sozialer Ungleichheit und öffnet damit den Blick darauf, Ungleichheitsverhältnisse vielschichtiger zu bestimmen. Webers Behandlung von sozialen Ungleichheiten ist gegenüber Marx und Engels deutlich soziologischer ausgeprägt und besteht auf Binnendifferenzierungen.[4] Damit ist Weber deutlich anschlussfähiger an empirische Ungleichheitsstudien, in denen unterschiedliche Ungleichheitsdimensionen abgebildet werden. Das zweite wichtige Motiv bei Weber mit Blick auf Theorien sozialer Ungleichheit ist, dass er jede Idee positiver Geschichtsschreibung und kontrollierter Überwindung der bürgerlichen Gesellschaft suspendiert. Während Marx und Engels noch von der Möglichkeit einer herrschaftsfreien (oder herrschaftsarmen) Gesellschaft ausgehen, die durch politische Programme, soziale Bewegungen – hier natürlich vor allem die Arbeiter*innenbewegung, aber auch die frühe (nicht-bürgerliche) feministische Bewegung – und am Ende auf einer durchgezogenen Aufklärung auf der Grundlage einer kritischen Wissenschaft realisiert werden kann, ist Weber hier deutlich pessimistischer und sieht in den sozialistischen Elementen eine nur beschleunigte Herrschaft des Menschen über den Menschen. Soziale Ungleichheit wird also bei Weber nicht als zu vermeidende oder gar zu überwindende Größe konzeptionalisiert. Wenn man mit sozialer Ungleichheit gewissermaßen immer rechnen muss, dann ändert sich die Perspektive und die Frage nach Legitimationsmustern von Ungleichheit tritt in den analytischen Blick.

---

[4] Lange Zeit wurde Weber in der soziologischen Diskussion als eine Art Antipode gegen Marx und den Marxismus verstanden, was insbesondere mit den Schriften „Das Kapital" und „Protestantische Ethik" zusammenhing. Weber selbst hat das Werk von Marx sehr geschätzt: „Die Redlichkeit eines heutigen Gelehrten, und vor allem eines heutigen Philosophen, kann man daran messen, wie er sich zu Nietzsche und Marx stellt. Wer nicht zugibt, dass er gewaltigste Teile seiner eigenen Arbeit nicht leisten konnte, ohne die Arbeit, die diese beiden getan haben, beschwindelt sich selbst und andere. Die Welt, in der wir selber geistig existieren, ist weitgehend eine von Marx und Nietzsche geprägte Welt." (Weber 1920, zit. nach Kim 1999, S. 87) In jüngerer Zeit wird das Verhältnis beide Werke eher komplementär bestimmt und etwa in den Arbeiten von Pierre Bourdieu oder den Cultural Studies als gemeinsamer Bezugsrahmen genutzt.

## Die Legitimation sozialer Ungleichheit in modernen Gesellschaften und ihre Probleme

Nachdem sich sozialistische Gesellschaftsentwürfe in der öffentlichen westlichen Wahrnehmung aktuell weitgehend diskreditiert haben, wenn man etwa die jüngeren Entwicklungen in Russland, Nordkorea oder China betrachtet, gibt es eine einfache zynische und deutlich komplexere theoretische Antwort auf die Frage der Persistenz sozialer Ungleichheit in Gesellschaften westlich-kapitalistischer Prägung. Die zynische Antwort beruft sich auf die Alternativlosigkeit westlicher Gesellschaftsentwürfe, sollen bürgerliche Freiheiten und politisch-demokratische Mitbestimmung in ein einigermaßen ausgewogenes Verhältnis gebracht werden.[5] Soziale Ungleichheit ist dann gewissermaßen der Preis, der zu zahlen ist, soll staatliche Herrschaft eingeschränkt und Freiheitsrechte für alle garantiert werden. In der Ungleichheitssoziologie korrespondiert dem die bloße Dokumentation und Registrierung empirischer Ungleichverteilungen gesellschaftlicher Ressourcen, die bewusst Kontakt zu politischen Stellungnahmen vermeidet und sich als Ungleichheitsberichterstattung mit dem Nimbus wissenschaftlicher Neutralität ausstattet (Bittlingmayer et al. 2005), worauf wir im nächsten Abschnitt ausführlich zurückkommen.

Bei den komplexeren Varianten gibt es kaum einen gemeinsamen theoretischen Nenner, gemeinsam ist ihnen aber häufig die Idee der Transformation oder auch der Umwertung sozialer Ungleichheit. Eine über gut zwei Jahrzehnte in der Ungleichheitssoziologie breit diskutierte Variante besteht darin, auf Ressourcen bezogene soziale Ungleichheiten zu entdramatisieren und sie vor dem Hintergrund des gesamtgesellschaftlich verfügbaren Wohlstands als nicht mehr sonderlich durchschlagend zu erklären. Hier sind Arbeiten angesiedelt, die die Gegenwartsgesellschaften als Risikogesellschaft (Beck 1986), als Erlebnisgesellschaft (Schulze 1992) oder als Multioptionsgesellschaft (Gross 1994, letztere mit einiger Nähe zum Zynismus) beschreiben. Das bedeutet nicht, dass in diesen Ansätzen soziale Ungleichheit vollständig geleugnet wird, aber dass die traditionell insbesondere durch soziale Großgruppen wie Klassen, Schichten und Milieus hervorgerufenen Herkunftseffekte nicht mehr durchschlagend sein sollen. Eine zweite Variante der Relativierung von ressourcenbezogener Ungleichheit (Geld, Vermögen, Wohnraum, Bildungstitel) findet sich vor allem in Ansätzen, die Gegenwartsgesellschaften als Ensembles funktional ausdifferenzierter Subsysteme bestimmen. In den meisten dieser Ansätze wird die Idee eines (eingeschränkt) handlungsfähigen Subjekts sowie die marxistische Annahme der Vorherrschaft (Präponderenz; vgl. hierzu Adorno 1980 1968) der Ökonomie über die gesamten gesellschaftlichen Verhältnisse aufgegeben. Die These der funktionalen Differen-

---

[5] In Deutschland liegt seit 2020 eine Übersetzung des international breit diskutierten Buchs des chinesischen Philosophen ZHAO Tingyang (2020) vor, der nicht nur eine großflächig angelegte Rechtfertigung der chinesischen Gesellschaft präsentiert, sondern der den chinesischen resp. fernöstlichen Way of Life als gegenüber den westlich-individualistischen Vorstellungen als deutlich überlegen kennzeichnet. Klaus Dörre (2021) hat einen lesenswerten Versuch vorgelegt, den Begriff und die Vorstellung sozialistischer Gesellschaften nicht aufzugeben.

zierung und ihre Konsequenzen für die theoretische Bestimmung von sozialer Ungleichheit ist seit ihrer Ausarbeitung vor allem von Talcott Parsons und Niklas Luhmann unterschiedlich dogmatisch ausgelegt worden und es finden sich durchaus aus dieser Richtung interessante und lesenswerte Arbeiten zur Ungleichheitsforschung (aus allgemeiner Perspektive z. B. Nassehi 2020; Schimank 2020). Insbesondere die terminologische Umstellung auf Exklusions- und Inklusionsprozesse, die Perspektive auf weltgesellschaftliche Verhältnisse und schließlich die Analyse sozialer Konstruktionsprozesse von Inklusion und Exklusion und damit verbundene Ungleichheiten etwa im Sport wären hier zu nennen (z. B. Stichweh 2016). Allerdings spielen diese Ansätze in der empirischen Erforschung ressourcenbezogener Ungleichheit keine nennenswerte Rolle. Der Weg von theoretischer Begriffsarbeit zur indikatorgestützten Ungleichheitsforschung ist in der Regel deutlich zu lang.[6]

Anders gelagert sind zwei Ansätze, die mal in Kombination mal unabhängig voneinander soziale Ungleichheit anerkennen, sie aber gegenüber den bislang verhandelten Positionen ganz unterschiedlich deuten. Die maßgeblich auf der Soziologie Talcott Parsons aufruhende funktionalistische Schichtungstheorie (Davis & Moore 1945) geht davon aus, dass Menschen ganz unterschiedlich mit Talenten ausgestattet sind und dass eine moderne Gesellschaft, die nicht auf die unmittelbare soziale Vererbung von Posten und Privilegien setzen kann, ein veritables Interesse daran hat, die talentiertesten Menschen in die oberen Positionen der Gesellschaft zu schleusen. Mit anderen Worten sind genau deshalb verantwortungsvollere Positionen in der Gesellschaft wie Ärzt*innen, Manager*innen oder Jurist*innen mit Privilegien wie hohes Einkommen und hohes Berufsprestige zu versehen, damit sich die Talentierten um diese Posten überhaupt bemühen. Ungleichheit stellt in diesem Sinne ein notwendiges und auch funktionales Anreizsystem dar, die besten Köpfe in die wichtigsten Positionen zu drängen. Durch diese Form des Wettbewerbs würden am Ende alle Gesellschaftsmitglieder profitieren, weil die gesellschaftliche Gesamtproduktivität von der richtigen Passung zwischen Talent und Privilegien abhängt. Dieser Ansatz wird nicht mehr ernsthaft vertreten, weil erstens ein isolierter Begriff des Talents sich nicht wirklich empirisch halten lässt, weil zweitens die Vorstellung, dass Talent ein knappes gesellschaftliches Gut ist durch die jahrzehntelange Bildungsexpansion, die stark erhöhten Abitur- und Studienquoten ad absurdum geführt worden ist. Während sich beispielsweise in den 1940er-Jahren kaum jemand vorstellen konnte, dass Frauen in der Lage sind, Chirurginnen zu werden, wird heute zumindest in Deutschland in den jüngeren Kohorten und bei den Medizinstudienanfängerinnen der Arztberuf mehrheitlich von Frauen ausgeübt bzw. erlernt wird (Albert 2006, S. 141 ff.). Das dritte Gegenargument ist eher theoretischer Natur und verweist darauf, dass es deutlich schwieriger ist, größere und kleinere gesellschaftliche Funktionalitäten zu bestimmen und diese mit gesellschaftlichen Privilegien, wenn überhaupt, dann nur sehr bedingt korrelieren. Es reicht, sich die unterschiedlichen Einkommen und Privilegien in der Krankenpflege, dem Profifußball (inklusiv der

---

[6] Siehe zur frühen Kritik an dieser Form der Theorien sozialer Ungleichheit Hillebrandt (2004).

Geschlechterdifferenz), der Müllentsorgung oder im Management von Investmentbanken in Erinnerung zu rufen, um zu sehen, dass hier kaum ein rationales System zu entdecken ist.

Die zweite Variante der Legitimation sozialer Ungleichheit in modernen Gesellschaften ist der Ansatz der Meritokratie. Die meritokratische Antwort versucht die Existenz sozialer Ungleichheit in westlichen Markt-gesteuerten Gegenwartsgesellschaften dadurch zu erklären und zugleich zu legitimieren, dass soziale Ungleichheit lediglich das Resultat unterschiedlicher individueller Leistungen, Aspirationen, Leistungsbereitschaft und Talente widerspiegelt. Rolf Becker und Andreas Hadjar (2009, S. 33 f.) fassen die so genannte meritokratische Ungleichheitslegitimation, also wörtlich Herrschaft durch Leistung, folgendermaßen zusammen: „Die Verteilung der Güter und Positionen im Bildungs- und Beschäftigungssystem erfolgt – so die vorherrschende gesellschaftliche Vorstellung – im Sinne von Chancengleichheit nach dem Leistungsprinzip, mit dem das Ausmaß und die Struktur der sozialen Ungleichheit von Bildung, Status und Einkommen legitimiert werden (…). Zugang zu Bildung oder Beruf und Erwerb von Bildung und Einkommen sollen demnach ausschließlich über meritokratische Prinzipien als legitimen Mechanismus für die Verteilung von Gütern und des gesellschaftlichen Status erfolgen. Die an Bildung geknüpfte und gesellschaftlich anerkannte Verteilung von Status, Einkommen, Macht und anderen Privilegien wird demzufolge aufgrund individueller Leistung als Indikator von im Wettbewerb erworbenen Verdiensten (…) vorgenommen."

Meritokratie als Legitimation sozialer Ungleichheiten ist also erkennbar an zwei wesentliche Voraussetzungen geknüpft. Die eine Voraussetzung bezieht sich auf die Annahme individuell zurechenbarer Leistungen, durch die dann eine bestimmte gesellschaftliche Gratifikation verdient werden kann. Die andere Annahme muss von einem vergleichsweise fairen Bildungssystem ausgehen, in dem die notwendigen Bildungsabschlüsse für die höheren Positionen chancengleich erworben werden können.

Die Idee, dass Leistung überhaupt eine individuell zurechenbare Größe darstellt, ist tatsächlich äußerst voraussetzungsreich. Es ist zunächst kein Zufall, dass komplexe philosophische Entwürfe zur Gerechtigkeitstheorie bei der Bestimmung von Gerechtigkeit nicht auf individuelle Leistungen zurückgreifen. Ob der Erwerb des Abiturs für ein Kind von Eltern, die funktionale Analphabet*innen sind, gegenüber dem erfolgreichen Juraabschluss und der Übernahme der florierenden Anwaltskanzlei in vierter Generation oder ob der Schriftspracherwerb von kognitiv eingeschränkten Kindern oder Erwachsenen als höhere oder niedrigere individuelle Leistung einzustufen sind, ist schlichtweg nicht zu beantworten. Die Liste ließe sich zwanglos mit einer langen Reihe von Beispielen fortsetzen. Ein weiteres Gegenargument gegen die Idee der individuellen Zurechenbarkeit kommt aus der kommunitaristischen Philosophie, die die Voraussetzungen benennt, auf deren Grundlage westlich-kapitalistische Gesellschaften das Individuen als etwas Bedingungsloses überhaupt erst erzeugen. Das Verhältnis von Individuum und sozialen Ungleichheiten lässt sich etwa mit Charles Taylor (1995, S. 75) dahingehend befragen, warum es vernünftig sein soll, eine Theorie sozialer Ungleichheiten überhaupt mit dem Individuum und dessen unterschiedlichen Performanzen beginnen zu lassen. Die meritokratische Rechtfertigung von sozialen Ungleichheiten setzt gewissermaßen gesellschaftstheoretisch zu spät an und blendet all die gesellschaftlichen Konstruktionsformen und Voraussetzungen, die zur Akzeptanz von sozialen Hierarchien oder der akzeptierten Etablierung von Konkurrenzmechanismen führen aus (Taylor 1995). Schließlich lässt sich mit Nina Verheyen (2018, S. 15 und S. 65) festhalten: „Das konventionelle Leistungsverständnis blendet [die; die Verf.] […] Arbeit der anderen systematisch aus. Es ist nicht nur essentialistisch und stilisiert eine ebenso fluide wie unscharfe Größe zu einer festen Entität, sondern es ist auch noch individualistisch – und greift deshalb an der sozialen Wirklichkeit doppelt vorbei. […] Wer unter einer Leistungsgesellschaft ein soziales Gebilde versteht, das den Status jedes Einzelnen zuverlässig an dessen Leistung bindet, wird auf der ganzen Welt keine finden." Richten wir einen Blick auf die zweite Voraussetzung, ohne die das meritokratische Argument nicht überlebensfähig ist, die Existenz eines fairen Bildungssystems.

Die Diskussionen über das Bildungssystem und dessen Verhältnis zu sozialen Ungleichheiten dauern seit Jahrzehnten kontinuierlich an. Seit den 1960er-Jahren werden dabei soziale Herkunftseffekte beim Bildungserfolg nachgewiesen, die stark an der Fairness des Bildungssystems zweifeln lassen. Deutschland gilt international als eines der ungleichsten OECD-Länder, erstens wegen der frühen Trennung der Kinder nach der Klasse 4 (in Berlin und Brandenburg nach der Klasse 6) und der anschließenden Separation in die unterschiedlichen Bildungsgänge, die mit ganz unterschiedlichen beruflichen Möglichkeiten verknüpft sind. Zweitens wegen des separierten Förderschulsystems, das als menschenrechtsverletzend mit Blick auf das Menschenrecht auf Bildung und Teilhabe für Kinder und Jugendliche mit Einschränkungen national und international stark kritisiert wird (vgl. z. B. Muñoz 2007; Feuser 2017). Und drittens, wegen des im internationalen Vergleich schlechten Abschneidens von Kindern mit Migrationshintergrund in der Schulperformanz und der Schulformzugehörigkeit (Scherr 2022; Ceri 2008).[7]

Es ist nicht möglich, im Rahmen dieses Beitrags einen vollständigen Überblick zu geben. Aber es lassen sich (mindestens) drei zentrale Argumente gegen die Behauptung der Existenz eines fairen Bildungssystems – in Deutschland und zum größten Teil auch in allen anderen OECD-Staaten, die Bildungsungleichheiten variieren nur graduell! – anführen. Erstens wird die Behauptung, dass eine Öffnung der Bildungsinstitutionen zu einer größeren sozialen Mobilität führen kann, schon früh skeptisch bewertet (Boudon 1974). Privilegierte Gruppen sind in der Lage, ihre Ressourcen in Wert zu setzen und den Abstand gegenüber aufstiegswilligen Gruppen zu bewahren (lesenswert hierzu immer noch Geißler 2006, S. 333–364). Zweitens zeigt die empirische Bildungsforschung für Deutschland, dass selbst bei (statistisch modellierter!) Gleichheit der Leistungen und Kompetenzen der

---

[7] Dieses Argument ist zu qualifizieren. Nicht alle Kinder unterschiedlicher ethnischer Minderheiten schneiden schlechter ab als der Durchschnitt der deutschen Kinder ohne Migrationshintergrund. Die Kategorie des Migrationshintergrundes selbst ist nicht unproblematisch, sondern läuft Gefahr, in einen Kuluressentialismus zu rutschen, der Bildungsungleichheiten auf die Existenz (nicht mehr zu überbrückender) kultureller Differenzen und nicht auf die Wirkweisen von Bildungsinstitutionen zurückführt. Schließlich ist auch der Maßstab des Bildungserfolgs für Kinder mit Migrationshintergrund nicht trivial: Ist der Maßstab der Durchschnitt der deutschen Kinder ohne Migrationshintergrund oder das Bildungsniveau der eigenen Elterngeneration (Herzog-Punzenberger 2017).

Schülerinnen und Schüler, Kinder aus statusniedriger sozialer Schicht signifikant seltener eine Gymnasialempfehlung bekommen; anders formuliert mit Blick auf das Kriterium der Leistungsgerechtigkeit: Sie müssen für dieselbe Beurteilung noch viel mehr in der Schule leisten als Kinder aus privilegierteren sozialen Schichten. Dieser Befund ist seit über zwanzig Jahren für Deutschland stabil und allgemein bekannt (z. B. Bos et al. 2007). Drittens wurde und wird argumentiert, dass die Schule (und Hochschule) für die Alltagspraktiken und Lebenswelten unterschiedlicher sozialer Gruppen ganz unterschiedlich anschlussfähig ist (z. B. Bernstein [1976] 2022; Bourdieu 2001; Vester 2006). Schule ist im Gegenteil eine Institution, die aus sozialen milieuspezifischen Unterschieden in Sprache, Gewohnheiten oder Körperkonzepten soziale Hierarchien produziert, sich also nicht neutral gegenüber den außerhalb ihrer Institution liegenden sozialen Differenzen verhält (Grundmann et al. 2003, 2004, 2006).

Die Meritokratie, so lässt sich schlussfolgern, liefert keine plausible Legitimation für die Existenz sozialer Ungleichheiten in kapitalistischen Gesellschaften, sondern beruht auf dem soziologisch fragwürdigen Theorem individuell zurechenbarer Leistungen einerseits sowie der empirisch nicht haltbaren Annahme eines fairen Bildungssystems als neutrale Chancenverteilungsmaschine. Auch die funktionalistische Schichtungstheorie hat sich als nicht plausibel für die anhaltende Existenz sozialer Ungleichheiten erwiesen. Dennoch werden beide in hohem Maße in den alltäglichen Diskussionen und Diskursen bis heute als Legitimationsformen herangezogen. Dafür gibt es selbst eine soziologische Erklärung, die im folgenden Abschnitt dargestellt und in den Kontext der sukzessiven Ausdehnung des Gegenstandsbereichs der sozialen Ungleichheiten gestellt werden soll.

## Die Ausdehnung des Gegenstandsbereichs sozialer Ungleichheiten

Der Gegenstandsbereich sozialer Ungleichheiten ist über die Jahrzehnte nicht gleichgeblieben, sondern hat sich in Verbindung mit Formen des gesellschaftlichen Wandels erweitert. Wir können hier keine Entwicklungsgeschichte der Gegenstandsbereiche der Ungleichheitsforschung liefern, sondern möchten das nur exemplarisch anhand des so genannten Cultural Turns veranschaulichen.

Wenn, wie in der bisherigen Argumentationslinie gezeigt, soziale Ungleichheiten in westlich-kapitalistischen Ländern vorhanden sind und wenn die bedeutendsten Legitimationsmuster soziologisch-theoretisch wie empirisch so nicht haltbar sind, dann stellt sich die Frage, warum unterprivilegierte Gruppen nicht gegenüber den sie benachteiligenden Strukturen – zumal in Repräsentativdemokratien – aufbegehren. Diese Frage selbst ist dabei recht alt, wurde bereits bei Marx und Engels bearbeitet und spielte im (Westlichen) Marxismus eine kontinuierliche und herausragende Rolle. Allerdings wurde die Frage hier vor allem bewusstseinsphilosophisch bearbeitet. Das Argument lautete, dass Menschen, die gegen ihre eigene Unterdrückung und Benachteiligung nicht aufbegehren, ein notwendig falsches Bewusstsein haben müssen. Hätten sie kein falsches

Bewusstsein, dann würden sie ja, gemäß den Prognosen von Marx und Engels, sich an der revolutionären Umgestaltung der Verhältnisse beteiligen, weil diese Umgestaltung im wohlverstandenen Eigeninteresse liegt. In der sich langsam herausbildenden empirischen Ungleichheitssoziologie und der Sozialstrukturanalyse wurde allerdings schon früh gezeigt, dass die zu Grunde liegende Vorstellung, das Sein (im Arbeitsprozess) bestimmt das (Klassen-)Bewusstsein so nicht stimmen kann und zu einfach ist. Die besonders Ende des Neunzehnten Jahrhunderts bis in die 1930er-Jahre breit diskutierte Fragestellung ausbleibender Revolution in Europa – jäh unterbrochen durch die Erfahrungen des Europäischen Faschismus – wurde in den 1960er- und 1970er-Jahren reformuliert. Einmal als sozialisationstheoretische Frage nach den Konstitutionsbedingungen des Bewusstseins. Zum anderen als (unmittelbar an Émile Durkheim anschließende) Frage, wie die Herstellung der Legitimität für gesellschaftliche Ungleichheitsverhältnisse konkret erfolgt.

Aus beiden Perspektiven gerät das Bildungssystem mit einiger Notwendigkeit in den Blick. Einmal als sekundäre, staatliche Sozialisationsinstanz, die an die primäre familiale Sozialisation ansetzt und für die Gesellschaft relevante individuelle Kompetenzen vermitteln soll. Zum anderen als Institution, die über die Schulpflicht gesamtgesellschaftliche Integration besorgen soll. Diese gesamtgesellschaftliche Integration umfasst die Dimension der Akzeptanz bestehender gesellschaftlicher Verhältnisse, und zwar besonders für soziale Gruppen, die in der Schule schlecht abschneiden. Wie funktioniert das? Kinder aus schulbildungsfernen sozialen Milieus treffen in der Schule auf Kinder, die ihnen voraus sind und die sich deshalb im Bildungssystem deutlich ungezwungener bewegen können. Auf dieser Grundlage wird frühzeitig die Vorstellung habitualisiert, dass es andere gibt, die besser sind und deshalb legitim einen größeren Anteil der verfügbaren gesellschaftlichen Ressourcen verdienen. Dabei geht es dem französischen Soziologen Pierre Bourdieu zufolge eben nicht nur um die kognitive Potenz und Entwicklungsmöglichkeiten der Kinder, sondern um einen sehr verwobenen und für die Kinder selbst unsichtbaren Zusammenhang zwischen schulischen Erfahrungen und der milieuspezifischen Alltagspraxis.

> „Was das Kind eines kultivierten Milieus erbt, ist nicht nur Kultur (im objektiven Sinne), sondern ein bestimmter Stil der Beziehung zur Kultur […]. Die Beziehung eines Individuums zu den kulturellen Werken (und die Modalität all seiner kulturellen Erfahrungen) ist deshalb mehr oder weniger ‚ungezwungen', ‚brillant', ‚natürlich' bzw. ‚schwerfällig', ‚angestrengt', ‚angespannt', je nachdem unter welchen Bedingungen es eine Kultur erworben hat. Das osmotische Lernen in der Familie begünstigt eine Erfahrung der ‚Vertrautheit' […], die das schulische Lernen niemals in gleichem Maße vermitteln kann. Man sieht, dass die Schule, indem sie den Akzent auf die Beziehung zur Kultur setzt und den aristokratischen Stil dieser Beziehung (die Ungezwungenheit und die Brillanz) besonders hoch bewertet, die am meisten Begünstigten begünstigt." (Bourdieu [1966] 2001: 41, Fn21)

Die Schule transformiert also, grob gesagt, die zu einer bestimmten Zeit bestehenden familialen sozialen Ungleichheiten in den Handlungsressourcen in Selbstbeschreibungen der Kinder als mehr oder weniger berechtigt, einen größeren Anteil am gesellschaftlichen Reichtum zu erhalten. Wenn Kinder aus benachteiligten sozialen Verhältnissen, so der

Grundgedanke, schlechte Performanzen in der Schule haben, dann liegt das nicht an ihrer eingeschränkten Intelligenz, sondern daran, dass die Schule für die von ihnen mitgebrachten (sprachlichen, kognitiven, motorischen) Kompetenzen nicht gut anschlussfähig ist. Wenn sie dann einen geringen (oder gar keinen) Bildungsabschluss erlangen, werden benachteiligte Kinder durch die schulischen Mechanismen der Disziplinierung (vgl. hierzu Foucault 1977) zum Schluss kommen, dass sie selbst schuld waren, die sich ihnen bietenden Chancen zum gesellschaftlichen Aufstieg nicht angemessen genutzt zu haben. Die in ihrer Konsequenz sozial ungleiche Schule liefert damit eine Legitimation der unterschiedlichen gesellschaftlichen Privilegien gleich mit.[8]

Im Kontext einer theoretischen Perspektive auf soziale Ungleichheiten liefert Bourdieu noch zwei wichtige Beiträge, die mit einer deutlichen Erweiterung der traditionellen, auf die Verfügung von Geld bezogene ungleichheitssoziologische Perspektive verbunden sind. Erstens liefert Bourdieu (1992) mit dem Begriff des kulturellen Kapitals eine Erweiterung des Verständnisses individuell verfügbarer Handlungsressourcen, die über den Besitz von Bildungstiteln hinausweist. Bourdieu zufolge verweist kulturelles Kapital auf einen eigenständigen Herrschaftsmodus der Über- und Unterordnung von Individuen. Kulturelles Kapital rekurriert dabei auf eine weniger monetäre als symbolische Ebene der Machtausübung im Sinne Webers, die Bourdieu wahlweise als symbolische Macht, symbolische Herrschaft oder auch als symbolische Gewalt bezeichnet (vgl. hierzu auch den starken Sammelband von Schmidt und Woltersdorff 2008). Symbolische Macht bezeichnet die situative oder institutionelle Verfügung über die Definitionsmacht, das heißt über die Fähigkeit nicht direktiv, sondern eher sublim zu bestimmen, was in einer spezifischen Interaktion zweier (oder mehr) Individuen als relevant und wichtig – oder spiegelbildlich als irrelevant und unwichtig – gilt oder welche Bildungstitel, Zertifikate oder Kompetenzen als besonders wertvoll (wertlos) einzustufen sind. Symbolische Gewalt liegt dann vor, wenn benachteiligte oder unterprivilegierte Individuen die Welt aus der Perspektive derer betrachten, die über die Definitionsmacht verfügen. Gut sichtbar werden diese Formen von Macht in Aussagen wie „Ich bin ja nur eine Friseurin, ich verstehe das nicht" oder mit Blick auf allgemeine Geschlechterverhältnisse „Ich bin eine Frau, ich kann das nicht".

Zweitens und eng mit dem Begriff des kulturellen Kapitals und der symbolischen Dimension von Ungleichheitsverhältnissen und deren Legitimation verbunden, richtet Bourdieu den ungleichheitssoziologisch geschulten Blick auf alltägliche kulturelle Praktiken der Lebensführung. Eine solche Perspektive führt zu empirisch zu verhandelnden Fragen danach, welche Menschen ins Museum gehen (und welche ins Cinemaxx), gerade dann, wenn es keinen Eintritt kostet oder welche Körperästhetik und Körperverständnisse mit welchen sozialen Gruppen einhergeht (Muskelaufbau oder Wellness, Übergewicht oder Schlankheit usw.). Beispielsweise lassen sich nach Luc Boltanski, einem früheren Schüler

---

[8] Natürlich müsste man angesichts der vergangenen Jahrzehnte und der noch immer anhaltenden Bildungsexpansion das Argument komplexer und mit Bezug auf die neueren empirischen Daten anlegen. Weil es in diesem Beitrag aber über theoretische Positionen sozialer Ungleichheit geht, müssen wir uns hier mit der Rekonstruktion des allgemeinen Zusammenhangs begnügen.

Bourdieus, somatische Kulturen voneinander abgrenzen, die mit unterschiedlichen gesamtgesellschaftlichen Wertschätzungen und Lebensstilen verbunden sind. Sibylle Nideröst (2007) zeigt, dass Körperverständnisse bei Männern abgrenzbar sind, die den Differenzlinien sozialer Milieus folgt (vgl. hierzu grundlegend Vester et al. 2001).[9]

Die Ausdehnung einer ungleichheitssoziologischen und -theoretischen Perspektive auf Gegenstände wie Körper, Denkstrukturen, Alltagspraktiken oder Wohneinrichtungen bezeichnet gegenüber den Ansätzen, in denen die Konzentration auf verfügbare monetäre Ressourcen oder Bildungstitel liegt, eine bedeutsame Erweiterung des Gegenstands der Ungleichheitsforschung. Über den körperlichen Bezug kommen nicht nur lange vergessene materielle Dimensionen wie gesundheitliche Ungleichheiten in den Blick, die zum Beispiel zeigen, dass in Deutschland die Lebenserwartungsdifferenzen zwischen den obersten und untersten Einkommensgruppen geschlechterübergreifend etwa acht Jahre betragen (Lampert usw.). Vielmehr lässt sich mit dem bourdieuschen Ansatz herauspräparieren, dass westlich-kapitalistische Gesellschaften weitgehend von einer symbolischen Hierarchie geprägt sind, der man im Alltag nicht ausweichen kann. Nach diesem Ansatz sind selbst individuelle Lebensstile Teil symbolisch erweiterter kultureller Klassenkämpfe, die die eigene Position im sozialen Raum markieren und die nicht durch die freie Wahl der Individuen zu Stande kommen, sondern durch die jeweilige individuelle Position im sozialen Gefüge – im Rahmen von messbaren Wahrscheinlichkeiten – nahegelegt werden (Bourdieu 1982, 1985). Es ist insbesondere das von Bourdieu entwickelte soziologische Sensorium für symbolische kulturelle Hierarchien und die dahinter liegende Definitionsmacht, die seinen Ansatz sehr aktuell und anschlussfähig macht für die ungleichheitstheoretische Betrachtung von öffentlichen und wissenschaftlichen Diskussionen, die rund um die Chiffre Postkolonialismus geführt werden.

Denn auch hier geht es um die kulturellen Formen, die sich zur Bildung von spezifischem Eigensinn in bestimmten Regionen der Welt bilden. Es reicht mit anderen Worten nicht, die soziale Ungleichheit, die sich zwischen den Regionen des sogenannten globalen Nordens und des sogenannten globalen Südens zweifellos einstellt, allein mit Hilfe bestimmter Strukturmerkmale des globalen Kapitalismus zu untersuchen. Dies würde die Lebenswirklichkeit der Menschen, die unter den Bedingungen einer globalen Ungleichverteilung von Ressourcen leben, nicht gerecht werden. Bereits die frühen Cultural Studies sehen in den 1970er-Jahren diese Problematik sehr genau. Diese Forschungsrichtung versucht nicht nur, die populäre Kultur als legitimen Forschungsgegenstand der Soziologie zu etablieren. Den Cultural Studies geht es, was viel weiter reicht, auch darum, das klassische Verständnis von Kultur hinter sich zu lassen, um auf diese Weise einen neuen Begriff der Kultur zu konturieren, der alle kulturellen Erscheinungsformen erfasst und somit ganz im Sinne Bourdieus nicht mehr nur auf die außeralltäglichen Ausformungen der legitimen Kultur begrenzt bleibt. Mit der so vorgenommenen Konzentration auf die

---

[9] In Bourdieus Ungleichheitssoziologie spielt der Begriff des Habitus als Bindeglied zwischen Theorie und Empirie eine überragende Rolle. Wir können hier nur auf die einschlägige Literatur verweisen; vgl. Krais & Gebauer 2002; Lenger et al. 2013.

Alltagskultur wenden sich die Cultural Studies nicht nur von einem normativen Kulturbegriff ab. Zudem gelingt es ihnen, einen neuen Forschungsstil, nämlich eine neue Form der Kultursoziologie zu etablieren, die sich auf den praktischen Vollzug von symbolischen und kulturellen Formen fokussiert, um auf diese Weise ein besseres Verständnis der Sozialität zu erzielen. Die Cultural Studies wollen sich in ihrer Sozialforschung von der kulturellen Alltagspraxis überraschen lassen. Und genau dies macht sie für eine Soziologie sozialer Ungleichheit so interessant. Denn die Cultural Studies untersuchen kulturelle Praktiken. Diese ereignen sich häufig im Verborgenen der Alltagswelt und lassen sich genau deshalb mit den Mitteln der Erklärung sozialen Handelns durch den methodischen Individualismus oder mit den Mitteln der deduktiven Ableitung von Formen der Sozialität durch den Strukturalismus nicht erfassen. Sie müssen stattdessen empirisch identifiziert und analysiert werden. Deduktiv ansetzende Theorie-anlagen – egal ob sie nun individualistisch oder strukturalistisch verfahren – werden zur Erforschung der kulturellen Praktiken zurückgewiesen (vgl. Winter 2001: 15). Die Cultural Studies plädieren dafür, den praktischen Vollzug der Kultur in den Mittelpunkt der soziologischen Forschung zu stellen (doing culture). Dabei geht es wie etwa bei Stuart Hall, dem jamaikanisch-britischen Forscher, der die Cultural Studies wesentlich geprägt hat, durchaus auch darum, „die durch die modernen Kommunikationsmittel zirkulierenden Klischees und Stereotypen, die bestehende Machtverhältnisse stabilisieren und herstellen, aufzudecken sowie alternative Perspektiven zu entwickeln" (Winter 2006: 381).

Zur Umsetzung dieser Art von soziologischer Kulturforschung rücken die Cultural Studies die Produktion der Kultur durch die Akteure in den Blick. Dabei geht es ihnen darum, die aktive Rolle der an der Praxis beteiligten Akteure zu bestimmen, also die aktive Rolle der Konsumenten von Fernsehprogrammen, die aktive Herstellung von Pop-Kultur oder die aktive Bewältigung des Alltags im Allgemeinen. Es geht also um die Praxis der Kulturproduktion und -aneignung. Dabei gehen die Cultural Studies primär davon aus, dass es keine universelle Wirkung einer herrschenden Kultur gibt, sondern dass diese, wenn sie eine Wirkung entfalten will, praktisch angeeignet werden muss und dadurch in vielfältiger Form transformiert wird. „Kultur ist nie abstrakt: Sie beinhaltet immer bestimmte Produktions- und Konsumptionspraktiken und bestimmte Verbindungen zwischen solchen Praktiken und dem Alltagsleben" (Grossberg 2000: 148).

Kultur wird folglich als Ausdruck der Lebenswirklichkeit von Akteuren verstanden. Sie ist nach Stuart Hall (1999: 17) die „Summe der verfügbaren Beschreibungen, mittels deren die Gesellschaften ihre gemeinsamen Erfahrungen sinnhaft erfahren und ausdrücken", und kann daher als nichts außeralltägliches, sondern muss als alltäglicher Bestandteil der Praxis verstanden werden, durch welche die Lebenswirklichkeit der Akteure sich praktisch manifestiert. Die Akteure sind an der Hervorbringung und Reproduktion von Kultur wesentlich beteiligt. Sie sind folglich nicht nur Epiphänomene der Kultur, sondern bringen sie durch ihre Aktionen erst aktiv hervor. Kultur kann in dieser Begriffsfassung nicht als Reflex auf oder Spiegelung von gesellschaftlichen Strukturen verstanden werden. Sie ist ein wesentlicher Bestandteil der Strukturierung von Praxis. Dieses zentrale kultursoziologische Argument der Cultural Studies wird an einem Beispiel deutlich, das uns Stuart Hall gibt:

„In den siebziger Jahren [des 20ten Jahrhunderts; F.H.] erkannten sich die Schwarzen zum ersten Mal als Schwarze. Dies war die gewaltigste kulturelle Revolution in der Ka-ribik, viel bedeutender als jede politische Revolution es gewesen war. Diese kulturelle Revolution auf Jamaika ist von nichts, auch der Politik nicht, in ihrer Reichweite je er-reicht worden. Die Politik hat sie nie einholen können. Sie kennen vielleicht den Augenblick, als die Führer der beiden großen politischen Parteien in Jamaika versuchten, Bob Marley die Hand zu schütteln. Damit wollten sie eigentlich die Kategorie ‚schwarz' in die Hand bekommen. Denn Bob Marley stand für ‚schwarz', und sie wollten einen Teil dieser Sache. Wenn er nur in ihre Richtung geschaut hätte, hätte er sie legitimiert. Es war nicht die Politik, die die Kultur, sondern die Kultur, die die Politik legitimierte." (Hall 1994: 80)

Die Wirkungsmacht der Alltagskultur lässt sich also nicht verkennen, und Bob Marley, der erste Weltstar des Pop aus einem so genannten Land des globalen Südens, übt als Vertreter der Alltagskultur der schwarzen Jamaikaner erhebliche Macht auf politische Strukturen aus. Die klassische Abtrennung der Kultur von den sozialen Strukturen wird mit diesem Beispiel prägnant widerlegt. Denn die Struktur, im Beispiel Halls repräsentiert durch die Politik, wird nicht selten durch die Kultur, im Beispiel Halls repräsentiert durch Bob Marley, bestimmt.

An der von Hall beschriebenen Szene ist noch etwas Weiteres interessant. Sie verweist auf eine ganz spezifische Situation, in der diese kurzzeitige Beherrschung der Politik durch die Alltagskultur möglich wird. Genau dies ist ein zentrales Argument der Cultural Studies. Ihnen geht es nicht um die Konstruktion von Meta-Theoriegebäuden, die zeitlose Geltung beanspruchen. Sie bemühen sich vielmehr um eine Sensibilität für die konkreten Formen der kulturellen Praxis, die sich nur mit den Mitteln einer empirischen Kultursoziologie erfassen lassen. Damit geht es den Cultural Studies, wie Rainer Winter (2001: 14) in seiner lesenswerten Rekonstruktion dieser Forschungsrichtung schreibt, „um den Prozess der Entstehung und Hervorbringung von Kultur, um die Zirkulation von Bedeutungen und Energien, um die Mobilitäten und Möglichkeiten im alltäglichen Leben, um die Entfaltung der kreativen Aspekte von Kultur und um die Schaffung einer gemeinsamen Kultur."

Hinter diesem Diktum steht die aus der Diskurstheorie Michel Foucaults (vgl. 1992) abgeleitete Überzeugung, dass jedes Wissen eng mit Macht verbunden ist. Nur durch die Erzeugung von „Mehrwissen", wie es Grossberg (vgl. 1999: 58) mit Bezug auf Stuart Hall und Antonio Gramsci nennt, kann dem institutionalisierten Diskurs etwas hinzugefügt werden, das eine neue, die Lebenswirklichkeit der Menschen besser erfassende Sicht der kulturellen Praxis ermöglicht. Die mit diesem Diktum verbundene Sensibilität für die häufig dem ersten Blick verborgenen kulturellen Formungen der Praxis lässt sich nur erzeugen, indem die sozialwissenschaftliche Forschung radikal kontextualisiert wird. Mit diesem Paradigma wird die Kontextgebundenheit jeder sozialwissenschaftlichen Forschung zunächst reflektiert und dann mit dem Begriff der methodischen Praxis der Artikulation in ein praktikables Forschungsdesign überführt wird. Eine methodische Praxis der Artikulation zeichnet sich dadurch aus, ständig neue Kontexte zu schaffen, indem „Wahrnehmungsstrukturen" (ebd.: 66) in Frage gestellt und dadurch geändert werden. Werden tradierte kulturelle Artikulationen durch die Forschungspraxis der Cultural Studies zerschlagen, also dekonstruiert, entstehen neue kulturelle Artikulationen. Folglich meint der Begriff der Artikulation eine „nicht lineare expansive Praxis der Herstellung von Verbindungen" (ebd.) zwischen unterschiedlichen kulturellen Praktiken, die bisher nicht hergestellt worden sind. Artikulation verlangt somit zugleich nach Dekonstruktion und Rekonstruktion kultureller Praktiken. Wenn die Cultural Studies im Kontext der schwarzen Bürgerrechtsbewegung in den USA beispielsweise darum kämpfen, die kulturelle Zuschreibung „black is evil" durch „black is beautiful" zu ersetzen, haben sie nach Grossberg versucht, „eine Reartikulation eines Verhältnisses zu erreichen" (ebd.: 68).[10] Und bezogen auf die kultursoziologische Analyse der Praxis innerhalb der Geschlechterverhältnisse wird im Anschluss an das Konzept der kontextgebundenen Artikulation in den Gender Studies die Einsicht wichtig, dass Sprache den Körper, wie Judith Butler (2006: 14) es treffend formuliert, „nicht enthält, indem sie ihn im wörtlichen Sinne ins Dasein bringt oder ernährt. Vielmehr wird eine bestimmte gesellschaftliche Existenz des Körpers erst dadurch möglich, dass er sprachlich angerufen wird". Innerhalb der Geschlechterverhältnisse entstehen Praktiken der Macht- und Herrschaftsausübung, also solche, die soziale Ungleichheit manifestieren, dadurch, dass der weibliche vom männlichen Körper durch kulturelle Artikulation unterschieden und somit nicht nur sozial, sondern auch material konstruiert wird.[11]

Wie diese Beispiele zeigen sollen, bemühen sich die Cultural Studies mit dem Konzept der Artikulation darum, mit Hilfe kultursoziologischer Forschung neue Formen der kulturellen Repräsentation von Praxis zu etablieren. Dazu müssen die tradierten Formen der Artikulation im jeweiligen Kontext empirisch aufgespürt werden, um sie durch ihre Dekonstruktion in neue Kontexte zu stellen. Das, was gemeinhin als naturgegeben erscheint – also etwa die weit verbreiteten Vorstellungen, der Begriff Schwarz impliziere von Natur aus etwas Dunkles und damit Böses, oder der weibliche Körper sei von Natur aus schwächer und verletzlicher als der männliche Körper –, wird durch die radikale Kontextualisierung solcher und ähnlicher Wahrnehmungsstrukturen als kulturelle Praxis sichtbar, die zur Erhaltung von Macht- und Herrschaftsstrukturen eingesetzt wird und dadurch soziale Ungleichheit manifestiert. Indem sozialwissenschaftliche Kulturforschung mit empirischen Methoden Wissen über diese kulturelle Praxis zugleich generiert und kontextualisiert, leistet sie nicht nur einen Beitrag zur Analyse der kulturellen Praxis, sondern beteiligt sich darüber hinaus auch daran, neue Formen der kulturellen Praxis zu etablieren. Sie erscheint dadurch, dass in ihr ein Zwang zur Artikulation angelegt ist, zugleich als wissenschaftliches und politisches Projekt. Die postkoloniale Soziologie greift gegenwärtig diese kultursoziologisch gefärbten Ansätze zur Soziologie der Herrschaft gezielt auf, um Formen der sozialen Ungleichheit zu identifizieren und zu analysieren, die sich durch das koloniale Erbe in vielen Regionen der Welt nachhaltig manifestiert haben. Dabei geht es nicht vorrangig um die Vermessung der Struktur sozialer Ungleichheiten, die sich auch global manifestieren. Vielmehr versuchen postkoloniale Ansätze Aufschluss über die Lebenswirklichkeit der Menschen zu gewinnen, die sich in prekären Lebenslagen befinden und gegen diese kämpfen.[12]

---

[10] Siehe zu einem prägnanten diesbezüglichen Beispiel aus der Populärkultur der USA Hillebrandt (2023: 185ff.).

[11] Vgl. zu Gendertheorien den Beitrag von Paula-Irene Villa in diesem Band.

[12] Vgl. zur postkolonialen Soziologie den Beitrag von Anna Daniel in diesem Band.

## Fazit

Die Theorien sozialer Ungleichheit thematisieren, wie unser Beitrag zunächst betont, so etwas wie ein Gründungsthema der Soziologie. Im Anschluss an die europäische Aufklärung erscheinen soziale Ungleichheiten als wichtige Ausgangspunkte der Theoriebildung, welche die gesellschaftlichen Verhältnisse widerspiegeln und ganz in diesem Sinne soziologisch vermessen werden müssen, was eine wichtige Zielsetzung der Klassentheorie von Marx und Engels ist. Dazu werden sehr früh Begriffe und Kategorien gebildet, die der Soziologie Mittel und Wege zur Erforschung sozialer Ungleichheit jenseits ihrer ideologischen Legitimierung ermöglichen, die zunächst dazu genutzt werden, die Ungleichheit identifikatorisch zu vermessen. Max Weber kann als Beispiel dafür angesehen werden, die Theoriebegriffe um die soziale Ungleichheit im Anschluss an die Klassentheorie zu erweitern, um auf diese Weise die Quellen sozialer Ungleichheit differenziert zu fassen. Erst im Verlauf der Theorieentwicklung weitet sich dieses Instrumentarium kultursoziogisch aus – Bourdieus Kultursoziologie sozialer Ungleichheit ist hierfür stilbildend –, womit die alltägliche Lebenswirklichkeit der Menschen, die in Verhältnissen sozialer Ungleichheit leben, immer deutlicher in den Blick gerät, um nicht nur zu klären, warum die Ungleichheitsverhältnisse im Kapitalismus erstaunlich stabil bleiben, sondern auch, wie die unterprivilegierten Klassen ihre Lebenslage gestalten und u.U. gegen diese kämpfen. Mit dieser Ausweitung des Themenkomplexes sozialer Ungleichheit wird deutlich, dass es der gegenwärtigen Theorie sozialer Ungleichheit nicht mehr nur reicht, die Verhältnisse der Über- und Unterordnung in einer Gesellschaft strukturalistisch zu vermessen. Es geht ihr auch und vor allem darum zu klären, wie sich diese Ungleichheit praktisch ereignet. Nur so lassen sich im Anschluss an kultursoziologische und postkoloniale Ansätze politische Wege finden, die Verhältnisse zu verändern.

## Literatur

Adorno, Theodor W. ([1968] 1980): Spätkapitalismus oder Industriegesellschaft. In: Ders.: Soziologische Schriften I (S. 354–370. Frankfurt/Main: Suhrkamp.
Albert, Michael (2006): Parecon. Leben nach dem Kapitalismus. Frankfurt/Main: Trotzdem Verlag.
Andresen, Sabine & Galic, Danijela (2015): Kinder. Armut. Familie. Alltagsbewältigung und Wege zur wirksamen Unterstützung. Gütersloh: Bertelsmann.
Bader, Veit Michael (2001): Kultur und Identität: Essentialismus, Konstruktivismus oder Kritischer Rationalismus? In: Rademacher, Claudia & Wiechens, Peter (Hrsg.): Geschlecht – Ethnizität – Klasse. Zur sozialen Konstruktion von Hierarchie und Differenz (S. 145–174). Opladen: Leske + Budrich.
Bauer, Ullrich (2012): Sozialisation und Ungleichheit. Eine Hinführung. Wiesbaden: Springer VS
Beck, Ulrich (1986): Die Risikogesellschaft. Auf dem Weg in eine andere Moderne. Frankfurt/Main: Suhrkamp.
Becker, Rolf & Hadjar, Andreas. (2009). Meritokratie – Zur gesellschaftlichen Legitimation ungleicher Bildungs-, Erwerbs- und Einkommenschancen in modernen Gesellschaften. In: Becker, R. (eds) Lehrbuch der Bildungssoziologie. VS Verlag für Sozialwissenschaften

Becker, Rolf & Lauterbach, Wolfgang (Hg.) (2016): Bildung als Privileg. Erklärungen und Befunde zu den Ursachen der Bildungsungleichheit. Wiesbaden: Springer VS

Beer, Ursula (1990): Geschlecht, Struktur, Geschichte: soziale Konstituierung des Geschlechterverhältnisses. Frankfurt a. M./New York: Campus.

Bernstein, Basil ([1976] 2022]: Eine Kritik des Begriffs ‚kompensatorische Erziehung'. In: Ullrich Bauer, Uwe H. Bittlingmayer & Albert Scherr (Hrsg.): Handbuch Bildungs- und Erziehungssoziologie. Wiesbaden: Springer VS, S. 147–155.

Bittlingmayer, Uwe H. & Bauer, Ullrich (2014): Ungleichheit – Bildung – Herrschaft. Zur politischen Soziologie der Milieutheorie Michael Vesters. In: Bremer, Helmut & Lange-Vester, Andrea (Hrsg.): Soziale Milieus und Wandel der Sozialstruktur. Die gesellschaftlichen Herausforderungen und die Strategien der sozialen Gruppen. 2. Aufl. Wiesbaden: Springer VS, S. 216–238.

Bittlingmayer, Uwe H.; Bauer, Ullrich & Ziegler, Holger (2005): Grundlinien einer politischen Soziologie der Ungleichheit und Herrschaft, in: Widersprüche, Heft 98, 13–28.

Bos, Wilfried; Hornberg, Sabine; Arnold, Karl-Heinz; Faust, Gabriele et al. (Hrsg.) (2007): IGLU 2006. Lesekompetenzen von Grundschulkindern in Deutschland im internationalen Vergleich. Münster: Waxmann.

Boudon, Raymond (1974): Education, opportunity, and social inequality. Changing prospects in Western society. New York, NY: Wiley.

Bourdieu, Pierre (1982): Die feinen Unterschiede. Kritik der gesellschaftlichen Urteilskraft, Frankfurt/M.: Suhrkamp.

Bourdieu, Pierre (1985): Sozialer Raum und Klassen. Leçon sur la leçon, Frankfurt/M.: Suhrkamp.

Bourdieu, Pierre (1992): Ökonomisches Kapital – Kulturelles Kapital – Soziales Kapital. In: Pierre Bourdieu: Die verborgenen Mechanismen der Macht. Hamburg: VSA, S. 49–80.

Bourdieu, Pierre (2001): Die konservative Schule. Die soziale Chancenungleichheit gegenüber Schule und Kultur, in: ders.: Wie die Kultur zum Bauern kommt, Hamburg: VSA, S. 25–52.

Burzan, Nicole (2012): Soziale Ungleichheit. Eine Einführung in die zentralen Kategorien. Wiesbaden: Springer VS.

Butler, Judith 2006 [1998]: Haß spricht. Zur Politik des Performativen, 2. Auflage, Frank-furt/M.: Suhrkamp.

Ceri, Fatma (2008): Die Bildungsbenachteiligung von Kindern mit Migrationshintergrund. Welche Folgen hat der schulische Umgang mit sprachlichen Differenzen auf die Bildungschancen? Herbolzheim: Centarus Verlag & Media.

Dangschat, Jens S. (2007): Soziale Ungleichheit, gesellschaftlicher Raum und Segregation. In: Jens S. Dangschaft & Alexander Hamedinger (Hrsg.), Lebensstile, soziale Lagen und Siedlungsstrukturen (S. 21–50). Hannover: ARL.

Davis, Kingsley & Moore, Wilbert E. (1945). Some principles of stratification. In: American Sociological Review, 10, 242–249. https://doi.org/10.2307/2085643.

Diabaja, Cornelia; Fernandez, Karina & Hofmann, Julia (Hrsg.) (2023): Aktuelle Ungleichheitsforschung. Befunde – Theorien – Praxis. Perspektiven aus der ÖGS-Sektion Soziale Ungleichheit. Weinheim, München: Beltz Juventa.

Dilcher, Gerhard (2000): Der mittelalterliche Kaisergedanke als Rechtslegitimation. In: Dietmar Willoweit und Elisabeth Müller-Luckner (Hg.): Die Begründung des Rechts als historisches Problem. München: Oldenbourg, S. 153–170.

Dörre, Klaus (2021): Die Utopie des Sozialismus. Kompass für eine Nachhaltigkeitsrevolution. Berlin: Matthes & Seitz.

Engels, Friedrich ([1842] 1974): Lage der arbeitenden Klasse in England. In MEW [Marx-Engels-Werke], Bd. 1. Berlin: Dietz Verlag, S. 464–465.

Feuser, Georg (Hrsg.) (2017): Inklusion – Ein leeres Versprechen? Zum Verkommen eines Gesellschaftsprojekts. Gießen: Psychosozial-Verlag.

Foucault, Michel (1977): Überwachen und Strafen. Die Geburt des Gefängnisses, Frank-furt/M.: Suhrkamp (franz. Original 1975).
Foucault, Michel (1992): Die Ordnung des Diskurses, Frankfurt/M.: Fischer.
Fromm, Erich (1980): Arbeiter und Angestellte am Vorabend des Dritten Reiches. Eine sozialpsychologische Untersuchung.
Geiger, Theodor ([1935] 1987): Die soziale Schichtung des deutschen Volkes. Soziographischer Versuch auf statistischer Grundlage. Stuttgart: Enke.
Geißler, Rainer (2006): Die Sozialstruktur Deutschlands. Zur gesellschaftlichen Entwicklung mit einer Bilanz zur Vereinigung. Mit einem Beitrag von Thomas Meyer, Wiesbaden: Springer VS.
Geißler, Rainer (2014): Die Sozialstruktur Deutschlands. Wiesbaden: Springer Fachmedien Wiesbaden.
Groh-Samberg, Olaf (2004): Armut und Klassenstruktur. Zur Kritik der Entgrenzungsthese aus einer multidimensionalen Perspektive. Wiesbaden: Springer.
Gross, Peter (1994): Die Multioptionsgesellschaft. Frankfurt/Main: Suhrkamp.
Grossberg, Lawrence 1999: Was sind Cultural Studies?, in: Hörning, Karl H. und Rainer Winter (Hg.): Widerspenstige Kulturen. Cultural Studies als Herausforderung, Frank-furt/M.: Suhrkamp, S. 43–83.
Grossberg, Lawrence 2000: What's going on? Cultural Studies und Populärkultur, Wien: Turia und Kant.
Grundmann, Matthias, Dravenau, Daniel, Bittlingmayer, Uwe H. & Edelstein, Wolfgang (2006): Handlungsbefähigung und Milieu. Zur Analyse milieuspezifischer Alltagspraktiken und ihrer Ungleichheitsrelevanz. Münster: Lit Verlag.
Grundmann, Matthias; Bittlingmayer, Uwe H.; Dravenau, Daniel; Groh-Samberg, Olaf (2004): Die Umwandlung von Differenz in Hierarchie? Schule zwischen einfacher Reproduktion und eigenständiger Produktion sozialer Bildungsungleichheit. ZSE : Zeitschrift für Soziologie der Erziehung und Sozialisation 24 (2004) 2, S. 124–45. In: ZSE : Zeitschrift für Soziologie der Erziehung und Sozialisation 24.
Grundmann, Matthias; Groh-Samberg, Olaf; Bittlingmayer, Uwe H.; Bauer, Ullrich (2003): Milieuspezifische Bildungsstrategien in Familie und Gleichaltrigengruppe. In: ZfE 6 (1), S. 25–45.
Hall, Stuart 1994: Rassismus und kulturelle Identität. Ausgewählte Schriften 2, Hamburg: Argument.
Hall, Stuart 1999: Die zwei Paradigmen der Cultural Studies, in: Hörning, Karl H. und Rainer Winter (Hg.): Widerspenstige Kulturen. Cultural Studies als Herausforderung, Frankfurt/M.: Suhrkamp, S. 13–42.
Heinemann, Lars (2001): Ethnizität und Geltung. Möglichkeiten und Grenzen konstruktivistischer Theorien bei der Erklärung ethnischer Vergemeinschaftung. In: Rademacher, Claudia & Wiechens, Peter (Hrsg.): Geschlecht – Ethnizität – Klasse. Zur sozialen Konstruktion von Hierarchie und Differenz (S. 111–128). Opladen: Leske + Budrich.
Herzog-Punzenberger, Barbara (2017): Ungleichheit in der Einwanderungsgesellschaft. Intergenerationale Mobilität der angeworbenen Arbeitskräfte in Österreich. Wiesbaden: Springer VS.
Hillebrandt, Frank (2004): Soziale Ungleichheit oder Exklusion? Zur funktionalistischen Verkennung eines soziologischen Grundproblems, in: Merten, Roland und Albert Scherr (Hg.): Inklusion und Exklusion in der sozialen Arbeit, Wiesbaden, VS Verlag, S. 119–142.
Hillebrandt, Frank (2023): Ereignistheorie für eine Soziologie der Praxis. Das Love and Peace Festival auf Fehmarn und die Formation der Pop-Musik, Wiesbaden: Springer VS.
Höppner, Joachim (1970): Einleitung. In: Marx, Karl. Ökonomisch-philosophische Manuskripte. Geschrieben von April bis August 1844. Leipzig: Verlag Philipp Reclam Jr., S. 5–84.
Hradil, Stefan & Schiener, Jürgen (2005): Soziale Ungleichheit in Deutschland. 8. Aufl. Wiesbaden: Springer.
Huinink, Johannes & Schröder, Torsten (2008): Sozialstruktur Deutschlands. Stuttgart: UTB.

Jaeggi, Rahel (2023): Fortschritt und Regression. Berlin: Suhrkamp.
Kaube, Jürgen (2020): Max Weber. Ein Leben zwischen den Epochen. 5. Auflage. Berlin: Rowohlt.
Keller, Carsten (2005): Leben im Plattenbau. Zur Dynamik sozialer Ausgrenzung. Frankfurt/Main, New York: Campus.
Kim, Duk-Yung (1999): Nietzsche und die Soziologie: Georg Simmel und Max Weber. In: Klingemann, Carsten, Neumann, Michael, Rehberg, Karl-Siegbert, Srubar, Ilja & Stölting, Erhard (Hrsg.) Jahrbuch für Soziologiegeschichte 1995. Opladen: Leske und Budrich, S. 87–101.
Kößler, Reinhart (1999): Entwicklung. Reihe Kritische Einstiege. Münster: Westfälisches Dampfboot.
Kößler, Reinhart & Wienold, Hanns (2019): Der Wert in der Warengesellschaft: Gedankending oder Realabstraktion. In: Bittlingmayer, Uwe H., Demirović, Alex & Freytag, Tatjana (Hrsg.): Handbuch Kritische Theorie, Band 2. Wiesbaden: Springer VS, S. 909–951.
Kößler, Reinhart & Wienold, Hanns (2001): Gesellschaft bei Marx. Münster: Westfälisches Dampfboot.
Krais, Beate und Gunter Gebauer (2002): Habitus, Bielefeld: Transcript.
Krätke, Michael (2020): Friedrich Engels oder: Wie ein Cotton-Lord den Kapitalismus erfand. Berlin: Dietz Verlag.
Krätke, Michael (2017): Kritik der politischen Ökonomie heute. Zeitgenosse Marx. Hamburg.
Kruger, Heinz-Hermann; Rabe-Kleberg, Ursula; Kramer, Rolf-Torsten; Budde, Jürgen (Hg.) (2011): Bildungsungleichheit revisited. Bildung und soziale Ungleichheit vom Kindergarten bis zur Hochschule. 2nd ed. Wiesbaden: VS Verlag fur Sozialwissenschaften GmbH
Kutscher, Nadia (2022): Digitalität, Digitalisierung und Bildung. In: Ullrich Bauer, Uwe H. Bittlingmayer und Albert Scherr (Hg.): Handbuch Bildungs- und Erziehungssoziologie. 2. Auflage. Wiesbaden, Heidelberg: Springer VS, S. 1071–1087.
Lenger, Alexander, Christian Schneickert und Florian Schumacher (2013): Pierre Bourdieus Konzeption des Habitus, Wiesbaden: Springer VS.
Lenk, Kurt (2009): Von Marx zur Kritischen Theorie: Dreißig Interventionen. Münster: Unrast.
Luhmann, Niklas (1984): Soziale Systeme. Frankfurt/Main: Suhrkamp.
Marx, Karl ([1842] 1974): Verhandlungen des 6. rheinischen Landtags. Von einem Rheinländer. Debatten über das Holzdiebstahlgesetz. In: MEW [Marx-Engels-Werke], Bd. 1. Berlin: Dietz Verlag, S. 109–147
Marx, Karl & Engels, Friedrich ([1848] 1974). Das Manifest der Kommunistischen Partie. In: MEW [Marx-Engels-Werke], Bd. 4. Berlin: Dietz Verlag, S. 459–493.
Müller, Hans-Peter & Schmid, Michael (Hrsg.) (2003): Hauptwerke der Ungleichheitsforschung. VS Verlag für Sozialwissenschaften
Muñoz Villalobos, Vernor (2007): Report of the Special Rapporteur on the Right to Education. Vernor Muñoz on his mission to Germany (13–21 February 2006). Addendum. Online verfügbar unter: https://digitallibrary.un.org/record/595224 (Zugriff am 14.5.2024).
Nassehi, Armin (2020): Zirkulation als Selbstzweck? Kann man Marx mit Luhmann in kritischer Absicht lesen – und umgekehrt? In: Scherr, Albert (Hrsg.): Systemtheorie und Differenzierungstheorie als Kritik. Perspektiven in Anschluss an Niklas Luhmann. 2. Auflage. Weinheim, München: Beltz Juventa, S 26–46.
Niederöst, Sibylle (2007): Männer, Körper und Gesundheit. Somatische Kultur und soziale Milieus bei Männern, Bern: Hans Huber Verlag.
Parsons, Talcott (1951): The Social System, New York, London: Free Press.
Parsons, Talcott (1937): The Structure of Social Action. A Study in Social Theory with Special Reference to a Group of Recent European Writers, 2 Bde., New York: Free Press 1968
Piketty, Thomas (2023): Eine kurze Geschichte der Gleichheit. München: C.H. Beck.
Piketty, Thomas (2014): Das Kapital im 21. Jahrhundert. München: C.H. Beck

Przyrembel, Alexandra (2011): Friedrich Engels, Die Lage der arbeitenden Klasse in England. Nach eigenen Anschauungen und authentischen Quellen, Leipzig 1845, in: Themenportal Europäische Geschichte, 2011, <www.europa.clio-online.de/essay/id/fdae-1540>.

Rademacher, Claudia; Wiechens, Peter (2001): Geschlecht – Ethnizität – Klasse. Zur sozialen Konstruktion von Hierarchie und Differenz. Opladen: Leske + Budrich.

Rehbein, Boike (2015): Reproduktion sozialer Ungleichheit in Deutschland. Köln: Herbert von Halem-Verlag.

Richter, Matthias; Hurrelmann, Klaus; Klocke, Andreas; Melzer, Wolfgang & Ravens-Sieberer, Ulrike (Hrsg.) (2008): Gesundheit, Ungleichheit und jugendliche Lebenswelten. Weinheim, München: Juventa.

Rosa, Hartmut (2009): Kapitalismus als Dynamisierungsspirale. Soziologie als Gesellschaftskritik. In: Dörre, Klaus, Lessenich, Stephan & Rosa, Hartmut: Soziologie – Kapitalismus – Kritik. Eine Debatte. Frankfurt/Main: Suhrkamp, S.87–125.

Rousseau, Jean-Jacques (2021): Abhandlung über den Ursprung und die Grundlagen der Ungleichheit unter den Menschen, Stuttgart: Reclam (franz. Originalausgabe zuerst 1755).

Scherr, A. (2022). Strukturelle Benachteiligung und Diskriminierung von Migrant/innen in Schulen. In: Bauer, U., Bittlingmayer, U.H., Scherr, A. (eds) Handbuch Bildungs- und Erziehungssoziologie. Springer VS, Wiesbaden.

Schimank, Uwe (2020): Die Prekarität funktionaler Differenzierung – und soziologische Gesellschaftskritik als „double talk". In: Scherr, Albert (Hrsg.): Systemtheorie und Differenzierungstheorie als Kritik. Perspektiven in Anschluss an Niklas Luhmann. 2. Auflage. Weinheim, München: Beltz Juventa, 75–95.

Schmidt, Robert; Woltersdorff, Volker (Hg.) (2008): Symbolische Gewalt. Herrschaftsanalyse nach Pierre Bourdieu. Köln: Herbert von Halem Verlag.

Schulze, Gerhard (1992): Die Erlebnisgesellschaft. Kultursoziologie der Moderne. Frankfurt/Main, New York: Campus.

Stichweh, Rudolf (2016): Inklusion und Exklusion. Studien zur Gesellschaftstheorie. 2., erw. Aufl. Bielefeld: transcript.

Taylor, Charles (1995): Atomismus. In: Bert van den Brink & Willem van Reijen (Hrsg.): Bürgergesellschaft, Recht und Demokratie. Frankfurt/Main: Suhrkamp, S. 73–106.

Verheyen, Nina (2018): Die Erfindung der Leistung, München: Hanser.

Vester, Michael et al. (2001): Soziale Milieus im gesellschaftlichen Strukturwandel, Frankfurt/M.: Suhrkamp.

Vester, Michael (2006): Die geteilte Bildungsexpansion – die sozialen Milieus und das segregierende Bildungssystem der Bundesrepublik Deutschland. In: Rehberg, Karl-Siegbert (Hrsg.): Soziale Ungleichheit, kulturelle Unterschiede: Verhandlungen des 32. Kongresses der Deutschen Gesellschaft für Soziologie in München. Teilbd. 1 und 2, Frankfurt am Main: Campus Verlag

Weber, Max (1976 [1921]): Wirtschaft und Gesellschaft. Tübingen: J.C.B. Mohr.

Weber, Max (1895): Der Nationalstaat und die Volkswirtschaftspolitik. Akademische Antrittsrede. Freiburg, Leipzig: J. C. B. Mohr.

Weischer, Christoph (2022a): Sozialstrukturanalyse. Grundlagen und Modelle. 2. Aufl. Wiesbaden: Springer VS.

Weischer, Christoph (2022b): Stabile UnGleichheiten. Eine praxeologische Sozialstrukturanalyse. Wiesbaden: Springer VS.

Wilkinson, Richard G.; Pickett, Kate E. (2010): Gleichheit ist Glück. Warum gerechte Gesellschaften für alle besser sind. Frankfurt/Main: Tolkemitt.

Winker, Gabriele; Degele, Nina (2010): Intersektionalität. Zur Analyse sozialer Ungleichheiten. Bielefeld: transcript

Winter, Rainer (2001): Die Kunst des Eigensinns. Cultural Studies als Kritik der Macht, Weilerswist: Velbrück.
Winter, Rainer (2006): Stuart Hall: Die Erfindung der Cultural Studies, in: Moebius, Stephan und Dirk Quadflieg (Hg.): Kultur. Theorien der Gegenwart, Wiesbaden: VS Verlag, S. 381–393.
ZHAO, Tingyang (2020): Alles unter dem Himmel. Vergangenheit und Zukunft der Weltordnung. Berlin: Suhrkamp.

# Kultur- und Sozialanthropologische Theorien

Heike Delitz

### Zusammenfassung

In dem Beitrag von Heike Delitz geht es um jene Theorien des Sozialen, die der Disziplin der Ethnologie bzw. Kultur- und Sozialanthropologie entstammen. Dabei liegt die Konzentration auf der gegenwärtigen Debatte der Disziplin als einer, die sich in konträre Positionen spaltet: in eine postmoderne oder postkoloniale Anthropologie einerseits, und eine neo- oder post-strukturale Anthropologie andererseits. In diesen Positionen anthropologischer Theorie geht es in einander inverser Weise um die Grundbegriffe der Disziplin; um ihre zentrale Methode, den Vergleich; und um die Möglichkeit, den europäischen Blick auf andere Gesellschaften zu richten, eine allgemeine Theorie des Sozialen zu entfalten. Nach der Einleitung und einer Übersicht über die klassischen Theorieparadigmen der Kultur- und Sozialanthropologie werden dazu von Heike Delitz drei Theoriepositionen genauer vorgestellt: die Durkheim-Schule als Begründung von Soziologie und Kultur- und Sozialanthropologie; die postkoloniale resp. postmoderne Anthropologie in deren Verabschiedung gerade der Klassiker, und die strukturale Anthropologie.

### Abstract

Heike Delitz' article deals with those theories of the social that originate in the discipline of ethnology or cultural and social anthropology. The focus is on the current de-

H. Delitz (✉)
Universität Regensburg, Regensburg, Deutschland
E-Mail: Heike.Delitz@sprachlit.uni-regensburg.de

bate in the discipline, which is divided into opposing positions: a postmodern or postcolonial anthropology on the one hand, and a neo- or poststructural anthropology on the other. These positions of anthropological theory are concerned in an inverse way with the basic concepts of the discipline, with its central method, comparison, and with the possibility of directing the European gaze to other societies in order to develop a general theory of the social. After an introduction and an overview of the classical theoretical paradigms of cultural and social anthropology, Heike Delitz presents three theoretical positions in more detail: the Durkheimian school as the foundation of sociology and cultural and social anthropology; postcolonial or postmodern anthropology in its adoption of the classics; and structural anthropology.

## Anthropologie als allgemeine Soziologie. Einführung

Wenn es um Theorien des Sozialen der Kultur- und Sozialanthropologie geht, handelt es sich offenbar um solche, die jenseits der Soziologie entfaltet werden. Nicht nur ist der Disziplintitel ein anderer; einer (ebenso klassischen wie bis heute dominanten) Arbeitsteilung nach sind die Gegenstände andere: außereuropäische, nichtmoderne Gesellschaften sind die Objekte der Anthropologie, moderne Gesellschaften die der Soziologie. Indes erweist sich gerade diese Vorstellung als problematisch, weil sie mit negativen Begriffen arbeitet – in eurozentrischer Weise von nichtmodernen, von Gesellschaften ohne Schrift, Staat, Geschichte sprechend. Noch eurozentrischer sind die Begriffe, die in der Soziologie für diese außereuropäischen Gesellschaften auffallen: es handele sich um vormoderne oder gar um archaische Gesellschaften, und es werden diese Gesellschaften (die ebenso alt oder jung sind wie die eigenen) in die europäische Vorgeschichte zurückprojiziert. Auch weitere Versuche, den Gegenstand der Kultur- und Sozialanthropologie zu kennzeichnen (indigene Gesellschaften, z. B.) haben Widerspruch hervorgerufen. Maurice Godelier hat daraus den Schluss gezogen, dass es keine theoretischen Kriterien gibt, die erlauben, die „Grenzen" der Disziplin zu umreißen (Godelier 1978, S. 399) – die Kultur- und Sozialanthropologie beschäftige sich vielmehr mit all jenen Gesellschaften, die andere Disziplinen „ignorieren", da sie nur ethnografisch untersucht werden können (Godelier 1978, S. 399).[1] Hier wird die Methode der ‚Feldforschung' bemüht, um auszusagen, was Kultur- und Sozialanthropologie ist. In anderen Beiträgen wird die Natur-Kultur-Differenz als Grundlage der Disziplin gesehen, oder von einer allgemeinen Humanwissenschaft gesprochen: ihr Gegenstand ist die Menschheit (vgl. z. B. Ingold 1996, S. 13–44, Erikson 2010).

Die Soziologie hat sich – jenseits der für das Fach allerdings bedeutenden Ausnahme der französischen Klassiker – kaum für diese Gesellschaften interessiert. Noch weniger hat sie die Theorien und Theoriedebatten ihrer Nachbardisziplin systematisch verfolgt, nicht zuletzt aufgrund der angesprochenen Vorstellung vormoderner und historisch obsoleter Gesellschaften; oder auch solcher, die weniger komplex seien. Vor diesem Hinter-

---

[1] Alle folgenden Übersetzungen aus dem Englischen oder Französischen von mir, H.D.

grund ist es das Ziel des Folgenden, eine zentrale aktuelle Theoriedebatte der Kultur- und Sozialanthropologie in den Blick der soziologischen Theorie zu bringen – eine Debatte, in der es um eine „Dekolonisierung" und um eine „Debanalisierung" der Begriffe der Disziplin geht (Viveiros de Castro 2021, S. 185–187), um einen weniger eurozentrischen Blick und um einen, der die indigenen Begriffe des Sozialen als solche, als *Begriffe* ernst nimmt. Sowohl in der Kritik der Grundbegriffe der Disziplin (v. a. von Kultur und Gesellschaft, vgl. Ingold 1996); als auch in den methodologischen Überlegungen (zum Kultur- oder Gesellschaftsvergleich) sind diese Debatten auch für die soziologische Theorie hoch instruktiv. Dasselbe gilt für das Material, das die Ethnografie zur Verfügung stellt: für die vielen Einblicke in andere Formen des Sozialen und in andere Bedeutungssysteme, in indigene oder „extramoderne" Gesellschaften weltweit oder in jene „kleinen *ethnoi*", die Gesellschaften, die darauf „insistieren zu existieren" (Viveiros de Castro 2014, S. 491), gegenüber der Kolonisierung ebenso wie dem Nationalstaat.

Diese Gesellschaften ernst zu nehmen, erlaubt – aufgrund einer Theoriedebatte, auf die gleich eingegangen wird – vor allem jene Theorierichtung, die als *ontological turn* diskutiert wird. In diesem turn, oder in dieser Weiterführung der strukturalen Anthropologie geht es um den *turn* zum Vergleich von Ontologien (d.i. Natur-Kultur-Begriffen). Die Besonderheit ist dabei, die eigene Ontologie und damit die der Disziplin *selbst* zugrunde liegenden Begriffe in den Vergleich einzubeziehen. Die eigene Theoriearbeit wird neben die Theoriearbeit anderer Kulturen gestellt, oder verglichen werden Bedeutungssysteme, die indigenen wie diejenigen der Disziplin selbst. Auch die von der Anthropologie untersuchten Gesellschaften entfalten – so ist die These hinter diesem Vergleich – ihrerseits Sozial- und Kulturtheorien; sie haben ihre Begriffe von Gesellschaft, Kollektiv, Subjekt. Die folgende Darstellung wird daher einen Schwerpunkt auf diese Theorieposition legen, und zwar, weil sie eine wirklich ‚allgemeine' Theorie des Sozialen ermöglicht – ein Anspruch, den eigentlich die soziologische Theorie erhebt. Aus dem Blick dieser Theoriearbeit erscheinen deren Begriffe und Konzepte ‚des' Sozialen nun als ausgesprochen eurozentrisch. Der Vorschlag ist mit anderen Worten, diesen ‚ontological turn' auch in die soziologische Theorie einzuführen (vgl. Delitz 2025).

Neben dem Desinteresse weiter Teile der soziologischen Theorie an der Theoriearbeit der Anthropologie – misst man dies jedenfalls am Vorhandensein oder eben Fehlen interdisziplinärer Publikationen, Tagungen oder Projekte –; und trotz der Trennung der beiden Disziplinen weisen beide auch enge Beziehungen auf. Das gilt namentlich wie erwähnt für die frühe französische Soziologie. Die Durkheim-Schule etablierte die Soziologie als Wissenschaft *aller* Gesellschaften, die daher untrennbar von der Ethnologie sei – ebenso wie von Archäologie, Philologie, den historischen Disziplinen, von Indologie und Sinologie usw. (und auch wenn Émile Durkheim diese Disziplinen dabei als Hilfswissenschaften gegenüber der Soziologie verstand, der er die theoretische und integrative Aufgabe zusprach). Tatsächlich haben er und Marcel Mauss mehr über außereuropäische als über europäische Gesellschaften geschrieben. Mauss gilt zudem als Begründer der Ethnologie in Frankreich. Er erhielt dort 1901 den ersten Lehrstuhl für Ethnologie (für *religions des peuples sans civilisation*, *Ecole Pratique*); in den 1920ern hat er zudem das *Institut d'ethnologie de Université de Paris* mitgeschaffen. Auch viele weitere Durkheimiens wurden zu Experten außereuropäischer Gesellschaften, z. B. Marcel Granet für das traditionelle China oder Celestin Bouglé für Indien.

Bis 1945 steht die soziologische Theoriedebatte in Frankreich in dieser Tradition: Sie sieht sich zunächst nicht als Theoriearbeit einer „isolierten" Disziplin. Eher wird – so hat es Claude Lévi-Strauss dargestellt – unter ‚Soziologie' eine methodische „Haltung" verstanden; die Suche nach „allgemeine[n] Beziehungen" in allen „menschlichen Phänomenen" (Lévi-Strauss 2021, S. 73–75). Zugleich fällt bei vielen französischen TheoretikerInnen der Anthropologie auf, dass sie ihre Überlegungen selbst als ‚soziologische' verstehen. Wenn Lévi-Strauss weiter schreibt, man müsse „nicht Soziologe sein", um „soziologisch zu arbeiten" (2021, S. 75), dann gilt beides gerade für ihn selbst:[2] In *Die elementaren Strukturen der Verwandtschaft* werden Anthropologie und Soziologie als identisch verstanden; Lévi-Strauss spricht auch von einer „vergleichenden Soziologie" (Lévi-Strauss 1993, S. 17). Zudem hat gerade er dazu beigetragen, die soziologische Theorie (der Durkheimiens) weiter zu entfalten. In der Tat bildet diese den Ausgangspunkt, von dem her die eigene, die strukturalistische Theorie von ihm entfaltet wird; und es ist diese, im sozial- und kulturanthropologischen Strukturalismus derart weiterwirkende allgemeine Theorie des Sozialen, die wiederum im aktuellen ‚ontological turn' des anthropologischen Denkens erneuert wird.

In und außerhalb der Kultur- und Sozialanthropologie gilt indes vielen die strukturale Anthropologie als suspekt, und zudem als einer vergangenen Epoche zugehörig. Die strukturalistische Theorie wird oft als formalistisch, intellektualistisch, und antihistorisch abgewehrt (vgl. z. B. Delitz/Koch 2022). Diese strukturale oder vergleichende Anthropologie mit ihrem Interesse an allen Gesellschaften und in ihrem synchron vergleichenden Blick gilt zudem seit dem *postcolonial turn* der Disziplin als einer historischen Phase zugehörend. In den Debatten um *Writing Culture* (Clifford, Marcus 1986, Clifford 1993) bzw. um die ‚Krise der Repräsentation' (vgl. z. B. Hahn 2013, S. 190–208) scheint sich die Disziplin von der Arbeit an ‚großen' Theorien verabschiedet zu haben. Aus der postmodernen bzw. postkolonialen Perspektive beginnt die wirkliche Anthropologie erst jetzt, in den 1980ern – gerade in der Distanzierung von der Beschreibung ‚anderer' Kulturen und Gesellschaften; vom Kulturvergleich und von Theorien ‚des' Sozialen. Eine Schlüsselposition hat hier Edward Saids *Orientalism:* Hatte Said in der westlichen, wissenschaftlichen Beschäftigung mit den Kulturen ‚des Orients' eine Erfindung und ein *Othering* gesehen, eine machtvolle Projektion, die ebenso zur Selbstdefinition Europas diene wie zur kolonialen Beherrschung der ‚Anderen', so wird nun auch die gesamte Disziplin Kultur- und Sozialanthropologie auf ihre Formen des Othering hin befragt. Vorherige Reflexionen auf den kolonialen Kontext der Disziplin (vgl. z. B. Bonté/Izard 2004, S. 182–184) gab es zwar, aber sie liefen nicht darauf hinaus, nun jede Wissenschaft des Anderen als eine Verzerrung und als Rechtfertigung des Kolonialismus zu sehen. Die sich als ‚postmodern' verstehende Anthropologie hat den Anspruch einer objektiven Beschreibung anderer Kulturen ebenso dekonstruiert, wie die autoritative Geste des Ethnografen (z. B. Rabinow

---

[2] Einzurechnen ist hier allerdings auch, dass Soziologie nur als Nebenfach studierbar war – man konnte noch nicht ‚Soziologe' werden.

1993). Was die Disziplin seither als ihr Gemeinsames anerkennt, ist weniger ein Kanon von Theorien, ein gemeinsamer Gegenstand oder eine Fragestellung. Eher wird wie eingangs angedeutet die ethnografische Methode als Zentrum der Disziplin verstanden – einer Disziplin, die nun die globale Gegenwart ebenso ethnografisch erforscht, wie die je eigene Gesellschaft (vgl. z. B. Augé 1994).

Die ‚Neue Anthropologie' einerseits, die (neo- oder post-)strukturale Anthropologie mit ihrem kulturvergleichenden Blick andererseits stehen sich mithin diametral gegenüber. Sie schließen sich aus. Dabei teilen beide ein Ziel, nämlich dasjenige, das anthropologische Denken weniger eurozentrisch zu machen oder zu dekolonisieren. Genau daher sind beide für die soziologische Theoriedebatte instruktiv: die postmoderne Anthropologie als Kritik jeglicher universalistischer Theorieansprüche (jedes Anspruchs, man könne eine Theorie für alles Soziale entwerfen); die strukturale Anthropologie in ihrer Ernstnahme der ‚Anderen'.

Selbstredend ist es äußerst reduktiv, wenn sich die folgende Darstellung (daher) auf diese beiden Positionen konzentriert. Nicht nur werden fast alle ethnografischen Arbeiten zu den weltweiten Gesellschaften ignoriert werden müssen. Es kann auch nicht erwähnt werden, welche Subdisziplinen die Anthropologie enthält (mit ihren je spezifischen Theorien des Politischen, von Gewalt, des Tausches, usw.). Selektiv ist das folgende notwendig auch deshalb, da der Schwerpunkt auf den Theoriebeiträgen liegt, die aus Frankreich stammen – und zwar, weil diese wie dargestellt eine große Nähe zur Soziologie aufweisen. Gleichwohl wird zunächst gezeigt, welche klassischen, kanonischen Theorierichtungen die Disziplin selbst (in Lexika und Handbüchern) präsentiert (Abschn. „Theorien des Sozialen in der Anthropologie: die klassischen Paradigmen"), bevor es in einem Schritt zurück um die ‚französische Schule der Soziologie' geht (3), sowie um die beiden konträren Theoriepositionen, die heute dominant (postmoderne Anthropologie, 4) bzw. besonders vielversprechend für die soziologische Theorie (strukturale Anthropologie, 5) scheinen.

## Theorien des Sozialen in der Anthropologie: die klassischen Paradigmen

Anthropologie als Kultur- und Sozialanthropologie respektive Ethnologie[3] stellt nicht die (philosophische) Frage nach ‚dem' Menschen – ihr geht es um ‚die' Menschen, d.i. um die globale Vielfalt der Kultur- und Sozialformen. Die Theoriedebatten der Disziplin greifen dabei immer erneut auf einige wenige kanonische Theorien zurück, von denen aus oder gegen die die je neuen Theorien entfaltet sind (mit Überschneidungen zu den Klassikern

---

[3] Vgl. zu den Begriffen Ethnologie und Kultur- und Sozialanthropologie für Frankreich z. B. Bonté/Izard 2004, S. VII, wo die Begriffe Ethnografie – Ethnologie – Anthropologie als historisch sich ablösende sichtbar werden. In US-amerikanischen Departments für Anthropology werden vier (bzw. fünf) Disziplinen zusammengefasst: Kultur- und Sozialanthropologie, Archäologie, *Biological Anthropology, Linguistic Anthropology* (bzw. *Museum Studies*). In französischen Universitäten umfasst ‚anthropologie' neben Sozial- und Kulturanthropologie *anthropologie bioloqiue* und *anthropologie linguistique*.

der Soziologie, im Übrigen). Zugleich versteht sich die Anthropologie, ähnlich wie ein Teil der uns eigenen Disziplin, als in erster Linie empirische Disziplin. Monografische Einführungen in die Disziplin widmen sich eher den Methoden als Theorierichtungen; auch in den Handbüchern und Lexika werden weniger Paradigmen dargestellt, als einzelne AutorInnen, Regionen, Subdisziplinen und Grundbegriffe. Die Theoriedebatte gilt der angesprochenen ‚Krise der Repräsentation', weniger hingegen dem Vergleich oder der kritischen Darstellung von Theorien. Fast scheint die Theoriearbeit aufgegeben (vgl. z. B. Erikson 2010, S. 25).

Die Zahl der kanonisierten Theorien ist darüber hinaus sehr überschaubar – als ‚große' Theorierichtungen der Anthropologie, als einander konträre Paradigmen werden meist nicht mehr als sechs bis sieben erwähnt.[4]

1. Das gilt zunächst für *funktionalistische* Denkweisen. ‚Funktionalismus' steht für die Begründung der britischen Kulturanthropologie bei Bronislaw Malinowski (in der Annahme letztlich physiologischer Bedürfnisse, die jegliche Institutionen erfüllen) und bei Alfred R. Radcliffe-Brown (in der Annahme gesamtgesellschaftlicher Funktionen von Institutionen). Viele halten Malinowski (trotz Kritik, z. B. Clifford 1993, Hahn 2013) für den entscheidenden Anthropologen, im Blick auf die ethnografische Methode und auf die Beschreibung der Gesellschaften als Ensembles kultureller Institutionen (statt einzelne von ihnen herauszugreifen). Die funktionalistische Perspektive hatte ihr Autor im Rückgriff auf Durkheim entfaltet, wenn er „Kultur" als systematischen, ein Ganzes ergebenden „instrumentellen Apparat" zur Erfüllung menschlicher Bedürfnisse definiert (Malinowski 1978a, S. 21–22). Vieles in dieser „wissenschaftlichen Theorie der Kultur" (Malinowski 1978b) erinnert in der Tat an Durkheim, etwa wenn es heißt, der Anthropologe müsse wie ein Chemiker oder Biologe vorgehen und hinter den Beobachtungen Grundschemata aufdecken (Malinowski 1978a, S. 23). Lévi-Strauss (1973, S. 13) hat diese Theorie als eine kritisiert, die z. B. die Klassifikationen der Tiere auf das „Knurren des Magens" zurückführe. Dabei kennt Malinowski auch andere ‚Bedürfnisse' neben den physiologischen, nämlich soziale und kulturelle:

> „Funktion bedeutet immer die Befriedigung eines Bedürfnisses; das beginnt bei dem einfachsten Akt des Essens und reicht bis zur heiligen Handlung, [welche] mit einem ganzen System von Glaubenssätzen verbunden ist, die von dem kulturellen Bedürfnis bestimmt sind, mit dem lebendigen Gott eins zu sein" (Malinowski 1978a, S. 29).

Im Vorwort zu Malinowskis Hauptwerk von 1922 *Die Argonauten des westlichen Pazifik* würdigt James Frazer diese Perspektive als eine, die den Menschen als Lebewesen, ebenso aber auch das Kulturelle und Soziale ernst nehme. So sei von Malinowski etwa zu lernen, dass magische Zeremonien für die Kultivierung von Gärten ebenso wichtig seien wie die Agrartechniken moderner Gesellschaften (Frazer 1966, S. xi). Auch erkennt Malinowski weitere „Funktionen" von kulturellen Institutionen an; so erlauben Verwandt-

---

[4] Vgl. z. B. Barnard 2000, Bonté/Izard 2004, Erikson 2010, Fardon et al. 2012, McGee/Warms 2013.

schaftsbezeichnungen dem Kind, einen „soziologischen" (d. h. sozialen) „Einfluß auf seine Umgebung zu ermöglichen" (Malinowski 1978a, S. 27). Vor allem wird in *Die Argonauten* der rituelle Gabentausch in Melanesien als komplexe Institution sichtbar: ihre Funktion geht weit über physiologische Bedürfnisse hinaus, sie dient der Erzeugung von Gesellschaft als Ganzer, sowie von deren sozialer Struktur. Diese Funktion entgehe notwendig „even the most intelligent native" (Malinowski 1966, S. 83), sie offenbare sich nur dem ‚wissenschaftlichen Beobachter'. Gerade diese Behauptung wird Gegenstand der Kritik. Dagegen liegt ein Verdienst Malinowskis sicher in der Abwehr der u. a. bei Durkheim noch prägenden Vorstellung, man habe es mit ‚einfachen' Gesellschaften zu tun. Deutlich wird die Komplexität dieser außereuropäischen Formen der Organisation des Sozialen. Marcel Mauss hat unter anderem an diesen Malinowski anschließen können: in der Institution des Kula-Rings hatte schon Malinowski (1966, S. 511) die Sicherung des Sozialen gesehen.

Eng sind auch die Bezüge des anderen großen Funktionalisten, von Alfred R. Radcliffe-Brown, zur französischen Soziologie. Die als *Structure and Function in Primitive Society* versammelten Texte präsentiert Radcliffe-Brown (1952, S. 3) als „systematische Theorie vergleichender Soziologie", die an Durkheims Frage der gesellschaftlichen Funktion von Institutionen anschließe. In *Die elementaren Formen des religiösen Lebens* hatte Durkheim sich auf ‚einfache' (vor allem australische) Gesellschaften konzentriert, um nicht den historischen Ursprung, sondern die „Funktion" (Durkheim 1994, S. 22) oder die bleibenden „Gründe" (Durkheim 1994, S. 26) religiöser Praktiken und Vorstellungen aufzudecken. Auch Radcliffe-Brown versteht unter dem wissenschaftlich zugänglichen ‚Ursprung' einer Institution ihre gesellschaftliche Funktion. In vielem ist seine Theorie zugleich dem Strukturfunktionalismus (T. Parsons) analog, wenn Radcliffe-Brown (1952, S. 43) die Bedingung der Existenz von Gesellschaft in der „funktionalen Konsistenz" ihrer Teilsysteme sieht. Anders als bei Malinowski stehen also nicht einzelne Institutionen in Bezug auf einzelne Bedürfnisse im Blick, sondern die „strukturelle Verflechtung aller Institutionen in einer Gesellschaft" (Hahn 2013, S. 120). Auch wenn evolutionäre Vorstellungen bei beiden Autoren nicht fehlen (die Frage der Funktion wird wie bei Durkheim auch mit der historischen Frage vermengt; die ‚einfachsten' werden als ‚erste' Gesellschaften verstanden), so steht doch die Funktion im Theoriezentrum.

2. Malinowski (z. B. 1978b, S. 70–71) wendet dies gegen eine im engeren Sinn *evolutionistische* Anthropologie, die biologische Analogien verwendet, um Gesellschaften zu beschreiben. Aus seiner Sicht ist der evolutionistische Zugriff, den Ende des 19. Jahrhunderts Lewis H. Morgan und Edward B. Tylor vertreten, spekulativ und damit vorwissenschaftlich. Morgan hatte 1877 in *Ancient Society, Or: Researches in the lines of human progress from savagery through barbarism to civilisation* ähnlich wie Auguste Comte die menschliche Geschichte in drei Stadien eingeteilt, die auf die europäische Moderne als „Zivilisation" zulaufen. Den drei Stufen ordnete er außereuropäische Gesellschaften zu: Polynesien dem ‚wilden' Stadium, nordamerikanische Indianer dem ‚barbarischen'. Die Vorstellung, man habe es bei außereuropäischen Kulturen mit ‚primitiven' oder vormodernen zu tun; sie wären auf einer allen Menschen gemeinsamen Linie der ‚Entwick-

lung' zurückgeblieben – diese einflussreiche Denkweise wird unter anderem hier begründet. Dasselbe gilt für Tylors *Primitive Culture: Researches into the Development of Mythology, Philosophy, Religion, Language, Art and Custom* (1871), ein Werk, das zugleich lange weiter zitiert wird, weil in ihm der Grundbegriff der Kultur in derjenigen Art und Weise definiert wird, wie ihn die Kulturanthropologie lange verwendet: als Synonym für Gesellschaft oder für ein kulturelles Ganzes, ein Ensemble verschiedener Bedeutungssysteme.

3. Auch Theorien, in denen die globale sozio-kulturelle Vielfalt nicht derart evolutionär verstanden wird – wie z. B. „Wanderungstheorien" oder *diffusionistische* Theorien – werden seitens der Funktionalisten abgewehrt. Aus deren Perspektive sind auch diese spekulativ, da auch sie eine allgemeine Theorie entwerfen oder versuchen, Gesetze zu finden – nun die der Verbreitung oder Bewegung kultureller Tatsachen. Im Grunde sind es Theorien kultureller Migration. Als Begründer gelten hier vor allem Friedrich Ratzel (1882, *Anthropo-Geographie*) und Fritz Graebner (1911, *Die Methode der Ethnologie*). Ratzel hatte Geografie und Geschichte als untrennbar verstanden; was in einer bestimmten Zeit Gegenstand der „Geographie" im Sinne der „Völkerkunde" oder der Erforschung „schriftloser Gesellschaften" (Ratzel 1882, 30) ist, wird in „zehn Jahren Gegenstand der Geschichte" sein, schreibt Ratzel (1882, 27). Beide Disziplinen haben es mit Veränderungen zu tun, wobei der „historischen Geographie" oder der *Anthropo-Geographie* die Aufgabe zukommt, „Gesetze" der Verbreitung der ‚schriftlosen' Gesellschaften oder „Naturvölker" (Ratzel 1882, 38) zu finden. Bonté und Izard (2004, S. 108) halten dabei fest, das ‚Diffusionismus' ein polemischer, ein kritischer Begriff ist – neutraler formuliert, handele es sich um *kulturhistorische* oder auch um „ethno-psychologische" Positionen. Für letztere geht Adolf Bastian bereits Mitte des 19. Jahrhunderts von je spezifischen ‚elementaren Ideen' aus, die in den Kulturen Ausdruck finden (*Der Mensch in der Geschichte*, 3 Bände, 1860; *Die Völker des östlichen Asien*, 6 Bände, 1866). Zu erwähnen wäre auch das – nahezu ein Jahrhundert später formulierte – Konzept von André Leroi-Gourhan (1943, 1945), der eine global vergleichende Anthropologie entwirft, die Kollektive oder ‚ethnische Persönlichkeiten' als solche darstellt, die aufgrund ihrer kulturellen Eigenschaften auf eine ‚technische Tendenz' (die zum Automobil z. B.) mit Erfindung, Abwehr oder Entlehnung reagieren (Delitz 2015, S. 262–267).

4. Insbesondere Franz Boas ist kritisch gegenüber einer jeden funktionalistischen und evolutionistischen Denkweise, vor allem, weil sie eurozentrisch sind. In der ihm eigenen, als *kulturalistisch* verstehbaren Position geht es (absichtlich mit schlanker Theoriearbeit) darum, die Komplexität und Differenz jeder Kultur oder Gesellschaft so präzise wie möglich darzustellen. Der Akzent liegt weder auf der ‚Funktion', noch auf dem Attribut ‚primitiv' und auch nicht auf ‚Gesetzen'. Der Akzent liegt auf Vielfalt oder Differenz (vgl. Berman 1996, Kalinowski 2017, Joseph, Kalinowski 2022, Bert 2022). Boas' Werk besteht vor allem in einer immensen Materialsammlung nordamerikanischer Gesellschaften. Dazu zählen z. B. *Handbook of American Indian Languages* 1911; oder fünf Bände, in denen Mythen aufgezeichnet sind; sechs Bände sind weiteren ethnografischen Daten reserviert (von Methoden des Kochens und Jagens bis zu den Formen sozialer Organisa-

tion). In vielen Bänden arbeitet Boas zweisprachig – die Übersetzung und das Original sind beide aufgeführt. Betont wird die Bedeutung der Sprache für das kollektive Leben, das daher mit der Methode des Linguisten untersucht wird; betont wird – ebenfalls deshalb – die Gleichrangigkeit der Gesellschaften. „Die Zeit wird kommen, in der wir jene Forschungen nicht mehr länger als gültig betrachten", die ihre Ergebnisse „nicht durch die Indigenen bestätigen lassen", schreibt Boas 1905 (Joseph/Kalinowski 2022, S. 28), und weiter: Außereuropäische Bedeutungssysteme seien so zu erfassen, wie „sie dem Indigenen selbst erschein[en]" (Boas 1909, S. 309), als ob „ein intelligenter Indianer die Formen seines eigenen Denkens entfalten wollte" (Boas 1911, S. 81; Rohner 1969, S. 199). Hervorgehoben wird z. B. die indigene Poesie als solche, als *Poesie*, oder das indigene Denken als solches, als *Denken*. Boas' Werk „bleibt noch heute kritisch", schreibt Christine Laplantine (2017, S. 55) – es bleibt zentral. Zahlreiche SchülerInnen wären hier ebenso zu erwähnen, mit je ihren Theoriekonzepten (von Tabus und kultureller Reinheit z. B.): Margaret Mead, Ruth Benedict, Alfred R. Kroeber, Edward Sapir, Clyde Kluckhohn. Nicht zuletzt erscheint diese Theorieposition aber aus dem Blick struktularer Anthropologie als kongenial.

5 und 6. Abgesehen von weiteren, u. a. evolutionsbiologischen Konzepten (Leroi-Gourhan 1981); oder auch vom *joint venture* des Boas-Schülers Kluckhohn mit Talcott Parsons im Blick auf eine allgemeine Theorie des Sozialen (in *Toward A General Theory of Action*, 1952) wird die Theoriedebatte nach 1945 zunächst von zwei – einander in Vielem konträren – Ansätzen dominiert: von der *strukturalen* und der *marxistischen Anthropologie*. Die erstere wird unten ausführlich skizziert; für die letztere stehen (in Frankreich) Maurice Godelier, Claude Meillassoux, Emmanuel Terray (vgl. Diamond 1979). Was die Kritik an Lévi-Strauss betrifft, so betont zwar (oder überzeichnet) Godelier durchaus die Gemeinsamkeiten der marxistischen mit der strukturalistischen Theorie: Auch diese lege den „Akzent auf die Existenz sozio-ökonomischer Systeme", behauptet er (Godelier 2006, S. 29). Klar gestellt wird dann aber, dass nur eine marxistische Theorie das Soziale erklären könne – stets liege dem ‚sozialen System' der Konflikt zwischen Herrschenden und Beherrschten zugrunde. Auch halte diese Theorie eine „viel größere Zahl von Bereichen" im Blick (Godelier 2006, S. 29); und schließlich und vor allem sieht Godelier (1979, S. 74) im Strukturalismus eine ‚antihistorische' Haltung. Nach Marx müsse die Anthropologie mit der Geschichtswissenschaft vereint, statt ihr „entgegengesetzt" zu werden. Lévi-Strauss seinerseits war gegenüber einer marxistischen Anthropologie sehr kritisch: Nicht er, *sie* verleugne die Geschichte, an deren Stelle sie eine Geschichtsphilosophie setze (vgl. Delitz und Koch 2022). Einen weiteren Dissens der beiden Theorien markiert Godeliers (1979, S. 72) Forderung, die Anthropologie müsse z. B. die Mythen und insgesamt Vorstellungen im Blick auf die „wirkliche" Gesellschaft analysieren – deren ideologische Funktion zeigend. ‚Marxistische Anthropologie', das schließt dabei Marx-Kritik nicht aus: ausgesetzt wird die These, dass das Ökonomische entscheidend sei (Godelier 1979, S. 74). Auch eine religiöse Institution erzeuge Ungleichheit und sei eine Quelle der „Entfremdung":

„[R]eligious practice is [...] situated at the center of the process of reproduction of this mode of production. [...] In its mode of presentation, the invisible articulation of social relations is simultaneously present and hidden from view, and it becomes a source of human alienation, a place where the real relations among men and among things are presented upside down" (Godelier 1979, S. 90).

7. Dieser materialistischen Denkweise gegenüber stehen Ansätze, die *kulturtheoretisch* argumentieren, das Soziale als sprachförmig, als in Bedeutungssystemen erzeugt verstehen. Neben der strukturalen Anthropologie (s. u.) wird hier die *interpretative Theorie* von Clifford Geertz gezählt. Während Lévi-Strauss (so Geertz) Mythen, Klassifikationen oder Verwandtschaftsregeln *„unabhängig von jedem Subjekt, von jedem Objekt und jedem Kontext"* analysiere, sei jede Kultur eine „Montage von Texten" (Geertz 1987, S. 253), die aus dem Blick ihrer Adressaten zu lesen sind – als wären es kulturelle Aufführungen, um deren theatralischen Charakter die Akteure wissen.

Für die Gegenwart nennen die Lexika und Handbücher der Disziplin eher *studies* und *turns* als Theorien. *Feministischen*, *postkolonialen* oder *postmodernen* Anthropologien geht es weniger um allgemeine Kultur- und Gesellschaftstheorien, als um bislang von diesen und daher der Forschung ausgeblendete Aspekte – um Konzepte und Begriffe, die erlauben, u. a. Geschlechterordnungen zu beschreiben; oder koloniale Verflechtungen usw. Darüber hinaus beinhaltet die Disziplin selbstverständlich zahlreiche weitere Konzepte und Begriffe des Sozialen, die in jeder Gesellschaft und auch vergleichend untersucht werden können. Darin finden sich, mehr oder weniger explizit, allgemeine Gesellschaftstheorien (d.i. Bestimmungen dessen, was eine ‚Gesellschaft' ist, wie sie sich konstituiert). So wäre unter den frühen Klassikern Arnold van Genneps *Übergangsriten* von 1908 zu erwähnen. „Jede Gesellschaft umfasst mehrere soziale Gruppierungen", schreibt van Gennep (1999, S. 13) eingangs, bevor er verschiedene Modi der Trennung und die Rituale der Übergänge zwischen den ‚Gruppierungen' in den Blick nimmt, insbesondere zeigend, wie das Leben von Individuen sozial reguliert, nämlich (rituell) eingeteilt wird. Es geht ihm um die „rituellen Strukturen in ihrem Zusammenhang", schreibt er auch (van Gennep 1999, S. 21). Ebenso zu erwähnen wäre – neben vielen weiteren – z. B. Mary Douglas, die Rituale als solche sichtbar macht, in denen ein *Bild* der Gesellschaft entsteht (Douglas 1986). Ähnliches gilt für weitere Theoriekonzepte: zu Affiliation und Tausch oder Gewalt (z. B. bei Pierre Clastres, s. u.), usw. So gesehen, ist die Disziplin im Grunde unerschöpflich – auch wenn also nur sechs oder sieben Theorieparadigmen kanonisiert sind und als Theorierichtungen unterschieden werden.

## Die Begründung der Anthropologie in Frankreich: die Durkheimiens

Bereits erwähnt wurden die Bezüge der Klassiker der Disziplin zu Durkheim; auch wurde erwähnt, dass für diese Soziologen Soziologie und Anthropologie untrennbar sind. Durkheim, Mauss und die weiteren Mitarbeiter um die *Année sociologique* haben die ethnologischen Monografien systematisch verfolgt – dazu diente die *Année* gerade (siehe u. a.

Karady 1988, Tarot 1999, Affergan 2008, Bogusz/Delitz 2013). Der erste Artikel der Zeitschrift ist „Das Inzestverbot und seine Ursprünge" (Durkheim 1896b). Das Ziel war eine universelle Wissenschaft der Gesellschaft, die wie erwähnt fast mehr noch außereuropäische Gesellschaften analysierte, als die eigene. Gleichwohl stand diese immer im Blick: die moderne Gesellschaft sollte im Umweg über Außereuropa in ihrer Funktionsweise und Spezifik klarer werden. Dasselbe gilt für europäische Gesellschaften insgesamt. „Der wahre Charakter des römischen Heiligen (*sacer*) ist [...] nicht zu verstehen, wenn wir ihn nicht mit dem polynesischen Tabu vergleichen", schreibt Durkheim (1896a, S. II) etwa im Vorwort der ersten *Année*. Auch bereits erwähnt wurde, dass die Durkheimiens je Expertisen erwarben: Mauss für Melanesien, Polynesien, die Inuit, Durkheim für Australien, usw. Auch wenn keiner von ihnen selbst im ‚Feld' war, so ist dies für Lévi-Strauss (2021, S. 100) kein Kriterium, sie aus der Disziplin auszuschließen, da die (britische) Kultur- und Sozialanthropologie bereits ein enormes ethnografisches Material zur Verfügung gestellt hatte. Für dieses galt es nun Theorien zu entfalten. Die Durkheimiens interessieren sich für die Vielfalt von Ökonomien und für ihre Bedeutung für das kollektive Leben; für die Frage, welche Funktion Religion und Magie haben; für die Formung des Körpers; für Klassifikationen der Natur. Mauss schließt 1925 in *Die Gabe* (Mauss 1989a) dabei neben Malinowski an Boas und weitere Anthropologen an, den von ihnen dargestellten Gabentauschsystemen eine (wenn auch implizite) Theorie des Kollektivs unterlegend, deren Aussage ist: Die Tauschpraktiken *sind* ‚das Soziale'. Auch Durkheim hat sich auf viele Anthropologen gestützt (z. B. Spencer, Gillen, Strehlow), um nun den Begriff der Gesellschaft zu schärfen: die ‚Gesellschaft' wird in religiösen Aussagen vorgestellt, indes in anderer (göttlicher) Gestalt, und damit stabilisiert. Obgleich also Durkheim die Ethnologie – als die empirische Untersuchung einer oder weniger benachbarter Kollektive – der Soziologie als der theoretischen Disziplin unterordnet (siehe z. B. Durkheim 1896a, Karady 1988), so sind Soziologie und Kultur- und Sozialanthropologie hier nicht unterscheidbar, da es eben nicht allein um moderne Gesellschaften geht. Diese Soziologie ist unter dem „Einfluß" (Lévi-Strauss 2021, S. 84) der Ethnologie entstanden, und ist selbst Kultur- und Sozialanthropologie.

Dabei gibt es zwischen den Theoretikern Durkheim und Mauss durchaus Unterschiede. Bei Durkheim ist die evolutionäre Perspektive stärker präsent. Sie wird gleichzeitig mit der funktionalen These verfolgt: Der Totemismus ist „die Wurzel einer Vielfalt von Institutionen", schreibt Durkheim zum Beispiel 1901 (Durkheim 1969, S. 315–316), um zu begründen, warum sich ein Soziologe dieser Gesellschaft zuwendet. Dasselbe gilt für seine Arbeiten zum Inzestverbot. 1912, in *Die elementaren Formen des religiösen Lebens* (mit dem Untertitel *Das totemistische System in Australien*) ist der Gegenstand erneut die totemistische ‚Religion', in deren Praktiken (Ritualen) und Vorstellungen (Mythen) sowie Symbolsystemen (Ornamente: Tätowierungen; Schmuck aus Federn usw.) Durkheim die Funktion einer jeden Religion aussagen will: in jeder Gesellschaft gibt es Heiliges, die Trennung des Heiligen vom Profanen dient stets dazu, das (unsichtbare) Kollektiv vorstellbar, intelligibel zu machen, und zugleich zu stabilisieren – die Normen und Werte zu heiligen. Dazu sind religiöse Vorstellungen ebenso zentral, wie Praktiken (Riten) und Symbole (Zeichen). Marcel Mauss hat an dieser These großen Anteil. Beide hatten bereits vorher, 1903, im Blick auf „primitive Formen von Klassifikation" (Durkheim/Mauss 1996) verschiedene Einteilungen der Natur und des Raumes als solche verstanden, in denen sich die soziale Struktur ausdrücke oder projiziere (wenn das Kollektiv in acht Clane eingeteilt ist, wird der Raum ebenso in acht Richtungen aufgeteilt). Und schon 1893, in *Über die Teilung der sozialen Arbeit,* hatte Durkheim neben den modernen Gesellschaften – die hier im Zentrum standen – auch außereuropäische vergleichend hinzugezogen („segmentäre' gegenüber funktional oder arbeitsteilig organisierten, ,höheren' Gesellschaften). Und schließlich enthält auch die Studie zum *Selbstmord* 1897 Beobachtungen zu außereuropäischen Gesellschaften (z. B. Indien).

Mauss teilt die Vorstellung, bei den von der Ethnologie untersuchten Gesellschaften handele es sich um erste, einfache oder um elementare Gesellschaften. *Die Gabe. Form und Funktion des Austauschs in archaischen Gesellschaften* titelt er sogar (Mauss 1989a). Zugleich hat er dies durchaus eingeklammert:

> „Die religiösen Phänomene, die wir aktuell in Australien beobachten, sind weder einfache noch primitive. Die australischen oder amerikanischen Gesellschaften haben alle eine lange Geschichte hinter sich. Sie sind ebenso alt wie die uns eigene [...]. Und doch sind sie einfachere Arten als die uns eigenen Gesellschaften geblieben [...]. Es wird eine der Hauptaufgaben [...] sein, zu untersuchen, in welchem Maße die Tatsachen, die wir untersuchen, erlauben, sich auf ,elementare Formen' der Phänomene zu beziehen" (Mauss 1968 [1902], S. 489–490, vgl. Tarot 1999, S. 173–189).

Von Durkheim unterscheidet ihn vor allem der globale Vergleich. „Unsere Methode ist die des präzisen Vergleichs", hält Mauss in *Die Gabe* (Mauss 1989a, S. 14) fest. Während Durkheim in *Die elementaren Formen* eine Form von Gesellschaft (den australischen Totemismus) in den Vordergrund stellte, als Beweisführung an einem Fall, vergleicht Mauss Gesellschaften verschiedener Kontinente und verschiedener Zeiten, um verschiedene Systeme des Gaben-Tauschs zu klassifizieren. Dabei geht es ausnahmslos um jene Systeme, die er „totale" soziale Tatsachen nennt, weil es in diesen Praktiken des Tauschens und den mit ihnen verbundenen Normen keineswegs allein um Wirtschaftliches geht. In diesen Institutionen ist Religiöses, Politisches, Juridisches usw. untrennbar verknüpft (Mauss 1989a, S. 12). Dabei stellt er melanesische, polynesische und nordamerikanische Kollektive ins Zentrum, zudem geht es um germanische und römische Institutionen. In dieses Material wird nun sehr sparsam, nur zwischen den Zeilen ein Theoriekonzept eingeführt: Mauss unterscheidet zwei Formen des Tauschs (symmetrisch/ asymmetrisch); und gibt die Tausch-Praktiken und die sie sichernden Ver- und Gebote sowie Vorstellungen als solche zu verstehen, in denen Gesellschaft *besteht*. Oder, Mauss teilt mit Durkheim die Frage der ,Funktion' kultureller Institutionen. Auch teilen beide die Frage nach der gesellschaftlichen Formung von Subjekten: so zeigt Mauss, wie tiefgreifend die kulturelle Formung von Körperbewegungen, Gefühlsausdrücken, Denkweisen ist. Den Begriff der ,Anthropologie' übrigens benutzt Mauss noch als einen, der sich auf alle Wissenschaften bezieht, die ,den' Menschen zum Gegenstand machen (Soziologie, Psychologie, Ethnologie: Mauss 1989b, S. 149–154).

## Postkoloniale und postmoderne Anthropologie: Selbst-Kritiken der Disziplin

Ein großer Zeit- und ein großer inhaltlicher Sprung: Während Lévi-Strauss (s. u.) im Anschluss an Mauss und Durkheim diese Wissenschaft vorschlagen wird – eine global vergleichende Ethnologie, die er ‚strukturale Anthropologie' nennen wird; und während diese Disziplin so wenig eurozentrisch wie möglich oder umfassend Gesellschaftswissenschaft sein soll – hat die Disziplin seit den 1980ern die oben angesprochene Selbstkritik vollzogen: Aus dem ‚postmodernen' Blick erscheint eine auf andere Kulturen konzentrierte Perspektive als überholt. Dasselbe gilt für jede der erwähnten Theorietraditionen und ihre Grundbegriffe (‚Kultur', ‚Gesellschaft'). Die Kritiken speisen sich wesentlich aus dem *postcolonial turn*: Übernommen wird die Kritik epistemischer Gewalt sowie des *Othering*, wie sie bei und nach Edward Said (2009) laut werden. Said hatte an Michel Foucaults Konzept der Untrennbarkeit von Wissen und Macht benutzt, um in den Orientwissenschaften eine Erfindung und Alterisierung des ‚Orients' gegenüber Europa zu sehen: die Erfindung des Orients als des (unterentwickelten) Gegenteils von Europa. Mit diesem Text sieht sich nun die Kultur- und Sozialanthropologie gezwungen, ihre Beschreibung anderer Kulturen als dieselbe Form des Othering zu distanzieren. Auch die Vorstellung des ‚wilden' oder ‚primitiven' Anderen, der ‚Naturvölker' habe (so Trouillot 1991, S. 18) dazu gedient, Europa „zu konstituieren". Neben der Vorstellung des ‚Anderen' zieht auch die vergleichende Methode und die dabei vorausgesetzte Homogenität und Geschlossenheit von Kulturen oder Gesellschaften die Kritik auf sich; sowie die Vorstellung, man habe es mit einer wissenschaftlichen Disziplin zu tun, die also den ‚Anderen' objektiv darstellen könne. Es ist die Kritik an dieser Leitvorstellung, an der Autorität des Ethnographen, die eine postmoderne oder Neue Anthropologie auszeichnet. Die Debatte über die „Grenzen der Repräsentation" (Clifford 1986, S. 10) erreicht mit der *Writing Culture*-Tagung (Clifford/Marcus 1986) einen Höhepunkt, da die bisher als Zentrum der Disziplin verstandene Ethnografie nun als literarische Praxis, als Fiktion thematisiert wird. Zur Dekonstruktion der Autorität des ethnografischen Beobachters hat auch die posthume Veröffentlichung von Tagebüchern Malinowskis beigetragen, in denen sich der Begründer der Ethnographie als alles andere als objektiv zeigt (Hahn 2013, S. 193–195, Rabinow 1993, Clifford/Marcus 1986). An die Stelle des europäischen Ethnografen treten nun kollaborative Praktiken; der Anspruch einer objektiven Beschreibung des Anderen weicht der Kritik an Homogenisierungen und Exklusionen, oder an der Macht der Anthropologie über ihre ‚Objekte' – kurz, das „Vorhaben interkultureller Repräsentation ist mehr denn je in Frage gestellt" (Clifford 1993, S. 111).

> „No longer, then, is the project of anthropology the simple discovery of new worlds, and the translation of the exotic into the familiar, or the defamiliarization of the exotic. It is increasingly the discovery of worlds that are familiar or fully understood by no one, and that all are in search of puzzling out." (Marcus/Fischer 1986, S. xvii)

Lila Abu-Lughod (1991) hält nun eine „Anthropologie des Partikularen" für notwendig – die Beschreibung lokaler Interaktionen in hybriden Konstellationen. Ebenso zentral sei die Verabschiedung der Grundbegriffe der Disziplin. Anthropologie müsse insbesondere „gegen Kultur schreiben", da dieser Begriff kulturelle Differenz und die Vorstellung homogener Ganzheiten erzeuge (Abu-Lughod 1991, S. 137; vgl. zur Debatte um ‚Kultur' Lentz 2009). Ebenso wird der Gesellschaftsbegriff verabschiedet. „No term is more pivotal to the identity of social anthropology", schreibt Tim Ingold in *Key Debates in Anthropology* (Ingold 1996, S. 15) – und keiner „more contestable". Auch Marylin Strathern hält die Lösung von diesem Grundbegriff für nötig, da er nicht nur ein harmonisches Ganzes nahelege, sondern auch Individuum und Kollektiv als einander entgegengesetzt zu denken zwinge (Strathern 1996, vgl. dies. 1988). Ebenso steht die Methode des Vergleichs grundsätzlich in Frage.

> „Increasing critiques of conventional representations of difference during the 1980s, as well as changes in the world that focused attention on transcultural processes, challenged anthropologists to define new practices of comparative analysis not among self-contained cultures but across hybrids, borders, diasporas, and incommensurate sites spanning institutions, domiciles, towns, cities, and now even cyberspace." (Marcus/Fischer 1986, S. XXIX)

Aus dieser Perspektive sind auch alle oben vorgestellten Theorieparadigmen obsolet – sie erscheinen nun als solche, die einer vordisziplinären Phase angehören (Trouillot 1991, S. 34). Auch jede weitere Bemühung um kultur- und sozialanthropologische Theorie erscheint dann als verfehlt, da sie notwendig ‚autoritär' argumentiere und eurozentrisch sei.

## (Post-)Strukturale Anthropologie: Dekolonisierung des anthropologischen Denkens

Die Verabschiedung einer jeden Theorie, zumal der klassischen Paradigmen, gilt selbstredend auch für die strukturale Anthropologie von Claude Lévi-Strauss. Es handelt sich dabei um *die* vergleichende Anthropologie schlechthin, die Kulturen global und synchron vergleicht. Genauer, werden z. B. Mythen oder Verwandtschaftssysteme als ‚Transformation' oder ‚Versionen' voneinander verstanden – verglichen im Blick auf ihre Gemeinsamkeiten und Differenzen. Notwendig klammert diese Methode die Geschichte und damit auch koloniale Veränderungen aus; sie erzeugt den Eindruck kultureller ‚Ganzheiten'; hat wenig Raum für differente Stimmen innerhalb der untersuchten Kulturen oder Gesellschaften; interessiert sich kaum für Ungleichheit und Macht. Zugleich ist es diese strukturale Anthropologie, die wie keine andere darauf zielt, die indigenen Gesellschaften ernst zu nehmen. Deren Bedeutungs- und Begriffssysteme werden als solche anerkannt, und die indigenen oder außereuropäischen Formen sozialer Organisation erscheinen eher als solche, die der uns eigenen Form entgegengesetzt sind, als ihr vorhergehen. Jede Form von Evolutionismus wird hier abgewehrt. Auch geht es Lévi-Strauss zunehmend um die Aussetzung der Frage nach der Funktion einer Institution (die die Gefahr birgt, etwas auf etwas anderes zu reduzieren); und mehr noch und vor allem hat Lévi-Strauss selbst die ihm eigene vergleichende Analyse (der Mythen) als eine verstanden, die vom indigenen

Denken hervorgebracht wird und ihm gegenüber keinen anderen epistemischen Status beansprucht. Die anthropologische Analyse der Mythen ist ihrerseits gewissermaßen auch ein Mythos, schreibt Lévi-Strauss (1971, S. 17, 28, s. u.). Aus dem Blick einer solchen Haltung, die indigene Bedeutungssysteme neben die eigenen stellt, ist es gerade die Neue oder die postmoderne Anthropologie, die sich nun als eurozentrisch erweist. Die

> „Annahme, dass aller ,europäische' Diskurs über die Völker nichteuropäischer Tradition allein dazu diene, unsere eigenen Repräsentationen des Anderen zu klären, lässt einen gewissen theoretischen Postkolonialismus zur perversesten Manifestation des Ethnozentrismus verkommen. Indem wir also im Anderen immer nur das Selbe sehen – indem wir behaupten, dass hinter der Maske des Anderen immer nur ,wir' selbst stecken, uns selbst betrachtend –, begnügen wir uns mit einem Weg, der uns zurück zu dem führt, was uns im Grunde und am Ende eigentlich interessiert: zu uns selbst." (Viveiros de Castro 2019, S. 17)

Dagegen versteht es die (post-)strukturale Anthropologie als die Aufgabe der Disziplin, das andere Denken ernst zu nehmen – die indigenen Kultur- und Gesellschaftstheorien als solche anzuerkennen; und ebenso, im Anderen ein Bild von uns zu erzeugen, und zwar eines, in dem „wir uns *nicht* erkennen" (Viveiros de Castro 2019, S. 17, Hervorh. HD). Was die Anthropologie als Disziplin zu leisten habe, sei ein ,Experiment' mit den eigenen Begriffen, um diese weniger eurozentrisch zu machen, sie ihres universalistischen Anspruchs zu entkleiden (vgl. dazu Delitz 2025). Wie kommt eine solche Theorieposition zustande – die strukturalistische Theorie, als deren Schlüsselbegriff weniger der (für SoziologInnen leicht missverständliche[5]) Begriff der Struktur als vielmehr derjenige der ,Transformation', das heißt der Gleichrangigkeit und Übersetzung festzuhalten ist (der freilich ebenso zu Missverständnissen einlädt)?

## Die strukturalistische Theorie des Sozialen: Bedeutungssysteme, Transformationen

> „Der Strukturalismus […] beginnt dort, wo man annimmt, dass differente Ensembles nicht neben, sondern dank ihrer Differenzen einander angenähert werden können, die man also zu ordnen versucht" (Pouillon 1975, S. 15–16).

Die strukturalistische Theorie des Sozialen enthält mindestens drei zentrale Entscheidungen.[6] 1. Claude Lévi-Strauss hatte zwar an Durkheim und Mauss angeschlossen,

---

[5] Leicht missverständlich, da es der strukturalistischen Theoriearbeit gerade nicht darum geht, grundlegende ,soziale Strukturen' zu behaupten, aus denen sich das ,über ihnen' liegende erklären ließe – alles befindet sich vielmehr in einer Ebene, für den Strukturalisten.

[6] Zur strukturalistischen Theorie – als einer, der es nicht um universelle Gesetze und auch nicht im (klassischen) Sinn um ,Strukturen' eines ,Ganzen' (z. B. Strukturen von Ungleichheit) geht, sondern deren Theoriezentrum die Art ist, in der die Sprache, in der Bedeutungssysteme strukturiert sind (durch Differenz) und strukturierend wirken (Subjekte eher erzeugen als auf ihnen beruhen) – siehe v. a. Deleuze 1975, Pouillon 1975 und 1984, sowie Balibar 2003. vgl. im Folgenden auch Delitz/Koch 2022.

nicht ohne aber deren Perspektive auf das Verhältnis zwischen Sozialordnung einerseits, Bedeutungs- oder Zeichensystemen andererseits entscheidend zu korrigieren: Während Mauss und Durkheim noch dazu neigen, symbolische Systeme als den nachrangigen Ausdruck oder als Projektion der vorausgesetzten sozialen Teilungen zu verstehen (Durkheim/Mauss 1996, S. 254–255), sei eher das Umgekehrte zu denken: Die Sozialordnung geht den Symbolsystemen nicht vorher, sondern diese ermöglichen ihrerseits das „gesellschaftliche Leben" (Lévi-Strauss 2021, S. 94–95, vgl. ders. 1989, S. 18). Sprachliche Praktiken wie Mythen, die Benennungen der Tiere und Pflanzen oder die materielle Kultur sind es, in denen Gesellschaften und Subjekte als solche erzeugt oder konstituiert werden. So wird in totemistischen Gesellschaften die Klassifikation von Tieren und Pflanzen „von der Sozialordnung verwendet, um sich zu konstituieren" (Lévi-Strauss 1965, S. 126): Die soziale Gliederung ist nicht vorher da, sondern die sozialen Gruppen oder Kollektive (Clans, Stämme, Heiratshälften) werden in dem Moment erzeugt, in dem Tiere und Pflanzen sortiert werden und die menschlichen Mitglieder sich mit bestimmten von ihnen identifizieren.

2. Der Strukturalist und die Strukturalistin schließt grundlegend an die *strukturale Linguistik* von Ferdinand de Saussure und weiterer Autoren an (daher also dieser Name). Gedacht werden alle sozialen und kulturellen Systeme als solche, die wie eine Sprache funktionieren, das ist Bedeutungen werden als solche gedacht, die in der Differenz von Zeichen zueinander, in der Immanenz der Bedeutungssysteme entstehen – nicht in einem positiven oder wesentlichen Bezug von einem Bezeichneten, dem Signifikat und dem Bezeichnenden, dem Signifikant (vgl. v. a. de Saussure 1967, S. 132–146). Die Zeichen erzeugen in ihrer Stellung in einem Bedeutungssystem, immanent, eine Bedeutung. Ihr „Wert" (de Saussure 1967, S. 132ff.) oder ihre ‚Identität' hängt von ihrer Stellung im System ab. Das heißt auch: Die Bedeutung oder der Sinn eines Bedeutungssystems (etwa die Aussage über Natur-Kultur) ist jeweils nicht wahr oder aber falsch. Die Frage des Strukturalisten ist nicht, welches Bedeutungssystem die Realität richtig ‚abbildet', da für diesen (der strukturalen Linguistik folgend) jedes Bedeutungssystem *in sich* Sinn erzeugt – oder das, was als Realität gilt. Und der Sinn ist weder „wahr noch falsch", sondern dasjenige, was sich auch „anders sagen lässt, was sich in eine andere Sprache übersetzen lässt" (Pouillon 1993, S. 41).

3. Zentral ist es für die strukturalistische Theorie drittens, die weltweiten Bedeutungssysteme (u. a. Klassifikationen der Natur, Regeln der Verwandtschaft, der Konstruktion einer kollektiven Identität in der Zeit, usw.) und die darin erzeugten Kollektive als einander *zeitgenössisch* zu sehen, die Veränderung also je (methodisch) einzuklammern – nur so ist der Vergleich möglich. An dieser Stelle steht bei Lévi-Strauss genauer der (erwähnte) Begriff der *Transformation* (vgl. z. B. Lévi-Strauss 1973, S. 92–129). Unter diesem Begriff geht es gerade nicht um die Veränderung eines Gegenstandes (eines Bedeutungssystems und einer Gesellschaft). Vielmehr bedeutet es, wenn von Transformationen die Rede ist, verschiedene Mythen, Verwandtschaftssysteme usw. *als Versionen voneinander* zu verstehen. Die ‚Struktur' ist dann nichts anderes als die Regel, der solche Transformationen oder Versionen zu folgen scheinen oder die man herausarbeiten kann. Dabei ist vorausgesetzt,

dass die Zahl der möglichen Varianten begrenzt, nicht unendlich ist. Jede „Variante ist die Variante anderer", schreibt Jean Pouillon 1966, und weiter: Die Struktur ist die „Syntax der Transformationen" (Pouillon 1975, S. 15). Nicht nur jedes Bedeutungssystem, auch jede Gesellschaft; und jede Theorie der Gesellschaft sind dann – in diesem Sinn – als ‚Transformationen' voneinander, als einander ebenbürtig zu verstehen. Auch dies folgt aus der strukturalen Linguistik, aus deren These der Immanenz der Bedeutungssysteme; sowie aus der dem entsprechenden Ablehnung der Vorstellung, es gäbe richtige (weil die Realität adäquat abbildende), und ‚falsche', sich täuschende Aussagensysteme (über die Natur, z. B.). Jede Version verweist nur auf eine weitere: das heißt, den Wahrheitsanspruch umzuformulieren – nicht allein die europäische Wissenschaft steht auf der Seite der ‚Wahrheit' oder des Wissens. Und es heißt auch, jede evolutionistische Vorstellung auszusetzen. Bedeutungssysteme (die Mythen oder die Klassifikationen) erhalten ihre Systematizität in Differenz zu anderen. Sie lassen sich nicht aufeinander zurückführen, sondern

> „jede Variante ist eine von anderen und es gibt keine, die privilegiert wäre oder einen ‚Idealtypus' bildete. Die Variablen, welche die Differenzen erklären, beziehen sich auf keine andere Invariante als auf die Regel ihrer Variabilität; die Struktur ist [also] wesentlich die Syntax der Transformationen, die von einer Variante zur anderen auftreten" (Pouillon 1975, S. 16).

Lévi-Strauss (1973, z. B. S. 50) spricht genauer von einer „Gruppe von Transformationen", etwa in Bezug auf die Klassifikationen von Tieren und Pflanzen. Bei diesen weise nichts

> „darauf hin, daß das eine zeitlich vor dem anderen liegt: sie verhalten sich nicht zueinander wie ursprüngliche Form zu abgeleiteter Form, sondern vielmehr so, wie man es zwischen umgekehrt symmetrischen Formen beobachten kann, so als ob jedes System eine Transformation der gleichen Gruppe darstellte." (Lévi-Strauss 1973, S. 97)

In diesem Zusammenhang bestimmt Lévi-Strauss es als das „letzte Ziel" der Disziplin, „differentielle Abweichungen" von Gesellschaften aufzuzeigen (Lévi-Strauss 1972, S. 349): Untersucht und vor Augen gestellt wird die Verschiedenheit von Gesellschaften im Blick auf ein je gemeinsames ‚Problem' (die demographische Veränderung, z. B.). Und schließlich führt dieser Begriff der Transformation und die darin eingehende strukturalistische Zeichentheorie dazu, die eigene Kultur- und Gesellschafts*theorie neben* die anderer, die der indigenen Gesellschaften zu stellen. Der Begriff der Transformation ist deshalb so bedeutsam, weil er dem strukturalistischen Anliegen entspricht, „so wenig Ethnozentrist wie möglich" zu sein (Descola 2008, S. 33). In *Mythologica* hatte Lévi-Strauss dies in der Tat am deutlichsten formuliert: Hier werden nicht nur die globalen Mythen als Varianten voneinander gedacht. Vielmehr hatte Lévi-Strauss die ihm eigene Analyse als eine weitere Version der Mythen bezeichnet: Indem seine Analyse die „Bewegung des mythischen Denkens nachvollziehen wollte", musste sie dem „Rhythmus" dieses Denkens folgen. „So ist dieses Buch über die Mythen in seiner Weise auch ein Mythos", schreibt er (Lévi-Strauss 1971, S. 17). Und noch weniger eurozentrisch gedacht: Ob das indigene Denken „unter der

Wirkung des meinigen Gestalt gewinnt oder das meine unter der Wirkung des ihrigen" (Lévi-Strauss 1971, S. 28), mache keinen Unterschied. Mit den Worten von Patrice Maniglier (2000), handelt es sich bei dieser Theorieposition um einen „unendlichen Humanismus".

## Post-Strukturale Anthropologie

1. Im kritischen Anschluss an seinen Lehrer Lévi-Strauss (der eher um den Tausch kreist, als um Gewalt) hat zunächst Pierre Clastres diese strukturalistische Theorie fortgeführt. In den 1970ern legt Clastres in *Staatsfeinde* (*La société contre l'État*, dt. Clastres 1976) und in *Archäologie der Gewalt* (Clastres 2008) eine politische Anthropologie oder eine allgemeine Theorie von Gesellschaft vor, im Ziel, die politischen Institutionen indigener Gesellschaften Südamerikas begrifflich und konzeptionell ernst zu nehmen – sie weder evolutionistisch noch mit negativen Begriffen zu beschreiben. Diese Gesellschaften, die keine staatliche Organisation aufweisen, sind nicht staatenlose Gesellschaften oder solche, die den Staat ‚noch nicht' entfaltet haben. Clastres schlägt vielmehr vor, sie als *Gesellschaften-gegen-den-Staat* zu verstehen. Genau wie Lévi-Strauss den Begriff der ‚geschichtslosen' durch den der „‚kalten' Gesellschaften" (Lévi-Strauss 1973, S. 270), oder durch den Begriff von Gesellschaften-gegen-die-Geschichte zu ersetzen suchte (um eurozentrische Denkweisen zu vermeiden) – so hält es Clastres für zentral, im scheinbaren ‚Fehlen' des Staates eine kollektive Absicht zu entdecken. Gesellschaften, die keine staatliche Institution von Gesellschaft etablieren, sind andere Formen des Politischen – sie vermeiden in ihren Institutionen Machtpotentiale und politische Ungleichheit. Sie vermeiden die Teilung des Kollektivs in Herrschende und Beherrschte. Als solche Institutionen versteht Clastres vor allem die des (im Dienst der Gruppe stehenden statt sie dominierenden) Häuptlings und des rituellen Krieges (der verhindert, dass sich größere Gruppen bilden). Oder, es ging Clastres (1976, S. 20) um eine anthropologische Theorie – um Begriffe und Konzepte (des Politischen) –, die nicht das Eigene im „Spiegel" der Anderen zu sehen verlangt, sondern durch die indigenen Gesellschaften zu neuen Begriffen kommt, und damit zu einem anderen „Bild" von gesellschaftlicher oder kollektiver Existenz insgesamt.

2. Es ist dieselbe theoretische Operation, die heute als *ontological turn* des anthropologischen Denkens weitergeführt wird, in einem anderen Gebiet: dem der ontologischen Aussagen, die einer jeden Theorie der Anthropologie zugrunde liegen, das ist der Bestimmung von ‚Natur' und ‚Kultur'. Im Anschluss an Lévi-Strauss, Pouillon und Clastres vollziehen diesen *turn* zum Vergleich von Natur-Kultur-Bestimmungen vor allem Philippe Descola (1986, 2011) sowie Eduardo Viveiros de Castro (u. a. 1992, 2016, 2019; vgl. Charbonnier et al. 2017, Holbraad/Petersen 2017). Um diesen *turn* zu verstehen, ist erneut der Begriff der Transformation zentral: Dass jedes Bedeutungssystem die Transformation eines anderen ist (auch das eigene), gilt auch für ontologische Aussagensysteme, also für die Begriffe, die der anthropologischen Theorie zugrunde liegen, da sie bestimmen, was in den Gegenstandsbereich der Disziplin fällt. Der Gegenstand ist alles ‚Kulturelle', während alles, was natürlich ist, Gegenstand der Naturwissenschaften ist. Zugleich wird das Kultu-

relle und Soziale als ausschließlich menschlich bestimmt – es geht um ‚die Menschen', sagten wir eingangs. In diesem Punkt nun gehen die genannten und weitere (wie Marilyn Strathern) AutorInnen auch über Lévi-Strauss hinaus: 1949 war dieser noch vom europäischen Begriffspaar Natur/Kultur ausgegangen, dieses als die Grundlage nehmend, vor der her die globalen Verwandtschaftssysteme verglichen werden: sie sind alle Formen, mit denen die Kultur sich an die Stelle der Natur stellt, so hatte Lévi-Strauss die Einführung artifizieller Verwandtschaften interpretiert. Sie bedeuten, in die Natur, die sich durch ‚Universalität' auszeichne, eine Regel und damit kulturelle Vielfalt einzuführen (Lévi-Strauss 1993, S. 51–53). Dagegen sind es nun die Natur-Kultur-Begriffe, einschließlich des *eigenen,* der Disziplin zugrundeliegenden Begriffspaars, die verglichen werden. Damit werden auch alle weiteren Grundbegriffe der Disziplin (die Begriffe des Sozialen, der Person, des Menschen, des Politischen, usw.) als solche sichtbar, die eine Version neben anderen darstellen – eine „Transformation" (Viveiros de Castro 2019, S. 88). Die anthropologische Theorie entdeckt sich hier als Version des indigenen Denkens; zudem als Version, die auf diesem beruht, ebenso wie die Mythenanalyse auf den Mythen beruht, da sie von ihnen mithervorgebracht ist. Anzuerkennen sei, dass die „interessantesten Begriffe, Probleme, Entitäten und Akteure der Anthropologie" dem Denken der Kollektive entstammen, die der Gegenstand der Disziplin sind, schreibt Viveiros de Castro hier (2019, S. 15). Anthropologische Theorie wird (kontrastiver) Vergleich anthropologischer Theorien, oder: Kultur- und Gesellschaftstheorie wird Vergleich von Kultur- und Gesellschaftstheorien. Mit noch anderen Worten, wird die wichtigste Frage der Disziplin diejenige, was die *Begriffe* des Sozialen und der Kultur für die Gesellschaft bedeuteten, was in ihr den „Ort des ‚Sozialen' oder des ‚Kulturellen' ausmacht" (Viveiros de Castro 2019, S. 88).

In diesem vergleichenden Zugriff setzt Viveiros de Castro die europäische Vorstellung von Natur und Kultur dem amerindianischen Denken – amazonischer Gesellschaften wie der Quechua, Yanomami, Achuar, Araweté (vgl. für die Yanomami Kopenawa/Albert 2024) – gegenüber. Gegenüber dem westlichen ‚Multikulturalismus' erscheint dieses Denken als eines, das auf einem ‚Multinaturalismus' basiert: Der modernen europäischen Vorstellung der *einen Natur,* der die Vielfalt der (ausschließlich menschlichen) *Kulturen* gegenübersteht, steht ein Denken gegenüber, das von einer universellen Kulturalität oder Menschlichkeit ausgeht, während es die Körper sind, die die Wesen differenzieren – *eine Kultur, viele Naturen.* Man hat es mit einem „Universum" zu tun, „das von vielen Typen von subjektiven Handlungsvermögen oder Agenten bevölkert wird" (Viveiros de Castro 2019, S. 42). Götter, Tiere, Tote, Pflanzen, auch Artefakte teilen mit den Menschen kognitive Fähigkeiten oder eine ‚Perspektive', sie sehen sich als Menschen, sehen sich dieselben Tätigkeiten ausführen wie diese, sie leben mit ihren Häuptlingen in ihren Dörfern, während sie die (in unserem Bedeutungssystem:) Menschen als Tiere sehen (als Beutetiere oder Räuber). Dem entspricht eine der europäischen inverse Erkenntnistheorie, da Erkennen hier heißt, zu „personifizieren", „den Standpunkt dessen einnehmen, was erkannt werden soll", (Viveiros de Castro 2019, S. 50). Alle weiteren Begriffe (des Subjekts, des Kollektivs, des Politischen); die genealogische Vorstellung, all dies scheint dann der eigenen Version eine genau umgekehrte. – In der Darstellung dieses anderen, des amerindianischen

Denkens ist der Anspruch von Viveiros de Castro nicht, es unverzerrt abzubilden. Das liegt schon an der Notwendigkeit der Übersetzung (Viveiros de Castro 2019, S. 92).[7] Das Ziel ist (wie erwähnt): ein Bild ‚von uns', von derjenigen Gesellschaftsform und dem Bedeutungssystem zu erzeugen, in dem die Disziplin steht – ein Bild von außen, aus einem anderen Bedeutungssystem, in dem die Begriffe des Menschen, der Person und des Kollektivs sehr viel mehr Wesen umfassen als die der eigenen Spezies. Oder, das Ziel ist, das eigene Denken einem „*Experiment*" zu unterziehen (Viveiros de Castro 2019, S. 235, Hervorh. i.O.; vgl. z. B. auch ders. 2021, S. 188–195). Daher ist die Frage des strukturalen Anthropologen angesichts der anderen Bedeutungs- und Begriffssysteme nicht, ob die Yanomami oder Araweté ‚wirklich glauben', dass Tiere Menschen sind. Die Frage ist vielmehr, welchen Sinn oder ‚Wert' ihre Begriffe haben. Dass der Begriff der Person etwa „auf andere Spezies ‚ausgedehnt' und anderen Kollektiven unserer eigenen Spezies ‚verwehrt' werden kann", zeigt an, dass es sich um einen anderen Begriff als den des uns eigenen Bedeutungssystems handelt (Viveiros de Castro 2019, S. 46).

2005 hat Philippe Descola den binären oder kontrastiven Vergleich des amerindianischen Denkens (der Achuar) mit dem ihm eigenen um den Vergleich von vier einander divergenten Ontologien erweitert. Hatte er in *La nature domestique* (Descola 1986) für die Achuar dieselbe Natur-Kultur-Bestimmung sichtbar gemacht, die auch Viveiros de Castro beschreibt, so treten nun (in *Jenseits von Natur und Kultur*, dt. Descola 2011) zwei weitere Ontologien hinzu, mit dem Anspruch, die „Transformationsgruppe" der Ontologien (Descola 2016, S. 41) ausgeschöpft zu haben. Animismus, Totemismus, Naturalismus und Analogismus erschienen nun als die logisch möglichen Ontologien, da sie die Antworten auf zwei Fragen bilden: In der Frage, ob die Körper von Menschen und Nichtmenschen als different oder ähnlich aufgefasst werden; und in der, ob die Innerlichkeit beider als different oder ähnlich bestimmt wird, ergeben sich vier Identifikationsmodi von Menschen und Nichtmenschen, oder vier Natur-Kultur-Bestimmungen (Descola 2011, S. 189–190). Amerindianische Kollektive teilen eine *animistische* Ontologie, da hier die Tiere und Pflanzen ihrerseits Kulturwesen sind, eine Seele oder Innerlichkeit haben – fast alle Wesen sind „Personen wie wir, sie sprechen miteinander, sie tun die Dinge nicht auf gut Glück" (Descola 2011, S. 22). Die Kultur ist hier das Universelle, die Natur oder die Körperlichkeit ist different – unter ihrem Kleid aus Fell und Federn teilen alle dieselbe Menschlichkeit. Die moderne europäische Ontologie nennt Descola *naturalistisch*: in der wissenschaftlichen Weltauffassung haben nur Menschen Kultur, Subjektivität, leben kollektiv und institutionell. Ihre ‚Interiorität' oder Innerlichkeit wird als absolut different gegenüber derjenigen der Nichtmenschen aufgefasst, während es die Körper sind, die als ähnlich, und in ihrer Substanz als identisch aufgefasst werden. Kollektive, die einer *totemistischen* Ontologie entstammen, beinhalten sowohl menschliche als auch nichtmenschliche Entitäten, da von diesen angenommen wird, dass sie eine ähnliche Körperlichkeit und eine ähnliche Innerlichkeit haben. Nichtmenschliche und menschliche Mitglieder der totemistischen Gruppe teilen mentale wie körperliche Eigenschaften, da sie beide Repräsentanten

---

[7] Vgl. dazu auch Wagner 1981; zur Kritik siehe z. B. Bessire und Bond 2014.

einer ihnen vorhergehenden „prototypischen Art" sind (Descola 2011, S. 240). In einer *analogistische* Ontologie, in diesem „Identifikationsmodus" werden alle „Existierenden in eine Vielzahl von Wesenheiten, Formen und Substanzen" aufgeteilt, die durch geringfügige Unterschiede getrennt sind, und durch Analogieschlüsse einander angenähert werden, so dass es möglich wird, „das System der anfänglichen Kontraste wieder zu einem dichten Netz" zusammenzufügen, das „die inneren Eigenschaften der unterschiedenen Entitäten" verbindet (Descola 2011, S. 301). – Die „Matrix" (Descola 2016, S. 41) der vier Ontologien und der ihnen entsprechenden Modi des Kollektivs begreift Descola als ein Denkmodell, das „so neutral wie möglich" wäre, da es die eigene Ontologie in den Vergleich einbezieht; oder diese Vorgehensweise biete die „fairste Symmetrisierung" der indigenen und europäischen Denkweisen, die der Disziplin möglich sei (Descola 2016, S. 41).

Bereits in den 1980ern hat Marylin Strathern zunächst für das Begriffspaar Natur-Kultur (und die damit zusammenhängende Differenz und Hierarchie der Geschlechter) gezeigt, dass ein solches Begriffssystem nicht universell ist. In „No Nature, no Culture" (Strathern 1980) wird für Mt. Hagen (Papua-Neuguinea) deutlich, dass hier zwar ebenfalls ein Begriffspaar zu finden ist, das der Dualität von Natur/Kultur ähnlich scheint: Unterschieden werden wilde (*rømi*) vs. domestizierte (*mbo*) Dinge. Aber beide sind nicht einander untergeordnet, und sie decken sich nicht mit der Geschlechterdifferenz (der Aussage etwa, dass Frauen der Natur näher seien, während Männer der Kultur näher stünden, oder umgekehrt, usw.). Die Trennung von *mbo*-Dingen (wörtlich: alles, was ‚gepflanzt' ist, Strathern 1980, S. 192) von *rømi*-Dingen verläuft quer zu der des ‚Männlichen' und ‚Weiblichen'; und es gibt zudem eine dritte Kategorie, die der Geister (*kor* bzw. *tipi*), die ihrerseits *mbo* und *rømi*-Dinge haben (domestizierte und wilde Schweine, z. B.; Strathern 1980, S. 192–193). Schließlich finde sich hier nicht die Vorstellung, Kultur sei etwas ‚gemachtes': In „contrast to our 'making' culture and re-making the relationship between culture/nature" (Strathern 1980, S. 190) ist das ‚domestizierte' seinerseits bereits gegeben. In *Gender of the Gift* wird ähnlich für das Begriffspaar Individuum und Gesellschaft deutlich, dass und inwiefern es nicht die Grundlage einer allgemeinen Theorie des Sozialen bieten kann: in anderen (hier: melanesischen) Bedeutungssystemen hat der Begriff der Gesellschaft kein indigenes Pendant, ebenso wenig wie der des Individuums (als der Gesellschaft vorhergehendes ‚Atom' des sozialen Lebens). In Melanesien wird das Soziale anders in Begriffe gefasst – es handelt sich um eine Kultur- und Sozialtheorie ‚ohne Gesellschaft'. Zwar „mag es absurd klingen, ein Volk vorzustellen, das keine Gesellschaft hat", indes könnten westliche AnthropologInnen „nicht erwarten, dass andere die metaphysischen Probleme des westlichen Denkens lösen" (Strathern 1988, S. 3). Mit diesem Satz beginnt Strathern ihre Monografie, in der (unter anderem) gezeigt wird, dass die melanesischen Begriffe des Sozialen nicht von einer unteilbaren Person (*in-dividuum*) ausgehen, das durch Zusammenschluss ein Kollektiv erzeugt. Das Subjekt ist (als ‚Agent') einerseits ein „Mikrokosmos" oder eine „generalisierte Sozialität" in sich (Strathern 1988, S. 281, 301–302 und 13), da es der Ort all jener aktuellen, und ebenso vergangenen Tausch-Relationen ist, die sie ausmachen. Zugleich und andererseits ist das Subjekt (als ‚Person') „dividual", es enthält in sich sowohl männliche als auch weibliche Aktivitäten und Teile

(Strathern 1988, S. 273–279). Das Kollektiv dagegen wird als Singularität gedacht, als Ergebnis einer „Depluralisierung" der Personen (Strathern 1988, S. 13), indem z. B. im Kollektiv, das durch ein männliches Ritual entsteht, die weibliche Seite des Selbst suspendiert ist (Strathern 1988, S. 271–287 und 319–325). – Auch Strathern zielt nicht darauf, das indigene Denken als *anderes* darzustellen, es zu alterisieren. Das Ziel ist, die *eigenen* Begriffe zu dekonstruieren: „I displace what ‚we' think society is", schreibt sie (Strathern 1988, S. 17) etwa; oder auch: es gehe insgesamt darum, Begriffe zu benutzen, die unserer Sprache angehören, um dieser gegenüber einen „Kontrast zu erzeugen" (Strathern 1988, S. 16).

## Ausblick: Kultur- und sozialanthropologische, und soziologische Theorie

Die erwähnten und weitere Theorieansätze der Kultur- und Sozialanthropologie; die zentralen theoretischen und methodologischen Debatten; nicht zuletzt die Materialien oder genauer, die anderen Gesellschaften, die durch die Anthropologie hindurch in das soziologische Denken einzutreten vermögen: all dies scheint für die soziologische Theorie und damit die Disziplin höchst instruktiv. Die Wahrnehmung dieser theoretischen Disziplin in den Theoriedebatten der Soziologie scheint zugleich auch überfällig – da es diese Disziplin schließlich ihrerseits mit Gesellschaften zu tun hat; und da sie ihrerseits allgemeine Konzepte und Begriffe des Sozialen oder von Gesellschaft entfaltet. Nach dem vorstehenden müsste man auch sagen: nicht in der soziologischen Theorie, sondern in der der Kultur- und Sozialanthropologie werden die ‚allgemeineren' Theorien möglich. Auch ist an die historische Nähe, sogar Untrennbarkeit beider Disziplinen zu erinnern, wie gesehen: Die Untrennbarkeit beider Disziplinen vornehmlich in der französischen Denktradition (der Durkheimiens), aber von dieser auch weit ausstrahlend. Soziologie und anthropologische Grundbegriffe – wie Institution, Reziprozität, Tausch, Verbot, Klassifikationen – sind dank ethnologischer Materialien entfaltet worden. Einige Begriffe entstammen direkt den außereuropäischen Gesellschaften (das polynesische *tabu*). Diese Theoriegeschichte der Gründung der Disziplin Soziologie als einer, die sich nicht allein und nicht einmal zuerst auf moderne Gesellschaften bezieht, wäre anzuerkennen – in all jenen Theoriediskussionen, in denen es um die Identität der Disziplin geht, also um wissenschaftstheoretische und -soziologische Fragen. Auch wären in die Theoriedebatte weitere Klassiker einzubeziehen, in einem Interesse, das insofern nicht allein historisch ist, da es bei den ‚Klassikern' um die Disziplin-konstituierenden ‚Probleme' geht (Luhmann 1988). Zugleich scheint die Integration der neueren kultur- und sozialanthropologischen Theoriedebatten relevant und produktiv – um eine tatsächlich *allgemeinere* soziologische Theorie zu entfalten; auch angesichts dessen, dass soziologische und kultur- und sozialanthropologische Theorie denselben Gegenstand haben (das kollektive, soziale oder gesellschaftliche Leben); und nicht zuletzt empirisch, im Blick auf jene globalen Verflechtungen, die das Thema postkolonialer Theorie und Forschung sind. Aus diesem, dem postkolonialen

Blick wäre es inadäquat, von ‚einer' Gesellschaft zu sprechen (einer Weltgesellschaft, z. B., in der systemtheoretischen Denkweise mit einem erneut evolutionären Konzept der Differenz von Gesellschaften). Eher wäre die Hegemonie zu thematisieren, die in dieser Behauptung impliziert ist – in einer Selbstkritik soziologischer Theorie. Für diese ist die postmoderne und postkoloniale Anthropologie hilfreich, die eine oder sogar die Hauptposition in der aktuellen Theoriedebatte des Faches scheint. Der im Wesentlichen negativen oder kritischen Denkbewegung, die darin impliziert ist, steht jene positive Denkbewegung gegenüber, die in Gestalt der (post-)strukturalen Anthropologie oder des *ontological turn* die indigenen, extramodernen oder außereuropäischen Denkweisen als solche ernst nimmt: als solche, die ihrerseits Kultur- und Gesellschaftstheorien entfalten, und die die soziologischen Grundbegriffe ebenso dezentrieren wie anreichern.

## Literatur

Abu-Lughod, Lila. 1991. Writing against culture. In Richard G. Fox (Hrsg.), *Recapturing Anthropology. Working in the Present,* 137–162. Santa Fe: School of American Research Press.
Affergan, Francis. 2008. Institution de la sociologie et naissance de l'ethnologie: une filiation en question. In Bernard Valade (Hrsg.), *Durkheim. L'institution de la sociologie,* 125–150. Paris : Puf.
Augé, Marc. 1994. *Pour une anthropologie des modernes contemporaines.* Paris: Aubier.
Balibar, Etienne. 2003. Structuralism: A Destitution of the Subject?" *differences: A Journal of Feminist Cultural Studies* 14 (1), 1–21.
Barnard, Alan 2000. *History and Theory in Anthropology.* Cambridge: Cambridge UP.
Berman, Judith. 1996. "The Culture As It Appears to the Indian Himself". Boas, George Hunt, and the Methods of Ethnography. In George W. Stocking (Hrsg.), *"Volksgeist" as method and ethic, Essays on Boasian Ethnography and the German Anthropological Tradition,* 215–256. Madison SN: University of Wisconsin Press.
Bert, Jean-François. 2022. L'anthropologie déroutante de Franz Boas : entendre, comprendre, transcrire, traduire, *Zilsel* 2 (11), 443–454.
Bessire, Lucas und Bond, David. 2014. Ontological anthropology and the deferral of critique. *American Ethnologist* 41 (3): 440–456.
Boas, Franz. 1909. *The Kwakiutl of Vancouver Island.* Memoir of the American Museum of Natural History 8, New York.
Boas, Franz. 1911. *Handbook of American Indian languages.* Bureau of American Ethnology Bulletin. 40 (1): 1–1069.
Boas, Franz. 2017. *Anthropologie amérindienne,* Paris: Flammarion.
Bogusz, Tanja und Delitz, Heike (Hrsg.). 2013. *Émile Durkheim. Soziologie – Ethnologie – Philosophie.* Frankfurt/M.: Campus.
Bonté, Pierre, und Izard, Michel (Hrsg.) 2004 [1991]. *Dictionnaire de l'ethnologie et de l'anthropologie.* Paris : puf.
Charbonnier, Pierre, Salmon, Gildas, und Skafish, Peter (Hrsg.). 2017. *Anthropology after Metaphysics.* Lanham: Rowman & Littlefield.
Clastres, Pierre. 1976 [1974]. *Staatsfeinde. Studien zur politischen Anthropologie.* Frankfurt/M.: Suhrkamp.
Clastres, Pierre. 2008 [1980]. *Archäologie der Gewalt.* Zürich: diaphanes.

Clifford, James. 1986. Introduction: Partial Truths. In Ders. und George Marcus (Hrsg.), *Writing Culture: The Poetics und Politics of Ethnography*, 1–26. Berkeley: University of California Press.

Clifford, James 1993 [1988]. Über ethnographische Autorität In Eberhard Berg, Martin Fuchs (Hg.), *Kultur, soziale Praxis, Text. Die Krise der ethnographischen Repräsentation*, 108–143. Frankfurt/M.: Suhrkamp.

Clifford, James und Marcus, George (Hrsg.) 1986. *Writing Culture: The Poetics und Politics of Ethnography*. Berkeley: University of California Press.

Deleuze, Gilles. 1975. Woran erkennt man den Strukturalismus? In *Geschichte der Philosophie. VIII: XX. Jahrhundert*, Hrsg. François Châtelet, 269–302. Frankfurt/M.: Suhrkamp.

Delitz, Heike. 2015. Bergson-Effekte. Aversionen und Attraktionen im französischen soziologischen Denken, Weilerswist: Velbrück Wissenschaft.

Delitz, Heike. 2025. Kollektive aus Menschen und Nichtmenschen: *Collectivity Studies* im Blick auf außereuropäische Begriffe von Kollektiven. *Zeitschrift für Kollektiv- und Kulturwissenschaften* 10 (1), 15–44.

Delitz, Heike, und Koch, Julia. 2022. Strukturalismus und strukturale Anthropologie. In Heike Delitz (Hrsg.), *Soziologische Denkweisen aus Frankreich*, 159–186. Springer VS.

De Saussure, Ferdinand. 1967 [1916]. *Grundfragen der allgemeinen Sprachwissenschaft*. Berlin: de Gruyter.

Descola, Philippe. 1986. *La nature domestique : symbolisme et praxis dans l'écologie des Achuar*. Paris : Editions de MSH.

Descola, Philippe. 2008. Claude Lévi-Strauss vu par Philippe Descola. *La lettre du Collège de France. Hors série. Novembre 2008: Claude Lévi-Strauss centième anniversaire*, 28–33.

Descola, Philippe. 2011 [2005]. *Jenseits von Natur und Kultur*. Berlin: Suhrkamp.

Descola, Philippe. 2016. Transformations transformed. *HAU: Journal of Ethnographic Theory* 6 (3), 33–44.

Diamond, Stanley (Hrsg.). 1979. *Toward a Marxist Anthropology*. The Hague et al.: Mouton.

Douglas, Mary. 1986 [1970]. *Ritual, Tabu und Körpersymbolik. Sozialanthropologische Studien in Industriegesellschaft und Stammeskultur*. Frankfurt/M.: Fischer.

Durkheim, Émile. 1896a. Préface. *Année sociologique* I: I–IV.

Durkheim, Émile. 1896b. La prohibition de l'inceste et ses origines. *Année sociologique* I: 1–70.

Durkheim, Émile. 1969. [1900–1901]. Sur le totémisme. *Journal sociologique*, 315–352. Paris: Puf.

Durkheim, Émile. 1994 [1912]. *Die elementaren Formen des religiösen Lebens*. Frankfurt/M.: Suhrkamp.

Durkheim, Émile, Mauss, Marcel. 1996 [1901]. Über einige primitive Formen von Klassifikation. In Émile Durkheim, *Schriften zur Soziologie der Erkenntnis,* 169–256. Frankfurt/M.: Suhrkamp.

Erikson, Thomas H. 2010. *Small Places, Large Issues: An Introduction to Social and Cultural Anthropology*, New York: Pluto Press.

Fardon, Richard, et al. 2012. *The SAGE handbook of social anthropology*. London: Sage.

Frazer, James G. 1966 [1922]. Preface. In Bronislaw Malinowski, *Argonauts of the Western Pacific. An Account of Native Enterprise and Adventure in the Archipelagoes of Melanesian New Guinea*, ii-xiii. London: Lowe & Brydone.

Graebner, Fritz. 1911. Methodologie der Ethnologie. Heidelberg: Winter.

Geertz, Clifford. 1987. ‚Deep play'. Bemerkungen zum balinesischen Hahnenkampf. In *Dichte Beschreibung: Beiträge zum Verstehen kultureller Systeme*, 202–260. Frankfurt/M.: Suhrkamp.

Godelier, Maurice. 1978. Territory and property in primitive society. *Social Science Information*, *17*(3), 399–426.

Godelier, Maurice. 1979. Epistemological Comments on the Problems of Comparing. Modes of Production and Societies. In Stanley Diamond (Hrsg.), *Toward a Marxist Anthropology*, 71–92. The Hague et al.: Mouton.

Godelier, Maurice. 2006. Anthropologie. In Sylvie Mesure und Pierre Savidan (Hrsg.), *Dictionnaire des sciences humaines*, 26–31. Paris: Puf.

Hahn, Hans Peter. 2013. *Ethnologie. Eine Einführung*. Berlin: Suhrkamp.

Holbraad, Martin und Pedersen, Morten. 2017. *Ontological Turn - an anthropological exposition*. Cambridge: Cambridge UP.

Ingold, Tim. 1996. Introduction. In Tim Ingold (Hrsg.). *Key debates in anthropology*, 15–17. London/New York: Routledge.

Joseph, Camille und Kalinowski, Isabelle. 2022. *La parole inouïe, Franz Boas et les textes indiens*, Toulouse: Anacharsis.

Kalinowski, Isabelle. 2017. Présentation. In Franz Boas, *Anthropologie amérindienne*, 7–23. Paris: Flammarion.

Karady, Victor. 1988. Durkheim et les débuts de l'ethnologie universitaire. *Actes de la recherche en sciences sociales* 74 (Recherches sur la recherche) 23–32.

Kopenawa, Davi, und Albert, Bruce. 2024. *Der Sturz des Himmels. Worte eines Yanomami-Schamanen*. Berlin: Matthes & Seitz.

Lentz, Carola. 2009. Der Kampf um die Kultur: Zur Ent- und Re-Soziologisierung eines ethnologischen Konzepts, *Soziale Welt* 60 (3): 305–324.

Leroi-Gourhan, André. 1943. *Évolution et techniques 1: L'homme et la matière*, Paris: Albin Michel.

Leroi-Gourhan, André. 1945. *Évolution et techniques 2: Milieu et techniques*, Paris: Albin Michel.

Leroi-Gourhan, André. 1981 [1964]. *Hand und Wort. Die Evolution von Technik, Sprache und Kunst*, Frankfurt/M.: Suhrkamp.

Lévi-Strauss, Claude. 1965 [1962]. *Das Ende des Totemismus*. Frankfurt/M.: Suhrkamp.

Lévi-Strauss, Claude. 1971 [1964]. *Mythologica. Das Rohe und das Gekochte*. Frankfurt/M.: Suhrkamp.

Lévi-Strauss, Claude. 1972. Nachtrag zu Kapitel 15. In *Strukturale Anthropologie*, 347–368. Frankfurt/M.: Suhrkamp.

Lévi-Strauss, Claude. 1973 [1962]. *Das wilde Denken*. Frankfurt/M.: Suhrkamp.

Lévi-Strauss, Claude. 1989 [1950]. Einleitung. In Marcel Mauss, *Soziologie und Anthropologie Band I: Theorie der Magie. Soziale Morphologie*, 7–41. Frankfurt/M.: Fischer.

Lévi-Strauss, Claude. 1993 [1949]. *Die elementaren Strukturen der Verwandtschaft*. Frankfurt/M.: Suhrkamp.

Lévi-Strauss, Claude. 2021 [1945]. Die Soziologie aus Frankreich. In *Strukturale Anthropologie Zero*, 71–124. Berlin: Suhrkamp.

Luhmann, Niklas. 1988. Arbeitsteilung und Moral. Durkheims Theorie. In Emile Durkheim, *Über soziale Arbeitsteilung. Studie über die Organisation höherer Gesellschaften*, 19–38. Frankfurt/M.: Suhrkamp.

Maniglier, Patrice. 2000. L'humanisme interminable de Claude Lévi-Strauss. *Temps Modernes*, 216–241.

Malinowski, Bronislaw. 1966 [1922]. *Argonauts of the Western Pacific. An Account of Native Enterprise and Adventure in the Archipelagoes of Melanesian New Guinea*. London: Lowe & Brydone.

Malinowski, Bronislaw. 1978a [1939]. Die Funktionaltheorie. In *Eine wissenschaftliche Theorie der Kultur*, 19–44. Frankfurt/M.: Suhrkamp.

Malinowski, Bronislaw. 1978b [1941]. Eine wissenschaftliche Theorie der Kultur. In *Eine wissenschaftliche Theorie der Kultur*, 45–171. Frankfurt/M.: Suhrkamp

Marcus, George E., Fischer, Michael M. Hg. 1986. Anthropology as Cultural Critique. An experimental Moment in the Human Sciences. Chicago, London: University of Chicago Press.

Mauss, Marcel. 1968 [1902]. L'enseignement de l'histoire des religions des peuples non civilisés à l'École des hautes études. Leçon d'ouverture. In *Œuvres* 1, 489–491. Paris: Minuit.

Mauss, Marcel. 1989a [1924]. Die Gabe. Funktion und Form des Austauschs in archaischen Gesellschaften. In *Soziologie und Anthropologie* 2, 9–144. Frankfurt/M.: Fischer.

Mauss, Marcel. 1989b [1924]. Wirkliche und praktische Beziehungen zwischen Psychologie und Soziologie. In *Soziologie und Anthropologie*, 145–173, Frankfurt/M.: Fischer.

McGee, R. Jon und Warms, Richard L. (Hrsg.). 2013. *Theory in Social and Cultural Anthropology. An Encyclopedia.* London: Sage.

Pouillon, Jean. 1975 [1966]. Structure: un essai de définition. In *Fétiches sans fétichisme,* 11–28. Paris : Maspero.

Pouillon, Jean. 1984 [1980]. Die mythische Funktion. In Claude Lévi-Strauss, Jean-Pierre Vernant (Hrsg.), *Mythos ohne Illusion,* 68–83. Frankfurt/M.: Suhrkamp.

Pouillon, Jean. 1993 (1980). La fonction mythique, in: Ders., Le cru et le su. Paris, Seuil, 37–53.

Rabinow, Paul. 1993. Repräsentationen sind soziale Tatsachen. Moderne und Postmoderne in der Anthropologie. In Eberhard Berg, Martin Fuchs (Hrsg.), *Kultur, soziale Praxis, Text. Die Krise der ethnographischen Repräsentation,* 158–199. Frankfurt/M.: Suhrkamp.

Radcliffe-Brown, Alfred R. 1952 [1935]. *Structure and Function in Primitive Society,* London: Cohen & West.

Ratzel, Friedrich. 1882. *Anthropo-Geographie. oder Grundzüge der Anwendung der Erdkunde auf die Geschichte.* Stuttgart: Engelhardt.

Rohner, Ronald P. 1969. *The Ethnography of Franz Boas. Letters and Diaries of Franz Boas Written on the Northwest Coast from 1886–1931,* Chicago/London: University of Chicago Press.

Said, Edward. 2009 (1978). Orientalismus. Frankfurt/M.: Campus.

Strathern, Marylin. 1980. No Nature, no Culture: The Hagen Case. In Carol P. MacCormack, Marilyn Strathern (Hrsg.), *Nature, Culture and Gender*, Cambridge: Cambridge UP.

Strathern, Marylin. 1988. *The Gender of the Gift. Problems with Women and Problems with Society in Melanesia.* Stanford: University of California Press.

Strathern, Marylin. 1996. For the Motion (The concept of society is theoretically obsolete). In Tim Ingold (Hrsg.). *Key debates* in *anthropology,* 50–55. London/New York: Routledge.

Tarot, Camille. 1999. *De Durkheim à Mauss, l'invention du symbolique: Sociologie et science des religions.* Paris: La Découverte.

Trouillot, Michel-Rolph, 1991. Anthropology and the Savage Slot: The Poetics and Politics of Otherness. In Richard G. Fox (Hrsg.), *Recapturing Anthropology: Working in the Present,* 17–44. Santa Fe: School of American Research Press.

Viveiros de Castro, Eduardo. 1992. *From the Enemy's Point of View: Humanity and Divinity in an Amazonian Society.* Chicago: University of Chicago Press.

Viveiros de Castro, Eduardo. 2014. On the Mode of Existence of Extramoderns. In Bruno Latour (Hrsg.), *Reset Modernity!* 491–495. Cambridge, London: MIT Press.

Viveiros de Castro, Eduardo. 2016. Die Unbeständigkeit der wilden Seele. Zürich: diaphanes.

Viveiros de Castro, Eduardo. 2019. *Kannibalische Metaphysiken. Elemente einer post-strukturalen Anthropologie.* Berlin: Merve.

Viveiros de Castro, Eduardo. 2021. *Le regard du jaguar. Introduction au perspectivisme amèrindien,* Bordeaux : Editions La Têmpete.

Van Gennep, Arnold. 1999 [1908]. *Übergangsriten (Les rites de passage).* Frankfurt/m.: Campus.

Wagner, Roy. 1981. *The Invention of Culture.* Chicago: University of Chicago Press.

# Praxistheorien

Sophia Prinz

**Zusammenfassung**

Mit ihrem Fokus auf kollektiv geteilte soziale Praktiken positionieren sich soziologische Praxistheorien jenseits von Objektivismus und Subjektivismus: Gesellschaftliche Strukturen und soziale Subjekte sind dem sozialen Geschehen somit nicht vorgängig, sondern werden durch soziale Praktiken allererst hervorgebracht. Die Handlungsträgerschaft wird dabei als situativ verteilt gedacht. Neben den menschlichen Akteur:innen sind auch nicht-menschliche Aktanten an dem Vollzug sozialer Praktiken beteiligt. Die theoretische Dezentrierung des Subjekts ist zudem mit einem erweiterten Wissensbegriff verknüpft. Der praktische Umgang mit der soziomateriellen Welt erfordert nicht nur ein kognitives «Sinnverstehen», sondern auch ein körperlich verankertes, unbewusstes Praxiswissen oder «knowing how». Neben einer theoriehistorischen Herleitung aus Marxismus, Poststrukturalismus und (Leib-)Phänomenologie geht Prinz auf methodologische Herausforderungen sowie die trans- und interdisziplinäre Anschlussfähigkeit der Praxistheorie ein.

**Abstract**

By focusing on collectively shared social practices, practice theories position themselves beyond objectivism and subjectivism: Social structures and subjects are not antecedent to social dynamics but are instead constituted through practice. This perspective

S. Prinz (✉)
Departement Design, Zürcher Hochschule der Künste (ZHdK), Zürich, Schweiz
E-Mail: sophia.prinz@zhdk.ch

entails both a reconceptualization of agency as situationally distributed among social actors and material actants as well as an expanded concept of knowledge. The actors practical engagement with the socio-material world involves not only a cognitive understanding of meaning but also embodied, primarily unconscious forms of practical knowledge or „knowing how." In addition to tracing theoretical lineages from Marxism, poststructuralism, and (embodied) phenomenology, Prinz addresses methodological challenges as well as the trans- and interdisciplinary applicability of practice theory.

Die Praxistheorie hat in den vergangenen Dekaden einen regelrechten *practice turn* (Schatzki et al. 2001) in den Sozial- und Kulturwissenschaften ausgelöst. Anders als bei anderen Schulen oder Theorietraditionen der Soziologie lässt sich jedoch nur schwerlich von *der* Praxistheorie im Singular sprechen. Vielmehr handelt es sich um ein heterogenes Feld verwandter kultursoziologischer Ansätze,[1] die trotz unterschiedlicher Schwerpunktsetzungen in einer zentralen Grundannahme übereinstimmen: Gesellschaftliche Zusammenhänge und Dynamiken lassen sich nur ausgehend von den kollektiv und übersituativ geteilten, körperlichen (Alltags-)Praktiken rekonstruieren, die von den sozialen Akteur:innen in je räumlich und zeitlich spezifischen sozio-materiellen Kontexten wiederholt ausgeführt werden. Dabei geht die Praxistheorie von einem erweiterten Wissensbegriff aus, dem zufolge im körperlichen Praxisvollzug nicht nur explizite, sprachlich kommunizierbare Wissensformen, sondern ebenfalls ein implizites Körper- oder Praxiswissen zur Anwendung kommt, das den Akteur:innen zumeist selbst nicht bewusst ist.

Mit dieser theoretischen und methodologischen Konzentration auf die körperliche Praxis möchte die Praxistheorie das Wechselverhältnis von Gesellschaft und Individuum – und damit eines der Kernprobleme der Soziologie – neu bestimmen. Dieses Wechselverhältnis wurde in den unterschiedlichen soziologischen Theorietraditionen bis dato stets zugunsten eines der beiden Pole aufgelöst: Während „objektivistische", strukturtheoretische und normorientierte Ansätze[2] potentiell alle sozialen Phänomene auf die determinierende Wirkung gesellschaftlicher Makrostrukturen zurückführen, gehen „subjektivistische", basieren interpretative und handlungstheoretische Ansätze[3] auf der mikrosoziologischen Annahme, dass sich die Gesellschaft aus den intentionalen Handlungen, Sinnzuschreibungen und Interaktionen der einzelnen Akteur:innen zusammensetzt.

Im Unterschied zu beiden Positionen geht die Praxistheorie davon aus, dass sowohl die gesellschaftlichen Strukturen als auch die Subjekte selbst durch historisch spezifische

---

[1] Für einen Überblick siehe etwa (Schatzki et al. 2001; Reckwitz 2003; Hörning and Reuter 2004; Hillebrandt 2014; H. Schäfer 2016; H. Schäfer 2017).

[2] Dazu zählen etwa die ökonomistische Spielart des Marxismus, die Durkheim-Schule, der Strukturfunktionalismus, die Systemtheorie oder die strukturalistische Anthropologie eines Lévi-Strauss.

[3] Zu nennen wären die Sozialphänomenologie, der symbolische Interaktionismus oder die Rational Choice Theorie.

soziokulturelle Praktiken hervorgebracht und reproduziert werden. Damit schlägt sie einen sozialtheoretischen Mittelweg zwischen Objektivismus und Subjektivismus ein: In den konkreten Praxiskontexten erweisen sich die sozialen Ordnungen als *relativ* stabil, die sozialen Akteur:innen hingegen als *relativ* frei.

## Theoriehistorische Einordnung

Das heterogene Feld der Praxistheorien geht auf einige theoriehistorische Herkünfte aus unterschiedlichen akademischen Kontexten und Traditionen zurück, die sich nicht alle in eine kohärente Erzählung bringen lassen. Um besser verstehen zu können, was den praxistheoretischen „Mittelweg" zwischen Makro- und Mikroperspektive gegenüber anderen Ansätzen auszeichnet, soll hier dennoch der Versuch gewagt werden, eine – wenn auch notwendigerweise verkürzte – theoriehistorische Einordnung vorzunehmen: Bei der Praxistheorie, so die These, handelt es sich um eine kultursoziologische Relektüre sowohl der Phänomenologie als auch des Marxismus durch die Brille des *linguistic turn*, insbesondere der (post)strukturalistischen Diskurstheorie. Diese Interpretation trifft sich sowohl mit Andreas Reckwitz' früher Konvergenzthese, der zufolge die Praxistheorie strukturtheoretische und (sozial)phänomenologische Kulturtheorien zusammenführt (Reckwitz 2000), als auch mit Frank Hillebrandts Charakterisierung der Praxistheorie als „poststrukturalistischen Materialismus" (Hillebrandt 2014, 53), legt aber mit der Betonung von Merleau-Pontys Leibphänomenologie als wichtiges theoriesystematisches Scharnier einen eigenen Schwerpunkt.

Zunächst zum marxistischen Erbe der Praxistheorie: Bereits der junge Marx verwendet in seinen noch humanistisch geprägten Frühschriften den Begriff der „Praxis", um dem idealistischen Junghegelianismus ein materialistisches Geschichtsverständnis entgegenzuhalten. So heißt es etwa in den *Thesen über Feuerbach*, dass der Mensch die gesellschaftlichen Strukturen, in denen er denkt und handelt, erst durch eine „menschlich sinnliche" und „gegenständliche" Praxis herstellt (Marx 1968, 5). Während Marx selbst die aktiv-gestaltende Rolle der arbeitenden Individuen in seinen späteren Schriften zugunsten eines ökonomistisch-deterministischen Gesellschaftsbildes zurücknimmt, wurde der Praxisbegriff vor allem in den kulturalistischen Spielarten des Marxismus weitergetragen. Dazu gehört beispielsweise die Praxisphilosophie von Antonio Gramsci, der Marx' Praxisbegriff mit einer alternativen Konzeption von Intellektualität verknüpft (Gramsci 1995), Merleau-Pontys leibphänomenologische Reformulierung des Klassenbewusstseins (Merleau-Ponty 1966; Merleau-Ponty 2000, 502–508), sowie daran anschließend, Pierre Bourdieus Theorie des klassenspezifischen Habitus (siehe Abschn. „Bezugsprobleme und Gegenstandsbereiche der Praxistheorie").

Neben dem marxistischen Praxisbegriff gehören auch phänomenologische Konzepte zu den wichtigen Inspirationsquellen der Praxistheorie. Allerdings gilt es auch hier zu differenzieren: Die Praxistheorie orientiert sich nicht an *der* Phänomenologie im Allgemeinen, sondern ausschließlich an solchen Ansätzen, die den „Subjektivismus" und „Mentalismus" der klassischen (sozial)phänomenologischen Perspektive überwinden und einer Dezentrierung des Subjekts Vorschub leisten. Vor allem Martin Heideggers existenziale Daseinsanalyse kann diesbezüglich als zentrale theoriehistorische Referenz der Praxistheorie gelten. So entwickelt Heidegger in *Sein und Zeit* eine streng relationale Perspektive, welche das „Dasein" des Menschen als unhintergehbares „In-der-Welt-sein" beschreibt (Heidegger 1927, 52ff.). Die Praxis spielt dabei insofern eine Schlüsselrolle, als das Dasein auf seine sozio-materielle Umwelt praktisch-interpretierend bezogen ist – oder anders ausgedrückt: Der Mensch muss stets mit dem innerweltlich Seienden „umgehen".[4]

Für die Praxistheoretiker:innen der französischen Theorietradition – wie etwa Pierre Bourdieu, Michel Foucault oder Judith Butler – war darüber hinaus Maurice Merleau-Pontys Leibphänomenologie, die Heideggers „In-der-Welt-sein" adaptiert und körpertheoretisch ausweitet, besonders prägend. Bereits in der *Phänomenologie der Wahrnehmung* (Merleau-Ponty 1966) entwickelt Merleau-Ponty einen quasi-praxistheoretischen Körperbegriff. Demnach bilden die leiblichen Subjekte erst durch die wiederholte, praktisch-sinnliche Auseinandersetzung mit der sozio-materiellen Welt ein „Körperschema" aus, mit dem sie fortan räumliche und soziale Situationen „begreifen" können. Um die gesellschaftliche Bedingtheit des Körperschemas näher zu bestimmen, verweist Merleau-Ponty sowohl auf Marx' frühen Praxisbegriff als auch auf Ferdinand de Saussures strukturale Sprachwissenschaft (Merleau-Ponty 1993; Merleau-Ponty 2000). Beide Ebenen – die gesellschaftliche Praxis und die symbolischen Strukturen – interpretiert er, ähnlich wie später die Praxistheorie, als vermittelnde „dritte Ordnung" zwischen Subjekt und Welt.[5] Allerdings betont er im Gegensatz zur strukturalistischen Orthodoxie, dass die Sprache und alle anderen sozialen Strukturen nur dann Bestand haben, wenn sie „auf irgendeine Weise von den Bevölkerungen ausgeführt" werden (Merleau-Ponty 2003, 232).

Die sprachtheoretische Dezentralisierung des Subjekts wird vom *linguistic turn*, der die Praxistheorie ebenfalls stark beeinflusst hat, weiter vorangetrieben: Das denkende und handelnde Subjekt sei demnach lediglich Effekt der ihm vorgängigen sprachlichen, diskursiven oder symbolischen Ordnungen. Im Unterschied zum klassischen Strukturalismus, gehen jedoch die Poststrukturalisten nicht mehr von einer stabilen, in sich geschlossenen Struktur aus (langue), sondern stellen den genuinen Praxischarakter von Sprache (parole) heraus. Demnach werden die sprachlichen Bedeutungen erst in den historisch kontingenten „diskursiven Praktiken" und quasi-materiellen Aussageformationen (Foucault 1981, 70ff.) hervorgebracht. Ein analoger Gedanke findet sich auch in Ludwig Wittgensteins Gebrauchstheorie der Sprache (Wittgenstein 2003).[6] So nimmt etwa Wittgensteins Konzept des „Regelfolgens" die praxistheoretische Annahme vorweg, dass

---

[4] „Umgang" ist Heideggers Übersetzung von griech. *praxis* (Luckner 2007, 40).
[5] Vgl. dazu ausführlich (Prinz 2017).
[6] Insbesondere Theodore Schatzki und Hilmar Schäfer nehmen auf Wittgenstein Bezug (Schatzki 1996; H. Schäfer 2013).

die konkreten Praxisvollzüge zwar übersituativ betrachtet eine gewisse Regelmäßigkeit oder „Familienähnlichkeit" aufweisen, aber niemals identisch sind (H. Schäfer 2013, 27–33).

Die Praxistheorie geht jedoch insofern über den *linguistic turn* und *cultural turn* hinaus, als sie den Kulturbegriff nicht vornehmlich sprachlich, textualistisch oder semiotisch auslegt, sondern – im Rückgriff auf den vorangegangenen historischen Materialismus und die Existenzial- und Leibphänomenologie – auch die materiellen und nicht-repräsentationalen Formationen von Gesellschaft in ihre Analyse miteinbezieht. Dazu gehört zum einen das von der eigenen sozialen Situiertheit bedingte Körper der sozialen Akteur:innen und zum anderen die dinglichen, medialen, räumlichen und technologischen Infrastrukturen, die in die praktischen Tätigkeiten der Akteur:innen direkt oder indirekt involviert sind (siehe Abschn. „Wie wird Sozialität gefasst").

Neben der theoriehistorisch dominanten Linie Marxismus – Phänomenologie – *linguistic turn* dürfen jedoch zwei weitere Referenzen aus dem angloamerikanischen Kontext nicht unerwähnt bleiben: So beziehen sich etwa die praxeologische Wissenssoziologie (Bohnsack 2017) und die praxistheoretische Methodendiskussion (Schmidt 2012, 33ff.; Meyer 2015) auf Harold Garfinkels streng empirisch ausgerichtete Ethnomethodologie (Garfinkel 1967), die in Abgrenzung von dem Mentalismus der interpretativen Tradition die konkreten Praktiken der intersubjektiven Bedeutungsproduktion in den Blick nimmt. Demnach lassen sich sozial geteilte Sinnzusammenhänge nicht abstrakt bestimmen, sondern werden in der alltäglichen „Vollzugswirklichkeit" durch die „accomplishments" der interagierenden Akteur:innen immer wieder aus Neue hervorgebracht und aufrechterhalten (Eickelpasch 1982, 10).

Auch im Pragmatismus finden sich einige der Praxistheorie verwandte Theorieelemente. Dazu gehört zweifelsohne die Betonung der situativen Kreativität des Handelns: Soziale Akteur:innen, so die pragmatistische Grundthese, sind stets mit praktisch-sinnlichen Herausforderungen konfrontiert, die eine experimentelle Umgangsweise erfordern (Bogusz 2009; H. Schäfer 2012; Volbers 2015; Hillebrandt 2021). Allerdings ist umstritten, ob sich der Pragmatismus tatsächlich unter die Praxistheorien fassen lässt oder eher als theoretische Parallelentwicklung zu verstehen ist.

## Wie wird Sozialität gefasst

Anstatt die Makro- oder Mikroebene zu priorisieren, also das Soziale entweder ausgehend von übergeordneten gesellschaftlichen Strukturen oder den intentional ausgeführten Handlungen der Individuen zu erklären, setzt die Praxistheorie bei den weitgehend unreflektiert ausgeführten, sozialen (Alltags-)Praktiken als soziologische Basiseinheit an. So trivial dieser Ansatz zunächst klingen mag, so komplex sind doch die ihm zugrundeliegenden theoretischen und methodologischen Annahmen. Denn nicht alles, was soziale Akteur:innen in ihrem Alltag so tun, ist schon eine soziale Praxis. Ein Handlungsakt lässt sich erst dann als Teil einer sozialen Praxis verstehen, wenn es sich um die Reproduktion einer kollektiv geteilten Tätigkeit oder eines „man tut" handelt. Eine soziale Praxis ist folglich niemals singulär, sondern zeichnet sich gerade dadurch aus, dass sie von verschiedenen Mitgliedern einer gesellschaftlichen Gruppierung in räumlich und zeitlich divergenten Kontexten in ähnlicher, jedoch niemals identischer Weise ausgeführt wird. Es handelt sich mithin um „a temporally and spatially dispersed nexus of doings and sayings" (Schatzki 1996, 89) oder „patterns of performances" (Rouse 2007, 499). Zu diesen kollektiven „doings and sayings" gehören so unterschiedliche Praktiken wie Zähneputzen, Fußball spielen, Einkaufen gehen oder emails beantworten. All diese Tätigkeiten folgen einem bestimmten Muster, ohne dass sie tagtäglich immer genau gleich ausgeführt werden.

Im Unterschied zu normtheoretischen Ansätzen geht die Praxistheorie *nicht* davon aus, dass die Kohärenz von kollektiven Praktiken durch übergeordnete soziale Normen gewährleistet wird. Die Gleichförmigkeit sozialer Praktiken stellt sich vielmehr durch die weitgehend unbewusst ausgeführten Praxisvollzüge selbst her, das heißt als empirische Regelmäßigkeiten ohne regulative Metaebene. Die Praxistheorie zeichnet sich somit durch eine „flache Ontologie" (Schatzki 2016) aus, die jenseits der Praxis keine weiteren Kausalinstanzen kennt. Das bedeutet, dass sich sowohl die gesellschaftlichen Strukturen als auch die handelnden Akteur:innen durch die Praxis allererst konstituieren: „both social order and individuality […] result from practices." (Schatzki 1996, 13). Oder anders formuliert: Es gibt keine Gesellschaft und keine Subjekte vor oder jenseits der Praxis.

Doch wenn es weder die übergeordneten Strukturen noch die individuellen Handlungsentscheidungen sind, die der Reproduktion sozialer Praktiken zugrundeliegen, welche Faktoren sorgen dann für ihre Gleichförmigkeit? Die Praxistheorie hat darauf mehrere Antworten, die je nach Erkenntnisinteresse der Autor:innen und theoretischem Zuschnitt ihres Ansatzes unterschiedlich ausfallen. Dabei spielen stets vier miteinander verschränkten Dimensionen in veränderter Gewichtung eine Rolle:[7] erstens die Wissensordnungen, zweitens die räumlichen und materiellen Formationen sowie drittens die Körper der Subjekte. Zusammengehalten und (de-)stabilisiert werden diese verschiedenen Ordnungen (Wissen, Dinge, Körper) viertens durch die ihnen inhärenten Machtverhältnisse.

## Wissensordnungen

Im Anschluss an den *linguistic* und *cultural turn* vertritt die Praxistheorie die kultursoziologische Annahme, dass alle gesellschaftlichen Bereiche von sozio-kulturellen Wissensordnungen durchzogen sind. Das bedeutet, dass in allen Praktiken kollektiv geteiltes Wissen auf die ein oder andere Weise verarbeitet und (re-)produziert wird. Dabei gilt zu unterscheiden zwischen dem „veräußerten" bzw. „objektivierten" Wissen, von dem hier zunächst die Rede sein soll, und dem impliziten Praxis- oder Körperwissen der Akteur:innen, das erst im Abschnitt „Körper" näher erläutert wird.

---

[7] Vergleiche dazu auch (Reckwitz 2003; Schmidt 2012, 51ff.; Shove et al. 2012, 22–25; H. Schäfer 2013, 327ff.; Hillebrandt 2014, 57ff.).

Bei dem *objektivierten Wissen*, das von den Praxistheoretiker:innen entweder als „(Bild-)Diskurs" (u. a. Judith Butler; Michel Foucault), als „objektiviertes kulturelles Kapital" oder feldspezifische „doxa" (Pierre Bourdieu), als „Zeichensysteme" (Cultural Studies) oder als „In- und Deskriptionen" bzw. „inscription devices" (Actor Network Theory) analysiert wird, handelt es sich um all die materialisierten Formen von Wissen, die vermittels Text- und Bildmedien oder anderer materieller Zeichenträger in einer Gesellschaft zirkulieren. Dabei geht die Praxistheorie *nicht* davon aus, dass diese Wissensordnungen auf metaphysische Wahrheiten zurückgehen, eine soziale Realität abbilden oder ein individuelles Sinnverstehen ausdrücken. Im Anschluss an Michel Foucaults Begriff des Diskurses[8] ist vielmehr davon auszugehen, dass das verobjektivierte Wissen die „sayings" (Schatzki) einer Zeit allererst bedingt. Es gibt mit anderen Worten kein denkendes und sprechendes Subjekt, das dem Diskurs vorgängig wäre, vielmehr wird es umgekehrt durch die Wissensordnungen als solches erst hervorgebracht. Oder wie man es mit dem Vokabular von Pierre Bourdieu ausdrücken könnte: Alle sozialen Akteur:innen, die unter ähnlichen gesellschaftlichen Daseinsbedingungen sozialisiert worden sind, teilen ähnliche Denkschemata (Bourdieu 1987, 97ff.). Dabei ist entscheidend, dass es sich bei den soziokulturellen Wissensordnungen nicht um feststehende Bedeutungsstrukturen handelt, sondern um dynamische und historisch kontingente Gebilde, deren Fortbestand davon abhängt, dass sie in den konkreten diskursiven Praktiken reproduziert werden. In diesem Sinne charakterisiert Foucault den Diskurs auch als quasi-materielle Formationen von Aussagen, die sich lediglich hinsichtlich ihrer empirischen Regelmäßigkeiten analysieren lassen und potentiell stets Verschiebungen unterworfen sind (Foucault 1981, 70ff.) – ein Umstand, den etwa Judith Butler in ihrer Theorie der Performativität hervorhebt (Butler 1990; Butler 1993).

## materielle Formationen

Wie bereits der Hinweis auf die materiellen Zeichenträger und die Quasi-Materialität des Diskurses andeutet, sind die Wissensordnungen mit einer weiteren Dimension der Praxis, den räumlich-materiellen Formationen eng verknüpft: Alle Wissensordnungen basieren auf einem materiellen Medium, um unabhängig von den einzelnen Individuen übersituativ zirkulieren zu können. Allerdings erschöpft sich die soziale Wirksamkeit von materieller Kultur nicht darin, Codes oder Bedeutungen zu transportieren. Wie insbesondere die Science and Technology Studies, die Actor-Network-Theory, sowie in jüngerer Zeit die Vertreter:innen des New Materialism und der Postphänomenologie herausgestellt haben, sind die materiellen Elemente, die direkt oder indirekt in den Praxisvollzug eingebettet sind –

---

[8] Während Andreas Reckwitz Michel Foucaults Diskurstheorie als „textualistisch" einstuft und daher nicht zu den Praxistheorien zählt (Reckwitz 2003, 298), hebt Hilmar Schäfer hervor, dass Foucault schon hier eine praxistheoretische Perspektive vertritt (H. Schäfer 2013, 124). Ebenso betont Franka Schäfer, dass der Diskurs eine zentrale Rolle für soziale Praktiken spielt (F. Schäfer 2023).

seien es Artefakte, Technologien, Hardware, Architekturen, Infrastrukturen, Pflanzen, Rohstoffe etc. – auch konkret-physisch an der gesellschaftlichen Ordnungsbildung beteiligt. Mehr noch: Bruno Latour geht sogar soweit zu behaupten, dass die Artefakte – im Sinne einer „symmetrischen Anthropologie" (Latour 2008, 125ff.) – als nicht-menschliche Aktanten oder stumme Handlungsträger verstanden werden müssen, die aufgrund ihrer materiellen Widerständigkeit bestimmte soziale Praktiken, Umgangsweisen oder Wissensformen erst ermöglichen oder im Grenzfall ihren menschlichen Interaktionspartner:innen sogar ein bestimmtes Verhalten abverlangen (Latour 2007, 109–149). (Simples Beispiel: die kollektiv geteilte Praxis des Fahrradfahrens konnte erst entstehen, als sich das Fahrrad als Fahrzeug durchgesetzt hat). Dabei lassen sich die Artefakte nicht isoliert betrachten, sondern verweisen stets auf weitere materielle, diskursive und menschliche „Aktanten", die – im Sinne von Heideggers „Zeugganzheit", Foucaults „Dispositiv", Deleuzes „Gefüge" oder Latours „Netzwerk" – als komplexer und weitverzweigter Ermöglichungsgrund verschiedener, miteinander assoziierter Praktiken gelten können (in Falle des Fahrrads: Regencapes, Fahrradwege, Gummiproduktion, globaler Handel, etc.). Tatsächlich lässt sich keine Tätigkeit vorstellen, die nicht auf die ein oder andere Weise von Artefakten bedingt oder gestützt wird. Dabei sind die stummen „Aktionsprogramme" der Artefakte bzw. sozio-materiellen Konstellationen nicht in Stein gemeißelt, sondern können aufgrund von (technischen) Störungen versagen[9] oder von den Akteur:innen durch Umgestaltungen oder Zweckentfremdung aktiv abgeändert werden (Latour 1996).

## Körper

Das Beispiel des Fahrradfahrens macht deutlich, dass für die Reproduktion kollektiver Praktiken drittens das körperlich verankerte „implizite Praxiswissen" entscheidend ist. Dieser Begriff, der sich u. a. aus der Leibphänomenologie herleitet (siehe Abschn. „Theoriehistorische Einordnung"), besagt, dass im Praxisvollzug neben dem diskursiven Wissen immer auch ein körperlich sedimentiertes Wissen oder ein „ich kann" (Merleau-Ponty 1966, 166) zur Anwendung kommt. Die:der Akteur:in muss beispielsweise nicht jeden Tag aufs Neue lernen, wie man Fahrrad fährt, sondern kann die bereits inkorporierten Fähigkeiten jederzeit abrufen. Doch nicht nur bei einfachen alltäglichen Handgriffen oder Tätigkeiten kommt das Praxiswissen zum Einsatz. Auch in komplexeren sozio-materiellen Interaktionen „weiß" die:der Akteur:in intuitiv, wie sie:er sich in einer bestimmten Situation zu verhalten, zu sprechen oder zu bewegen hat. Dieses implizite Praxiswissen ist nicht angeboren, sondern wird erst durch die wiederholte Auseinandersetzung mit den praktischen Herausforderungen der sozio-materiellen Welt eingeübt. Wie Bourdieu herausgestellt hat, bilden die Akteur:innen daher in Abhängigkeit von ihrer jeweiligen sozialen

---

[9] Heidegger zufolge wird das alltäglich „Zuhandene" erst dann als solches einsichtig, wenn es sich aufgrund einer Störung des selbstverständlichen Zugriffs sich entzieht und somit „Vorhanden" wird (Heidegger 1927, 72ff.).

Position (bzw. der sozialen Position ihrer Eltern) klassen- und geschlechtsspezifische „Wahrnehmungs-, Denk- und Handlungsschemata" aus, die sich zu einem „System dauerhafter [und übertragbarer] Dispositionen" (Bourdieu 1976, 165; Bourdieu 1987, 98) bzw. einem „Habitus" sedimentieren. Für Bourdieu bildet der unreflektierte, körperliche Habitus die zentrale Gelenkstelle zwischen sozialer Struktur und Individuum, da die Akteur:innen dazu neigen, die sozialen Daseinsbedingungen, die der Ausbildung ihres eigenen Habitus zugrunde liegen, in ihren eigenen Praxisvollzügen zu reproduzieren. Er bezeichnet daher die Habitusformen auch als „strukturierte Strukturen, die wie geschaffen sind, als strukturierende Strukturen zu fungieren" (Bourdieu 1987, 98).[10]

Insbesondere in der Sportsoziologie, den Gender Studies, den Disability Studies oder der Rassismustheorie spielt die soziale Zurichtung des Körpers sowie das damit einhergehende „Körperwissen" auf unterschiedliche Weise eine zentrale Rolle. Neben Bourdieus Habituskonzept werden dabei auch poststrukturalistische, phänomenologische und posthumanistische Körpertheorien aufgegriffen. So begreift beispielsweise die postphänomenologische Rassismustheorie rassistische Wahrnehmungs-, Denk- und Handlungsschemata als Teil eines inkorporierten Praxiswissens (Alcoff 2006; Ngo 2016).

## Macht

Die empirische Regelmäßigkeit sozialer Praktiken hängt schließlich mit einem vierten Aspekt zusammen, der je nach Ausrichtung und Erkenntnisinteresse von den Praxistheoretiker:innen unterschiedlich stark berücksichtigt wird: der Aspekt der „Hegemonie" (Gramsci), der „Macht" und „Normalisierung" (Foucault, Butler) sowie des „symbolischen Kapitals", der „doxa" und der „symbolischen Gewalt" (Bourdieu).[11] Im Gegensatz zu traditionellen Vorstellungen von Macht und Herrschaft, die Macht einer bestimmten Person oder Klasse zuordnen, handelt es sich bei den praxistheoretischen Machtbegriffen um strikt relationale Konzepte. Machteffekte und soziale Unterschiede werden demnach in und durch Praxiskonstellationen erst hergestellt und reproduziert. Dabei wird die Macht nicht unilateral von einer Personengruppe (die Herrschenden) auf eine andere (die Beherrschten) ausgeübt, vielmehr tragen alle Akteur:innen und Aktanten dazu bei, soziale Ungleichheiten und Exklusionen zu perpetuieren. Diese „Kompliz:innenschaft" mit der Macht ist vor allem darauf zurückzuführen, dass die Akteur:innen ihr eigenes implizites Praxiswissens nicht hinterfragen (können) und somit die bestehenden diskursiven sowie sozio-kulturellen und -materiellen Ordnungen als „natürlich" ansehen: Sei es die Heteronormativität (Butler 1990; Butler 1993) und die männliche Herrschaft (Bourdieu 2005); die Klassenhierarchie und doxische Unterwerfung unter die Regeln eines Feldes (Bourdieu 1982; Bourdieu 1987, 123–126); die Ausschließung des „Wahnsinns" und die körper-

---

[10] In *Entwurf einer Theorie der Praxis* heißt es analog: „strukturierte Strukturen, die geeignet sind, als strukturierende Strukturen zu wirken" (Bourdieu 1976, 165).
[11] Vgl. dazu (H. Schäfer 2013, 358ff.).

liche (Selbst-)Disziplinierung (Foucault 1976; Foucault 2003a); oder das eurozentrische „Othering" von nicht-westlichen Kulturen und Subjekten (Said 1978; Hall 1997).

Trotz der Omnipräsenz von Macht/Wissensregimen räumt die Praxistheorie den Subjekten dennoch eine „relative Freiheit" ein – das heißt, dass es nicht vollständig von seinen Daseinsbedingungen determiniert wird, sondern grundsätzlich die Möglichkeit hat, sich anders zu verhalten. Allerdings schätzen die verschiedenen Praxistheoretiker:innen die Potentiale und Grenzen dieses Möglichkeitsraums unterschiedlich ein: Während etwa Bourdieu davon ausgeht, dass die Akteur:innen ihre sozialen „Erstkonditionierungen in Gestalt des Habitus" (Bourdieu 1987, 117) nicht grundsätzlich abschütteln können (Hysteresis-Effekt), nehmen andere Praxistheoretiker:innen wie Judith Butler und der späte Michel Foucault die „Widerständigkeit" von Praktiken in den Blick. So verortet Butler in der „Iterabilität" des doing gender, das heißt in der Tatsache, dass vergeschlechtlichende Praktiken permanent wiederholt werden müssen, um fortzubestehen, die Möglichkeit einer Verschiebung von existierenden Macht-/Wissens-Ordnungen (Butler 1993). Und Michel Foucault untersucht in seinem Spätwerk, wie Subjekte auf sich selbst gestaltend einwirken (Selbsttechnologien) und eine „Haltung der Kritik" gegenüber den bestehenden Machtordnungen einnehmen können (Foucault 1992; Foucault 2005a).

## Bezugsprobleme und Gegenstandsbereiche der Praxistheorie

Trotz ihrer Betonung eines theoriesystematischen „Mittelwegs" ist es der Praxistheorie bislang nicht gelungen, die alte soziologische Spannung zwischen Makro- und Mikrosoziologie, Objektivismus und Subjektivismus oder Strukturalismus und Phänomenologie gänzlich zu überwinden. Je nach Erkenntnisinteresse und Gegenstandsbereich tendieren sie eher zu strukturalistisch-makrosoziologischen Modellen, die die Kollektivität und Reproduktion von Praktiken betonen, oder zu phänomenologisch-mikrosoziologischen Analysen, die auf den Körper und dessen Interaktionen mit der Umwelt fokussieren und sich insbesondere für Abweichungen und Störungen des Praxisvollzugs interessieren.[12] In diesem Sinne kann zwischen Bezugsproblemen und Gegenstandsbereichen der Praxistheorien nicht sinnvoll unterschieden werden. Im Folgenden werden exemplarisch einige Positionen vorgestellt, die für die praxistheoretische Debatte zentrale Referenzen darstellen und bereits in den vorangegangenen Abschnitten erwähnt wurden.

---

[12] Zu ersteren können etwa die Arbeiten von Andreas Reckwitz gezählt werden (Reckwitz 2006; Reckwitz 2017), während letztere Perspektive in jüngerer Zeit beispielsweise von Thomas Alkemeyer vertreten wird (Alkemeyer 2019). Zur Theorie der Instabilität von Praxis siehe auch (H. Schäfer 2013).

## Bourdieu: Klassen und Lebensstile, Felder und Spielregeln

Pierre Bourdieu gilt als einer der zentralen Referenzautoren der gegenwärtigen Praxistheorie. Aus der Perspektive eines „genetischen Strukturalismus" (Bourdieu 1992, 31) beschäftigt er sich vor allem mit der Reproduktion von sozialer Ordnung und der Stabilität von Praxis. Dabei spielen zwei Konzepte eine zentrale Rolle: der Begriff der „Klasse" und der Begriff des sozialen „Feldes".

Bourdieu vertritt im Unterschied zum traditionellen Marxismus einen kulturalistischen Klassenbegriff, wonach sich soziale Unterschiede nicht nur auf die Ungleichverteilung von ökonomischem Kapital zurückführen lassen, sondern auch in Form des (inkorporierten) „kulturellen" und „symbolischen" Kapitals weitergegeben werden. Diese kulturelle Dimension von Klasse lässt sich etwa am Beispiel von Konsumpräferenzen und Lebensstilen aufzeigen (Bourdieu 1982): Akteur:innen, die in einem bürgerlichen Elternhaus aufgewachsen sind und somit die Praxis des „ästhetischen Blicks" schon von Kindesbeinen eingeübt haben, können in puncto Geschmacksfragen ihre scheinbar „natürliche" Überlegenheit gegenüber Akteur:innen demonstrieren, die aufgrund ihrer familiären Herkunft keinen entsprechenden Habitus ausgebildet haben. Da die Geschmacksdisposition – anders als deklaratives Wissen – nicht im Nachhinein durch (Schul-)Bildung erworben werden kann, eignet sich das ästhetische Urteil Bourdieu zufolge besonders gut als Distinktionspraxis, d. h. als ein „Unterschiede setzende[s] Verhalten" (Bourdieu 1982, 62).

Während der Klassenbegriff den gesamten sozialen Raum abdeckt, nimmt Bourdieu mit dem Konzept des „sozialen Feldes" die funktionale Ausdifferenzierung von modernen Gesellschaften in den Blick. Demnach setzt sich eine Gesellschaft aus mehreren relativ autonomen Feldern zusammen – wie dem Kunstfeld (Bourdieu 1999), dem politischen Feld, dem ökonomischen Feld oder dem akademischen Feld –, die jeweils spezifischen Herrschaftsstrukturen und „Spielregeln" gehorchen. Um in einem Feld reüssieren zu können, müssen die Akteur:innen nicht nur den richtigen Einsatz – d. h. ein bestimmtes (inkorporiertes) kulturelles Kapital – mitbringen, sondern auch ein feldspezifisches Praxiswissen oder „Sinn für das Spiel" (Bourdieu 1987, 122) ausgebildet haben, das es ihnen erlaubt, sich strategisch geschickt zu verhalten und die eigene Position im Feld zu stärken.

Sowohl die Lebensstilanalyse als auch die Feldtheorie wurde in einer Vielzahl von soziologischen Kontexten aufgegriffen, weitergedacht und immer wieder kritisiert – dabei stand u. a. die mangelnde Berücksichtigung der materiellen Dimension von Gesellschaft, die Vernachlässigung intersektionaler Diskriminierungsformen oder die einseitige Betonung der Reproduktion sozialer Ordnungen im Fokus der Debatte.

## Cultural Studies: Populärkultur und signifizierende Praktiken

Ähnlich wie Bourdieu beschäftigen sich auch die Cultural Studies mit Konsum als soziokultureller Praxis, fassen die Konsument:innen jedoch als aktive Ko-Produzent:innen von Bedeutung auf. Dies hat mit dem anders gelagerten Erkenntnisinteresse der Cultural Studies zu tun: Zwar beziehen sich auch die Vertreter:innen der Cultural Studies u. a. auf (post-)strukturalistische, semiotische und marxistische Theorieelemente, gehen dabei aber von einem grundsätzlich dynamischen Kulturbegriff aus. Das bedeutet, dass sie nicht bei der habitusbasierten Reproduktion von klassenspezifischen Lebensstilen ansetzen, sondern im Gegenteil jene alltäglichen „signifying practices" fokussieren, in denen hegemoniale Wissensordnungen unterlaufen und kulturelle Zeichenträger um- oder resignifiziert werden (Hillebrandt 2011; Hillebrandt 2014, 18ff.). Diese analytische Ausrichtung auf die konkrete „widerständige" Aktivität der Konsument:innen korrespondiert mit dem Gegenstandsbereich der Cultural Studies. Statt die Ordnung und Mechanismen der „legitimen Kultur" zu untersuchen, konzentrieren sich die empirischen Analysen der Cultural Studies vorwiegend auf die Medien und Praktiken der Jugend- und Populärkultur. Sei es die „oppositionelle" Lesart von Medieninhalten (Fiske 1989; Hall 2019), die pop- und subkulturelle Umkodierung von Kleidungsstücken und Alltagsgegenständen (Willis 1978; Hebdige 1979) oder die ambivalente Popularisierung von feministischen Ansätzen in der Mädchenkultur (McRobbie 1993). Die praxistheoretische Analyse von Popkultur wird gegenwärtig beispielsweise von Frank Hillebrandt, Anna Daniel und Franka Schäfer weiterverfolgt. Im Unterschied zu den klassischen Ansätzen der Cultural Studies, die sich vornehmlich auf die Analyse von subkulturellen Zeichensystemen konzentrieren, beziehen sie gezielt auch die materielle und körperliche Dimension der Musikpraktiken sowie verschiedene Kontexte, Netzwerke und Infrastrukturen der Musikproduktion, -rezeption und -distribution in die Analyse mit ein (Daniel and Hillebrandt 2019).

Zudem können die Visual Culture Studies, die Material Culture Studies sowie die Postcolonial Studies, die an das Theorie- und Forschungsprogramm der Cultural Studies anschließen, als praxistheoretisch ausgerichtete Forschungsperspektiven gelten.

## Foucault: Gouvernementalität und Selbsttechnologien

Während umstritten ist, ob Michel Foucaults Diskurs- und Machttheorie bereits zu den Praxistheorien gezählt werden können,[13] steht außer Zweifel, dass er spätestens in seine Auseinandersetzungen mit der (neoliberalen) Gouvernementalität (Foucault 2003b) und den (antiken) Selbsttechnologien (Foucault 2005b) eine komplexe praxistheoretische Perspektive entwirft. In beiden – historisch sehr weit auseinanderliegenden Fällen – geht es Foucault um die Frage, wie sich die heterogenen „Dispositive der Macht" und die „relative Freiheit" des Subjekts zueinander ins Verhältnis setzen lassen. Im Unterschied zu seinem früheren Modell der Disziplinarmacht, das noch von einer unilateralen Unterwerfung des körperlichen Subjekts ausgeht (Foucault 1976), begreift er die (neoliberale) „Regierungskunst" als eine indirekte Form der Führung, die bestimmte Handlungen eher wahrscheinlich macht als andere (Foucault 2005a, 285ff.). Das bedeutet, dass die Macht-Dispositive die Praxisvollzüge nicht unmittelbar vorzeichnen, sondern einen „Möglichkeitsraum"

---

[13] Siehe FN 8.

aufspannen, der eine gewisse Spannbreite an legitimen Praktiken zulässt. Unter dem Stichwort der „Selbsttechnologien" untersucht Foucault darüber hinaus jene Praktiken, die auf die Transformation des eigenen Selbst abzielen – wie Tagebuchschreiben, Diäten oder Gymnastik. Das Subjekt ist demnach den Dispositiven nicht nur passiv ausgeliefert, sondern aktiv an der Gestaltung des eigenen Selbst beteiligt (Foucault 2005b).

Wie die Governmentality Studies im Anschluss an Foucaults kritische Analyse des Neoliberalismus herausgearbeitet haben, zielt die neoliberale Regierungskunst genau auf die Steuerung von Selbsttechnologien ab: das Individuum wird dazu verleitet, sich als ein „unternehmerisches Selbst" zu imaginieren, das für das eigene ökonomische und soziale Schicksal Verantwortung trägt und daher stets darum bemüht ist, sich in allen Lebensbereichen – sei es Arbeit, Freizeit, Ernährung, Familie etc. – zu optimieren (Bröckling et al. 2000; Bröckling 2007).

## Butler: Die Performativität von Geschlecht

Die für die gegenwärtige Queer und Gender Studies höchst einflussreiche dekonstruktive Gendertheorie von Judith Butler untersucht u. a. im Anschluss an Michel Foucaults Diskurstheorie, John L. Austins Sprechakttheorie sowie Jacques Derridas Konzept der Iterabilität die performative Herstellung von Geschlechternormen (Butler 1990; Butler 1993).[14] Demnach bestehen Macht-Wissens-Ordnungen nicht unabhängig von alltäglichen Praktiken, sondern müssen immer wieder aufs Neue aufgeführt werden, um weiterhin gültig zu bleiben und Wirksamkeit zu entfalten. In diesem Sinne sind die vergeschlechtlichenden Kategorien von (sozio-kulturellem) „gender" und (biologischen) „sex" keine natürlichen Gegebenheiten, sondern sozial konstruierte Realitäten, die erst durch die alltägliche Performativität von Geschlecht hervorgebracht und stabilisiert werden. Für Butlers Argumentation ist ferner zentral, dass sie in der Iterabilität (Wiederholbarkeit) der performativen Akte das Potential für eine Subversion der Geschlechternormen sieht: „The possibilities of gender transformation are to be found precisely in the arbitrary relation between such acts, in the possibility of a failure to repeat, a de-formity, or a parodic repetition that exposes the phantasmatic effect of abiding identity as a politically tenuous construction." (Butler 1990, 179)

Praxistheoretisch formuliert, versteht Butler also Geschlechtsidentität als „(bodily) do-ings instead of be-ings" (Schatzki 1996, 46) wobei ihr wiederholt vorgehalten wurde, dass sie die Erfahrungsdimension des Körpers und das inkorporierte Praxiswissen nicht genug einbezieht. Sara Ahmeds *Queer Phenomenology* (Ahmed 2006), die die sozio-materielle „Orientiertheit" von Räumen und die damit einhergehende Exklusion nicht-konformer Körperpraktiken und Beziehungsformen kritisch hinterfragt, kann in diesem Sinne als eine post-phänomenologische Ergänzung der queerfeministischen Performativitätstheorie gelten.

---

[14] Zu Butlers Rezeption von Derrida siehe auch (Moebius 2008).

## ANT: symmetrische Anthropologie

Die Science and Technology Studies und insbesondere die Actor Network Theory, die u. a. von Michel Callon, Madeleine Akrich und Bruno Latour in den 1980er-Jahren entwickelt worden ist, zeichnet sich gegenüber anderen praxistheoretischen Ansätzen dadurch aus, dass sie die soziale Wirkmacht der nicht-menschlichen und dinglichen Aktanten besonders konsequent in den Vordergrund gerückt haben (Akrich and Latour 1992).

Ausgangspunkt dafür waren die wissenschaftssoziologischen Laborstudien, in denen etwa Bruno Latour und Steve Woolgar mithilfe ethnographischer Beobachtungen aufzeigen konnten, dass wissenschaftliche Fakten durch das komplexe Zusammenspiel heterogener Entitäten (dem Laborsetting, den wissenschaftlichen Diskursen, den Technologien und Instrumenten, den Wissenschaftler:innen) erst als „objektive" Gegenstände produziert werden (Latour et al. 1979). In der Folge verallgemeinert Latour diesen Ansatz zu einer „symmetrischen Anthropologie" (Latour 2008), der zufolge Handlungen nicht den menschlichen Akteur:innen allein zuzuschreiben sind, sondern in der relationalen Assoziation von menschlichen Akteur:innen und nicht-menschlichen Aktanten entstehen (Latour 2007). Dazu können so unterschiedliche Dinge und „Hybride" wie Bodenschwellen, Türschlösser, Pistolen, architektonische Infrastrukturen, Mikroben, Erdschichten oder das Ozonloch gehören – all diese Aktanten können Teil von größeren sozio-materiellen Verflechtungszusammenhängen sein und somit dazu beitragen, dass sich bestimmte Praktiken vollziehen. Wenn Praktiken in diesem Sinne als Ergebnis von potenziell unendlich verzweigten relationalen Assoziationen heterogener Entitäten verstanden werden, geraten jedoch übergeordnete soziale Strukturen und Machtverhältnisse sowie das inkorporierte Praxiswissen der Subjekte leicht aus dem Blick.

## Methodologische Konsequenzen

Der praxistheoretische Mittelweg zwischen Objektivismus und Subjektivismus hat auch weitreichende methodologische Konsequenzen, da sich die Analyse von kollektiv geteilten, übersituativ gültigen Praktiken weder auf einen methodologischen Holismus noch auf einen methodologischen Individualismus verlassen kann. Vielmehr gilt es, beide Aspekte der sozialen Praxis – die Aspekte der quasi-strukturellen Regelmäßigkeit von Praxis auf der einen und die situative Ausprägung von individuellen Praxisvollzügen auf der anderen Seite – gleichermaßen zu erfassen. Hinzu kommt, dass sich die Praxistheorie gegen die „scholastische" Tradition[15] der Sozial- und Gesellschaftstheorien abgrenzt (Schmidt 2012, 28ff.; Hillebrandt 2014, 26ff.; Hillebrandt 2015). Das bedeutet, dass sie sich zwar an einigen theoretischen Leitideen orientiert, ihren Gegenstandsbereich – die soziale Praxis – aber nicht mithilfe einer feststehenden gesellschafts- und sozialtheoretischen Grammatik durchdekliniert. Im Gegenteil: Da die soziale Praxis als ein emergentes Phänomen ver-

---

[15] Zu einer praxistheoretischen Kritik der scholastischen Vernunft siehe (Bourdieu 2001).

standen wird, welches die sozialen Ordnungen und Subjektivierungsweisen allererst hervorbringt, muss die heuristische „tool-box" (Foucault 2002, 651) je nach empirischem Gegenstand neu justiert werden. Der potenzielle Gegenstandsbereich der Praxistheorie ist dabei außerordentlich breit und vielfältig: So erfordern beispielsweise eine klassentheoretische Habitusanalyse, die Analyse der Performativität von Geschlecht oder die Untersuchung der wissenschaftlichen Evidenzproduktion im Labor jeweils ein anderes methodologisches Instrumentarium. In diesem Sinne kommen in der praxistheoretischen Empirie unterschiedlichste Methoden in variablen Kombinationen zum Einsatz. Dazu gehören u. a. Korrespondenzanalyse, Diskursanalyse, Ethnographie, Interviews, visuelle Methoden oder Artefaktanalyse.[16]

Trotz dieser prinzipiellen methodologischen Offenheit lassen sich einige methodologische Grundprinzipien aus der praxistheoretischen Forschungshaltung ableiten (H. Schäfer 2013, 367ff.): So ist allen praxistheoretischen Methodologien gemeinsamen, dass sie *erstens* das Subjekt entschieden dezentrieren. Um den Vollzug einer Praxis empirisch zu bestimmen, setzt sie also nicht bei den Tätigkeiten eines einzelnen Individuums an, sondern untersucht, wie sich situativ die Handlungsträgerschaft auf verschiedene menschliche Akteur:innen und nicht-menschliche Aktanten verteilt. Dabei muss eine praxistheoretische Methodologie *zweitens* sowohl die körperliche Performativität der Akteur:innen als auch ihr inkorporiertes Praxiswissen berücksichtigen. Während sich die körperlichen Bewegungen und Haltungen mithilfe (bildmedial gestützter) ethnographischer Beobachtung einfangen lassen, ist das implizite Praxiswissen sowohl für die Akteur:innen als auch die Praxisforscher:innen nur mittelbar über bspw. autoethnographische Ansätze, Interviews oder experimentellere Verfahren zugänglich. Dies ist insbesondere der Fall, wenn es um Wahrnehmungspraktiken oder sinnliche Erfahrungen geht (Pink 2009).

Die praxistheoretische Forschung nimmt schließlich *drittens* eine strikt relationale Perspektive ein: Statt die sozialen Akteur:innen, Aktanten und Situationen als in sich geschlossene Einheiten zu begreifen, sucht sie die vielfältigen synchronen und diachronen sowie lokalen und übersituativen Möglichkeitsbedingungen eines Praxisvollzugs möglichst umfassend zu beschreiben. Dazu gehören zum einen alle heterogenen Elemente und Formationen, die in einer sozialen Situation präsent sind – wie etwa räumlich-architektonische Strukturen, alltägliche Gebrauchsgegenstände, Pflanzen, Tiere und andere Organismen, Bilder, Medien und Technologien sowie die körperlichen Akteur:innen samt ihres impliziten Wissens, ihren Sprechakten und Interaktionen. Neben den situativ präsenten Möglichkeitsbedingungen des Praxisvollzugs werden zum anderen auch solche Aspekte berücksichtigt, die räumlich und/oder zeitlich entfernt liegen, aber über verschiedene Assoziationen mit der Situation verbunden sind: Seien es die globalen Aktanten-

---

[16] Dieses Plädoyer für einen Methodenpluralismus widerspricht solchen Argumentationen, die einzig die Ethnographie als den empirischen Königsweg der Praxistheorie begreifen (Schmidt and Volbers 2011). Für einen Überblick über verschiedene methodologische Zugangsweisen zu unterschiedlichen Praxisformen siehe demgegenüber etwa (F. Schäfer et al. 2015).

Netzwerke und Infrastrukturen, die das Lokale mit dem Globalen verbinden, die synchrone Verteilung ähnlicher Praxismuster in unterschiedlichen Kontexten oder die vielfältigen genealogischen „Herkünfte" bestimmter Praxis- und Wissensordnungen. Gerade letzteres stellt eine methodologische Herausforderung dar. Während glokale Netzwerke und parallel existierende Praxiskontexte mit Hilfe einer multi-sited ethnography analysiert werden können, lassen sich historisch zurückliegende Praxisvollzüge nicht ohne Weiteres empirisch untersuchen. Neben (bild-)diskursanalytischen Methoden ist hierfür vor allem die Artefaktanalyse von Interesse, wie sie beispielsweise in der Archäologie und neuerdings auch in den Geschichtswissenschaften durchgeführt wird (Hilgert 2014; Kienlin und Bußmann 2022). Dabei werden historische Artefakte, die bei schwieriger Quellenlage oftmals die einzigen Spuren vergangener Praktiken darstellen, hinsichtlich ihres jeweiligen Gebrauchskontexts rekonstruiert. Um marginalisierte oder aktiv verdrängte historische Lebensformen und Praktiken analytisch berücksichtigen zu können, wäre zudem denkbar, dass die praxistheoretische Forschung zukünftig auch spekulative Ansätze wie Saidiya Hartmans „Critical Fabulations" (Hartman 2008) oder Methoden der künstlerischen Forschung aufgreift.

## Aktuelle Beispiele

Die praxistheoretische Perspektive ist nicht auf einen bestimmten Gegenstandsbereich oder eine Bindestrich-Soziologie beschränkt, sondern kann als flexibles heuristisches Instrumentarium potenziell in allen Bereichen der soziologischen Forschung zum Einsatz kommen. Neben grundlegenden theoriesystematischen Auseinandersetzungen (Schatzki 1996; Reckwitz 2000; Schatzki et al. 2001; Schatzki 2002; Reckwitz 2003; Hörning and Reuter 2004; Shove et al. 2012; H. Schäfer 2013; Hillebrandt 2014; Prinz 2014; Alkemeyer, Schürmann, et al. 2015; H. Schäfer 2016; Hui et al. 2017; Schatzki 2019; F. Schäfer 2023) und umfassenden Modernetheorien (Reckwitz 2006; Reckwitz 2017), sind in unterschiedlichen Forschungskontexten zahlreiche praxistheoretische Studien entstanden, die sich auf die ein oder andere Weise mit dem „Doing" von sozialen Ordnungen, Wissensformen und Subjekten auseinandersetzen:[17] Sei es in der Wissenschaftssoziologie (Knorr-Cetina 2002), der Techniksoziologie (Pickering 1995; Hörning 2001), der Wirtschaftssoziologie (Laube 2016; Hillebrandt 2009), der Bildungssoziologie (Röhl 2013; Alkemeyer, Kalthoff, et al. 2015) der Organisations-, Arbeits- und Professionssoziologie (Lengersdorf 2011; Schmidt 2012; Krämer 2014), der Kunst-, Literatur- und Musiksoziologie (Prinz und Schäfer 2014; Zembylas 2014; Schürkmann 2017; Prinz 2020; Schürkmann et al. 2021; Prinz 2022), der Soziologie der Bewertung (Berli et al. 2021), der Soziologie der Jugend- und Populärkultur (Daniel und Hillebrandt 2019), der Raum-, Stadt- und Architektursoziologie (Göbel 2015; S. Schäfer und Everts 2019), der Körper- und Sportsoziologie (Alkemeyer 2006; Meuser 2006; Schindler 2011; Klein und Göbel 2017),

---

[17] Die folgende Aufzählung konzentriert sich vornehmlich auf den deutschsprachigen Raum.

den Gender und Queer Studies (Hirschauer 2001; Völker 2018), oder den Disability Studies (Göbel 2017; Waldschmidt und Schillmeier 2022). Diese bloß sporadische Auflistung macht deutlich, wie reichhaltig, heterogen und weit verzweigt die gegenwärtige praxistheoretische Forschungslandschaft allein in der Soziologie aussieht. Darüber hinaus wird die praxistheoretische Perspektive vermehrt in angrenzenden sozial- und kulturwissenschaftlichen Feldern aufgegriffen – sei es in der Literaturwissenschaft, der Kunstwissenschaft, der Designtheorie, den Medienwissenschaften, der Archäologie, der Anthropologie, der Erziehungswissenschaft oder der Geschichtswissenschaft, um nur einige zu nennen.

Die aktuelle praxistheoretische Forschungslandschaft zeichnet sich somit gerade dadurch aus, dass sie sich nicht auf eine bestimmte theoretische oder thematische Perspektive festnageln lässt, sondern im Gegenteil transdisziplinäre Brücken zwischen verschiedenen Themen, Forschungsgebieten und Theorietraditionen zu schlagen erlaubt.

Dennoch lassen sich einige Problemstellungen und Themenfelder ausmachen, die gegenwärtig in verschiedenen Forschungskontexten vermehrt diskutiert werden.

So werden auf theoriesystematischer Ebene zunehmend (post-)phänomenologische und teilweise auch neomaterialistische Ansätze aufgegriffen,[18] um neben den inkorporierten Wissensordnungen und dem praktischen Können die sinnliche, affektive und ästhetische Dimension von Praxis in den Blick zu bekommen (Göbel und Prinz 2015) sowie die genuine Prozessualität von Körperlichkeit und Materialität gegenüber den stärker strukturalistisch orientierten Ansätzen stark zu machen (Alkemeyer 2019). Parallel zu dieser theoretisch-methodologischen Rekalibrierung lassen sich zudem einige virulente Themen ausmachen, die gegenwärtig (nicht nur) die soziologische Praxistheorie beschäftigen. Dazu gehört *erstens* das Spannungsfeld von Ästhetik und Gesellschaft, das entweder gesellschaftstheoretisch als allgemeine Ästhetisierung des Sozialen interpretiert (Reckwitz 2012), hinsichtlich der Ereignishaftigkeit popkultureller ästhetischen Erfahrungen untersucht (Hillebrandt 2023) oder aber in Form einer praxistheoretischen Ästhetik reflektiert wird (Prinz 2022). Neben der Ästhetik beschäftigt sich die aktuelle Praxistheorie *zweitens* mit der digitalen Durchdringung aller gesellschaftlichen Bereiche, einschließlich der körperlichen Subjekte selbst (H. Schäfer 2021; Klein and Liebsch 2022) sowie *drittens* mit der Allgegenwärtigkeit der Klimakrise und den alltäglichen Strategien und Praktiken, mit dieser Herausforderung umzugehen (Shove and Spurling 2012; Latour 2018; Altstaedt et al. 2022; Latour 2023). Schließlich wäre *viertens* wünschenswert, wenn die Praxistheorie zukünftig noch stärker die ihr verwandten Ansätze aus der Anthropologie, den Post Colonial Studies bzw. der dekolonialen Theorie aufgreifen würde, um den eurozentrischen Bias der Soziologie zu überwinden und die globale Zirkulation von Materialien, Praktiken und Subjektivierungsweisen sowie die kolonialen Herkünfte der Moderne noch stärker zu berücksichtigen.

---

[18] Dazu gehören insbesondere die Schriften von Donna Haraway, Karen Barad sowie Anna Tsing (Barad 2007; Tsing 2015; Haraway 2016; Tsing et al. 2017).

## Literatur

Ahmed, Sara. 2006. *Queer Phenomenology. Orientations, Objects, Others*. Durham: Duke University Press.

Akrich, Madeleine, and Bruno Latour. 1992. A Summary of a Convenient Vocabulary for the Semiotics of Human and Nonhuman Assemblies. In: *Shaping Technology. Building Society Studies in Sociotecnical Change*, ed. Wiebe Bijker and John Law, 259–264. Cambridge Mass.: The MIT Press.

Alcoff, Linda. 2006. *Visible Identities. Race, Gender, and the Self*. New York: Oxford University Press.

Alkemeyer, Thomas. 2006. Technisierte Körper – verkörperte Technik: Über den praktischen Umgang mit neuen Geräten in Sport und Arbeit. In *Soziale Ungleichheit, kulturelle Unterschiede: Verhandlungen des 32. Kongresses der Deutschen Gesellschaft für Soziologie in München*, ed. Karl-Siegbert Rehberg.

Alkemeyer, Thomas. 2019. Bedingte Un/Verfügbarkeit. Zur Kritik des praxeologischen Körpers. *Österreichische Zeitschrift für Soziologie* 44: 289–312.

Alkemeyer, Thomas, Herbert Kalthoff, and Markus Rieger-Ladich, ed. 2015. *Bildungspraxis: Körper, Räume, Objekte*. Erste Auflage. Weilerswist: Velbrück Wissenschaft.

Alkemeyer, Thomas, Volker Schürmann, and Jörg Volbers, ed. 2015. *Praxis denken: Konzepte und Kritik*. Wiesbaden: Springer Fachmedien Wiesbaden

Altstaedt, Sören, Martina Hasenfratz, and Benno Fladvad, ed. 2022. *Praxis und Ungewissheit: zur Alltäglichkeit sozial-ökologischer Krisen*. Frankfurt: Campus Verlag.

Barad, Karen. 2007. *Meeting the Universe Halfway. Quantum Physics and the Entanglement of Matter and Meaning*. Durham London: Duke University Press.

Berli, Oliver, Stefan Nicolae, and Hilmar Schäfer, ed. 2021. *Bewertungskulturen*. Wiesbaden: Springer Fachmedien Wiesbaden.

Bogusz, Tanja. 2009. Erfahrung, Praxis, Erkenntnis. Wissenssoziologische Anschlüsse zwischen Pragmatismus und Praxistheorie – ein Essay. *Sociologia Internationalis* 47: 197–228.

Bohnsack, Ralf. 2017. *Praxeologische Wissenssoziologie*. Opladen, Toronto: Verlag Barbara Budrich.

Bourdieu, Pierre. 1976. *Entwurf einer Theorie der Praxis auf der ethnologischen Grundlage der kabylischen Gesellschaft*. 1. Aufl. Frankfurt am Main: Suhrkamp.

Bourdieu, Pierre. 1982. *Die feinen Unterschiede. Kritik der gesellschaftlichen Urteilskraft*. Frankfurt am Main: Suhrkamp.

Bourdieu, Pierre. 1987. *Sozialer Sinn. Kritik der theoretischen Vernunft*. 1. Aufl. Frankfurt am Main: Suhrkamp.

Bourdieu, Pierre. 1992. „Fieldwork in Philosophy". In ders. *Rede und Antwort*, 15–49. Frankfurt am Main: Suhrkamp.

Bourdieu, Pierre. 1999. *Die Regeln der Kunst. Genese und Struktur des literarischen Feldes*. 1. Aufl. Frankfurt am Main: Suhrkamp.

Bourdieu, Pierre. 2001. *Meditationen. Zur Kritik der scholastischen Vernunft*. 1. Aufl. Frankfurt am Main: Suhrkamp.

Bourdieu, Pierre. 2005. *Die männliche Herrschaft*. 1. Aufl. Frankfurt am Main: Suhrkamp.

Bröckling, Ulrich. 2007. *Das unternehmerische Selbst. Soziologie einer Subjektivierungsform*. Frankfurt am Main: Suhrkamp.

Bröckling, Ulrich, Susanne Krasmann, and Thomas Lemke. 2000. *Gouvernementalität der Gegenwart. Studien zur Ökonomisierung des Sozialen*. Frankfurt am Main: Suhrkamp.

Butler, Judith. 1990. *Gender Trouble. Feminism and the subversion of identity*. New York [u.a.]: Routledge.

Butler, Judith. 1993. *Bodies that Matter. On the Discursive Limits of "Sex"*. New York [u.a.]: Routledge.

Daniel, Anna, and Frank Hillebrandt, ed. 2019. *Die Praxis der Popmusik. Soziologische Perspektiven*. Wiesbaden: Springer Fachmedien Wiesbaden.

Eickelpasch, Rolf. 1982. Das ethnomethodologische Programm einer „radikalen" Soziologie. *Zeitschrift für Soziologie* 11: 7–27.

Fiske, John. 1989. *Understanding Popular Culture*. London [u.a.]: Unwin Hyman.

Foucault, Michel. 1976. *Überwachen und Strafen. Die Geburt des Gefängnisses*. 2. Aufl. Frankfurt am Main: Suhrkamp.

Foucault, Michel. 1981. *Archäologie des Wissens*. 1. Aufl. Theorie. Frankfurt am Main: Suhrkamp.

Foucault, Michel. 1992. *Was ist Kritik?* Internationaler Merve-Diskurs 167. Berlin: Merve.

Foucault, Michel. 2002. Gefängnisse und Anstalten im Mechanismus der Macht. In *Michel Foucault. Schriften in vier Bänden. Dits et Ecrits, Band 2: 1970–1975*, ed. Michel Foucault, Daniel Defert, François Ewald, and Jacques Lagrange, 648–653. Frankfurt am Main: Suhrkamp.

Foucault, Michel. 2003a. *Die Anormalen: Vorlesungen am Collège de France (1974–1975)*. Frankfurt am Main: Suhrkamp.

Foucault, Michel. 2003b. Die „Gouvernementalität" (Vortrag). In *Michel Foucault. Schriften in vier Bänden. Dits et Ecrits, Band 3: 1976–1979*, ed. Michel Foucault, Daniel Defert, François Ewald, and Jacques Lagrange, 796–823. Frankfurt am Main: Suhrkamp.

Foucault, Michel. 2005a. Subjekt und Macht. In *Michel Foucault. Schriften in vier Bänden. Dits et Ecrits, Band 4: 1980–1988*, ed. Michel Foucault, Daniel Defert, François Ewald, and Jacques Lagrange, 269–294. Frankfurt am Main: Suhrkamp.

Foucault, Michel. 2005b. Technologien des Selbst. In *Schriften in vier Bänden. Dits et Ecrits. Bd.3: 1976–1979*, ed. Daniel Defert and François Ewald, 966–999. Frankfurt am Main: Suhrkamp.

Garfinkel, Harold. 1967. *Studies in Ethnomethodology*. Englewood Cliffs, NJ: Prentice-Hall.

Göbel, Hanna Katharina. 2015. *The Re-use of Urban Ruins. Atmospheric Inquiries of the City*. New York u.a.: Routledge.

Göbel, Hanna Katharina. 2017. Passungen herstellen. Zur Affizierungspraxis von Körpern und Prothesen in der Leichtathletik. In *Sozialtheorie*, ed. Gabriele Klein and Hanna Katharina Göbel, 167–190. Bielefeld: Transcript.

Göbel, Hanna Katharina, and Sophia Prinz. 2015. *Die Sinnlichkeit des Sozialen Wahrnehmung und materielle Kultur*. Bielefeld: Transcript.

Gramsci, Antonio. 1995. *Philosophie der Praxis. Gefängnishefte 10/11*. Edited by Wolfgang Fritz Haug. Hamburg: Argument.

Hall, Stuart. 2019. Encoding and Decoding in the Television Discourse [originally 1973; republished 2007]. In *Essential Essays, Volume 1: Foundations of Cultural Studies*, ed. David Morley, 257–276. Duke University Press.

Hall, Stuart. 1997. The Spectacle of the Other. In *Representation. Cultural representations and signifying practices*, ed. Stuart Hall, 223–290. London [u.a.]: Sage Publications.

Haraway, Donna. 2016. *Staying with the Trouble. Making Kin in the Chthulucene*. Durham: Duke University Press.

Hartman, Saidiya. 2008. Venus in Two Acts. *Small Axe* 12. Duke University Press: 1–14.

Hebdige, Dick. 1979. *Subculture. The Meaning of Style*. London [u.a.]: Methuen.

Heidegger, Martin. 1927. *Sein und Zeit*. Halle: Niemeyer.

Hilgert, Markus. 2014. Praxeologisch perspektivierte Artefaktanalysen des Geschriebenen: Zum heuristischen Potential der materialen Textkulturforschung. In *Praxeologie*, ed. Friederike Elias, Albrecht Franz, Henning Murmann, and Ulrich Wilhelm Weiser, 149–164. Berlin: De Gruyter.

Hillebrandt, Frank. 2011. Cultural Studies und Bourdieus Soziologie der Praxis – Versuch einer überfälligen Vermittlung. In *Pierre Bourdieu und die Kulturwissenschaften. Zur Aktualität eines undisziplinierten Denkens*, ed. Daniel Šuber, Hilmar Schäfer, and Sophia Prinz, 132–154. Konstanz: UVK.

Hillebrandt, Frank. 2014. *Soziologische Praxistheorien. Eine Einführung.* Wiesbaden: Springer Fachmedien Wiesbaden.

Hillebrandt, Frank. 2015. Was ist der Gegenstand einer Soziologie der Praxis? In *Methoden einer Soziologie der Praxis*, ed. Franka Schäfer, Anna Daniel, and Frank Hillebrandt, 15–36. Bielefeld. Transcript.

Hillebrandt, Frank. 2021. Marx – Pragmatismus – Praxistheorie. In *Pragmatistische Sozialforschung: Für eine praktische Wissenschaft gesellschaftlichen Fortschritts*, ed. Felix Petersen, Martin Seeliger, and Hauke Brunkhorst, 45–68. Berlin, Heidelberg: Springer.

Hillebrandt, Frank. 2023. *Ereignistheorie für eine Soziologie der Praxis: Das Love and Peace Festival auf Fehmarn und die Formation der Pop-Musik.* Wiesbaden: Springer Fachmedien Wiesbaden.

Hillebrandt, Frank. 2009. *Praktiken des Tauschens zur Soziologie symbolischer Formen der Reziprozität.* Wiesbaden: VS Verlag für Sozialwissenschaften.

Hirschauer, Stefan. 2001. Das Vergessen des Geschlechts: Zur Praxeologie einer Kategorie sozialer Ordnung. In *Geschlechtersoziologie*, ed. Bettina Heintz, 208–235. Kölner Zeitschrift für Soziologie und Sozialpsychologie 41. Wiesbaden: Westdeutscher Verlag.

Hörning, Karl H. 2001. *Experten des Alltags. Die Wiederentdeckung des praktischen Wissens.* Weilerswist: Velbrück Wiss.

Hörning, Karl H., and Julia Reuter. 2004. *Doing Culture. Neue Positionen zum Verhältnis von Kultur und sozialer Praxis.* Bielefeld: Transcript.

Hui, Allison, Theodore R. Schatzki, and Elizabeth Shove, ed. 2017. *The Nexus of Practices. Connections, Constellations, Practitioners.* London; New York: Routledge, Taylor & Francis Group.

Kienlin, Tobias L., and Richard Bußmann, ed. 2022. *Sociality-Materiality-Practice. Sozialität – Materialität – Praxis.* Bonn: Verlag Dr. Rudolf Habelt GmbH.

Klein, Gabriele, and Hanna Katharina Göbel, ed. 2017. *Performance und Praxis. Praxeologische Erkundungen in Tanz, Theater, Sport und Alltag.* Sozialtheorie. Bielefeld: Transcript.

Klein, Gabriele, and Katharina Liebsch. 2022. *Ferne Körper. Berührung im digitalen Alltag.* Ditzingen: Reclam.

Knorr-Cetina, Karin. 2002. *Wissenskulturen. Ein Vergleich naturwissenschaftlicher Wissensformen.* Frankfurt am Main: Suhrkamp.

Krämer, Hannes. 2014. *Die Praxis der Kreativität. Eine Ethnografie kreativer Arbeit.* Bielefeld: Transcript.

Latour, Bruno. 1996. Der Berliner Schlüssel. In *Der Berliner Schlüssel. Erkundungen eines Liebhabers der Wissenschaften*, ders, 37–51. Berlin: Akademie-Verlag.

Latour, Bruno. 2007. *Eine neue Soziologie für eine neue Gesellschaft. Einführung in die Akteur-Netzwerk-Theorie.* Frankfurt am Main: Suhrkamp.

Latour, Bruno. 2008. *Wir sind nie modern gewesen. Versuch einer symmetrischen Anthropologie.* Frankfurt am Main: Suhrkamp.

Latour, Bruno. 2018. *Das terrestrische Manifest.* Berlin: Suhrkamp.

Latour, Bruno. 2023. *Kampf um Gaia. Acht Vorträge über das neue Klimaregime.* Berlin: Suhrkamp.

Latour, Bruno, Steve Woolgar, and Jonas Salk. 1979. *Laboratory Life. The Social Construction of Scientific Facts.* Calif. u.a.: Sage Publications.

Laube, Stefan. 2016. *Nervöse Märkte. Materielle und leibliche Praktiken im virtuellen Finanzhandel.* Berlin: De Gruyter.

Lengersdorf, Diana. 2011. *Arbeitsalltag ordnen. Soziale Praktiken in einer Internetagentur* Wiesbaden: VS Verl.

Luckner, Andreas. 2007. *Martin Heidegger: „Sein und Zeit". Ein einführender Kommentar.* Paderborn München Wien Zürich: Schöningh.
Marx, Karl. 1968. Thesen über Feuerbach. In *MEW 3*, Bd 26,3 : 1. Aufl., 5–7. Berlin: Dietz.
McRobbie, Angela. 1993. Shut up and Dance. Youth Culture and Changing Modes of Femininity. *Cultural Studies* 7: 406–426.
Merleau-Ponty, Maurice. 1966. *Phänomenologie der Wahrnehmung.* Berlin: de Gruyter.
Merleau-Ponty, Maurice. 1993. *Die Prosa der Welt.* München: Fink.
Merleau-Ponty, Maurice. 2000. Marxismus und Philosophie. In *Sinn und Nicht-Sinn*, 170–186. München: Fink.
Merleau-Ponty, Maurice. 2003. Mauss zu Claude Lévi-Strauss. In *Das Auge und der Geist: philosophische Essays*, 225–241. Hamburg: F. Meiner Verlag.
Meuser, Michael. 2006. Körper-Handeln. Überlegungen zu einer praxeologischen Soziologie des Körpers. In *Body Turn. Perspektiven der Soziologie des Körpers und des Sports*, ed. Robert Gugutzer, 95–116. Bielefeld: Transcript.
Meyer, Christian. 2015. Neopraxiology. Ethnografische und konversationsanalytische Praxisforschung in ethnomethodologischer Einstellung. In *Methoden einer Soziologie der Praxis*, ed. Franka Schäfer, Anna Daniel, and Frank Hillebrandt, 91–120. Transcript.
Moebius, Stephan. 2008. Handlung und Praxis. Konturen einer poststrukturalistischen Praxistheorie. In *Poststrukturalistische Sozialwissenschaften*, ed. Stephan Moebius and Andreas Reckwitz, 58–74. Frankfurt am Main: Suhrkamp.
Ngo, Helen. 2016. Racist Habits. A Phenomenological Analysis of Racism and the Habitual Body. *Philosophy & Social Criticism* 42: 847–872.
Pickering, Andrew. 1995. *The Mangle of Practice. Time, Agency, and Science.* Chicago, Ill.: Univ. of Chicago Press.
Pink, Sarah. 2009. *Doing Sensory Ethnography.* Los Angeles (u.a.): SAGE.
Prinz, Sophia. 2014. *Die Praxis des Sehens. Über das Zusammenspiel von Körpern, Artefakten und visueller Ordnung.* Bielefeld: Transcript.
Prinz, Sophia. 2017. Das unterschlagene Erbe: Merleau-Pontys Beitrag zur Praxistheorie. *Phänomenologische Forschungen*: 77–92.
Prinz, Sophia. 2020. Relationalität statt Kulturvergleich: Zum vergleichenden Sehen im enzyklopädischen Museum. In *Sehen als Vergleichen*, ed. Johannes Grave, Joris Corin Heyder, and Britta Hochkirchen, 147–188. Bielefeld, Transcript/Bielefeld University Press.
Prinz, Sophia. 2022. Relative Autonomie: Zur sozialen Funktion ästhetischer Formen. In *Involvierte Autonomie. Künstlerische Praxis zwischen Engagement und Eigenlogik*, ed. Birgit Eusterschulte and Christian Krüger, Bielefeld: Transcript.
Prinz, Sophia, and Hilmar Schäfer. 2014. Die Öffentlichkeit der Ausstellung. Eine Dispositivanalyse heterogener Relationen des Zeigens. In *Kunst und Öffentlichkeit*, ed. Dagmar Danko, Oliver Moeschler, and Florian Schumacher, Wiesbaden: VS Verlag.
Reckwitz, Andreas. 2000. *Die Transformation der Kulturtheorie. Zur Entwicklung eines Theorieprogramms.* Weilerswist: Velbrück Wissenschaft.
Reckwitz, Andreas. 2003. Grundelemente einer Theorie sozialer Praktiken. Eine sozialtheoretische Perspektive. *Zeitschrift für Soziologie* 32: 282–301.
Reckwitz, Andreas. 2006. *Das hybride Subjekt. Eine Theorie der Subjektkulturen von der bürgerlichen Moderne zur Postmoderne.* Weilerswist: Velbrück Wiss.
Reckwitz, Andreas. 2012. *Die Erfindung der Kreativität. Zum Prozess gesellschaftlicher Ästhetisierung.* Berlin: Suhrkamp.
Reckwitz, Andreas. 2017. *Die Gesellschaft der Singularitäten: zum Strukturwandel der Moderne.* Berlin: Suhrkamp.

Röhl, Tobias. 2013. *Die Dinge des Wissens. Schulunterricht als sozio-materielle Praxis*. Stuttgart: Lucius & Lucius.

Rouse, Joseph. 2007. Practice Theory. In *Philosophy of Anthropology and Sociology*, 639–681.

Said, Edward W. 1978. *Orientalism*. London [u.a.]: Routledge & Kegan.

Schäfer, Franka. 2023. *Diskurs, Ereignis, Praxis. Entwurf eines am Ereignisbegriff orientierten Forschungsprogramms zur Überwindung der Dichotomie von Diskurs- und Praxistheorien*. Neue Soziologische Theorie. Wiesbaden [Heidelberg]: Springer VS.

Schäfer, Franka, Anna Daniel, and Frank Hillebrandt. 2015. *Methoden einer Soziologie der Praxis*. Bielefeld: Transcript.

Schäfer, Hilmar. 2012. Kreativität und Gewohnheit. Ein Vergleich zwischen Praxistheorie und Pragmatismus. In *Kreativität und Improvisation. Soziologische Positionen*, ed. Udo Göttlich and Ronald Kurt, 17–43. Wiesbaden: VS Verlag.

Schäfer, Hilmar. 2013. *Die Instabilität der Praxis. Reproduktion und Transformation des Sozialen in der Praxistheorie*. Weilerswist: Velbrück.

Schäfer, Hilmar, ed. 2016. *Praxistheorie. Ein soziologisches Forschungsprogramm*. Sozialtheorie. Bielefeld: Transcript.

Schäfer, Hilmar. 2017. Praxistheorie als Kultursoziologie. In *Handbuch Kultursoziologie*, ed. Stephan Moebius, Frithjof Nungesser, and Katharina Scherke, 1–22. Wiesbaden: Springer Fachmedien Wiesbaden

Schäfer, Hilmar, ed. 2021. *Digitale Praktiken*. Mittelweg 36 30. Jahrgang, Heft 1 (Februar/März 2021). Hamburg: Hamburger Edition, HIS.

Schäfer, Susann, and Jonathan Everts, ed. 2019. *Handbuch Praktiken und Raum: Humangeographie nach dem Practice Turn*. Bielefeld: transcript.

Schatzki, Theodore R. 1996. *Social Practices. aA Wittgensteinian Approach to Human Activity and the Social*. New York: Cambridge University Press.

Schatzki, Theodore R. 2002. *The Site of the Social. A Philosophical Account of the Constitution of Social Life and Change*. University Park, Pa: Pennsylvania State Univ. Press.

Schatzki, Theodore R. 2016. Practice Theory as Flat Ontology. In *Practice Theory and Research. Exploring the Dynamics of Social Life*, ed. Gert Spaargaren, Don Weenink, and Machiel Lamers, 28–42. London; New York: Routledge, Taylor & Francis Group.

Schatzki, Theodore R. 2019. *Social Change in a Material World*. New York : Routledge

Schatzki, Theodore R., K. Knorr-Cetina, and Eike von Savigny, ed. 2001. *The Practice Turn in Contemporary Theory*. New York: Routledge.

Schindler, Larissa. 2011. *Kampffertigkeit. Eine Soziologie praktischen Wissens*. Stuttgart: Lucius & Lucius.

Schmidt, Robert. 2012. *Soziologie der Praktiken. Konzeptionelle Studien und empirische Analysen*. Berlin: Suhrkamp.

Schmidt, Robert, and Jörg Volbers. 2011. Öffentlichkeit als methodologisches Prinzip/Publicness as a Methodological Principle: Zur Tragweite einer praxistheoretischen Grundannahme/The Scope of a Basic Tenet of Practice Theory. *Zeitschrift für Soziologie* 40: 24–41.

Schürkmann, Christiane. 2017. *Kunst in Arbeit. Künstlerisches Arbeiten zwischen Praxis und Phänomen*. Bielefeld: Transcript.

Schürkmann, Christiane, Nina Tessa Zahner, ed. 2021. *Wahrnehmen als soziale Praxis. Künste und Sinne im Zusammenspiel*. Kunst und Gesellschaft. Wiesbaden: Springer VS.

Shove, Elizabeth, Mika Pantzar, and Matt Watson. 2012. *The Dynamics of Social Practice. Everyday Life and how it Changes*. Los Angeles: SAGE.

Shove, Elizabeth, and Nicola Spurling, ed. 2012. *Sustainable Practices. Social Theory and Climate Change*. New York, NY: Routledge.

Tsing, Anna Lowenhaupt. 2015. *The Mushroom at the End of the Worl. On the Possibility of Life in Capitalist Ruins*. Princeton, New Jersey/Oxfordshire: Princeton University Press.

Tsing, Anna Lowenhaupt, Heather Anne Swanson, Elaine Gan, and Nils Bubandt, ed. 2017. *Arts of Living on a Damaged Planet. Ghosts of the Anthropocene*. Minneapolis London: University of Minnesota Press.

Volbers, Jörg. 2015. Theorie und Praxis im Pragmatismus und in der Praxistheorie. In *Praxis denken*, ed. Thomas Alkemeyer, Volker Schürmann, and Jörg Volbers, 193–214. Wiesbaden: Springer Fachmedien.

Völker, Susanne. 2018. Praxeologie und Praxistheorie: Resonanzen und Debatten in der Geschlechterforschung. In *Handbuch Interdisziplinäre Geschlechterforschung*, ed. Beate Kortendiek, Birgit Riegraf, and Katja Sabisch, 1–10. Wiesbaden: Springer Fachmedien.

Waldschmidt, Anne, and Michael Schillmeier. 2022. Theorieansätze in den Disability Studies. In *Handbuch Disability Studies*, ed. Anne Waldschmidt, 73–91. Wiesbaden: Springer Fachmedien

Willis, Paul E. 1978. *Profane Culture*. London: Routledge.

Wittgenstein, Ludwig. 2003. *Philosophische Untersuchungen*. Frankfurt am Main: Suhrkamp.

Zembylas, Tasos, ed. 2014. *Artistic Practices. Social Interactions and Cultural Dynamics*. London New York: Routledge.

# Post- und dekoloniale Theorien

Anna Daniel

**Zusammenfassung**

Der Beitrag von Anna Daniel untersucht Probleme und Fragestellungen der post- und dekolonialen Theorien, die aus kolonialen Kontexten hervorgegangen sind. Postcolonial Studies hinterfragen kritisch koloniale Machtstrukturen und deren Einfluss auf die moderne Wissensproduktion. Im weiteren Verlauf wird die Problematik der Wissensproduktion thematisiert, die oft von eurozentrischen Perspektiven geprägt ist. Die westliche Moderne und deren Ideale können entsprechend nicht isoliert betrachtet, sondern müssen im Kontext kolonialer Praktiken und Diskurse beleuchtet werden. Eine umfassende Geschichtsauffassung muss die Ambivalenzen und Widersprüche der Moderne einbeziehen, um die globalen Ungleichheitsverhältnisse und Ungerechtigkeiten zu verstehen. Der Beitrag fordert, koloniale, rassistische und kapitalistische Verflechtungen postkolonial zu reflektieren.

**Abstract**

Anna Daniel's article examines the problems and issues of post- and decolonial theories that have emerged from colonial contexts. Postcolonial studies critically scrutinize colonial power structures and their influence on modern knowledge production. In the further course, the problems of knowledge production, which are often charac-

---

A. Daniel (✉)
Institut für Soziologie, FernUniversität in Hagen, Hagen, Deutschland
E-Mail: anna.daniel@fernuni-hagen.de

terized by Eurocentric perspectives, are addressed. Western modernity and its ideals cannot be viewed in isolation, but must be seen in the context of colonial practices and discourses. A comprehensive view of history must include the ambivalences and contradictions of modernity in order to understand the violence and injustices. The article calls for a postcolonial reflection on colonial, racist and capitalist entanglements.

## Einleitung

Post- und dekoloniale Perspektiven haben, nach einigen Anlaufschwierigkeiten gerade im deutschsprachigen Diskurs, in den letzten Jahren auch vermehrt Eingang in die Soziologie gefunden. Neben der Rezeption der vielfältigen post- und dekolonialen Diskursen, die in den letzten Jahrzehnten sehr lebendig geführt wurden, wird die Kanonisierung des Fachs kritisch reflektiert und es wird auch hierzulande an die Studien des schwarzen US-amerikanischen Soziologen und Historiker W.E.B. Du Bois erinnert – einem Zeitgenossen Durkheims, Webers und Simmels – der wie diese zur Konturierung einer genuin soziologischen Perspektive beigetragen hat. Im Gegensatz zu Marx, Weber und Durkheim nimmt Du Bois bereits in der ersten Hälfte des 20. Jahrhunderts konsequent in den Blick, dass die koloniale Eroberung, Ausbeutung und Unterdrückung, aber eben auch der dem Sklavenhandel zugrundeliegende Rassismus die Grundlage für den modernen Kapitalismus und die westliche Hegemonie waren und sind (vgl. Morris et al. 2021: 131).[1] Indem er die Lebenswelten Schwarzer Menschen und insbesondere die Schwarzer Frauen ins Zentrum stellt und auf die präkoloniale Kultur und Geschichte Afrikas verweist, setzt er nicht nur den eurozentrischen Metaerzählungen und Überlegenheitsphantasien etwas entgegen, sondern beleuchtet auch den Zusammenhang von ökonomischer Ausbeutung und rassistischen und vergeschlechtlichen Diskriminierungen (vgl. Du Bois 1903; Kelly 2016: 18).[2]

---

[1] Bereits in seiner Dissertation *The Suppression of the African Slave Trade to the United State of America 1638–1870* (1896) hat sich Du Bois, der sich in der entstehenden Bürgerrechtsbewegung und für den Pan-Afrikanismus engagierte und u. a. 1909 die *National Association for the Advancement of Colored People* mitgründete, mit dem Zusammenwirken von Kolonialismus, Sklavenhandel, Rassismus und Kapitalismus befasst (vgl. Rabaka 2006: 2; Kelly 2016: 17).

[2] Er nimmt an, dass die sogenannte ‚color line', die die Möglichkeiten, Erfahrungen und Subjektivität von people of color überall auf dem Globus prägt, keinesfalls natürlich gegeben ist, sondern vielmehr als Ergebnis einer hauptsächlich durch Kolonialismus und Imperialismus bedingten relationalen Herrschaftsstruktur zu verstehen ist. Mit seinem Konzept des Schleiers (Du Bois 1920) bzw. dem Prinzip des double consciousness nimmt er zudem viel von dem vorweg was Franzt Fanon – der mit seinen Schriften eine wichtige Stimme im antikolonialen Befreiungskampf war und damit auch ein weiterer Vorläufer der postkolonialen Theorie ist – dann in Schwarze Haut, weiße Maske (1952) ausbuchstabiert. Beiden geht es um den rassifizierenden Blick, durch welche Schwarze bzw. People of Color nicht als gleichwertige Menschen anerkannt werden und der sie dazu zwingt, sich zu verhalten wie Weiße, damit sie überhaupt wahrgenommen werden.

Darauf aufmerksam zu machen, dass die in Kolonialismus und Imperialismus etablierten Ungleichheiten bis heute in vielerlei Hinsicht fortwirken, ist auch ein zentrales Anliegen post- und dekolonialer Wissenschaftler:innen. Wissensproduktionen nehmen hinsichtlich der Reproduktion dieser Ungleichheitsverhältnisse einen zentralen Stellenwert ein und manifestieren sich u. a. eben auch in der soziologischen Theoriebildung. Post- und dekoloniale Wissenschaftlerinnen haben mit ihrer historisch ansetzenden und machtsensiblen Methodologie das herkömmliche begriffliche und analytische Instrumentarium der Soziologie in den letzten Jahren in verschiedener Hinsicht herausgefordert. Gleichwohl ergeben sich, gerade was Analysegegenstände wie das Aufkommen der modernen Gesellschaft, Identitätskonstruktionen oder Macht- und Herrschaftsfragen angeht, durchaus auch viele Überschneidungen zwischen postkolonialer Theorie und Soziologie (Boatcă/Costa 2010: 73; Go 2016). Post- und dekoloniale Perspektiven können die soziologische Auseinandersetzung zudem angesichts der drängenden Fragen der Gegenwart sehr bereichern: Mit ihnen lassen sich sowohl die vielschichtigen globalen Ungleichheiten in ein differenziertes Licht rücken, sie haben auch hinsichtlich der globalen Herausforderungen der Erderwärmung in den letzten Jahren sehr wertvolle Perspektiven in den internationalen Diskurs eingebracht (vgl. Chakrabarty 2022; Kothari et al. 2023) und sind nicht zuletzt deswegen auch in der Soziologie auf ein wachsendes Interesse gestoßen (Adloff/Neckel 2020).

## Post- und dekoloniale Perspektiven

Neben den antikolonialen Bewegungen und Denkern und dem (Post-)Marxismus erweist sich der Poststrukturalismus – hervorzuheben sind hier insbesondere Jacques Derridas Verfahren der Dekonstruktion und Michel Foucaults Diskursanalyse – als wichtiger theoretischer Bezugspunkt insbesondere für die Etablierung der postkolonialen Perspektiven: Foucaults und Derridas Arbeiten zum Zusammenhang von Macht und Wissen sind für die Analyse der unterschiedlichen Mechanismen, die für die Aufrechterhaltung postkolonialer Hierarchien verantwortlich sind, fruchtbare Anknüpfungspunkte. Gegenüber Derrida und Foucault, die sich in erster Linie mit den europäischen Denksystemen auseinandersetzen, nehmen die postkoloniale Theoretiker:innen eine dezidierte Fokusverschiebung auf die (post)kolonialen Machtstrukturen und Wissensproduktionen vor und zeigen auf, wie diese auch nach Beendigung der politischen Kolonialherrschaft weiterhin wirksam sind: Das Präfix ‚post' darf also nicht lediglich als historische Kategorie im Sinne einer ‚nachkolonialen Situation' aufgefasst werden, vielmehr ist der Begriff Postkolonialismus als eine Analyseperspektive mit politischem Anspruch zu verstehen, der es nicht wie dem Postmodernismus allein darum geht, die Metaerzählung der Moderne zu dekonstruieren, vielmehr möchten sie die hegemonialen Macht- und Wissenssysteme einer Dekolonisation unterziehen, indem sie die während der europäischen Kolonialexpansion entstandenen globalen Ungleichheiten, die in vielfältiger Weise bis in die Gegenwart fortwirken, gezielt in den Fokus rücken und in die Modernegeschichten einschreiben (vgl. Boatca 2016: 114; Bhambra 2007). Die post- und dekolonialen Ansätze sind dabei nicht nur aufgrund der großen fachlichen Bandbreite der daran beteiligten Wissenschaftlerinnen und interdisziplinären Ausrichtung der Forschungsrichtung überaus vielfältig. Post- und dekoloniale Wissenschaftler:innen knüpfen in ihren Studien auch an verschiedene Epistemologien an und nehmen sehr unterschiedliche Dimensionen des Sozialen in den Blick: Während etwa Edward Said und Homi Bhabha den Diskurs bzw. die Zeichenebene zentral setzen, spielen in den Arbeiten Spivaks oder der dekolonialen Theorien Lateinamerikas (post)marxistische Ansätze eine wichtige Referenz. Stuart Hall etwa stellt durch seine Arbeit bei den Cultural Studies zudem stärker auf die Ebene der Praxis ab. Auch in den dekolonialen Ansätzen nimmt die Praxis einen zentralen Stellenwert ein.

Entsprechend handelt es sich auch nicht um ein geschlossenes Theoriegebäude mit einem konsistenten begrifflichen Instrumentarium, sondern vielmehr um eine spezifische Forschungsperspektive, die eine Vielzahl an unterschiedlichen Themen- und Fragestellungen bearbeiten kann.

Gemeinhin wird jedoch zwischen der post- und dekolonialen Perspektive unterschieden, da der jeweilige räumliche und zeitliche Fokus auf die unterschiedlichen Phasen und Ausprägungen der Kolonialherrschaft verschiedene methodologische und analytische Schwerpunktlegungen evoziert haben: Während die postkoloniale Diskussion zunächst stark an den Wissensproduktionen über ‚den Andere' bzw. ‚das Andere' und dessen konstitutiven Stellenwert für das europäische Selbstverständnis und die Errichtung der modernen Welt- und Gesellschaftsordnung interessiert waren und sich neben ‚dem Orient' empirisch hauptsächlich auf die britische Kolonialherrschaft in Indien bezog, also hauptsächlich den Zeitraum ab dem späten 18. Jahrhundert in den Blick nahm, rückt die dekoloniale Perspektive den Kolonialismus in den beiden Amerikas, der im 16. Jahrhundert seinen Anfang nahm, in den Fokus und hebt die damit einhergehende Dynamisierung des Kapitalismus und die rassistischen Mechanismen hervor, die die Moderne sehr wesentlich mit zur Entfaltung gebracht haben. Ganz im Sinne der Dekolonialität wird der Hervorhebung und Entwicklung eigener Epistemologien etc. in diesem Diskurs noch ein größerer Stellenwert beigemessen. Das Anliegen der Dekolonialität ist zudem kein rein akademisches, vielmehr wird es von ganz unterschiedlichen Aktivisten und Diskursteilnehmer vorangetrieben.

Welche Fragen und Probleme in den jeweiligen Perspektiven zentral diskutiert werden, wird im nächsten Kapitel besprochen, wobei ich gerade auch die große Bandbreite der post- und dekolonialen Perspektiven aufzuzeigen möchte.

## Die zentralen Bezugsprobleme der post- und dekolonialen Theoriebildung

Die Problematisierung der postkolonialen Systeme der hierarchisierenden Wissensproduktion und deren Bedeutung für Kolonialismus und Moderne ist eine der zentralen Aufgaben, die sich die Postcolonial Studies verschrieben haben: Edward Said, dessen Studie *Orientalismus* (1978) gemeinhin als eines der Gründungswerke postkolonialer Auseinandersetzungen in den Sozial- und Kulturwissenschaften gesehen wird, hat in Anschluss an Foucault aufgezeigt, wie das Orientbild, das Ende des 19. Jahrhunderts sowohl in den unterschiedlichen wissenschaftlichen Disziplinen als auch in künstlerischen Auseinandersetzungen und dem Kolonialdiskurs vorherrschend war, dem Westen als konstitutives Außen diente, da es in der Kontrastierung zum sagenumwobenen Orient möglich war, ein Bild vom Okzident als besonders rational und aufgeklärt zu entwerfen. Dabei interessiert sich Said nicht nur für die „Denkweise, die sich auf eine ontologische und epistemologische Unterscheidung zwischen ,dem Orient' und (in den meisten Fällen zumindest) ,dem Okzident' stützt" (Said 2009: 11), sondern beleuchtet auch deren materielle, historische Dimension, also „die Legitimation von Ansichten, Aussagen, Lehrmeinungen und Richtlinien zum Thema sowie für ordnende und regulierende Maßnahmen" (ebd.). Die Herausbildung des Okzidents bzw. der westlichen Moderne lässt sich laut Said und der sich einer postkolonialen Perspektive verschreibenden Wissenschaftler:innen nur im Wechselverhältnis mit den kolonialen Wissen-Systeme und Machtstrukturen begreifen.

In ähnlicher Weise hebt auch der Soziologe und Vertreter der Cultural Studies Stuart Hall in seinem berühmten Aufsatz „Der Westen und der Rest" (1994) hervor, dass das mit der Aufklärung verknüpfte Bild des Westens als Vorreiter in Sachen Entwicklung, Säkularisierung, Industrialisierung und Urbanisierung nicht dem tatsächlichen Zustand der europäischen Gesellschaften entsprach, sondern Ergebnis eines klassifizierenden, hierarchisierenden Diskurses war, der mit der Kolonialherrschaft eng verknüpft ist. Dieses positive Selbstbild ermöglichte es den Europäer:innen einerseits, sich vom ,unterentwickelten, Traditionen verhaftet bleibenden, ländlichen Rest' abzugrenzen und anderseits Expansion, Kolonialismus und Ausbeutung überhaupt erst zu legitimieren. Laut Hall sind es gerade diese vereinfachenden Differenzproduktionen wie beispielsweise der Westen und sein Rest, Tradition und Moderne, die den Diskurs so zerstörerisch machten (Hall 1994: 142f), da sie in den Alltagspraktiken der Menschen und auch in der soziologischen Theoriebildung immer wieder in ähnlicher Weise artikuliert werden und den hegemonialen Diskurs somit ständig aufs Neue reproduzieren (Hall 1989: 201).

Wie verschiedene post- und dekoloniale Theoretiker:innen herausgearbeitet haben, nehmen gerade rassistische Klassifizierungen eine wichtige Scharnierfunktion im kolonialen Gefüge ein und legitimieren sowohl Sklavenhandel als auch die Ausbeutung der Arbeitskraft und die Ungleichbehandlung unterschiedlicher Personengruppen (Gilroy 1993; Quijano 2000).[3] Dass diese Ungleichheiten sich auch in der heutigen globalen

---
[3] Auf diesen Zusammenhang werde ich im 3. Kapitel noch näher eingehen.

Arbeitsteilung wiederfinden, darauf hat u. a. auch Gayatri Chakravorty Spivak aufmerksam gemacht, indem sie insbesondere die problematische Lage subalterner Frauen im globalen Süden in den Fokus gerückt hat: Auch kritische soziale Bewegungen wie etwa der Feminismus neigten dazu sogenannten ‚masterwords' zu reproduzieren, wenn sie eine ‚globale Schwesternschaft' ausrufen, da sie unterschiedlichen materiellen Rahmenbedingungen und die marginalisierten Positionen der subalternen Frauen im globalen Süden und die daraus resultierenden unterschiedlichen Interessenslagen zu wenig berücksichtigen. Sie problematisiert einerseits solche ‚machtvollen Bezeichnungen' (masterwords, Spivak 1990: 104), welche die unterschiedlichsten Lebenserfahrungen unter einem Begriff – in diesem Falle die Frauen – subsumieren und Differenzen somit zum Schweigen bringen. In ihrem berühmten Aufsatz *Can the subaltern speak?* (1994) wirft sie jedoch auch die für den Zusammenhang der Repräsentation entscheidende Frage auf, wer im hegemonialen Diskurs überhaupt in der Lage ist, Gehör zu finden und für sich selbst sprechen kann und nimmt dabei eine wenig optimistische Einschätzung vor. Vor dem Hintergrund dieser Überlegungen weist Spivak auf die besondere Verantwortung postkolonialer Wissenschaftler:innen hin, die eigene Arbeit stets selbstreflexiv zu beleuchten, um machtvolle Repräsentationen und Verallgemeinerungen nicht zu reproduzieren.

Allerdings hat Antonio Gramscis mit seinem postmarxistischen Verständnis von Subalternität und Hegemonie, welches die Arbeiten der Subaltern Studies Group, die für Spivak und andere postkoloniale Wissenschaftler:innen sehr prägend waren, gerade auch auf die Veränderbarkeit sozialer Strukturen und Prozesse hinweisen wollen: Entsprechend rücken etwa postkoloniale Theoretiker wie Homi Bhabha stärker die Hybridität und Veränderbarkeit von Macht- und Wissenskonstellationen in den Fokus. Sich für ein hybrides Kulturverständnis stark machend, hebt er hervor, dass es in der dem Kolonialdiskurs zugrundeliegende binäre Denkweise immer auch bereits Zwischenräume (er spricht hier von einem dritten Raum) gegeben habe. Er lenkt den Fokus gezielt auf die Performativität und Aushandlung kultureller Praktiken und möchte Kultur als Artikulationsraum verstanden wissen, in welchem kulturelle Zeichen und Praktiken stets aufs Neue verhandelt werden: „Dieser zwischenräumliche Übergang zwischen festen Identifikationen eröffnet die Möglichkeit einer kulturellen Hybridität, in der es einen Platz für Differenz ohne eine übernommene und verordnete Hierarchie gibt" (Bhabha 2000: 5). Kulturelle Differenz konzeptualisiert er somit nicht im Sinne differenter Kulturen, sondern vielmehr als Produktion von Differenz in der Praxis.[4] Mit dem Hybriditätsbegriff möchte er gerade auf den

---

[4]Entsprechend problematisiert er an Vertreterinnen und Vertretern des Poststrukturalismus, dass diese in ihrem Bemühen, das Andere des modernen Diskurses zu dekonstruieren, diesem Anderen die Macht absprechen, selbst Deutung zu produzieren: „[…] Barthes' Japan, Kristevas China, Derridas Nambikwara-Indianer, Lyotards Cashinahua-Heiden sind Teil dieser Strategie der Eindämmung, die den anderen Text/den Text des Anderen (the Other text) auf ewig zum exegetischen Horizont der Differenz statt zur aktiven Quelle der Artikulation macht. Das Andere wird zitiert, angeführt, in einen Rahmen gestellt, beleuchtet, in die serielle Aufklärung dienende Strategie von Aufnahme/Gegenaufnahme (shot/reverse shot) eingebettet. Die Narrative und die kulturelle Politik der Differenz werden zum geschlossenen Interpretationszirkel. Das Andere verliert seine Macht, zu

Prozesscharakter und die Unabschließbarkeit kultureller Deutungen hinweisen, welche in dem „dritten Raum des Aussprechens" stets und unermüdlich ausgehandelt würden:

> „Die Einführung dieses Raumes stellt unsere Auffassung von der historischen Identität von Kultur als einer homogenisierenden, vereinheitlichenden Kraft, die aus der originären Vergangenheit ihre Authentizität bezieht und in der nationalen Tradition des Volkes am Leben gehalten wurde, sehr zu Recht in Frage. [...] Erst wenn wir verstehen, dass sämtliche kulturellen Aussagen und Systeme in diesem widersprüchlichen und ambivalenten Äußerungsraum konstituiert werden, begreifen wir allmählich, weshalb hierarchische Ansprüche auf die inhärente Ursprünglichkeit oder ‚Reinheit' von Kulturen unhaltbar sind, und zwar schon bevor wir auf empirisch-historische Beispiele zurückgegriffen haben, die ihre Hybridität demonstrieren" (Bhabha 2000: 56f).

Auch im dekolonialen Diskurs gibt es mit den Konzepten der Kreolisierung oder Transkulturalität Perspektiven, die für ein ähnliches Kulturverständnis eintreten.

Auch hinsichtlich der Moderneerzählung, die für die soziologische Disziplin einen zentralen Stellenwert einnimmt, sind im Rahmen post- und dekolonialer Studien in den letzten Jahren verschiedene Ansätze entstanden, die eine von Europa ausgehende, unilineare Moderneerzählung gezielt revidieren. Die insbesondere geschichtswissenschaftlich arbeitenden Subaltern Studies Group hat bereits im Indien der 1980er-Jahre den Fokus auf die subalternen Bevölkerungsgruppen in Indien gelenkt und diese – entgegen der damals noch vorherrschenden Vorstellung einer von Europa ausgehenden Diffusionslogik der Moderne, in welcher die indische Entwicklung lediglich als nachholende Geschichte vorstellbar ist und die Subalternen deswegen auch nur präpolitischen Charakter haben können – als Protagonist:innen ihrer eigenen Geschichte anerkannt (vgl. Begrich und Randeria 2012). Insbesondere an das im Rahmen der Subaltern Studies Group von Sanjay Subrahmanyam entwickelte Konzept der *Connected Histories* (1997) wurde in den Folgejahren verschiedentlich angeschlossen (vgl. Chakrabarty 2000; Bhambra 2014) Dieser hatte für die frühe Neuzeit vielfältige kulturgeschichtliche Verknüpfungen zwischen dem indischen Subkontinent und Europa ausgemacht. In der Soziologie hat Randerias und Conrads Konzeption der *Verwobenen Moderne* viel Aufmerksamkeit erhalten: Sie problematisieren die lineare europäische Moderneerzählung und weisen darauf hin, dass die europäische Moderne-Entwicklung nicht abgekoppelt vom ‚Rest der Welt', sondern erst durch die vielfältigen globalen Austauschbeziehungen, Abhängigkeiten und Beeinflussungen entstanden ist, wobei Kolonialismus und Imperialismus eine zentrale Rolle gespielt haben (Randeria/Conrad 2002: 10; vgl auch Randeria 1999: 377).[5] In diesem Sinne

---

signifizieren, zu negieren, sein historisches Begehren ins Spiel zu bringen, seinen eigenen institutionellen und oppositionellen Diskurs zu etablieren" (Bhabha 2000: 48).

[5] Sie grenzen sich hier insbesondere vom Ansatz der Multiple Modernities ab, welcher in Anschluss an Weber von Shmuel Eisenstadt (2000) entwickelt wurden und der die unterschiedlichen Pfadabhängigkeiten und kulturellen Besonderheiten der Moderneentwicklung unterschiedlicher Nationalstaaten betont, verflechtungsgeschichtlichen Aspekten dabei jedoch kaum Aufmerksamkeit schenkt. Auch den neueren Ansätzen der Globalgeschichtsschreibung stehen sie kritisch gegenüber,

sei die moderne Geschichte auch eine geteilten Geschichte: Den Begriff geteilt möchten sie sowohl im Sinne von *shared* als auch von *devided* verstanden wissen, d. h. der Fokus wird auf eine gemeinsame Geschichte der Interaktion und des Austauschs gelenkt, jedoch werden ebenso die Ambivalenzen und Abgrenzungsprozesse in den Blick genommen (Randeria/Conrad 2002: 17).[6]

Ich möchte im Folgenden jedoch die Modernekonzeption des peruanischen Soziologen Anibal Quijanos genauer vorstellen, da dieser bereits bei der Kolonialisierung der beiden Amerikas ansetzt und seinen analytischen Fokus konsequent auf die Etablierung des differenzierten kolonialen Herrschaftssystems und dessen Bedeutung für die Moderneentwicklung richtet und nicht zuletzt auch für die Frage der Dekolonialität wichtige Anknüpfungspunkte bereithält.

## Anibal Quijanos Konzept der Moderne/Kolonialität/Dekolonialität

Die dekoloniale Perspektive nimmt weniger an poststrukturalistische Theorien, sondern eher an so verschiedene Diskurse wie die lateinamerikanische Befreiungstheologie und Philosophie, den Chicana-Feminismus, die Dependenztheorie und die Weltsystemanalyse Anschluss. Allerdings stellen sie in Abgrenzung zum klassischen Marxismus die universalistischen und linearen Aussagen hinsichtlich der historischen Abfolge der unterschiedlichen Formen von Arbeit und ihren Kontrollmechanismen bzw. Produktionsverhältnissen in Frage, indem etwa Quijano konstatiert, dass Sklaverei, Leibeigenschaft und einfache Warenproduktion nicht als präkapitalistisch anzusehen sind, sondern im Zuge der Kolonialisierung Amerikas gezielt „als Ware für die Produktion von anderen Waren für den Weltmarkt aufgebaut und organisiert" wurde (Quijano 2016: 65). In diesem Sinne gingen diese Arbeitsformen der Kommodifizierung der Arbeitskraft nicht voraus, sondern existierten parallel und wurden über die Achse des Kapitals und des Weltmarkts nun auch miteinander verbunden. Entsprechend stellt Quijano fest: „Der Kapitalismus als System

---

da sie das nationalstaatliche Paradigma hier durch die Vorstellung von einer abstrakten Totalität der Welt abgelöst sehen (vgl. Randeria und Conrad 2002: 17f).

[6] In eine ähnliche Richtung zielt auch Dipesh Chakrabarty mit seiner programmatischen Aufforderung Europa zu provinzialisieren: Das Projekt, Europa zu provinzialisieren, müsse das Eingeständnis beinhalten, „dass bereits Europas Aneignung des Adjektivs ‚modern' ein Stück globale Geschichte ist, von der die Geschichte des europäischen Imperialismus einen untrennbaren Teil bildet, und die Einsicht, dass diese Gleichsetzung einer bestimmten Version von Europa mit der ‚Moderne' nicht allein das Werk von Europäern ist." (Chakrabarty 2010: 62). Er lehnt die Moderneerzählung nicht pauschal ab, vielmehr macht er auf die enge Verknüpfung von Geschichtsschreibung, Imperialismus und Kolonialismus aufmerksam und will „in die Geschichte der Moderne die Ambivalenzen, die Widersprüche, die Gewaltanwendungen und die Tragödien und Ironien ein [...] schreiben, die sie begleiten" (ebd.: 63). Eine so verstandene Geschichtsauffassung weist auf den Zusammenhang von Idealismus und Gewalt hin, durch welchen die Moderneerzählung „auf gleichsam natürliche Weise" zur einzig legitimen Metaerzählung werden konnte, um so „ein hyperreales Europa aus dem Zentrum der historischen Einbildungskraft zu verdrängen" (ebd.: 64).

von Produktionsverhältnissen, also als heterogenes Gefüge aller Formen der Kontrolle über die Arbeit und ihrer Produkte unter der Vorherrschaft des Kapitals, aus dem von nun an die Weltwirtschaft und ihr Markt bestehen würde, konstituierten sich historisch erst mit der Entstehung Amerikas" (ebd.: 66).

Den Ausgangspunkt dieses spezifischen Herrschaftsmodus macht Quijano zwischen den iberischen Ländern und Lateinamerika aus, allerdings waren die iberischen Länder aufgrund der in den Ländern zur Anwendung kommenden archaischen Formen der Herrschaft und ihr Engagement für Katholizismus und Gegenreformation nicht in der Lage, ihre Vormachtstellung im Welthandel langfristig zu sichern. Vielmehr entstanden u. a. durch den enormen Profit, den die durch unbezahlte Sklaven-Arbeit entstandenen Güter aus Amerika im Welthandel einspielen konnten, in Westeuropa neue Herrschaftszentren, die die vollständige Monetarisierung des Welthandels vorantrieben und die in der Folge zu den Hauptakteuren und Profiteuren des Herrschaftssystems der kolonialen Moderne wurden (vgl. Quijano 2010: 33f). Wie Quijano verdeutlicht, wurde die Konstitution Europas als neue historische Einheit und Identität erst durch die Kolonisierung Amerikas, die hier vorgefundenen Rohstoffe und Produkte wie Gold, Silber, Kartoffeln, Tomaten, Tabak und die unbezahlbare Arbeit der ‚Indios', ‚Schwarzen' und ‚Mestizen' sowie deren ausgefeilten Techniken in Bergbau und Landwirtschaft möglich. „Denn auf dieser Basis konfigurierte sich eine Region als Ort, an dem die Kontrolle über die Atlantikrouten zusammenlief, die zugleich, eben auch auf dieser Basis, zu den entscheidenden Routen des Welthandels wurden" (Quijano 2016: 69).

Im Unterschied zum klassischen Marxismus heben dekoloniale Wissenschaftler:innen zudem die kulturelle bzw. epistemologischen Prozesse, die im Zuge der Etablierung dieses kolonialistischen, kapitalistischen Herrschaftssystems eine Rolle spielen, sehr viel stärker hervor: Der sich im neu konstituierten Europa aufgrund seiner zentralen Stellung im globalen kapitalistischen und kolonialen/modernen Gefüge herausbildende Eurozentrismus ist nämlich auch mit einer rassialisierenden Klassifizierung verknüpft. Insbesondere die Verknüpfung der Kategorien Arbeit, Ethnizität und Geschlecht erweist sich hierbei als entscheidend: Die Zugehörigkeit zu einer Klasse ist also nicht natürlich gegeben oder strukturell durch die Verteilung der Produktionsmittel bedingt, sondern stets Gegenstand und Ergebnis sozialer Kämpfe (Quijano 2000: 306; vgl. auch Kastner 2022: 46). Entsprechend ist der Prozess der Klassifizierung im Sinne des Klassifizierens und Klassifiziert-Werdens überaus bedeutsam.

Gleichwohl erweist sich das im Zuge der Kolonialisierung Amerikas etablierte homogenisierende Klassifizierungssystem als überaus stabil: Die heterogene Bevölkerung Amerikas wurde dabei in eine einheitliche Gruppe – die Indios – zusammengefasst, nicht zuletzt, um ihnen einen Platz im hierarchischen Gefüge der globalen Machtbeziehungen zuweisen zu können. Auch die aus unterschiedlichen Kulturen Afrikas verschifften Sklaven werden zu einer einheitlichen Identität – den Schwarzen – zusammengefasst (vgl. Quijano 2016: 68). Diesen Bevölkerungsgruppen wurde dadurch nicht nur ihrer einzigartigen historischen Identität beraubt. Durch die neue rassialisierte Identität wurde ihnen auch ihre Verortung in der Menschheits-Geschichte der Kulturproduktionen verweigert, da angenommen wurde dass sie als minderwertige *raza*, keine bedeutende Kultur hervorbringen können. Erst im Rahmen dieser klassifizierenden Zuschreibungen und Hierarchisierungen begannen sich die Europäer selbst als Weiße zu bezeichnen (ebd: 27). Macht- und Wissenssysteme waren hier auf engste verknüpft, wobei Quijano hervorhebt, dass Amerika und Europa sich „gegenseitig als die beiden ersten geokulturellen Identitäten der modernen Welt" produziert haben (ebd.: 69). Gerade das Zusammenwirken der im Zuge der Kolonialisierung etablierten Herrschaftsmuster entfalte eine besondere Dynamik:

> „Was sich heute Lateinamerika nennt, bildete sich als der Ausgangspunkt eines Herrschaftsmusters ohne historische Vorbilder heraus. Die beiden Hauptachsen desselben waren einerseits ein neues gesellschaftliches Herrschaftssystem, das auf die Idee der Rasse aufbaute, ein geistiges Konstrukt, das die Beziehungen der neuen Herrschenden zu den Eroberten und Kolonialisierten naturalisierte, das heißt: sie als ‚natürlich' begreifen ließ. Auf der anderen Seite entstand ein neues System gesellschaftlicher Ausbeutung, das alle existierenden Ausbeutungsformen strukturell miteinander verknüpfte, um unter der Hegemonie des Kapitals Waren für den Weltmarkt zu produzieren. Beide Achsen bedingten sich von Anfang an wechselseitig" (Quijano 2010: 32)

Quijano spricht in Hinblick auf diese hierarchischen Beziehungen, die sich auf sozioökonomischer, politischer und epistemischer Ebene zwischen den europäischen Zentren und den Kolonien bilden, von einer ‚Kolonialität der Macht', da diese seit über 500 Jahren und auch weit über die Beendigung der europäischen Kolonialherrschaft Bestand haben und es sich also um einen weiterhin wirksamen Herrschaftsmechanismus, den er auch als Moderne/Kolonialität bezeichnet, handelt. Denn im Zuge der kolonialen und imperialen Expansionen im Nachgang der sogenannten industriellen Revolution, durch welche erstmals auch auf dem europäischen Kontinent produzierte Güter auf dem Weltmarkt feilgeboten werden konnten, dehnt sich der auf rassistischen Klassifizierungen fußende Herrschaftsmodus ausgehend von Westeuropa auch auf die anderen Kontinente und die dort lebenden Menschen aus (ebd.: 35).

Nicht Ereignisse wie die Französische Revolution oder die Industrielle Revolution bilden in einer solchen Perspektive den Ausgangspunkt der Moderne, vielmehr sind diese Ereignisse selbst nicht unabhängig von den kolonialen Erfahrungen und der Etablierung des kolonialen Herrschaftsmodus zu erachten. Quijano sieht gerade im Rahmen der kolonialen Moderne einen spezifisch neuen historischen Horizont „von Sinn, Erklärung und Verständnis des Beobachteten, Erfahrenen und Erlebten" entstehen (ebd.), welcher sich zudem in einer spezifischen Intersubjektivität widerspiegelt, welche – gerade auch vor der dem Hintergrund der kolonialen Expansion – einerseits in der Erfahrung eines epochalen Wandels manifestierte, andererseits durch die „kognitiven Grundlagen der raschen Ausbreitung des europäischen Kapitalismus: die systematische Beobachtung, die Messung, die Quantifizierung, das Experimentieren, die Verifikation der Information – der Zweifel" (ebd.: 36) gekennzeichnet ist. Dabei bildet sich die mystifizierende Vorstellung von Menschheit und Fortschritt als ureigene Produkte der Aufklärung heraus, die die Zukunft als den zentralen Sinn- und Gestaltungshorizont konstituiert, in die sich gleichzeitig aber auch eine seltsame Paarung von Evolutionismus und Dualismus einschreibt: Durch diese wird es möglich, einen Unterschied zwischen ‚Westeuropa' und dem den Traditionen verhaftet bleibenden Rest zu ziehen und eine eurozentrische Weltsicht zu etablieren, die die Universalisierung der neu geschaffenen Wissensproduktionen legitimiert (Quijano 2016: 67).[7] Neben der ‚Kolonialität der Macht' spricht Quijano in diesem Sinne auch von einer ‚Kolonialität des Wissens'.

Im Zuge dieser Prozesse werden in Europa die intellektuelle Freiheit und die Autonomie der Individuen bzw. ihre prinzipielle Gleichheit „in den Grenzen des Marktes" (Quijano 2010: 36) immer wichtiger und den religiösen, sozialen und politischen Kräfte, die diesen Idealen entgegenstehen, wurde der Kampf angesagt.[8] Die Einbeziehung des kolonialen Herrschaftsmodus, in welchem diese moderne Rationalität aufkam, verdeutlicht allerdings die Zweischneidigkeit des modernen Projekts in besonderer Weise: „Sie entsteht aus der paradoxen Verbindung neuer Formen von Herrschaft und Ausbeutung, nämlich Rassismus und Weltkapitalismus; aber ebenso aus beispiellosen sozialen Konflikten mit neuen gesellschaftlichen Subjekten und bis dato unbekannten ‚Utopien', die eine ‚Moderne' propagieren, die von jeder Form von Kolonialität und Herrschaft befreit ist" (ebd. 38). Allerdings wird der neue ‚Gemeinsinn' von sozialer Gleichheit, Freiheit und Autonomie, welcher auch in der Begegnung mit Formen des solidarischen und gemeinschaftlichen Miteinanders entstand, wie sie die Europäer in den andinen und amazonischen Gebieten vorgefunden haben, zwar für alle Individuen propagiert, jedoch gerade denjenigen verweigert, auf deren Rücken, dieses kolonialen Machtgefüge etabliert und aufrechterhalten wurde. (ebd.: 37ff). Die Zweischneidigkeit der Kolonialmoderne tritt hier sehr deutlich zu Tage und ist ein wesentlicher Grund für ihr Fortbestehen der Kolonialität der Macht und der Kolonialität des Wissens: Denn auch nach Beendigung der Kolonialherrschaft waren es in den Lateinamerikanischen Ländern die weißen Eliten, die die Nationalstaatbildung vorantrieben, wobei die ‚Indios', ‚Mestizen' und ‚Schwarzen' – obgleich diese in vielen der Ländern die Mehrheit bildeten – nicht in diese Prozesse eingezogen wurden und es entsprechend auch nicht zu einer Demokratisierung der Länder kommen konnte. Vielmehr erhielten die weißen Minderheiten die in der Kolonialherrschaft etablierten ausbeuterischen Strukturen der Arbeitsorganisation vielfach aufrecht und richteten den Nationalstaat im Sinne der Wahrung ihrer Eigeninteressen ein (ebd.: 101).[9] Gegenüber den europäischen Staaten gerieten sie jedoch langfristig ins Hintertreffen, denn sie konnten ihre Macht nur

---

[7] In diesem Kontext wird auch der Orient als das ‚konstitutive Außen' Europas bedeutsam, die Etablierung des kolonialen Herrschaftsmodus bildet dafür die Grundlage (ebd.: 38f).

[8] Dass insbesondere die reformierte christliche Bourgeoisie in Westeuropa wie keine zweite für diese neue Rationalität stand, durch welche nicht zuletzt eine auf dem Prinzip der Staatsbürgerschaft fußende politische Ordnung, die durch den Nationalstaat repräsentiert wurde, entwickelt wurde, darauf hat bereits Max Weber hingewiesen. Selbst noch tief verstrickt in eurozentrische und imperiale Diskurse, konnte dieser ebenso wenig wie Marx den kolonialen Kontext und den konstitutiven Stellenwert des kapitalistischen und rassialisierenden Herrschaftsmodus, durch welchen diese neue Rationalität Verbreitung fand, nicht berücksichtigen (ebd.).

[9] Für eine differenziertere Darstellung der nationalstaatlichen Bestrebungen in Lateinamerika siehe Quijano 2016: 97f.

durch die Aufrechterhaltung dieser Hierarchien beibehalten und entsprechend versäumten sie es, den gleichen Schritt wie die europäischen Länder zu vollziehen und „das soziale Verhältnis namens Kapital als Verbindungsachse zwischen Wirtschaft und Gesellschaft" (ebd.) zu etablieren und ihre in Handelsgeschäften erwirtschafteten Gewinne in den Kauf von lohnabhängiger Arbeitskraft bzw. industrielles Kapital umzuwandeln und einen lokalen Markt zu etablieren (ebd.: 101f). Die Kolonialität der Macht wurde somit auf neuen institutionellen Grundlagen reartikuliert (ebd.: 104).

Im Gegensatz zum Konzept der Verwobenen Modernen spricht Quijano von der Moderne in der Einzahl, da die Kolonialität der Macht trotz regionaler Unterschiede globale Wirkkraft erlangen konnte. Quijanos Konzept der Moderne/Kolonialität legt diese vielfältigen Macht- und Herrschaftsbeziehungen offen, die diese Strukturen historisch hervorgebracht haben und fordert die gängigen europäischen Moderneerzählungen epistemologisch nicht nur in räumlicher Hinsicht heraus, indem er die globalen Kapitalströme und rassialisierenden Prozesse nachzeichnet, die zur Herausbildung der Moderne/Kolonialität geführt und die gegenwärtigen globalen Ungleichheiten evoziert haben, wodurch etwa die Einteilung in entwickelte und weniger entwickelte Länder und Weltregionen in ein ganz anderes Licht gerückt werden. Durch seinen Fokus auf die Kolonialisierung Amerikas, in welcher die koloniale Moderne ihren Anfang nahm, fordert er die Modernenarrative auch zeitlich heraus. Insofern ist seine Konzeption der kolonialen Moderne auch als ein wichtiger Beitrag der Dekolonialität zu werten.

Dass auch sozialwissenschaftliches Wissen durch seine eurozentrische Ausrichtung einen entscheidenden Beitrag zur Kolonialität des Wissens geleistet hat, wurde seitens dekolonialer Intellektueller vielfach problematisiert und mit der Notwendigkeit eines epistemischen Bruchs oder Ungehorsams bzw. der Entfaltung eigener Epistemologie verknüpft (vgl. Lander 2000; Mignolo 2012; de Sousa Santos 2018). Die Erkenntnis, dass Ontologien und Epistemologien stets eng miteinander verknüpft sind, birgt dabei ein besonderes politisches Potential, wie die ‚Epistemologien des Südens' (de Sousa Santos 2018), die in den letzten Jahrzehnten gerade um die Begriffe Post-development und buen vivir sehr vielschichtige Diskurse hervorgebracht haben, zeigen: Sie verstehen sich als dezidierte Alternativen zur westlichen auf Wachstum setzenden Wirtschaftsweise und einem kompetitiven individualistischen Lebensstil und werden in vielen Ländern des globalen Südens aufgegriffen und nicht nur akademisch geführt, sondern auch von unterschiedlichen sozialen Bewegungen vor Ort sowie weiteren gesellschaftlichen Akteuren mitgestaltet.[10] Auch das große Interesse, welche Anthropolog:innen den verschiedenen indigenen Gemeinschaften, in denen Natur und Kultur vielfach nicht getrennt voneinander gedacht und gelebt werden, entgegenbringen, kann in diesem Zusammenhang genannt werden: Der Mensch wird etwa in den andinen und amazonischen indigenen Gemeinschaften als einer in einen natürlichen Lebensraum eingebetteter verstanden, der in vielfältige Beziehungen nicht nur zu seinen Mitmenschen und den Ahnen, sondern auch zu seiner natürlichen Um-

---

[10] Auf diese Diskurse wird im 5. Kapitel noch genauer eingegangen.

gebung, den Tieren, Pflanzen, Flüssen und Bergen steht (vgl. Descola 2011; Viveiros de Castro 2012, 2019). Auch diese Forschungen sind häufig mit dem Anspruch verknüpft worden, den transnationalen sozialwissenschaftlichen Diskurs nicht nur um diese Perspektiven zu bereichern, sondern dem westlichen Naturalismus und Anthropozentrismus und den ausbeuterischen Umgang mit der Natur mit diesen Seinsweisen zu kontrastieren und herauszufordern. Diese Ontologien und Epistemologien sind zudem mit der Vorstellung eines Pluriversums verbunden, welches viele unterschiedliche Seinsweisen beherbergen kann (vgl. Escobar 2020; Kothari et al. 2023). Entsprechend ist der Begriff der Dekolonialität, der heute häufig dem Begriffspaar Moderne/Kolonialität angehängt wird, sehr weit gefasst:

> „Decolonial' is increasingly used to indicate political and epistemic projects, rather than a disciplinary field of study. [...] Decoloniality, therefore, means both the analytic task of unveiling the logic of coloniality and the prospective task of contributing to build a world in which many worlds will coexist." (Mignolo 2012, S. 54)

## Methodologische Konsequenzen

Wie kaum eine andere Theorierichtung haben post- und dekoloniale Forschende für die machtvollen Relationen und Verflechtungen sensibilisiert, die sich im Rahmen der Kolonialherrschaft auf vielfältige Weise manifestiert haben und bis heute fortwirken. Die interdisziplinäre Arbeitsweise eröffnet zudem nicht nur einen sehr breiten Fokus auf ganz unterschiedliche Gegenstandsbereiche, sondern eben auch auf eine entsprechende Vielfalt an zu Anwendung kommenden Methoden. Zentral ist, dass diese einerseits im Stande sind, die vielfältigen Relationen in ihrer Dynamik zur Kenntnis zu nehmen, weswegen häufig die Praxis (etwa des Klassifizierens) zum analytischen Ausgangspunkt gemacht wird. Sehr viel stärker als etwa die neueren soziologischen Praxistheorien sind post- und dekoloniale Forschungen jedoch darauf bedacht, die postkolonialen Machtasymmetrien aufzuzeigen und zu analysieren, wobei jedoch ebenfalls die Prozesshaftigkeit und somit die prinzipielle Veränderbarkeit dieser Machtverhältnisse betont wird.

Der relationale Fokus wurde in den letzten Jahren gerade im dekolonialen Diskurs zudem auch auf die vielschichtigen Beziehungen zwischen Natur und Kultur ausgeweitet und auch Dipesh Chakrabarty hat in der Auseinandersetzung mit den Debatten um das Anthropozän seine geschichtswissenschaftlichen Arbeiten darauf ausgerichtet, die Menschheitsgeschichte mit der Geschichte des Erdsystems in Beziehung zu setzen. Seine in *Provicializing Europe* vertretene kontextsensible Vorgehensweise, hat er somit gegen eine relationale Methodologie eingetauscht, die gerade diese menschheitsgeschichtlichen und erdgeschichtlichen Zusammenhänge in ein systematisches Verhältnis setzen will (vgl. Chakrabarty 2022: 20).

Allgemein lässt sich jedoch festhalten, dass post- und dekoloniale Forschende durch den besonderen methodologischen Fokus, gezielt davon Abstand nehmen, ein Theoriegerüst mit festen Analyseeinheiten aufzustellen. Vielmehr werden die verwendeten Begriffe und Konzeptionen stets in der Auseinandersetzung mit spezifischem empirischem Material gewonnen und haben dabei ebenfalls eher methodologischen Charakter. Der mit diesen Analysen vertretene explizite politische Anspruch findet sich auch in den vielfältigen Bestrebungen wieder, angesichts der postkolonialen Ungleichheiten und der zerstörerischen Auswirkungen einer auf Wachstum und Ausbeutung setzende Wirtschaftsweise und Politik, eigene Epistemologien zur Entfaltung zu bringen, die den natürlichen Lebensgrundlagen und den menschlichen Abhängigkeiten sehr viel stärker Rechnung tragen. Am Beispiel der lateinamerikanischen Konzeptionen des buen vivir werde ich im letzten Kapitel aufzeigen, mit welchen Herausforderungen diese Diskurse und Praktiken verknüpft sind, welches politische und analytische Potential sie aber gerade auch beinhalten.

## Umkämpftes buen vivir

Die sogenannten Epistemologien des Südens, die heute neben dem afrikanischen Ubuntu insbesondere mit dem Begriff des buen vivir verknüpft werden, sind in den letzten Jahren von verschiedenen gesellschaftlichen Akteuren auf ganz unterschiedliche Weise ausbuchstabiert worden. Es ist also ein überaus heterogenes Konzept, was es schwierig macht, einen gemeinsamen Nenner der unterschiedlichen Ausformungen zu bestimmen. Eine Rekonstruktion von einigen historisch markanten Diskursposition kann jedoch einen Eindruck vermitteln, welche unterschiedlichen Schwerpunktlegungen in diesen Debatten und ihrer lebenspraktischen Ausgestaltung bisher vorgenommen wurden: Cubillo-Guevara et al. machen die Anfänge des buen vivir Diskurses in den 1990er-Jahre in den Kichwa Gemeinden des ecuadorianischen Amazonasgebietes aus, wo die *Organisation der Indigenen Völker von Pastaza* begann, ihre Lebensweise dahingehend zu reflektieren, inwiefern diese als eine Alternative zum Entwicklungsdenken gelten können.[11] Das in Kichwa unter der Bezeichnung *sumak kawsay* zusammengefasste Konzept, welches auch in anderen indigenen Gemeinden in ähnlicher Weise zu finden ist, besteht dabei auf drei Säulen, die für ein ‚gut Leben' (buen vivir) als zentral erachtet werden: „*sacha runa yachay* (die Weisheit des im Wald lebenden Menschen), *runakuna kawsay* (das Leben des Volkes) und *sumak allpa* (die Erde ohne Schlechtes. Diese Säulen können als Harmonie mit sich selbst (kulturelle Dimension der Identität), Harmonie mit der Gemeinschaft (soziale Dimension der Gleichheit bzw. Gerechtigkeit) und Harmonie mit der Natur (Umweltdimension und Nachhaltigkeit) interpretiert werden" (Cubillo-Guevara et al.: 2018: 12). Diese Überlegungen sind in der Folge von verschiedenen politischen Akteuren und Bewegungen etwa auch in Bolivien und Peru übernommen worden, wobei sich die damit verknüpften Vorstellung beständig weiterentwickelt haben. Ein bedeutsamer Schritt war dabei, dass indigene Bewegungen in Ecuador und Bolivien 2008 dieses Konzept – nun unter dem spanischen Namen buen vivir bzw.

---

[11] Bereits in diese Prozesse waren jedoch eine Vielzahl an Einflüssen und Akteure eingebunden.

vivir bien – in die verfassungsgebenden Debatten der beiden Länder einbrachten, wobei es im Austausch einerseits mit den sonstigen kritischen Auseinandersetzungen mit der neoliberalen Konzeption von Entwicklung (Post-Development, Anti-Entwicklung, Anti-Globalisierung, Interkulturalismus, Öko-Marxismus, Umweltschutz, Feminismus und Theologie der Befreiung) und den nationalen politischen Eliten anderseits eine weitere Hybridisierung erfahren hat: In der Folge multipler Prozesse, an denen vielfältige Akteure und lokale und globale Diskurseinflüsse beteiligt waren, kam es dann auch zu einer Institutionalisierung des buen-vivir-Konzepts, wobei die von Cubillo-Guevara et al als ursprüngliche Version des buen vivir bezeichnete Konzeption stark verwässert wurde und relativ unbestimmt blieb, was es jedoch gerade ermöglichte, in vielfältiger Weise an das Konzept anzuschließen (ebd.: 14). In der Folge bildeten sich hauptsächlich drei unterschiedliche Interpretationen von buen vivir heraus: Die indigenistische, die auf die Wiederherstellung bzw. Aufrechterhaltung der indigenen kulturellen Identität ausgerichtet ist und die moderne Entwicklung als sozialen Kolonialismus begreifen, und die diesen durch die Etablierung der indigenen Kosmovisionen als wichtige kulturelle Referenz lateinamerikanischer Gesellschaften zu bekämpfen suchen (vgl. ebd: 15). Eine andere Schwerpunktsetzung nimmt die sozialistisch-etatistische Interpretation vor, die insbesondere von den neomarxistischen Intellektuellen und den sozialistisch ausgerichteten politischen Kräften in Ecuador, Bolivien und Nicaragua in dieser Zeit vorgenommen wurde: In dieser Interpretation wird die Entwicklung hin zu mehr sozialer Gerechtigkeit in den Mittelpunkt gestellt, die durch staatliche Maßnahmen gewährleistet werden soll. Diese soll durch einen Neo-Extraktivismus – also die massive Ausbeutung der natürlichen Ressourcen – gewährleistet werden. Indem hier der Staat als wichtigster Akteur und Repräsentant des Volkswillens gefasst wird, spricht man ihm auch die legitime Macht zu, auszubuchstabieren, was unter buen vivir genau verstanden werden soll. Nicht nur der Umstand, dass in diesem Verständnis an den historischen Modellen der Akkumulation festgehalten wird und trotz des langfristig angedachten Umbaus der Staaten zu postkapitalistischen Gesellschaften ein ‚Neodevelopmentalismus' gepredigt wird, sondern auch die Tatsache, dass die vielen sozialen Bewegungen, die buen vivir in die verfassungsgebenden Diskurse eingebracht hatten, nun von den Interpretationsvorgängen ausgeschlossen wurden, führt jedoch schon bald zu massiver Enttäuschung und Frustration und die von Morales, Correa und Ortega angeführten Regierungen mussten sich den Vorwurf gefallen lassen, sie hätte das Konzept der Entwicklung gegen buen vivir ausgetauscht (ebd.: 18).

Allerdings bildet sich auch eine Interpretation von buen vivir heraus, die das Entwicklungsdenken gezielt hinter sich lassen will und die insbesondere von den sozialen Bewegungen und gerade auch den ihnen nahestehenden dekolonialen Wissenschaftler:innen vertreten wird. Sie verstehen „buen vivir als das Negativmuster von Entwicklung mit einem großen dekolonisierenden und utopischen Potenzial zur Generierung alternativer Wege für heutige Gesellschaften" (ebd. 19), die für viele gemeinschaftliche Initiativen und Lebensformen anschlussfähig sind. Die ökologische Nachhaltigkeit und die Anerkennung der Rechte der Natur spielen in dieser Interpretation eine wichtige Rolle, die implizit einen Umbau der lateinamerikanischen in eine post-extraktive Volkswirtschaft vorsieht, allerdings wird dabei eine lokale, partizipatorische und plurale Ausgestaltung des buen vivirs befürwortet und die Zivilgesellschaft und die sozialen Bewegungen werden als wichtige Akteure in diesen Prozessen begriffen, die unabhängig von ihrer Repräsentation in den Parlamenten Gehör finden sollten. Durch die Betonung der Pluralität der unterschiedlichen Ausgestaltung von buen vivir, die nebeneinander und im Austausch miteinander koexistieren können, verstehen sie buen vivir als einen glokalen Ansatz, der sich gerade auch offen dafür zeigt, mit ähnlichen Initiativen in anderen Teilen der Welt in Austausch zu treten, um sich auf der Suche nach Strategien für den sozial-ökologischen Umbau gegenseitig zu befruchten (ebd.: 20).[12]

Diese drei Interpretationen von buen vivir, die sich durch die Hybridisierung des Diskurses in Folge der Institutionalisierung von buen vivir herausgebildet haben, legen also jeweils auf eine der drei Säulen des ‚ursprünglichen' buen vivir einen besonderen Schwerpunkt und zeugen somit von den verschiedenen Diskurspositionen, die teils auch konträr zueinander stehen können, wie insbesondere der Fall der Implementierung des Konzepts in die Regierungsprogramme verdeutlicht hat, der zudem auch einiges über die Schwierigkeiten der politischen Umsetzung von buen vivir verraten kann. Manche haben buen vivir gerade aufgrund dieser Schwierigkeiten für gescheitert erklärt. Die Mehrheit bewertet jedoch die Offenheit und vielfältige Anknüpfungsmöglichkeit an das Konzept nicht nur positiv, sondern sieht darin gerade die notwendige Voraussetzung für die Entstehung eines möglichst breiten Bündnisses gegen die auf Wachstum gerichteten Wirtschaftsweise und postkoloniale Politiken an. Es wird entsprechend auch darauf verwiesen, dass hegemonietheoretisch gerade leeren Signifikanten hinsichtlich der Erlangung eines hegemonialen Status von großer Bedeutung sind (vgl. Krüger 2018: 45). Dass angesichts der vielschichtigen postkolonialen Machtasymmetrien gerade in Hinblick auf die globalen Hegemonien noch ein weiter Weg zu gehen ist, machen post- und dekoloniale Studien aber gleichermaßen deutlich.

Dekoloniale Wissenschaftler:innen stehen – so wurde in diesem Kapitel aufgezeigt – jedoch auch für neue politische Allianzen und Diskurse, für welche weniger ihre akademische Position entscheidend ist, sondern vielmehr die politische Praxis selbst zur zentralen Bezugsgröße wird (vgl. auch Praeg 2018: 216)

Neben den vielfältigen Anknüpfungspunkten und multidimensionalen analytischen Werkzeugen, die post- und dekolonialen Perspektiven für die Untersuchung der vielfältigen Relationen, hybriden Verwobenheiten und postkolonialer Ungleichheitsverhältnisse bereitstellen, haben sich post- und dekoloniale Wissenschaftler:innen auch an der Entfaltung der Epistemologien des Südens in verschiedener Weise beteiligt, die aufgrund ihres besonderen politischen Potentials ebenfalls vorgestellt wurden. Es ist allerdings gerade die große Bandbreite post- und dekolonialer Forschungen und Diskursbeiträge, die

---

[12] Neben dem indischen (Öko-)swaraj oder das afrikanische ubuntu können hier auch die Debatten um degrowth, Konvivialismus, der feministische Care-Gedanke oder die vielfältigen Initiativen im Bereich der commons genannt werden (ebd.).

die Besonderheit dieser Perspektive ausmacht, wobei die unterschiedlichen Ansätze sich hervorragend auch gegenseitig ergänzen und befruchten können.

## Literatur

Adloff, Frank /Neckel, Sighard (2020) (Hg.): Gesellschaftstheorie im Anthropozän; Berlin: Campus

Begrich, Roger/Randeria, Shalini (2012). Historiographie und Anthropologie. Zur Kritik hegemonialer Wissensproduktion bei Talal Asad, Bernhard S. Cohn und der Subaltern Studies Group. In Schlüsselwerke der Postcolonial Studies, (Hg.) Julia Reuter und Alexandra Karentzos, 69–81. Wiesbaden: VS Verlag.

Bhabha, Homi (1994): The Location of Culture, London: Routledge.

Bhabha, Homi (2000): Die Verortung der Kultur, Tübingen: Stauffenburg Verlag.

Bhambra, Gurminder K. (2007): Rethinking Modernity. Postcolonialism and the Sociological Imagination, London: Palgrave Macmillan.

Bhambra, Gurminder K. (2014): Connected Sociologies, London [u.a]: Bloomsbury.

Boatca, Manuela (2016): Postkolonialismus und Dekolonialität; in: K. Fischer et al. (Hrsg.), Handbuch Entwicklungsforschung, Wiesbaden Springer VS, p.113–122

Boatcă, Manuela/ Costa, Sergio (2010): Postkoloniale Soziologie: ein Programm, in: Reuter, Julia/ Villa, Paula Irene (Hg.): Postkoloniale Soziologie. Empirische Befunde, theoretische Anschlüsse, politische Interventionen, Bielefeld: transcript, S. 11–47.

Chakrabarty, Dipesh (2000): Provincializing Europe. Postcolonial Thought and Historical Difference. Princeton: University Press

Chakrabarty, Dipesh (2010): Europa als Provinz. Perspektiven postkolonialer Geschichtsschreibung, Frankfurt [u.a]: Campus.

Chakrabarty, Dipesh (2022): Das Klima der Geschichte im planetarischen Zeitalter. Suhrkamp, Berlin

Cubillo-Guevara, Ana Patricia/ Vanhulst, Julien/ Hidalgo-Capitán, Antonio Luis & Adrián Beling (2018): Die lateinamerikanischen Diskurse zu buen vivir. Entstehung, Institutionalisierung und Veränderung, in: PERIPHERIE Nr. 149, 38. Jg.

Descola, Philippe (2011): Jenseits von Natur und Kultur. Suhrkamp, Berlin.

Du Bois, William Edward Burghardt (1896): The Suppression of the African Slave-Trade to the United States of America. 1638–1870. Harvard University Press, New York

Du Bois, William Edward Burghardt (1903): The Souls of Black Folk. A. C. McClurg & Co., Chicago.

Du Bois, William Edward Burghardt (1920): Darkwater. Voices from Within the Veil. Harcourt, Brace and Howe, New York

Eisenstadt, Shmuel (2000): Multiple Modernities, in: Deadalus, Bd.129, S. 1–30.

Escobar, Arturo (2020): Pluriversal Politics. The Real and the Possible. Durham and London: Duke University Press.

Fanon, Frantz (1980, frz. Erstausgabe von 1952): Schwarze Haut, weiße Maske, Frankfurt a.M.: Syndikat.

Gilroy, Paul (1993): The Black Atlantic. Cambridge, Mass.: Harvard University Press.

Go, Julian (2016): Postcolonial Thought and Social Theory, Oxford University Press.

Hall, Stuart (1989): Ideologie, Kultur, Rassismus. Ausgewählte Schriften 1, Hamburg/Berlin: Argument.

Hall, Stuart (1994): Der Westen und der Rest: Diskurs und Macht, in. Ders.: Rassismus und kulturelle Identität, Ausgewählte Schriften, Hamburg: Argument, S. 137–179.

Kastner, Jens (2022): Dekolonialistische Theorien aus Lateinamerika. Einführung und Kritik, Münster: Unrast Verlag.

Kelly, Natasha A. (2016): Afrokultur „der Raum zwischen gestern und morgen"; Münster: Unrast Verlag

Kothari, Ashish/ Salleh, Ariel/Escobar, Arturo/Demaria, Federico/ Alberto Acosta (Hrsg) (2023): Pluriversum. Ein Lexikon des Guten Lebens für alle. Neu-Ulm: AG SPAK Bücher.

Krüger, Timmo (2018): Politische Strategien des buen vivir. Sozialistische Regierungspolitik, indigene Selbstbestimmung und Überwindung des wachstumsbasierten Entwicklungsmodells, in: PERIPHERIE Nr. 149, 38. Jg.

Lander, Edgardo (2000): Ciencias sociales: saberes coloniales y eurocentricos in: Ders. (Hg.): La colonialidad del saber: eurocentrismp y ciencias sociales. Perspectivas Latinamericanas. Buenos Aires: CLASCO, S.11–40.

Mignolo, Walter (2012): The darker side of western modernity. Durham: Duke University Press.

Morris, Aldon/Schwartz, Michael/Itzigsohn, José (2021): Racism, Colonialism, and Modernity: The Sociology of W.E.B. Du Bois; in: Seth Abrutyn, Omar Lizardo (Hg.): Handbook of Classical Sociological Theory; Springer Nature.

Quijano, Aníbal (2000) Coloniality of power and eurocentrism in Latin America. International Sociology 15(2): 215–232.

Quijano, Aníbal (2010): Die Paradoxien der eurozentrierten kolonialen Moderne, in: Prokla Zeitschrift für kritische Sozialwissenschaft: Postkoloniale Studien als kritische Sozialwissenschaft. Band 40 (Nr.158), S. 29–47

Quijano, Aníbal (2016): Kolonialität der Macht, Eurozentrismus und Lateinamerika, Wien: Turia und Kant.

Praeg, Leonhard (2018): Epistemologien des Südens und das Gespenst des leeren Signifikanten. PERIPHERIE Nr. 150/151, 38. Jg. 2018.

Rabaka; Reiland (2006): The Souls of Black Radical Folk: W.E.B. Du Bois, Critical Social Theory and the State of Africana Studies. In: Journals of Black Studies. Vol. 36, No.5; 732–763

Randeria, Shalini (1999): Jenseits von Soziologie und soziokultureller Anthropologie: Zur Ortsbestimmung der nicht-westlichen Welt in einer zukünftigen Sozialtheorie, in: Soziale Welt, 50/4, S. 373–382

Randeria, Shalini/Conrad, Sebastian (2002) Geteilte Geschichten: Europa in einer postkolonialen Welt, in: (dies.) (Hg): Jenseits des Eurozentrismus: Postkoloniale Perspektiven in den Geschichts- und Kulturwissenschaften, Frankfurt/Main: Campus Verlag, S. 9–49.

Said, Edward (1978): Orientalism, London: Routledge & Kegan Paul.

Said, Edward (2009): Orientalismus. Frankfurt a.M.: Fischer.

Sousa Santos, de Boaventura (2018): *Epistemologien des Südens. Gegen die Hegemonie des westlichen Denkens*. Münster: Unrast Verlag 2018.

Spivak, Gayatri Chakravorty (1990): The Postcolonial Critic. Interviews, strategies, dialogues, New York: Routledge.

Spivak, Gayatri Chakravorty (1994): Can the subaltern speak?, in: Williams, Patrick/Chrisman (Hg.): Colonial Discourse and Post-Colonial Theory, New York: Colombia University Press, S. 66–111.

Subramanyam, Sanjay (1997), Connected Histories. Notes Toward a Reconfiguration of Early Modern Eurasia In: Modern Asian Studies, Bd. 31(1997), S.735–762.

Viveiros de Castro, Eduardo (2012): Cosmological Perspectivism in Amazonia and Elsewhere, Hau: Masterclass Series vol. 1. https://haubooks.org/cosmological-perspectivism-in-amazonia/

Viveiros de Castro, Eduardo (2019): Kannibalische Metaphysiken. Elemente einer post-strukturalen Anthropologie, Leipzig: Merve

# Gendertheorien

Paula-Irene Villa

**Zusammenfassung**

Der Beitrag von Paula-Irene Villa bietet einen Überblick über Gendertheorien in der Soziologie, beginnend mit einer historischen Einordnung. Gender rückte seit den 1960er-Jahren zunehmend in den Fokus, zunächst jedoch sporadisch und wenig systematisch. Villa betont die Notwendigkeit kritischen Austauschs und stellt Gendertheorien als bedeutende Stimme der Sozialtheorie dar. Sie fokussiert empirische Forschungen zur Geschlechterverteilung in der Arbeitswelt und deren Einfluss auf gesellschaftliche Modernisierungsprozesse. Weiterhin behandelt sie die Entwicklung der Geschlechterforschung seit den 1980er-Jahren mit Fokus auf der Kritik am Essentialismus und biologistischer Sichtweise. Ethnomethodologische Ansätze und Simone de Beauvoirs Theorie werden als Beiträge zur soziologischen Perspektive auf Geschlecht hervorgehoben. Sie thematisiert Herausforderungen durch Anti-Gender-Kampagnen seit 2016 und fordert abschließend eine differenzierte Identitäts- und Subjektivierungstheorie.

---

Der Beitrag thematisiert wesentlich die deutschsprachige Soziologie/Sozialwissenschaften. Eine systematische Auseinandersetzung mit der transnationalen Konstellation der Gender-Theory bzw. den zudem multi- oder transdisziplinären Gender Studies in ihren glokalen Spezifika hätte den Rahmen gesprengt. Bewusst wurde in diesem Beitrag auch ‚ältere' Literatur eingearbeitet, um die reiche und lange Geschichte der Gender-Theorien in der Soziologie sichtbar zu machen. Ich danke Jasmin Siri für die kollegiale Unterstützung und inhaltlichen Austausch sowie Ramona Haas und Alexander Robinson für die Hilfe bei der Manuskriptgestaltung.

---

P.-I. Villa (✉)
LMU München, Deutschland
E-Mail: Paula.villa@lmu.de

> **Abstract**
>
> Paula-Irene Villa's article provides an overview of gender theories in sociology, beginning with a historical classification. Gender has increasingly come into focus since the 1960s, but initially sporadically and not very systematically. Villa emphasizes the need for critical exchange and presents gender theories as an important voice in social theory. She focuses on empirical research on gender distribution in the world of work and its influence on social modernization processes. She also discusses the development of gender studies since the 1980s with a focus on the criticism of essentialism and a biologistic perspective. Ethnomethodological approaches and Simone de Beauvoir's theory are emphasized as contributions to the sociological perspective on gender. She addresses challenges posed by anti-gender campaigns since 2016 and concludes by calling for a differentiated theory of identity and subjectivation.

*Gender* ist ein für die Soziologie inzwischen normalisierter und unspektakulärer Grundbegriff, er gehört seit den späten 1960er-Jahren (Garfinkel 1967) zum mehr oder minder etablierten konzeptionellen Repertoire, mit denen u. a. Sozialtheorie, Soziologie sozialer Ungleichheit, politische Soziologie, Kultursoziologie, soziale Bewegungsforschung, Mikro- und Interaktionssoziologie mit deskriptiven und qualitativen Methoden forschen. Anders gesagt: Spätestens seit den 1960er-Jahren ist auch der Soziologie klar, dass ‚gender', also Geschlecht, ein Grundelement des Sozialen ist. Was auch immer das bedeutet und wie auch immer Geschlecht dabei in unterschiedlichen theoretischen und empirischen Konstellationen konzeptualisiert oder verstanden wird – zu Beidem wird seitdem intensiv soziologisch geforscht. Wie vielen soziologischen Begriffen, so haftet auch dem Gender-Begriff der Stallgeruch des lebensweltlich Sozialen an – ‚gender' gilt manchen als zu alltagssprachlich, als zu politisch oder als ideologisch konnotiert. Zugleich steht ‚gender' seit ca. 2005, intensiv aber spätestens seit ca. 2016, im Fokus populistischer Mobilisierungen im glokalen Maßstab (Hark und Villa 2015; Graff und Korolczuk 2021; Kuhar und Paternotte 2017) und sieht sich dabei zunehmend fundamentalisierender Polemiken ausgesetzt, die sich in ‚Anti-Gender'-Kampagnen niederschlagen, und die auch die forschende Auseinandersetzung mit ‚Gender' ins Visier nehmen. Im Jahr 2023 fordern Parteien ‚Gender-Verbote' und das Ende des ‚Genderirrsinns', während Subkulturen die queere Überwindung von Gender ebenso fordern – oder vermeintlich praktizieren – wie kommerzielle Modelinien sich als ‚gender free zone' anpreisen.[1] Gender ist derzeit in aller politischer, ökonomischer und kultureller Munde, als ausdrückliche Thematisierung, gar diskursive Problematisierung von ‚gender', und auch im ganz normalen Alltag ganz normaler Men-

---

[1] Einfach diese Stichworte im Netz suchen, man wird sofort fündig. Zur Mode vgl. die Benetton Kampagne Herbst 2018 oder auch zur ‚genderless fashion' die Selbstvermarktung der Berlin Fashion Week 2024; https://fashionweek.berlin/blog/single-news/genderneutral-genderfluid-genderless-mode-ohne-geschlechtergrenzen.html.

schen, etwa in Kindergärten, beim Klamottenkauf oder in der Orthographie. Gender ist lebensweltlich außerordentlich relevant, sagt also nicht nur die Soziologie (worauf dieser Beitrag eingeht). Sondern es sagen auch (womöglich immer mehr) Menschen in allen möglichen Belangen, explizit und mit einem diffusen Wissen, dass Gender ein Stolperstein, ein unklares aber relevantes Element dieses Alltags ist.

Ebenso wie die allermeisten Grundkategorien der Disziplin, setzt sich die Soziologisierung von gender also im Allgemeinen – und die Theoretisierung von gender im Besonderen – systematisch einem zweifachen Prüfblick aus: Zum einen der Qualitätskontrolle innerhalb der soziologischen Zunft, zum anderen der heterogenen politischen und zivilgesellschaftlichen Publika, die von ‚der Gender-Theorie' etwas erwarten, erhoffen, befürchten, sich von dieser unmittelbar betroffen und vielfach als eigentliche Expert:innen fühlen. Der Prüfblick innerhalb der Soziologie begutachtet kritisch und selbstverständlich die theoretischen und empirischen Werkzeuge, Methoden, Einsichten, Anschlussfähigkeiten, weiterführenden Fragen und den (inner- wie außer-)wissenschaftlichen Nutzen dieses Wissens, sowie auch und besonders die operativen Formen, in denen sich dies realisiert (Quantität und Qualität von Publikationen, Einwerbung von Forschungsförderung/Drittmitteln, Karrierewege derjenigen, die hierzu arbeiten, Denominationen von Professuren usw.). Wiewohl einerseits eine ‚Gewöhnung' an die Relevanz der Genderkategorie als Konsens im soziologischen Mainstream angenommen werden kann: Auch die Verwicklung mit dem Politischen und dem Lebensweltlichen wird dem Feld der soziologischen Gender-Theorie regelmäßig zum Vorwurf gemacht, auch wenn dies lediglich mit manchem Vorurteil angenommen oder plausibel mit Evidenz nachvollziehbar wahrgenommen wird. Das ist nicht so anders als mit vielen anderen Begriffen wie Ungleichheit, Herrschaft, Armut, Konflikt, Nachhaltigkeit, Kapitalismus, Kritik, Utopie, Gerechtigkeit usw., die in der Soziologie theoretisiert und vielfach als analytische Linse bzw. empirische Variable verwendet werden. Fair enough. Ebenso fair im Sinne von notwendig und praktisch relevant ist oder wäre es dann (aber) auch, sich in der Disziplin über die Kriterien dieser Prüfung soziologisch auszutauschen. Das geschieht womöglich zu wenig oder zu polemisch; auch innerhalb soziologischer Debatten kursieren erstaunlich uninformierte Vorurteile hinsichtlich der soziologischen Forschung mit und über ‚gender'. Doch die Auseinandersetzung findet statt, und auch davon lebt ja die Sozialtheorie: Von der andauernden (Selbst-)Reflexion und Kritik ihrer eigenen Methoden, Paradigmen, Einsichten, Verortungen und blinden Flecke. Die Gendertheorie darf in dieser Kommunikation eine besonders laute, langlebige und vielseitige Stimme für sich beanspruchen. Denn sie hat sich, als (feministische) Frauen-, Geschlechter, gender-Soziologie immer schon des gesamten Theoriebestandes der Soziologie bedient und diese Aneignung immer auch mit einer kritischen, sicherlich wiederum kritisierbaren, Diskussion dieses Bestandes verbunden (aus der riesigen Fülle an Sammelbänden, Einführungen, Lehrbücher, Sonderhefte von Fachjournalen usw. nur eine kleine Auswahl aus dem deutschsprachigen Raum: Aulenbacher et al. 2010; Diezinger und Kitzner 1994; Gildemeister und Hericks 2012; Gottschall 2000; Heintz 2001; Knapp und Wetterer 2002; Lenz et al. 2000). Interessanterweise lässt sich umgekehrt keineswegs gleichermaßen feststellen, dass sich Ungleichheits-, Herrschafts- usw. Soziologie bzw. die spezifischen Theorien der Soziologie wie z. B. Phänomenologie, Systemtheorie, Kulturtheorie, Praxeologie, Diskurstheorie, Rational Choice usw. ernsthaft oder überhaupt durchgängig mit Gender/Geschlecht befasst haben. Etwas zugespitzt könnte man formulieren: Gender gilt einerseits also als systematisch eingeführtes Element des theoretischen und empirischen Bestecks der Soziologie – insofern sie auf den omnipräsenten und omnirelevanten Charakter von gender für das Soziale hinweist (Garfinkel 1967; Hirschauer 1994) – und andererseits finden sich regelhafte Adressierungen von gender als entweder dubios politisierter, normativer Chiffre oder als partikulare Spezialthematik, die der ‚allgemeinen Soziologie' bzw. ‚der Sozialtheorie' nicht würdig wären. Diese Gemengelage einer ‚prekären Normalisierung' von Gender in soziologischen Debatten ist für die sozialtheoretische Auseinandersetzung eine interessante und durchaus produktive Positionierung.

Die zweite prüfende Beobachtung von Gendertheorien in der Soziologie stammt aus der Umwelt der innersoziologischen Debatte, also der nicht-soziologischen Öffentlichkeit. Dies beinhaltet andere akademische Publika wie die aus den Kultur- oder Naturwissenschaften ebenso wie Medien, Politik, Lebenswelt – Hinz und Kunz also –, Ökonomie, Bildung, Familien usw. und so sehr vieles fort. Auch das ist nicht besonders spektakulär, denn soziologisches Wissen ist medial präsent, wird relevant gemacht durch das Feuilleton, durch beratende Expertise, durch think tanks oder policy-affine Forschung. Dabei ist dem Gender-Thema seit einigen Jahren ganz besonders intensive Aufmerksamkeit zuteil worden. Die entsprechende Bezugnahme gestaltet sich dabei höchst heterogen: Als bashing einerseits, als enthusiasmierte Kolonisierung durch politische und subkulturelle Gruppierungen andererseits, als Anrufung einer vereindeutigenden Autorität, wenn politisch kontrovers diskutiert wird (‚Prof. Villa, sollen Väter mehr Elternzeit nehmen, sollen wir das Gendersternchen nutzen? Was sagt die Wissenschaft?'), als Projektionsfläche für antielitäre Populismen, die ein Zerrbild von Gender zum Zwecke der Behauptung biologischer Eigentlichkeiten karikieren (‚Geschlecht ist einzig und allein Biologie, jede andere Behauptung ist Ideologie'). Am häufigsten aber ist sicherlich die Verwechslung von Gender-Soziologie bzw. Gender-Theorie mit konkreter Gleichstellungsarbeit. Dort, wo ‚Gender' draufsteht, so denken viele, ist tatsächlich Quote, Frauenförderung, Familienunterstützung oder LGBTIQ* Lobby, letztendlich: Politik bzw. Policy drin. Manchmal mag es so sein, meistens ist es nicht der Fall. Mit der ‚Praxisnähe' der Gendertheorie verhält es sich nicht viel anders als mit jener von anderen soziologischen Theorieprojekten: Wie diese, so gerät auch die Gendertheorie bei dem Versuch, die Praxis auf- oder gar – im Sinne Niklas Luhmanns Ideals soziologischer Aufklärung – abzuklären' (Luhmann 2009, S. 83ff.) zumindest in Anstrengung, wenn nicht gar in Übersetzungsprobleme. Wenn gender-Soziologie sich so geriert, wie ‚alle Soziologie' (also auf die Komplexität und Kontingenz sozialer Praxis hinweist und sich ‚einfacher Antworten' damit entzieht), wenden sich viele nicht-soziologische Beobachter:innen enttäuscht ab, oder geraten gar in normative Wallung, ob des ‚Verrats' am Feminismus oder der angeblichen Realitätsferne der überalimentierten woken Bewohner:innen eines Elfenbeinturmes, der den Steuerzahlenden viel zu teuer zu stehen komme und zu Lasten anderer wichtiger Anliegen oder Fächer gehe. Wie man es dreht und wendet: Gender-Forschung wird im öffentlichen Diskurs sowohl als Gefahr wie als Heilsversprechen adressiert und ist – und dies unterscheidet sie deutlich von manch anderer Forschung – nur wenigen so richtig egal. Gender erzeugt Polemik. Dies auch im Fach selb st die Nähe oder Distanz von Gender-Forschung zum Politischen und Normativen ist Thema andauernder Auseinandersetzungen in der Soziologie (vgl. Hirschauer 2003; Speck und Villa 2020).

Dieser Beitrag argumentiert, dass es genau dafür ebenso gute Gründe gibt wie schlechte. Und dass das Polemisierungspotenzial von Gender-Theorie symptomatisch ist für eine Sozialität, die sich ihrer eigenen internen Ordnung nie so sicher sein kann wie sie meint. Anders gesagt: Gender ist tatsächlich ein Begriff, der auf Liminalität, Grenzziehung (mit Betonung auf -ziehung als Prozess und nicht auf Grenze als Ding) und diesseitiger Normierungs- und Normalisierungsprozesse verweist. Gender ist eine ominöse soziale Tatsache, deren Theoretisierung z. T. paradox anmutende Gleichzeitigkeiten und scheinbare Widersprüche bestmöglich und im empirischen Lichte plausibel ausbuchstabieren muss – und kann (Villa 2017).

In der Soziologie operieren Gendertheorien in einem Rahmen, der Sozialität als vorläufig verobjektivierte Struktur oder verobjektiviertes Verhältnis versteht (z. B. Becker-Schmidt 1993), die bzw. das wiederum als Konstituens für Interaktionen, Praxen, Handeln der Konstruktion fungiert. Konstruktionen – etwa das berüchtigte ‚doing gender' (vgl. unten) – sind demnach spezifisch situierte und bedingt eigensinnige, variationsreiche Praxen, die durch Strukturen gespurt, ermöglicht, der theoretischen Kontingenz praktisch entzogen und so vor-konstituiert sind. Quer durch die Vielfalt soziologischer Theoretisierung von Gender, ob also system- (Pasero und Weinbach 2003) oder diskurstheoretisch (Bublitz 2017), ob praxeologisch (Völker 2019) oder ethnomethodologisch (Kotthoff 2003), ob quantitativ (Cohen 2015; Scott 2010) oder qualitativ (Meuser 2010), Gender wird insgesamt als zugleich Element von träger Struktur (‚makro') wie von dynamischer Praxis (‚mikro') bzw. Kommunikation oder affektiv-leiblicher Dimension (Lindemann 1993; Villa 2011) verstanden – was auch bedeuten kann, und vielfach soziologisch tatsächlich bedeutet, dass ‚Gender' nicht als eine Sache ‚an sich' gefasst werden kann. Gender ist, pauschal und vorerst knapp gesprochen, das, was Gesellschaften dafür halten und was Menschen im Rahmen dieser konstituierenden Rahmung mehr oder minder eigensinnig daraus machen, freilich ohne darüber autonom verfügen zu können. Das Henne-Ei-Problem wird innerhalb dieser Theoretisierungen eher nicht bearbeitet, (dies wäre auch müßig), aber die verschiedenen Perspektiven unterscheiden sich sicherlich deutlich entlang der Akzentuierungen und bisweilen auch kausal anmutenden Richtungsargumente. So nehmen post-strukturalistische Perspektiven z. B. eine deutliche Dominanz normativer Diskurse an, die (geschlechtliche) Einverleibungen, Verkörperungen, Praxen, Identitäten und individuelles Begehren nicht nur vor-strukturieren, sondern überhaupt als intelligible Formen ermöglichen. Demgegenüber betonen z. B. ethnomethodologische Perspektiven die produktive Emergenz von Gender durch und in der Interaktion, die auf ihre fortlaufende Selbstreproduktion angewiesen ist, um überhaupt raumzeitlich bestehen zu können.

Aufsattelnd auf historischen und insbesondere wissens- und wissenschaftshistorischen Arbeiten, sowie in enger – jedoch immer schon kritischer und z. T. konflikthafter – Auseinandersetzung mit Frauenbewegungen und feministischen sowie weiteren kritischen sozialen Bewegungen, hat die Auseinandersetzung mit Geschlecht in der Soziologie ihren Ausgangspunkt in der Befragung von Natur als Eigentlichkeit bzw. als angeblich vor-/

außer-sozialer Ontologie. Bereits Simmel (1985; Orig. 1911) diagnostizierte, wie Marx im 19. Jahrhundert (1971; Orig. 1846), zu anderen Themen zuvor und Bourdieu viele Jahrzehnte zum selben Genderthema später (Bourdieu 2005), demgegenüber die ‚*Naturalisierung*' als zentraler ideologischer move einer kulturell imprägnierten sozialen Ordnung, die sich selbst und die Gesellschaftsmitglieder derart fixiert, dass sie diese Ordnung als naturgegeben und nicht als selbst gemachte deklariert. Dieses Wissensdispositiv behauptet: ‚Die Eigentlichkeit von Geschlecht ist Natur. Diese Natur ist unveränderlich, universal, ahistorisch; sie ist das Andere der Kultur und darin zugleich moralischer Kompass wie zu beherrschende Wildnis. Ein naturgegebenes So-Sein (etwa Frauen sind so und Männer anders), kann nicht, jedenfalls nicht ‚wirklich', durch Soziales gestaltet werden, und fällt damit auch eigentlich nicht in die Domäne der Sozialwissenschaften.'

An dieser ideologischen Form (im Sinne einer Selbsttäuschung über die tatsächliche Empirie) arbeiten sich eine Reihe von Theorien ab, die sich mit Geschlecht in der Moderne befassen. Denn, so arbeiten sie unter enger und produktiver Bezugnahme auf Kultur-, Natur- und weiterer Sozialwissenschaften heraus, dass Gender als *naturalisierte* (intersektionale; Winker und Degele 2010) Differenz in der Dialektik von Natur und Kultur zu betrachten ist. Gender befasst sich, gewissermaßen immer, mit der soziokulturellen und praktischen Ontologisierung einer sozial gemachten, zumindest aber sozial relevant gemachten Differenz. Im Falle der Geschlechterdifferenz ist dies in der Moderne besonders markant, denn diese Form der Differenz ist eng mit Naturalisierungsprozessen verbunden wie zahlreiche historische Studien seit den 1970ern aufgezeigt haben (vgl. u. a. Hausen 1977; Honegger 1991). Geschlechtlichkeit, speziell die binäre Geschlechterdifferenz wird seit dem frühen 19. Jahrhundert zunehmend als ‚natürliche Eigentlichkeit' verstanden, als außer-soziale Tatsache, die im Natürlichen entdeckt wird. Wie Geschlechtertheorien (und wiederum historische Arbeiten) zeigen, ist die Behauptung und Faktizität solcher Naturtatsachen jedoch eben das – eine gesellschaftliche Behauptung. Es sind soziale Praxen und gesellschaftliches Wissen, Diskurse und Institutionen, Macht und Herrschaftsformen, funktionale Logiken und spezifische Ökonomien, kurzum: Gender basiert auf gesellschaftlich hervorgebrachte Evidenzen, die sich als Natur ‚ausgeben' (Hagemann-White 1984). In diesem Sinne beziehen sich Gendertheorien immer auch, mehr oder weniger, auf soziale Prozesse der Herstellung ‚uneigentlicher Eigentlichkeiten' (Villa 2012, S. 11). So etwa durch performative, sich selbst verschleiernde Praxen des ‚doing gender' (Garfinkel 1967; Gildemeister 1992; West und Zimmerman 1987) oder als soziale Struktur des Geschlechterverhältnisses als Unterscheidung von Produktion und Reproduktion, als Diskurse, die sich mit dem Körperleiblichen verschränken, auf dass eine subjektive Eigentlichkeit von Geschlecht ‚tief unter der Haut' (Duden 1987) affektiv gespürt wird.

Noch ein längeres Wort zum Wort, also zum Begriff: In den jeweiligen Varianten der Sozialtheorie werden z. T. unterschiedliche Bezeichnungen oder aber in Nuancen spezifische Varianten desselben Begriffes verwendet. Ist im deutschsprachigen Raum bis ca. Mitte der 1990er-Jahre von ‚Frauenforschung' und/oder feministischer Theorie und Soziologie durchgängig die Rede, setzt bereits Ende der 1980er eine so theoretisch fundierte wie am Empirischen orientierte Kritik am Essentialismus sowie an der allzu politisch-normativen Ausrichtung dieser ‚Frauen'-Forschung ein. Anknüpfend an die mikrosoziologischen Arbeiten der Ethnomethodologie sowie der Goffman'schen Perspektive auf Geschlecht, die sich epistemologisch sozialkonstruktivistisch radikal auf das ‚Wie' der sozialen Konstruktion von Geschlecht – gender – konzentriert, kritisieren einige Autorinnen die letztlich biologistischen sowie homogenisierenden Annahmen der sex/gender Unterscheidung. Es setzt sich, im Rekurs auf die internationale Forschungskonstellation, die insbes. angloamerikanisch ist, aber auch in einer Wiederanknüpfung an de Beauvoirs existentialistische Theorie des ‚zur Frau Werdens' die Formulierung der (Frauen- und) Geschlechterforschung durch. Diese womöglich inkonsequente Gleichzeitigkeit von ‚Frauen-' und Geschlecht will Mehreres verbinden: Die zunehmende soziologische Thematisierung auch von Männlichkeit, der radikal soziologische Blick auf Konstruktions- und Konstitutionsprozesse von Geschlecht und der Geschlechterdifferenzierung, aber auch die Reminiszenz an eine feministische, das heißt herrschaftskritische, an der Emanzipation bzw. Befreiung von Frauen ausgerichtete normativen Sozialtheorie und -forschung. Für die deutschsprachige Soziologie ließen sich unter diesem Begriffsschirm gut ungleichheits- und arbeitssoziologische, gesellschaftstheoretische, mikrosoziologische und sozialisationsfokussierende Analysen versammeln, die zudem ihre jeweiligen Fühler nach benachbarten Disziplinen ausstrecken und produktiv in die Soziologie einholten (Kultur- und Geschichtswissenschaften, Philosophie, Wissenschaftsforschung usw.). Als dann Mitte der 1990er-Jahre mit Judith Butler und der Queer Theory ein performativer, diskurstheoretischer Begriff breit rezipiert wurde – subkulturell, politisch und theoretisch gleichermaßen – überschattete der dort verwendete ‚gender'-Begriff die bisherigen deutschsprachigen Formulierungen. Seitdem werden Geschlecht, Geschlechterforschung und Gender reflexiv wildwüchsig durcheinander, bisweilen synonym oder mit impliziten Nuancen variabel verwendet, und dieser Gebrauch wird (meistens jedenfalls) erläutert. Wer seitdem ‚gender' sagt, meint soziologisch entweder schlicht die international in der Forschung verwendete sozialwissenschaftliche Nomenklatur für ‚Geschlecht' und/oder einen dezidiert sozialkonstruktivistischen Begriff, der auf Distanz geht zu Annahmen, Geschlecht sei unmittelbar und unverfügbar als natürliches Faktum gegeben. Bis heute wird die entsprechende Theoriedebatte geführt. Dies umso mehr, als etwa insbes. die frühen Arbeiten von Butler (1991, 1995, 1998), verstärkt durch die breite populärwissenschaftliche und subkulturelle Rezeption, gender als ‚gender identity' eng geführt hat. Wiewohl die Arbeiten Butlers sowie der Queer Theory insgesamt einen deutlichen dekonstruktivistischen anti-identitären Impuls haben und sich eben genau mit der sozialen Konstitution und immanenten Prekarität von ‚Identitäten' auseinandersetzen (vgl. Villa 2015; Jagose 2001; Laufenberg 2017; Laufenberg und Trott 2023), hat sich durch die Rezeption und Weiterentwicklung des Vokabulars US-amerikanischer Begriffe – insbes. gender und intersectionality – auch in der deutschsprachigen Theorie eine implizite Gleichsetzung von gender mit identity unter der Hand vielfach etabliert. Wie Butler selbst jedoch immer wieder betont (so auch aktuell, Butler 2024, S. 42ff.), meint ‚gender' in der Gendertheorie eine soziale Wirklichkeit, die sich innerhalb träger sozialer Normen realisiert, die nicht unmittelbar individuell verfügbar und stets mit Materialität behaftet ist. Und doch zeichnen sich viele Theorietexte zu ‚Gender' aus dem US-amerikanischen Raum durch eine Reduktion sozialer Kategorien auf individuelle Identität aus. Dies ‚knirscht' mit den Theorie- und Forschungstraditionen aus dem deutschen sowie weiteren europäischen Raum, insbes. aus UK. An der Intersektionalitätsdebatte (s. unten) wird dies besonders deutlich, etwa im Versuch den Begriff weniger individualistisch auf der Ebene von Diskriminierungs-Erfahrungen, dafür mehr für die Ebene struktureller Ungleichheiten und sozialer Ordnungsgefüge zu nutzen (etwa Walby et al. 2012).

Aktuell erweisen sich Impulse aus den Science and Technology Studies (STS) als produktiv, die die ko-konstitutive Verklammerung von sex und gender als Materialität und Kulturalität bzw. Historizität bzw. Sozialität entlang der *entanglement*-Perspektive neu denken (Bauer 2023) oder zu sex-contextualism (Richardson 2022) forschen. Unter dem Label ‚New Materialism' erfolgt dabei derzeit eine Wiederannäherung an Biologie, Natur, Materialität und den Lebenswissenschaften, die die soziologischen Einsichten zu Gender bzw. Geschlecht weder kolonisiert noch ignoriert – und vice versa (Villa 2018).

## Kurze historische Einordnung der Theorie in die Denkrichtungen der Soziologie

Gender bzw. Geschlecht(lichkeit) ist einerseits von Anfang an ein Thema in der soziologischen Theorie, andererseits aber ist dies zunächst weder systematisch noch besonders prominent der Fall. Die Thematisierung von Gender/Geschlecht hat in der Sozialtheorie wohl Ende der 1960er-Jahre erst wahrnehmbar und nachhaltig begonnen. Allerdings sollte nicht vergessen werden, dass Georg Simmel bereits 1911 in „Das Relative und das Absolute im Geschlechterproblem" (1985; Orig. 1911) über Männlichkeit als Beispiel einer spezifischen Form von sozialer Herrschaft geschrieben hat. Simmel beschreibt, dass zahlreiche Begriffe des Öffentlichen und der Konzeptionalisierung von Öffentlichkeit „zwar gleichsam ihrer Form und ihrem Anspruch nach allgemein menschlich, aber in ihrer tatsächlichen historischen Gestaltung durchaus männlich" wären (ebd., S. 200). Objektivität würde mit Männlichkeit gleichgesetzt (ebd.), was Konsequenzen für die Forschungspraxis und die Begriffsarbeit mit sich bringe.

## Gender wird konstituiert – Verhältnisse, Strukturen, Gesellschaft

Gesellschaftstheoretische Analysen betrachten Geschlecht als eine Struktur, die historisch geworden ist und die Gesellschaft als Ganzes organisiert. Insbesondere aus feministischer bzw. kritischer Sicht (etwa im Sinne der Kritischen Theorie; vgl. Umrath 2019) wird diese Struktur als eine Form von Herrschaft betrachtet, die eng mit ökonomischen Strukturen verbunden ist, jedoch nicht darauf reduziert werden kann (vgl. Acker 2003; Beer 1990; Haug 2004). Im deutschsprachigen Raum ist der Begriff des „Geschlechterverhältnisses" besonders wichtig, der von Becker-Schmidt als ein Arrangement verstanden wird, in dem Frauen und Männer durch Arbeitsteilung, soziale Abhängigkeiten und Austauschprozesse miteinander verbunden sind (Becker-Schmidt 1993). Dabei wird den Genus-Gruppen durch die Bewertung ihrer soziokulturellen Positionen der gesellschaftliche Status strukturell zugewiesen (Becker-Schmidt 2004, S. 66). In dieser theoretischen Perspektive, die Gesellschaft als Totalität versteht, spielt die Auseinandersetzung mit Arbeit als einem zentralen Verteilungsmechanismus von (kultureller) Anerkennung und (materiellen) Ressourcen die Hauptrolle. Gender-Theorien, insbesondere in ihren feministischen Varianten, argumentieren dabei, dass die gesellschaftliche Arbeitsteilung systematisch geschlechtsspezifisch konstituiert sei und dies die Hauptquelle von Ungleichheit darstelle (vgl. Beer 2004). Die Kritik am traditionellen Begriff der Produktion in der politischen Ökonomie ist hierbei wesentlich: Feministische Autor:innen betonen, dass der Arbeits-Begriff, wie er von Marx entwickelt wurde, fundamental problematisch ist, da er die Reproduktionsarbeit nicht nur vernachlässige, sondern sogar als naturgegeben, also ahistorisch und nicht weiter theoretisierbar betrachte, da diese unbezahlt und nicht marktförmig organisiert, also auch nicht mehrwertgenerierende sei (vgl. Jaggar/McBride 1989). Diese Kritik entstand in enger Bezugnahme auf Strömungen der zweiten Frauenbewegung, die etwa ‚Lohn für Hausarbeit' forderten (Federici 1975). Der klassische Marxismus und die daran anknüpfenden Perspektiven der Gesellschaftstheorie sowie der Arbeits-, Organisations- oder Familiensoziologie übersehen – so die sozialtheoretische Analyse – damit systematisch bzw. geradezu ideologisch, die strukturelle Notwendigkeit der aus dem Markt und der Öffentlichkeit externalisierten Reproduktionstätigkeiten, ohne die kapitalistische Gesellschaften jedoch nicht funktionieren könnten. Gerade die Privatisierung – etwa als Prozess der ‚Hausfrauisierung' (Haug 2001) – ermöglicht erst die Freisetzung von Arbeitskraft. Diese wiederum konstituiert gender, etwa als Weiblichkeit – die Hausfrau wird in Prozessen der Naturalisierung zum Paradigma und zur Eigentlichkeit von Frausein (und nicht umgekehrt).

Der sogenannte Bielefelder Subsistenzansatz (Werlhof et al. 1983) greift die Forderung der zweiten Frauenbewegung nach Anerkennung und Aufwertung von Fürsorge- und Hausarbeit – inzwischen weitestgehend in der Sozialtheorie als Care (Fisher und Tronto 1990) bezeichnet – noch konsequenter auf, theoretisiert ebenfalls deren konstitutive Rolle in der kapitalistischen Wirtschaftsweise und treibt die Analyse noch weiter: Unbezahlte Reproduktionsarbeit ist, anders als lebensweltlich gemeinhin angenommen, keineswegs ahistorisch oder universell, sondern ein spezifisches Phänomen der bürgerlichen Moderne, welches feminisiert wurde (vgl. Beer 2004). Die „Hausfrauisierung" (Haug 2001) habe Care systematisch ins Private der Familie verlagert und feminisiert, auf dass Reproduktion unbezahlte „Arbeit aus Liebe" (Bock und Duden 1977) sei, die Frauen von den zentralen Ressourcen gesellschaftlicher Inklusion ausschließe.

Die feministische Theoretisierung von Reproduktion als konstitutive ‚Kehrseite' der kapitalistischen Moderne, als in die privatisierte und personalisierte Sphäre externalisiertes Fundament also, hat dazu geführt, dass bis dato als privat betrachtete Aspekte von Sozialität, etwa Sexualität, Familien- und andere Nahbeziehungen, Haushalt und Hausarbeit, Wohnformen und „alltägliche Lebensführung" (vgl. Rerrich 1995), nun als gesellschaftliche Fragen und als soziohistorisch konstituiert betrachtet werden müssen. Die hegemoniale (lebensweltliche, politische, juristische und nicht zuletzt auch sozialtheoretische) Trennung von Öffentlichkeit und Privatheit wird aus dieser gesellschaftstheoretischen Perspektive kritisch inspiziert, folglich die Reproduktionssphäre als entscheidend für die Aufrechterhaltung der Gesellschaft erkannt. Hausarbeit und Familienstrukturen sind keine rein privaten Angelegenheiten, sondern haben gesellschaftliche Auswirkungen (vgl. Rössler 2001). In den 1980er-Jahren wurde dies insbesondere in den soziologischen Theorie-Debatten rund um Individualisierung, Pluralisierung und reflexiver Modernisierung weiter produktiv verhandelt: Auch die fortschreitende Individualisierung bliebe strukturell geschlechtlich markiert, so die frauen- und geschlechtersoziologische Perspektive (vgl. Beck-Gernsheim 2008). Besonders ergiebig war dabei die Fruchtbarmachung empirischer Studien zur vergeschlechtlichten Arbeitsteilung, zu Berufs- und Karriereverläufen für die theoretisch gewendete Analyse der (Un-)Gleichzeitigkeit von Modernisierungsprozessen in post-fordistischen und kulturell an Gleichheit orientierten Gesellschaften wie der BRD. Gemündet ist dies etwa in der Einsicht in die (allenfalls, aber immerhin) „rhetorischen Modernisierung" (Wetterer 2003) bei gleichzeitiger „Verhaltensstarre" (Beck 1986, S. 169), die ihrerseits vor allem in bildungsbürgerlichen Milieus eine ideologische Form der ‚illusio' (Bourdieu) hervorbringe.

Gendertheoretische Analysen haben auch die habermasianische Unterscheidung zwischen System und Lebenswelt als geschlechtsblind und ideologisch betrachtet, mithin der Ausschluss von Frauen aus der ‚öffentlichen Öffentlichkeit' problematisiert (Fraser 1994; vgl. dazu selbstkritisch Habermas 1990). In ökonomischer wie sozialstruktureller Perspektive bestand die daraus resultierende Forderung darin, den Begriff der Arbeit neu zu definieren, Fürsorgetätigkeiten stärker anzuerkennen und Konsequenzen der (mangelnden) öffentlichen Repräsentation von Frauen sichtbar zu machen (Fraser 1996). Anerkennungs- und Verteilungsfragen stellen sich in diesem Lichte anders und struktureller als in Theorieperspektiven, die Gender ignorieren.

Die Debatte über das Verhältnis von Öffentlichkeit und Privatheit sowie die Bedeutung von Arbeit in der Gesellschaft hält an und beeinflusst weiterhin die Sozialtheorie. Insbesondere vor dem Hintergrund globaler wirtschaftlicher Veränderungen bleibt die Forderung, ‚das Private' neu zu denken, relevant. Auch im Lichte der jüngsten biopolitischen Dynamiken im Kontext der Covid-19-Pandemie haben sich Fragen nach der sozialen Regulierung und Normierung von Privatheit und Sexualität bzw. Nahbeziehungen – und ihrer Körperleiblichkeit – mit besonderer Intensität gestellt (Corrêa 2020; Klein und Liebsch 2022; Mehrabi und Tainio 2022; Schmincke 2022).

Zudem haben feministische und geschlechtertheoretische Perspektiven zu einer Reflexion und Theoretisierung von Sexualität sowie zu einem gesteigerten Bewusstsein für die Komplexität der Geschlechterkategorie geführt. Besonders relevant ist dabei die Intersektionalitäts-Perspektive, die im Kern auf die Multidimensionalität von Ungleichheitsverhältnissen zielt (einführend und zur Übersicht Aulenbacher und Riegraf 2012). Diese beruht auf der lange zuvor in der sozialwissenschaftlichen Gendertheorie genutzten Einsicht (und entsprechender empirischer Forschung), dass Differenz- und Ungleichheitsverhältnisse in modernen Gesellschaften immer mehrere Kategorien bzw. Achsen umfassen, etwa Geschlecht, Klasse/Schicht, ‚race' (Andersen und Collins 2004). Das Geschlechterverhältnis wäre demnach mit weiteren Verhältnissen bzw. sozialen Differenzen verknüpft, die soziale Position von Personen ergäben sich immer in der Intersektion gleich mehrerer Achsen. Ohne den Intersektionalitätsbegriff zu verwenden, hat bereits

Bourdieu (Bourdieu 1997) in Teilen seiner empirisch-theoretischen Arbeit zu Klassenlagen und zu Habitusformen zumindest die Gleichursprünglichkeit und Verschränkung von Klasse und Geschlecht untersucht. In den späten 1980ern hat sich dann, ausgehend von Untersuchungen zur Diskriminierung von schwarzen Frauen (Crenshaw 1989), in der Gendertheorie der Intersektionalitätsbegriff etabliert, um die komplexe Konstitution sozialer Ungleichheiten zu adressieren (vgl. Walby et al. 2012).

## Geschlecht wird gemacht – Konstruktionspraxen

Die Theoretisierung der Konstruiertheit von gender sowie dekonstruktivistische Analysen sind zweifellos die bekanntesten Stimmen der soziologischen Gendertheorien. Insbesondere die Formulierung der ‚Konstruktion von Geschlecht' ist mittlerweile zum geflügelten Wort geworden, weit über die akademischen Grenzen hinaus. Konstruktion und Dekonstruktionen erweisen sich nach wie vor, nach mehr als 50 Jahren, als hoch effektive und vielseitige Theoriewerkzeuge. Unter dem Oberbegriff der Konstruktion versammeln sich verschiedene theoretische Zugänge zur sozialen Wirklichkeit des Geschlechts, die auf unterschiedliche Weise auf Spielarten des Konstruktivismus zurückgreifen (Meissner 2008; Villa 2011). Alle feministischen oder geschlechtertheoretischen Konstruktivismen basieren auf der von de Beauvoir formulierten Position, dass Frauen (und Männer, was de Beauvoir jedoch nicht weiter interessiert hat) ‚gemacht' werden. Sie alle lehnen eine natürliche – zumindest verstanden als prä- oder außersoziale Fundierung – von Geschlecht ab und bemühen sich darum, Varianten von biologischem Determinismus oder biologischen Kausalannahmen zu überwinden. Dabei knüpfen sie vielfach an historische Studien an, die gezeigt haben, dass Abwertungen, Diskriminierungen und Ausschlüsse von Frauen seit der Entfaltung der bürgerlichen Moderne auf der Grundlage naturalisierender Argumentationen erfolgt sind (z. B. aus der höheren Bildung, dem Recht usw.). Die ‚Natur der Frau' war nicht nur die wichtigste Legitimation für Ausschlüsse und Abwertungen im 19. Jahrhundert, sondern ist es auch heute noch, wenngleich subtiler. Zum anderen greifen geschlechtertheoretische Konstruktivismen auf entsprechende epistemologische Positionen zurück und bringen diese in ein produktives Verhältnis zu empirischer Forschung (vgl. bereits Hagemann-White 1984).

Zum Theoriebesteck des gendersoziologischen Konstruktivismus zählen u. a. Phänomenologie, Wissenssoziologie, Ethnomethodologie, Diskurstheorie und Systemtheorie. Die leitende Frage ist dabei, wie soziale Ordnung als kollektiv Produzierte zustande kommt und den Menschen als objektiv erfahrbare Ordnung entgegentritt, und im Besonderen, wie Menschen sich gegenseitig und in je spezifischen Konstellationen zu Männern und Frauen *machen* und welche systematischen Folgen dies auf allen sozialen Ebenen hat. So könnte man frei nach Marx formulieren, dass die Menschen ihr Geschlecht selbst machen, wenn auch nicht aus freien Stücken (Marx 1848). Die Gleichzeitigkeit von subjektiver Konstruktion einerseits und veröbjektivierten Ordnungen andererseits ist ein Kerngedanke geschlechtertheoretischer Konstruktivismen. Diese unterscheiden sich jedoch erheblich hinsichtlich der Modi und der sozialen Orte, durch die und in denen Geschlecht konstruiert wird.

Allen handlungstheoretischen Zugängen in der Geschlechtersoziologie geht es beispielsweise darum, wie Geschlechtlichkeit konstruiert wird. Es geht um das „doing gender" (Garfinkel 1967; Gildemeister 1992; Hirschauer 1989). In diesem Horizont ist Geschlecht nicht mehr eine Eigenschaft von Personen, sondern eine interaktive und institutionell gerahmte Praxis. Geschlechtlichkeit ist eine praxeologische Wirklichkeit, also den Praxen nicht vorgängig oder äußerlich. Handlungstheoretische Zugänge betonen, dass die Interaktion einen formenden Prozess eigener Art darstellt, Zwänge impliziert, in die die Akteure involviert sind und denen sie nicht ausweichen können. Gesellschaft und Geschichte sind demnach konstitutiv für die vermeintlich natürliche Geschlechterdifferenz, dies gilt auch und gerade für die körperlichen Aspekte der Geschlechterdifferenz. Sozialkonstruktivistische Zugänge zu Geschlecht orientieren sich vor allem an der Ethnomethodologie (Garfinkel 1967; Gildemeister und Wetterer 1992), der Wissenssoziologie (Dölling 2003; Wetterer 2008) und der dramaturgischen Perspektive von Goffman (1994).

Dekonstruktivistische Positionen bewegen sich im post-strukturalistischen Theoriehorizont und betonen die Uneigentlichkeit des Geschlechts und die textliche Hervorbringung einer „Metaphysik der Substanz" (Butler 1991, S. 37). Für dekonstruktivistische Perspektiven, die sich stark an Derrida und weiteren sprachzentrierten Theorien wie die von Austin ausrichten, ist die prinzipiell unaufhaltsame Verschiebung von Bedeutung und Sinn ein integraler, unvermeidlicher Bestandteil jeglicher Sprach- und Schriftpraxis. Die heterogenen Kontexte, in denen Bedeutungen generiert werden, sowie die textimmanenten Instabilitäten und die unendlichen intertextuellen Verweisungsketten bedingen die Unabschließbarkeit von Bedeutungen in einem grundsätzlichen Sinne. Kein Begriff entkommt dem prinzipiell endlosen Sprachspiel der referentiellen Verweisungen, somit ist die Setzung eines transzendentalen Signifikants ein letztendlich herrschaftsförmiger Akt, der zwangsläufig scheitern muss. Dies ist der politische und theoretische Ausgangspunkt der Arbeiten von Judith Butler, die eine radikale Subjektkritik im Sinne einer Dekonstruktion und Dezentrierung entwickelt (Butler 1995).

Butlers „Genealogie der Geschlechtsontologie" (Butler 1991, S. 60) analysiert, wie bestimmte kulturelle Konfigurationen der Geschlechtsidentität die Stelle des Wirklichen eingenommen haben und ihre Hegemonie festigen und aufrechterhalten. Diese Analyse der diskursiven Erzeugung sozialen Sinns ist das Gravitationszentrum feministischer Post-Strukturalismen, für die Butler als paradigmatische Autorin gelten kann. Diskurse sind bei Butler produktiv, insofern Sprache immer zwischen den Erfahrungen der Menschen und der sie umgebenden Welt vermittelt. Sprachliche Performativität ist eine sich ständig wiederholende und zitierende Praxis, bei der jede Wiederholung eine Reiteration und somit notwendigerweise eine bedingte Neuschöpfung von Sinn ist. Diskursive Konfigurationen von Geschlecht und Sexualität reproduzieren sich, indem sie sich ihrer eigenen Naturalisierung und Inkorporierung in Körperlichkeit als Wahrheit erweisen.

Die Dekonstruktion des Geschlechts ist kein Akt der Abschaffung oder Negation, sondern der produktiven Verwandlung und Neukonfiguration. Aber dieser Akt der Verwandlung kann nicht ein für alle Mal erfolgen, da die Diskurse immer schon operativ, also radikal echtzeitlich sind. Dekonstruktion ist dementsprechend kein singuläres ‚Ereignis', welches eine konkrete Vergangenheit und eine determinierte Zukunft zu markieren vermag, sondern eine andauernd zu vollziehende Praxis, die immer schon begonnen haben wird.

Poststrukturalistische feministische Positionen haben den traditionellen Subjektbegriff reformuliert und durch den prozessualen Begriff der Subjektivation bzw. Subjektivierung (Butler 1991; Villa 2016) ersetzt. Diese Verschiebung hat eine lange theoretische Vorgeschichte, die bereits in den frühen Arbeiten im Rahmen der Frauenforschung Ende der 1970er-Jahre ihren Anfang nahm. Zu dieser Zeit konzentrierten sich viele theoretische Bemühungen darauf, den Zusammenhang zwischen einer geschlechtlich strukturierten Gesellschaft einerseits und individuellen Geschlechtsidentitäten bzw. Rollen andererseits zu konzeptualisieren. Wie formt die Gesellschaft Menschen zu Männern und Frauen? Wie gestalten Menschen selbst ihre Identität als Frauen und Männer? Das Konzept der ‚geschlechtsspezifischen Sozialisation' aus den 1970'ern (vgl. Dausien und Walgenbach 2015) war eine erste Antwort darauf und wurde zum Leitmotiv der (feministischen) Geschlechtertheorie. Dieses Konzept geht davon aus, dass Individuen ihre Geschlechtsidentität bzw. Geschlechtlichkeit, etwa auch in somatischer Hinsicht, in komplexen Prozessen aktiv gemäß gesellschaftlichen Imperativen entwickeln. Die Sozialisation ist ein Prozess der Individuierung durch Vergesellschaftung und der Vergesellschaftung durch Individuierung in einer Gesellschaft, die nach Geschlecht und anderen Differenzen strukturiert ist; daher ist Sozialisation auch immer Vergeschlechtlichung. In aktuellen Versionen des Sozialisationsparadigmas wird insbesondere die Eigenaktivität von Personen und die Unablässigkeit sozialisatorischer Prozesse betont (Spies 2018). Demnach kommen diese nie zum Stillstand. Im Kern betonten Sozialisationsansätze in der Geschlechtertheorie, dass klare Geschlechterrollenunterschiede funktional sowohl für Individuen als auch für die Gesellschaft sind. Aufgrund historisch gewordener unterschiedlicher Lebenssituationen für Männer und Frauen, die sich vor allem hinsichtlich objektivierter Arbeits- und Tätigkeitsstrukturen unterscheiden, unterscheiden sich auch die ‚sozialen Inhalte' dessen, was ‚Mann' und ‚Frau' sind. Die Ontogenese kann erklären, wie Menschen in bestimmten sozialen Verhältnissen zu Männern und Frauen werden.

Jedoch wiesen bereits in den späten 1980er-Jahren Theoretiker:innen, zunächst aus den USA und bald auch im deutschsprachigen Raum, auf zentrale Defizite im Sozialisationsparadigma hin. Diese liegen zunächst in der Gleichsetzung von Verhältnissen und Identitäten. Normative Binaritäten werden reifiziert, anstatt sie konzeptuell offen zu halten. Das Sozialisationskonzept läuft Gefahr, ‚Sozialontologie' zu betreiben. Eine weitere Problematik besteht in der Abstraktion von der Vielfalt individueller Verortungen zugunsten nur einer Kategorie. Die Fokussierung auf Geschlecht wird sozialisationstheoretisch nur durch eine theoretische und empirische „Reinwaschung" von ‚Verunreinigungen' wie Klasse, Ungleichheit, Ethnizität, Alter usw. erreicht (vgl. kritisch und weiterführend Dausien und Walgenbach 2015).

Diese Dezentrierungen haben wichtige Folgen für die Frage nach dem Zusammenhang von Gesellschaft und Individuum bzw. Identität. Sie stellen eine Herausforderung dar, indem sie nach den Konvergenzen und Differenzen verschiedener Differenz-, Ungleichheits- und In-/Exklusionsmodi fragen. Ebenso ist die Verschränkung verschiedener Zugehörigkeiten für die Theoretisierung von Subjektivität besonders folgenreich. Wenn Menschen nicht nur Frauen oder Männer sind, sondern gleichzeitig Angehörige sozialer Schichten, ethnischer Gruppen, Regionen, Nationen usw., dann sind all diese Dimensionen und Zugehörigkeiten auf der Identitätsebene immer zugleich relevant.

Eine angemessene Identitäts- bzw. Subjektivierungstheorie steht noch aus. Poststrukturalistische Entwürfe lösen das Subjekt zugunsten verflüssigter, positionaler und weniger an vermeintlich klare soziale Imperative gebundener Subjektivationsprozesse auf. Subjekte sind in der post-strukturalistischen Theorie keine Individuen, sondern historisch gewordene Diskurspositionen – diskursiv konstituierte Personenbezeichnungen –, an die sich konkrete Personen immer nur vorläufig in Prozessen der Anrufung/Umwendung angleichen können. Das gelingt faktisch eher selten, denn niemand ist realiter eine wandelnde Norm im Sinne ‚der Professorin', ‚dem Schwulen', ‚die Jüdin'. Vor dem Imperativ idealisierter Normsubjekte scheitern Personen daran, diese Norm zu verkörpern, zu sein. Das ‚Scheitern' (Halberstam 2011; Villa 2006) von Personen an ihrer Subjektwerdung zeigt, wie sehr wir eigentlich ein uneigentliches Geschlecht sind, indem wir beständig versuchen, es so – oder anders – eigentlich zu sein.

In aller Kürze: Gendertheorien nutzen das gesamte Spektrum der Sozialtheorien – sowie benachbarter und manchmal auch weit entfernter Disziplinen – um alle Facetten von Geschlechtlichkeit, Gender also, zu verstehen. Dabei suchen sie weniger nach dem eigentlichen Was im Sinne einer Gender-Ontologie, sondern untersuchen das Wie der Konstitution, Konstruktion, Be-Deutung und (Ir-)Relevantsetzung von Gender, was auch immer das (jeweils) sein sollte. Denn Gender, auch das eine zentrale Einsicht, kommt nie an sich daher, sondern im (intersektionalen) Verbund mit weiteren sozialen Differenzen, die je nach sozialem Kontext variieren. Sagen wir so: Gender wird verstanden als kulturell getünchte, historisch und strukturell konstituierte, sozial be-deutete, praktisch in Sozialstrukturen gestaltete, kontextspezifische, materielle (etwa somatische), biosoziale Form der Geschlechterdifferenz(ierung). Das ist viel Stoff für die Sozialtheorie.

## Literatur

Acker, J. (2003). The Continuing Necessity of ‚Class' in Feminist Thinking. In G.-A. Knapp & A. Wetterer (Hrsg.), *Achsen der Differenz. Gesellschaftstheorie und feministische Kritik II* (S. 49–72). Verlag Westfälisches Dampfboot.

Andersen, M. L., & Collins, P. H. (Hrsg.). (2004). *Race, Class, And Gender: An Anthology*. Wadsworth.

Aulenbacher, B., Meuser, M., & Riegraf, B. (2010). *Soziologische Geschlechterforschung. Eine Einführung*. VS Verlag für Sozialwissenschaften.

Aulenbacher, B., & Riegraf, B. (2012). *Intersektionalität und soziale Ungleichheit*. https://www.portal-intersektionalität.de [letzter Zugriff: 21.05.2024]

Bauer, G. R. (2023). Sex and Gender Multidimensionality in Epidemiologic Research. *American Journal of Epidemiology, 192*(1), 122–132.

Beer, U. (1990). *Geschlecht, Struktur, Geschichte. Soziale Konstituierung des Geschlechterverhältnisses*. Campus Verlag.

Beer, U. (2004). Sekundärpatriarchalismus: Patriarchat in Industriegesellschaften. In R. Becker & B. Kortendiek (Hrsg.), *Handbuch Frauen- und Geschlechterforschung* (S. 56–61). VS Verlag für Sozialwissenschaften.

Beck, U. (1986). *Risikogesellschaft. Auf dem Weg in eine andere Moderne*. Suhrkamp.

Beck-Gernsheim, E. (2008). Vom ‚Dasein für andere' zum Anspruch auf ein Stück ‚eigenes Leben'. In S. M. Wilz (Hrsg.), *Geschlechterdifferenzen – Geschlechterdifferenzierungen. Ein Überblick über gesellschaftliche Entwicklungen und theoretische Positionen* (S. 19–62). VS Verlag für Sozialwissenschaften.

Becker-Schmidt, R. (1993). Geschlechterdifferenz – Geschlechterverhältnis: Soziale Dimensionen des Begriffs ‚Geschlecht'. *Zeitschrift für Frauenforschung, 11*(1), 37–46.

Becker-Schmidt, R. (2004). Doppelte Vergesellschaftung von Frauen: Divergenzen und Brückenschläge zwischen Privat- und Erwerbsleben. In R. Becker & B. Kortendiek (Hrsg.), *Handbuch Frauen- und Geschlechterforschung* (S. 62–71). VS Verlag für Sozialwissenschaften.

Bock, G., & Duden, B. (1977). Arbeit aus Liebe – Liebe als Arbeit: zur Entstehung der Hausarbeit im Kapitalismus. In Gruppe Berliner Dozentinnen (Hrsg.), *Frauen und Wissenschaft: Beiträge zur Berliner Sommeruniversität für Frauen Juli 1976* (S. 118–199). Courage Verlag.

Bourdieu, P. (1997). Eine sanfte Gewalt. Pierre Bourdieu im Gespräch mit Irene Dölling und Margareta Steinrücke. In I. Dölling & B. Krais (Hrsg.), *Ein alltägliches Spiel. Geschlechterkonstruktion in der sozialen Praxis* (S. 218–230). Suhrkamp.

Bourdieu, P. (2005). *Die männliche Herrschaft*. Suhrkamp.

Bublitz, H. (2017). Diskurstheorie: zur kulturellen Konstruktion der Kategorie Geschlecht. In B. Kortendiek, B. Riegraf & K. Sabisch (Hrsg.), *Handbuch Interdisziplinäre Geschlechterforschung* (S. 1–9). Springer Fachmedien Wiesbaden.

Butler, J. (1991). *Das Unbehagen der Geschlechter*. Suhrkamp.

Butler, J. (1995). *Körper von Gewicht. Die diskursiven Grenzen des Geschlechts*. Berlin-Verlag.

Butler, J. (1998). *Haß spricht. Zur Politik des Performativen*. Berlin-Verlag.

Butler, J. (2024). *Whos's afraid of gender?* Penguin Books UK.

Cohen, R. L. (2015). Towards a quantitative feminist sociology: the possibilities of a methodological oxymoron. In L. McKie & L. Ryan (Hrsg.), *An End to the Crisis of Empirical Sociology? Trends and challenges in social research* (S. 117–135). Routledge.

Corrêa, S. (2020). *Biopolitics & The Covid-19 Pandemic: Feminist Perspectives*. Dawn Talks on Covid-19: Development Alternatives with Women for a New Era. https://dawnnet.org/wp-content/uploads/2020/06/DAWNTalksOnCOVID_19_Sonia-Correa.pdf [letzter Zugriff: 24.05.2024]

Crenshaw, K. (1989). Demarginalizing the Intersection of Race and Sex: A Black Feminist Critique of Antidiscrimination Doctrine, Feminist Theory and Antiracist Politics. *University of Chicago Legal Forum, 1,* pp. 139–167.

Dausien, B., & Walgenbach, K. (2015). Sozialisation von Geschlecht – Skizzen zu einem wissenschaftlichen Diskurs und Plädoyer für die Revitalisierung einer gesellschaftsanalytischen Perspektive. In B. Dausien, C. Thon & K. Walgenbach (Hrsg.), *Geschlecht – Sozialisation – Transformationen: Jahrbuch Frauen- und Geschlechterforschung in der Erziehungswissenschaft*. Verlag Barbara Budrich. https://doi.org/10.25656/01:13029.

Diezinger, A., & Kitzner, H. (Hrsg.). (1994). *Erfahrung mit Methode. Wege sozialwissenschaftlicher Frauenforschung*. Kore.

Dölling, I. (2003). Das Geschlechter-Wissen der Akteur/e/innen. In S. Andresen, I. Dölling & C. Kimmerle (Hrsg.), *Verwaltungsmodernisierung als soziale Praxis: Geschlechter-Wissen und Organisationsverständnis von Reformakteuren* (S. 113–165). Leske + Budrich.

Duden, B. (1987). *Geschichte unter der Haut*. Klett-Cotta.

Federici, Silvia (1975). *Wages against housework*. Falling Wall Press.

Fisher, B., & Tronto, J. (1990). Towards a feminist theory of caring. In E. K. Abel, & M. K. Nelso, (Hrsg.), *Circles of care: Work and identity in women's lives* (S. 35–62). State University of New York Press.

Fraser, N. (1994). *Widerspenstige Praktiken. Macht, Diskurs, Geschlecht*. Suhrkamp.

Fraser, N. (1996). Die Gleichheit der Geschlechter und das Wohlfahrtssystem: Ein postindustrielles Gedankenexperiment. In H. Nagl-Dolcekal & H. Pauer-Studer (Hrsg.), *Politische Theorie: Differenz und Lebensqualität* (S. 469–498). Suhrkamp.

Garfinkel, H. (1967). *Studies in Ethnomethodology*. Prentice-Hall.

Gildemeister, R. (1992). Die soziale Konstruktion von Geschlechtlichkeit. In I. Ostner & K. Lichtblau (Hrsg.), *Feministische Vernunftkritik. Ansätze und Traditionen* (S. 220–239). Campus-Verlag.

Gildemeister, R., & Hericks, K. (2012). *Geschlechtersoziologie*. Wissenschaftsverlag.

Gildemeister, R., & Wetterer, A. (1992). Wie Geschlechter gemacht werden: Die soziale Konstruktion der Zweigeschlechtlichkeit und ihre Reifizierung in der Frauenforschung. In G.-A. Knapp & A. Wetterer (Hrsg.), *Traditionen Brüche: Entwicklungen feministischer Theorie* (S. 201–250). Kore.

Goffman, E. (1994). *Interaktion und Geschlecht*. Campus Verlag.

Gottschall, K. (2000). *Soziale Ungleichheit und Geschlecht. Kontinuitäten und Brüche, Sackgassen und Erkenntnispotentiale im deutschen soziologischen Diskurs*. Leske + Budrich.

Graff, A., & Korolczuk, E. (2021). *Anti-Gender Politics in the Populist Moment*. Routledge.

Habermas, J. (1990). *Strukturwandel der Öffentlichkeit*. Suhrkamp.

Hagemann-White, C. (1984). *Sozialisation: Weiblich – Männlich?* Leske + Budrich.

Halberstam, J. (2011): *The Queer Art of Failure*. Duke University Press

Hark, S., & Villa, P.-I. (Hrsg.). (2015). *Anti-Genderismus Sexualität und Geschlecht als Schauplätze aktueller politischer Auseinandersetzungen*. transcript Verlag.

Haug, F. (2001). Hausfrauisierung. In W. F. Haug (Hrsg.), *Historisch-kritisches Wörterbuch des Marxismus: Bd. 5: Gegenöffentlichkeit bis Hegemonialapparate* (S. 1209–1215). Argument-Verlag.

Haug, F. (2004). Sozialistischer Feminismus: Eine Verbindung im Streit. In R. Becker & B. Kortendiek (Hrsg.), *Handbuch Frauen- und Geschlechterforschung* (S. 49–55). VS Verlag für Sozialwissenschaften.

Hausen, K. (1977). Die Polarisierung der „Geschlechtercharaktere" – Eine Spiegelung der Dissoziation von Erwerbs- und Familienleben. In W. Conze (Hrsg.), *Industrielle Welt: Bd. 21. Sozialgeschichte der Familie in der Neuzeit Europas*. Ernst Klett Verlag.

Heintz, B. (2001). Geschlecht als (Un-)Ordnungsprinzip. Entwicklungen und Perspektiven der Geschlechtersoziologie. In dies. (Hrsg.), *Geschlechtersoziologie. Sonderheft 41 der Kölner Zeitschrift für Soziologie und Sozialpsychologie* (S. 9–28). Westdeutscher Verlag.

Hirschauer, S. (1989). Die interaktive Konstruktion von Geschlechtszugehörigkeit. *Zeitschrift für Soziologie 18*(2), 100–118. https://doi.org/10.1515/zfsoz-1989-0202.

Hirschauer, S. (1994). Die soziale Fortpflanzung der Zweigeschlechtlichkeit. In *Kölner Zeitschrift für Sozialpsychologie, 46*, 668–691.

Hirschauer, S. (2003). Wozu ‚Gender Studies'? Geschlechtsdifferenzierungsforschung zwischen politischem Populismus und naturwissenschaftlicher Konkurrenz. *Soziale Welt, 54*(4), 46–482. http://www.jstor.org/stable/40878437

Honegger, C. (1991). *Die Ordnung der Geschlechter: die Wissenschaften vom Menschen und das Weib*. Campus.

Jaggar, A. M., & McBride, W. L. (1989). Reproduktion als männliche Ideologie. In E. List (Hrsg.), *Denkverhältnisse. Feminismus und Kritik* (S. 133–163). Suhrkamp.

Jagose, A. (2001). *Queer Theory. Eine Einführung*. Quer Verlag.

Klein, G., & Liebsch, K. (2022). *Ferne Körper. Berührung im digitalen Alltag*. Reclam Verlag.

Knapp, G.-A., & Wetterer, A. (Hrsg.). (2002). *Soziale Verortung der Geschlechter*. Verlag Westfälisches Dampfboot.

Kotthoff, H. (2003). Was heißt eigentlich doing gender? Differenzierungen im Feld von Interaktion und Geschlecht. In M. Penkwitt (Hrsg.), *Freiburger FrauenStudien12* (S. 125–161). Budrich Verlag.

Kuhar, R., & Paternotte, D. (Hrsg.). (2017). *Anti-gender campaigns in Europe: mobilizing against equality*. Rowman & Littlefield.

Laufenberg, M. (2017). Queer Theory: identitäts- und machtkritische Perspektiven auf Sexualität und Geschlecht. In B. Kortendiek, B. Riegraf, & K. Sabisch (Hrsg.), *Handbuch Interdisziplinäre Geschlechterforschung* (S. 1–10). Springer Fachmedien Wiesbaden.

Laufenberg, M., & Trott, B. (Hrsg.). (2023). *Queer Studies. Schlüsseltexte*. Suhrkamp Verlag.

Lenz, I., Nickel, H., & Riegraf, B. (2000). *Geschlecht – Arbeit – Zukunft*. Verlag Westfälisches Dampfboot.

Lindemann, G. (1993). *Das paradoxe Geschlecht. Transsexualität im Spannungsfeld von Körper, Leib und Gefühl*. Fischer Taschenbuch Verlag.

Luhmann, N. (2009; Orig. 1970). Soziologische Aufklärung, In ders. (Hrsg.), *Soziologische Aufklärung 1* (6. Aufl.) (S. 83–115). Westdeutscher Verlag.

Marx, K., (1971; Orig. 1848). *Manifest der kommunistischen Partei*. In: ebd., Die Frühschriften. Hg. Von Siegfried Landshut. Stuttgart, Kröner, S. 525–560

Marx, K. (1971; Orig. 1845/1846). *Die deutsche Ideologie*. In: ebd., Die Frühschriften. Hg. Von Siegfried Landshut. Stuttgart, Kröner, S. 339–481

Mehrabi, T., & Tainio, L.(2022). The gender and sexual politics of the COVID-19 pandemic. *European Journal of Women's Studies* 29 (1 suppl), 3S–11S. https://doi.org/10.1177/13505068221085847

Meissner, H. (2008). *Die soziale Konstruktion von Geschlecht – Erkenntnisperspektiven und gesellschaftstheoretische Fragen*. Gender Politik Online. https://www.fu-berlin.de/sites/gpo/soz_eth/Geschlecht_als_Kategorie/Die_soziale_Konstruktion_von_Geschlecht_____Erkenntnisperspektiven_und_gesellschaftstheoretische_Fragen/hanna_meissner.pdf [letzter Zugriff am 22.05.2024].

Meuser, M. (2010). Methodologie und Methoden der Geschlechterforschung. In B. Aulenbacher, M. Meuser & B. Riegraf (Hrsg.), *Soziologische Geschlechterforschung* (S. 79–102). VS Verlag für Sozialwissenschaften.

Pasero, U., & Weinbach, C. (Hrsg.). (2003). *Frauen, Männer, Gender Trouble. Systemtheoretische Essays*. Suhrkamp Verlag.

Rerrich, M. (1995). Die Alltagsaufgabe der Sorge für andere: zur Lebensführung von Verkäuferinnen. In Projektgruppe „Alltägliche Lebensführung" (Hrsg.), *Alltägliche Lebensführung. Arrangements zwischen Traditionalität und Modernisierung*. Leske + Budrich.

Richardson, S. S. (2022). Sex Contextualism. *Philosophy, Theory, and Practice in Biology, 14*(2). https://doi.org/10.3998/ptpbio.2096

Rössler, Beate (2001). *Der Wert des Privaten*. Suhrkamp.

Schmincke, I. (2022). *Mein Körper gehört mir? Body Politics in Zeiten von Corona*. https://geschichtedergegenwart.ch/mein-koerper-gehoert-mir-body-politics-in-zeiten-von-corona/ [letzter Zugriff: 22.05.2024]

Scott, J. (2010). Quantitative methods and gender inequalities. *International Journal of Social Research Methodology, 13*(3), 223–236.

Simmel, G. (1985; Orig. 1911). Das Relative und das Absolute im Geschlechter-Problem. H.-J. Dahme & K. C. Köhnke (Hrsg.), *Georg Simmel: Schriften zur Philosophie und Soziologie der Geschlechter*. Suhrkamp. S. 200–223

Speck, S., & Villa, P.-I. (2020). Das Unbehagen der Gender Studies: Ein Gespräch zum Verhältnis von Wissenschaft und Politik. *Open Gender Journal, 4*. https://www.genderopen.de/handle/25595/2222

Spies. T. (2018): Subjekt und Subjektivierung. In: Geimer, A., Amling, S., Bosančić, S. (Hg.), *Subjekt und Subjektivierung*. Springer, Wiesbaden, S. 87–110

Umrath, B. (2019). *Geschlecht, Familie, Sexualität. Die Entwicklung der Kritischen Theorie aus der Perspektive sozialwissenschaftlicher Geschlechterforschung*. Campus Verlag.

Villa, P.-I. (2006): Scheitern – Ein produktives Konzept zur Neuorientierung der Sozialisationsforschung. In: Bilden, H. und B. Dausien (Hrsg.): *Sozialisation und Geschlecht. Theoretische und methodologische Aspekte*. Opladen/Farmington Hills: Barbara Budrich, S. 219–238

Villa, P.-I. (2011). *Sexy Bodies. Eine soziologische Reise durch den Geschlechtskörper.* VS Verlag für Sozialwissenschaften.

Villa, P.-I. (2012). *Judith Butler. Eine Einführung.* Campus Verlag.

Villa, P.-I. (2015). Kritik der Identität, Kritik der Normalisierung – Positionen von Queer Theory. In L. Hieber & P.-I. Villa (Hrsg.), *Images von Gewicht. Soziale Bewegungen, Queer Theory und Kunst in den USA*. transcript Verlag.

Villa, P.-I. (2016). Judith Butler und die Kultursoziologie. In S. Moebius, F. Nungesser & K. Scherke (Hrsg.), *Handbuch Kultursoziologie*. Springer VS.

Villa, Paula-Irene (2017). „,Frauen'. Warum es sie gar nicht gibt und man trotzdem über sie redet", In *Kursbuch 192/2017 (Frauen II)* (S. 97–109). Kursbuch Kulturstiftung.

Villa, P.-I. (2018). Sex – Gender: Ko-Konstitution statt Entgegensetzung. In B. Kortendiek, B. Riegraf & Sabisch K. (Hrsg.), *Handbuch Interdisziplinäre Geschlechterforschung: Bd. 65. Geschlecht und Gesellschaft*. Springer VS.

Völker, S. (2019). Praxeologie und Praxistheorie: Resonanzen und Debatten in der Geschlechterforschung. In B. Kortendiek & B. Riegraf & K. Sabisch (Hrsg.), *Handbuch Interdisziplinäre Geschlechterforschung*: Bd. 65 (S. 509–518). Springer Fachmedien Wiesbaden.

Walby, S., Armstrong, J., & Strid, S. (2012). Intersectionality: multiple inequalities in social theory. *Sociology*, 46(2), 224–240.

Werlhof, C. von & Mies, M. & Bennholdt-Thomsen, V. (1983). *Frauen, die letzte Kolonie. Zur Hausfrauisierung der Arbeit*. Rowohlt.

West, C., & Zimmerman, D. H. (1987). Doing Gender. *Gender and Society*, 1(2), 125–151.

Wetterer, A. (2008). Geschlechterwissen. Zur Geschichte eines neuen Begriffs. In A. Wetterer (Hrsg.), *Geschlechterwissen & soziale Praxis: Theoretische Zugänge – empirische Erträge* (S. 13–36). Ulrike Helmer Verlag.

Wetterer, A. (2003). Rhetorische Modernisierung: Vom Verschwinden der Ungleichheit aus dem zeitgenössischen Differenzwissen. In G.-A. Knapp & A. Wetterer (Hrsg.), *Achsen der Differenz. Gesellschaftstheorie und feministische Kritik 2* (S. 286–319). Verlag Westfälisches Dampfboot.

Winker, G., & Degele, N. (2010). *Intersektionalität. Zur Analyse sozialer Ungleichheiten*. transcript Verlag.

# Akteur-Netzwerk-Theorie

Lars Gertenbach

#### Zusammenfassung

Der Beitrag von Lars Gertenbach bietet eine Einführung in die Akteur-Netzwerk-Theorie (ANT) und skizziert ihre Bedeutung für die soziologische Theoriebildung, indem zentrale Begriffe, Bezugsprobleme, Themen und methodologische Implikationen dargestellt werden. Der französische Soziologe Bruno Latour steht im Fokus, da er die ANT als alternative allgemeine Soziologie positioniert. Neben der Entstehungsgeschichte der ANT in den 1980er-Jahren mit Schlüsselfiguren wie Latour, Callon, Mol und Law wird der interdisziplinäre Charakter und die Praxisorientierung der ANT diskutiert. Gertenbach zeigt die Ausweitung in verschiedene Bereiche und die Hinwendung zur allgemeinen Soziologie. Die Grundlagen der ANT sieht er u. a. in Ethnomethodologie und Semiotik, woraus er vier Konsequenzen für die Theorie entwickelt. Abschließend betont er die ambivalente Stellung der ANT sowie ihre Bedeutung als Kritik und Neubegründung der Soziologie.

#### Abstract

Lars Gertenbach's article provides an introduction to actor-network theory (ANT) and outlines its significance for sociological theory formation by presenting central concepts, reference problems, topics and methodological implications. The focus is on the French sociologist Bruno Latour, as he positions ANT as an alternative general sociology. In addition to the history of the emergence of ANT in the 1980s with key figures such as Latour, Callon, Mol and Law, the interdisciplinary character and practical orientation of ANT is discussed. Gertenbach shows the expansion into different areas and the turn towards general sociology. He sees the foundations of ANT in ethnomethodology and semiotics, among others, from which he develops four consequences for theory. Finally, he emphasizes the ambivalent position of ANT and its significance as a critique and new foundation of sociology.

Dass die Akteur-Netzwerk-Theorie in einem Band zu den Theorien der Soziologie überhaupt genannt, geschweige denn mit einem eigenen Beitrag vertreten ist, sollte nicht als selbstverständlich begriffen werden. Nicht nur wurde ihr vonseiten der soziologischen Fachöffentlichkeit lange Zeit mit unterschiedlichen Gründen der Status einer (ernstzunehmenden) soziologischen Theorie abgesprochen; auch Vertreter*innen und Anhänger*innen der ANT selbst haben immer wieder betont, bloß keine Theorie formulieren zu wollen (Latour 2006d; Mol 2010a). Diesen Zuschreibungen und Selbstbekundungen zum Trotz ist es aber durchaus berechtigt, sie mittlerweile (auch) als Theorieposition wahrzunehmen – und erfreulich, dass sie als solche auch ernsthaft diskutiert wird. Anteil hieran hat allerdings nicht nur die ANT selbst, sondern auch eine veränderte Auseinandersetzung mit Theorien innerhalb der Soziologie, die insbesondere die Mechanismen und Logiken der Theoriebildung selbst stärker zum Thema gemacht und so zu einer größeren Pluralität der soziologischen Theorien beigetragen hat (Bargheer 2014; Selg 2013; Isaac 2009). Der ANT kam dies deshalb zugute, weil so ihre oftmals sehr allgemeine und pauschale Kritik der Soziologie und des soziologischen Denkens leichter als Beitrag zur soziologischen Theorie begriffen und mit anderen Theorieentwicklungen verknüpft werden konnte (vgl. Potthast and Guggenheim 2013; Wieser 2012; Folkers 2014).

Vor diesem Hintergrund soll im Folgenden rekonstruiert werden, worin dieser Beitrag der ANT zur soziologischen Theorie besteht und wie die ANT in der bestehenden Theorielandschaft verortet werden kann. Dass diese Fragen auf ein ambivalentes Verhältnis zur soziologischen Theorie verweisen, ist ein sich dabei durchziehender Topos, der bereits mit der Entstehungsgeschichte der ANT zusammenhängt. Kennzeichnend ist hier zunächst, dass die ANT über einen sehr spezifischen Ausgangspunkt verfügt, der bis heute ihre Ausrichtung mitprägt: Sie entsteht in den 1980er-Jahren als Produkt der von Anbeginn kollaborativen Forschung mehrerer Wissenschaftler*innen am *Centre de Sociologie de l'Innovation* (CSI) der Pariser *Écoles des Mines*. Ein initiales Ereignis bildet hierbei die Begegnung zwischen Bruno Latour und Michel Callon im Jahr 1977 – von Latour retrospektiv als Glücksfall beschrieben (Latour 2013a, 293), da sie eine langjährige und intensive Zusammenarbeit einläutet, die mit dessen Wechsel an das CSI im Jahr 1982 auch institutionell zementiert wird. Die sich hieraus entwickelnde Forschungsperspektive entsteht jedoch nicht nur aus der Zusammenarbeit von Callon und Latour, an dem kollaborativen Projekt sind von Beginn an u. a. auch Annemarie Mol, Madeleine Akrich, John Law und

Antoine Hennion beteiligt (vgl. Hennion 2013). Die ersten gemeinsamen Arbeiten, die zu dieser Zeit entstehen (Callon and Law 1982; Callon, Law, and Rip 1986; Callon and Latour 1981), zeugen, trotz individuell unterschiedlicher Schwerpunkte, von einem geteilten Ausgangsproblem und einer sichtbaren Unzufriedenheit mit den arrivierten Forschungszugängen und Theorieangeboten der Soziologie. Hieraus entsteht ein Ansatz, der von der Gruppe selbst zunächst als *Soziologie der Übersetzung* (Akrich, Callon, and Latour 2006) bezeichnet und erst durch die in den späten 1980er-Jahren einsetzende englischsprachige Rezeption mit dem Label *Akteur-Netzwerk-Theorie* (im Folgenden: ANT) versehen wird.

Die besondere Stellung des CSIs, das sich als Forschungsinstitution von den alten und renommierten Pariser Universitäten und Forschungsstätten wie der Sorbonne oder dem Collège de France abhebt, ist für die Entwicklung der ANT in mehrfacher Hinsicht prägend. Denn obschon das erst 1967 gegründete CSI auch eine Grand École ist, besitzt es eine dezidiert ingenieurswissenschaftliche Ausrichtung und einen Schwerpunkt in der Innovations- und Industrieforschung. Neben der thematischen Orientierung an Technik- und Innovationsfragen, die sich bis heute in den Studien der ANT niederschlagen (Akrich, Callon, and Latour 2002a, b), hat aber auch die eher randständige Position des CSIs in den Sozialwissenschaften Frankreichs einen gewissen Einfluss auf die ANT: „the CSI's marginal position in the field of instituted social sciences in France and its relative lack of disciplinary control translated into an interdisciplinary (or rather adisciplinary) attitude." (Muniesa 2015, 80f.). Und schließlich findet sich in den Forschungen der ANT auch eine Praxis- und Fallorientierung wieder, die für das CSI insgesamt leitend ist, da es nicht nur Forschungs- sondern auch Anwendungs- und Beratungseinrichtung ist. Diese Gleichzeitigkeit von theoretischen Diskussionen, einem adisziplinären Geist und einer Orientierung an der Praxis (auch der Wissenschaftler*innen selbst) ist durchaus eigenwillig, für die gesamte ANT aber stilbildend, da sie zu jener eigentümlichen Melange aus Philosophie und empirischer Fallanalyse geführt hat, die diese Forschungen bis heute auszeichnet.

Unter diesen Bedingungen setzt die ANT von Anbeginn auf eine Erweiterung der am CSI schon länger verankerten Innovationsforschung, die sich zuvor insbesondere in klassischen Organisations- und Industriestudien niedergeschlagen hatte. Als inhaltlicher Kern lässt sich zunächst im weitesten Sinne das Verhältnis von Gesellschaft, Natur und Technik ausmachen, wobei sich die Wissenschafts- und Technikforschung schnell als besonderer Schwerpunkt herausbildet. Prägend ist dabei – nicht zuletzt durch den ingenieurswissenschaftlichen Hintergrund – das Interesse an Technologien und materiellen Infrastrukturen. Diese Ausrichtung bleibt auch über die Anfangsphase hinaus präsent, obschon die ANT sukzessive beginnt, sich anderen Themen zuzuwenden und immer stärker auf allgemeine soziologische Fragen zu sprechen kommt. So lassen sich trotz der Heterogenität der Forschungen im Kern zwei Entwicklungslinien ausmachen. Auf der einen Seite findet zunächst eine Ausweitung der ANT in andere Themen- und Teilbereiche der Sozial- und Kulturwissenschaften statt. Callon etwa beschäftigt sich mit Fragen der Ökonomie und des Marktes und entwickelt eine *Soziologie ökonomischen Wissens* (Callon 1998, 2006a), die sich als wegweisend für die neuere *Sociology of Economics* und die *Social Studies of Finance* erwiesen hat (Callon, Millo, and Muniesa 2007; Fourcade 2007; MacKenzie and

Millo 2003); Mol arbeitet teilweise zusammen mit John Law an medizinsoziologischen Fragen, die auch wesentlich dazu beigetragen haben, den Körper wieder zum Thema der Soziologie zu machen (Mol 1998, 2002; Mol and Law 2004; Law and Mol 1995); Akrich befasst sich vor allem mit Medizin- und Techniksoziologie (Akrich and Pasveer 2000; Berg and Akrich 2004); und bei Hennion schließlich lässt sich eine Hinwendung zu ästhetischen und musiksoziologischen Themen beobachten (Hennion 1989, 2003). Eine gewisse Sonderrolle nimmt hier John Law ein, der als Visiting Scholar zwar nur zeitweise am CSI war, jedoch eine wichtige Rolle bei der Verbreitung der ANT im englischsprachigen Raum hatte. Dazu beigetragen hat auch, dass er sich um eine Verknüpfung der ANT mit poststrukturalistischen Ansätzen bemüht und zahlreiche programmatische Schriften publiziert hat (Law 1992, 2009, 1999; Law and Mol 1995). Bis zu einem gewissen Grad gehört er damit bereits einer zweiten Entwicklungslinie an. Denn neben der thematischen Erweiterung lässt sich auf der anderen Seite eine zunehmende Hinwendung zur allgemeinen Soziologie bzw. der soziologischen Theorie beobachten. Den Anfang macht hierbei der Aufsatz *Unscrewing the big Leviathan*, den Callon und Latour bereits 1979 gemeinsam verfassen und der nach seinem Erscheinen 1981 schnell zu einem Gründungstext der ANT wird (dt.: Die Demontage des großen Leviathans; Callon and Latour 2006). Für den Theoriediskurs erweist sich aber gerade Latour als wichtigste Figur, weil er sich am stärksten bemüht, die ANT als eine alternative soziologische Theorie zu positionieren – am sichtbarsten in der gerade für die (verspätete) deutschsprachige Rezeption zentralen Publikation *Eine neue Soziologie für eine neue Gesellschaft* (Latour 2007), die für Latour allerdings eher eine Art Abschlussschrift seiner Beschäftigung mit der Soziologie ist. Callon, Mol, Akrich, Law und Hennion sind demgegenüber eher seltene Gäste in soziologischen Theoriedebatten (eine gewisse Ausnahme bildet eine Debatte zwischen Mol und Georg Kneer, die letztlich aber genau um diese Missverständnisse kreist, vgl. Mol 2010b, a; Kneer 2010).

Schon diese einleitenden Bemerkungen machen erkennbar, dass der Versuch, die ANT in die Theoriegeschichte der Soziologie einzuordnen, kein allzu eindeutiges Unterfangen ist. So hat gerade der hochgradig adisziplinäre Geist der ANT zu einem produktiven Theorieeklektizismus geführt, der neben deutlichen Anleihen an die französische Philosophie der Zeit (etwa in Gilles Deleuze, Michel Serres, Michel Foucault, Gilbert Simondon und François Jullien) auch starke Bezüge zum amerikanischen Pragmatismus aufweist (v. a. in John Dewey und William James). Innerhalb der Theoriedebatte lässt sich die ANT damit als eine Weiterführung des Poststrukturalismus und/oder als eine Variante des Neopragmatismus verstehen – und damit philosophischen Strömungen zurechnen, denen ein wesentlicher Anteil beim Aufstieg sowohl der neueren Praxistheorien als auch der jüngeren Kulturtheorien zukommt, die im Rahmen des Cultural Turn zu einer programmatischen Neuausrichtung der sozial- und kulturwissenschaftlichen Forschung beigetragen haben (Bachmann-Medick 2014). In diesem Zusammenhang steht die ANT gleichzeitig für eine weitreichenden Kritik an der Soziologie als auch den Versuch einer grundlegenden Neubegründung des Faches. Um dies zumindest schlaglichtartig zu beleuchten, werde ich im Folgenden zunächst auf einige Grundbegriffe (Abschn. „Von Akteuren und Netzwerken – Die Akteur-Netzwerk-Theorie als Verbindung von Ethnomethodologie und Semiotik") der Theorie genauer eingehen, bevor ich dann exemplarisch einige Bezugsprobleme und Forschungsthemen (Abschn. „Bezugsprobleme und Gegenstandsbereiche der Akteur-Netzwerk-Theorie") sowie methodologische Implikationen und Forderungen (Abschn. „Methodologische Prämissen der Akteur-Netzwerk-Theorie") skizziere. Auf dieser Basis lässt sich dann genauer abschätzen und würdigen (Abschn. „Ausblick"), worin auch der gegenwärtige Beitrag der ANT für die soziologische Theoriedebatte bestehen könnte. Ich konzentriere mich hier schwerpunktmäßig auf Latour, weil er am deutlichsten versucht, die ANT nicht nur als Bindestrichsoziologie zu begreifen, sondern als (alternative) allgemeine Soziologie zu positionieren.

## Von Akteuren und Netzwerken – Die Akteur-Netzwerk-Theorie als Verbindung von Ethnomethodologie und Semiotik

Für einen grundbegrifflichen Zugriff auf die ANT erscheint es auf den ersten Blick naheliegend, sich den beiden zentralen Elementen ihrer Selbstbezeichnung zuzuwenden: den Begriffen des Akteurs und des Netzwerks. Die ANT ließe sich so als Theorieansatz verstehen, dem es im Kern um die Frage der Einbindung von Akteuren in Netzwerke bzw. – im Vokabular der soziologischen Theorie – der wechselseitigen Verschränkung von Mikro- und Makroebene geht. Wie Latour in einem Text mit dem programmatischen Titel *Über den Rückruf der ANT* (Latour 2006d) betont, liegt hierin jedoch bereits ein Quell zahlreicher Missverständnisse. Um sich gegen eine bestimmte Deutung der ANT auszusprechen, betont er überspitzt, „dass es vier Dinge gibt, die bei der Akteur-Netzwerk-Theorie problematisch sind: das Wort Akteur, das Wort Netzwerk, das Wort Theorie und der Bindestrich!" (Latour 2006d, 561) Diese (häufig als generelle Absage an Theoriearbeit und als Revision der ANT fehlgedeutete) Aussage zielt auf eine Kritik an der Übersetzung des Akteur-Netzwerk-Ansatzes in die eingespielten soziologischen Leitunterscheidungen wie Handlung und Struktur oder Mikro und Makro, die – so die Grundüberzeugung der ANT – in ihrer dualistischen Logik einem Verständnis der komplexen gesellschaftlichen Verflechtungszusammenhänge im Weg stehen (vgl. Gertenbach 2015). Um genauer zu verstehen, welche begrifflichen und konzeptionellen Alternativen die ANT der Soziologie demgegenüber vorschlägt und von welchen eigenen Prämissen sie ausgeht, erweist sich daher ein anderer Zugang als vielversprechender.

Zum theoretischen und konzeptionellen Kern der ANT lässt sich besser vordringen, wenn man diese Forschungsrichtung in einem ersten Schritt als eine Verknüpfung von Ethnomethodologie und Semiotik versteht – wie auch Latour selbst mehrfach betont hat (Latour 2003b, 40; 2007, 96). Denn wie die Ethnomethodologie von Harold Garfinkel ist die ANT zunächst an der konkreten Praxis der Akteure interessiert und fordert, deren weltbildende Aktivitäten und Methoden ernst zu nehmen. Im Rückgriff auf die semiotische Erzähltheorie von Algirdas Julien Greimas, versucht die ANT jedoch die primär mikrosoziologische Ausrichtung der Ethnomethodologie zu verlassen und den Akteursbegriff zu erweitern. Für die sozialtheoretischen Annahmen des ANT ergeben sich hieraus vier zentrale Konsequenzen, die als Schlüsselfiguren begriffen werden können:

*Erstens* führt dies zur Einbeziehung nichtmenschlicher Akteure und damit zur Abflachung des Handlungsbegriffs auf ein konsequentialistisches Verständnis von Handlung. Im Anschluss an die Semiotik präferiert die ANT hier den Begriff des Aktanten, der – wie Akrich und Latour betonen – offener und allgemeiner gedacht ist: „Aktant (actant): Was immer agiert oder Handlungen verlagert, wobei Handlung selbst definiert wird als eine Reihe von Performanzen gegenüber Herausforderungen und Prüfungen. Von diesen Performanzen wird eine Reihe von Kompetenzen abgeleitet, mit denen der Aktant ausgestattet ist; […] ein Akteur ist ein Aktant, der mit einem Charakter ausgestattet ist (normalerweise anthropomorph)." (Akrich and Latour 2006, 399f.). Dass es sich hierbei um ein konsequentialistisches Verständnis von Akteur handelt, spielt darauf an, dass dem ein Perspektivenwechsel von den Eigenschaften des Handelnden zu deren Wirkungen zugrunde liegt.

*Zweitens* verbindet sich mit dem Begriff des Aktanten ein anderer Fokus, der im Vergleich zur Ethnomethodologie zu einer Ausweitung bei der Analyse von Interaktionssituationen führt. Indem auch nichtmenschliche Aktanten als Teil des Handlungsverlaufs gelten, legt die ANT ihr Augenmerk auf das Zusammenspiel unterschiedlicher Entitäten und analysiert, wie hierdurch Situationen und Handlungsketten stabilisiert werden (Latour 2006c, 2001a). Die (klassisch interaktionistische) Frage nach der Stabilisierung von Handlungssituationen wird dadurch in sozialer, zeitlicher sowie räumlicher Hinsicht erweitert: *sozial* bzw. *sachlich*, da auch nichtmenschliche Wesen gleichberechtigt als Elemente von Handlungen berücksichtigt werden; *zeitlich*, da so stärker sichtbar wird, auf welche Weise Handlungen auf frühere, schon stabilisierte Handlungsketten, die u. a. in Form von Artefakten und Technik am Geschehen teilhaben, zurückgreifen; und schließlich *räumlich*, weil hierdurch deutlich wird, wie selbst hochgradig lokale Situationen stets auf der Verkettung von Lokalem und Globalem aufbauen.

*Drittens* folgt insbesondere aus der Prämisse der räumlichen Entgrenzung von Handlungen auch eine Ausweitung der mikro-soziologischen Ethnomethodologie zur Soziologie insgesamt. So betont Latour mit Blick auf die von ihm zurückgewiesene Mikro-Makro-Unterscheidung: „Auch die Ethnomethodologie ist gescheitert, da sie immer wieder auf eine ‚Mikro'-Definition ihrer Methode zurückgeworfen wird, obwohl sie den klaren Anspruch hat, Stätten, an denen das ‚Makro' hervorgebracht wird, mit den gleichen Augen zu betrachten und zu untersuchen wie die ‚Mikro'-Situationen." (Latour 2001b, 366, Anm.11).

Und zuletzt erzwingt dies *viertens* auch eine andere konzeptionelle Ausrichtung, da es zu einer Distanzierung von interpretativen und auf Bedeutungsfragen zentrierten Soziologien führt (vgl. ausführlicher: Gertenbach 2014, 2015). Bis zu einem gewissen Grad ist dies in der Ethnomethodologie bereits vorbereitet, denn im Unterschied zu interpretativ-hermeneutischen Ansätzen geht es ihr nicht unmittelbar um die Rekonstruktion und Erfassung der Sinnzusammenhänge der jeweiligen Situationen. Aus ethnomethodologischer Perspektive ist die Frage nach Gründen und Motiven weniger relevant, da sie sich in erster

Linie nicht für die Frage nach dem Warum, sondern dem Wie von Handlungen und Interaktionen interessiert. Hieran schließt die ANT an, allerdings mit einem genaueren Blick für die Objekte und Materialitäten, die an diesem Prozess beteiligt sind.

Dieser kursorische Einstieg über die Verknüpfung von Ethnomethodologie und Semiotik erlaubt es nun, einige wichtige Motive der ANT zusammenzutragen. Und gleichzeitig erinnert er daran, dass es der ANT stets darum geht, zunächst beim Lokalen, d. h. bei der konkreten Praxis anzusetzen (jedoch auch: nicht hierbei stehenzubleiben). Mit diesem Fokus auf den Vollzug des Sozialen ist die ANT als Prozesstheorie zu verstehen, wenngleich sie – wie gleich noch genauer gezeigt wird – vor allem an der Frage der Stabilisierung und Kontinuierung von Prozessen interessiert ist.

Darüber hinaus lassen sich nun aber auch Schlussfolgerungen für die eingangs genannten Grundbegriffe Akteur und Netzwerk ziehen. So wurden die Studien der ANT durch die Ausweitung des Akteursbegriffs häufig als Aufruf an die Sozial- und Kulturtheorie verstanden, nicht nur Menschen, sondern beispielsweise auch Mikroben (Latour 1988), Muscheln (Callon 2006c), Paviane (Latour and Strum 1986, 1987), Schlüsselanhänger (Latour 1996b), Sicherheitsgurte (Latour 1996a), Laborinstrumente (Latour and Woolgar 1986) und Türschließer (Latour 1996d) als handelnde Akteure zu begreifen. Übersehen wurde dabei (mitunter sowohl bei Kritiker*innen als auch bei Anhänger*innen der ANT), dass es hierbei mitnichten um eine bloße Ausweitung des Handlungsbegriffs bis hin zur unbelebten Dingwelt geht. Denn anstatt alles Nichtmenschliche nun mit jenen Attributen wie Bewusstsein und Intentionalität auszustatten, die üblicherweise als Besonderheit menschlichen Handlungsvermögens gelten, geht es der ANT darum, sich jeglichen apriorischen Aussagen über die Kompetenzen, Qualitäten und Eigenschaften von Akteuren zu verweigern. Ihr Ausgangspunkt ist keine substantielle, sozialtheoretische oder sozialontologische Annahme, sondern eine methodologische Prämisse (Latour 1992), mit der verhindert werden soll, dass präskriptive Annahmen und Unterscheidungen an den Untersuchungsgegenstand herangetragen werden. Die ANT zielt damit gerade nicht darauf, einen feststehenden Begriff von Handlung und Akteurschaft auf den Bereich nichtmenschlicher Objekte auszuweiten, „Subjektivität auf Dinge zu übertragen oder Menschen als Objekte zu behandeln oder Maschinen als soziale Akteure zu betrachten, sondern die Subjekt-Objekt-Dichotomie *ganz zu umgehen* und stattdessen von der Verflechtung von Menschen und nicht-menschlichen Wesen auszugehen." (Latour 2002a, 236f., H.i.O.).

Mit Blick auf die soziologische Theoriediskussion bedeutet dies, dass die Frage nach den sozialtheoretischen Grundbegriffen genau genommen nur indirekt zu beantworten ist. Den programmatischen und konzeptionellen Kern der ANT bildet zunächst nicht viel mehr als eine absichtlich flache Heuristik, die als methodologisches und nicht sozialtheoretisches Fundament zu verstehen ist. Mit ihr soll letztlich *empirisch* untersucht werden, wie Handlungen oder Ereignisse aus der Verknüpfung unterschiedlicher Entitäten hervorgehen. Als beteiligt an den die ANT interessierenden Handlungsverläufen („cours d'action", Latour 2013b, 93) gilt dabei alles, was in dem jeweiligen Geschehen einen Unterschied macht – wie die Waffe, ohne die es nicht zum Mord gekommen wäre, der

Schlüsselanhänger, der das Verhalten von Hotelgästen verändert, oder die Straßenschwelle, die zur Einhaltung des Tempolimits beiträgt (Latour 2006e).

Parallel zur Differenz von Akteur und Netzwerk distanziert sich die ANT noch von weiteren in der Soziologie verbreiteten Ebenenunterscheidungen wie Mikro/Makro, Struktur/Handlung oder Individuum/Gesellschaft. Im Fokus zahlreicher Schriften der ANT steht dabei eine soziologische Forschung, die ihre erforschten Phänomene auf eine dahinter oder darüber liegende Ordnung und damit auf allgemeinere strukturelle Faktoren zurückführt – die dann als Kontexte, Milieus, Settings, Handlungsumwelten oder Rahmungen gefasst werden. Vor allem Callon und Latour haben wiederholt betont, dass die Rede von Netzwerken und Assoziationen zugleich eine Abkehr von derartigen Soziologien impliziert, die Handlungen und Ereignisse so beschreiben, als ob es sich um Mikrophänomene handele, die von sie umlagernden oder sie bestimmenden Makrophänomenen unterschieden werden könnten. Aus Sicht der ANT führt der soziologische Rekurs auf derartige Kontexte in zwei Hinsichten zu einer problematischen Haltung gegenüber den untersuchten Gegenständen, die sich letztlich komplementär zueinander verhalten. Im einen Fall tendiert die Betonung von Kontexten dazu, das soziale Geschehen durch hintergründig wirkende Strukturfaktoren zu objektivieren (eine Position, die in der ANT vor allem mit Durkheim und Bourdieu assoziiert wird). Das Problem hieran ist der Reduktionismus einer solchen Erklärung, weil das eigentliche Phänomen als bloßer Ausdruck von etwas anderem erscheint (Latour 1988, 158ff.), so dass die soziale Wirklichkeit zum „Artefakt einer unsichtbaren, rein sozialen Logik" (Hennion 2013, 17) gemacht wird. Und im anderen, komplementären Fall tendiert das Konzept des Kontextes aus Sicht der ANT dazu, völlig heterogene Elemente in problematischen Globalkategorien wie Gesellschaft oder Milieu zu vereinen. Diese werden dabei zu einer Art Black Box: Sie erklären wenig und lassen sich auch kaum mehr öffnen.

Kontextualistische Ansätze, die mit Begriffen wie Milieu, Rahmung, Struktur oder Einbettung operieren, erscheinen der ANT folglich als problematisch, weil sie zwischen verschiedenen Wirklichkeitsebenen trennen – etwa zwischen einer mikrologischen Situation und einem makrologischen Kontext. Genau um derartige Reduktions- und Subsumtionslogiken zu vermeiden, setzt die ANT auf den flexibleren Begriff des Netzwerks: „The network […] does not link agents with an established identity […] to form what would be a rigid social structure constituting the framework in which individual actions are situated. […] the network does not serve as a context." (Callon 1998, 8). Anstatt einzelne Handlungen oder Geschehnisse einem makrosozialen Kontext gegenüberzustellen, setzt das Netzwerkdenken auf eine Logik der Vermittlung und betont die gegenseitige Ko-Konstruktion von Objekt und Kontext: „The definition of an object is also the definition of its socio-technical context: together they add up to a possible network configuration. There is no ‚inside' or ‚outside'." (Callon 1991, 137)

Die ANT geht damit über die These hinaus, dass menschliche Handlungen notwendig in einem auch durch Objekte gerahmten Kontext stattfinden. Stattdessen betont sie, dass Handlungen stets als komplexes, heterogenes Dispositiv, als „Assemblagen" verstanden werden müssen: „Niemand hat je reine Techniken gesehen – und niemand je reine Menschen. Wir sehen nur Assemblagen, Krisen, Dispute, Erfindungen, Kompromisse, Ersetzungen, Übersetzungen und immer kompliziertere Gefüge, die immer mehr Elemente in Anspruch nehmen." (Latour 1996e, 21). Genau dies soll der Begriff des Netzwerks ausdrücken, der eben gerade nicht als simpler Gegenbegriff zu dem des Akteurs begriffen werden darf: Denn letztlich gibt es für die ANT weder Akteure ohne Netzwerke noch Netzwerke ohne Akteure. Gegebenenfalls ließe sich davon sprechen, dass als Netzwerk alles gilt, was verbunden ist, und als Akteur alles, was einen Unterschied macht; letztlich jedoch fällt beides in der ANT zusammen, da sie betont, dass auch das, was als Akteur erscheint, bei genauerer Betrachtung stets als Schnittmenge zahlreicher Handlungsquellen und daher selbst als Netzwerk zu begreifen ist.

## Bezugsprobleme und Gegenstandsbereiche der Akteur-Netzwerk-Theorie

Aus den bereits genannten Prämissen ergeben sich einige typische Bezugsprobleme der ANT, die bis heute deren Forschungszugang und die präferierten Forschungsgegenstände prägen. Charakteristisch ist dabei zunächst ein grundlegendes Interesse an Phänomenen, die nicht oder nur in begrenzter Form in den klassischen Gegenstandsbereich der Soziologie fallen – seien es technische Objekte, materielle Infrastrukturen, die Naturwissenschaften oder auch scheinbar banale Dinge des alltäglichen Lebens wie Türöffner, Straßenschwellen oder Schlüssel (Latour 1996c). Trotz der recht heterogenen Themenkomplexe und Gegenstandsbereiche der Forschungen der ANT lassen sich hier vor allem drei gemeinsame und wiederkehrende Bezugsprobleme ausmachen.

(1) *Die Trennung von Natur und Kultur und der Gesellschaftsbegriff der Soziologie*: Grundlegend ist zunächst erstens eine Kritik an den großen dualistischen Trennungen, mittels derer moderne Gesellschaften dafür sorgen, Phänomene der Kultur und der Gesellschaft von solchen der Natur zu unterscheiden (Subjekt vs. Objekt, symbolisch vs. materiell, soziale Normen vs. Naturgesetze, primäre vs. sekundäre Qualitäten, Fakten vs. Meinungen etc.). Diese Unterscheidungslogik ist aus Sicht der ANT problematisch, weil sie darüber hinwegtäuscht, dass es auch in der Moderne zu keinem Zeitpunkt gelungen ist, diese Trennung von Natur und Gesellschaft durchzuhalten – im Gegenteil zeichnen sich moderne Gesellschaften gerade durch eine permanente Vermischung beider Sphären aus (Latour 2008). Als kulturelle Leitunterscheidung – und eklatante Selbsttäuschung – verhindert sie zugleich, die immer weiter voranschreitende Hybridisierung von Kultur und Natur überhaupt angemessen in den Blick nehmen zu können, die besonders in technischen und ökologischen Zusammenhängen augenscheinlich wird. Obschon primär Latour versucht hat, dieses Argument systematisch zu entwickeln (Latour 2008, 2010), lässt es sich als allgemeine Grundfigur der ANT verstehen. Es findet sich in Studien zum Körper (Mol 2002) und zur Medizin (Mol and Law 2004) ebenso wie in Texten zur Konstitution von Märkten (Callon

2007), zur Technikgenese (Latour 2002a) oder zu kolonialen Wissens- und Machttechniken (Law 2006; Latour 2006b). Weil diese Kritik aber nicht nur unsere Vorstellung von Natur, sondern auch die von Gesellschaft betrifft, plädiert die ANT zugleich für eine Abkehr von dem Begriff des Sozialen, wie er häufig in der Soziologie verwendet wird. Ihr Ziel besteht in der Reformulierung der Soziologie als einer Wissenschaft der Vermittlungen und Verknüpfungen – und nicht des Sozialen im Sinne eines spezifisch gesellschaftlichen Wirklichkeitsbereiches. Auf dieser Grundlage begreift v. a. Latour die gesamte ANT als „den bewußten Versuch, mit der Verwendung des Wortes ‚sozial' in der Sozialtheorie Schluß zu machen und es durch das Wort ‚Assoziation' zu ersetzen" (Latour 2001b, 361). Hierzu schlägt er vor, zwischen der „Soziologie des Sozialen" als Wissenschaft der Gesellschaft und der ANT als „Wissenschaft der Assoziationen" zu unterscheiden (Latour 2007, 2001b; 1988, 40 und 262f.). Der zentrale Unterschied besteht darin, dass die eine *sozio*-logisch argumentiert, d. h. die von ihr untersuchten Phänomene aus sozialen Faktoren heraus erklärt (d. h. menschlichen Handlungen, Interaktionen, Milieus, Kontexten, Diskursen, Normen etc.), während sich die andere für die Verknüpfungen und das Zusammenspiel höchst unterschiedlicher, eben nicht nur klassisch sozialer Entitäten interessiert.

Mit dieser Neuausrichtung geht auch eine Verschiebung des Bezugsproblems der Soziologie einher. Denn der Gegenstandsbereich der Soziologie soll nicht mit bestimmten Inhalten („das Soziale") gleichgesetzt werden, sondern sich auf die Art und Weise beziehen, wie heterogene Elemente verwoben und zusammengehalten werden. Demgemäß ist das Soziale nicht der Rahmen, in dem sich genuin soziale Prozesse abspielen oder der als strukturierendes Moment auf die Gestalt der sozialen Wirklichkeit Einfluss ausübt, sondern die Assoziationspraxis selbst, d. h. die Tätigkeit der Verknüpfung und Übersetzung (Latour 2007, 19).

(2) *Übersetzungen und raum-zeitliche Stabilisierungen*: Mit der Verlagerung auf die Frage der Verknüpfungen und Verbindungen wird der Begriff der Übersetzung zu einem Schlüsselkonzept der Forschungen der ANT. Letztlich dient er auch dazu, eine eigene Antwort auf das soziologische Problem der Ordnungsbildung zu formulieren, die mit dem prozesstheoretischen Denken der ANT kompatibel ist. Im Sinne eines sehr weiten Begriffsgebrauchs gelten der ANT zunächst alle Formen der Verknüpfung und Assoziation als Prozesse der Übersetzung. Vor allem Latour nutzt den Begriff bereits in seinen allerersten Schriften, um durchaus unterschiedliche Phänomene in den Blick zu nehmen – dies betrifft u. a. Fragen der Überlieferung von Texten (vgl. am Beispiel der Bibelexegese und der synoptischen Tradition Latour 1975; Lamy 2021), der Vermittlung von Technikwissen im Kontext der nachkolonialen Ausbildungspraktiken in der Elfenbeinküste (Latour and Shabou 1974) sowie der Genese wissenschaftlicher Tatsachen in naturwissenschaftlichen Laboren (Latour and Woolgar 1986; vgl. allg. Gertenbach and Laux 2018). Die sich hier jeweils ergebenden Ordnungsbildungen (bestimmte Deutungen der geheiligten Texte, bestimmte Arten der Wissensvermittlung oder bestimmte Wahrheiten und Tatsachenaussagen), werden so – prozesstheoretisch – als Produkt einer fortlaufenden Kette von Übersetzungspraktiken behandelt.

Einen ganz ähnlichen Fokus schlägt auch Callon mit dem von ihm eingeführten (und schließlich für die gesamte ANT zentralen) Begriff des „obligatorischen Passagepunkts" vor (Callon 2006c, 149; 2006b, 183; Latour 1988, 43–49). Benannt werden damit erfolgreich etablierte und für bestimmte Handlungsketten unabdingbar gewordene Durchgangsstationen innerhalb dieser Übersetzungspraktiken. Solche Passagepunkte sind Ergebnis aufwendiger Verknüpfungs- und Artikulationsarbeit und können in verschiedenen gesellschaftlichen Kontexten entstehen: bei der Bildung politischer Allianzen (Sprecher*innen, Repräsentant*innen), der Genese wissenschaftlicher Wahrheiten (Gutachten, Labore), dem Aufbau materieller Infrastrukturen (Tunnel, Brücken, Grenzdurchgänge, technische Normen, Ladegeräte/-anschlüsse) oder auch im Rahmen von bürokratischen bzw. juristischen Handlungsketten (Formulare, Stempel, Ämter, Notariate). Während die Bildung von Interessen und die Übersetzung von Erkenntnissen noch ein sprachtheoretisches Verständnis von Übersetzung nahelegen könnten, wird spätestens im Fall von Laboratorien und Infrastrukturen deutlich, dass hierbei stets auch materielle und räumliche Aspekte mitgemeint sind.

Zum Verständnis der ANT ist es zentral, dass hinter diesen begrifflichen Vorschlägen nicht nur ein prozesstheoretisches Verständnis des Sozialen steht, sondern hierüber vielmehr auch ein bestimmtes Bezugsproblem bearbeitet wird: Die Frage der sozialen Ordnungsbildung. Weil der Begriff der Übersetzung den Prozess der Verschränkung und Vermittlung unterschiedlicher, heterogener Elemente in den Blick nehmen soll, dient er dazu, diese Frage als Problem der zeitlichen und räumlichen Stabilisierung zu begreifen und zugleich anders anzusetzen als viele andere Soziologien. Denn während mikrosoziologisch argumentierende Interaktionstheorien hier vor allem auf wechselseitige Erwartungen, Sinnkonstruktionen, Normen oder Situationsdeutungen in Face-to-Face-Interaktionen abstellen und eher makrosoziologische Theorien hierbei von Normen, Ideen, Interessen o. Ä. ausgehen, versucht die ANT zu zeigen, dass diese Frage ohne die Berücksichtigung von Objekten, d. h. vor allem von Technik und Artefakten überhaupt nicht hinreichend beantwortet werden kann. Die unterschiedlichen Vertreter*innen eint die Überzeugung, dass Werte, Symbole, Normen, Rollen, Kommunikationen u. Ä. für sich allein zu flüchtig und daher nicht imstande sind, die spezifische Stabilität und Dauerhaftigkeit der menschlichen Sozialorganisation zu erklären. Der Bezug auf vermeintlich „soziale" Faktoren allein – so die Überzeugung der ANT – übersieht, dass all das erst hinreichend Solidität erlangt, sobald es durch Technik bzw. Objekte gelingt, Sozialbezüge zeitlich und räumlich zu erweitern. Auf dieser Basis hat schließlich vor allem Latour im Anschluss an seine Feldforschungen mit der berühmten Primatologin Shirley Strum (Latour and Strum 1986, 1987) betont, dass es sich bei der Einbeziehung von Technik in den Aufbau des Sozialen gerade um ein Spezifikum des Menschen handelt: „what characterizes humans is not the emergence of the social, but detours, translations, the enfolding of all courses of action into more and more complicated […] technological arrangements." (Latour 2013a, 294). Das entscheidende Kriterium menschlicher Interaktions- und Gesellungsformen ist damit nach der ANT nicht die wechselseitige Konstruktion von

Sinn, die Sprach- und Verständigungsfähigkeit oder die normative Grundierung aller Sozialität, sondern die Fähigkeit, über Artefakt- und Objektpermanenz soziale Situationen, Beziehungen und Handlungsverläufe auf Dauer zu stellen.

(3) *Performativität und Kritik des Konstruktivismus*: Aus diesen beiden Punkten lässt sich zudem noch ein drittes Bezugsproblem entnehmen. Denn die Abkehr von einer Soziologie des Sozialen geht in der ANT von Anbeginn mit der Kritik nicht nur an einer soziozentrisch argumentierenden Sozialtheorie, sondern auch an sozialkonstruktivistischen Positionen einher. Die Forderung nach dem systematischen Einbezug der Artefakte und Objekte in die Soziologie führt zu einer recht unorthodoxen Haltung gegenüber den erkenntnistheoretischen und soziologischen Debatten um Konstruktivismus und Realismus (Gertenbach 2015), die beide Positionen erst gar nicht als Gegensätze begreift (Latour 2003a; Callon 1998). Für die ANT erweisen sich die verschiedenen Varianten des Konstruktivismus als defizitär, weil sie entweder den Bereich der Natur und die Materialität der Objekte ausklammern bzw. auf deren symbolische Repräsentationen beschränken oder weil sie den Konstruktionscharakter des untersuchten Phänomens soziozentrisch bzw. kulturalistisch auf dahinterstehende soziale/kulturelle Instanzen (wie Sprache, Kommunikation, Handeln, Normen, Interaktion, Interpretation, Interessen oder Macht) reduzieren. Weil sich für die ANT zugleich aber auch die Rückkehr zu einem naiven Realismus ausschließt, wie er etwa in Teilen des sogenannten „Neuen Realismus" (Gabriel 2014; Ferraris 2014) proklamiert wird (vgl. Gertenbach 2019), plädiert sie letztlich für eine dritte Position, die sie als realistischen Konstruktivismus bzw. „konstruktivistischen Realismus" (Latour 2002b, 164) begreift. Die Metapher der Konstruktion soll hier nicht auf Künstlichkeit im Sinne der Rede von „bloßen Konstruktionen" abstellen, sondern – eher entlang des architektonischen Verständnisses von Konstruktion – auf Erzeugung, Realisierung und Stabilisierung. Einen weiteren Niederschlag erfährt diese Diskussion schließlich dadurch, dass die ANT an die Debatte um den Begriff der Performativität anschließt. Wie auch in der Forderung nach einem Performative Turn soll damit das Prozesshafte des Sozialen betont werden (Gertenbach 2020). Performativität wird so als Gegenkonzept zu einem ostensiven Verständnis des Sozialen ins Spiel gebracht: Während eine ostensiv argumentierende Soziologie davon ausgeht, dass der Beobachtungsgegenstand für sich ‚da ist', so dass der/die Beobachter*in die Rolle einer registrierenden Instanz einnimmt, gehen performative Ansätze von einer grundlegenden Interferenz von Beschreibung und Phänomen aus und betonen, dass ein Gegenstand nicht zuletzt durch seine Darstellungen beständig aktualisiert wird (Latour 2006a, 204ff.; 2006d, 565).

Auf dieser Basis zeigt der Blick auf die zentralen Bezugsprobleme, dass die ANT, auch wenn sie sich zunächst aus spezielleren Forschungsbereichen heraus entwickelt hat, mittlerweile als ein Ansatz der Allgemeinen Soziologie verstanden werden muss. Damit einher geht eine sichtbare Ausweitung ihrer Forschungsthemen, so dass diese Positionen nunmehr in nahezu allen Teildisziplinen der Sozial- und Kulturwissenschaften anzufinden sind. Jüngere Forschungen widmen sich dabei oftmals gerade solchen Themen, die zu Beginn noch nicht im Zentrum der ANT standen – etwa, wenn Hennion sich am Beispiel der Musik mit Emotionen, Subjektivitäten und Leidenschaften befasst (Hennion 2001, 2015, 2003) oder Émilie Gomart eine Akteur-Netzwerk-Theorie der Drogen entwirft (Gomart 2004, 2002). Freilich lassen sich aber auch weiterhin einige Themengebiete ausmachen, die auch heute noch für die ANT prägend sind und noch immer im Fokus stehen. Zuallererst gehört hierzu der gesamte Bereich der Wissenschafts- und Technikforschung (Science & Technology Studies), den die ANT nicht zuletzt maßgeblich mitgeprägt hat (klassisch hierzu: Law 1999; Pickering 1992). Durch die Kritik an der Natur-Kultur-Unterscheidung sind es darüber hinaus auch umweltsoziologische und ökologische Themen, die bis heute einen prominenten Platz in der ANT haben. Auch hier spielt wiederum Latour eine wesentliche Rolle, der sich in den letzten Jahren bis zu seinem Tod nahezu ausschließlich um Fragen der politischen Ökologie, der Klimakatastrophe und – unter Rückgriff auf die sogenannte Gaia-Hypothese von James Lovelock und Lynn Margulis – um ein Gegenmodell zum Konzept der Natur bemüht hat (Latour 2017a, b), das auch in Verbindung zu aktuellen naturwissenschaftlichen Debatten etwa der Earth System Sciences steht (Latour and Lenton 2019; Lenton, Dutreuil, and Latour 2020).

## Methodologische Prämissen der Akteur-Netzwerk-Theorie

Aus der Kritik an der Soziologie ergibt sich für die ANT aber nicht nur eine andere Positionierung innerhalb der soziologischen Theorie, sondern auch ein Plädoyer für andere Forschungsmethoden. Eine besondere Präferenz hat die ANT dabei von Anbeginn für ethnographische Methoden, da sie erlauben, die konkreten Praxisvollzüge und Weltbildungsaktivitäten vor Ort zu beobachten. Bereits in Latours zusammen mit Steve Woolgar veröffentlichten ersten großen Studie *Laboratory Life*, der Ethnographie eines naturwissenschaftlichen Labors, sind wesentliche Vorzüge dieser Herangehensweise erkennbar (Latour and Woolgar 1986). So ermöglicht die Ethnographie zunächst eine gewisse Distanz zum Selbstverständnis der beobachteten Akteure, da sie durch die Präsenz vor Ort den Fokus auf deren Tätigkeiten und das praktische Geschehen im Labor lenkt (Latour and Woolgar 1986, 28). Für Latour und Woolgar ist dies wichtig, weil dadurch die Selbst- und Außendarstellung der Wissenschaft(ler*innen) selbst zum Thema gemacht und mit der konkreten Praxis im Labor kontrastiert werden kann. Ein weiterer Vorteil ergibt sich aus der langen Anwesenheit vor Ort, die es gestattet, die Wissenschaftspraxis im Prozess (im Sinne der „Science in the Making", Latour 1987) zu beobachten. Erst dadurch kann verfolgt werden, wie es im Labor über lange Zwischenschritte und im Zusammenspiel mit zahlreichen Apparaturen und Objekten gelingt, ungewisse Hypothesen in gesicherte Tatsachen zu verwandeln (Latour 2002c). Und nicht zuletzt drängt der ethnographische Zugang auch dazu, die eigenen Vorannahmen gegenüber dem Feld zu problematisieren und selbst zum Gegenstand der Analyse zu machen. All diese Punkte können schließlich als allgemeine methodische Postulate der ANT verstanden werden. Zusammengenommen sind es vor allem drei methodische Grundregeln, die leitend für die Forschungen der ANT sind (vgl. Gertenbach and Laux 2018; dazu auch Callon and Latour 1992; Latour 1992).

Als erste methodologische Grundregel lässt sich eine weitest mögliche Enthaltsamkeit gegenüber theoretischen Vorannahme festhalten. Dies betrifft vor allem präskriptive Unterscheidungen und Kategorien, die in den Forschungsprozess einfließen und schon vorab dafür sorgen, was als relevant und bedeutsam erachtet wird. Eine zentrale Rolle spielt hierbei die bereits beschriebene Verknüpfung von Ethnomethodologie und Semiotik, weil sie ermöglicht, die Frage, was als relevantes Untersuchungsobjekt gilt, der Praxis zu überlassen. Innerhalb der Wissenschaftsforschung ist dieses Argument vor allem mit dem von Latour und Callon formulierten „erweiterten Symmetrieprinzip" (Latour 1988, 2008) verbunden, das verhindern soll, den Forschungsgegenstand durch vorab getroffene ontologische Einteilungen (Natur vs. Kultur, Subjekt vs. Objekt, menschlich vs. nichtmenschlich etc.) zu verfehlen. Es zielt nicht auf eine Nivellierung der Unterschiede zwischen verschiedenen Aktanten, sondern darauf, derartige Unterschiede als empirische zu begreifen und nicht über kategoriale Vorentscheidungen aus dem Forschungsprozess auszuklammern. Als idealer Untersuchungsgegenstand erweisen sich dabei für die prozesstheoretisch argumentierende ANT vor allem Krisensituationen, Kontroversen und noch offene Aushandlungsprozesse – gleichgültig ob in der Wissenschaft, im Recht, in der Alltagsinteraktion mit Technik oder in der Politik; vgl. Latour 2007, 91. Ganz ähnlich wie der Ethnomethodologie geht es der ANT darum, die dabei auftretenden Ordnungsprozesse zu beobachten (Law 1992), wenngleich noch stärker im Fokus steht, zu beobachten, welche auch nichtmenschlichen Entitäten hieran beteiligt sind.

Aufbauend auf diesem Prinzip ergibt sich als zweite methodologische Grundregel, dass diese ethnographische Prozessbeobachtung dem Geschehen selbst folgt, dabei aber auch zu einer Distanz gegenüber dem Selbstverständnis der beteiligten Akteure führt. Weil sich hierin ein scheinbarer Widerspruch versteckt, ist dies in der Auseinandersetzung mit der ANT häufig missverstanden oder einseitig interpretiert worden. Verknüpft ist es mit dem insbesondere von Latour häufig wiederholten Imperativ „Follow the Actors!", den er ebenfalls der Ethnomethodologie Garfinkels entnimmt (Garfinkel 2020, 1988). Im ersten Schritt bedeutet dies, im Forschungsprozess den ordnungsbildenden Aktivitäten der Akteure zu folgen: „Die Aufgabe, das Soziale zu definieren und zu ordnen, sollte den Akteuren selbst überlassen bleiben und nicht vom Analytiker übernommen werden." (Latour 2007, 45). Wie auch bei Garfinkel unterstreicht dies nicht nur die „welterzeugenden Aktivitäten" (Latour 2007, 99) der Akteure und die Kreativität der Alltagsmethoden, es betont auch, dass die hierin liegende Klassifikationstätigkeit nicht sozialtheoretisch nivelliert werden sollte. Weil dies auf eine Kritik an einer Soziologie hinausläuft, die ihr Verhältnis zu den Akteuren als eines der ideologiekritischen Distanzierung versteht und die – wie bspw. Bourdieu – hier primär von Täuschungen und Illusionen ausgeht, wurde oftmals übersehen, dass diese Forderung in der ANT nun aber keineswegs impliziert, die Deutungsschemata und Selbstbeschreibungen der Akteure zu übernehmen. Denn im zweiten Schritt verbindet sich diese Hinwendung zur detaillierten Beschreibung der Situation nämlich mit einer Distanz gegenüber den reflexiven Deutungen und Selbstdeutungen der (dann wiederum: menschlichen) Beteiligten. In diesem Sinne ist die Prämisse *Follow the Actors* tatsächlich wörtlich zu nehmen: Es geht nicht darum, sie zu befragen, sondern ihnen zu folgen, ihre Spuren zu lesen und sich treiben zu lassen: „Just follow the flow. yes, follow the actors themselves or rather that which makes them act, namely the circulating entities." (Latour 2005, 237). Dieser Punkt ist für die methodologische Verortung der ANT wichtig, weil er deutlich macht, dass sie hierbei gerade nicht auf interpretative und hermeneutische Verfahren setzt – auch in dieser Hinsicht ist die ANT eine post-strukturale (und in gewisser Weise auch: poststrukturalistische) Soziologie. Damit verbunden ist letztlich auch ein Plädoyer für die Öffnung des Gegenstandsbereiches der Soziologie – eben weil sich die Grenzen einer soziologischen Untersuchung nicht vorab ergeben und sie auch nicht den institutionell etablierten Grenzen der Disziplin folgen. Sie sind vielmehr Resultat der situativen Dynamik der Untersuchungskonstellation und der soziologischen Problemstellung. Genau dieser Punkt hat auch dazu geführt, dass die ANT oftmals als untheoretische oder gar antitheoretische Soziologie begriffen wurde. Gerichtet ist diese Kritik jedoch nicht gegen theoretische Überlegungen per se, sondern gegen einen bestimmten Gebrauch von Theorie als praxisferne oder gar präskriptive Metasprache.

Im Anschluss an diese beiden Punkte lässt sich abschließend noch eine dritte methodologische Grundregel festhalten, die auch eingangs schon angedeutet wurde: die Orientierung am Lokalen bzw. die Forderung, das Soziale „flach" zu halten (Latour 2007, 297). Doch obgleich das Lokale der ANT als Ausgangspunkt dient, führt dies nicht zu einer mikrosoziologischen Beschränkung auf das unmittelbare Situationsgeschehen. Diese Prämisse spielt vielmehr darauf an, dass für die ANT zunächst keine Akteure oder Entitäten größer sind als andere, da faktische Differenzen stets nur mithilfe von Verknüpfungen und Übersetzungen zustande kommen (Latour 1988, 159f.). Sie sind so stets Effekte von Netzwerken, so dass auch die klassischen Ebenenunterscheidungen der Soziologie hier auf Distanz gebracht werden: „The growth of networks through translations replace the differences of scale between micro-, meso- and macrolevels." (Latour 1992, 275). Vermeintliche Makrokategorien sind hierbei stets zu lokalisieren. Es geht darum, zu zeigen, dass jedes globale oder makrosoziale Element notwendigerweise im Lokalen verankert ist: „Es gibt keinen Ort, von dem man sagen könnte, er sei nicht-lokal." (Latour 2007, 309). Auch in diesem Punkt folgt die ANT zunächst einer ethnomethodologischen Prämisse (vgl. Garfinkel 1988), entwickelt dies aber aufgrund der Öffnung des Handlungsbegriffs und der Einbeziehung nichtmenschlicher Entitäten weiter. Und weil sich eine Stabilisierung von Interaktionssituationen für die ANT nur daraus ergibt, dass es nur mithilfe von Objekten und Artefakten zu einer räumlichen und zeitlichen Entgrenzung der Situation kommt, interessiert sie sich vor allem dafür, wie sich das Lokale mit dem Globalen verschränkt.

## Ausblick

Auch wenn die ANT sich sicherlich nicht in erster Linie als soziologische Theorie versteht, sollte deutlich geworden sein, dass sie zu Recht mittlerweile einen zentralen Platz in den Theoriedebatten der Sozial- und Kulturwissenschaften einnimmt. Dennoch ist diese Integration keineswegs reibungslos – und sollte es auch gar nicht sein, denn die ANT widerspricht trotz allem auch weiterhin einigen zentralen Prämissen soziologischer Theoriebildung. Indem sie versucht, Begriffe und Konzepte für Irritationen aus der Empirie offen zu halten, unterscheidet sich auch ihr Theorieverständnis von dem anderer Soziologien: Ihr geht es weniger um den systematischen Aufbau von möglichst umfassenden und widerspruchsfreien Theoriegebäuden, sondern um konzeptionelle Offenheit und Variabilität, indem über den weitestgehenden Verzicht auf präskriptive Unterscheidungen versucht wird, sich stärker an den pragmatischen Erfordernissen empirischer Forschung auszurichten. Aus dieser empirischen und ethnographischen Haltung erwachsen aber gleichwohl zahlreiche Herausforderungen für die soziologische Theorie, die vor allem mit dem eingespielten Begriffsapparat und der zuweilen recht eingefahrenen Orientierung an den lehrbuchhaften Leitunterscheidungen einhergehen. Zentrale Herausforderungen, die von der ANT ausgehen, sind dabei bis heute die Forderung nach der systematischen Einbeziehung von Technik, Artefakten, Dingen oder allgemein: nichtmenschlichen und vermeintlich außersozialen Entitäten sowie der damit verbundene Aufruf zur stärkeren Hinwendung zu den Objekten und Phänomenen.

Doch so exotisch dies mitunter klingen mag, in der aktuellen Theorielandschaft finden sich mittlerweile zahlreiche Positionen, an die die ANT hier durchaus produktiv anschließen kann und mit denen sie auch einige Motive teilt. Neben Forschungsrichtungen, die wie die *Science & Technology Studies* ohnehin schon immer eng mit der ANT verbunden waren, und den unzähligen produktiven Anschlüssen in unterschiedlichsten spezielleren Forschungsgebieten, zeigt sich dies auch in jüngeren Theoriedebatten, wie vor allem an zwei Beispielen zu erkennen ist: Eine starke Nähe besteht *erstens* zu Ansätzen des Neuen Materialismus, die aus der Kritik an der Dominanz des Kultur- und Sprachparadigmas versuchen, gegen den Linguistic sowie den Cultural Turn für eine Erneuerung realistischer oder materialistischer Theoriepositionen eintreten (Folkers 2014; Hoppe and Lemke 2021; Gertenbach 2019). Wie auch die ANT arbeiten diese Positionen an einer Neukonzeption des Konstruktivismus, die im Unterschied zu zahlreichen sozialkonstruktivistischen Positionen stärker an technik- und wissenschaftssoziologischen Fragen orientiert ist. Und *zweitens* finden sich deutliche Anschlüsse an die Debatten der jüngeren vergleichenden Anthropologie, die sich ebenfalls mit Fragen der politischen Ökologie sowie der spezifisch europäischen Kultur-Natur-Unterscheidung befassen (Descola 2014; 2011; Latour 2009; Viveiros de Castro 2016). An beiden (hier nur kursorisch genannten) Beispielen zeigt sich, dass sich die ANT zu einer maßgeblichen Referenztheorie innerhalb der neueren sozial- und kulturwissenschaftlichen Debatten entwickelt hat, die auch die zukünftigen

Debatten der soziologischen Theorie mitprägen wird – gleichgültig, ob sie sich nun selbst als Theorie verstehen mag oder nicht.

## Literatur

Akrich, Madeleine, Michel Callon, and Bruno Latour. 2002a. "The Key to Success in Innovation Part I. The Art of Interessement." *International Journal of Innovation Management* 6:187–206.

Akrich, Madeleine, Michel Callon, and Bruno Latour. 2002b. "The Key to Success in Innovation Part II. The Art of Choosing good Spokespersons." *International Journal of Innovation Management* 6:207–225.

Akrich, Madeleine, Michel Callon, and Bruno Latour, eds. 2006. *Sociologie de la traduction. Textes fondateurs*. Paris: Presses de l'Ecole des Mines.

Akrich, Madeleine, and Bruno Latour. 2006. „Zusammenfassung einer zweckmäßigen Terminologie für die Semiotik menschlicher und nicht-menschlicher Konstellationen." In *ANThology. Ein einführendes Handbuch zur Akteur-Netzwerk-Theorie*, edited by Andréa Belliger and David J. Krieger, 399–405. Bielefeld: transcript.

Akrich, Madeleine, and Bernike Pasveer. 2000. "Multipliying Obstetrics. Techniques of surveillance and forms of coordination." *Theoretical Medicine and Bioethics* 21:63–83.

Bachmann-Medick, Doris. 2014. *Cultural Turns. Neuorientierungen in den Kulturwissenschaften*. 5 ed. Reinbek: Rowohlt.

Bargheer, Stefan. 2014. "The Use(fullness) of Theory." *Perspectives. The ASA Theory Section Newsletter* 36.

Berg, Marc, and Madeleine Akrich. 2004. "Introduction – Bodies on Trial: Performances and Politics in Medicine and Biology." *Body & Society* 10:1–12. https://doi.org/10.1177/1357034X04042929.

Callon, Michel. 1991. "Techno-economic networks and irreversibility." In *A Sociology of Monsters: Essays on Power, Technology and Domination*, edited by John Law, 132–161. London/New York: Routledge.

Callon, Michel. 1998. "Introduction: the embeddedness of economic markets in economics." In *The Laws of the Markets*, edited by Michel Callon, 1–57. Oxford: Blackwell Publishers.

Callon, Michel. 2006a. „Akteur-Netzwerk-Theorie: Der Markttest." In *ANThology. Ein einführendes Handbuch zur Akteur-Netzwerk-Theorie*, edited by Andréa Belliger and David J. Krieger, 545–559. Bielefeld: transcript.

Callon, Michel. 2006b. „Die Soziologie eines Akteur-Netzwerkes: Der Fall des Elektrofahrzeugs." In *ANThology. Ein einführendes Handbuch zur Akteur-Netzwerk-Theorie*, edited by Andréa Belliger and David J. Krieger, 175–193. Bielefeld: Transcript.

Callon, Michel. 2006c. „Einige Elemente einer Soziologie der Übersetzung. Die Domestikation der Kammmuscheln und der Fischer der St. Brieuc-Bucht." In *ANThology. Ein einführendes Handbuch zur Akteur-Netzwerk-Theorie*, edited by Andréa Belliger and David J. Krieger, 135–174. Bielefeld: transcript.

Callon, Michel. 2007. "What Does It Mean to Say That Economics Is Performative?" In *Do Economists Make Markets? On the Performativity of Economics*, edited by Donald MacKenzie, Fabian Muniesa and Lucia Siu, 311–357. Princeton: Princeton University Press.

Callon, Michel, and Bruno Latour. 1981. "Unscrewing the big Leviathan, or how actors macrostructure reality and how sociologists help them to do so." In *Advances in Social Theory and Methodology*, edited by Aaron Cicourel and Karin Knorr Cetina, 277–303. London: Routledge.

Callon, Michel, and Bruno Latour. 1992. "Don't Throw the Baby Out with the Bath School! A Reply to Collins and Yearley." In *Science as Practice and Culture*, edited by Andrew Pickering, 343–368. Chicago: University of Chicago Press.

Callon, Michel, and Bruno Latour. 2006. „Die Demontage des großen Leviathans. Wie Akteure die Makrostruktur ihrer Realität bestimmen und Soziologen ihnen dabei helfen." In *ANThology. Ein einführendes Handbuch zur Akteur-Netzwerk-Theorie*, edited by Andréa Belliger and David J. Krieger, 75–101. Bielefeld: transcript.

Callon, Michel, and John Law. 1982. "On Interests and their Transformation: Enrolment and Counter-Enrolment." *Social Studies of Science* 12:615–625. https://doi.org/10.1177/030631282012004006.

Callon, Michel, John Law, and Arie Rip, eds. 1986. *Mapping the Dynamicy of Science and Technology. Sociology of Science in the Real World*. Houndmills, Basingstoke, Hampshire: The Macmillan Press.

Callon, Michel, Yuval Millo, and Fabian Muniesa, eds. 2007. *Market Devices*. Malden/Oxford: Blackwell Publishers.

Descola, Philippe. 2011. *Jenseits von Natur und Kultur*. Berlin: Suhrkamp.

Descola, Philippe. 2014. *Die Ökologie der Anderen: Die Anthropologie und die Frage der Natur*. Berlin: Matthes & Seitz.

Ferraris, Maurizio. 2014. *Manifest des neuen Realismus*. Frankfurt a. M.: Vittorio Klostermann.

Folkers, Andreas. 2014. „Was ist neu am neuen Materialismus? – Von der Praxis zum Ereignis." In *Critical Matter. Diskussionen eines neuen Materialismus*, edited by Tobias Goll, Daniel Keil and Thomas Telios, 16–33. Münster: Edition Assemblage.

Fourcade, Marion. 2007. "Theories of Markets and Theories of Society." *American Behavioral Scientist* 50:1015–1034. https://doi.org/10.1177/0002764207299351.

Gabriel, Markus, ed. 2014. *Der Neue Realismus*. Berlin: Suhrkamp.

Garfinkel, Harold. 1988. "Evidence for Locally Produced, Naturally Accountable Phenomena of Order, Logic, Reason, Meaning, Method, etc." *Sociological Theory* 6:103–109.

Garfinkel, Harold. 2020. „Studien zu den Routinegrundlagen von Alltagstätigkeiten." In *Studien zur Ethnomethodologie*, edited by Harold Garfinkel, 77–125. Frankfurt/New York: Campus.

Gertenbach, Lars. 2014. „Kultur ohne Bedeutung. Die Grenzen der Hermeneutik und die Entgrenzung der Kultursoziologie." In *Kultursoziologie im 21. Jahrhundert*, edited by Joachim Fischer and Stephan Moebius, 103–115. Wiesbaden: VS Verlag.

Gertenbach, Lars. 2015. *Entgrenzungen der Soziologie. Bruno Latour und der Konstruktivismus*. Weilerswist: Velbrück.

Gertenbach, Lars. 2019. „Postkonstruktivismus in der Kultursoziologie." In *Handbuch Kultursoziologie. Band 2: Theorien – Methoden – Felder*, edited by Stephan Moebius, Frithjof Nungesser and Katharina Scherke, 53–76. Wiesbaden: Springer VS.

Gertenbach, Lars. 2020. „Von performativen Äußerungen zum Performative Turn. Performativitätstheorien zwischen Sprach- und Medienparadigma." *Berliner Journal für Soziologie* 30:231–258. https://doi.org/10.1007/s11609-020-00422-6.

Gertenbach, Lars, and Henning Laux. 2018. *Zur Aktualität von Bruno Latour. Einführung in sein Werk*. Wiesbaden: Springer VS.

Gomart, Emilie. 2002. "Methadone: Six Effects in Search of a Substance." *Social Studies of Science* 32:93–135.

Gomart, Emilie. 2004. "Surprised by Methadone: in Praise of Drug Substitution Treatment in a French Clinic." *Body & Society* 10:85–110. https://doi.org/10.1177/1357034X04042937.

Hennion, Antoine. 1989. "An Intermediary Between Production and Consumption: The Producer of Popular Music." *Science, Technology & Human Values* 14:400–424. https://doi.org/10.1177/016224398901400405.

Hennion, Antoine. 2001. "Music Lovers. Taste as Performance." *Theory, Culture & Society* 18:1–22. https://doi.org/10.1177/02632760122051940.

Hennion, Antoine. 2003. "Music and Mediation: Towards a new Sociology of Music." In *The Cultural Study of Music A Critical Introduction*, edited by Martin Clayton, Trevor Herbert and Richard Middleton, 80–91. London: Routledge.

Hennion, Antoine. 2013. „Von der Soziologie der Mediation zu einer Pragmatik der Attachements. Rückblick auf einen soziologischen Parcours innerhalb des CSI." *Zeitschrift für Medien- und Kulturforschung* 4:11–35.

Hennion, Antoine. 2015. *The Passion for Music: A Sociology of Mediation*. Farnham: Ashgate.

Hoppe, Katharina, and Thomas Lemke. 2021. *Neue Materialismen zur Einführung*. Hamburg: Junius.

Isaac, Joel. 2009. "Tangled Loops: Theory, History, and the Human Sciences in Modern America." *Modern Intellectual History* 6:397–424. https://doi.org/10.1017/S1479244309002145.

Kneer, Georg. 2010. „Social Order from an Association Theory Perspective." In *Kölner Zeitschrift für Soziologie und Sozialpsychologie. Sonderheft 50: Soziologische Theorie kontrovers*, edited by Gert Albert and Steffen Sigmund, 270–278. Wiesbaden: VS Verlag.

Lamy, Jérôme. 2021. "Sociology of a disciplinary bifurcation: Bruno Latour and his move from philosophy/theology to sociology in the early 1970s." *Social Science Information* 60:107–130. https://doi.org/10.1177/0539018420984053.

Latour, Bruno. 1975.

Latour, Bruno. 1987. *Science in Action. How to follow Scientists and Engineers through Society*. Cambridge, Mass.: Harvard University Press.

Latour, Bruno. 1988. *The Pasteurization of France*. Cambridge, Mass./London: Harvard University Press.

Latour, Bruno. 1992. "One more turn after the social turn…" In *The Social Dimensions of Science*, edited by Ernan McMullin, 272–294. Indiana: University of Notre Dame.

Latour, Bruno. 1996a. „Das Dilemma eines Sicherheitsgurtes." In *Der Berliner Schlüssel. Erkundungen eines Liebhabers der Wissenschaften*, 28–36. Berlin: Akademie Verlag.

Latour, Bruno. 1996b. „Das moralische Gewicht eines Schlüsselanhängers." In *Der Berliner Schlüssel. Erkundungen eines Liebhabers der Wissenschaften*, 53–61. Berlin: Akademie Verlag.

Latour, Bruno. 1996c. *Der Berliner Schlüssel, Der Berliner Schlüssel. Erkundungen eines Liebhabers der Wissenschaften*. Berlin: Akademie Verlag.

Latour, Bruno. 1996d. „Ein Türschließer streikt." In *Der Berliner Schlüssel. Erkundungen eines Liebhabers der Wissenschaften*, 62–83. Berlin: Akademie Verlag.

Latour, Bruno. 1996e. „Porträt von Gaston Lagaffe als Technikphilosoph." In *Der Berliner Schlüssel. Erkundungen eines Liebhabers der Wissenschaften*, 17–27. Berlin: Akademie Verlag.

Latour, Bruno. 2001a. „Eine Soziologie ohne Objekt? Anmerkungen zur Interobjektivität." *Berliner Journal für Soziologie* 11:237–252.

Latour, Bruno. 2001b. „Gabriel Tarde und das Ende des Sozialen." *Soziale Welt. Zeitschrift für sozialwissenschaftliche Forschung und Praxis* 52:361–375.

Latour, Bruno. 2002a. „Ein Kollektiv von Menschen und nichtmenschlichen Wesen. Auf dem Weg durch Dädalus' Labyrinth." In *Die Hoffnung der Pandora. Untersuchungen zur Wirklichkeit der Wissenschaft*, 211–264. Frankfurt a.M.: Suhrkamp.

Latour, Bruno. 2002b. „Von der Fabrikation zur Realität. Pasteur und sein Milchsäureferment." In *Die Hoffnung der Pandora. Untersuchungen zur Wirklichkeit der Wissenschaft*, 137–174. Frankfurt a.M.: Suhrkamp.

Latour, Bruno. 2002c. „Zirkulierende Referenz. Bodenstichproben aus dem Urwald des Amazonas." In *Die Hoffnung der Pandora. Untersuchungen zur Wirklichkeit der Wissenschaft*, 36–95. Frankfurt a.M.: Suhrkamp.

Latour, Bruno. 2003a. „Die Versprechen des Konstruktivismus." In *Person/Schauplatz. Interventionen 12*, edited by Jörg Huber, 183–208. Wien/New York: Springer.

Latour, Bruno. 2003b. "Is Re-modernization Occurring - And If So, How to Prove It? A Commentary on Ulrich Beck." *Theory, Culture & Society* 20:35–48. https://doi.org/10.1177/0263276403020002002.

Latour, Bruno. 2005. *Reassembling the Social. An Introduction to Actor-Network-Theory*. Oxford: Oxford University Press.

Latour, Bruno. 2006a. „Die Macht der Assoziation." In *ANThology. Ein einführendes Handbuch zur Akteur-Netzwerk-Theorie*, edited by Andréa Belliger and David J. Krieger, 195–212. Bielefeld: transcript.

Latour, Bruno. 2006b. „Drawing Things Together. Die Macht der unveränderlich mobilen Elemente." In *ANThology. Ein einführendes Handbuch zur Akteur-Netzwerk-Theorie*, edited by Andréa Belliger and David J. Krieger, 259–308. Bielefeld: Transcript.

Latour, Bruno. 2006c. „Technik ist stabilisierte Gesellschaft." In *ANThology. Ein einführendes Handbuch zur Akteur-Netzwerk-Theorie*, edited by Andréa Belliger and David J. Krieger, 369–398. Bielefeld: transcript.

Latour, Bruno. 2006d. „Über den Rückruf der ANT." In *ANThology. Ein einführendes Handbuch zur Akteur-Netzwerk-Theorie*, edited by Andréa Belliger and David J. Krieger, 561–572. Bielefeld: transcript.

Latour, Bruno. 2006e. „Über technische Vermittlung. Philosophie, Soziologie und Genealogie." In *ANThology. Ein einführendes Handbuch zur Akteur-Netzwerk-Theorie*, edited by Andréa Belliger and David J. Krieger, 483–528. Bielefeld: transcript.

Latour, Bruno. 2007. *Eine neue Soziologie für eine neue Gesellschaft. Einführung in die Akteur-Netzwerk-Theorie*. Frankfurt a.M.: Suhrkamp.

Latour, Bruno. 2008. *Wir sind nie modern gewesen. Versuch einer symmetrischen Anthropologie*. Frankfurt a.M.: Suhrkamp.

Latour, Bruno. 2009. "Perspectivism: 'Type' or 'bomb'?" *anthropology today* 25:1–2.

Latour, Bruno. 2010. „Modernisierung oder Ökologisierung? Das ist hier die Frage." *Arch+* 42:12–19.

Latour, Bruno. 2013a. "Biography of an inquiry: On a book about modes of existence." *Social Studies of Science* 43:287–301. https://doi.org/10.1177/0306312712470751.

Latour, Bruno. 2013b. „Den Kühen ihre Farbe zurückgeben. Von der ANT und der Soziologie der Übersetzung zum Projekt der Existenzweisen. Bruno Latour im Interview mit Michael Cuntz und Lorenz Engell." *Zeitschrift für Medien- und Kulturforschung* 4:83–100.

Latour, Bruno. 2017a. *Kampf um Gaia. Acht Vorträge über das Neue Klimaregime*. Berlin: Suhrkamp.

Latour, Bruno. 2017b. "Why Gaia is not a God of Totality." *Theory, Culture & Society* 34:61–81. https://doi.org/10.1177/0263276416652700.

Latour, Bruno, and Timothy M. Lenton. 2019. "Extending the Domain of Freedom, or Why Gaia Is So Hard to Understand." *Critical Inquiry* 45:659–680. https://doi.org/10.1086/702611.

Latour, Bruno, and Amina Shabou. 1974. *Les Idéologies de la Compétence en Milieu Industriel à Abidjan*. Vol. 9, *Cahiers O.R.S.T.O.M. – Série sciences humaines*.

Latour, Bruno, and Shirley C. Strum. 1986. "Human social origins: Oh please, tell us another story." *Journal of Social and Biological Structures* 9:169–187. https://doi.org/10.1016/0140-1750(86)90027-8.

Latour, Bruno, and Shirley C. Strum. 1987. "Redefining the social link: from baboons to humans." *Social Science Information* 26:783–802.

Latour, Bruno, and Steve Woolgar. 1986. *Laboratory Life. The Construction of Scientific Facts*. Princeton: Princeton University Press.

Law, John. 1992. "Notes on the theory of the actor-network: Ordering, strategy, and heterogeneity." *Systems Practice* 5:379–393.

Law, John. 1999. "After ANT: complexity, naming and topology." In *Actor Network Theory and After*, edited by John Law and John Hassard, 1–14. Oxford: Blackwell.

Law, John. 2006. „Technik und heterogenes Engineering: Der Fall der portugiesischen Expansion." In *ANThology. Ein einführendes Handbuch zur Akteur-Netzwerk-Theorie*, edited by Andréa Belliger and David J. Krieger, 213–236. Bielefeld: Transcript.

Law, John. 2009. "Actor Network Theory and Material Semiotics." In *The New Blackwell Companion to Social Theory*, edited by Bryan S. Turner, 141–158. Oxford: Blackwell.

Law, John, and Annemarie Mol. 1995. "Notes on Materiality and Sociality." *The Sociological Review* 43:274–294.

Lenton, Timothy M, Sébastien Dutreuil, and Bruno Latour. 2020. "Life on Earth is hard to spot." *The Anthropocene Review* 7:248–272. https://doi.org/10.1177/2053019620918939.

MacKenzie, Donald, and Yuval Millo. 2003. "Constructing a Market, Performing Theory: The Historical Sociology of a Financial Derivatives Exchange." *American Journal of Sociology* 109:107–145. https://doi.org/10.1086/374404.

Mol, Annemarie. 1998. "Missing Links, Making Links: the Performance of Some Artheroscleroses." In *Differences in Medicine: Unravelling Practices, Techniques and Bodies*, edited by Annemarie Mol and Marc Berg, 141–165. Durham & London: Duke University Press.

Mol, Annemarie. 2002. *The Body Multiple. Ontology in Medical Practice*. Durham & London: Duke University Press.

Mol, Annemarie. 2010a. "Actor-Network Theoy: Sensitive Terms and Enduring Tensions." *Kölner Zeitschrift für Soziologie und Sozialpsychologie. Sonderheft 50: Soziologische Theorie kontrovers* 50:253–269. https://doi.org/10.1007/s11577-010-0122-1.

Mol, Annemarie. 2010b. "A Letter to Georg Kneer." *Kölner Zeitschrift für Soziologie und Sozialpsychologie. Sonderheft 50: Soziologische Theorie kontrovers* 50:279–282.

Mol, Annemarie, and John Law. 2004. "Embodied Action, Enacted Bodies: the Example of Hypoglycaemia." *Body & Society* 10:43–62. https://doi.org/10.1177/1357034X04042932.

Muniesa, Fabian. 2015. "Actor-Network Theory." In *International Encyclopedia of the Social & Behavioral Sciences*, edited by James Wright, 80–84. Amsterdam/New York: Elsevier.

Pickering, Andrew, ed. 1992. *Science as Practice and Culture*. Chicago: University of Chicago Press.

Potthast, Jörg, and Michael Guggenheim. 2013. „Symmetrische Zwillinge. Zum Verhältnis von ANT und Soziologie der Kritik." In *Akteur-Medien-Theorie*, edited by Tristan Thielmann and Erhard Schüttpelz, 133–166. Bielefeld: Transcript.

Selg, Peeter. 2013. "The Politics of Theory and the Constitution of Meaning." *Sociological Theory* 31:1–23. https://doi.org/10.1177/0735275113479933.

Viveiros de Castro, Eduardo. 2016. *Perspektivismus und Multinaturalismus im indigenen Amerika*. Edited by Eduardo Viveiros de Castro, *Die Unbeständigkeit der wilden Seele*. Wien/Berlin: Turia + Kant.

Wieser, Matthias. 2012. *Das Netzwerk von Bruno Latour. Die Akteur-Netzwerk-Theorie zwischen Science & Technology Studies und poststrukturalistischer Soziologie*. Bielefeld: Transcript.

# Theorien des Ästhetischen

Nina Tessa Zahner

### Zusammenfassung

Der Beitrag von Nina Tessa Zahner gibt einen Überblick über die Entwicklung und den aktuellen Stand der soziologischen Auseinandersetzung mit ästhetischen Phänomenen und zeichnet die Entwicklung der soziologischen Fassungen des Ästhetischen von einer eng gefassten Kunstsoziologie zu einem breiten Forschungsfeld nach.

### Abstract

Nina Tessa Zahner's article provides an overview of the development and current status of the sociological examination of aesthetic phenomena and traces the development of sociological understandings of the aesthetic from a narrowly defined sociology of art to a broad field of research.

Ästhetische Fragestellungen sind seit Etablierung der Soziologie als eigenständige Wissenschaft zur Mitte des 19. Jahrhunderts selbstverständlicher Teil soziologischen Denkens und Forschens. Zugleich hat die Art der Beschäftigung mit ästhetischen Phänomenen aus sozialwissenschaftlicher Perspektive immer wesentlich damit zu

N. T. Zahner (✉)
Kunstakademie Düsseldorf, Düsseldorf, Deutschland
E-Mail: nina.zahner@kunstakademie-duesseldorf.de

tun, zu welcher Zeit, unter welchen historischen Rahmenbedingungen, von wem, aus welcher sozialen Position heraus, geforscht, gedacht und gesprochen wird. So artikulierte sich die soziologische Beschäftigung mit Phänomenen des Ästhetischen etwa in den 1950er- und 1960er-Jahren noch als heftiger theoretischer und methodologischer Diskurs, der im Rahmen einer ‚Soziologie der Kunst' die Aktualität eines bürgerlich-romantisches Kunstverständnisses zum Gegenstand hatte. Die rasante Ausweitung der ästhetisch relevanten Phänomene des Sozialen seit den 1980er-Jahren führte jedoch schon bald zu einem Rückgang des sozialwissenschaftlichen Interesses an einer in diesem engen Sinne ausgerichteten ‚Kunstsoziologie'. Es setzte stattdessen eine wachsende Beschäftigung mit Phänomenen ein, die in einem deutlich erweiterten Kunstbegriff verortet werden können. So rückten zunehmend Aspekte in den Fokus der sozialwissenschaftlichen Untersuchung, die einem eher weiten Zusammenhang von Kunst, Ästhetik und Gesellschaft zugeordnet werden können und spätestens seit den 2010er-Jahren unter dem Stichwort des ‚aesthetic turn' auch als Erkenntnisformen diskutiert werden. (Schmudits et al. 2014, S. 160). Diese soziologische Beschäftigung mit Phänomenen des Ästhetischen nahm mit verschiedentlich diagnostizierten Prozessen einer gesellschaftlichen ‚Ästhetisierung' Fahrt auf. (Böhme 1995; Reckwitz 2012; Welsch 1990, 1993). Die vormals als ‚Kunstsoziologie' bzw. ‚Soziologie der Künste' in Erscheinung tretende Beobachtungsperspektive bildete sich nun zunehmend in Richtung einer ‚Soziologie der ästhetischen Erscheinungen' aus. Heute reflektiert diese aus einer sozialwissenschaftlichen Perspektive als ‚soziologische Ästhetik', ‚Soziologie des Ästhetischen' oder gar ‚Soziologie der Aisthetik' (Schmudits et al. 2014, S. 4) mit unterschiedlicher Schwerpunktsetzung auf die kulturelle Bedeutung künstlerischer und ästhetischer Phänomene bzw. auf die spezifisch soziologische Untersuchung von künstlerisch-ästhetischen Phänomenen bzw. Prozessen des Wahrnehmens. Die Perspektive einer soziologischen Ästhetik tritt so je nach Selbstverständnis als spezifisch am Ästhetischen interessierte Perspektive auf das Soziale oder auch im Sinne einer speziellen Soziologie innerhalb der Soziologie in Erscheinung.

## Historische Einordnung

Die soziologische Betrachtung ästhetischer Phänomene hat eine lange Geschichte. Erste Gedanken zur sozialen Bedeutung des Ästhetischen finden sich bereits bei Giambattista Vico (1668–1744), David Hume (1711–1776), Adam Smith (1723–1790) oder Johann Gottfried Herder (1744–1803). Fragen der sozialen Relevanz und Bestimmtheit des Ästhetischen, die damals vor allem die Form einer Kunstsoziologie annahmen, wurden jedoch explizit erst von Madame de Staël (1766–1817), Pierre Joseph Proudhon (1809–1865), Hippolyte Adolphe Taine (1828–1893), und Jean-Marie Guyau (1854–1888) erarbeitet. (Schmudits et al. 2014, S. 30; Taine 1987; Guyau 1987; Staël 1986; Proudhon 1988).

Ende des 19. Jahrhunderts wurde der Begriff ‚soziologische Ästhetik' für den Umgang mit der ästhetischen Erfahrung der Moderne geprägt. Die sich unter diesem Begriff entwickelnden Tendenzen markierten im ersten Drittel des 20. Jahrhunderts den Beginn einer Denkweise, die später als kultursoziologische bezeichnet wurde, zunächst jedoch, durch die vermehrte Verbreitung soziologischer Ansätze auf Fragen der Kunst und Musik Fuß fasste. (Nowack 2015, S. 1). Namensgebend wirkte Georg Simmel (1858–1918), der im Jahre 1896 einen gleichnamigen Aufsatz verfasste. (Simmel 1992; Meyer 2018). In diesem machte er darauf aufmerksam, dass das ‚Zufällige' einer ästhetischen Erscheinung als gesellschaftsabhängig aufgefasst werden könne:

„Das Wesen der ästhetischen Betrachtung und Darstellung liegt für uns darin, dass in dem Einzelnen der Typus, in dem Zufälligen das Gesetz, in dem Aeußerlichen und Flüchtigen das Wesen und die Bedeutung der Dinge hervortreten." (Simmel 1992, S. 198)

Unter Nutzung des Begriffes der ‚soziologischen Ästhetik' beschrieb Simmel die ästhetische Erfahrung der Moderne mit den Mitteln der Gesellschaftsanalyse. Um 1900 war die sogenannte ‚frühe klassische Periode' der allgemeinen Soziologie unter der Ägide von Auguste Comte (1798–1857), Herbert Spencer (1820–1903) etc. bereits vorüber, d. h. die Betrachtung der Gesellschaft als stabiles System und die Suche nach einem übergeordneten Faktor der gesellschaftlichen Entwicklung, der dessen Gesetzmäßigkeiten monokausal bestimmen könne, wurden zunehmend als unzureichend angesehen. Im Rahmen der ‚zweiten Welle' der soziologischen Forschung entwickelten Max Weber (1864–1920), Georg Simmel (1858–1918), Émile Durkheim (1858–1917), Pitirim Sorokin (1889–1968) etc. ein Denkmodell, das sich kritisch mit Comtes Verabsolutierung der naturwissenschaftlichen Methoden auseinandersetzte. (Nowack 2015, S. 3). Im Rahmen der Aufwertung des geisteswissenschaftlichen Denkens für die Soziologie, schien nun die soziologische Beschäftigung mit ästhetischen Phänomenen, d. h. jenen der Kunst, der Architektur, dem Tanz, der Musik, dem Theater, der Literatur etc. naheliegend. Zugleich erwies sich die Frage, wie diese Beschäftigung mit Phänomenen des Ästhetischen aus sozialwissenschaftlicher Perspektive erfolgen kann, als trickreich, da sich die Phänomene und Formen des Ästhetischen in ihrer sozialen Bedeutung eng mit historisch spezifischen Vorstellungen zur sozialen Funktion des Ästhetischen, wie auch mit sich ständig verändernden Vorstellungen des ästhetischen Wahrnehmens verwoben erwiesen und erweisen. Folglich reflektiert die soziologische Beschäftigung mit dem Ästhetischen bis heute nicht nur darüber, zu welcher Zeit, unter welchen historischen Rahmenbedingungen, von wem, aus welcher sozialen Position heraus, kulturelle Angebote geschaffen, betrachtet und gekauft werden, sondern ist immer auch wesentlich mit der Reflexion des eigenen Wahrnehmens ästhetischer Phänomene beschäftigt. (Helle 2001; Zahner 2020a, 2020b).

Die Frage inwieweit ästhetische Urteile und Modelle Teil des Soziologisierens sein können oder sollen, wird hierbei höchst unterschiedlich beantwortet, (Zahner 2023a, 2021c) wie sich bereits bei den sehr unterschiedlichen Zugängen Georg Simmels (Simmel 2016; Simmel und Simmel 1922), Max Webers (Weber 1988, 1921/2004) und Alfred Schützens (Schütz 1956, 2016) zeigt. Während Kunst und Musik für sie alle ein selbstverständlicher Gegenstand des soziologischen Denkens und Forschens waren, artikulierten sie gravierende Unterschiede hinsichtlich der Frage des ästhetischen Urteilens: Während Simmels Beiträge zur Kunst zwischen Soziologie und Kulturphilosophie oszillierten und hierbei soziologische Analysen und normative Ästhetik umfassten, (Karstein und Zahner 2017, S. 6ff.) näherte sich Weber der Kunst in einer dezidiert soziologischen, um Werturteilsfreiheit bemühten Art und Weise, und erlaubte sich erst in Anschluss an seine historischen Analysen eine Beurteilung der von ihm diagnostizierten Entwicklung (Tyrell 1998, S. 143f.). Während auch Schütz in seinen Untersuchungen darauf abzielte, die subjektive Sichtweise zu verlassen und eine distanzierte Rolle einzunehmen trachtete, (Bullinger 2008, S. 21f.) blieb er zugleich in seinen Schriften zur Musik (Schütz 2016) einem klassisch bürgerliches Kunstverständnis verhaftet, das eine gewisse Mystifizierung des Kunstwahrnehmens beinhaltete, in dem sich sein bildungsbürgerlicher Sozialisationshintergrund – von ihm selbst unbeobachtet – mehr als deutlich artikulierte. (Grathoff 1989, S. 221).

Die Frage des ästhetischen Urteilens und der sozialen Bedeutung der Kunst wurde – wie eingangs bereits kurz angesprochen – in Deutschland bis heute wohl am heftigsten und öffentlichkeitswirksamsten in den 1950er und 1960er ausgetragen. Theodor W. Adorno und Alfons Silbermann stellten die Protagonisten dieser höchst kontroversen soziologischen Auseinandersetzung um die Kunstentwicklung dieser Zeit dar. In ihrer Debatte um die Ausbildung der Unterhaltungsindustrie wurden bis heute wesentliche Grundsatzfragen der theoretischen und methodologischen Ausrichtung des soziologischen Forschens aufgerufen. (Huber 2017; Müller-Jentsch 2017). Während Silbermann eine empirische quantitative Untersuchung des ästhetisch-emotionalen Erlebens eines aktiven Rezipienten ins Zentrum seiner Forschung stellte und jede Einteilung in Unterhaltungskultur und ernste Kultur strikt ablehnte, (Silbermann 1973, 1977, 1978) vertrat Theodor W. Adorno die Auffassung, dass die Analyse des Kunstwerks und die Frage seiner Autonomie im Fokus der Betrachtungen zu stehen habe (Schmudits et al. 2014, S. 150; Zahner 2017; Karstein und Zahner 2017; Adorno 1967, 2001; Horkheimer und Adorno 1997; Adorno 2003a) und beurteilte im Rahmen seiner ästhetischen Studien Kunstwerke hinsichtlich ihrer Fähigkeiten eine unverkürzte Erfahrung zu ermöglichen. (Adorno 2003a; Horkheimer und Adorno 1997). Während Silbermann also leidenschaftlich für die Souveränität der Kunstkonsumenten votierte, quantitative Kulturnutzungsstudien als die zutiefst humanistische und demokratische Aufgabe der Soziologie ansah und in diesem Sinne eine grundsätzliche Abneigung gegen Kunstautoritäten pflegte, lehnte Adorno eine quantitative unter behavioristischen und sozialpsychologischen Vorzeichen stehende Forschungspraxis als affirmativ ab und plädierte stattdessen für eine strikt sozialphilosophisch-kulturkritische Untersuchung und Bewertung einzelner Werke. (Silbermann 1986; Silbermann und Krüger 1973; Adorno 2003b). Hier stehen sich ein vom anglo-amerikanischen Pragmatismus geprägtes strikt antidualistisches, antiintellektualistisches Denken und eine vom Deutschen Idealismus, Marxismus und der Psychoanalyse geprägte weltanschauliche Position unversöhnlich gegenüber. (Schmudits et al. 2014, S. 2f.).

Zunächst schien die Position Silbermanns den Sieg davon zu tragen. Vor dem Hintergrund der im Rahmen der Postmoderne stattfindenden rasanten Ausweitung der als ästhetisch interessant wahrgenommener Phänomene und der reformpolitischen Forderungen der 1960er- und 1970er-Jahre nach einer ‚Kultur für alle' Hilmar Hoffmann (1981) gerieten ästhetische Phänomene zunächst vor allem im Rahmen soziologischer Publikumsstudien in den Blick. Angeregt durch Pierre Bourdieus populäre quantitative Studie *Die feinen Unterschiede* (1987) etablierte sich so in den 1980er- und 1990er-Jahren die sogenannte Lebensstilforschung (Schulze 1992; Ingo Mörth und Gerhard Fröhlich 1994; Kirchberg 2004; Kohl 2004; Otte 2008; Rössel 2004), die der klassischen soziologischen Sozialstrukturanalyse eine kulturtheoretische Wendung gab und Geschmack als Faktoren für die Reproduktion sozialer Lage in den Blick nahm. (DiMaggio 1987; Bennett et al. 2010). Mit der Allesfresser-Hypothese von Richard Peterson und Roger M. Kern (1996) richtete sich der Blick jedoch bereits Mitte der 1990er-Jahre zunehmend auf die Untersuchung der unterschiedlichen Arten des Wahrnehmens und Verwendens ästhetischer Angebote, (Frith 1990, 1999; Ollivier 2008) so dass in den 2000er-Jahren eine zunehmende Abkehr von einer deutlich quantitativ geprägten Publikums- und Konsumforschung einsetzte. (Diaz-Bone 2010). An ihre Stelle rückten nun zunehmend qualitative angelegte Studien, die der seit den 1960er-Jahren stattfindenden Ausdifferenzierung und Pluralisierung des Kunstfeldes (Heinich 1998, 2014, 2018; Zahner 2006a, 2006b, 2009, 2017; Behnke und Wuggenig 1994; Graw 2008; Wuggenig und Munder 2012) und der Expansion des Ästhetischen über die Grenzen des Kunstfeldes hinaus gerecht zu werden suchten. (Wohlfarth 2015; Reckwitz 2008, 2017, 2012; Welsch 1993). Bourdieus die *Feinen Unterschiede* (1987) als zentrale Referenz wurden nun von den feldanalytischen Studien Bourdieus – allen voran den *Regel der Kunst* (Bourdieu 2005) – abgelöst, die man bald postmodern zu überarbeiten suchte. Im Rahmen neuer Studien wurde nun die zunehmende Legitimität eines am Konsum von Massenmedien geschulten Kunstwahrnehmens im künstlerischen Feld diagnostiziert (Zahner 2006a; Graw 2008) und eine zunehmende Bedeutung des Ästhetischen im Alltag, der Politik und der Ökonomie westlicher Gesellschaften (Bubner 1989, S. 143ff.; Rebentisch 2012, S. 11; Böhme 1995; Boltanski und Chiapello 2003; Boltanski und Esquerre 2018; Reckwitz 2006) festgestellt.

Prominent für den deutschsprachigen Raum diagnostizierte Andreas Reckwitz seit den 2010er-Jahren aus dem Blickwinkel einer Soziologie der Praxis die vielschichtige gesamtgesellschaftliche Ausbreitung ästhetischer Inszenierungsformen von Subjekten, Dingen, Ereignissen und Räumen (Reckwitz et al. 2015b, S. 10) und versucht so, der „konstitutive[n] Bedeutung sinnlicher Wahrnehmungen für die soziale Praxis insgesamt" (Reckwitz 2015, 22) auf die Spur zu kommen. Reckwitz erkannte im Rahmen seiner Studien eine seit den 1990er-Jahren deutlich zunehmende Fokussierung auf Praktiken der Welt*ver*arbeitung statt der Welt*be*arbeitung und spricht diesen Transformationen einen politischen Charakter in dem Sinne zu, als sie gegen wissenschaftlich generierte Wissensbestände andere Formen des Wissens aufwerteten und so „affektive Ordnungen" an Bedeutung gewännen. (Reckwitz 2015, 26–29). Seit den 1990er-Jahren versuche man demnach in Politik und Wissenschaft die „ethische Relevanz des Ästhetischen" aufzuwerten, um ihr im Kampf um gesellschaftliche Hegemonie kulturelle Legitimität zukommen zu lassen. (Reckwitz 2015, 42).

Vor dem Hintergrund dieser Diagnosen artikulierte sich in der Soziologie seit den 2010er-Jahren ein wachsendes Interesse des soziologischen Theoretisierens und Forschens an ästhetischen Erscheinungen in ihrer Breite und die Frage nach einer adäquaten soziologischen Analyse des Ästhetischen wurde zunehmend virulent. (Steuerwald 2017; Schmudits et al. 2014; Göbel und Prinz 2015; Prinz 2013; Reckwitz et al. 2015a). Neben einer deutlichen Expansion der soziologischen Beschäftigung mit ästhetischen Formen der Kunst, der Musik, des Theaters, der Architektur, des Films etc. richtete sich das soziologische Interesse zunehmend auf Fragen nach der Bedeutung des Ästhetisch-Sinnlichen für das soziologische Theoretisieren und Forschen (Prinz 2013; Schürkmann und Zahner 2021); (Zahner 2017); (Alexander 2008). Im Rahmen dieser Entwicklung werden nun Konstruktivismus, Strukturalismus, Systemtheorie und eine Wahrnehmung der Welt als Text von einem vermehrten Interesse für die Bedeutung von Artefakten, Dingen, Werkzeugen, Praktiken, Orten, Körpern und Architekturen für das Soziale abgelöst. (Zahner und Schürkmann 2021; Escher und Zahner 2020).

Praxistheorien, Netzwerktheorien, Techniksoziologie und STS (Science and Technology Studies) gewinnen so seit den 2010er-Jahren vermehrt an Bedeutung in der Soziologie und eine zunehmend empirisch ausgerichtete Beforschung der Bedeutung des Sinnlich-Ästhetischen für das Soziale setzte ein. (Prinz und Göbel 2015; Zahner und Schürkmann 2021; Kalthoff et al. 2016). Im Rahmen von *material turn*, *practice turn*, *body turn* und *spatial turn* wird nun Dingen, Artefakten, Techniken, Architekturen, materiellen Umgebungen in ihren Verwendungen, Gebrauchsweisen und Erscheinungen sowie Körpern in ihrer Performativität und Interaktivität vermehrt Aufmerksamkeit zuteil. (Bauer et al. 2017). Man thematisierte nun verstärkt die körperlich-sinnliche Verwobenheit mit der sozio-materiellen und sozio-technischen Umwelt. Materialien, Körper und Objekte rücken so bspw. als Akteure mit einem spezifischen Aufforderungscharakter (*affordance*) in den Blick. (DeNora 2003). In der Sozialwissenschaft beziehen besonders die Akteur-Netzwerk-Theorien (ANT) (Latour 2010, 1996, 2016; Callon 2006; Law und Hassard 1999; Law 2004), die Praxistheorien (Schatzki 2016; Knorr-Cetina 2009; Schatzki 2003, 2019; Schäfer 2016; Reckwitz 2003; de Certeau 1988; Prinz 2013; Schürkmann; Schürkmann und Zahner 2021; Daniel und Hillebrandt 2019; Hillebrandt 2023; Schäfer 2019) sowie die anverwandten Science and Technology Studies (STS) (Bauer et al. 2017; Mol 2017; Haraway 1988, 1995b, 2008, 2016) verstärkt materielle Entitäten und Arrangements in ihre Analysen sozio-materieller bzw. sozio-technischer Welten mit ein. Im Rahmen dieser Neuausrichtung der Forschung findet eine umfassende Aufwertung des Ästhetischen, Affektiven, Materialen, Dinghaften, Körperlich-Leiblichen gegenüber dem Kognitiven und Rationalen statt, die oftmals mit einem emanzipatorischen Impetus versehen ist. (Latour 2008; Haraway 1995a; Barad 2007). Man versucht nun, das Programm der rationalen Weltbeherrschung der Aufklärung zunehmend durch holistische Konzepte abzulösen, welche Fragen authentischer ‚Erfahrung' – und damit das Dispositiv des Ästhetischen – in den Mittelpunkt ihres Weltbildes rückten. (Prinz 2013, S. 227).

Mit dieser Neuausrichtung der Forschung wird auch die ästhetische Bewertung zunehmend als legitimer Teil soziologischen Forschens wahrgenommen. Dies hat zum einen damit zu tun, dass die vormalige Soziologisierung des Ästhetischen durch die Kritische Soziologie Pierre Bourdieus von viele Forschenden als Rationalisierung wahrgenommen wird, der es emphatisch zu begegnen gilt, (Hennion 2013a; Latour 1996, 1998) zum anderen aber auch mit einer neuen Stellung des Ästhetischen im soziologischen Denken selbst. (Zahner 2023a, 2023b). Die Grenze zwischen Soziologischer Ästhetik als spekulativer Essayistik und methodenorientierten empirischen Soziologien des Ästhetischen wird so tendenziell aufgelöst. Die Expansion des Ästhetischen über das künstlerische Feld hinaus greift so seit den 2020 Jahren verstärkt auch auf die Soziologie über.

## Prominente Positionen

### Pierre Bourdieus ‚ästhetische Theorie des Sozialen'

Bis heute hat Pierre Bourdieu (1908–2009) die theoretisch am weitesten ausgearbeitete, auf umfassenden empirischen Untersuchungen basierende, soziologische Analyse der Kunst vorgelegt. Sein Ansatz verbindet eine ausgearbeitete Rezeptionstheorie mit einer differenzierungstheoretisch angelegten feldanalytischen Betrachtung der Produktionsbedingungen der Kunst und erfreut sich bis heute einer großen Resonanz in der kunstsoziologischen Forschung. (Quinn et al. 2018). Im Rahmen seiner, lange Zeit als sein Hauptwerk angesehenen Untersuchung, *Die feinen Unterschiede* (1987) nimmt Bourdieu Kultur als zentrales Medium der Reproduktion sozialer Ungleichheit in den Blick. Er zeigte im Rahmen dieser Studie, dass und wie kollektive Wahrnehmungs-, Denk und Handlungsschemata das Alltagshandeln prägen und in der täglichen Lebensführung, im Geschmack und in den Sichtweisen auf die Welt zu sozialer Wirklichkeit werden. In den *Feinen Unterschieden* und in *Die Liebe zur Kunst* (Bourdieu und Darbel 2006), einer Studie speziell zum Museumspublikum, konnte Bourdieu zudem die Praxis des Besuchs von Kunstausstellungen, die Bewertung künstlerischer Arbeiten, die Meinung zu verschiedenen Kunstrichtungen und Künstlern, aber auch die Art und Weise des Besuchs und der Wahrnehmung von Kunst spezifischen sozialen Klassenlagen zuordnen und so an der Kunst deutlich machen, wie kollektive, biographisch erlernte Denk-, Handlungs- und Wahrnehmungsschemata auch die Praxis des Ausstellungsbesuchs und des Kunstwahrnehmens prägen. Bourdieu zeigt in diesen Studien in der Tradition des Strukturalismus von Emile Durkheim (1858–1917) und Claude Lévi-Strauss (1908–2009) wie untergründige soziale Strukturen gesellschaftliche Bedeutung zeitigen und so als Medium der Reproduktion sozialer Ungleichheit fungieren.

Hier artikuliert sich ein Denken, nach dem das Subjekt nicht von dessen Bewusstsein und Sinnverstehen her zu denken ist, wie es in der Tradition Descartes in der abendländischen Philosophie üblich war (Prinz 2013, S. 227), sondern von den sozialen Bedingungen und Strukturen, in die es geworfen wird. Kunstgeschmack wird so nicht als kognitives Vermögen eines Individuums sichtbar, sondern als Produkt einer spezifischen Sozialisation, nämlich der der gehobenen sozialen Klassen. Die Liebe zur Kunst wird so als ein durch und durch von sozialer Ungleichheit geprägtes Phänomen entlarvt. Welche Machtmechanismen hier wirksam werden, arbeitet Bourdieu dezidiert im Rahmen seiner Theorie der Kunstrezeption heraus, die er in *Eine illegitime Kunst (2006)* entwirft, in *Die Liebe zur Kunst* verfeinert, in *Elemente zu einer soziologischen Theorie der Kunstwahrnehmung* (Bourdieu 1970) theoretisch ausarbeitet, in *Die Feinen Unterschiede* (Bourdieu 1987) empirisch zur Anwendung bringt und letztmalig in *Die Regeln der Kunst* (Bourdieu 2005) überarbeitet. Als die zentrale Komponente seiner ‚ästhetischer Theorie des Sozialen' (Müller 2015, S. 145) profiliert Bourdieus Wahrnehmungstheorie in Anschluss an Merleau-Ponty (Merleau-Ponty 2010: 399) den Körper als sozialisatorisch geschaffenes Wahrnehmungsinstrument, das seine eigene Vergangenheit in Form des *habitus* fortwährend ausagiert. (Bourdieu 2008, S. 135). Dinge, Formen und Materialitäten werden in diesem Denken als sichtbare Manifestationen vergangener Wissensformen, Arbeitstechniken, Verhaltensweisen und Sinnbildungen sichtbar gemacht, die vom Leib durch seinen alltäglichen Umgang mit ihnen inkorporiert werden und so als Machtinstrumente Wirksamkeit zeitigen. Die Akteure werden bei Bourdieu als habituell in eine überlieferte Symbolordnung eingelassen gedacht, die ihr Handeln, Wahrnehmen und Denken strukturiert und anleitet und in der sie den anderen Akteuren als sozial verortete sichtbar werden. (Bourdieu 2001, S. 178); (Müller 2015, S. 146). Im Handeln werden so nach Bourdieu immer „zwei Zustände der Geschichte miteinander in Verbindung [ge]setzt: die Geschichte im objektivierten Zustand, d. h. die im Lauf der Zeit in den Dingen (Maschinen, Gebäuden, Monumenten, Büchern, Theorien, Sitten, dem Recht, der Sprache usf.) akkumulierte Geschichte und die Geschichte im inkorporierten Zustand, die Habitus gewordene Geschichte" (Bourdieu 2011, S. 26). Dieser doppelte Prozess der Reproduktion von Geschichte durch die Instituierung in die Dinge und die Inkorporation in die Körper hat nach Bourdieu die Funktion, alternative Möglichkeiten von Wirklichkeit unsichtbar zu halten: Sprache, Dinge, Gebäude, Traditionen, Körper etc. werden in dieser Perspektive vor allem als Instrumente zur Reproduktion sozialer Macht wahrgenommen, die Erkenntnisurteilen vorausgehen (Prinz 2013, S. 200ff.). Sie perpetuieren die sozialen Herrschaftsverhältnisse reibungslos, indem sie die Alltagswelt sinnlich vorstrukturieren. Der Bourdieuschen Konzeption ist in diesem Sinne ein grundlegendes Misstrauen gegenüber dem Alltagsweltlichen eingeschrieben, da es die „doppelten Naturalisierung" (Bourdieu 2001, S. 232f.) der Macht, wie sie sich in die Dinge und die Körper eingeschrieben hat, fortschreibt:

> „In Hinblick auf die soziale Welt macht uns der Alltagsgebrauch der Alltagssprache zu Metaphysikern. [Da] die Trugschlüsse und logischen Gewaltstreiche, die in den trivialsten alltagsweltlichen Äußerungen enthalten sind, nicht mehr wahrgenommen werden." (Bourdieu 1992, S. 74).

Bourdieu vertritt daher eine Position, nach der die gesellschaftlichen Verhältnisse der alltagsweltlichen Praxis entrissen werden müssen, um diese so zu neutralisieren. Der Soziologie kommt also die Aufgabe zu, epistemologisch mit dem Alltagsdenken zu brechen und die Machtdurchwirktheit desselben offen zu legen. Ziel der ‚Kritischen Soziologie' Bourdieus müsse es daher sein, die sinnliche Wahrnehmung und das Alltagswissen als Mittel der Mythologisierung der gesellschaftlichen Verhältnisse sichtbar zu machen. Jede soziologische Untersuchung des Kunst- und Alltagswahrnehmens muss daher eine „wahre Übung in historischer Ethnologie" (Bourdieu 2005, S. 494) sein, gilt es doch die sozialen Voraussetzungen der jeweils herrschenden Institutionen des Blicks historisch-vergleichend herauszuarbeiten. Das Instrumentarium hierzu ist die Feldanalyse. Eine rekonstruktive Untersuchung historisch gewachsener sozialer Institutionen, die auf ein „genetisches Verständnis der Existenz" (Bourdieu 1997, S. 389) abstellt, d. h. auf die praktische und theoretische Einsicht in die sozialen Bedingungen von Prägungen, die die Position und den biographischen Werdegang von Akteuren im Sozialraum beeinflussen.

Das Theorieangebot Bourdieus erteilt jeder Sehnsucht nach Unmittelbarkeit, nach reiner Materialität, authentischer Körperlichkeit oder dem Primat des ‚Lebens' eine Absage. In jedem Versuch der Aufwertung eines Unmittelbaren sieht er vielmehr nur den machtinduzierten Willen zur Mythologisierung der gesellschaftlichen Verhältnisse, und der Aufrechterhaltung der bestehenden Herrschaftsverhältnisse. Jede Aufwertung des Alltagslebens, wie von der phänomenologisch-pragmatischen Soziologie propagiert, lehnt Bourdieu ab. Er sieht stattdessen in der Aufrechterhaltung des Ideals der wissenschaftlichen Distanznahme die notwendige Bedingung für die sozialkritische Ausrichtung seiner Theorie. Bourdieu geht es letztlich darum, universelle Werte wie Freiheit und Gerechtigkeit, durch die Sichtbarmachung der Struktur(ierungs)gesetze der Gesellschaft ein Stück weit in ihrer Verwirklichung zu befördern (Bauer und Bittlingmayer 2000, 289) und hierbei vor allem deutlich zu machen, dass „die Dinge nicht so sein müssen, wie sie sind" (Jaeggi und Wesche 2009, S. 7).

Nachdem sich in den 1980er-Jahren in Anschluss an *Die Feinen Unterschiede* zunächst eine umfassende geschmackssoziologische Forschung herausbildete (Zahner 2012), die sich anfangs noch an einer allzu naiven Übernahme der strukturalistischen Konzeption der frühen Bourdieuschen Wahrnehmungstheorie krankte (Rössel 2009), bieten aktuelle Studien vor allem Einblicke in die Praxis der Teilnahme an und der Wahrnehmung von kulturellen Angeboten (Berli 2014; Hanquinet et al. 2013; Otte und Lübbe 2021; Zahner 2012, 2021a, 2021b) und in die Transformation des Kunstfeldes (Zahner 2006a; Graw 2008; Buchholz 2022; Lena 2019).

Gegenwärtig wird Bourdieus Denken vor allem wegen des in seinem Denken enthaltene Szientismus kritisiert, das eine Delegitimierung der Alltagswahrnehmung zugunsten der wissenschaftlich-relationalen Weltwahrnehmung betreibe (Boltanski 2010); (Rancière 1975; Boltanski und Thévenot 2014; Hennion 2013a; Latour 2021) und die Dinge und Körper ausschließlich als Bedeutungsträger, also in ihrer sinnhaften Dimension, in den Blick nehme und eben nicht in ihrer Materialität und Sinnlichkeit. (Hennion 2013b; Latour 2021).

## Die ‚performative Ethnografie' der Akteur-Network-Theory

Als Alternative zu eben diesem Szientismus und der symbolischen Überformung des Sinnlich-Materiellen hat sich die Akteur-Network-Theory (ANT) Bruno Latours prominent als Soziologische Ästhetik in Stellung gebracht. Seit Mitte der 1980er-Jahre von dem Techniksoziologen Bruno Latour zusammen mit Michel Callon entwickelt, sucht die ANT explizit gegen Bourdieu die Alltagwelt und die Dinge verstärkt in den Blick zu nehmen und so die in westlichen Gesellschaften seit der Aufklärung etablierte Asymmetrie zwischen Rationalität und Sinnlichkeit einzuebnen. (Ruffing 2009, S. 9; Latour 2008, S. 53). Die Dinge werden hier als sogenannte ‚Quasi-Objekte' (Serres 1981) gedacht, die in Netzwerken mit menschlichen Wesen vor allem in ihrer Materialität in Erscheinung treten und so als Akteure in sozialen Beziehungen wirksam werden. (Latour 2010, S. 282). Latour wirft Bourdieu vor die Dinge ‚plattgewalzt' zu haben, indem er „jede Skulptur, jedes Gemälde, jede Haute-Cuisine-Speise, jeden Techno-Rave und jeden Roman wird bis zur Nichtigkeit durch die sozialen Faktoren erklärt […], die sich ‚hinter ihnen verbergen'". (Latour 2018, S. 406). Die ANT sucht demgegenüber, die Dinge nicht nur als symbolische, sondern auch und vor allem als *sinnliche* in den Blick zu nehmen. Im Mittelpunkt der Beschreibungen von Netzwerken durch die ANT steht so die Untersuchung des *Erfahrens* von Objekten, Körpern, Atmosphären etc. Während Bourdieu analysiert, wie sich Geschichte in die Dinge eingeschrieben hat, untersucht die ANT, wie die Dinge in der konkreten Praxis in einer Erfahrungskette in Erscheinung treten und so Wirksamkeit zeitigen. Der Musiksoziologe Antoine Hennion profiliert in eben diesem Sinne, in seinen Untersuchungen des Wahrnehmens ästhetischer Phänomene eine Analyseperspektive, die soziale Zusammenhänge als mikrophysikalische Assoziationen zwischen menschlichen und nicht-menschlichen Mittlern denkt, die sich zu einem großen Netzwerk zusammensetzen. In expliziter Abgrenzung zu Bourdieu wird ‚Geschmack' nicht sozialisatorisch erklärt, sondern im Sinne einer „collective technique, whose analysis helps us to understand the ways we make ourselves sensitized, to things, to ourselves, to situations and to moments" (Hennion 2007, S. 98). Fragen der Sensibilisierung rücken hier an die Stelle des Dekodierens. (Bourdieu 1970; Rössel 2009). Die Position schließt an John Deweys Überlegungen zu ästhetischer Erfahrung an. Dewey – einer der wohl einflussreichsten Vertreter der Denkrichtung des philosophischen Pragmatismus – denkt Erfahrung als einen wechselseitigen Prozess, „bei dem die gesamte Situation, also sowohl deren Objekte, wie sie vom handelnden Subjekt als reale Bestandteile der Situation erfahren werden, als auch das Subjekt selbst transformiert werden". (Kertscher 2008, S. 83). Hier wird ein Bild des Menschen skizziert, das diesen weniger als kulturell determiniert wahrnimmt, sondern als Handelnden, Erfahrenden, Artefakte-Herstellenden und Verwendenden. (Gimmler 2008, S. 157). Es wird ein grundsätzlicher Vorrang der Praxis, des ‚Es-tut-sich' gegenüber dem Statischen, dem Strukturellen kolportiert. (Hetzel 2008, S. 28). Der ästhetischen Erfahrung, die emotionale, praktische und intellektuelle Aspekte gleichwertig integrieren soll, wird ein weitreichender emanzipatorischer Charakter zugesprochen. In der Erfahrung eines Kunstwerks als einem ‚Akt der Neuschöpfung' (Dewey 2006, S. 68f.) kommt es demnach zu einer Entgrenzung von Betrachter, Künstler und Werk im Prozessualen.

In der ANT wird eben diese ästhetische Erfahrung zur Blaupause für die Methodologie und Theoriebildung der Soziologie. Die Unterscheidung von Forschersubjekt und -objekt wird im reinen Beobachten des Geschehens aufgehoben. (Hennion 2007, S. 108–111). An die Stelle soziologischer Kausalerklärungen und einem allwissenden Forschersubjekt treten Forschungsberichte, die der dynamischen Verkettungen von Agenten „in ihrer narrativen Form Rechnung tragen und denen es gelingt, adäquate auch elegante Beschreibungen dieser multiplen Kräftekonfigurationen anzufertigen" (Müller 2015, S. 166). Diese Forschungspraxis zielt darauf ab, die Unterscheidung zwischen Soziologie und Kunst aufzugeben. An die Stelle von Abstraktion tritt nun die genaue Beschreibung. (Hennion 2013b, S. 89; Yaneva 2003, 2009, 2012). Das methodologische und methodische Wissen, mit dem sich die Soziologie professionalisierte, wird hier zuvorderst als ein „Werkzeugen zur Manipulation der Phänomene" (Hennion 2013a, S. 100) wahrgenommen. Explizit gegen des Szientismus Bourdieus gewendet, wird eine Soziologie profiliert, der die Aufgabe zukommt, die Dinge *anders* sichtbar zu machen und so im Sinne einer Bekehrungsrhetorik, eine spezifische Weltsicht zu provozieren (Latour 2018, S. 428). Die ANT sucht die gesellschaftliche Funktion und Wirkung einer sinnlich-ästhetisch verfassten Sozialwissenschaft zu entfalten, indem sie das Ästhetisch-Sinnliche als sozialwissenschaftliche Erkenntnisform aufwertet, um so das Zusammenleben auf der Erde zu ‚verbessern'. (Gertenbach 2015, S. 291). Methodologisch praktiziert Latours ‚performative Ethnographie' eine Form der Textproduktion, in der sich akademische und literarische Genres fortwährend gegenseitig durchdringen. (Gaupp 2015, S. 17f.). Über die exzessive Verwendung literarischer Stilmittel soll in der Textproduktion kontinuierlich darauf hingewiesen werden, dass Wissenschaft immer Teil historischer und sprachlicher Prozesse ist und eben nicht jenseits ebendieser gedacht werden kann. Ethnografische Forschung soll so ein selbstreflexives Selbstverständnis prozessieren, das das eigene Forschen immer als kontextuell, rhetorisch und politisch wahrnimmt und so Wirklichkeit als „wahre Fiktion" (true fiction) konstruiert: „Cultural poesis – and politics – is the constant reconstitution of selves and others through specific exclusions, conventions, and discursive practices" (Clifford 1986, S. 24). Dann aber gilt es den „Parcours der Referenz" (Latour 2018, S. 168), die *Formen* des *In-Form-Fassen* sichtbar zu machen. Es gilt also die Instrumente der Erkenntnis in den Vordergrund zu stellen. Der Frage, wie sich Daten legitimieren lassen, die „zuvorderst der Crux unterliegen, auf der Basis von Machtbeziehungen gewonnen worden zu sein" (Gaupp 2015, S. 17), ist dann nur durch den literarischen Stil als Marker von Machtbeziehungen beizukommen. Soziologie muss so willentlich zur Kunstform werden, wenn sie sich, um die Werte, die in Netzen aus heterogenen Elementen zirkulieren, genauer zu bestimmen, nicht mehr „auf die Ressource der kritischen Distanz stützen" (Latour 2018, S. 19) will.

Für die Beforschung pluraler Gesellschaften scheint der methodologische Grundsatz ‚follow the actors', d. h. sich frei von Vorannahmen auf das Geschehen einzulassen und im Forschen Verbindungen und Interdependenzen sichtbar zu machen und so den sich aufzeigenden Verflechtungszusammenhängen zu folgen und den Phänomenen im Beschreiben zu erlauben sich langsam herauszukristallisieren und sich hierbei zunächst jeden Vorgriff auf vorhandene Dichotomien oder Strukturen zu verbieten, höchst zeitgemäß. Hier wird der Versuch unternommen hochaktuelle Forderungen nach einer radikalen Demokratisierung der gesellschaftlichen Verhältnisse im soziologischen Forschen nachzukommen. Wenn Latour fordert, dass im Forschen *generell* „kein Exotismus" aufgebaut werden dürfe und die „Informanten [keinesfalls] als Menschen behandelt [werden dürften], die sich täuschten und nicht verstünden, was sie tun" (Latour 2018, S. 368), so betreibt er eine radikale Privilegierung der Alltagswahrnehmung gegenüber wissenschaftlichen Wissensformen, die eine große Nähe zur Ethnomethodologie Harold Garfinkels aufweist.

Studien in der Tradition der Ethnomethodologie untersuchen bspw. die Interaktionsordnungen des (ästhetischen) Wahrnehmens in Museen und Galerien, indem sie analysieren, welche impliziten Regeln das Betrachten, Benutzen und Verstehen von Ausstellungsstücken prägen. Ihre video-basierten Untersuchungen zeigen detailliert, „wie Besucher ihre Betrachtung und Inspektion von Kunstwerken miteinander koordinieren und ihre Erfahrungen von Kunst durch verbale, körperliche und materiale Handlungen und Interaktionen vollziehen" (Vom Lehn 2006, S. 84). Es wird so sichtbar, wie Besucher ihre Erfahrungen der Kunstwerke interaktiv miteinander abstimmen, indem sie einander durch Äußerungen und Gesten nahelegen, die ausgestellten Arbeiten in einer bestimmten Art und Weise zu erfahren. (Heath und Vom Lehn 2004, S. 52). Vom Lehn und seine Kollegen können so zeigen, dass die Interaktionen in Ausstellungssituationen in Museen und Galerien einem Skript folgen, welches das Objekt in das Zentrum der Interaktion stellt und seine Erfahrung nach ‚ästhetischen Kriterien' organisiert:

> „In and through their talk and bodily conduct, the participants transpose action to the object and encourage the co-participant(s) to see and respond to the ‚enlivened' exhibit. [...] The spectator or ‚recipient' is encouraged not so much to respond to the action of the other, but

rather to the en-lived object, the exhibit in and through which action is embodied." (Heath und Vom Lehn 2004, S. 60)

Die Studien zeigen, dass Ausstellungsinteraktionen Objekte in einer Weise ‚inszenieren', die ihr ‚behutsames Abtasten' (Adorno) im Rahmen der Interaktion forciert. Gemäß dieser Forschung hat die Ausstellungserfahrung dann wenig mit der Vorstellung einer Dekodierung von Kunstwerken zu tun, wie dies Bourdieu in seiner Rezeptionstheorie behauptet. Vielmehr wird Objekten in Ausstellungen durch kollektive Interaktionsprozesse der Charakter eigenständiger Objekte zugewiesen, die so in ihrer Eigenständigkeit ‚zum Erscheinen' gebracht werden. (Heath und Vom Lehn 2004, S. 62). Die Diagnosen decken sich mit den oben vorgestellten Hennions, der im Rahmen ästhetischer Wahrnehmungsprozesse ebenfalls eine Praxis des ‚Zum-Erscheinen-Bringens' beobachtet. Im Rahmen ästhetischen Wahrnehmens werden demnach Vorstellungen einer ‚unverfälschten Erfahrung' prozessiert, die das Kunstwerk im Prozess der Interaktion als sakralisiertes Objekt erzeugen.

Hier wird deutlich, dass Studien in der Tradition der Ethnomethodologie und der ANT Fragen nach Macht und Herrschaft zugunsten einer Fokussierung auf das ästhetisch-sinnliche Erfahren aufgeben. Sie verlieren aus dem Blick, dass sie in ihrer Forschung die unhinterfragten und unbewusst anerkannten, „geerbten" historischen Annahmen reproduzieren: die Macht des familiär, pädagogisch, wirtschaftlich, kulturell, politisch, religiös usw. Überlieferten, das unser Wahrnehmen, Denken, Fühlen, Handeln und Erfahren unbewusst steuert und lenkt. Indem sie allein auf die Praxis der Akteure *in situ* fokussieren, tendieren diese Studien dazu, bestimmte Formen des Wahrnehmens gegenüber anderen systematisch zu präferieren und diese Asymmetrie zu reproduzieren. (Zahner 2020b). Die Orte und Praktiken kommen im Rahmen dieser Studien dann eben nicht als Mediatoren *einer spezifischen Kultur des Wahrnehmens* in den Blick, die an der Legitimsetzung bestimmter Weltsichten mitschreiben und so dazu beitragen, die bestehenden Herrschaftsverhältnisse zu perpetuieren. (Bennett 1988, 1994, 2007, 2011; Hetherington 2005; Fyfe und Macdonald 1996). Sie reflektieren letztlich zu wenig die Praxis ihres eigenen Wahrnehmens und schreiben so an einer (Re)Mystifizierung der Kunst bzw. des Ästhetischen mit. Die Fokussierung auf die Beschreibung des Affiziert-Werden durch Objekte (Yaneva 2003, 2012; Hennion 2001, 2015) bleiben oftmals in ihrem Nachweis diffus, wie und wodurch Materialitäten, Praktiken und Dinge soziale Praxis vermitteln, (Gugutzer 2015, 105ff.) und artikulieren stattdessen normative Konzeptionen ästhetischer Erfahrung. Hennion bspw. sucht in seinem Forschen nach eigener Aussage eine „Ethik des Schönen", wie sie ihm von seiner Klavierlehrerin vermittelt wurde, zur Anwendung zu bringen, (zitiert nach Moeschler 2017, S. 1010) indem er eine erhöhte Sensibilität gegenüber dem Ästhetischen und Weltlichen zur Bedingung eines adäquaten soziologischen Wahrnehmens des Ästhetischen macht. Hennion betreibt so eine systematische Mystifizierung des Ästhetischen: Die ästhetische Erfahrung wird hier – ganz ähnlich zur Konzeption Theodor W. Adornos – als eine durch die Vernunft nicht einholbare bestimmt und in dieser Ausprägung zur Grundlage soziologischen Forschens erklärt. In der Auseinandersetzung zwischen Kritischer Soziologie in der Tradition Bourdieus und ANT wird so ein weiteres Mal die Frage der Stellung des ästhetischen Urteilens im soziologischen Forschen ausgetragen. Hierbei werden ein weiteres Mal Grundsatzfragen der theoretischen und methodologischen Ausrichtung des soziologischen Forschens aufgerufen.

## Tia DeNoras und Georg Simmels Fokussierung auf ‚die Subtilität der Unterscheidung'

Dieser Auratisierung, Sakralisierung und Mystifizierung des Ästhetisch-Sinnlichen durch die ANT sucht die Musiksoziologin Tia DeNora durch einen verstärkten Anschluss des Denkens der ANT an Georg Simmels Begriff der *Wechselwirkungen* (Zahner 2020a) zu begegnen. DeNora versucht Simmel für die Untersuchung der Produktions*historien* von Wirklichkeit zu nutzen, indem sie fragt, wie *in situ* Kulturen im Rahmen von „controversies or rival attempts to make sense of reality" (DeNora 2014, S. 80) gebildet werden. Da Simmel ganz ähnlich zu Hegel davon überzeugt war, dass es keine reinen, rohen Tatsachen gibt, sondern sich alle Inhalte immer über Formen vermitteln, (Lizardo 2019, S. 94) suchte er das Sinnlich-Ästhetische – ganz ähnlich zu Dewey – über ein prozessuales Denken mit dem Begrifflich-Substanziellen zu verbinden. Gegen Platons Vorstellung zweier separater Wirklichkeiten – einer Sphäre transzendentaler unwandelbarer Ideen und einer empirischen Sphäre der sinnlichen Wahrnehmung – positionierte er eine Vorstellung von Erkenntnis, die auf der *Erfahrung* mit Gegenständen im Reich einer diesseitigen Sinnwelt basiert. Aus diesen diesseitigen Erfahrungen entstehen nach Simmel *Formungen*, die aus den Wechselwirkungen von Inhalt und Form hervorgehen.

> „Das inhaltliche Element ergibt sich aus unseren Sinneswahrnehmungen; das formelle Element bildet unsere wissenschaftlichen Begriffe. […] Wir erkennen den Gegenstand, wenn wir in dem Mannigfaltigen der Anschauung synthetische Einheit bewirkt haben." (Cassirer 2007, S. 316).

Formungen bringen nach Simmel als künstlerische Gestaltung, wissenschaftliche Begriffsbildung, Religion etc. die Wirklichkeit je unterschiedlich zum Vortrag. Hierbei kommt keiner ‚Interessenprovinz' ein Monopol auf Wirklichkeitsinterpretation zu, sondern jede artikuliert in ihrer Sprache die Ganzheit des Lebens. (Simmel 1906, S. 8). Die Formungen gehen aus dem Wechselspiel von Vorverständnis und Sinneseindruck hervor und werden als Syntheseleistung von einem praktisch tätigen, im Strom des ‚Lebens' stehenden und von diesem in seinem Wollen geprägten autonomen Subjekt erbracht:

> „Nicht die Objekte für sich und nicht ein souveräner Verstand in uns bestimmt den Wahrheitsgehalt unseres Vorstellens; sondern das Leben selbst, bald nach seinen groben Nützlichkeiten, bald nach seinen tiefsten seelischen Bedürfnissen" (Simmel, S. 197)

Ganz ähnlich zum Amerikanischen Pragmatismus, auf den Latour und Hennion prominent Bezug nehmen, fokussiert Simmel also auf die Einbettung in die großen Lebenszusammenhänge. (Kracauer 2014). Damit aber rückt bei ihm die Wahrnehmung in ihrer weltlichen Situiertheit in den Mittelpunkt der Betrachtung. Diese denkt er als Produkt einer spezifischen Biographie, einer individuellen Geschichte. (Lepenies 1985, S. 290). Wesentlich ist nun aber, und hier unterscheidet Simmel sich wesentlich von Latour, dass für Simmel *nicht* das wahr ist, was das handelnde *Subjekt* dafür hält, – dies wäre eine einseitige Vereinfachung durch Zurückführung auf das Subjekt –, sondern vielmehr das, was in einem übergreifenden Gefüge als *wahr* in dem Sinne erkennbar wird, dass die fraglichen Einzelheiten zueinander passen, einander stützen und bestätigen. Es handelt sich also um eine durchweg *relationale* Methode:

> „Das Erkennen ist so ein freischwebender Prozess, dessen Elemente sich gegenseitig in ihrer Stellung bestimmen, wie die Materienmassen es vermöge der Schwere tun; gleich dieser ist die Wahrheit dann ein Verhältnisbegriff." (Simmel 1989, S. 69)

Wahrheit ist dann nicht statisch, sondern ständig in Bewegung; sie ist prozessualer Natur. Für die Sozialwissenschaft bedeutet dies, dass im Rahmen der Simmelschen *Methode des Verstehens* aus einem Stoff etwas wird, was es an sich noch nicht ist. Simmel weist darauf hin, dass durch die an den Stoff gestellte Fragen Bedeutungen und Werte aus dem Material ausgegraben werden, die ein für den Fragenden „lohnendes Bild" (Simmel 2017b, S. 216) gestalten. Den Status ‚objektiver Realität' spricht er daher nur solchen Formungen zu, die das Ergebnis *vieler* Wechselwirkungen sind und insofern durch den Modus der individuellen Distanznahme methodisch erarbeitet wurden. (Helle 2001, S. 118ff.). Distanzierung ermöglicht demnach *Objektivierung*. (Simmel 2017a, S. 101). Hier schließt DeNora an. Sie sieht die Aufgabe der Soziologie darin, zu untersuchen, *wie* Kategorien in der Praxis entstehen und zueinander in Beziehung gesetzt werden und, *wie* überlieferte Praktiken, Kategorien und Objekte in ihren Wechselwirkungen Wirklichkeit strukturieren. Materialitäten oder Objekten kommt hier keine fixe Identität zu, kein festgelegter Wirklichkeitsstatus, vielmehr bieten die in den Objekten angelegten Aufforderungsstrukturen (*affordances*) einen Grundstock, einen Vorrat, einen Fundus an möglichen Verwendungen, der im Umgang mit diesen in spezifischen Situationen aktualisiert und überarbeitet wird:

> „Aspects of the things that are drawn together mutually constitute each other in relation to each other in the here and now of their mobilization in much the same way that I ‚perform' meaning about the world when I speak, seemingly, about its pre-existing status […]. In other words, objects, words, tools, actions or aesthtetic media, in themselves, can create neither experience nor capacity. But pulled together and in real time they can make sense or structure experience and capacity, allowing it to take shape *this way*, not that way." (DeNora 2014, S. 138)

DeNora interessiert sich dann für die jeweils konkreten historischen, sozialen, kulturellen und materiellen Bedingungen des Wahrnehmens und des *enactments* von Wirklichkeit.

(DeNora 2009). Im Unterschied zu Latour und Hennion, die sich vorwiegend von der kritischen Soziologie Pierre Bourdieus abgrenzen, entwickelt DeNora diese Position vor allem in Abgrenzung zur amerikanischen Cultural Sociology Jeffrey Alexanders. Diese steht in der Tradition Dürkheims und strebt ein Verständnis des „deep theoretical structure of the collective unconscious" (DeNora 2014, S. 45) an. (Alexander 2003, S. 3f.). Während das sogenannte ‚Strong Program' Alexanders als neo-dürkheimsche Alternative zur ‚production of culture' school und zu verschiedenen Spielarten des Marxismus, wie etwa dem Cultural Studies Project der Birmingham School oder der Kritischen Soziologie Pierre Bourdieus entwickelt wurde, (Jones, Paul, K. 2016) auf die akribische Beschreibung von Kultur als Bedeutungsnetz fokussiert (Alexander 1996; Alexander et al. 2013) und so die Bedeutung des ‚Heiligen' in modernen Gesellschaften zu untersuchen sucht, (Inglis 2016, S. 69ff.) zielt DeNora darauf ab, die Realität gerade nicht von kollektiven Glaubenssystemen durchdrungen und geformt zu denken, sondern sie als in der konkreten Auseinandersetzung mit historisch geformten Dingen, Materialien und Praktiken fortwährend entstehend wahrzunehmen. Die Wirklichkeit und die Dinge werden als multiple, prinzipiell unabschließbare In-Kraft-Setzungen von Wirklichkeit gedacht, wobei jedoch Prozessen sozialer Differenzierung und Ungleichbehandlung und der Etablierung von Machtstrukturen besondere Aufmerksamkeit gewidmet wird. DeNora schließt hierzu in ihren empirisch-mikroskopische Untersuchungen u. a. an Donna Haraways Konzept der ‚materiellen Semiotik' an, das von der Situiertheit jeglichen Wissens ausgeht (Weber 2017, S. 344f.), um dann dessen sozio-materiellen Bedingtheiten zu untersuchen, d. h. eine Reflexion über Erkenntnisstrategien und –perspektiven anzustoßen.

Wenn DeNora in ihren empirischen Arbeiten versucht, „the interaction between humans and aesthetic/artistic materials at the level of the senses, the body, and the emotions" (DeNora 2014, S. 235) nachzuvollziehen, so geraten ihr ihre Studien oftmals allzu harmonisch. (DeNora 2013). Auch führt die Fokussierung auf die Beschreibung von Kräftekonstellationen und das Affiziert-Werden durch Objekte dazu, dass die Beschreibung von Netzwerkstrukturen und von Praktiken des Wahrnehmens oftmals eigenartig fragmentarisch bleiben. (Acord und DeNora 2008; Acord 2010). Man muss DeNora jedoch zugutehalten, dass sie in Anschluss an Simmel den Versuch unternimmt, den aktuell wiederaufkeimenden zentralen ideengeschichtlichen Konflikt der Moderne zwischen naturalistischer Aufklärung und romantischer Reformation, der sich gegenwärtig in der Kontroverse zwischen den Positionen Bourdieus und Latours aktualisiert, in einem Denken in Relationen zu lösen. Ähnlich wie Simmel geht es ihr vor allem darum, „sich kein Entweder-oder einzuhandeln, sondern ein Sowohl-als-auch." Die Stärke dieser Position ist dann „die Subtilität der Unterscheidung." (Böhringer 2018, S. 853).

## Ausblick: Entwicklungstendenzen Soziologischer Ästhetik

Die Soziologie des Ästhetischen entwickelt sich in diesem Sinne gegenwärtig zunehmend von einer Soziologie der ästhetischen Erscheinungen in Richtung einer Soziologie der

Aisthetik. Als Soziologie des Wahrnehmens verortet sie sich primär zwischen Wissenssoziologie und der Soziologie der Sinne. Die Perspektive fragt gegenwärtig verstärkt danach, wie verschiedene theoretisch-methodische Perspektiven eigentlich wahrnehmen und welche spezifischen Zuschreibungen an Sinnlichkeit und Sinn sich hier jeweils realisieren. (Zahner und Schürkmann 2021; Escher und Zahner 2020). Diese Perspektive bietet die Möglichkeit, in den aktuellen, mit Vehemenz geführten Auseinandersetzungen um *gender*, *race* und *colour* diejenigen Positionen zu identifizieren, die eine Substanzialisierungen von Klasse, Geschlecht, sexueller Orientierung, Ethnie oder Hautfarbe vorantreiben und diesen gegenüber eine Perspektive stark machen, die soziale Ungleichheit und Macht immer im Kontext ihrer Rahmenbedingungen sichtbar zu machen sucht und darauf hinweist, dass askriptive Merkmale niemals unmittelbar wirken, sondern immer nur vermittelt durch konkrete soziale Rahmenbedingungen (Hark 2007: 52). Dann aber wird auch deutlich, dass jede Theorie über ‚die' Welt, ‚das' Soziale, ‚die' Menschen, ‚die' Kultur und ‚die' Natur etc. immer auch eine *Theorie der eigenen intellektuellen Praxis* umfassen muss und die Anamnese des eigenen Standpunktes kaum überschätzt werden kann. Die Perspektive einer Soziologie des Ästhetischen regt dann dezidiert dazu an, Auskunft über die Praxis des eigenen Wahrnehmens zu geben und so die eigene Situiertheit und damit auch die Begrenztheit des Eigenen sichtbar machen. Dies ist oftmals unangenehm und immer aufwendig, aber vor dem Hintergrund der aktuellen Herausforderungen und neuen identitären Substanzialismen wohl dringend nötig.

## Literatur

Acord, Sophia Krzys. 2010. Beyond the Head.: The Practical Work of Curating Contemporary Art. *Qualitative Sociology* 33 (4): 447–467.

Acord, Sophia Krzys und Tia DeNora. 2008. Culture and the Arts: From Art Worlds to Arts-in-Action. *The Annals of the American Academy of Political and Social Science* (619): 223–237.

Adorno, Theodor W. 1967. Thesen zur Kunstsoziologie. *Kölner Zeitschrift für Soziologie und Sozialpsychologie : KZfSS* 19 (1): 87–93.

Adorno, Theodor W. 2001. *Einleitung in die Musiksoziologie. 12 theoret. Vorlesungen*, 1. Aufl. Suhrkamp-Taschenbuch Wissenschaft, Bd. 142. Frankfurt am Main: Suhrkamp.

Adorno, Theodor W. 2003a. *Ästhetische Theorie*, 1. Aufl. Suhrkamp Taschenbuch Wissenschaft, Bd. 1707. Frankfurt am Main: Suhrkamp.

Adorno, Theodor W. 2003b. *Musikalische Schiften VI*. Gesammelte Schriften, Bd. 19. Frankfurt am Main: Suhrkamp.

Alexander, Jeffrey C. 1996. Cultural Sociology or Sociology of Culture? Towards a Strong program. *Newsletter of the Sociology of Culture* 10 (3–4): 1–4.

Alexander, Jeffrey C. 2003. *The meanings of social life. A cultural sociology.* Oxford, New York: Oxford University Press.

Alexander, Jeffrey C. 2008. Ikonisches Bewusstsein: Die materiellen Grundlagen von ‚Gefühls-Bewusstsein'. In *Erleben, Erleiden, Erfahren: Die Konstitution sozialen Sinns jenseits instrumenteller Vernunft*, hrsg. Kay Junge, Daniel Šuber und Gerold Gerber, 275–296. Bielefeld: transcript.

Alexander, Jeffrey C., Ronald N. Jacobs und Philip Smith. 2013. Introduction: Cultural Sociology Today. In *The Oxford handbook of cultural sociology*, hrsg. Jeffrey C. Alexander, Ronald N. Jacobs und Philip Smith, 3–24. Oxford: Oxford Univ. Press.

Barad, Karen. 2007. *Meeting the Universe Halfway. Quantum Physics and the Entanglement of Matter and Meaning.* North Carolina: Duke University Press.

Bauer, Susanne, Torsten Heinemann und Thomas Lemke (Hrsg.). 2017. *Science and technology studies. Klassische Positionen und aktuelle Perspektiven.* Berlin: Suhrkamp.

Bauer, Ulrich und Uwe H. Bittlingmayer. 2000. Pierre Bourdieu und die Frankfurter Schule. In *Verstehen und Kritik: Soziologische Suchbewegungen nach dem Ende der Gewissheiten; Festschrift für Rolf Eickelpasch zum 60. Geburtstag*, hrsg. Claudia Rademacher, 241–298, 1. Aufl. Wiesbaden: Westdt. Verl.

Behnke, Christoph und Ulf Wuggenig. 1994. Heteronomisierung des ästhetischen Feldes: Kunst, Ökonomie und Unterhaltung im Urteil eines Avantgardekunst-Publikums. In *Das symbolische Kapital der Lebensstile: Zur Kultursoziologie der Moderne nach Pierre Bourdieu*, hrsg. Ingo Mörth und Gerhard Fröhlich, 229–252. Frankfurt/Main, New York: Campus-Verl.

Bennett, Tony. 1988. The exhibitionary complex. *new formations* (4): 73–102.

Bennett, Tony. 1994. *The reluctant museum visitor. A study of non-goers to history museums and art galleries.* Redfern, NSW: Australia Council for the Arts.

Bennett, Tony. 2007. Habitus Clivé: Aesthetics and Politics in the Work of Pierre Bourdieu. *New Literary History* 38 (1): 201–228.

Bennett, Tony. 2011. Civic seeing: Museums and the organization of vision. In *A companion to museum studies.*, hrsg. Sharon Macdonald, 263–281. Malden, Mass.: Blackwell.

Bennett, Tony, Mike Savage, Elizabeth B. Silva, Alan Warde, M. Gayo-Cal und David Wright. 2010. *Culture, class, distinction.* London: Routledge.

Berli, Oliver. 2014. *Grenzenlos guter Geschmack. Die feinen Unterschiede des Musikhörens.* zugl.: Trier, Univ., Diss., 2013. Kultur und soziale Praxis. Bielefeld: transcript-Verl.

Böhme, Gernot. 1995. *Atmosphäre. Essays zur neuen Ästhetik*, 1. Aufl. Frankfurt am Main: Suhrkamp.

Böhringer, Hannes. 2018. In der Unentschiedenheit des Lebens. Simmels Lebensphilosophie. In *Simmel-Handbuch: Begriffe, Hauptwerke, Aktualität*, hrsg. Hans-Peter Müller und Tilman Reitz, 844–853. Suhrkamp Taschenbuch Wissenschaft, Bd. 2251. Berlin: Suhrkamp.

Boltanski, Luc. 2010. *Soziologie und Sozialkritik. Frankfurter Adorno-Vorlesungen 2008.* Berlin: Suhrkamp.

Boltanski, Luc und Ève Chiapello. 2003. *Der neue Geist des Kapitalismus.* Edition discours, Bd. 30. Konstanz: UVK-Verl.-Ges.

Boltanski, Luc und Arnaud Esquerre. 2018. *Bereicherung. Eine Kritik der Ware.* Berlin: Suhrkamp Verlag.

Boltanski, Luc und Laurent Thévenot. 2014. *Über die Rechtfertigung. Eine Soziologie der kritischen Urteilskraft*, 1. Aufl. Hamburg: Hamburger Ed.

Bourdieu, Pierre. 1970. Elemente zu einer soziologischen Theorie der Kunstwahrnehmung. In *Zur Soziologie der symbolischen Formen*, hrsg. Pierre Bourdieu, 159–201. Suhrkamp-Taschenbuch Wissenschaft. Frankfurt am Main: Suhrkamp.

Bourdieu, Pierre. 1987. *Die feinen Unterschiede. Kritik der gesellschaftlichen Urteilskraft.* Frankfurt am Main: Suhrkamp.

Bourdieu, Pierre. 1992. *Rede und Antwort.* Frankfurt am Main: Suhrkamp.

Bourdieu, Pierre. 1997. *Das Elend der Welt. Zeugnisse und Diagnosen alltäglichen Leidens an der Gesellschaft.* Konstanz: Universitätsverlag.

Bourdieu, Pierre. 2001. *Meditationen. Zur Kritik der scholastischen Vernunft.* Frankfurt am Main: Suhrkamp.

Bourdieu, Pierre. 2005. *Die Regeln der Kunst. Genese und Struktur des literarischen Feldes.* Frankfurt am Main: Suhrkamp.

Bourdieu, Pierre, und Alain Darbel. 2006. Die Liebe zur Kunst: Europäische Kunstmuseen und ihre Besucher [1966/1969]. Konstanz: UVK.

Bourdieu, Pierre. 2008. *Sozialer Sinn. Kritik der theoretischen Vernunft.* Frankfurt am Main: Suhrkamp.

Bourdieu, Pierre. 2011. Der Tote packt den Lebenden. In *Der Tote packt den Lebenden*, 17–54. Hamburg: VSA-Verl.

Bourdieu, Pierre et al (Hrsg.). 2006. *Eine illegitime Kunst. Die sozialen Gebrauchsweisen der Photographie.* eva Taschenbuch, Bd. 250. Hamburg: Europäische Verl.-Anst.

Bubner, Rüdiger. 1989. *Ästhetische Erfahrung*, 1. Aufl. Edition Suhrkamp, 1564 = N.F., Bd. 564. Frankfurt am Main: Suhrkamp.

Buchholz, Larissa. 2022. *The global rules of art. The emergence and divisions of a cultural world economy.* Princeton, Oxford: Princeton University Press.

Bullinger, Bernadette. 2008. Zwischen Sinnprovinz und feldspezifischer Doxa.: Wissenschaft in der Auffassung Alfred Schütz' und Pierre Bourdieus. Diplomarbeit, Universität Wien, Wien.

Callon, Michel. 2006. Einige Elemente einer Soziologie der Übersetzung: Die Domestikation der Kammmuscheln und der Fischer der St. Brieuc-Bucht. In *ANThology : ein einführendes Handbuch zur Akteur-Netzwerk-Theorie*, hrsg. Andréa Belliger und David J. Krieger, 135–174. Bielefeld: transcrip.

Cassirer, Ernst. 2007. *Versuch über den Menschen. Einführung in eine Philosophie der Kultur.* Hamburg: Meiner.

Clifford, James. 1986. Introduction: Partial Truths. In *Writing culture: The poetics and politics of ethnography*, hrsg. James Clifford, 1–26. Berkely: Univ. of California Press.

Daniel, Anna und Frank Hillebrandt (Hrsg.). 2019. *Die Praxis der Popmusik. Soziologische Perspektiven.* Wiesbaden, Heidelberg: Springer VS.

De Certeau, Michel. 1988. *Kunst des Handelns.* Berlin: Merve-Verlag.

DeNora, Tia. 2003. Music and Agency in Beethoven's Vienna. In *Art and its publics: Museum studies at the millennium*, hrsg. Andrew McClellan, 103–119. New interventions in art history, Bd. 2. Malden, Mass.: Blackwell Publ.

DeNora, Tia. 2009. *Music in everyday life*, 8. Aufl. Cambridge: Cambridge University Press.

DeNora, Tia. 2013. *Music asylums. Wellbeing through music in everyday life.* Music and change. Farnham, Surrey: Ashgate.

DeNora, Tia. 2014. *Making sense of reality. Culture and perception in everyday life.* Los Angeles et al.: Sage.

Dewey, John. 2006. *Kunst als Erfahrung*, 1. Aufl. Suhrkamp-Taschenbuch Wissenschaft, Bd. 703. Frankfurt am Main: Suhrkamp.

Diaz-Bone, Rainer. 2010. *Kulturwelt, Diskurs und Lebensstil. Eine diskurstheoretische Erweiterung der bourdieuschen Distinktionstheorie.* Wiesbaden: VS Verlag für Sozialwissenschaften.

DiMaggio, Paul. 1987. Classification in Art. *American Sociological Review* 52 (4): 440–455.

Escher, Cornelia und Nina Tessa Zahner. 2020. *Begegnung mit dem Materiellen. Perspektiven aus Architektur, Kunst und Gestaltung.* Architekturen. Bielefeld: transcript-Verlag.

Fischer, Joachim. 2018. Ästhetisierung der Gesellschaft oder Ästhetiksoziologie. In *Ästhetischer Widerstand gegen Zerstörung und Selbstzerstörung*, hrsg. Aida Bosch und Hermann Pfütze, 505–517. Kunst und Gesellschaft. Wiesbaden: Springer VS.

Frith, Simon. 1990. What is good music? *Canadian University Music Review* 10: 92–102.

Frith, Simon. 1999. Das Gute, das Schlechte und das Mittelmäßige.: Zur Verteidigung der Populärkultur gegen den Populismus. In *Cultural studies: Grundlagentexte zur Einführung*, hrsg. Roger Bromley, Udo Göttlich und Carsten Winter, 191–214, 1. Aufl. Lüneburg: zu Klampen.

Fyfe, G. und S. Macdonald (Hrsg.). 1996. *Theorizing Museums*. Oxford: Blackwell.
Gaupp, Lisa. 2015. Dekonstruktion des „Anderen" in Ethnologie und Soziologie: Ein Plädoyer für eine postmigrantische Perspektive. *Kultursoziologie* (2): 17–33.
Gertenbach, Lars. 2015. Entgrenzungen der Soziologie. Zugl.: Jena, Univ., Diss., 2012, Velbrück Wiss, Weilerswist.
Gimmler, Antje. 2008. Nicht-epistemologische Erfahrung, Artefakte und Praktiken. Vorüberlegungen zu einer pragmatischen Sozialtheorie. In *Pragmatismus – Philosophie der Zukunft?*, hrsg. Andreas Hetzel, 141–157, 1. Aufl. Weilerswist: Velbrück Wissenschaft.
Göbel, Hanna Katharina und Sophia Prinz (Hrsg.). 2015. *Die Sinnlichkeit des Sozialen. Wahrnehmung und materielle Kultur*. Sozialtheorie. Bielefeld: transcript.
Grathoff, Richard. 1989. *Milieu und Lebenswelt. Einführung in die phänomenologische Soziologie und die sozialphänomenologische Forschung*, 1. Aufl. Frankfurt am Main: Suhrkamp.
Graw, Isabelle. 2008. *Der große Preis. Kunst zwischen Markt und Celebrity Kultur*. Köln: DuMont.
Gugutzer, Robert. 2015. Leibliche Interaktion mit Dingen, Sachen und Halbdingen.: Die Entgrenzung des Sozialen (nicht nur) im Sport. In *Die Sinnlichkeit des Sozialen: Wahrnehmung und materielle Kultur*, hrsg. Hanna Katharina Göbel und Sophia Prinz, 105–122. Sozialtheorie. Bielefeld: transcript.
Guyau, Jean-Marie (Hrsg.). 1987. *Die Kunst als soziologisches Phänomen*. Klassiker der Kunstsoziologie, Bd. 1. Berlin: Spiess.
Hanquinet, Laurie et al. 2013. The Eyes of the Beholder: Aesthetic Preferences and the Remaking of Cultural Capital. *Sociology* 48 (1): 111–132.
Haraway, Donna Jeanne. 1988. Situated Knowledges: The Science Question in Feminism and the Privilige of Partial Perspective. *Feminist Studies* 14 (3): 575–599.
Haraway, Donna Jeanne. 1995a. *Die Neuerfindung der Natur. Primaten, Cyborgs und Frauen*. Frankfurt/Main, New York: Campus-Verl.
Haraway, Donna Jeanne. 1995b. *Monströse Versprechen. Coyote-Geschichten zu Feminismus und Technowissenschaft*. Hamburg: Argument-Verl.
Haraway, Donna Jeanne. 2008. *When species meet*. Minneapolis, London: University of Minnesota Press.
Haraway, Donna Jeanne. 2016. *Staying with the Trouble. Making Kin in the Chthulucene*. Durham, London: Duke University Press.
Hark, Sabine. 2007. Vom Gebrauch der Reflexivität.: Für eine »klinische Soziologie« der Frauen und Geschlechterforschung. In Prekäre Transformationen: Pierre Bourdieus Soziologie der Praxis und ihre Herausforderungen für die Frauen- und Geschlechterforschung, Hrsg. Ulla Bock, Irene Dölling und Beate Krais, 39–62. Göttingen: Wallstein-Verl.
Heath, Christian und Dirk Vom Lehn. 2004. Configuring Reception: (Dis-)Regarding the 'Spectator' on Museums and Galleries. *Theory, Culture & Society* 21(6): 43–65.
Heinich, Nathalie. 1998. *Le triple jeu de l'art contemporain. Sociologie des arts plastiques*. Paris: Les Ed. de Minuit.
Heinich, Nathalie. 2014. Practices of contemporary art.: a pragmatic approach to a new artistic paradigm. In *Artistic practices: Social interactions and cultural dynamics*, hrsg. Tasos Zembylas, 32–43. Routledge/European Sociological Association Studies in European societies, Bd. 20. London, New York: Routledge.
Heinich, Nathalie. 2018. Contemporary art as a new paradigm? : An artistic revolution in light of the history of science. In *Practicing Art/Science*, hrsg. Philippe Sormani, Guelfo Carbone und Priska Gisler, 45–55: Routledge.
Helle, Horst Jürgen. 2001. *Georg Simmel. Einführung in seine Theorie und Methode/Introduction to His Theory and Method*. Oldenbourg: de Gruyter.

Hennion, Antoine. 2001. Music Lovers: Taste as Performance. *Theory, Culture & Society* 18 (5): 1–22.
Hennion, Antoine. 2007. Those Things That Hold Us Together: Taste and Sociology. *Cultural sociology* 1 (1): 97–114.
Hennion, Antoine. 2013a. „Dinge, die dauern …": Objekte, Vermittlung, Soziologie. In *Akteur-Medien-Theorie*, hrsg. Tristan Thielmann, Erhard Schüttpelz und Peter Gendolla, 81–105. Science studies. Bielefeld: transcript.
Hennion, Antoine. 2013b. Von einer Soziologie der Mediation zu einer Pragmatik der Attachements. *Zeitschrift für Medien- Und Kulturforschung* 4 (2).
Hennion, Antoine. 2015. *The passion for music. A sociology of mediation.* Farnham: Ashgate.
Hetherington, Kevin. 2005. From Blindness to blindness: Mueseums, heterogeneity and the subject. In *Actor network theory and after*, 51–73. Oxford: Blackwell.
Hetzel, Andreas. 2008. Zum Vorrang der Praxis. Berührungspunkte zwischen Pragmatismus und kritischer Theorie. In *Pragmatismus – Philosophie der Zukunft?*, hrsg. Andreas Hetzel, 17–57, 1. Aufl. Weilerswist: Velbrück Wissenschaft.
Hillebrandt, Frank. 2023. *Ereignistheorie für eine Soziologie der Praxis. Das Love and Peace Festival auf Fehmarn und die Formation der Pop-Musik*, 1. Aufl. Wiesbaden: Springer Fachmedien Wiesbaden; Imprint Springer VS.
Hoffmann, Hilmar. 1981. *Kultur für alle. Persektiven und Modelle.* Frankfurt am Main.
Horkheimer, Max und Theodor W. Adorno. 1997. *Dialektik der Aufklärung. Philosophische Fragmente.* Frankfurt am Main: Suhrkamp Verlag.
Huber, Michael. 2017. Alphons Silbermann (1909–2000). In *Klassiker der Soziologie der Künste: Prominente und bedeutende Ansätze*, hrsg. Christian Steuerwald, 471–496. Kunst und Gesellschaft. Wiesbaden: Springer Fachmedien Wiesbaden.
Inglis, David. 2016. Durkheimian and Neo-Durkheimian Cultural Sociologies. In *The SAGE Handbook of Cultural Sociology*, hrsg. David Inglis und Anna-Mari Almila, 60–77. Los Angeles, London, New Delhi, Singapore, Washington DC, Melbourne: Sage.
Ingo Mörth und Gerhard Fröhlich (Hrsg.). 1994. *Das symbolische Kapital der Lebensstile. Zur Kultursoziologie der Moderne nach Pierre Bourdieu.* Frankfurt/Main, New York: Campus-Verl.
Jaeggi, Rahel und Tilo Wesche. 2009. *Was ist Kritik?*, 1. Aufl. Suhrkamp Taschenbuch Wissenschaft, Bd. 1885. Frankfurt am Main: Suhrkamp.
Jones, Paul K. 2016. Marxist Cultural Sociology. In *The SAGE Handbook of Cultural Sociology*, hrsg. David Inglis und Anna-Mari Almila, 11–25. Los Angeles, London, New Delhi, Singapore, Washington DC, Melbourne: Sage.
Kalthoff, Herbert, Torsten Cress und Tobias Röhl. 2016. Einleitung: Materialität in Kultur und Gesellschaft. In *Materialität: Herausforderungen für die Sozial- und Kulturwissenschaften*, hrsg. Herbert Kalthoff, Torsten Cress und Tobias Röhl, 11–41. Paderborn: Wilhelm Fink.
Karstein, Ute und Nina Tessa Zahner. 2017. Autonomie der Kunst?: Dimensionen eines kunstsoziologischen Problemfeldes. In *Autonomie der Kunst?: Zur Aktualität eines gesellschaftlichen Leitbildes*, hrsg. Uta Karstein und Nina Tessa Zahner, 1–48. Kunst und Gesellschaft. Wiesbaden: Springer VS.
Kertscher, Jens. 2008. Der Neopragmatismus als Erbe des klassischen Pragmatismus? In *Pragmatismus – Philosophie der Zukunft?*, hrsg. Andreas Hetzel, 58–85, 1. Aufl. Weilerswist: Velbrück Wissenschaft.
Kirchberg, Volker. 2004. Lebensstil und Rationalität als Erklärung des Museumsbesuchs. In *Angewandte Soziologie*, hrsg. Robert Kecskes, 309–328, 1. Aufl. Wiesbaden: VS Verl. für Sozialwiss.
Knorr-Cetina, Karin. 2009. *Objectual practice.* Konstanz: Bibliothek der Universität Konstanz.
Kohl, Manuela. 2004. *Kunstmuseen und ihre Besucher. Eine Lebensstilvergleichende Studie.* Wien.

Kracauer, Siegfried. 2014. Georg Simmel. In *Das Ornament der Masse: Essays*, 209–249, 12. Aufl. Suhrkamp-Taschenbuch, Bd. 371. Frankfurt am Main: Suhrkamp.

Latour, Bruno. 1996. On Interobjektivity. *Mind, Culture and Activity* 3 (4): 228–245.

Latour, Bruno. 1998. How to be Iconophilic in Art, Science and Religion. In *Picturing Science Producing Art*, hrsg. Carrie Johnes und Peter Galison, 418–440. London: Routledge.

Latour, Bruno. 2008. *Wir sind nie modern gewesen. Versuch einer symmetrischen Anthropologie*. Frankfurt am Main: Suhrkamp.

Latour, Bruno. 2010. *Eine neue Soziologie für eine neue Gesellschaft. Einführung in die Akteur-Netzwerk-Theorie*. Berlin: Suhrkamp.

Latour, Bruno. 2016. Plädoyer für irdische Wissenschaften. In *Materialität: Herausforderungen für die Sozial- und Kulturwissenschaften*, hrsg. Herbert Kalthoff, Torsten Cress und Tobias Röhl, 89–101. Paderborn: Wilhelm Fink.

Latour, Bruno. 2018. *Existenzweisen. Eine Anthropologie der Modernen*. Berlin: Suhrkamp.

Latour, Bruno. 2021. *Elend der Kritik. Vom Krieg um Fakten zu Dingen von Belang*. Zürich: Diaphanes.

Law, John. 2004. *After method. Mess in social science research*. London: Routledge.

Law, John und John Hassard (Hrsg.). 1999. *Actor Network Theory and After*. Oxford: Blackwell.

Lena, Jennifer C. 2019. *Entitled. Discriminating tastes and the expansion of the arts*. Princeton, N.J., Oxford: Princeton University Press.

Lepenies, Wolf. 1985. *Die drei Kulturen. Soziologie zwischen Literatur und Wissenschaft*. München: Hanser.

Lizardo, Omar. 2019. Simmel's Dialectic of Form and Content in Recent Work in Cultural Sociology. *The German Review* 94: 93–100.

Merleau-Ponty, Maurice. 2010. Phänomenologie der Wahrnehmung. Berlin: de Gruyter.

Meyer, Ingo. 2018. Ästhetik, soziologische. In *Simmel-Handbuch: Begriffe, Hauptwerke, Aktualität*, hrsg. Hans-Peter Müller und Tilman Reitz, 131–136. Suhrkamp Taschenbuch Wissenschaft, Bd. 2251. Berlin: Suhrkamp.

Moeschler, Olivier. 2017. Antoine Hennion (*1952). In *Klassiker der Soziologie der Künste: Prominente und bedeutende Ansätze*, hrsg. Christian Steuerwald, 1007–1040. Kunst und Gesellschaft. Wiesbaden: Springer Fachmedien Wiesbaden.

Mol, Annemarie. 2017. Krankheit tun. In *Science and technology studies: Klassische Positionen und aktuelle Perspektiven*, hrsg. Susanne Bauer, Torsten Heinemann und Thomas Lemke, 429–469. Berlin: Suhrkamp.

Müller, Julian. 2015. *Bestimmbare Unbestimmtheiten. Skizze einer indeterministischen Soziologie*. Paderborn: Wilhelm Fink.

Müller-Jentsch, Walther. 2017. Theodor W. Adorno (1903–1969). In *Klassiker der Soziologie der Künste: Prominente und bedeutende Ansätze*, hrsg. Christian Steuerwald, 351–381. Kunst und Gesellschaft. Wiesbaden: Springer Fachmedien Wiesbaden.

Nowack, Natalia. 2015. *Soziologische Ästhetik als Denkmodell zu Beginn des 20. Jahrhunderts. Beitrag zur Jahrestagung der Gesellschaft für Musikforschung Halle/Saale 2015*, 2015. https://schott-campus.com/wp-content/uploads/2016/09/nowack_soziologisches-denkmodell.pdf.

Ollivier, Michèle. 2008. Modes of openness to cultural diversity: Humanist, populist, practical, and indifferent. *Poetics* 36: 120–147.

Otte, Gunnar. 2008. Lebensstil und Musikgeschmack. In *Musikrezeption, Musikdistribution und Musikproduktion: Der Wandel des Wertschöpfungsnetzwerks in der Musikwirtschaft*, hrsg. Gerhard Gensch, Eva Maria Stöckler und Peter Tschmuck, 25–56, 1. Aufl. Gabler Edition Wissenschaft. Wiesbaden: Gabler Verlag/GWV Fachverlage GmbH Wiesbaden.

Otte, Gunnar und Holger Lübbe. 2021. *Kulturpartizipation in Deutschland. Soziale Ungleichheiten im Freizeit- und Kulturverhalten*. Frankfurt: Campus.

Peterson, Richard A. und Roger M. Kern. 1996. Changing Highbrow Taste: From Snob to Omnivore. *American Sociological Review* 61 (5): 900. doi: https://doi.org/10.2307/2096460.

Prinz, Sophia. 2013. *Die Praxis des Sehens. Über das Zusammenspiel von Körpern, Artefakten und visueller Ordnung.* Bielefeld: transcript.

Prinz, Sophia und Hanna Katharina Göbel. 2015. Die Sinnlichkeit des Sozialen. In *Die Sinnlichkeit des Sozialen: Wahrnehmung und materielle Kultur*, hrsg. Hanna Katharina Göbel und Sophia Prinz, 9–49. Sozialtheorie. Bielefeld: transcript.

Proudhon, Pierre-Joseph. 1988. *Von den Grundlagen und der sozialen Bestimmung der Kunst.* Klassiker der Kunstsoziologie, Bd. 3. Berlin: Spiess.

Quinn, Malcolm, Dave Beech, Michael Lehnert, Carol Tulloch und Stephen Wilson (Hrsg.). 2018. *The Persistence of Taste. Art, Museums and Everyday Life after Bourdieu.* Milton: Routledge.

Rancière, Jacques. 1975. *Wider den akademischen Marxismus.* Berlin: Merve-Verlag.

Rebentisch, Juliane. 2012. *Die Kunst der Freiheit. Zur Dialektik demokratischer Existenz.* Berlin: Suhrkamp.

Reckwitz, Andreas. 2003. Grundelemente einer Theorie sozialer Praktiken. *Zeitschrift für Soziologie* 32 (4): 282–301.

Reckwitz, Andreas. 2006. *Das hybride Subjekt. Eine Theorie der Subjektkulturen von der bürgerlichen Moderne zur Postmoderne. (Auszug).* Univ., Habil.-Schr.—Hamburg, 2005., 1. Aufl. Weilerswist: Velbrück Wiss.

Reckwitz, Andreas. 2008. Elemente einer Soziologie des Ästhetischen. In *Unscharfe Grenzen: Perspektiven der Kultursoziologie*, hrsg. Andreas Reckwitz, 258–280. Sozialtheorie. Bielefeld: transcript-Verl.

Reckwitz, Andreas. 2012. *Die Erfindung der Kreativität. Zum Prozess gesellschaftlicher Ästhetisierung*, 1. Aufl. Suhrkamp Taschenbücher Wissenschaft, Bd. 1995. Berlin: Suhrkamp.

Reckwitz, Andreas. 2015. Ästhetik und Gesellschaft – ein analytischer Bezugsrahmen. In *Ästhetik und Gesellschaft: Grundlagentexte aus Soziologie und Kulturwissenschaften*, hrsg. Andreas Reckwitz, Sophia Prinz und Hilmar Schäfer, 13–52. Suhrkamp Taschenbuch Wissenschaft, Bd. 2118. Berlin: Suhrkamp.

Reckwitz, Andreas. 2017. *Die Gesellschaft der Singularitäten. Zum Strukturwandel der Moderne.* Berlin: Suhrkamp.

Reckwitz, Andreas, Sophia Prinz und Hilmar Schäfer (Hrsg.). 2015a. *Ästhetik und Gesellschaft. Grundlagentexte aus Soziologie und Kulturwissenschaften.* Suhrkamp Taschenbuch Wissenschaft, Bd. 2118. Berlin: Suhrkamp.

Reckwitz, Andreas, Sophia Prinz und Hilmar Schäfer. 2015b. Vorwort. In *Ästhetik und Gesellschaft: Grundlagentexte aus Soziologie und Kulturwissenschaften*, hrsg. Andreas Reckwitz, Sophia Prinz und Hilmar Schäfer, 9–12. Suhrkamp Taschenbuch Wissenschaft, Bd. 2118. Berlin: Suhrkamp.

Rössel, Jörg. 2004. Von Lebensstilen zu kulturellen Präferenzen: Ein Vorschlag zur theoretischen Neuorientierung. *Soziale Welt* 55 (1): 95–114.

Rössel, Jörg. 2009. Kulturelles Kapital und Musikrezeption: Eine empirische Überprüfung von Bourdieus Theorie der Kunstwahrnehmung. *Soziale Welt* 60 (3).

Ruffing, Reiner. 2009. *Bruno Latour.* Paderborn: Fink.

Schäfer, Franka. 2019. Das Dokudrama zwischen Praxis- und Diskurstheorie: Ein Beitrag zum empirischen Potential des Films Chicago 10 für eine Geschichte der Gegenwart der Yippie!-Proteste. In *Der dokumentarische Film und die Wissenschaften.* Wiesbaden: Springer VS, 2019.

Schäfer, Hilmar (Hrsg.). 2016. *Praxistheorie. Ein soziologisches Forschungsprogramm.* Bielefeld: transcript.

Schatzki, Theodore. 2016. Materialität und soziales Leben. In *Materialität: Herausforderungen für die Sozial- und Kulturwissenschaften*, hrsg. Herbert Kalthoff, Torsten Cress und Tobias Röhl, 63–88. Paderborn: Wilhelm Fink.

Schatzki, Theodore R. 2003. *Social practices. A Wittgensteinian approach to human activity and the social.* Cambridge: Cambridge Univ. Press.

Schatzki, Theodore R. 2019. *Social Change in a Material World. How Activity and Material Processes Dynamize Practices.* Routledge Studies in Social and Political Thought Ser. Milton: Routledge.

Schmudits, Alfred, Michael Parzer, Rainer Prokop und Rosa Reitsamer. 2014. *Kunstsoziologie.* Lehrund Handbücher der Soziologie. Munich, Germany: Oldenbourg Verlag.

Schulze, Gerhard. 1992. *Die Erlebnisgesellschaft. Kultursoziologie der Gegenwart*, 2. Aufl. Frankfurt/Main: Campus-Verl.

Schürkmann, Christiane. Soziologie künstlerischer Praxis. Kunstsoziologische Einordnung, praxistheoretische Konturierung und ethnografische Anaysen im Feld der bildnenden Kunst. Unveröffentlichtes Manuskript. *Zeitschrift für Soziologie*.

Schürkmann, Christiane und Nina Tessa Zahner (Hrsg.). 2021. *Wahrnehmen als Soziale Praxis. Künste und Sinne im Zusammenspiel.* Wiesbaden: Springer.

Schütz, Alfred. 1956. Mozart and the Philosophers. *Social Research* 23 (2): 219–242.

Schütz, Alfred. 2016. *Schriften zur Musik.* Alfred Schütz Werkausgabe, /herausgegeben von Hans-Georg Soeffner und Ilja Srubar; Band 7. Konstanz, München: UVK Verlagsgesellschaft.

Serres, Michel. 1981. *Der Parasit.* Frankfurt am Main: Suhrkamp.

Silbermann, Alphons. 1973. *Empirische Kunstsoziologie. Eine Einführung mit kommentierter Bibliographie.* Stuttgart: Enke.

Silbermann, Alphons. 1977. *The sociology of music.* Westport, Conn: Greenwood Press.

Silbermann, Alphons. 1978. Kunstsoziologie. In *Seminar: Literatur- und Kunstsoziologie*. Frankfurt am Main: Suhrkamp-Taschenbuch-Verl., 1978.

Silbermann, Alphons. 1986. *Handbuch zur empirischen Massenkommunikationsforschung. Eine kommentierte Bibliographie.* Frankfurt am Main: Lang.

Silbermann, Alphons und Udo Michael Krüger. 1973. *Soziologie der Massenkommunikation.* Urban-Taschenbücher, Bd. 166. Stuttgart, Berlin, Köln, Mainz: Verlag W. Kohlhammer.

Simmel, Georg. Der Konflikt der modernen Kultur. In *Der Krieg und die geistigen Entscheidungen,: Gesamtausgabe Band 16*, hrsg. Georg Simmel, 181–208. Frankfurt am Main: Suhrkamp.

Simmel, Georg. 1906. *Die Religion.* Die Gesellschaft, Bd. 2. Frankfurt am Main: Rütten & Loening.

Simmel, Georg. 1989. *Philosophie des Geldes. Gesamtausgabe Band 6*, 1. Aufl. Frankfurt am Main: Suhrkamp.

Simmel, Georg. 1992. Soziologische Aesthetik. In *Aufsätze und Abhandlungen 1894 bis 1900: Simmel Gesamtausgabe Band 5, herausgegeben von Heinz-Jürgen Dahme und David Frisby*, hrsg. Georg Simmel, 197–214, 1. Aufl. Suhrkamp-Taschenbuch Wissenschaft, Bd. 805. Frankfurt am Main: Suhrkamp.

Simmel, Georg. 2016. *Soziologie. Untersuchungen über die Formen der Vergesellschaftung*, 8. Aufl. Suhrkamp-Taschenbuch Wissenschaft, Bd. 811. Frankfurt am Main: Suhrkamp.

Simmel, Georg. 2017a. *Hauptprobleme der Philosophie, philosophische Kultur.* Suhrkamp-Taschenbuch Wissenschaft, Bd. 14. Frankfurt am Main: Suhrkamp.

Simmel, Georg. 2017b. *Kant. Die Probleme der Geschichtsphilosphie zweite Fassung (1905/1907).* Gesamtausgabe, Bd. 9. Berlin: Suhrkamp-Verlag.

Simmel, Georg und Gertrud Simmel (Hrsg.). 1922. *Zur Philosophie der Kunst. Philosophische und kunstphilosophische Aufsätze.* Potsdam: Kiepenheuer.

Staël. 1986. *Über Deutschland*, 1814. Aufl. Insel-Taschenbuch, Bd. 623. Frankfurt am Main: Insel-Verlag.

Steuerwald, Christian (Hrsg.). 2017. *Klassiker der Soziologie der Künste. Prominente und bedeutende Ansätze*. Kunst und Gesellschaft. Wiesbaden: Springer Fachmedien Wiesbaden.

Taine, Hippolyte. 1987. *Philosophie der Kunst*. Klassiker der Kunstsoziologie, Bd. 2. Berlin: Spiess.

Tyrell, Hartmann. 1998. Zur Diversität der Differenzierungstheorie. Soziologische Anmerkungen. *Soziale Systeme* 4: 119–149.

Vom Lehn, Dirk. 2006. Die Kunst der Kunstbetrachtung.: Aspekte einer pragmatischen Ästhetik in Kunstausstellungen. *Soziale Welt* 57 (1): 83–99.

Weber, Jutta. 2017. Feministische STS: Einführung. In *Science and technology studies: Klassische Positionen und aktuelle Perspektiven*, hrsg. Susanne Bauer, Torsten Heinemann und Thomas Lemke, 339–369. Berlin: Suhrkamp.

Weber, Max. 1921/2004. *Zur Musiksoziologie. :. Nachlaß 1921*. In M. Weber (Hrsg.), Gesamtausgabe I (Bd. 14). Tübingen: J.C.B. Mohr.

Weber, Max. 1988. *Gesammelte Aufsätze zur Religionssoziologie*, 9. Aufl. Tübingen: Mohr.

Welsch, Wolfgang. 1990. *Ästhetisches Denken*. Stuttgart: Reclam.

Welsch, Wolfgang. 1993. Ästhetisierungsprozesse. *Deutsche Zeitschrift für Philosophie* 41 (1): 7–29.

Wohlfarth, Tom. 2015. Sozialtheorie Die Ästhetisierung der Gesellschaft. *der Freitag*. 10 Oktober 2015. https://www.freitag.de/autoren/tom-wohlfarth/die-aesthetisierung-der-gesellschaft. Zugegriffen: 21. September 2020.

Wuggenig, Ulf und Heike Munder (Hrsg.). 2012. *Das Kunstfeld. Eine Studie über die Akteure der zeitgenössischen Kunst*. Ennetbaden: Lars Müller Verlag.

Yaneva, Albena. 2003. When a Bus Met a Museum : Following Artists Curators and Workers in Art Installation Museum and. *Museum & Society* 1 (3): 116–131.

Yaneva, Albena. 2009. *The making of a building. A pragmatist approach to architecture*. Oxford, Bern: P. Lang.

Yaneva, Albena. 2012. Der Aufbau von Installationen – Eine pragmatische Annäherung an die Kunst. *Zeitschrift für Ästhetik und Allgemeine Kunstwissenschaft* 75 (1): 152–172.

Zahner, Nina Tessa. 2006a. *Die neuen Regeln der Kunst. Andy Warhol und der Umbau des Kunstbetriebs im 20. Jahrhundert*. Univ., Diss.—Bamberg, 2005. Frankfurt/Main: Campus-Verl.

Zahner, Nina Tessa. 2006b. Kunst zwischen Kulturindustrie und Hochkultur: Andy Warhol und die Transformation Kunstfeldes den 1960er Jahren. In *Sonderheft „Kunstmarkt"*, 189–218, Bd. 17.

Zahner, Nina Tessa. 2009. Die Kunst der Inszenierung. Die Transformation des Kunstfeldes der 1960er Jahre als Herausforderung für die Kunstfeldkonzeption Pierre Bourdieus. In *Mediale Erregungen?: Autonomie und Aufmerksamkeit im Literatur- und Kulturbetrieb der Gegenwart*, hrsg. Christian N. Joch Markus Wolf, 289–308. Studien und Texte zur Sozialgeschichte der Literatur, Bd. 118. Tübingen: Niemeyer.

Zahner, Nina Tessa. 2012. Zur Soziologie des Ausstellungsbesuchs. Positionen der soziologischen Forschung zur Inklusion und Exklusion von Publika im Kunstfeld. 209–232. *Sociologia Internationalis. Europäische Zeitschrift für Kulturforschung* 50 (1/2): 209–232.

Zahner, Nina Tessa. 2017. Die Heteronomien des Marktes: Eine Rekonstruktion der Diagnosen zur Ökonomisierung der Kunst. In *Autonomie der Kunst?: Zur Aktualität eines gesellschaftlichen Leitbildes*, hrsg. Uta Karstein und Nina Tessa Zahner, 139–164. Kunst und Gesellschaft. Wiesbaden: Springer VS.

Zahner, Nina Tessa. 2020a. Art Perception and Power. A Plea for Relational Sociological Aesthetics. In *Art and Power*, hrsg. Volker Kirchberg, Lisa Gaupp und Alenka Barber-Kersovan. Cham: Springer.

Zahner, Nina Tessa. 2020b. Sinnlichkeit und Sinn. Kulturen der Kunstbetrachtung. In *Kulturen der Bewertung*, hrsg. Oliver Berli und Nicolae, Stefan, Schäfer, Hilmar. Wiesbaden: VS.

Zahner, Nina Tessa. 2021a. Das Publikum als Ort der Auseinandersetzung um legitime Formen des Kunst- und Weltwahrnehmens. In *Wahrnehmen als Soziale Praxis. Künste und Sinne im Zusammenspiel.*, hrsg. Christiane Schürkmann und Nina Tessa Zahner. Wiesbaden: Springer.

Zahner, Nina Tessa. 2021b. Kunstwahrnehmen im Ausstellungskontext: Das Go-Along Interview als Instrument zur Rekonstruktion des perceptual space in Kunstausstellungen. In *Begegnung mit dem Materiellen.*, hrsg. Cornelia Escher und Nina Tessa Zahner. Bielefeld: trancript.

Zahner, Nina Tessa. 2021c. Mit Max Weber gegen die Wiederverzauberung des sozialwissenschaftlichen Denkens? In *Mit Leidenschaft und Augenmaß: Zur Aktualität von Max Weber*, hrsg. Andrea Maurer, 81–107. Frankfurt: Campus.

Zahner, Nina Tessa. 2023a. Artis Observatio 2 (2023) Bruno Latours ästhetisierte Mythologie des Sozialen.Zum Verhältnis von Wissenschaft, Ästhetik und Politik bei Bruno Latour. *Artis Observatio* (2): 93–124. doi: https://doi.org/10.11576/ao-6079ISSN2750-7521.

Zahner, Nina Tessa. 2023b. Öffentlichkeiten als symmetrische Assoziationen. Bruno Latours Überforderung des Ästhetischen. In *Entgrenzte Öffentlichkeit: Debattenkulturen im politischen und medialen Wandel*, hrsg. Simone Jung, Miira Hill und Victor Kempf, (im Erscheinen), 1. Aufl. DebattenKulturen, Bd. 2. Bielefeld: transcript.

Zahner, Nina Tessa und Christiane Schürkmann. 2021. Einleitung. Wahrnehmen als Soziale Praxis. Soziologische Perspektiven auf Wahrnehmen. In *Wahrnehmen als Soziale Praxis. Künste und Sinne im Zusammenspiel.*, hrsg. Christiane Schürkmann und Nina Tessa Zahner. Wiesbaden: Springer.

# Ökologische Theorien

Anna Henkel

### Zusammenfassung

Der Beitrag von Anna Henkel bietet Einblicke in die Entwicklung und Relevanz ökologischer Theorien innerhalb der Soziologie. Beginnend mit einer historischen Einordnung zeigt sie, dass ökologische Theorien im Zusammenspiel mit anderen soziologischen Konzepten stehen. Henkel betont die Notwendigkeit, gesellschaftliche, ökologische und ökonomische Perspektiven zu integrieren, um Nachhaltigkeitsprobleme zu bewältigen. Sie thematisiert die Schwierigkeiten der disziplinären Soziologie bei der normativen Ausrichtung des Nachhaltigkeitskonzepts und verweist auf transdisziplinäre Ansätze, die auch nicht-wissenschaftliche Akteure einbeziehen. In Rekurs auf Ulrich Beck arbeitet sie exemplarisch einen Theorieansatz heraus, der von gesellschaftlicher Selbstgefährdung ausgeht und die Folgen menschlichen Handelns kritisch reflektiert. Der Beitrag schließt mit dem Hinweis auf die Relevanz ökologischer Theorien für soziologische Forschung und gesellschaftliche Praxis sowie auf die Bedeutung vielfältiger Wissensformen.

### Abstract

Anna Henkel's article offers insights into the development and relevance of ecological theories within sociology. Beginning with a historical classification, she shows that ecological theories interact with other sociological concepts. Henkel emphasizes the

A. Henkel (✉)
Universität Passau, Lehrstuhl für Soziologie mit Schwerpunkt Techniksoziologie und nachhaltige Entwicklung, Passau, Deutschland
E-Mail: Anna.Henkel@Uni-Passau.de

need to integrate social, ecological and economic perspectives in order to tackle sustainability problems. She addresses the difficulties of disciplinary sociology in the normative orientation of the concept of sustainability and refers to transdisciplinary approaches that also include non-scientific actors. Referring back to Ulrich Beck, she uses the example of a theoretical approach that takes social self-endangerment as its starting point and critically reflects on the consequences of human action. The article concludes by pointing out the relevance of ecological theories for sociological research and social practice as well as the significance of diverse forms of knowledge.

## Einleitung: Historische Einordnung Ökologischer Theorien in die Denkrichtungen der Soziologie

Die Soziologie unterscheidet Themen, Begriffe, Theorien und Forschungspraxis. Da diese vier Dimensionen in der Praxis der Soziologie miteinander verbunden sind, entstehen unvermeidlich Überschneidungen und Verschiebungen: auf ein neues Thema werden bestehende Theorien angewendet, daraus entwickeln sich vielleicht Begriffe, die möglicherweise selbst Teil des thematischen Diskurses werden und es entwickeln sich vielleicht Theorien und Forschungspraktiken neu in der Auseinandersetzung mit einem sich unterdessen selbst verändernden Thema. Gesellschaft ist dynamisch, soziologische Theorie muss es auch sein.

Die damit generell verbundenen Abgrenzungsschwierigkeiten sind im Falle Ökologischer Theorien besonders gegeben. Phänomenologische Theorien, Strukturalistische Theorien oder Akteur-Netzwerk-Theorien verdanken ihre Bezeichnung der jeweils charakteristischen Theoriefigur, sie fokussieren auf Phänomene, Strukturen oder Netzwerke. Ökologische Theorien zeichnen sich hingegen im ersten Schritt durch die Reflexion auf ein bestimmtes Thema aus – das „Ökologische" – und dienen dem Verstehen und Erklären dieses Themas. Dabei gehen sie von bestehenden Theorieansätzen aus und entwickeln diese weiter und neu. Das haben sie grundsätzlich mit postkolonialen, feministischen oder Gender-Theorien gemeinsam (siehe die Beiträge von Anna Daniel, Katharina Hoppe und Paula-Irene Villa in diesem Band). Allerdings ist das Thema im Falle Ökologischer Theorien vergleichsweise diffus: Es kann um das Verhältnis zwischen Gesellschaft und Natur im engeren Sinne gehen, aber auch generell um Verhältnisse zwischen etwas und seiner Umgebung (etwa Gesellschaft und gebaute Stadt oder abstrakt System und Umwelt). Nicht zuletzt kann das Ökologische die Art und Weise bezeichnen, *wie* Verhältnisse in den Blick genommen werden. Es wird auch nicht einfacher dadurch, dass der Begriff des Ökologischen ursprünglich einer anderen, nämlich der biologischen, Disziplin entstammt. Schließlich wird der Begriff des Ökologischen im öffentlichen Diskurs verwendet, zugleich aber das Verhältnis von Gesellschaft und Natur auch unter anderen Begriffen verhandelt – so geht es nicht nur um die ökologische Frage im engeren Sinne der 1980er-Jahre, sondern etwa auch um Herausforderungen des Klimawandels. Vor diesem Hintergrund liegt in der Bestimmung Ökologischer Theorien eine gewisse Setzung. *Als*

*Ökologische Theorien sollen im Folgenden solche Perspektiven gefasst werden, die anlässlich einer Problematisierung des Verhältnisses von Sozialem und Außersozialem auf die Reflexion dieses Verhältnisses abzielen.*

Ökologie ist ursprünglich ein biologischer, genauer, zoologischer Begriff, der nach Ernst Haeckel die „gesamte Wissenschaft von den Beziehungen des Organismus zur umgebenden Umwelt bezeichnet, wohin wir im weiteren Sinne alle ‚Existenz-Bedingungen' rechnen können" (Haeckel 1866: 286). Die Soziologie greift den Begriff in der Humanökologie des frühen 20. Jahrhunderts auf, die soziologisch das Verhältnis zwischen Mensch und Umwelt als ökologische Wechselbeziehung in den Blick nimmt, wobei sich Umwelt sowohl auf Natur als auch auf die Quasi-Natur beispielsweise der Stadt bezieht (Block 2016: 34ff, vgl. auch Groß 2001). Der implizierte Naturbegriff bleibt naturalistisch, es kommt nicht zur Entwicklung einer eigenen soziologischen Terminologie und der Ansatz verläuft sich (Block 2016: 37). Ebenfalls aufgegriffen wird der Begriff des Ökologischen in der Systemtheorie, hier unter Rückgriff auf kybernetische anstelle evolutionsbiologischer Ansätze. Dabei geht es jedoch vor allem um eine generelle sozialtheoretische Konzeption von System-Umwelt-Verhältnissen, bezieht sich also beispielsweise auch auf das Verhältnis zwischen einem System, Organisation und Wirtschaft als einer Umwelt dieser Organisation (vgl. etwa Luhmann 1984).

Geht es in solchen Ansätzen zwar generell um das Verhältnis von Mensch und Natur oder um das Verhältnis von System und Umwelt, so entstehen Ökologische Theorien im hier verstandenen engeren Sinne einer Reflexion auf ein als problematisch beobachtetes Verhältnis von Sozialem und Außersozialem seit den 1970er-Jahren parallel zum entsprechenden gesellschaftlichen Diskurs. Zum Teil lassen sich diese Ansätze der Umweltsoziologie zuordnen oder in der Umweltsoziologie zusammenfassen, indem diese das Verhältnis zwischen Mensch und Umwelt bzw. Gesellschaft und Natur problematisiert. Dies gilt etwa für den Human Ecology Ansatz der 1970er-Jahre oder für die Risikosoziologie. Jedoch entstehen mit Bezug auf dasselbe Thema, ein als problematisch beobachtetes Verhältnis von Sozialem und Außersozialem sowie eine darauf gerichtete Reflexion, theoretische Perspektiven, die sich trotz bestehender Nähe nicht als Umweltsoziologie im engeren Sinne fassen lassen. Es sind dies Ansätze, die ausgehend von einer solchen Problematisierung Sozialität selbst grundsätzlich neu ansetzen und dabei nicht Umwelt oder Natur als das Außersoziale annehmen, sondern umfassender Materialität oder Außenwelt. Dazu gehören die Ansätze des Material Turn sowie verschiedene Weiter- und Neuentwicklungen soziologischer Gesellschaftstheorien (vgl. unten Abschn. „Bezugsproblem Ökologischer Theorien, Positionen und Gegenstände der Analyse"), wobei teils Bezüge zu den interdisziplinären Diskursen um Nachhaltigkeit und Anthropozän bestehen.

Insgesamt liegt die Besonderheit ökologischer Theorien darin, dass nicht nur *soziale* Verhältnisse als gemachte, im Sinne von gesellschaftlich konstruierte und sozial veränderbare, Verhältnisse angesehen werden, sondern umfassender *sozial-außersoziale* Verhältnisse. Damit ist es nicht nur eine Herausforderung, das Soziale zu bestimmen, sondern außerdem gegenüber dem Außersozialen sowohl abzugrenzen als auch in Beziehung zu setzen. Zudem stellt es neue Anforderungen an Normativität, gilt es doch nun, nicht nur soziale Verhältnisse zu verstehen, zu erklären und gegebenenfalls zu kritisieren, sondern auch die Wertigkeit nicht-menschlichen Seins mit einzubeziehen (zu diesen Herausforderungen vgl. auch Henkel 2018).

## Sozialität in Ökologischen Theorien

Sozialität ist in Ökologischen Theorien als etwas gefasst, das in Abhängigkeit zum Außersozialen steht und in seinem Bestand prinzipiell prekär ist. Zwar ist Sozialität in den verschiedenen Ökologischen Theorien nicht gleich definiert. Aber immer zeichnet sich dessen Bestimmung dadurch aus, dass sie erstens das Außersoziale mitreflektiert, zweitens das Soziale als gefährdet ansieht und drittens eben deshalb eine analytische Bestimmung von Sozialität anstrebt, die menschliche Gesellschaft zwar einbezieht, aber nicht normativ absolut setzt.

Diese rekursive Bestimmung von Sozialität unter Berücksichtigung des Außersozialen als Spezifikum Ökologischer Theorien unterscheidet diese von umweltsoziologischen Ansätzen allgemein. Wenn Gesellschaft implizit oder explizit als menschliche Gesellschaft angenommen wird und Sozialität implizit oder explizit als Sozialität von Menschen, ohne aber das mitgeführte Menschenbild zu reflektieren, dann ist Natur oder ökologische Umwelt ein soziologisch nicht weiter zugänglicher Gegenbegriff, dessen Bestimmung den Naturwissenschaften überlassen bleibt. Die damit naheliegende Übernahme naturwissenschaftlicher Konzepte in Überlegungen zum Verhältnis von Gesellschaft und Umwelt oder Mensch und Natur aber erfolgt um den Preis der solchen Konzepten zugrundeliegenden Annahmen. So implizieren aus der Biologie übernommene axiomatische Voraussetzungen in der Umweltsoziologie sowohl reduktionistische anthropologische Annahmen (Block 2016: 35, 46f) als auch bringen sie einen impliziten Konsens darüber mit sich, dass Umwelt als durch Menschen modifizierte oder modifizierbare Natur vorliegt (ebd. 51).

Ökologische Theorien hingegen zeichnen sich dadurch aus, dass sie Sozialität im Verhältnis zum Außersozialen bestimmen und daher nicht nur eine sozial bedingte Veränderlichkeit des Sozialen (etwa im Hinblick auf soziale Strukturen) oder eine sozial bedingte Veränderlichkeit des Außersozialen (Veränderung von Umwelt durch Menschen) annehmen, sondern auch umgekehrt eine außersozial bedingte Veränderlichkeit des Sozialen einschließlich der Bestimmung des Sozialen. In eben dieser angenommenen außersozial bedingten Veränderlichkeit des Sozialen liegt die Annahme einer möglichen Gefährdung des Sozialen begründet.

Auch wenn es die Ökologischen Theorien charakterisiert, dass sie ein reflexives Verhältnis zwischen Sozialem und Außersozialem explizit theoretisieren, so ist die Berücksichtigung des Außersozialen in der Bestimmung des Sozialen für die Soziologie jedenfalls implizit eine generelle Herausforderung. Wer für eine stärkere Berücksichtigung von Dingen in der Soziologie plädiert (wie etwa Linde 1972 oder Rammert 1993), kann seit jeher auf Klassiker des Fachs verweisen. Die Soziologie entsteht Ende des 19. Jahrhunderts als Wissenschaft ‚des Sozialen'. Max Weber, Émile Durkheim, Georg Simmel –

die Gründungsväter der Soziologie definieren den Gegenstand ihres Fachs über das soziale Handeln (Weber), die Eigengesetzlichkeit sozialer Strukturen (Durkheim) oder die Austauschbeziehungen zwischen Menschen (Simmel). Gerade mit diesem Fokus auf das Soziale wird jedoch das Außersoziale jedenfalls als etwas berücksichtigt, was hinsichtlich der sozialtheoretischen Konzeption herauszuhalten ist. Eben dieses Heraushalten provoziert eine Thematisierung des Außersozialen und auch die Bestimmung von dessen Verhältnis zum Sozialen, drängen sich in der Beobachtung der modernen Gesellschaft doch natürlichen Umwelt, Technik, Konsum oder Architektur geradezu auf. Die soziologische Theoriebildung geht damit um, indem sie das Außersoziale als Rahmenbedingung des Sozialen benennt und gerade damit das Soziale gewissermaßen purifiziert, wie etwa bei Weber. Auch die Prämisse einer Eigenrealität von Zeichensystemen kulturell zugewiesener Bedeutungen bezieht das Soziale auf das Außersoziale, hier als Repräsentation des Sozialen im Außersozialen, wie etwa bei Bourdieu (vgl. als Überblick Henkel 2014).

In Ökologischen Theorien ist das Außersoziale hingegen nicht nur als Rahmenbedingung oder als Sinn repräsentierendes Symbol konzipiert, sondern als Sozialität rekursiv mitbestimmend. Spätestens seit den 1980er-Jahren haben technische Entwicklung und Zerstörung der natürlichen Umwelt, aber auch der Stellenwert von Artefakten im Hinblick auf Konsumgewohnheiten eine solche Bedeutung gewonnen, dass sich die Soziologie Fragen nach dem Verhältnis von Sozialem und Umwelt, von Sozialem und Technik, von Sozialem und Alltagsgegenständen kaum mehr entziehen kann. Menschliche Handlungsintentionen führen nicht nur zu nicht-intendierten Effekten (was ein altes Problem ist), sondern werden, so scheint es, systematisch von eigendynamischen Prozessen auch des Außersozialen unterlaufen. Mit Gentechnologie und Nanotechnologie, aber auch mit Arzneimittelnebenwirkungen und Lebensmittelzusatzstoffen gewinnt der alte Gedanke vom Eigensinn der Dinge (Hahn 2005, 46ff.) eine neue Qualität: Unerwartete Wirkungen der Dinge und des Materiellen werden erwartbar (Henkel 2014). Mit der Problematisierung von „Grenzen des Wachstums" (Meadows/Meadows et al. 1972), eines anthropogenen Klimawandels und damit verbundenen negativen Rückwirkungen eines Erdsystems (Crutzen/Stoermer 2000; Weingart/Engels et al. 2002), auf das menschliches Leben angewiesen ist und, das durch menschliches Leben bzw. moderne Gesellschaft maßgeblich verändert wird, gewinnt ein solcher Eigensinn des Materiellen eine existentielle Dimension.

Sozialität wird damit doppelt prekär: einmal als material als in seinen Existenzgrundlagen gefährdet, dann aber auch theoretisch als in bestehenden Bestimmungen nicht ausreichend.

## Bezugsproblem Ökologischer Theorien, Positionen und Gegenstände der Analyse

Innerhalb der ökologischen Theorien entstehen unterschiedliche Ansätze, Sozialität in Rekursivität mit dem Außersozialen zu fassen. Diese entstehen parallel zueinander und verschränken sich zum Teil. Idealtypisch unterscheiden lassen sich dabei die Ansätze einer

Symmetrisierung von Sozialem und Außersozialem, der Weltverhältnisse philosophischer Anthropologie und der gesellschaftlichen Selbstgefährdung.

## Symmetrisierung von Sozialem und Außersozialem

In Ansätzen der Symmetrisierung wird als Prämisse gesetzt, dass Soziales und Außersoziales in einem wechselseitigen Beeinflussungs- und Abhängigkeitsverhältnis zueinander stehen. Die Akteur-Netzwerk-Theorie und vor allem die Arbeiten von Latour sind dabei zentral, zudem lassen sich verschiedene Ansätze des *material turn* und *new materialism* hier verorten.

Latour geht davon aus, dass soziale Phänomene nur erklärbar sind, wenn die Bezüge von Menschen und Dingen in Netzwerken, das Einschreiben von Sinn und Macht in Materialität und die kontingente Bestimmung von Materialität im Prozess ihrer wissenschaftlichen Konstitution und Repräsentation berücksichtigt werden (Latour 1992). Sozialität ist hier bestimmt als etwas, das aus Netzwerken zwischen Menschen und Dingen besteht und von solchen Bezügen zu im Sozialen sozial mitwirkenden Dingen nie frei war (wir sind also nie modern gewesen, vgl. Latour 1997). Den Dingen oder genereller dem im Sozialen mitwirkenden Außersozialen sind aber zugleich soziale Machtverhältnisse eingeschrieben, sie sind interpretiert und damit auch reduziert (vgl. etwa Latour 1999b; Latour 1999a). Dies gilt es theoretisch und politisch zu berücksichtigen: Latour kritisiert die Moderne dafür, dass sie zwischen Sozialem und Außersozialem eine Trennung konstruiert, die einen instrumentellen Zugriff auf Natur, Umwelt, alle Nicht-Sozialen mit sich bringt. Indem beide jedoch verschränkt sind, gefährdet sich Sozialität selbst. Es gilt daher, Sozialität „ökologisch" statt modern zu denken als notwendig mit dem Außer-Sozialen verbunden (Latour 1998) und in Aushandlungsprozessen mit allen „Terrestrischen" zu erhalten (Latour 2018).

Ein wichtiger Anwendungsbereich und zugleich der Ausgangspunkt der Akteur-Netzwerk-Theorie ist die Wissenschaftsforschung. Vor dem Hintergrund einer ganzen Reihe von nicht intendierten negativen Rückwirkungen der Anwendung wissenschaftlichen Wissens – von stoffbezogenen Schädigungen etwa durch Asbest oder das Schlafmittel Contergan bis hin zu komplexen Gefährdungen durch Ozonloch oder sauren Regen – entsteht die Vermutung, dass naturwissenschaftliches Wissen nicht ohne weiteres als objektives Wissen über Materialität, Umwelt oder Natur angesehen werden kann, auf dessen Basis Soziales Kontrolle über Außersoziales zuverlässig ausüben kann. Die Konsequenz daraus ist, eine Kontingenz oder Standortgebundenheit von Wissen nicht nur für Alltagswissen und kulturwissenschaftliches Wissen anzunehmen, sondern – so das sogenannte „strong programme" (Bloor 1976) – auch für das Wissen der Physik (z. B. Buchwald 1995), Chemie (z. B. Stokes 1997) oder Mathematik (Heintz 2000). Es entsteht damit eine neue Forschungsrichtung der science and technology studies, die in unterschiedlicher Form von einem Mitwirken der Materialität an der Produktion wissenschaftlicher Erkenntnis ausgeht (Knorr Cetina 1981; Callon/Law et al. 1986; Latour/Woolgar 1986; Pickering 1989; Collins/Evand 2002; Hamlin 2008).

Das „Ökologische" der Akteur-Netzwerk-Theorie und den Ansätzen des material turn allgemein bezieht sich also nicht nur auf das Zusammenwirken von Menschen und Dingen in Netzwerken im Alltag, sondern bezieht sich auch auf die Genese des Wissens, mittels dessen das Soziale sich eine Vorstellung vom Außersozialen macht und davon ausgehend mit dem Außersozialen umgeht. Es ist auch eine erkenntnistheoretische Frage, inwieweit wissenschaftliche Wahrheit durch Materialität vorgeprägt oder aber sozial konstruiert sei (etwa Pickering 1993). Damit aber sind sehr materiale Konsequenzen verbunden, wenn aufgrund wissenschaftlichen Wissens und mittels wissenschaftsbasierter Technik auf die Außenwelt eingewirkt wird. Eine Resymmetrisierung von Sozial- und Objektwelt, also eine Einbeziehung von Dingen als gleichberechtigten sozialen Akteuren (Latour 1997), hat mithin weitreichende erkenntnistheoretische, aber auch politische und praktische Implikationen.

Vom grundsätzlichen Ansatz her lässt sich auch der sogenannte *new materialism* den Symmetrisierungsansätzen zuordnen. Anders als die Actor Network Theory stellt sich der *new materialism* (Coole/Frost 2010) in die Tradition kritischer Theoriebildung: Nach dem Marx'schen Materialismus (Produktivkräfte bringen gesellschaftliche Verhältnisse hervor) und dem linguistic turn mit poststrukturalistischen und dekonstruktiven Theoriebildungen (Vgl. den Beitrag von Jennifer Eickelmann in diesem Band), soll nun mit explizitem Rekurs auf Biologie (Grosz 2008) oder Physik (Barad 2012) eine Eigenrealität der Dinge angenommen werden, die gerade nicht auf kulturelle Konstruktionen zurückzuführen ist. Unter Rückgriff auf ältere Autoren (etwa Simondon 1958; Althusser 2010) geht der *new materialism* von einem immanent selbstorganisierenden Potential der Materie aus. Diese Eigenrealität bringt mit sich, nicht Dinge als einzelne Objekte zu fokussieren, sondern sie als Versammlungen, als *assemblages*, zu fassen. Entsprechend sind es nicht Menschen und/oder Dinge, die handeln, sondern Handlungsfähigkeit ist als *distributed agency* verteilt (Bennett 2010: 21), findet als *Intraaktion* statt (Barad 2012), ereignet sich im *Dazwischen* (Massumi 2010: 69).

Obwohl der *new materialism* sich nicht direkt als Teil der Actor-Network-Theory Akteur-Netzwerk-Theorie versteht und expliziter an eine philosophische Tradition anschließt (Althusser, Heidegger, Deleuze), besteht doch eine Wahlverwandtschaft zwischen beiden. Offensichtlich wird dies im paradigmatischen Konzept der *assemblage*. Heidegger prägt in seiner Daseinsanalytik das Verständnis von Dingen als „Zeug", die als „Zeugganzes" einen Versammlungscharakter aufweisen (Heidegger 1926/1993; Heidegger 2000: 66ff). Bereits Latour hatte für seine Überlegungen zum Parlament der Dinge auf Heideggers Dingkonzeption zurückgegriffen (Latour 1999c). Das Konzept der Assemblage im *new materialism* (und von der Intention her auch bei Latour) verzichtet zwar auf das menschlich-schaffende Element bei Heidegger, greift aber dessen Gedanken des Versammelnden auf. Alles ist im Fluss. In Anhäufung und Verbindung manifestiert sich ein Eigensinn der Dinge, aktives Handeln steht als Konzept in Frage. Wie die Akteur-Netzwerk-Theorie sind auch die Studien des *new materialism* vor allem mikrosoziologisch orientiert. Der Eigensinn der Dinge wird untersucht an Fällen wie dem pazifischen Müllstrudel oder verschiedenen Beispielen von Schutt (Bennett 2012). Die „entropische Tendenz" der Dinge (Graham/Thrift 2007) wird an konkreten Dingzusammenhängen aufgezeigt.

Symmetrisierungsansätze sind Ökologische Theorien vor allem insofern, als sie ausgehend von dessen Problematisierung das Verhältnis zwischen Sozialem und Außersozialem reflexiv setzen. Sie sind damit auf einer sozialtheoretischen Ebene ökologisch und lassen sich als sozialtheoretische Perspektiven grundsätzlich auf beliebige Gegenstände anwenden. Gleichwohl sind die behandelten Gegenstände selbst vielfach so gelagert, dass auch diese alltagssprachlich als „ökologisch" bezeichnet werden können, geht es doch um Grenzen naturwissenschaftlichen Wissens oder Müllstrudel. Im Spätwerk Latours wird dieser Bezug besonders offensichtlich: Mit Begriffen wie „Gaia" (Latour 2017) oder dem „Terrestrischen" (Latour 2018) sind starke Bilder des Ökologischen verbunden, in denen Soziales und Außersoziales, Menschen, Dinge und Lebewesen unausweichlich auf ein Zusammenleben verwiesen sind. Das Terrestrische, so Latour, anerkennt die eigenen Abhängigkeiten von Nicht-Menschlichem und bildet damit eine neue Welt – eine Welt, in der der moderne Geist „im Exil ist" und lernen muss, mit den Bedingungen des Lokalen zusammenzuarbeiten (Latour 2018: 54).

## Weltverhältnisse reflexiver Anthropologie

Das Verhältnis zwischen Sozialem und Außersozialem reflexiv zu bestimmen, also nicht das Soziale möglichst unabhängig vom Außersozialen zu definieren, sondern in diese Definition mit aufzunehmen, ist keine leichte Herausforderung, zumal es ja in der Soziologie um das Soziale geht – und gerade nicht um das Psychische oder um die Natur. Die Symmetrisierungsansätze bearbeiten dieses Problem, indem sie an die Stelle der Setzung des Sozialen als einer, verkürzt gesagt, menschlichen Sozialität die Setzung eines Sozialen als Netzwerk von menschlichen und nicht-menschlichen Akteuren setzen. Diese Vorgehensweise hat Vorzüge insbesondere für die empirische Analyse, indem ethnographische Methoden direkt anwendbar sind und angewendet werden. Gleichzeitig ist mit dieser Setzung jedoch verbunden, dass Menschen nach wie vor gesetzt sind, auch wenn sie nun nicht mehr alleine handeln und auch in ihrem Wissen über sich und die Welt die nicht-menschlichen Akteure immer schon ihren Anteil haben.

Die hier als Weltverhältnisse reflexiver Anthropologie zusammengefassten Ansätze wählen für das Problem einer das Außersoziale reflexiv einbeziehenden Bestimmung des Sozialen eine andere Vorgehensweise, indem sie bereits die Bestimmung des Menschen reflexiv ansetzen. Gemeinsamer Bezugspunkt dieser ökologischen Theorien ist der Ansatz von Helmut Plessner zur Bestimmung des Wesens des Menschen. Ausgehend von der Überlegung, dass eine Zeitentzogenheit der Erkenntniskategorien (Plessner 1975: 10) angesichts fortschreitender Kenntnis über die Unterschiedlichkeit von Kulturen nicht mehr angemessen ist, geht es Plessner darum, den Menschen als offene Frage zu behandeln und eine über unterschiedliche politische, philosophische oder somatische Konstellationen hinweg taugliche analytische Richtschnur für dessen Bestimmung zu entwickeln. Es ist wenig überraschend, dass Plessners Ansatz seit einiger Zeit von verschiedenen Seiten aufgegriffen wird, um die Weltverhältnisse der modernen Gesellschaft vor dem Hintergrund ihrer sich aufdrängenden Gefährdung neu zu denken (vgl. Kämpf 2001; Block 2016; Henkel 2019).

Die Besonderheit des plessnerschen Ansatzes liegt darin, den Menschen nicht allein durch Geist und auch nicht durch Geist und Körper zu bestimmen, sondern ausschließlich von der spezifischen leiblichen Verfasstheit des Menschen aus zu argumentieren. Der Mensch, so beginnt Plessner, ist weder als Objekt einer Wissenschaft, noch als Subjekt eines Bewusstseins zu betrachten, sondern als Objekt und Subjekt seines Lebens (Plessner 1975: 31). Geht man vermutungsweise davon aus, dass es die belebten Dinge der Welt sind, die nicht nur dem Sein angehören, sondern auch das Sein in irgendeinem Sinne als Welt haben – die also im Doppelaspekt von Körperlichkeit und Innerlichkeit leben (ebd. 70) –, so stellt sich die Frage, welche Bedingungen erfüllt sein müssen, damit einem lebendigen Ding das Zentrum seiner Positionalität, kraft dessen es erlebt und wirkt, tatsächlich gegeben ist (ebd. 289).

Die Antwort sieht Plessner darin, dass einem solchen lebenden Ding eine positionale Mitte nicht nur im Vollzug gegeben sein muss, sondern auf diese Gegebenheit reflektiert wird (Plessner 1975: 290f). Die Stufen des Organischen beginnen daher bei der reinen, dinghaften Körperlichkeit, die zunächst nur durch das Bestehen einer Grenze bestimmt ist (ebd.: 104). Von hier aus wendet Plessner das methodische Gesetz an, wonach das Moment der niederen Stufe, als Prinzip gefasst, die nächsthöhere Stufe auszeichnet und kommt schließlich zur Position der exzentrischen Positionalität, auf der schließlich ein Selbstverstehen des Lebens und damit das Menschliche entsteht (ebd.: 291). Das Lebendige liegt hier in dreifacher Form vor: Es ist Körper, womit eine Außenwelt entsteht; es ist im Körper, womit eine Innenwelt entsteht; und es ist außer dem Körper, womit eine Mitwelt entsteht. Ein derart exzentrisch positionales Selbst ist Subjekt seines Erlebens, seiner Wahrnehmungen und seiner Aktionen; es hat mit Sachen zu tun, die als eigene Wirklichkeit ihm gegenübertreten (ebd.: 293).

Für die Bestimmung des Sozialen und dessen Verhältnis zum Außersozialen bietet dieser Ansatz eine Perspektive jenseits der Setzung: Durch die exzentrische Positionsform verfügt der Mensch über die Realität der Mitwelt. Die Mitwelt wird durch die exzentrische Positionsform gebildet, womit diese wiederum deren Realität schafft (Plessner 1975: 300). Mit einer solchen Bestimmung der Mitwelt ist das Soziale und ist das andere soziale Ich jenseits somatischer Qualifizierungen des Menschen und auch jenseits eines menschlichen Bewusstseins definiert. Aufgrund seiner spezifischen, exzentrisch positionalen leiblichen Verfasstheit entspricht es dem Menschen – bzw. dem exzentrisch positionalen Selbst –, zu seiner Umgebung „Du" zu sagen und das, was der Mensch selbst ist, im Widerschein der Welt zu suchen (ebd.: 71). Dem exzentrisch positional verfassten Menschen steht es entsprechend „versuchsweise frei, diese Ort-Zeitlosigkeit der eigenen Stellung für sich selber und für jedes andere Wesen in Anspruch zu nehmen, auch da, wo ihm

Lebewesen gänzlich fremder Art gegenüberstehen" (ebd.: 300). Der Mensch steht daher nach dem Gesetz der vermittelten Unmittelbarkeit zwar in einer indirekten Beziehung zu anderen Dingen, doch indem er von dieser Indirektheit der Beziehung weiß, ist sie ihm unmittelbar gegeben. Zwischen Lebewesen und Umfeld besteht so eine durch ihn selbst vermittelte Beziehung (ebd. 325ff).

Dieser Ansatz Plessners einer Bestimmung des Menschen über dessen exzentrische Positionalität behandelt den Menschen insofern als offene Frage, als sie zwar eine analytische Bestimmung ist, aber gerade damit die empirische Untersuchung unterschiedlicher Ausgestaltungen anregt. Für die Soziologie ist dieser Ansatz weiterführend, indem mit der Bestimmung des Menschen auch die Bestimmung von Sozialität zu einer offenen, sprich: empirischen Frage wird – und damit verbunden die Bestimmung des Verhältnisses von Sozialem und Außersozialem.

Explizit mit der Frage nach den Grenzen des Sozialen greift Gesa Lindemann die Plessnersche reflexive Anthropologie für die Soziologie auf (vgl. dazu Henkel 2022a). Dies zielt darauf, die Soziologie auf eine ent-anthropologisierte sozialtheoretische Grundlage zu stellen: Die Soziologie, so Lindemann, teilt den begrifflichen und methodischen Konsens, nach dem eine Beziehung zwischen Alter und Ego konstitutive Bedingung der Entstehung einer spezifisch sozialen Ordnung ist (Lindemann 2003: 17). Gegenstand der Soziologie ist damit eine durch Akteure vorgedeutete Welt, so dass methodologisch lediglich Konstruktionen zweiter Ordnung möglich sind (ebd. 19). Dies bringt mit sich, die Abgrenzung des Bereichs des Sozialen nicht explizit zum Gegenstand zu machen (ebd. 20). Dadurch wird unsichtbar, dass die Abgrenzung des Sozialen auf zwei Ebenen existiert, nämlich als grundlegende beobachtungsleitende Annahme und als praktisch wirksame Abgrenzung im Objektbereich (ebd.).

Die Möglichkeit, Sozialität als verkörpert zu denken, bleibt mehr oder weniger ausgeschlossen (Lindemann 2009: 166). Diese unkörperlichen Variationen (ebd.), dieses „Feld des engelsgleichen sozialen Sinns" (Lindemann 2009: 181) aber gilt es zu verlassen, um leiblich-affektive Zuständlichkeit sozialer Akteure, die Bedeutung physischer Gewalt für Sozialität und die Wirksamkeit von Technik als Medium der Abstimmung zwischen Ego und Alter soziologisch fassen zu können (Lindemann 2009: 172). Obwohl Lindemann keinen empirischen Fokus im Bereich der Umweltsoziologie hat, geht doch auch ihr Ansatz davon aus, dass das Verhältnis von Sozialem und Außersozialem in die Bestimmung des Sozialen reflexiv einfließen muss, weil das Soziale als prekär und potentiell gefährdet angesehen wird.

Lindemanns reflexive philosophische Anthropologie setzt keine normativen Annahmen über den Menschen absolut. Stattdessen geht sie systematisch davon aus, dass die Frage, wer ein sozialer Akteur ist, ausschließlich empirisch zu beantworten ist (vgl. etwa Lindemann 2002: 14). Damit entsteht die Anforderung, die soziologisch relevante Bezugsgröße sozialtheoretisch zu bestimmen, ohne dabei auf den Menschen direkt zuzugreifen. Im Anschluss an Plessner geht Lindemann hier von dem Konzept der exzentrischen Positionalität aus. Ein exzentrisch positionales Selbst hat die Möglichkeit zu fragen, inwieweit sich in der Umwelt noch andere befinden, bei denen ebenfalls eine exzentrisch positionale

Umweltbeziehung besteht (ebd. 38f). Dabei wird hier im ersten Schritt offen gelassen, welche begegnenden Wesen eine entsprechend komplexe Umweltbeziehung aufweisen (ebd. 24), da die Frage nach dem wer oder was des Menschen in Prozessen gesellschaftlicher Deutung entschieden wird (ebd. 26), wobei „der Dritte" Bedingung einer operativen Lösung des Grenzproblems ist (ebd. 115f sowie Lindemann 2006). Die Beziehung zwischen Ego und Alter wird damit um Tertius erweitert, woraus ein triadischer Kommunikationsbegriff resultiert (Lindemann 2014: 119ff). Zugleich ist die Frage, wer ein sozialer Akteur ist, nunmehr ausschließlich empirisch beantwortbar (ebd. 14).

Mittels dieses Ansatzes lassen sich jetzt gesellschaftliche Grenzregime untersuchen, also Prozesse der Selbstbegrenzung personaler Vergesellschaftung und der Grenzrealisierung (Lindemann 2009: 77f). Das „anthropologische Quadrat" macht Lindemann als Grenzeinrichtung der Moderne aus (ebd. 83ff). Diese Theoriefigur beschreibt, wie die normative Sonderstellung des Menschen institutionalisiert wird. Während bis ins 18. Jahrhundert in Europa neben Menschen auch andere Entitäten personale Träger des Vergesellschaftungsprozesses waren, wird nun in den Menschenrechten eine vierfache Grenzziehung institutionalisiert: gegenüber dem Lebensanfang, dem Tod, der Maschine und dem Tier (ebd. 83f). Nach den bereits vorliegenden Untersuchungen zum (Hirn-)Tod erfolgen Studien zur Grenze gegenüber den Tieren (Lindemann 2009: 117ff), zum Lebensanfang und zur Maschine bzw. Robotik (Lindemann/Matsuzaki 2014; Lindemann 2015). Derart empirisch eingebettet münden die Überlegungen schließlich im Entwurf einer operativen Sozialtheorie mehrdimensionaler Ordnungsbildung (Lindemann 2014), die Gesellschaft und deren Entwicklung umfassender zu untersuchen erlaubt. Dieser Ansatz erfüllt nicht nur den Anspruch, das Soziale umfassender zu denken, indem Technik als kommunikativer Sinnvorschlag Teil institutionalisierter Gesamthandlungen sein kann (ebd. 179ff) und indem Gewalt als ordnungsbildendes Phänomen neu reflektiert wird (ebd. 245ff). Vor allem lassen sich nun im Sinne einer Erweiterung von Gesellschaftstheorie unterschiedliche Typen von Weltzugängen unterscheiden: neben der individualisierten Vergesellschaftung der modernen Gesellschaft nämlich die dividualisierende und die kontingente Mehrfachvergesellschaftung (ebd. 291ff). Dies eröffnet Perspektiven auf unterschiedliche Formen sinndimensional jeweils kohärenter Weltzugänge, wie sie in den anschließenden gesellschaftstheoretischen Schriften weitergeführt werden (Lindemann 2018). Nicht zuletzt lässt sich gerade aus dieser Perspektive eine Strukturnotwendigkeit von Kritik ableiten (ebd. 299).

Von den verschiedenen Ansätzen, die unter Rückgriff auf Plessner Ansätze Ökologischer Theorie in der Soziologie entwickeln, ist abschließend die Resonanztheorie von Hartmut Rosa hervorzuheben (Rosa 2016). Auch dieser Ansatz geht von einer Gefährdung des Sozialen aus, hier beobachtet als mögliche Resonanzkatastrophe, die gerade aus dem Verlangen nach einer Anverwandlung von Welt resultiert (vgl. auch Henkel 2016). Unter Rückgriff auf Plessners philosophische Anthropologie, das Konzept der kognitiven Landkarten von Charles Taylor und einer Kritik der Entfremdung bestimmt Rosa den Begriff der Resonanz sozialtheoretisch und entwickelt mit der These einer Dialektik von Resonanz und Entfremdung zugleich die kritische Theorie auch gesellschaftstheoretisch weiter.

Resonanz bezeichnet einen spezifischen Modus, wie Subjekt und Welt zueinander in Beziehung treten: Nämlich nicht im Modus einer Beherrschung oder eines Verfügbar-Machens, sondern im Modus einer einwirkenden, prozessorientierten und antwortenden Selbstwirksamkeit. Im Gegensatz zu einem stummen Weltverhältnis, in dem Welt als Objekt behandelt wird, basiert eine Beziehung der Resonanz darauf, dass Subjekt und Welt jeweils „mit eigener Stimme sprechen", also, um Rosas physikalische Metapher zu verwenden, über eine Eigenschwingung verfügen. Resonante Weltbeziehungen zeichnen sich daher stets durch ein Element des Unverfügbaren aus, auf das sie konstitutiv angewiesen sind – Subjekt und Welt *werden* erst auf diese Weise (Rosa 2016: 280–330).

Von Plessner übernimmt Rosa die Unterscheidung von Subjekt und Welt sowie die Differenzierung von Mitwelt, Außenwelt und Innenwelt, hier gefasst als drei Typen von Resonanzachsen: horizontale Resonanzachsen, die mit Familie, Freundschaft und Politik die soziale Welt betreffen; diagonale Resonanzachsen, die mit Objekten, Arbeit, Schule, Sport und Konsum wesentlich die Außenwelt, also Materialität und Körper, betreffen; sowie schließlich vertikale Resonanzachsen, die mit Religion, Natur, Kunst und Geschichte die Affektionen der Innenwelt betreffen. Genutzt für eine gesellschaftstheoretische Analyse der modernen Gesellschaft zeigt Rosa die Moderne als ein von Resonanzerwartungen getriebenes Programm zur Verbesserung der Selbstwirksamkeit, die sich zugleich als Geschichte einer Resonanzkatastrophe wie als Geschichte gesteigerter Resonanzsensibilität auffassen lässt. Eine Kritik der modernen Weltbeziehung schließt an Rosas Überlegungen zur Beschleunigungsgesellschaft (Rosa 2005) an: Eine auf Wettbewerb und Beschleunigung ausgerichtete Gesellschaft erzwingt demnach eine ressourcenorientierte Lebensführung, in der die Welt in ihren verschiedenen Dimensionen als Objekt behandelt wird. Damit aber brechen die für die Subjekte konstitutiven Resonanzachsen tendenziell zusammen. Eben die Ursachen der Krisen der Moderne bergen, so Rosa, zugleich das Potenzial ihrer eigenen Beseitigung – und eine Kritik der Resonanzverhältnisse kann durch eine Beförderung der Einsicht in die Verhältnisse zu eben jener Entwicklung einer Überwindung der Krisen beitragen (Rosa 2016: 517ff).

Als Ökologische Theorie lässt sich Rosas Resonanztheorie fassen, indem hier ausgehend von der Beobachtung problematischer Entwicklungen der modernen Gesellschaft das Verhältnis von Subjekt und Welt reflexiv-kritisch in den Blick genommen wird. Weltbeziehungen sind dabei im Anschluss an Plessner als körperliche Weltbeziehungen angenommen, so dass die Beziehung zum eigenen Leib als kulturelles Phänomen mit in den Blick gerät und mit dem Körper Materialität als Basis von Symbolverarbeitung, Objektbeziehungen in Arbeit oder Konsum, schließlich wird ganz generell die Unterscheidung von Natur und Kultur als ebenso spezifische wie historisch kontingente Form neuzeitlicher Weltbeziehungen thematisiert. Damit geht einher, dass Resonanz zwar als normatives Konzept bestimmt ist, indem sie als Maßstab eines klingenden Lebens und damit als Kriterium einer normativ orientierten Sozialphilosophie etabliert wird (S. 294f). Doch werden keine konkreten Praktiken, Maßstäbe oder Resonanzachsen normativ aufgewertet: Die Resonanzsphären und -achsen der westlichen Moderne sind kontingent, in außereuropäischen Kulturräumen können sich andere Resonanzbeziehungen konfigurieren

(S. 296f). Die Soziologie der Weltbeziehung ist eine Kritik historisch realisierter Resonanzverhältnisse, betrachtet Weltbeziehungen aber als historisch und kulturell genuin variable Gesamtkonfiguration. Resonanz ist damit wesentlich durch das Moment der Unverfügbarkeit und Veränderlichkeit definiert – gerade darin liegt das „Ökologische" der Resonanztheorie.

## Gesellschaftliche Selbstgefährdung

Die reflexive Einbeziehung des Außersozialen in die Bestimmung des Sozialen ausgehend von dessen vermuteter Gefährdung wird von verschiedenen Ansätzen in diesem Sinne Ökologischer Theorien also unterschiedlich gelöst. Während die Symmetrisierungsansätze das Zusammenwirken von Sozialem und Außersozialem annehmen, wird das Außersoziale in Ansätzen der Weltverhältnisse reflexiver Anthropologie über die Bestimmung des Menschen zugleich in die Bestimmung des Sozialen einbezogen. Ein dritter Typus ökologischer Theorien schließlich setzt gesellschaftstheoretisch an und geht von einer gesellschaftlichen Selbstgefährdung aus.

Ausgangspunkt ist die Einsicht, dass Gesellschaft sich nur auf die Natur beziehen kann, die für sie mit ihren kommunikativen Mitteln zugänglich ist – und zugleich wirkt die Gesellschaft mit eben diesen ihr verfügbaren Mitteln auf Natur ein, was wiederum auf sie zurückwirkt. Diese Überlegung wird aus verschiedenen soziologischen Perspektiven ausgeführt. Vor dem Hintergrund verschiedener Unfälle der 1980er-Jahre stellt Ulrich Beck fest, dass die Gegenüberstellung von Natur und Gesellschaft eine Konstruktion des 19. Jahrhunderts ist, die dazu diente, die Natur zu beherrschen und zu ignorieren (Beck 1986: 9). Die Moderne zeichnet sich jedoch durch ein eigentümliches „Mischverhältnis von Natur und Gesellschaft" (ebd. 9) aus: Eine „Atom-Wolke" ist eine „zur Naturgewalt verkehrte und verwandelte Zivilisationsgewalt" (ebd. 9). Gerade indem Natur unterworfen und vernutzt wird, wird sie „von einem Außen- zu einem *Innen*-, von einem vorgegebenen zu einem *hergestellten* Phänomen" (ebd. 9, Hervorhebungen im Original). In seinem auch interdisziplinär und öffentlich vielbeachteten Werk zur *Risikogesellschaft* formuliert Ulrich Beck als ein konstitutives Merkmal der reflexiven Moderne, dass sich Risiken und Schädigungen „implizit und ungehemmt von freier (!) Entscheidung überall" einschleichen (Beck 1986: S. 54). Es ist mithin Aufgabe gesellschaftlicher und gesellschaftstheoretischer Analyse, nicht nur diese neue Logik der Reichtumsverteilung und Risikoverteilung zu untersuchen (ebd. S. 25ff), sondern auch die Veränderung von Lebensformen, Geschlechterverhältnissen, Erwerbsarbeit, Wissenschaft und Politik (ebd. passim).

Das Außersoziale wird in diesem Ansatz einbezogen durch die Untersuchung der Art und Weise, wie Gesellschaft als das Soziale auf die Umwelt als das Außersoziale reflektiert, wie sich dieser gesellschaftliche Umweltbezug verändert und wie dies mit gesellschaftlichem Wandel verbunden ist. Hierzu gehören auch Ansätze, die moderne Gesellschaft als Wissensgesellschaft betrachten in dem Sinne, dass nach Boden und Kapital nun Wissen den Stellenwert eines gesellschaftsprägenden Produktionsfaktors einnimmt (etwa Bell 1973; Stehr 1994). Wissenschaftliches Wissen, die Angewiesenheit moderner Gesellschaft auf dieses wissenschaftliche Wissen, aber auch dessen Grenzen und unintendierte negative Implikationen kommt dabei ein besonderer Stellenwert zu. Es ist hier das gesellschaftliche Wissen, das zwischen Außersozialem und der Gesellschaft als Sozialem vermittelt. Welches Wissen Gesellschaft wie erzeugt und wie sie mit diesem Wissen umgeht, ist mithin nicht nur eine soziale oder moralische, sondern zugleich eine ökologische Frage (vgl. etwa Apel 1998; Weingart 2001; Weingart/Carrier et al. 2007; Schuppert/Voßkuhle 2008).

Zu diesen Ansätzen Ökologischer Theorie über die Thematisierung gesellschaftlicher Selbstgefährdung gehört auch die Systemtheorie sozialer Systeme. In diesem Ansatz ist die Unterscheidung zwischen System und Umwelt bereits sozialtheoretisch zentral angelegt, indem sich mit der Bildung eines Systems zugleich dessen Umwelt bildet (Luhmann 1984). Dies gilt zunächst ganz generell, also auch für das Verhältnis von beispielsweise einer Organisation als System und der Gesellschaft als Umwelt dieses Systems. Als Gesellschaftstheorie lässt sich die Systemtheorie aber auch konkret für das Verhältnis zwischen Gesellschaft und Außenwelt anwenden. Ausgangspunkt ist dabei die ebenfalls noch sozialtheoretische Überlegung, dass es Punkt-für-Punkt Beziehungen zwischen Umwelt und System (Luhmann 1986: 33) bzw. Außenwelt und Gesellschaft nicht gibt. Was es gibt, ist eine systeminterne Auslegung, mittels derer die Gesellschaft Annahmen über die Außenwelt trifft und ihre Erwartungen auf diesen aufbaut. Im Falle der Gesellschaft erfolgt dies mittels sinnhafter Kommunikation.

In der modernen, funktional differenzierten Gesellschaft wird Außenweltsensibilität über die Funktionssysteme hergestellt: Funktionssysteme kommunizieren entlang ihrer je eigenen Codierungen und sind insofern operativ geschlossen. So operiert die Wissenschaft entlang des Codes wahr/unwahr oder die Wirtschaft entlang Zahlung/Nicht-Zahlung. Für die Zuordnung von Ereignissen entlang der Codierung sind funktionssystem-spezifische Programme ausdifferenziert, beispielsweise Theorien in der Wissenschaft oder Preise in der Wirtschaft. Außenwelt wird gesellschaftlich relevant nur, wenn sie eine Selbstirritation eines Funktionssystems auslöst, wenn sie also Ereignis innerhalb einer Codierung wird. In seinem Buch zur „Ökologischen Kommunikation" zeigt Luhmann, wie Außenwelt derart politische Resonanz auslöst, wenn die öffentliche Meinung ein Thema aufnimmt (Luhmann 1986: 175ff); wirtschaftliche Resonanz, wenn sich Preise ändern (ebd. 101ff); wissenschaftliche Resonanz, wenn eine entsprechende Theorie entsteht (ebd. 150ff).

Funktionssysteme sind jeweils auf verschiedene Funktionen bezogen; sie können sich daher nicht wechselseitig ersetzen. Diese Nichtsubstituierbarkeit wird durch zunehmende Interdependenzen – wechselseitige Abhängigkeit der Funktionssysteme vom Funktionieren der jeweils anderen – kompensiert (Luhmann 1986: 208). Implikation dieser Interdependenzen ist, dass sich durch die Reaktion eines Funktionssystems auf eine Außenweltänderung die gesellschaftsinterne Umwelt der anderen Funktionssysteme ändert, die sich dadurch potentiell irritieren lassen. Es genügt also nicht, die Reaktionen der einzelnen Funktionssysteme zu untersuchen – wichtig ist die innergesellschaftliche Dynamik, die daran anschließt. Es kann hier zu viel Resonanz entstehen, wenn sich eine eigentlich kleine Änderung in einem Funktionssystem zu erheblichen Störungen in anderen aufschaukelt; ebenso möglich ist zu wenig Resonanz, die Irritation versickert dann sozusagen in dem Funktionssystem, in dem sie auftrat (ebd. 218ff; Luhmann spricht später an Stelle von „Resonanz" von „struktureller Kopplung", vgl. Henkel 2017b).

Ökologische Kommunikation erfolgt in der Gesellschaft und mit den Mitteln der Gesellschaft. Die Soziologie kann Theorie fruchtbar machen, um das Verhältnis von Gesellschaft und Außenwelt besser zu verstehen – so lässt sich beobachten, dass infolge der Ausweitung von Entscheidungsmöglichkeiten durch Zunahme von Wissen und durch Technologieentwicklungen eine Problemverschiebung aus dem Gefahren- in den Risikobereich erfolgt (Luhmann 1993: S. 162) oder wie mit einer konkreten, auf Außenwelt bezogenen Irritation wie Covid-19 gesellschaftlich umgegangen wird (Henkel 2020). Dies ändert aber nichts an der Möglichkeit, „dass ein System so auf seine Umwelt einwirkt, dass es später in dieser Umwelt nicht mehr existieren kann" (Luhmann 1986: S. 38).

## Methodologische Konsequenzen Ökologischer Theorien

Entsprechend den unterschiedlichen Typen Ökologischer Theorien sind auch die methodologischen Konsequenzen vielfältig. So gehen die Ansätze einer Symmetrisierung von Sozialem und Außersozialem mit einer verstärkten Einbeziehung ethnographischer Methoden in die Soziologie einher, die methodologisch eingesetzt werden, um Bezüge und Wirkungsverhältnisse empirisch zu untersuchen. Ansätze der Weltverhältnisse reflexiver Anthropologie sind gefordert, methodisch-methodologische Konsequenzen aus Bestimmungen über exzentrische Positionalität und deren Weltverhältnisse zu ziehen. Die Untersuchung von Grenzen des Sozialen, von Weltverhältnissen leiblicher Selbst jenseits des modernen Individuums oder von Resonanzverhältnissen bieten dafür vielfältige Anregungen. Die Ansätze gesellschaftlicher Selbstgefährdung mit ihrer gesellschaftstheoretischen Ausrichtung schließlich legen nahe, Außersoziales in soziologischer Gesellschaftstheorie konzeptionell (wieder) einzuführen, nachdem der linguistic turn jedenfalls Systemtheorie und Kritische Theorie davon gerade wegentwickelt hatte (dazu etwa Henkel 2017a; Henkel/Lindemann 2017).

Im Zusammenhang mit methodologischen Konsequenzen Ökologischer Theorien ist zusätzlich zu den bereits diskutierten Ansätzen die Methodologie der Transdisziplinarität zu erwähnen. Es handelt sich dabei um die Methodologie der sozial-ökologischen Forschung, die sich seit den 1980er-Jahren als interdisziplinäres und veränderungsorientiertes Forschungsprogramm entwickelt. Anliegen ist, gesellschaftliche, ökologische und ökonomische Perspektiven zu verbinden, um lösungsorientierte Strategien zum Umgang mit Nachhaltigkeitsproblemen zu entwickeln (Balzer/Wächter 2002). Obwohl die disziplinäre Soziologie Schwierigkeiten mit der normativen Veränderungsorientierung des Nachhaltigkeitskonzepts hat, gehen soziologische Perspektiven in diesen interdisziplinären Forschungsansatz ein, der angeleitet durch gerechtigkeitstheoretische Prämissen eine nachhaltige Entwicklung nicht nur für erstrebenswert, sondern auch für umsetzbar hält, etwa im Rahmen von lokalen Agenda-21-Prozessen (Jahn/Kluge et al. 1987; Brand 2002; Brand/Warsewa 2003; Becker/Jahn 2006; Fischer-Kowalski/Erb 2006).

Damit verbunden ist die Methodologie der Transdisziplinarität mit dem Kernanliegen, wissenschaftliche und nicht-wissenschaftliche Akteure gleichberechtigt in einem Prozess der Wissensproduktion zu beteiligen, um durch die Integration ihrer Wissensbestände sozial robustes – unter verschiedenen Perspektiven abgestimmtes – Wissen zu erzeugen (*socially robust knowledge*) (Nowotny 1999) und damit einer echten Lösungsorientierung zu dienen (Maasen/Lengwiler et al. 2006). Hintergrund ist die Überlegung, dass auch wissenschaftliches Wissen *hergestellt* wird und also spezifischen Kontextbedingungen unterliegt (Knorr Cetina 1981). Zudem geht wissenschaftliche Erkenntnisproduktion in der Wissensgesellschaft in einen „mode 2" über (Gibbons/Limoges et al. 1994), indem genauso in Unternehmen, *think-tanks* und *Non-profit*-Organisationen valides und für gesellschaftliche Entwicklung unabdingbares Wissen hergestellt wird (Guston 2001). Es genügt daher nicht, allein akademisch-wissenschaftliches Wissen zu berücksichtigen – was, wie und von wem erforscht wird, ergibt sich vielmehr erst in der gesamtgesellschaftlichen Zusammenschau (Jasanoff 2004).

Mit diesem im Kern methodologischen Anliegen, unterschiedliche Wissensbestände im Forschungsprozess zu integrieren, um bezogen auf lebensweltliche Problemstellungen zu den bestmöglichen Ergebnissen zu kommen, ist die transdisziplinäre Forschung nicht zuletzt praktisch relevant. Davon zeugen Handbücher (Hirsch Hadorn/Hoffmann-Riem et al. 2006; Bergmann/Jahn et al. 2010) ebenso wie verwendungsorientierte Schriften (Bergmann/Brohmann et al. 2005).

Die Integration unterschiedlicher Wissensformen und damit unterschiedlicher sozialer Konstruktionen des Außersozialen in einem transdisziplinären Forschungsprozess kann als ein Vorschlag gesehen werden, angesichts einer Gefährdung des Sozialen aus der Reflexion des Verhältnisses von Sozialem und Außersozialem methodologische Konsequenzen zu ziehen. Zwar nicht in der Soziologie primär verortet ist dieser Ansatz für soziologische Forschung verwendbar und anregend.

## Aktuelle Anwendungen Ökologischer Theorien

Bestimmt man Ökologische Theorien als solche Perspektiven, die anlässlich einer Problematisierung des Verhältnisses von Sozialem und Außersozialem auf die Reflexion dieses Verhältnisses abzielen, so sind deren Anwendungen offensichtlich nicht nur umweltbezogene Fragestellungen. Obwohl das Ökologische im alltagssprachlichen Sinne von „Natur" oder „Umwelt" betreffenden Themen für Ökologische Theorien wichtige empirische Ausgangspunkte sind, so erstrecken sich deren Anwendungen doch keineswegs nur auf diesen engeren Gegenstandsbereich. Bereits bei solchen Anwendungen auf ökologische Themen im engeren Sinne sind diese soziologisch gewendet: Es geht um das gesellschaftliche Wissen über Umwelt, um das Mitwirken von Materialität in der gesellschaftlichen Herstellung solchen Wissens, um gesellschaftliche Irritationsfähigkeit, Entwicklungsdynamiken der Moderne oder ganz grundsätzlich die Bestimmung des Menschlichen, des Materiellen und deren Verhältnis zueinander. Darüber hinaus bestehen andere Anwendungszusammenhänge insbesondere im Bereich der Technik. Dazu gehört Alltagstechnologie mit der Frage nach dem Zusammenwirken von Menschen und Dingen ebenso wie die Auswirkungen von Digitalisierung auf das Soziale und die Bestimmung von Sozialität. Nicht zuletzt geht es Ökologischen Theorien auch um normative Fragen etwa nach dem Stellenwert von Gewalt, in Materialität eingeschriebener sozialer Ordnung oder Bedingungen eines guten Lebens.

In der bisherigen soziologischen Forschung zu Umwelt und Klima spielt der Körper keine Rolle. Jedenfalls nicht explizit. Dennoch ist der Körper bei näherer Betrachtung durchaus behandelt und bietet im Kontext der aktuellen Weiterentwicklung von Umwelt- und Klimadebatte hin zum Diskurs des Anthropozäns eine möglicherweise entscheidende Perspektive: Im Kontext ökologischer Gefährdung ist es der Körper mit seinen Verletzungen und seinen Ängsten, der Anlass zu einem gesellschaftlichen Diskurs gibt und in Aushandlungsprozessen als traditionell zu schützende Kategorie ein wesentlicher Maßstab von Regulierung ist. Weiter ist der Körper Medium einer Dezentrierung des Menschen in einem Netzwerk von Repräsentationen, in dem körperlich vermittelte sinnliche Wahrnehmung kaum mehr relevant ist. Schließlich gewinnt der Körper über den Verweis auf den Menschen als Gattungswesen im Anthropozändiskurs eine zentrale Position, werden die biologischen und geologischen Existenzbedingungen menschlichen Lebens und menschlicher Kultur doch gerade in ihrer Gefährdung offensichtlich. Diese drei Elemente hängen insofern zusammen, als sie aus verschiedenen Perspektiven eine Dichotomie von Natur und Kultur infrage stellen: In Verletzung und Angst drängt sich die Natur der Kultur auf, das Netzwerk verweist auf die miteinander verflochtenen Übersetzungsverhältnisse zwischen Natur und Kultur, das Konzept des Gattungswesen drückt die dialektische Ambivalenz beider Dimensionen aus (vgl. Henkel 2022b).

Ökologische Theorien sind mit dieser breiten thematischen Anwendbarkeit ihrer vielfältigen sozialtheoretischen Ansätze auf Aktualität gewinnende Fragestellungen direkt anwendbar. Dies zeigt sich etwa in der Reflexion von Covid-19, wozu Ökologische Theorien umfassend beigetragen haben (als Überblick vgl. Volkmer/Werner 2020). Ebenso haben Ökologische Theorien kontinuierlich und mit wechselnden Schwerpunkten zu einer soziologischen Nachhaltigkeitsforschung beigetragen (vgl. etwa Wendt/Böschen et al. 2018; Block/Brand et al. 2019; SONA 2021). Als damit verwandte Anwendungsperspektive entwickelt sich die interdisziplinäre Anthropozän-forschung. Der Begriff des Anthropozäns entsteht zu Beginn des 21. Jahrhunderts als Bezeichnung der geologisch nachweisbaren Veränderungen, in denen sich der Einfluss des Menschen auf das Welterdsystem seit der Industrialisierung sukzessive manifestiert (Crutzen 2002). Am Begriff Anthropozän entspannt sich eine interdisziplinäre Debatte, die das Verhältnis von Natur und Kultur, von Sozialität und Materialität, von Mensch und Welt angesichts des Klimawandels, der Grand Challenges und der globalen Risiken neu zu bestimmen sucht (Horn/Bergthaller 2019). Ökologische Theorien bieten vielfältige Perspektiven, zu diesem Diskurs soziologisch beizutragen.

## Literatur

Althusser, Louis (2010): Materialismus in Bewegung. Zürich:
Apel, Karl-Otto (1998): Die Konflikte unserer Zeit und das Erfordernis einer ethisch-politischen Grundorientierung S. 15–41 in K.-O. Apel (Hrsg.), Diskurs und Verantwortung. Das Problem des Übergangs zur postkonventionellen Moral. Frankfurt: Suhrkamp.
Balzer, Ingrid / Wächter, Monika Hrsg. (2002): Sozial-ökologische Forschung – Ergebnisse der Sondierungsprojekte aus dem BMBF-Förderschwerpunkt. München: Ökom.
Barad, Karen (2012): Agentieller Realismus. Über die Bedeutung materiell-diskursiveer Praktiken. Frankfurt am Main: Suhrkamp.
Beck, Ulrich (1986): Risikogesellschaft. Auf dem Weg in eine andere Moderne. Frankfurt: Suhrkamp.
Becker, Egon / Jahn, Thomas Hrsg. (2006): Soziale Ökologie: Grundzüge einer Wissenschaft von den gesellschaftlichen Naturverhältnissen. Frankfurt am Main: Campus.
Bell, Daniel (1973): The Coming of Post-Industrial Society: A Venture in Social Forecasting. New York: Basic Books.
Bennett, Jane (2010): Vibrant Matter. A political ecology of things. London: Durham.
Bennett, Jane (2012): Powers of the Hoard: Further Notes on Material Agency S. 237–269 in J. J. Cohen (Hrsg.), Animal, Vegetable, Mineral: Ethics and Objects. New York: Brooklyn.
Bergmann, Matthias / Brohmann, Bettina / Hofmann, Esther / Loibl, M. Céline / Rehaag, Regine / Schramm, Engelbert / Voß, Jan-Peter (2005): Qualitätskriterien transdisziplinärer Forschung. Ein Leitfaden für die formative Evaluation von Forschungsprojekten. ISOE-Studientexte, 13. Frankfurt am Main: ISOE – Institut für sozial-ökologische Forschung.
Bergmann, Matthias / Jahn, Thomas / Knobloch, Tobias / Krohn, Wolfgang / Pohl, Christian / Schramm, Engelbert (2010): Methoden transdisziplinärer Forschung. Ein Überblick mit Anwendungsbeispielen. Frankfurt am Main: Campus.
Block, Katharina (2016): Von der Umwelt zur Welt. Der Weltbegriff in der Umweltsoziologie. Bielefeld: transcript.
Block, Katharina / Brand, Karl-Werner / Henkel, Anna / Barth, Thomas / Böschen, Stefan / Dickel, Sascha / Görgen, Benjamin / Köhrsen, Jens / Pfister, Thomas / Wendt, Björn (2019): Soziologie der Nachhaltigkeit. Zwischen Transformation und Reflexion. SuN Soziologie und Nachhaltigkeit Sonderausgabe IV: 1–17.
Bloor, David (1976): The Strong Programme in the Sociology of Knowledge S. 1–19 in D. Bloor (Hrsg.), Knowledge and Social Imagery. London: Routledge.
Brand, Karl-Werner (2002): Politik der Nachhaltigkeit. Nachhaltigkeitsforschung in der Helmhotz-Gemeinschaft. Berlin: Edition Sigma.
Brand, Karl-Werner / Warsewa, G. (2003): Lokale Agenda 21: Perspektiven eines neuen Politiktyps. GAIA 12: 15–23.
Buchwald, Jed Hrsg. (1995): Scientific Practice. Theories and Stories of Doing Physics. Chicago and London: The University of Chicago Press.
Callon, Michel / Law, John / Rip, Arie Hrsg. (1986): Mapping the Dynamics of Science and Technology. Lon: Macmillan.
Collins, H.M. / Evand, Robert (2002): The Third Wave of Science Studies: Studies of Expertise and Experience. Social Studies of Science 32 (2): 235–296.
Coole, Diana / Frost, Samantha Hrsg. (2010): New Materialism. Ontology, Agendy and Politics. London: Durham.
Crutzen, Paul (2002): Geology of Mankind. Nature 415 (23).
Crutzen, Paul / Stoermer, Eugene (2000): The ‚Anthropocene'. Global Change Newsletter 41: 17–18.
Fischer-Kowalski, M. / Erb, K. (2006): Epistemologische und konzeptionelle Grundlagen der Sozialen Ökologie. Mitteilungen der Österreichischen Geografischen Gesellschaft 148: 33–56.

Gibbons, Michael / Limoges, Camilles / Nowotny, Helga / Schartzman, Simon / Scott, Peter / Trow, Martin (1994): The New Production of Knowledge. The Dynamics of Science and Research in Contemporary Societies. London: Sage.

Graham, Stephen / Thrift, Nigel (2007): Out of Order: Understanding Repair and Maintenance. Theory Culture Society 24 (1): 1–25.

Groß, Matthias (2001): Die Natur der Gesellschaft. Eine Geschichte der Umweltsoziologie. Weinheim: Juventa.

Grosz, Elizabeth (2008): Darwin and Feminism: Preliminary Investigations For a Possible Alliance S. 23–51 in S. Alaimo / S. Hekman (Hrsg.), Material Feminisms. Bloomington.

Guston, D.H. (2001): Boundary Organizations in Environmental Policy and Science: An Introduction. Science, Technology, & Human Values 26: 399–408.

Haeckel, Ernst (1866): Generelle Morphologie der Organismen. Allgemeine Grundzüge der organischen Formen-Wissenschaft, mechanisch begründet durch die von Charles Darwin reformirte Descendenz-Theorie (Band 2). Berlin: Reimer (http://www.biodiversitylibrary.org).

Hahn, Hans-Peter (2005): Materielle Kultur. Eine Einführung. Berlin: Reimer.

Hamlin, Christopher (2008): Third Wave Science Studies. Toward a History and Philosophy of Expertise S. in M. Carrier / D. Howard / J. Kourany (Hrsg.), The Challenge of the Social and the Pressure of Practice. Science and Values Revisited. Pittsburgh: University of Pittsburgh Press.

Heidegger, Martin (1926/1993): Sein und Zeit. Tübingen: Max Niemeyer.

Heidegger, Martin (2000): Das Ding S. 165–188 in M. Heidegger (Hrsg.), Vorträge und Aufsätze. Frankfurt: Kostermann.

Heintz, Bettina (2000): Die Innenwelt der Mathematik. Zur Kultur und Praxis einer beweisenden Disziplin. Wien: Springer.

Henkel, Anna (2014): Soziologie S. 342–350 in S. Samida / M. Eggert / H. P. Hahn (Hrsg.), Materielle Kultur. Ein interdisziplinäres Handbuch. Stuttgart: Metzler.

Henkel, Anna, 2016 Positive Dialektik. Rezension zu <Resonanz. Eine Soziologie der Weltbeziehung> von Hartmut Rosa. Soziopolis

Henkel, Anna (2017a): Die Materialität der Gesellschaft. Soziale Welt 68 Themenheft: Welche Konsequenzen hat eine Einbeziehung von Materialität für die Untersuchung „des Sozialen"? (Gastherausgeberinnen Anna Henkel und Gesa Lindemann) (2–3): 279–300.

Henkel, Anna (2017b): Resonanz zwischen Systemtheorie und Kritischer Theorie S. 105–124 in C. H. Peters / P. Schulz (Hrsg.), Resonanzen und Dissonanzen. Hartmut Rosas kritische Theorie in der Diskussion. Bielefeld: transcript.

Henkel, Anna (2018): Herausforderungen des Anthropozäns als Herausforderungen an die Soziologie. Gesellschaftstheoretische Perspektiven zwischen Beobachtung und Kritik S. 273–300 in H. Laux / A. Henkel (Hrsg.), Die Erde, der Mensch und das Soziale. Zur Transformation gesellschaftlicher Naturverhältnisse im Anthropozän. Bielefeld: transcript.

Henkel, Anna (2019): Digitalisierung der Gesellschaft. Perspektiven der reflexiven Philosophischen Anthropologie auf gesellschaften Wandel durch Digitalisierung S. 19–46 in J. F. Burow / L.-J. Daniels / C. Klinkhamer / J. Kulbatzki / Y. Schütte / A. Henkel (Hrsg.), Mensch und Welt im Zeichen der Digitalisierung. Perspektiven der Philosophischen Anthropologie Plessners. Baden-Baden: Nomos.

Henkel, Anna (2020): Corona-Test für die Gesellschaft. SuN Soziologie und Nachhaltigkeit Sonderband II: Die sozial-ökologische Transformation in der Corona-Krise: 35–47.

Henkel, Anna (2022a): Aufgeklärte Theoriebildung. Zum Verhältnis der Theorie der Weltzugänge zur Systemtheorie sozialer Systeme S. 74–84 in J. Barth / A. Henkel (Hrsg.), Leib. Grenze. Kritik. Festschrift für Gesa Lindemann zum 66. Geburtstag. Weilerswist: Velbrück Wissenschaft.

Henkel, Anna (2022b): Umwelt und Klima S. 553–568 in R. Gugutzer / G. Klein / M. Meuser (Hrsg.), Handbuch Körpersoziologie 2. Forschungsfelder und methodische Zugänge. Wiesbaden: Springer VS.

Henkel, Anna / Lindemann, Gesa Hrsg. (2017): Welche Konsequenzen hat eine Einbeziehung von Materialität für die Untersuchung „des Sozialen"? Baden-Baden: Nomos.

Hirsch Hadorn, Gertrude / Hoffmann-Riem, H. / Biber-Klemm, S. / Grossenbacher-Mansuy, W. / Joye, D. / Pohl, C. / Wiesmann, U. / Zempt, E. Hrsg. (2006): Handbook of Transdisciplinary Research. Berlin: Springer.

Horn, Eva / Bergthaller, Hannes (2019): Anthropozän zur Einführung. Hamburg: Junius.

Jahn, Thomas / Kluge, Thomas / Reusswig, F / Scharping, M. / Scheich, E. / Schultz, I. / Willführ, C., 1987. Soziale Ökologie. Gutachten zur Förderung der sozial-ökologischen Forschung in Hessen. Erstellt im Auftrag der Hessischen Landesregierung. Frankfurt am Main.

Jasanoff, Sheila Hrsg. (2004): States of Knowledge. The co-production of science and social order. London/New York: Routledge.

Kämpf, Heike (2001): Helmuth Plessner. Eine Einführung. Düsseldorf: Parerga.

Knorr Cetina, Karin (1981): The Manufacture of Knowledge. An Essay on the Constructivist and Contextual Nature of Science. Oxford: Pergamon Press.

Latour, Bruno (1992): Where are the missing masses? The sociology of a few mundane artifacts S. 225–258 in W. Bijker / J. Law (Hrsg.), Shaping Technology/Building Society: Studies in Sociotechnical Change. Cambridge, MA: MIT Press.

Latour, Bruno (1997): Nous n'avons jamais été modernes. Essai d'anthropologie symétrique. Paris: La Découverte.

Latour, Bruno (1998): To modernize or to ecologize? That's the question S. in N. Castree / B. Willems-Braun (Hrsg.), Remaking Reality: Nature at the Millenium. London: Routledge.

Latour, Bruno (1999a): From Fabrication to Reality. Pasteur and His Lactic Acid Ferment S. 113–144 in B. Latour (Hrsg.), Pandora's Hope. Essays on the Reality of Science Studies. Cambridge Mass.: Harvard University Press.

Latour, Bruno (1999b): Pandora's Hope. Essays on the Reality of Science Studies. Cambridge/London: Harvard University Press.

Latour, Bruno (1999c): Politiques de la nature. Comment faire entrer les sciences en démocratie. Paris: La Découverte.

Latour, Bruno (2017): Kampf um Gaia: Acht Vorträge über das neue Klimaregime. Berlin: Suhrkamp.

Latour, Bruno (2018): Das terrestrische Manifest. Berlin: Suhrkamp.

Latour, Bruno / Woolgar, Steve (1986): Laboratory Life. The Construction of Scientific Facts. Princeton, New Jersey: Princeton University Press.

Linde, Hans (1972): Sachdominanz in Sozialstrukturen. Tübingen: Mohr Siebeck.

Lindemann, Gesa (2002): Die Grenzen des Sozialen. Zur sozio-technischen Konstruktion von Leben und Tod in der Intensivmedizin. München: Fink.

Lindemann, Gesa (2003): Beunruhigende Sicherheiten. Zur Genese des Hirntodkonzeptes. Konstanz: UVK.

Lindemann, Gesa (2006): Die Emergenzfunktion und die konstitutive Funktion des Dritten. Perspektiven einer kritisch-systematischen Theorieentwicklung. Zeitschrift für Soziologie 35 (2): 82–101.

Lindemann, Gesa (2009): Das Soziale von seinen Grenzen her denken. Weilerswist: Velbrück Wissenschaft.

Lindemann, Gesa (2014): Weltzugänge. Die mehrdimensionale Ordnung des Sozialen. Weilerswist: Velbrück Wissenschaft.

Lindemann, Gesa (2015): Social interaction with robots: three questions. AI & Society 31 (4): 573–575.

Lindemann, Gesa (2018): Strukturnotwendige Kritik. Theorie der modernen Gesellschaft Band 1. Weilerswist: Velbrück.

Lindemann, Gesa / Matsuzaki, Hironori (2014): Constructing the Robot's Position in Time and Space. The Spatio-Temporal Preconditions of Artificial Social Agency. Science, Technology & Innovation Studies 10 (1): 85–106.

Luhmann, Niklas (1984): Soziale Systeme. Frankfurt am Main: Suhrkamp.

Luhmann, Niklas (1986): Ökologische Kommunikation. Kann die moderne Gesellschaft sich auf ökologische Gefährdungen einstellen? Opladen: Westdeutscher Verlag.

Luhmann, Niklas (1993): Risiko und Gefahr S. 138–185 in W. Krohn / G. Krücken (Hrsg.), Riskante Technologien: Reflexion und Regulation. Einführung in die sozialwissenschaftliche Risikoforschung. Frankfrut: Suhrkamp.

Maasen, S. / Lengwiler, M. / Guggenheim, M. (2006): Practices of Transdisciplinary Research: Close(r) Encounters of Science and Society. Introduction to Science & Public Policy Special Issue on Transdisciplinarity. Science & Public Policy 33 (6): 394–398.

Massumi, Brian (2010): Ontomacht. Kunst, Affekt und das Ereignis des Politischen. Berlin:

Meadows, Dennis / Meadows, Donella / Zahn, Erich (1972): Limits to Growth – A Report for the Club of Rome's Project on the Predicament of Mankind. London: Potomac Associates – Universe Books.

Nowotny, Helga (1999): The Need for Socially Robust Knowledge. TA-Datenbank-Nachrichten (3/4): 12–16.

Pickering, Andrew (1989): Living in a Material World: On Realism and Experimental Practice S. 275–298 in D. Gooding / T. Pinch / S. Schaffer (Hrsg.), The Uses of Experiment. Studies in the Natural Sciences. Cambridge: Cambridge University Press.

Pickering, Andrew (1993): The Mangle of Practice. Agency and Emergence in the Sociology of Science. American Journal of Sociology 99 (3): 559–589.

Plessner, Helmuth (1975): Die Stufen des Organischen und der Mensch. Einleitung in die philosophische Anthropologie. Berlin: Walter de Gruyter.

Rammert, Werner (1993): Technik aus soziologischer Perspektive. Opladen: Westdeutscher Verlag.

Rosa, Hartmut (2005): Beschleunigung. Die Veränderung der Zeitstrukturen der Moderne. Frankfurt: Suhrkamp.

Rosa, Hartmut (2016): Resonanz. Eine Soziologie der Weltbeziehung. Berlin: Suhrkamp.

Schuppert, Gunnar Folke / Voßkuhle, Andreas (2008): Governance von und durch Wissen. Baden-Baden: Nomos.

Simondon, Gilbert (1958): Du mode d'existence des objets techniques. Paris: Aubier.

Sona Hrsg. (2021): Soziologie der Nachhaltigkeit. Bielefeld: transcript.

Stehr, Nico (1994): Arbeit, Eigentum und Wissen. Zur Theorie von Wissensgesellschaften. Frankfurt: Suhrkamp.

Stokes, Donald (1997): Pasteur's Quadrant. Basic Science and Technological Innovation. Washington: Brookings Institution Press.

Volkmer, Michael / Werner, Karin Hrsg. (2020): Die Corona-Gesellschaft. Analysen zur Lage und Perspektiven für die Zukunft. Bielefeld: transcript.

Weingart, Peter (2001): Die Stunde der Wahrheit? Weilerswist: Velbrück.

Weingart, Peter / Carrier, Martin / Krohn, Wolfgang (2007): Nachrichten aus der Wissensgesellschaft. Analysen zur Veränderung der Wissenschaft. Weilerswist: Velbrück Wissenschaft.

Weingart, Peter / Engels, Anita / Pasegrau, Petra (2002): Von der Hypothese zur Katastrophe. Der anthropogene Klimawandel im Diskurs zwischen Wissenschaft, Politik und Massenmedien. Unter Mitarbeit von Tillmann Hornschuh. Opladen: Leske + Budrich.

Wendt, Björn / Böschen, Stefan / Barth, Thomas / Henkel, Anna / Block, Katharina / Dickel, Sascha / Görgen, Benjamin / Köhrsen, Jens / Pfister, Thomas / Rödder, Simone / Schloßberger, Matthias (2018): „Zweite Welle?" Soziologie der Nachhaltigkeit – von der Aufbruchsstimmung zur Krisenreflexion. SuN Soziologie und Nachhaltigkeit Sonderausgabe 3: 1–23.

# Ausblick

# Performing Theory in Times Like These – Ausblicke auf zukünftige Herausforderungen soziologischer Theoriediskussionen

Franka Schäfer

### Zusammenfassung

Das Essay von Franka Schäfer skizziert die Bedingungen soziologischer Theoriebildung vor dem Hintergrund aktueller Zeitdiagnosen multipler Krisenhaftigkeit der Gegenwartsgesellschaft. Ausgehend von den akuten Herausforderungen soziologischer Theoriebildung nimmt sie eine praxistheoretische Perspektive ein und diskutiert drängende Herausforderungen wie Digitalisierung, Bedrohung demokratischer Strukturen und insbesondere die Klimakatastrophe in ihrer Bedeutung für die theoretische Fassung des Sozialen.

### Abstract

Franka Schäfer's essay outlines the conditions for sociological theorizing against the background of current diagnoses of multiple crises in contemporary society. Starting from the acute challenges of sociological theory formation, she adopts a practice-theoretical perspective and discusses the pressing challenges of digitalization, the threats to democracy, and especially the climate change in terms of their significance for the theoretical framing of the social.

F. Schäfer (✉)
Universität Siegen, Siegen, Deutschland
E-Mail: Franka.schaefer@uni-siegen.de

© Der/die Autor(en), exklusiv lizenziert an Springer Fachmedien Wiesbaden GmbH, ein Teil von Springer Nature 2025
F. Schäfer, F. Hillebrandt (Hrsg.), *Einführung in die Soziologie*, Einführung in die Soziologie – Themen, Begriffe, Theorien, Forschungspraxis,
https://doi.org/10.1007/978-3-658-48270-1_19

## Einleitung

Wie nicht nur Bourdieu und die mit ihm Arbeitenden betonten (Bourdieu et al. 2011: 81 f.), sind Theorien immer auch Teil einer Praxis und somit Produkte ihrer Zeit. Sie entstehen in Verflechtung mit bestimmten sozialen Bedingungen dieser Praxis, mit Problemlagen und Möglichkeiten und sind von diesen nicht zu trennen (vgl. auch Hillebrandt 2014: 32). Nicht ohne Grund wurden deshalb die Beitragenden des vorliegenden Bandes gebeten, stets eine historische Einordnung der von ihnen vorgestellten Theorien vorzunehmen. Viele Beitragenden betonen deshalb auch, dass die spezifischen Theorien ausschließlich vor diesem ihrem historischen Hintergrund gelesen und genutzt werden können, da die Theoriearbeit, die zu Grunde liegt, immer innerhalb gesellschaftlicher Kontexte stattfand, die berücksichtigt werden müssten. Wie der Mitherausgeber des vorliegenden Bandes in seinem einleitenden Beitrag feststellt, dienten z. B. frühe soziologische Theorien dazu, „das Fach neben anderen etablierten Disziplinen zu konturieren und seinen spezifischen Gegenstandsbereich zu definieren".[1] Dieses Anliegen brachte z. B. im Kontrast zu ökologischen oder phänomenologischen Theorien völlig andere Theoriearchitektoniken hervor. Wie Christian Zimmermann darstellt, ist die Kritische Theorie entsprechend vor dem Hintergrund zu lesen, dass Auschwitz nie wieder sei (vgl. Beitrag Zimmermann) und feministische Theorien und Gender-Theorien haben wie Hoppe und Villa betonen stets einen Bezug zu den vergeschlechtlichten Gesellschaftsordnungen, in denen sie stattfinden (vgl. Beiträge von Hoppe und Villa). Dies scheint bei den herausgegriffenen Theorierichtungen naheliegend, aber auch Praxis- oder Systemtheorien, Handlungstheorien oder Interpretative Theorien variieren in Ausrichtung und Stoßrichtung je nach Entstehungszusammenhang (vgl. Beiträge Prinz, Holzer/Yussuf, Maurer, Meyer).

Insbesondere frühe soziologische Theorien entstanden wie man bei Steg (2023) oder in dem Band von Kiess et al. 2023 lesen kann, vor dem Hintergrund gesellschaftlicher Krisenverhältnisse: „Ausbeutung und Entfremdung (Marx), Anomie (Durkheim), Borniertheit (Simmel) und Sinnverlust (Weber)" (Kiess et al. 2023: 9) sind dabei die rahmenden Krisen, die der rapide soziale Wandel im Alltagsleben der Bürger:innen hervorgerufen hatte (ebd.: 9).

Die Frage, die sich für den schließenden Essay dieses Einführungsbandes ergibt, lautet entsprechend: Was bedeutet die Kontextgebundenheit von Theorien für die Theorieentwicklung unserer Zeit? Was passiert, wenn Soziologie vor dem Hintergrund eines u. a. von Brand (2009) diagnostizierten neoliberalen und imperialen Umbaus des Kapitalismus stattfindet, wenn bestehende Instrumente für Widersprüche der Gegenwart nicht mehr greifen und zu politisch-institutionellen Krisen führen (Brand 2009: 5)? Wenn Krisen zwar als „Ausdruck von tief in den Gesellschaften verankerten Produktions- und Lebensweisen erkannt werden, die sozial spaltend und Natur zerstörend" sind (ebd.: 5), gleichzeitig aber eben auch die Lebens- und Arbeitsweisen bestimmen, die Theorien mit hervorbringen?

---

[1] Hillebrandt, Frank im selben Band in seinem Beitrag über *Frühe Theorien der Soziologie. Kontroversen um Begriffs- und Problemdefinitionen.*

Die multiple Krisenhaftigkeit gegenwärtiger Gesellschaften (Kiess et al. 2023: 9; Mahnkopf/Altvater 2013: 53; Brand 2009: 1) könnte einerseits verheißen, dass wir vor einer erneuten Hochzeit soziologischer Theorie stünden, die sich mit ihren multiparadigmatischen Ansätzen darum bemüht, die den multiplen Krisen gemeinsame und sich verflechtenden Dimensionen zu erfassen und somit mit einer Verzögerung von 10–15 Jahren ähnlich ihres Booms in den 1960 und 1970er-Jahren in Wissenschaft und Gesellschaft wieder mehr Raum einnimmt. Nachdem die Maßnahmen zur Eindämmung der Covid-19 Pandemie 2020/2021 ja auch kurzzeitig die Bedeutung des Sozialen und dessen Analyse für Gesellschaft in den Mittelpunkt des öffentlichen Diskurs gebracht hatten, ist allerdings gegenwärtig nicht viel von einem Revival des „Sommers der Theorien" als „Geschichte der Revolte" (Flesch 2015, z.n. Hillebrandt im vorliegenden Band) wie in den 1970er-Jahre zu spüren, obwohl die Gegenwartsgesellschaft gemessen an dieser Vergleichsfolie vor mindestens ähnlich großen Herausforderungen steht und mit komplexen miteinander verflochtenen krisenhaften Zuständen konfrontiert ist.

Woran liegt der fehlende Aufschwung, die gefühlte Trägheit der soziologischen Theoriediskussion? Müssten nicht ähnlich wie im Angesicht von kaltem Krieg und kultureller Revolution, Studierende heute in Mitten von Wirtschafts- und Finanzmarktkrise, Sozial-ökologischer Katastrophe, Energie- und Ernährungskrise, im Angesicht globaler sozialer Spaltung, erzwungener Migration, offener rechtsextremer Gewalt, der Krise der Geschlechterverhältnisse und hegemonialer Männlichkeit, in Mitten der Krise sozialer Integration und politischer Institutionen, der KI Verunsicherung und dem Erstarken des Faschismus (weiterführend Brand 2009), müssten Studierende heute nicht die Adorno-Nachdrucke gegen Latour PDFs, Demokratietheorie Podcasts und wenigstens Mai Lab Krisen Shorts tauschen, statt scheinbar stumpf Reaction Videos und rechtspopulistische AFD Propaganda auf TikTok zu teilen und ihr Heil in der Flucht in scheinbar aussichtsreichere Fächer und deren potentiell unterkomplexen Antworten auf gegenwärtige Krisen zu finden?

Nachdem die vorangegangenen Beträge bereits sehr differenziert die Potentiale bestehender Theorien zur Analyse des Sozialen skizziert und aufbereitet haben, kann es an mangelndem Potential soziologischer Theorie nicht liegen. Der abschließende Beitrag hat deshalb einen abweichenden Anspruch. Es wird versucht, im Sinne sehr klassischer Verständnisse von Soziologie, sich über das der soziologischen Theorie Selbstverständliche zu wundern und die derzeitige Ausgestaltung der Theoriediskussion als etwas völlig Unwahrscheinliches zu fassen, um aus dieser analytischen Distanz auf Transformationspotential soziologischer Theorien für zukünftige Herausforderungen und Anforderungen zu blicken. Hierbei wird die These verfolgt, dass der Mangel an Interesse weniger mit den Inhalten oder Gegenständen, als mit der Art und Weise der Theoriearbeit – mit der Praxis der Theorie zu tun haben könnte.

Dies argumentativ zu untermauern ist keinesfalls eine leichte Aufgabe. Bedeutet es doch sich weitreichende Fragen zu stellen: Was beschäftigt soziologische Theoretiker:innen in Zeiten wie diesen und wie sieht die Vermittlungsarbeit soziologischer Theorie aus? Was sind theoriegeleitete Antworten auf die Fragen und Herausforderungen vor denen wir

2025 stehen? Mit welchen theoretischen Konzepten, Werkzeugen und Begriffen gehen sie an Sozialität als zentralem Gegenstand unseres Faches heran und ist Sozialität überhaupt noch der zentrale Gegenstand soziologischer Theorie? Unter welchen Bedingungen entstehen aktuelle theoretische Arbeiten in der Soziologie? Was treibt die Theoriebildung voran und was hemmt sie und ihre Rezeption?

Schon beim ersten Scannen der dem folgenden Ausblick zu Grunde gelegten Fragen wird klar, dass der Beitrag lediglich essayistische Züge haben kann und entgegen der in diesem Band versammelten Beiträge keinen Anspruch auf Theoriearbeit und auf Dauer gestellte Vermittlung soziologischer Theorie verfolgt. Mit „Performing Theory in Times Like These – Ausblicke auf zukünftige Herausforderungen soziologischer Theoriediskussionen" wird eine für Soziolog:innen ungewohnte Text-Gattung versucht. Im Gegensatz zu den bisherigen Beiträgen geht es nämlich nicht darum, etablierte Einsichten und Erkenntnisse zu versammeln und zu vermitteln, sondern vielmehr eine kritische und zukunftsgerichtete Diskussion über die Weiterentwicklung soziologischer Theorien anzustoßen. Der Text begreift sich demnach als experimenteller Baustein des von den Herausgeber:innen verfolgten Anspruchs, ein anderes Einführungsbuch in soziologische Theorie zu konzipieren, das nicht mit der aktuellen Theoriediskussion abbricht, sondern einen Bogen schlägt, um die Einführung in Geschichte und Gegenwart der deutschsprachigen Theoriediskussion mit einem Ausblick auf ihre zukünftigen Bedingungen zu schließen.

Lesende sind entsprechend aufgefordert, den Blick nach vorne zu richten und von den Herausforderungen, vor denen wir alle, also auch soziologische Theoretiker:innen stehen, über die Konsequenzen für die soziologische Theoriebildung zu nachzudenken.

Das zweite Anliegen ist es zum Abschluss des Bandes, den Lesenden auch etwas über das Tagesgeschäft soziologischer Theorie mitzuteilen. Was tun Theoretiker:innen heute eigentlich, wenn sie auf den Bedingungen der Gegenwart das Soziale zu erfassen suchen, um damit soziale Praxis zu problematisieren, um zur Diskussion beizutragen, wie genau diese Gesellschaft genau so möglich geworden und gehalten wird, wie sie ist. Unter welchen Bedingungen findet diese Arbeit statt und wie hängt dies möglicherweise mit dem Zustand der Theoriediskussion unserer Zeit zusammen? Wie wird trotz oder gerade wegen der ubiquitären Krisen Theorie gemacht?

Entgegen Soziolog:innen des 20. Jahrhunderts ist man heute nicht mehr auf der Suche nach einer alles umfassenden Theorie des Sozialen. Wie müsste sich dann aber die soziologische Theoriediskussion im Angesicht der Einsicht aufstellen, dass es „keine einzelne Theorie geben kann, die die Komplexität des Sozialen fassen kann" (Paula-Irene Villa gegenüber der Kohli Foundation for Sociology[2]). Ihre Schlussfolgerung, wonach die große Stärke nicht mehr nur die Multiparadigmatik, sondern eine Pluralität soziologischer Erkenntnis, deren Reflexivität und Verhandelbarkeit sei, leitet auch die hier im Folgenden versammelten Argumente für eine transdisziplinäre Theoriebildung mit dem Ziel einer am Gegenstand der Praxis ausgerichteten möglicherweise transformativen sicherlich aber performativen soziologischen Theorie. Damit folgt meine Argumentation im folgenden bestehenden Positionen führender

---

[2] https://kohlifoundation.eu/3-questions-for/3-questions-for-paula-irene-villa-braslavsky/ Abrufdatum 08.02.2025.

Fachvertreter:innen, wonach ein soziologischer Theoriediskurs, „der sich lediglich auf das Wechselspiel verschiedener Schulen und Paradigmen beschränkt, zu kurz greift" (Vgl. Lamla 2025[3]). Vielmehr sollte soziologische Theorie an aktuelle gesellschaftliche Herausforderungen sowie an die Untersuchung sozialer Prozesse, ihrer kollektiven und individuellen Bearbeitung, rückgebunden und empirisch irritierbar und gehalten und weiterentwickelt werden (ebd.).

Der Text speist sich deshalb auch aus der Verwunderung darüber, dass an andere Spezialdiskurse der Soziologie die Forderung herangetragen und zunehmend implementiert wird, in Gegenwärtiges antiplanetarisches oder antidemokratisches Geschehen vor dem Hintergrund der verschobenen Zeitlichkeit und zunehmenden Dringlichkeit mit soziologischen Forschung aktiver als bisher einzugreifen und als #lauteWissenschaft zur Problematisierung gesellschaftlicher Probleme beizutragen, die soziologische Theorie sich diesem Anspruch aber zunehmend entzieht bzw. dies vergleichsweise weniger in den Fokus nimmt.

## Multiple Krisenhaftigkeit und gegenwärtige gesellschaftliche Transformationsdynamiken

Im Angesicht der im Kontrast zur Dringlichkeit stehenden verhaltenen Reaktionen der soziologischen Theorielandschaft können die Herausforderungen nicht oft genug wiederholt und skizziert werden, mit denen auch soziologische Theoretiker:innen konfrontiert sind: bricht man den aus Staats-, Finanz-, Energie-, Ökologie- und Demokratiekrisen zusammengebundenen Strauss multipler Krisen einmal auf drei seiner stabilen Stiele herunter, so könnten die Dimension der Klimakatastrophen, die Gefährdung der Demokratie durch Rechtsextremismus und die Auswirkungen der Digitalisierung auf das Soziale als Destillate der multiplen Krisenhaftigkeit der Gegenwart gesehen werden.

In welcher Form beschäftigt die Massivität, mit der die neuen und alten Rechten in Europa aber ganz explizit in Deutschland demokratische Grundsätze einreißen, die soziologische Theorie? In welcher Form interessiert sich Theoriebildung für die postdigitale Rechtsformen im Nachgang von KI Entwicklung? Man könnte antworten immer und überall, denn die Soziologie kann alles zu ihrem Gegenstand machen. Aber tut sie das auch und passt sie sich ihren Gegenständen gegebenenfalls an? Fragt man die künstlichen Intelligenzen nach den Themen gegenwärtiger soziologischer Theorie erhält man je nach Prompt die Antwort, soziologische Theorie beschäftige sich u. a. mit „sozialem Handeln, Normen, Werten sowie sozialen Rollen, die dabei zentral für das Verständnis menschlichen Verhaltens innerhalb gesellschaftlicher Strukturen seien" (Perplexity.ai), mit „Sozialen Strukturen, Sozialen Interaktionen, Kultur, Macht und Herrschaft, Identität" (ChatGPT) oder „Kollektiv-zentrierten Theorien, Subjektivität, Systemtheorie, Handlungstheorie, Strukturalismus und Poststrukturalismus, Struktureller Anthropologie, Sozialen Systemen" (Copilot). Sie befasst sich auch mit Differenzierungen, Klassifikationen,

---

[3] https://www.uni-kassel.de/fb05/fachgruppen-und-institute/soziologie/fachgebiete/soziologische-theorie Abrufdatum: 16.02.2025.

Akteuren, Strukturen, sozialem Wandel, (De)Globalisierung, sozialer Ungleichheit, Migration und unternimmt zumindest Versuche, diese Themen auch interdisziplinär zu bearbeiten, denkt man beispielsweise an den Posthumanismus oder die soziologischen Theorieentwürfe des New Materialism (vgl. Hoppe 2022).

Aber stehen die Vorzeichen der Zeit – und soziologische Zeitdiagnosen sprechen ja dafür (Bude 2014; Hurrelmann/Albrecht 2020; Bargetz/Kreisky/Ludwig 2017; Arruzza/Bhattacharya/Fraser 2020; Mau/Lux/Westheuser 2023a, b) – stehen die Zeichen nicht so, dass die Krisenhaftigkeit im Vergleich zu früheren sozialen Problemen eine andere, nicht nur quantitative, sondern auch qualitative Dimension erlangt hat? Können wir weiterhin distanzierte Theorie betreiben, ohne diese mit empirischer Analyse und Kritik zu verbinden, wie dies dieser Tage mit Ausnahmen die Regel ist? Diese Schlussfolgerung aus dem damaligen langen Sommer der u. a. kritischen Theorie könnte man eben auch im Angesicht der großen Transformation unserer Zeit aktualisierend geltend machen: Soziologische Theoretiker:innen und somit auch die soziologische Theorie befinden sich in mitten der großen Transformation (Dörre et al. 2019). Wie umgehen mit der neuen Qualität von Demographie, Ungleichheit, Migration, Bündniszerfall, Rechtspopulismus und Klimawandel (Müller 2019)?

Man könnte sich auf die Position zurückziehen, wonach hierfür ein anderes Genre der Soziologie, nämlich die bereits erwähnte Zeitdiagnose, zuständig ist. Man kann aber auch die Eingangs bemühte Feststellung ernst nehmen, wonach Theorie auch nichts anderes als eine Form von Praxis ist und die Herstellung und Reproduktion soziologischer Theorie eben nicht im luftleeren Raum stattfindet, sondern ihre sozialen Bedingungen hat, und diese nicht nur zur Kenntnis nehmen, sondern sich auch mit diesen verändern muss. So dass sich auch die soziologische Theorie die Frage gefallen lassen muss – was heißt denn #niewiederistjetzt #lauteWissenschaft #scientistsforfuture, #metoo und #OpenAI für die soziologische Theorie?

Neben den externen Anlässen der großen Transformation sprechen auch soziologieinterne Dynamiken dafür, dass eine gewisse Unruhe bezüglich der gegenwärtigen Theoriedebatte existiert: Auf der Frühjahrstagung 2024 der Sektion Soziologische Theorie zum Thema *Herausforderungen und Entwicklungen in der soziologischen Theorie, insbesondere im Kontext von sozialen Veränderungen, technologischen Entwicklungen und Umweltfragen* fand sich neben reinen Theoriepanels erstmals auch ein explizites Panel mit Beiträgen praxistheoretisch erarbeiteter Empirie auf, was für Tagungen der Theoriesektion in der DGS doch mindestens ungewöhnlich ist und auf Irritationsdynamiken der Theoriediskussion hinweist.

Möglicherweise auch als Reaktion auf gesellschaftliche Transformationsprozesse, kann man die Idee, sich einmal über den Tellerrand der Theoriesektion hinauszulehnen, um die seit der Bremer Generationentagung 2019[4] schwelenden Konflikte um den zentralen Gegenstand soziologischer Theorie sowie deren Rolle produktiv zu wenden, einord-

---

[4] Doing Theory „Generationentagung" der Sektion Soziologische Theorie in der Deutschen Gesellschaft für Soziologie (DGS), Gästehaus der Universität Bremen, Teerhof 58, 13.–14. Juni 2019, Organisation: Gert Albert, Heike Delitz, Rainer Greshoff, Henning Laux, Joachim Renn.

nen. In Bremen entstand ein wenig produktiver Streit um die Notwendigkeit der Wiederbelebung der soziologischen Phantasie, während dem mehr Gräben als Brücken und Wege gezogen wurden und bezüglich der Frage, ob wir der Gravitationskraft der Kanonisierung denn nun entschieden entgegenwirken oder diese aktiv fördern wollen, damit uns „die Theorie" und „der" Gegenstand der Soziologie nicht verloren gehen, keine Einigkeit erzielt wurde. Vor ähnlichem Hintergrund fand die gemeinsame Sektionstagung unter dem Titel: *Soziologische Theorie und Organisationssoziologie – gemeinsam unter Druck?* Ende 2023 in Duisburg statt und die Organisator:innen verfolgten das Ziel, Irritationen, produktive Konvergenzen und unentdeckte Potentiale von Soziologischer Theorie und Organisationssoziologie vor dem Hintergrund gegenwärtiger Transformationsprozesse zu diskutieren. Dies glückte mehr schlecht als recht, da das sehr wohl mit den Wandlungsprozessen einhergehende Unwohlsein spürbar präsent war, oft jedoch einfach wieder zurück zu Luhmann und weniger raus aus der theoretischen Komfortzone geführt hat. Auch bei der aktuellen Wintertagung der Sektion zum Verhältnis von „Kritischer Theorie und Soziologischer Theorie",[5] die zeitgleich zu der Bundestagswahl stattfand, bei der eine rechtsextreme Partei mit 20,8 % als zweitstärkste Partei in den Bundestag gewählt wurde, fanden sich lediglich zwei von 17 Beiträgen mit Bezügen zu Rassismus, Antisemitismus oder der gegenwärtigen Gefährdung der Demokratie.

Einen dritten Baustein, der geradeaus zur Frage führt, *wie eigentlich weiter mit soziologischer Theorie?* liefern schlicht die ökosozialen Bedingungen, die im Folgenden näher in den Fokus gerückt werden. Stellvertretend für das unverständliche Beharren auf etablierten akademischen Praktiken steht der Appell des Physikalischen Chemikers Sebastian Seiffert aus dem Jahr 2022, es ginge in jeder Wissenschaftsdisziplin mittlerweile „um einfach alles", weshalb die Disziplinen den Blick öffnen müssten, für das Unangenehme, weil sich bereits im Zeitraum des nächsten bewilligten SFBs (2022+8) alle Handlungsmöglichkeiten, dem Klimakollaps entgegenzuwirken, geschlossen haben werden, wenn wir die Transformation zum 0 Emissionskurs nicht umsetzten.[6] Am Rand des Zusammenbruchs der Gesellschaft, wie wir sie jetzt kennen, wird sich niemand mehr dafür interessieren, was wir heute so tun. „Niemand wird mehr Paper lesen oder Anträge schreiben, es wird noch nicht mal mehr Wissenschaft geben, keine Unis, keine Hochschulen mehr (…), noch nicht mal mehr friedliches gesellschaftliches Miteinander und Zusammenleben, stattdessen werden es unsere Kinder (…) und deren Kinder (…) mit Verteilungskämpfen zu tun haben, mit einer kollabierenden Weltwirtschaft und mit milliardenfachem Sterben" (Seiffert 2022: 2:46).

Nach 26 Weltklimakonferenzen und 16 Berichten des Intergovernmental Panel on Climate Change der UN, 16 Monate nachdem der 1,6 Grad Klima-Kipppunkt überschritten ist, führt dieses Amalgam dazu, darüber nachzudenken, was es gegenwärtig eigentlich heißt, heißen soll und heißen kann, soziologische Theorie zu machen und zu fragen, ob unter den gegenwärtigen Voraussetzungen die Universität wie wir sie kennen noch der Ort,

---

[5] https://soziologie.de/sektionen/soziologische-theorie/portrait-veranstaltungen/ abgerufen am 16.02.2025.
[6] https://www.polymer-phys.chemie.uni-mainz.de/climate-action/ abgerufen am 16.02.2025.

die gegenwärtige akademische Praxis noch der Modus und ob und wie die soziologische Theorie das geeignete Werkzeug sein kann, um Antworten auf die Herausforderungen unserer Zeit zu generieren?

Was Claus Dörre u. a. unter dem Begriff der neuen Großen Transformation fassen (Dörre et al. 2019) verlegt das Ende der Welt ins Anthropozän (Folkers 2021), ins Postpandemische (Osterhammel 2020), ins Postfaktische (Rödder 2018), postdigitale Zeitalter (Lamla 2022) – was ein Gegensatz im Übrigen zu Erlebnisgesellschaft von Schulze, Entscheidungsgesellschaft von Schimank und sogar zur ebenfalls aktuell wiederbelebten Risikogesellschaft von Beck, die in der Soziologie der 1990er noch anders als nur katastrophisch konnotiert war, und eher mit dem Begriff der Individualisierung für die weiße Mittelschicht ja mehr Chancen als Risiken verhieß.

Seit das 1,5 Grad Ziel überschritten ist, geraten die heilsbringenden Null-Emissionen wieder in Vergessenheit, statt an Brisanz und Dringlichkeit zu gewinnen. Je nach Diskursposition heizen die 1,5 Grad lustig weiter als Mahnung, Ziel, Motivation oder des Messers Schneide die Debatten, weniger die Implementierung von Maßnahmen an. Die 1,5 °C Marke bleibt dabei weiter hochfrequentiert, weil sie theoretisch noch möglich, praktisch aber nicht mehr zu erreichen und damit – erreichbar und unerreichbar zu gleich – universal einsetzbar ist, um ganz verschiedene Aussagen zu bündeln, Aufmerksamkeit zu verleihen oder zu entziehen.

Seitdem die Koevolution natürlicher und sozialer Systeme durch die Verbrennung fossiler Energieträger anstelle der Nutzung von Solarenergie desynchronisiert ist, befinden wir uns wegen erreichter Wachstumsgrenzen, ökologischer Kipppunkte und deren sozialen Konsequenzen in einem brutal ungleichen weltgesellschaftlichen Zustand, weil wir den notwendigen Ausstieg aus dem stofflich expansiven kapitalistischen Wachstumsmodell nicht vollziehen (Müller 2019: 549 ff.).

Hans-Peter Müller, der dies so diagnostiziert, liest das Eintreten dieser großen Transformation an sechs Dimensionen ab, von denen uns die Dimension der Biokapazität und die 1,75 Erden, die wir aktuell mit westlichen Fußabdrücken verbrauchen, sehr präsent ist. Die Dimensionen der Demographie oder Migration sind ebenso Dimensionen der Transformation, die sich auf Versorgungslagen niederschlagen, wenn man sich die Zunahme der Weltbevölkerung seit dem Neolithikum ansieht. Nachhaltig auf unserem Standard leben könnten laut Müllers Ausführungen knapp über 2 Mrd. statt der 8,2 Mrd. Menschen auf dem Planeten. Klimabedingte Migration habe den Anteil von vollzogener und gewünschter Migration mittlerweile auf 16 % ansteigen lassen, da der geographische Geburtstort mittlerweile ausschlaggebender ist, was das spätere Einkommen angeht, als die Klasse, in die Menschen dort hineingeboren werden. Und in der Dimension der Unionen und Verbünde erleben wir mit der Euro-Krise, Brexit, Rechtspopulismus, staatlichen Angriffskriegen und dem Fall der Brandmauer einen extremen Zerfall von Bündnissen, wie Müller ausführlich darlegt (Müller 2019: 556f.).

In der Summe kumulieren damit industrielle und kulturelle Revolutionen mit Neoliberalismus und Globalisierung zu einem äußerst gewaltsamen und großen Transformationsprozess, der sich durch alle Gesellschaftsbereiche zieht.

## Zur Relevanz soziologischer Theorie in der großen Transformation

Daraufhin könnte man natürlich erwidern, dass es im Angesicht der großen Transformation eventuell naheliegendere Lösungen als soziologische Theorie gäbe und die Soziologie mit der Biologie, den Naturwissenschaften, der Ökonomie, Medizin, oder Meteorologie gemeinsame Sache und interdisziplinäre empirische Studien zum Klimawandel machen sollte.

Der ständige Ausschuss „Soziologie als Beruf" in der DGS verwies vor dem Hintergrund der sich in den vergangenen Jahren überstürzenden Ereignisse aber ganz im Gegenteil darauf, dass die sich „verschränkenden gesellschaftlichen Krisen [...] zu ihrer politischen und gesellschaftlichen Bearbeitung eine wissenschaftliche Expertise [erfordern], wie sie insbesondere im Werkzeugkoffer der Soziologie zu finden ist" (Krause et al. 2023: 240). Dass dies dennoch nicht die leichteste Aufgabe ist, zeichnet sich nicht nur in Bezug auf die öko-sozialen Bedingungen unserer Zeit, sondern auch in Bezug auf allgemeine soziologische Gewissheiten ab, wie sie etwa Bourdieu formuliert: „Die besondere Schwierigkeit der Soziologie liegt ja gerade darin, dass sie Dinge lehrt, die jeder irgendwie weiß, aber nicht wissen will oder nicht wissen kann, weil es das Gesetz des Systems ist, sie zu kaschieren." (Bourdieu 2015: 583).

Die Frage nach dem *Ob* der Soziologie und soziologischen Theorie kann man also ganz klar mit ja beantworten, denn die lebens- und naturwissenschaftlichen Daten und Studien, die Erkenntnisse zu den Konsequenzen für die Bewohnbarkeit des Planeten im Nachgang des Klimawandels, lagen schon in den 1980er-Jahren vor. Sie wurden aber unabhängig von Erkenntnissen über das Soziale rezipiert und blieben somit weitgehend wirkungslos. Groteskerweise hat erst die COVID-19-Pandemie die soziale Dimension des planetaren Zustands vor Augen geführt. Anordnungen der Reduktion des Sozialen bzw. das Eindampfen des Sozialen auf wenige Interaktionen im engsten Nahraum haben die Relevanz, Wirkung und Rolle des Sozialen im Umgang mit dem Ende der Welt, wie wir sie kennen, hervorgehoben, und einen kurzfristigen Ruf nach mehr Soziologie laut werden lassen.

Die sich anschließende Frage ist deshalb: Können wir Soziologie und soziologische Theorie genauso weiter machen wie bisher? Die Antwort ist wie so oft in der Soziologie natürlich ja und nein und müsste eigentlich in der so auch von Angela Moriggi formulierten Gegenfrage enden: Wie können wir nur Soziologie so weiter machen wie bisher? Sie beruft sich dabei auf Ioan Fazey der bereits 2019 die Internationale Conference on Sustainability zum Thema *Research and Transformation* mit einem Plädoyer für eine aktive statt passive Transformation des Faches eröffnete: „This is the end of the world as we know it. Either we are going to have transformation through massive impact from things like climate change, or we're going to get transformations through the active proactive processes that help us navigate through this period of change. Transformations themselves are inevitable." (Fazey 2019, z.n. Moriggi 2021: 2).

Es geht also nicht um das ob, sondern nur noch um das wie der großen Transformation auch für die soziologische Theorie. Es reicht also bei weitem nicht, die soziale Frage einfach nur als sozio-ökonomisch verursachte ökologische Frage anders als bisher zu stellen. Das Ausweichen der Soziologie in der Bearbeitung der ökologischen Frage lässt sich an drei Bereichen ablesen: Erstens Theoretiker:innen scheinen im Angesicht der ökologischen Frage wie das Kaninchen vor der Schlange eher nach interdisziplinären Antworten zu suchen, als in einen selbstreflexiven Transformationsprozess einzutreten. Theorien verharren zweitens in der unbefriedigenden Einreihung in Narrative der Nachhaltigkeit ohne diese Konsequent zum Gegenstand zu machen und beteiligen sich so an dem unlauteren Zeitkauf auf Kosten der Nachkommen der Gesellschaft. Die u. a. von Vertreter:innen neuer Materialismen, dem Posthumanismus und Öko-Feminismus herausgearbeiteten Verschiebungen des Verhältnis von menschlichen und nicht menschlichen aktiven Teilnehmer:innen an Sozialität spiegeln sich bisher nur in den Theoriearchitekturen der wenigsten Sozialtheorien wieder.

Für das spezifische Thema nachhaltigen Wirtschaftens gilt die beschriebene Ausweichbewegung dabei nur bedingt, der Schwung kommt aber aus einer anderen, als ökologischen Richtung. Statt mit der ökologischen Frage kamen historisch gesehen Soziologie und Kapitalismus gemeinsam in die Welt, so dass sie sich auf soziale Probleme des kapitalistischen Wirtschaftens, nicht der Ökologie konzentrierten. Als Beck schließlich formulierte „Not sei hierarchisch, Smog sei demokratisch" (1986: 48) provozierte er damit noch die Ungleichheitsforschung. Seitdem wurde die soziale Frage regelmäßig gegen die ökologische ausgespielt und man versuchte mit der aktualisierten Formel Klimawandel sei beides: hierarchisch und demokratisch, betreffe also alle, aber in ungleichem Ausmaß (z. B. Becker 2006: 2761) in Relation zu bringen. Auch die Nachhaltigkeitsdiskurse präferierten eher Win-Win-Situationen mit Wachstumskapitalismus als diesem ökologisch konsequent zu begegnen. Mit Stefan Lorenz kann man sagen, dass die ökologische Frage auch heute noch nicht die neue soziale Frage der soziologischen Theorie ist, weil ökologische und soziale Probleme unterschiedlichen Mustern folgen (Lorenz 2016: 20) und klassische Soziologien der Generalisierung von Marktprinzipien zu sehr verhaftet bleiben und die ökologische Frage mehr inter- als intradisziplinär verhandeln.

Sicherlich muss die Finanzkrise 2007/8 als Zäsur der Wachstumsdebatten gelesen werden. So herrschte beim DGS-Kongress in Jena zwar keine Einigkeit über den Zusammenhang von Kapitalismus und ökologischer Krise, aber über die Notwendigkeit von Kritik, was die Jenaer Soziologie letztendlich dazu brachte die Wachstumslogik kapitalistischer Akkumulationsregime auf innere und äußere Wachstumsgrenzen hin genauer in den forschenden Blick zu nehmen (Dörre et al. 2019).

Im Nachgang der Diskurse der Nachhaltigkeit lassen sich mittlerweile wieder vermehrt Möglichkeiten finden, Gesellschaftsanalysen jenseits des Wachstums-Kapitalismus zu verorten (vgl. Neckel et al. 2018). Die zentrale Frage adressiert dabei die Diffusionsfähigkeit alternativer Praktiken und die Eröffnung oder Findung transkapitalistischer Spielräume. Soziale Probleme unserer Zeit werden also eher in der systembedingten Orientierung aller ökonomisch Handelnder an der Ausbeutung aller Produktionsfaktoren verhandelt, was dafür spricht, dass die soziale Frage immer noch eine ökonomische Frage, keine ökologische ist.

Nachhaltiges Wirtschaften und Formen des Postwachstums im Zuge der ökologischen Krise sind dabei grundständige Themen für die soziologische Theorie, da sie das Natur/Kultur Verhältnis adressieren und es seit Anbeginn der Soziologie die zentrale Aufgabe ist, die Gegenwartsgesellschaft über die sozialen Voraussetzungen und Konsequenzen ihrer Krisenhaftigkeit aufzuklären. Dieser etwas in Vergessenheit geratene Anspruch, kann also genutzt werden, um ein Bewusstsein dafür zu schaffen, dass der Wachstums-Kapitalismus keine Pathologie hat, sondern wie Lorenz formuliert, eine ist, die die sozialen zu öko-sozialen Fragen macht bzw. machen müsste. Der erwartete Impact der 2021er Tagung der Sektion Soziologische Theorie zur Ökologischen Frage in und für soziologische Theorien blieb dabei jedoch noch unter den Möglichkeiten, da hier die Generation der befristeten Theoretiker:innen quasi unter sich blieb.[7]

## Die Praxis der Theoriearbeit

Abschließend soll der den Band schließende Beitrag dazu führen, in die Diskussion darüber zu kommen, was denn Kriterien für eine transformatorische soziologische Theoriebildung sein könnten, und soziologische Theorien befördern könnten, denen Transformation und Performativität inhärent ist. Die gegenwärtige Theoriearbeit steht wie aufgezeigt unter einem doppelten Druck. Nicht nur unter dem neoliberalen Druck des Wissenschaftssystems, der Großtheorien ebenso wie langfristig und systematisch durchdachte Innovation hervorzubringen verhindert. Zweitens lastet der planetarisch existentielle Druck des Chthuluzän (Haraway 2018) mit allen seinen sozio-ökologischen Konsequenzen und Bedrohungen auf den Lebens- und Arbeitsbedingungen und suggeriert nicht unbedingt lohnenswerte Aussichten darauf, langfristige Theorieprojekte in Angriff zu nehmen. Vor dem Hintergrund der auch von Gesa Lindemann ebenso wie Sebastian Seiffert thematisierten verkürzten zeitlichen Dimension des Klimawandels ist es fraglich, ob soziologische Großtheorien überhaupt noch rechtzeitig fruchten, da die Lebensgrundlage und Versorgung auch von Theoretiker:innen über die Lebensspanne der jüngeren Generation nicht mehr lange genug gesichert sein wird, um den Ertrag langwieriger Theoriebildung einzufahren. Damit könnte das heroische Zeitalter der soziologischen Theorie schon vor dem Hintergrund der Zuspitzung des Klimawandels zu einem vorgezogenen Ende kommen.

Diesen zweifachen Druck nicht nur destruktiv auf der soziologischen Theorie lasten zu lassen, sondern ihn mindestens als ambivalent zu begreifen, ist eine weitere Herausforderung unserer Zeit und könnte neben einer hemmenden gleichzeitig aber auch vor dem Hintergrund der begrenzten Zeitlichkeit zu extremen Innovationen verleiten. Soziolog:innen blickten bisher ja vor allem auf Erklärungspotential, das sich aus den jeweiligen gesellschaftlichen Konstellationen ergibt, die Transformation hervorbringen und fokussierten zum Beispiel genauer auf die Produktionsweise von Gesellschaften (Marx), darauf wie sie Entscheidungen hervorbringen, auf Formen der Solidarität (Durkheim) und Verantwortungszuschreibung oder auf die Rolle neuer Technologien in Gesellschaften, die Transformationen durchlaufen (vgl. Müller 2019: 558f.). Wenn wir, wie die Klassiker:innen des Faches vorgehen, kommen wir jedoch in Bezug auf die aktuelle Transformation

---

[7] Siehe zum Zustand ökologischer Theorien auch den Beitrag von Henkel in diesem Band.

schnell zu der Erkenntnis, dass alleine aus solchen Analysen theoretische Imperative abzuleiten nicht mehr sehr weit führt und wir damit nicht zu einer Richtungs- oder Geschwindigkeitsänderung des Transformationsprozesses beitragen.

Wie Peter Müllers Imperative zeigen, sind selbst soziologische Nachhaltigkeitsforschungen und die geballte Ladung wissenschaftlicher Erkenntnisse nicht geeignet, um das Ruder herumzureißen, wenn nämlich Theorie, Analyse und Kritik auseinanderfallen, wie dies Ingolfur Blühdorn mit seiner These von der Nicht Nachhaltigen Nachhaltigkeit aufgezeigt hat (Blühdorn et al. 2020).

Sicherlich können wir weiterhin aus der Allgemeinen Soziologie Sach- und Orientierungswissen zu Bedingungen basaler Versorgungssicherheit aus nachhaltigen Grundlagen bereitstellen, gegenüber Wissenschaftsskeptizismus Objektivität hochhalten und beobachtende, vermessende, übersetzende Instanz sein. Zu oft geht aber unsere Theoriebildung, die Analysen und die damit mögliche Kritik nicht mehr ausreichend Hand in Hand, sondern vor dem Hintergrund des zunehmend neoliberal organisierten Wissenschaftssystems eher solo in abgeschlossenen Fachgesellschaften und Subdisziplinen ausdifferenziert, sehr getrennte Wege in transformatorische Sackgassen. Dies hat auch mit den Arbeitsbedingungen an Hochschulen zu tun. Denn gute Wissenschaft und somit auch gute soziologische Theoriearbeit ist nicht zuletzt immer auch das Resultat guter Arbeitsbedingungen.

Nicht ohne Grund werden gerade zahlreiche Publikationen zur Reflektion akademischer Praxis veröffentlicht. Aus Martus und Spoerhases „Geistesarbeit – Eine Praxeologie der Geisteswissenschaften" z. B. kann man die Frage ableiten, ob Geistesarbeit als ein Gefüge von Praktiken des Lesens, Schreibens, Vortragens, Diskutierens und Publizierens für so etwas wie eine Neue Transformationssensible Soziologie und entsprechende Theorie ausreicht.

In ihrer Ethnographie der Hochschule werfen Reuter, Berli und Meyer (2022) ebenfalls einen praxeologischen Blick darauf, was sich denn eigentlich an Hochschulen vollzieht und arbeiten die Bedingungen akademischer Praxis heraus, unter denen wissenschaftliche Güte hergestellt wird. Klaus Dörre machte in der Diskussion mit Kristin Eichhorn und Tilman Reitz ebenfalls auf einen Widerspruch zwischen den unsicheren und unkalkulierbaren Beschäftigungsverhältnissen der Mehrheit der Soziologinnen (über 80 %) einerseits, und der Dringlichkeit konstanter soziologischer Expertise und Forschung für Gesellschaft und Politik andererseits aufmerksam (Krause et al. 2023: 345f.). Steigende Befristungsquoten, kürzere Vertragslaufzeiten und die damit verbundene berufliche Ungewissheit exkludieren dabei zudem marginalisierte Gruppen, First Generation Scientists, chronisch kranke Personen, People of Colour sowie sogenannte Nicht Bildungsinländer:innen, die der soziologischen Theoriediskussion dringlichst fehlen.

Nachdem sich bei gleichbleibender Professor:innenschaft der Anteil befristeten Mittelbaus seit den 90er-Jahren verdoppelt, die Anzahl der qualifizierenden Promotionen und Habilitationen jedoch nicht angestiegen ist, die Drittmittelfinanzierung gegen Grundfinanzierung ausgespielt wird, Publikationsindexe den Output an Papern bei schrumpfenden Inhalten grotesk steigern und bergeweise ungelesene Literatur produzieren, lässt sich also über das *Wie* akademischer Praxis und soziologischer Theoriearbeit ebenfalls nur noch als einer zu transformierenden sprechen.

Die Evaluationen des WissZeitVg haben aber vor allem gezeigt, dass die Befristungspraxis die wissenschaftliche Qualität akademischer Arbeit beeinträchtigt: Nichtwissenschaftliche Tätigkeiten machen einen großen Teil des Arbeitsalltags aus. Die Abhängigkeit von Vorgesetzten begünstigt auch nicht vertragsgemäße Tätigkeiten und der zentrale Punkt für die soziologische Theoriedebatte: befristet beschäftigte Theoretiker:innen halten aus Sorge um ihre Stelle deutlich häufiger als unbefristet Beschäftigte wissenschaftlich motivierte Kritik zurück. Also auch Kritik an der gegenwärtigen Theoriediskussion! Beide Seiten vermeiden zudem häufig die Offenlegung von unproduktivem Verhalten. So geartete akademische Praxis bringt dann eben auch kein theoretisches Transformationswissen hervor und schränkt die potenzielle transformatorische Wirkung der Soziologie im Allgemeinen aber auch soziologischer Theoriebildung im Speziellen enorm ein. Das *Wie* akademischer Praxis müsste entsprechend stabile Arbeits- und Lebensverhältnisse bieten, die Innovation, Kreativität, langfristige Planungssicherheit und vor allem Kritik ermöglichen.

Die klimatischen und wissenschaftlichen Arbeitsbedingungen für die soziologische Theorie stehen also schlecht, sodass trotz geeigneter soziologischer Werkzeuge Theorie, Analyse und Kritik auseinanderfallen, Kritik immer seltener geübt wird und die soziologische Theorie gerade am Umbruch der Generationen und an Diskussionen bezüglich der Ausweitung, Zerfaserung oder Schärfung ihres Gegenstands stagniert. So führt selbstreflexives fachliches Soziologisieren jenseits des Endes der Welt zwar zu Reputation, aber nicht zum Kulturwandel in so etwas wie eine sozio-ökologische Transformationsgesellschaft. Entgegen der üblichen Praxis müsste also viel weniger überlegt werden, wie wir die Zerfaserung der soziologischen Theorie durch zu viel Innovation und Ausweitung von Konzepten der Sozialität einbremsen können, sondern wie und mit welchen Mitteln wir den unproduktiven Gravitationsprozessen der Kanonisierung soziologischer Theorie begegnen, wie sie Robert Seyfert kürzlich treffend benannt hat.

Jetzt gibt es unterschiedliche Wege, die man auf der Suche nach Auswegen und neuen Wegen der soziologischen Theorie gehen kann: Man kann am Bezugsproblem drehen und entsprechend vermehrt soziologisch-ökologische Theorien bilden. Solche Ökologische Theorien, das hat Anna Henkel im vorliegenden Band aufgezeigt, zeichnen sich meist durch die Reflexion auf ein bestimmtes Thema aus – das „Ökologische" – und dienen dem Verstehen und Erklären dieses Themas. Methodologische Konsequenzen Ökologischer Theorien so Henkel sind dabei immer mehr „Forderungen nach Transdisziplinarität mit dem Kernanliegen, wissenschaftliche und nicht-wissenschaftliche Akteure gleichberechtigt in einem Prozess der Wissensproduktion zu beteiligen, um durch die Integration ihrer Wissensbestände sozial robustes – unter verschiedenen Perspektiven abgestimmtes – Wissen zu erzeugen (socially robust knowledge) (Nowotny 1999) und damit einer echten Lösungsorientierung zu dienen (Maasen/Lengwiler et al. 2006)" (Henkel in diesem Band).

Mit diesem im Kern methodologischen Anliegen, unterschiedliche Wissensbestände im Forschungsprozess zu integrieren, um bezogen auf lebensweltliche Problemstellungen zu den bestmöglichen Ergebnissen zu kommen, ist die transdisziplinäre Forschung nicht zuletzt praktisch relevant. Die Integration unterschiedlicher Wissensformen und damit unterschiedlicher sozialer Konstruktionen des Außersozialen in einem transdisziplinären

Forschungsprozess kann somit als ein Vorschlag gesehen werden, angesichts einer Gefährdung des Sozialen aus der Reflexion des Verhältnisses von Sozialem und Außersozialem methodologische Konsequenzen zu ziehen.

Meine methodologischen Konsequenzen, die ich aus einer am Ereignisbegriff orientierten und diskurtheoretisch erweiterten praxistheoretischen Position ableite, möchte ich jetzt noch abschließend in den Blick nehmen und ins Verhältnis zum Ziel einer transformatorischen Theorie des Sozialen setzen.

Kriterien für Praktiken des soziologischen Theoretisierens, die meiner Meinung nach Innovations- und Transformationspotential beinhalten, sind zum einen, wenn Theorien physisch-materielle Praktiken als analytische Einheit für sozialen Wandel heranziehen und somit Dichotomien zwischen dem menschlichen und dem darüber hinausgehenden Sozialen überwinden. Zudem ist es hilfreich, wenn die Theoriearchitektonik erlaubt, serielle Ereignishaftigkeit von Wandlungsprozessen in den Blick zu nehmen und Figuren dynamischer Statik vorweist, wie das zum Beispiel in gegenwärtigen Praxistheorien mit den theoretischen Werkzeug der Praxisformation angelegt ist (Hillebrandt 2014). Dann nämlich lassen sich Beharrungsformen dynamisch denken, weil sich die Formation im Sinne der Relation der Elemente ändern muss, um längerfristig wirksam zu bleiben. Zudem kann es als produktiv eingestuft werden, wenn Theoriebildung z. B. durch die Orientierung an Ereignishaftigkeit und Performativität das Ungewisse in Form der besonderen Qualität des praktischen Vollzugs inhärent ist (Hillebrandt 2023; Jende 2023). Damit Theorien auf dieser Basis dynamisch am sich rapide wandelnden Gegenstand ausgerichtet werden können, bedarf es zu guter Letzt eines konsequenten synthetischen Theorie-Empirie-Verhältnis (Schäfer 2018). Synthetisch deswegen, weil sich Theorie und Empirie nicht nur wechselseitig aufeinander beziehen lassen müssen, sondern sich auch gegenseitig irritieren und transformieren müssen. Als Theoretiker:in der großen Transformation muss man sich nicht nur mit einem spezifischen Gegenstandsbereich empirisch auskennen, sondern seine Theorie immer wieder empirisch irritieren, um die Theorie innerhalb des Rahmens ihrer Systematik dynamisch zu halten, und die bleierne Gravitation des Theorie-Kanons stetig herauszufordern.

Inspiriert von Tanja Bogusz *Experimentalismus und Soziologie* (2018) stelle ich zum Abschluss einige experimentelle Überlegungen an, wie man die Bedrohungen auf der Ebene der wissenschaftlichen Reputation wegen des risikobehafteten Potentials von nicht in den Kanon einzuebnender Innovation, und ebenso die berechtigte Bedrohung der Einheit des Faches durch die Multiparadigmatase, aus der Verhärtung lösen könnte.

Hierfür nutze ich eine Parallele zu einem Drittmittel-Projekt, das ich beispielhaft für die Entwicklung, Initiierung und Verbreitung von alternativen Praxisformen der Versorgung in Gemeinschaft in Siegen durchführe, welche ich für die Verfahrensweisen soziologischer Theorie fruchtbar zu machen versuche.

In dem Projekt geht es um die performative Schaffung von affizierenden Ereignissen als soziologische Instrumente der Ermöglichung sozialer Innovationen in Öffentlichkeiten, um im Modus eines werdenden Verstehens der Veränderung Transformation in ihrem praktischen Vollzug zu erforschen. Die Erkenntnis entsteht im Sinne performativer Soziologie (vgl. Jende

2018) als Praxiswissen im Modus des performativen Lernens mit dem Effekt einer Transformationskompetenz im Experimentalsystem Öffentlichkeit. Um Öffentlichkeit als ein erkenntnistheoretisches Objekt hervorzubringen, bedarf es dafür einer Experimentiergemeinschaft, die sich performativ an ihrer Herstellung beteiligt und lokale öffentliche Räume als Spielraum zur Erprobung sozialer Innovationen. So werden Anlässe geschaffen, die Risse und Brüche in die soziale Wirklichkeit einführen, in denen sich Menschen und Dinge um neue Formen des Miteinanders versammeln können. Leibliche Erfahrungen bewirken dabei, dass eine andere Form des Zusammenlebens nur einen kleinen Schritt weit entfernt scheint. Gleichzeitig wird in dem Projekt die Methode einer Live Soziologie von Thomas Scheffer und Robert Schmidt angewandt (Scheffer/Schmidt 2013), um das Postulat eines synthetischen Theorie-Empirie-Verhältnisses in Form öffentlicher Soziologie vor dem Hintergrund der großen Transformation ernst zu nehmen. Scheffer und Schmidt geht es in der Methode der Live Soziologie im Prinzip ja darum, öffentliche Soziologie nicht dadurch zu betreiben, dass sie die Öffentlichkeit im Nachgang des Forschungsprozesses an den Ergebnissen Teilhaben lässt, wie wir das aus aktuellen Formen der Wissenschaftskommunikation kennen, sondern sie beziehen über gegenseitige Irritationen die Öffentlichkeit in den Prozess der Datenerhebung und somit in die Erkenntnisgenerierung ein. In dem sie das fachliche Soziologisieren bei Liveereignissen von Laien Soziologie irritieren lassen und somit Öffentlichkeit in den Prozess der Datenerhebung einbeziehen, statt sie erst im Nachhinein an der Ergebnispräsentation teilhaben zu lassen.

Ist das nicht wiederum ähnlich dem Problem, das für die Theoriedebatte besteht und im Vorangegangenen problematisiert wurde? Entstehen nicht viele Hemmnisse der Theoriediskussion dadurch, dass wir erst nach dem Prozess des Theoretisierens, die Öffentlichkeit der Theoretiker:innen, Vertreter:innen anderer Paradigmen und Schulen die Ergebnisse der Theoriearbeit mitteilen und Öffentlichkeit erst nach getaner Arbeit herstellen?

In den empirischen Reallaboren des vergleichsweise herangezogenen Drittmittel-Projekts in Siegen initiieren wir über performative Soziologie öffentlicher Aktionsforschung z. B. utopische Zustände der Versorgung und verringern damit in einem ersten Schritt reale Bedrohungen. Wenn nicht nur theoretisch erfahrbar ist, dass alles allen ist, werden alternative Praktiken der Versorgung erfahrbar und eröffnen Denk- und Praxisräume jenseits des Spannungsfeldes von Tradition und Innovation.

Warum nicht dieses Prinzip selbstreflexiv auf die soziologische Theoriediskussion anwenden? Die gegenseitigen Bedrohungen, die zwischen den Generationen von Theoretiker:innen diskutiert werden, würden wegen der explizit gemachten utopisch experimentellen dafür maximal demokratischen Sondersituation in einem öffentlichen Ereignis ausgesetzt. Warum nicht, wie bei Scheffer und Schmidts Livesoziologie bezüglich der zivilgesellschaftlichen Öffentlichkeit angedacht, die Theoriesektionsöffentlichkeit in die Praxis des eigenen Theoretisierens aktiv einbeziehen. Warum nicht als performative öffentliche Aktionsforschung die synthetische Verzahnung von Theorie und Empirie, wie sie die Praxistheorien ja vorschlagen auch wirklich als ein wechselseitiges Verhältnis ernst nehmen und das Theoretisieren als Praxis von seiner eigenen und transdisziplinären fachöffentlichen Praxis irritieren lassen.

Denn nicht erst seit 2019 wird der Zustand der Versorgung mit Theorie in der Soziologie problematisiert. Postnormale Wissenschaft (D'Alisa/Kallis 2016) geht davon aus, dass in Postnormalen Zeiten, die ich zu Beginn durch das Szenario des neoliberalen Drucks des Wissenschaftssystem und des zeitlichen Drucks des planetaren Systems skizziert habe, auch postnormale Wissenschaft erfordern und für die Implementierung und das ist ja das, was sehr viele von uns kritisieren, dass zwar viel diskutiert, aber wenig Innovation implementiert wird, eine Erweiterung der Expertinnenkreise, ein Einbezug erweiterter Fakten und Werte erst utopisch dann praktisch initiiert wird. Postnormale Wissenschaft generiert so zwar nicht die 100 % beste theoretische Lösung, aber überhaupt theoretische Lösungen für die aus den Praktiken der Problematisierung generierten Probleme und führt zu deren Implementierung, weil eine erweiterte Akzeptanz für Innovation in der Diskussionsgemeinschaft hergestellt würde.

Warum also nicht mal outside der Theoriesektionsbox denken und sich als Format, um Innovation in erhöhter Akzeptanz zu implementieren, statt klassischen Tagungsformaten ein Format performativer Aktionsforschung vorstellen, das die Öffentlichkeit der Theoretiker:innen in die Praxis des Theoretisierens in der Form einbezieht, dass utopische Zustände nicht vorhandener Bedrohung erfahrbar macht. Wie fühlte es sich an, ohne den neoliberalen Druck des Wissenschaftssystems und ohne die Bedrohung der Multiparadigmatase und Zerfaserung des Gegenstandes der soziologischen Theorie kollektive Theoriebildung zu betreiben? Das eröffnet durch Affizierung kreative Räume, quasi Heterotopien und würde durch Gewöhnung alternative Formen des Theoretisierens aufs Gleis setzen. Eine Als-ob-Perspektive würde Gemeinschaft im Vollzug der Praxis des Theoretisierens zu einer zeitlich begrenzten Tatsache machen. Die Praxis wird als nicht gegen, sondern auf die Herstellung von etwas anderem gerichtet erfahrbar. Wenn wir also an performativen Utopien soziologischen Theoretisierens teilhaben, beinhaltet dies eine leibliche Erfahrung der Möglichkeit eines anderen Theoretisierens (vgl. Fest et al. 2025).

Überspitzt formuliert: Warum nicht das synthetische Theorie/Empirieverhältnis auf die Theorie der Praxis des Theoretisierens anwenden. Mit performativer Soziologie öffentlicher Aktion über eine künstlich generiertes Ausblenden der Bedrohungslagen mit utopische Praxisformen des Theoretisierens experimentieren – zum Beispiel mit Formaten ähnlich den in anderen Fächern etablierten Hackatons der Theorie, und während dieses utopischen Events gemeinschaftlichen Theoretisierens jenseits von Bedrohungen die eigene Praxis des Theoretisierens von der der Theorieöffentlichkeit irritieren lassen und beide im Prozess der Theoriebildung verknüpfen und zum Gegenstand der Theoriebildung machen. Kai-Uwe Hellmann diskutiert beispielsweise sehr fruchtbar unter dem Slogan „No Spectators, Only Participants" die Möglichkeiten und Grenzen von BarCamps als Formate öffentlicher Soziologie, die ebenfalls vielversprechende Potentiale verheißen (Hellmann 2023: 196).

Das Gute ist, die Aufgabe der Soziologie bleibt dabei so klassisch wie eh und je, die Verfahrensweisen zu analysieren, die zu Praktiken alternativer Theoriebildung führen, und selbstreflexiv ihren eigenen Beitrag daran zu reflektieren. Was dann aber und das wäre die Befriedung der Innovationist:innen – was dann aber im Feld der theoretischen Soziologie zukünftig möglich, gewollt und erträglich ist, wird damit aber eben auch in der soziologischen Theorie für alle Beteiligten zur erkundenden Aushandlungspraxis.

Durch die Auseinandersetzung mit dem Modus soziologischer Theorie und den gegenwärtigen akademischen Praktiken wird deutlich, dass die Hochschule nicht mehr alleine der Ort für soziologische Theorie sein kann. Vielmehr sind neue Orte soziologischer Theorie zu erschließen und finden sich u. a. vielleicht eben auch in transdisziplinären Reallaboren und in Koproduktion mit Zivilgesellschaft. Soziologische Theorie muss also zumindest auch woanders stattfinden, als in Papern, SFBs und Tagungen, um wirksam zu sein. In der Öffentlichkeit, wie Stefan Selke im Plädoyer für die systematische Unabgeschlossenheit öffentlicher Wissenschaftspraktiken festhält, „kann öffentliche Soziologe ein Katalysator für gesellschaftlichen Wandel werden." (Selke et al. 2023: 3). Und sie muss bereit sein, „ (...) ihre wissenschaftliche und gesellschaftspolitische Relevanz auf der Grundlage einer veritablen Irritation etablierter – das heißt auch soziologischer – Gewissheiten unter Beweis zu stellen" (Bogusz/Lamla 2019: 1).

Somit bedürfen Postnormale Zeiten der Transformation, wie diese, durchaus auch Postnormaler Wissenschaft und Postnormaler soziologischer Theoriearbeit, damit das *Ob* der Soziologie auch in Zeiten der Gefährdung von Demokratie und Einschränkungen der Freiheit von Forschung und Lehre nicht noch weiter in Frage gestellt wird und das *Wie* der akademischen Praxis der Theoriebildung aktiver Teil der großen Transformation bleiben kann und soziologische Theorie zukünftig mehr „in Aktion gebracht" wird (Bogusz/Lamla 2019: 2), um Kritik mit und an Gesellschaft zu formulieren.

## Literatur

Arruzza, C., Bhattacharya, T., & Fraser, N. (2020). *Feminismus für die 99%: Ein Manifest* (M. Henninger, Übers.; Zweite Auflage). Matthes & Seitz Berlin.

Bargetz, B., Kreisky, E., & Ludwig, G. (Hrsg.). (2017). *Dauerkämpfe: Feministische Zeitdiagnosen und Strategien*. Campus Verlag.

Beck, Ulrich (1986), *Risikogesellschaft. Auf dem Weg in eine andere Moderne*, Frankfurt a.M.

Becker, A. (2006). „Not ist hierarchisch, Smog ist demokratisch" oder „Umweltbelastungen sind sozial ungleich verteilt"? Eine nähere Beleuchtung der gegenläufigen Positionen von Ulrich Beck und des Environmental Justice- Konzeptes. In K.-S. Rehberg (Hrsg.), Soziale Ungleichheit, kulturelle Unterschiede: Verhandlungen des 32. Kongresses der Deutschen Gesellschaft für Soziologie in München. Teilbd. 1 und 2 (S. 2754–2762). Frankfurt am Main: Campus Verl.

Blühdorn, Ingolfur, Felix Butzlaff, Michael Deflorian, Daniel Hausknost, und Mirijam Mock. 2020. *Nachhaltige Nicht-Nachhaltigkeit: Warum die ökologische Transformation der Gesellschaft nicht stattfindet*. transcript Verlag.

Bogusz, Tanja. 2018. Experimentalismus und Soziologie. Von der Krisen- zur Erfahrungswissenschaft. Frankfurt am Main & New York: Campus.

Bogusz, T., Lamla, J. 2019. Experimentalismus in der Soziologie: Forschungsprogramm und Brückenschläge. *Komplexe Dynamiken globaler und lokaler Entwicklungen. Verhandlungen des 39. Kongresses der Deutschen Gesellschaft für Soziologie in Göttingen 2018*. 39, (Okt. 2019).

Brand, Ulrich. 2009. Die Multiple Krise. Dynamik und Zusammenhang der Krisendimensionen, Anforderungen an politische Institutionen und Chancen progressiver Politik. Berlin: Heinrich Boell Stiftung.

Bourdieu, P., Beister, H., Blomert, R., Chamboredon, J.-C., Passeron, J.-C., Schwibs, B., Krais, B., (2011). *Soziologie als Beruf: Wissenschaftstheoretische Voraussetzung soziologischer Erkenntnisse*. Walter de Gruyter.

Bourdieu, P. 2015: „Haute Couture und Haute Culture", in: ders.: Kunst und Kultur: Kultur und kulturelle Praxis: Schriften zur Kultursoziologie 4, hg. von Franz Schultheis und Stephan Egger, Berlin: Suhrkamp 2015 (Bourdieu: Schriften; 12.3), S. 581–590.

Bude, H. (2014). *Gesellschaft der Angst*. Hamburger Edition.

d'Alisa, G., Kallis, G.. (2016). *Degrowth: Handbuch für eine neue Ära*. Oekom Verlag.

Mau, Steffen, Thomas Lux, und Linus Westheuser (2023a): Triggerpunkte. Konsens und Konflikt in der Gegenwartsgesellschaft: Berlin: Suhrkamp Verlag. 540 Seiten. 25,00 €. *Politische Vierteljahresschrift, 65*(4), 827–829.

Dörre, K., Rosa, H., Becker, K., Bose, S., & Seyd, B. (Hrsg.). (2019). *Große Transformation? Zur Zukunft moderner Gesellschaften: Sonderband des Berliner Journals für Soziologie*. Springer

Fest, M., Jende, R., Schäfer, F., Blättel-Mink, B., & König, L. (2025). Spielend in eine nächste Gesellschaft? Zur Konzeption und Praxis performativer Soziologie. *Soziologie, 54*(1), 34–51.

Folkers, A. (2021). Fossil modernity: The materiality of acceleration, slow violence, and ecological futures. *Time & Society, 30*(2), 223–246.

Haraway, D. (2018). *Unruhig bleiben: Die Verwandtschaft der Arten im Chthuluzän* (K. Harrasser, Übers.). Campus Verlag.

Hellmann, KU. (2023). Barcamps und Public Sociology: eine sinnvolle Symbiose?. In: Selke, S., Neun, O., Jende, R., Lessenich, S., Bude, H. (eds) *Handbuch Öffentliche Soziologie. Öffentliche Wissenschaft und gesellschaftlicher Wandel*. Wiesbaden: Springer VS. S. 191–198.

Hillebrandt, F. (2023). *Ereignistheorie Für eine Soziologie der Praxis: Das Love and Peace Festival Auf Fehmarn und Die Formation der Pop-Musik* (1st ed). Springer Vieweg. in Springer Fachmedien Wiesbaden GmbH.

Hillebrandt, F. (2014). *Soziologische Praxistheorien: Eine Einführung*. Springer VS.

Hoppe, K. (2022). Mehr-als-menschliche Soziologie: Neue Materialismen und Posthumanismus. In: Heike Delitz, Julian Müller und Robert Seyfert (Hrsg.), Handbuch Theorien der Soziologie, Wiesbaden: Springer VS. S. S. 807–828.

Hurrelmann, K., & Albrecht, E. (2020). *Generation Greta: Was sie denkt, wie sie fühlt und warum das Klima erst der Anfang ist* (1. Auflage). Beltz.

Jende, R. (2018). Performative Soziologie als öffentliche Aktionsforschung. In: Franz, HW., Kaletka, C. (Hrsg.): *Soziale Innovationen lokal gestalten. Sozialwissenschaften und Berufspraxis*. Wiesbaden: VS. S. 197–213.

Jende, R. (2023). Performatives Lernen. In: Selke, S., Neun, O., Jende, R., Lessenich, S., Bude, H. (eds) *Handbuch Öffentliche Soziologie. Öffentliche Wissenschaft und gesellschaftlicher Wandel*. Wiesbaden: VS, S. 181–190.

Kiess, J., Seeliger, M., Steg, J. & Preunkert, J. (Hrsg.). (2023). *Krisen und Soziologie* (1. Auflage). Juventa Verlag.

Krause, I., Birgit Blättel-Mink und Heike Delitz. 2023. Soziologie als Beruf – zwischen gesellschaftlicher Relevanz und Prekarität. SOZIOLOGIE, 52. JG., HEFT 3, 2023, S. 340–352.

Lamla, J. (2022). Künstliche Intelligenz als hybride Lebensform. Zur Kritik der kybernetischen Expansion. In M. Friedewald, A. Roßnagel, J. Heesen, N. Krämer, & J. Lamla (Hrsg.), *Künstliche Intelligenz, Demokratie und Privatheit* (S. 77–100). Nomos Verlagsgesellschaft mbH & Co. KG.

Lorenz, Stefan. (2016). Degrowth und Postwachstum – Reflexionen zu Konzeptvielfalt und Nachhaltigkeitsbezügen. *TATuP – Zeitschrift für Technikfolgenabschätzung in Theorie und Praxis*, 25(2), 7–14.

Maasen, S. / Lengwiler, M. / Guggenheim, M. (2006): Practices of Transdisciplinary Research: Close(r) Encounters of Science and Society. Introduction to Science and Public Policy Special Issue on Transdisciplinarity. Science and Public Policy 33 (6): 394–398.

Mahnkopf, B., & Altvater, E. (2013). Die Krise des Kapitalismus eskaliert zum Krieg gegen den Planeten. *Jahrbuch für Pädagogik*, 2013(1), 53–68.

Martus, S., & Spoerhase, C. (2022). *Geistesarbeit: Eine Praxeologie der Geisteswissenschaften* (1. Aufl). Suhrkamp.

Mau, Steffen, Thomas Lux, und Linus Westheuser (2023b): Triggerpunkte. Konsens und Konflikt in der Gegenwartsgesellschaft: Berlin: Suhrkamp Verlag.

Meyer, D., Julia Reuter und Oliver Berli. 2022. Ethnographie der Hochschule. Zur Untersuchung universitärer Praxis. Frankfurt/New York: Campus.

Moriggi, A. (2021). *Green Care practices and place-based sustainability transformations: A participatory action-oriented study in Finland* [Wageningen University].

Müller, H.-P. (2019). Eine neue Soziologie für eine neue große Transformation? In K. Dörre, H. Rosa, K. Becker, S. Bose, & B. Seyd (Hrsg.), *Große Transformation? Zur Zukunft moderner Gesellschaften* (S. 549–566). Springer Fachmedien Wiesbaden.

Nowotny, Helga (1999): The Need for Socially Robust Knowledge. TA-Datenbank-Nachrichten (3/4): 12–16.

Neckel, S., Besedovsky, N. P., Boddenberg, M., Hasenfratz, M., Pritz, S. M., & Wiegand, T. (2018). *Die Gesellschaft der Nachhaltigkeit – Umrisse eines Forschungsprogramms.* transcript Verlag.

Osterhammel, J. (2020). (Post-)Corona im Weltmaßstab. In B. Kortmann & G. G. Schulze (Hrsg.), *X-Texte zu Kultur und Gesellschaft* (1. Aufl., S. 255–262). transcript Verlag.

Rödder, S. (2018). Differenzierungstheorie. Ein soziologischer Faktencheck der Diagnose eines ‚postfaktischen Zeitalters'. In G. Behrendt & A. Henkel (Hrsg.), *10 Minuten Soziologie* (1. Aufl., Bd. 2, S. 17–34). transcript Verlag.

Schäfer, F. 2018. Protestkultur im Diskursgewimmel – eine diskurstheoretische Erweiterung praxissoziologischer Protestkulturforschung. In: Schäfer, Franka et al.: *Kultur – Interdisziplinäre Zugänge*. Wiesbaden: VS. S. 127–152.

Selke, S., Neun, O., Jende, R., Lessenich, S., & Bude, H. (Hrsg.). (2023). *Handbuch Öffentliche Soziologie*. Springer Fachmedien Wiesbaden.

Steg, J. (2023). Die Soziologie als kritische Krisenwissenschaft – Geschichte, Gegenwart und Perspektiven. In N. Holzhauser, S. Moebius, & A. Ploder (Hrsg.), *Soziologie und Krise: Gesellschaftliche Spannungen als Motor der Geschichte der Soziologie* (S. 49–64). Springer Fachmedien Wiesbaden.

Scheffer, T., & Schmidt, R. (2013). Public Sociology. *Soziologie*, 42(3), 255–270.

Seiffert, Sebastian 2022. Es geht um einfach alles - Twitter-Videobotschaft von Prof. Dr. Sebastian Seiffert für Scientists for future. https://www.youtube.com/watch?v=guQj1SUOMrY Abrufdatum: 28.05.2024.

If you have any concerns about our products,
you can contact us on
**ProductSafety@springernature.com**

In case Publisher is established outside the EU,
the EU authorized representative is:
**Springer Nature Customer Service Center GmbH
Europaplatz 3, 69115 Heidelberg, Germany**

Printed by Libri Plureos GmbH
in Hamburg, Germany